LA VIE ÉLÉGANTE
OU LA FORMATION DU TOUT-PARIS 1815-1848

ANNE MARTIN-FUGIER

アンヌ・マルタン＝フュジエ

前田祝一❖監訳

前田清子・八木淳・八木明美・矢野道子❖訳

優雅な生活

〈トゥ＝パリ〉、パリ社交集団の成立 1815-1848

新評論

Anne MARTIN-FUGIER
LA VIE ÉLÉGANTE
ou la formation du Tout-Paris 1815-1848

〈マリー・スチュアートのガドリーユ〉といわれたベリー公爵夫人の仮装舞踏会、
王と王妃の入場（1829. 3. 2 謝肉の月曜日）（本書72頁参照）

優雅な生活／目次

優雅な生活

——〈トゥ＝パリ〉、パリ社交集団の成立　一八一五—四八

序章

一八三〇年の舞踏会と優雅な生活について

ル・ペルティエ通りのオペラ座

一八三〇年の初め、パリでは寒波が猛威を振るっていた。セーヌ川は氷の塊を押し流していた。[1] 現在のコンコルド広場であるルイ一五世広場では、橇《そり》レースが企画された。[2] そしていまだ目にしたこともない光景が、もっとも優雅な舞踏会の場に出現したのだった。若い婦人たちが、それまではお馴染みだった肩をあらわに出すローブ・デコルテから、高い立ち襟のローブ・モンタントに衣装変えをしてしまったのである。[3]

あらゆるところで慈悲の心が動員された。国王シャルル一〇世は内帑金《ないど》から六万フランを首都の困窮者に与えることを承認し、一月二〇日から二四日にわたって一連の救済措置の初回として、それを彼らに分配させた。[4] 有名なオペラ歌手のアンリエット・ソンタッグは、貧しい人びとのためにアンビギュ＝コミック座で歌い、次いでオペラ座で歌った。王族も出席した一月二四日のオペラ座でのすばらしい夜の公演は、五万三〇〇〇フラン以上の収益をもたらした。[5]

不幸な人たちに暖を与えようと、アンリ四世校[6]でもジェームス・ド・ロッチルド男爵の館でも、あちこちで募金が行われた。[7] サロンでは、社交界の婦人たちが物乞いをしていた。「これは確かに称賛に価することだ」、とオーストリア大使のいとこにあたるロドルフ・アポニイは記している。「ただし、サロンへ行くたびに二〇フランの入場料を支払う者にとっては、大変厄介なことではあるが。加えてそのサロンがしばしば退屈きわまるのだから」[8]。しかし、この冬の例外的な寒さは、何にもまして前代未聞の博愛の企てを生み出したのである。これが〈貧者のための舞踏会〉である。

舞踏会の成功

二月七日と八日付の新聞各紙は、一五日にル・ペルティエ通りのオペラ座で舞踏会が開かれると発表した。さらに記事には、この日の参加者の一人ひとりの名前が、階段の上から大声で紹介されるとあった。この慈愛に満ちた社交界の人びとの計画は好意的に紹介されたが、過激王党《ウルトラ》派色の強い『コティディエンヌ』紙だけは、この〈突飛さ〉をこきおろしていた。「博愛の心が舞踏会を催す。大衆が困窮のきわみにあるから、踊りながらそれを和らげる。ワルツが貧者のための募金を行う。わが社交界の道徳運動とはかくのごときものである。この善行と軽薄さの混合物に衝撃を受けた者は大あわてで駆けつけざるをえなくなり、その結果、舞踏服でしか表現するすべを知らないこの種の慈悲の心を、少しばかりは刺激するかもしれないというわけだ[9]」。他方で、『ラ・モード』紙の方は、「オペラ座の舞踏会の主催者を務める婦人たち（ダーム・パトロネス）の制服」を描いた色付き版画を発売した。その制服とは、肩に青い懸章の付いた白いドレスであった[10]。

オペラ座の客席は改造されていた。舞台と平土間が同じ床で結ばれ、玄関ホール、階段、回廊、そして控えの間は「王家の温室の花の篭を添えた緑の樹木の二重垣[11]」で飾られ、鏡という鏡には緑の葉飾りで縁取りがしてあった。ボックス席の前面には房飾りと金のモールをあしらった赤い絹の飾り幕が張られていた。柱の間には赤いビロードの飾り幕がめぐらしてあり、そこにはフランスの紋章〔復古王政の当時は百合の花、数カ月後の七月王政下ではゴールの雄鶏〕が盾型に付けられていた。

控えの間には二つの立食用のテーブルが整えられていた。王家の使用人たちは冷たい飲物をのせた盆を運んできた。客席では踊るに十分な空間が準備されていた。消防士と王室近衛隊の下士官が人びとの通行を誘導したが、それは十分にゆとりのあるものだった。

しかし何よりも目を見張ったのは、照明の壮麗さである。ガス式の大シャンデリアの下にはろうそく式のシャンデリアが吊されていた。これは壁紙や長椅子、鏡と同様に、王から提供されたもので、そのすべては一八二五年の載冠式のために調えられたものだった。[12] この光景は『ナシオナル』紙を大いに喜ばせた。「五階の階段桟敷からの眺めはまさに驚嘆の一語に尽きる」[13]。

大ホールと控えの間で、踊りは夜の八時から翌朝の六時まで続いた。名簿に載った出席者は四三五二名で、そのうち一二八二名が女性だった。[14] 集まった人びとの顔触れは実に多彩だった。「……貴族院議員、下院議員、士官、ブルジョワ、イギリス人、ロシア人、ドイツ人……」[15]。それにもかかわらず、このお祭り騒ぎの間は一貫して秩序が保たれ、翌日には広範囲で雑多なこの顔触れの品行のよさに、参加者は皆、大いに喜んだ。「あらゆる人びとが己の立場をわきまえ、会場全体には都会風の洗練さが漂い、不作法さは少しも見られなかった」[16]、とマイエ公爵夫人は満足げに感想を述べている。

オルレアン家の人びとは一〇時半に到着し、ボックス席についた。しかし、その真正面の王家の席は終始空席のままだった。公爵〔ルイ＝フィリップ、当時のオルレアン公爵〕とその長男〔フェルディナン＝フィリップ〕は、舞踏会に加わるために席からホールの方へ降りて来た。「シャルトル公爵〔長男の称号〕殿下は、お祭り騒ぎの喜びに当惑しながらも、その持ち前の愛想のよさで、群衆の中で絶えず際立っていた」[17]。この若き王子はギッシュ公爵夫人、ボーフルモン大公妃、ブルドン・ド・ヴァトリー夫人という三人のパトロネス〔慈善婦人〕をパートナーにギャロップやコントルダンスを踊り、さらにダイヤモンド商人の娘であるマンステール嬢とも踊って、アンシャン・レジーム期の貴族や、やがて七月王政〔一八三〇年七月の革命後の王政〕の支持者となるブルジョワたちとの関係を巧みに調整していたのである。「この心の広さは大成功を収め、会場の中で唯一空席のままだった王家のボックス席の孤立を一層際立たせていました」[18]。

一八三〇年二月一五日に行われたこの舞踏会は、デルフィーヌ・ゲーという詩人にも恵まれ、その詩作品が残された。〈祖国のミューズ〉と自称する彼女は、重要な場に同席して即興詩を披露することに長けており、「この舞踏会の音と光でもって」一編の詩を作り、翌日にはさっそくこれを各新聞に寄稿した。[19]

皆の心が一つの調和に酔いしれていた、

善行の輝きが共有されていた。
おお！　永久不変の一致協力の
これが儀式であったのか。

彼女は、慈悲の心によって結集したこの祭典の立役者たち、すなわち貴族、芸術家、ブルジョワ、ナポレオン主義者らをひと括りに混ぜ合わせて喚起する。

名門の貴族たち、芸術の貴族たち、
豊かなる産業の革新的な支援者たち、
そこに加わるのは、祖国の名誉たるあの戦士たち、
屈服した全ヨーロッパが彼らの軍旗を見たのだった。
そして巧みで魅惑的なもう一つの力、
気品が威厳でもあるあの女性たちは、
魅力と技巧をいかんなく発揮したのだ。
慈悲を願うために……

さらに彼女はシャルトル公爵を称えているが、その夜の祭典の王者はまさにこの公爵なのだった。

幸福と希望に輝くあの王子、
苦しみなど味わわれたこともないこのお方が、苦しみを嘆いておられる。
このお方の成功に、われらの喜びはいかばかりであったか！

その名は歓喜に酔う群衆の中に響き渡った。
このお方が人生を歩み始められるや、
その最初の一歩が善行となったのだ。

〈貧者のための舞踏会〉はまた、貧しい人びとを援助するために作られた『ラ・ロンド』という恋歌《ロマンス》を売り込む機会でもあった。リベラル派の代議士アレクサンドル・ド・ラボルド伯爵が歌詞を手がけ、作曲はポリーヌ・デュシャンジュが担当した。その楽譜には、ラボルド伯爵の娘にして舞踏会のパトロネス、そしてまた舞踏会の二人の役員の妻であり妹でもあるガブリエル・ドレセール夫人による挿絵が付いていた。この挿絵に描かれていたのは、「もたらされる収益の恩恵を心待ちにしている貧しい人びとの列と、その列でふさがった扉の向こうの」[20]舞踏会の光景だった。

実際には、貧窮者は一人につき二切れのパンと二つの「コトレ〔小さい薪束〕」[21]をもらう権利しかなかった。慈善事業事務局の名簿に登録された貧窮者の数は、それほどに多かったのである。舞踏会の入場券は女性が二〇フラン、男性が二五フランであり、五フランの差額は飲み物代にあてることになっていた。結局五二六一枚が売れたが、そのうちの四四一七枚は男性が買ったものである。また、約一〇〇〇枚の入場券は、パーティーには参加せず、あくまで慈善事業に少額の寄付をする目的で買われたものである。これら入場券の売上げは総額で一二万七三〇五フランにのぼった。さらにこれに寄付金が加わる。オルレアン公爵から一〇〇〇フラン、シャルトル公爵から一〇〇〇フラン、他にさまざまな人びとからの寄付の合計が一三六〇フラン。これらの人たちは、入場券を買ったことにしてその金額を寄付したか、あるいは一枚の入場券に何枚分ものお金を支払ったかのどちらかである。さらに国王からの寄付金四〇〇〇フランは、照明やその他の出費にあてられた。必要経費は一万八〇一九フラン五五、舞踏会の純益は一一万六六四五フラン四五だった。[22]憲兵隊、消防士、音楽隊、王室近衛隊、国王のお抱えの楽隊、それにオペラ座の団員たちがこの舞踏会に無報酬で協力した。

シャルル一〇世の欠席

国王シャルル一〇世は姿を見せなかった。[23] しかし、国王は少なくとも二人の人物からこの舞踏会に出席するよう薦められていたことが判明している。その人物とは、ニュマンス・ド・ジラルダン〔ルイ一八世とシャルル一〇世の国王代理官で筆頭狩猟官だったアレクサンドル・ド・ジラルダン伯爵の、夫人の甥〕とソステーヌ・ド・ラ・ロシュフーコー〔アルトワ伯爵時代以来のシャルル一〇世の副官。ウルトラ・ロワイヤリストの指導者。一七八五―一八六四〕である。シャルル一〇世から〈寵児〉扱いされていたニュマンスは、国王に対して忌憚なく発言できる人間の一人だった。彼は強調した。「王は舞踏会に出席なされた方がよいと思う」[24]と。しかし、これに対する主君の返答は知られていない。

ソステーヌ・ド・ラ・ロシュフーコーは、その『回想録』にこれに関連する二通の書簡を載せている。彼の語るところによれば、その手紙は〈貧者のための舞踏会〉の折に彼自身がシャルル一〇世に書き送ったものである。[25]当時彼は美術学校《ボ＝ザール》の校長を務めており、オペラ座の経営も彼の権限に属していた。二月六日、彼は国王に宛てて取り乱した内容の書簡を送っている。この中で彼はまず、自分自身の立場を正当化しようと努める。今回準備されている企ての慈愛に満ちた目的に対しては、反対論を唱えることに差し障りがあるうえ、これを制限することさえ難しい、そんなことをすれば世論への影響は惨憺たるものになるだろう、したがって計画には素より反対ではあるが、自分としてはオペラ座を提供せざるをえなかったのだ、と。「私がこのパーティーに反対しているということは繰り返し噂されております（…）。事実、私はこうした類いの仮面舞踏会には手を貸すことはできないとはっきり言明したのです。しかし、貧しい者たちのために二五フランの施しを差し出す人びとに入場券を与えないのは、不可能なことです」。

この〈自己〉弁護の目的は、手紙の主の無罪を証明することよりも、むしろ国王に状況をはっきりと認識させるためのものだったのだ。僕《しもべ》の決意に正当性をもたせるこうした論拠は、シャルル一〇世が抱いている嫌悪感を取り払い、彼にパーティーの保証人になることを納得させるはずのものであった。保証人の役を引き受けようとしているオルレアン家の目論みを妨害するためには、国王を巧みに手なづけることが政治的必要事となっていた。「この舞踏会は、貧しい人びとに巨額の収益の恩恵をもたらすことが目的なのだから、各区長からの寄付金についてはどうか却下なさらないでください（…）しかしなぜ、王太子妃〔シャルル一〇世の長子ルイ＝アントワーヌの妃、マダム・ロワイヤルと称された〕のお名前がまだ主催者名簿に載っていないのでしょうか。これではあらゆる名誉がオルレアン家のものになったきりのままではございませぬか」。

舞踏会の当夜、この美術学校の校長は、主君に宛てて、ただちに対策を講じるようにと訴える二通目のメッセージを書き送っている。「二月一九日（ママ）、月曜日、夜一〇時。[26]陛下、わたくしは、全面的にオルレアン公爵閣下に敬意を表して行われる今宵の催しが、パリの名士たち（トゥ＝パリ）の間に巻き起こしている忌まわしい反響に悲しみを覚え、愕然とし、当惑しつつ帰途につきました。公爵はフランスにもヨーロッパにも確実に推挙され紹介されようとしていると見受けられます。この事実は重大な結果をもたらすことになるでしょう。どうかとくとお考えくださいますよう。《オルレアン公爵は、玉座への階段を上り始められたと思いませんか》と、今朝わたくしに語った者さえおります」。

この憚るところのない所見に続いて、犯した失敗を取り戻すための進言が綴られる。「すべてを埋め合わせることが可能です。今何が起こっているか、ご理解ください。陛下、ただ一五分間だけでよいのです。王太子妃とご同伴で、この催しの会場にどうかお姿をお見せください。そうすればもはや、話題は国王一色になることでしょう」。

それにもかかわらず、これに頑なな態度を示したシャルル一〇世は、むしろ一層オルレアン家に自由な振舞いを許すこととなった。こうしてオルレアン家は、マイエ夫人の言葉を借りるなら、華やかな成功を収めたこの祭典からあらゆる「恵み」を得たのである。そしてこの祭りもまた、一つの「善行」の意味をもつものとなるのであった。[27]

しかし国王は、この祭典にまったく貢献していなかったわけではない。大ホールで舞踏会を開くことが必要と判明する以前に、すでに彼は〈御遊興の間〉[28]を提供することに同意し、聖別式に用いたシャンデリアの貸し出しや、照明その他の費用として四〇〇〇フランをこのために与えていたのである。ではいったいなぜ彼は、舞踏会が彼の臨席の威光に浴することを望まなかったのだろうか。表向きには、二月一三日がベリー公爵〔シャルル一〇世の次子〕の命日にあたっていることが取り沙汰されていた。もっとも、ベリー公爵が殺されたのは一〇年も前のことで、これを口実に舞踏会を欠席することには誰一人として納得してはいなかった。おそらく、国王はただ「夜の催事の煩わしさ」[29]を避けたかったのであろう。あるいは、同じ大義のもとに催された一月二四日のオペラ座の集会に出席したことで、すでに十分自らの使命を果たしたと考えていたのかもしれない。しかし、ソステーヌ・ド・ラ・ロシュフーコーの書簡に見られるあの取り乱した文体は、シャルル一〇世がとった行動の、より正確な理由が彼自身の無気力にあったことを窺わせている――もちろんあからさまに表現されているわけではないが――。この一件に関しては、国王からはただ一つのコメントがあったことだけしか知られていない。ダーム・パトロネスのリストに目を通していた彼は、ジョゼフ・ペリエ夫人〔ショセ＝ダンタンに住む銀行家の妻〕の名に目をとめるとこう叫んだという。「この人は、私が会った人のうちでも、もっとも心をそそられた褐色の髪の女性だった。数年前から見かけなかったが。しかし彼女に惹かれたといっても、それは一八一五年の話なのだ」[30]。

この国王の感想は取るに足らないものに思われる。しかしこの反応は、結婚後の姓が庶民であることをはっきりと示す女性名に対してなされたものであることから、一つの解釈が示唆される。すなわちシャルル一〇世は、準備される集会が宮廷中心のものではないことに、困惑した感情を抱いていたのである。確かに、自ら臨席することで舞踏会の栄誉を高めつつ自分の象徴的な特権を回復するならば、こうしたギャップを帳消しにすることはできたかもしれない。しかしそれを行うこと自体が、まさに政治的になることよりも保守的になることの方を好む彼の生来の気性の禁じるところだったのである。彼は雑多な人びとからなる社交界が祭典の主催者となることを正当であると認めるのを嫌悪してはいたが、一方では国王が後見することも、国王を代表しうる側近たち、つまり王太子〔シャルル一〇世の長子、アングレーム公爵ルイ＝アントワーヌ。一七七五―一八四四〕、王太子妃、ベリー公爵夫人がこの祭りの後ろ盾となることについては同意していたのである。つまり彼は、自分の無気力を人びとに見せつけることによって、〈宮廷〉と〈パリ市《ラ・ヴィル》〉との違いを維持しようと試みたということなのである。

パトロネス（慈善婦人）間の対立

〈貧者のための舞踏会〉を思いついた人物が誰だったのかは知られていない。ただ当初の計画では、この舞踏会は〈流行の先端をゆく（ファッショナブルな）〉[31]二〇〇名の人びとだけの、排他的で限定された集いになる予定だった。シャルトル公爵が実行委員会の主幹に任命されたのも、〈ファッション〉の名においてであった。公爵家の長男でちょうど二〇歳になるこのフェルディナン＝フィリップ・ドルレアンは、フォブール・サン＝ジェルマンのサロンでモードに対して優れた才を発揮していた。礼儀正しく話術に長け、ダンスも巧みであり、そのうえ、男系の王子たる彼はまさに優雅《エレガント》だった。当時の彼は、若くて快活な唯一の男系の王子であったのである。彼の兄弟やいとこのボルドー公爵たちとは違い、彼は少年でも青春前期でもなく、かといって王太子ほどには成熟してもおらず、ブルボン公爵のように耄碌してもいなかった。

しかし、この人選はいささか軽率だった。あるいは少なくとも、夜会を華やかな少人数の人びとによる舞踏会にするという計画とは矛盾するものだった。確かにマイエ公爵夫人が書いているように、オルレアン家の人たちは「もっとも排他的でない社交人種なので、彼らが真っ先に行なったことは、パリの区長たちに斡旋を依頼して、パリ銀行を通して入場券を売り込むことと、パトロネスたちを指名すること」[32]であった。その結果生じた困難を自分はどのようにして除去したかを、夫人は続けて述べている。

主催者たちの最初の会合は、ジラルダン伯爵夫人の館で開かれた。伯爵夫人は、もしこの会合に自分の取り巻き以外の夫人たちを迎え入れたなら、彼女らから今後もこのサロンへの出入りを許されたと思われるので、それを恐れて自分の社交仲間の女性たちしか招かなかった。したがって、この会合には委員会の「貴族出身の」夫人たちだけが顔を揃えることとなり、「いかなる銀行関係者の夫人やブルジョワ階級の夫人」も出席しなかったのである。マイエ夫人の表現によれば、「民主主義」は居合わせなかったというわけである。

招かれなかった夫人たちは、当然よい気持ちはしなかった。かといって招かれた側の夫人たちにしても、そのことにすべて満足していたわけでもなかった。貴族階級の夫人たちの中には、「民主主義」の側と家族や友人の関係にあったり、「打算的な」絆で結ばれている者もいたからである。モンジョワ伯爵夫人とその妹のドロミュー侯爵夫人の場合は、オルレアン家と非常に親しい間柄にあったので、このやり方にことさら困惑していた。実際この二人の女性は、〈パリ市〉から選ばれた名士の妻たちとフォブール・サン゠ジェルマンの間の、仲介役を果たしていたのである。

そこでこの不満を和らげようとしてマイエ公爵夫人が行なったことは、ジラルダン夫人のサロンは狭すぎると主張することであった。そして自分のサロンを提供して、〈あらゆる〉女性を招くことを引き受けたのだった。打ち合わせが済むと、最初の会合で無視されていた夫人たちも出席を決意したのである。主催者たちはそれぞれ男性委員一名を同伴のうえ出席した。そこで役割が分担され、男性たちは経理を、女性たちは入場券の配布を担当することが決まった。舞踏会の準備は二週間続いたが、その間マイエ夫人は「集まった寄付金はどこに置いておくかとか、準備集会の礼儀作法はこれでよいのかとか、その他たくさんの偶発事が引き起こしたさまざまな問題に対して、強硬意見もあり、あるいは逆に故意の無視もあって[33]」、それらを宥めるのに懸命だった。

集められた資金は、一時的に寄付金会計係のガブリエル・ドレセールに預けられていた。そしていよいよパリの各区長宛の資金の送り状に署名する段階になった時、ジュール・ド・レーグル子爵は、パトロネスのグループの間に危うく新たな問題を発生させようとしていたのである。彼は、まず爵位をもった夫人たちから署名すべきだと主張した。マイエ公爵夫人は綴っている。「即座に民主主義の夫人たちは全員耳をそば立て、動揺を示すのが分かりました[34]」。そこで彼女は、暖炉のそばにいる夫人たちから順番にこの書類をぐるりと一周回すことを、子爵に提案したのだった。つまりレーグル子爵は、公式の礼儀作法に従うつもりではいたものの、ジラルダン伯爵夫人と同じ反射神経をもっていたということである。

ジラルダン夫人はといえば、自分の想像とは違う展開を見せている〈貧者のための舞踏会〉のパトロネスたちの委員会を、脱退こそしなかったとはいえ、あくまでも当初の計画には執着していた。ロドルフ・アポニイによれば、その理由たるや、まことに現実離れのした（ロマネスクな）ものであった。彼女は仮面舞踏会を催したいと思っていたのである。仮面舞踏会を催せば、シャルトル公爵に見限られた愛人のソバンスカ伯爵夫人も、仮面の下からならば恋人に対してやんわりと非難の言葉を送ることができるだろう、と考えていたからである。[35] しかし、混乱の火種となるこの着想は、若き公爵自身が却下してしまった。そして〈流行《ファッション》〉の先端をゆく夫人たち、それもなかなかの女性たち——ギッシュ公爵夫人、フラオー伯爵夫人、アルフレッド・ド・ノアイユ夫人、ジュスト・ド・ノアイユ夫人——も公爵の意見に同調したため、ジラルダン伯爵夫人は譲歩せざるをえなかった。ところが、腹の虫がおさまらない彼女は、「シャルトル公爵の」[36] この舞踏会に先んじて、寄付金付きの仮面舞踏会を別に催すことを決意したのである。

　これは二月六日のことだった。早くも翌七日には、ロドルフ・アポニイはテトブー通りのコンサート会場で九日に予定されている仮面舞踏会の入場券一八枚を受け取った。この舞踏会に賛同した社交グループのメンバー二〇名が、それぞれ二〇〇フランずつを払い込んで、各自四〇枚の招待状をさばいたのだ。[37] 入場許可の基準は厳しいものだった。「庶民は誰一人参加しないことが望ましい」[38] というのである。結局この舞踏会には八〇〇名しか集まらず、貧しい人びとのための収益も取るに足りない額だった。集まった資金四〇〇〇フランから二三〇〇フランの経費が差し引かれたからである。仮面を付けていたとはいえ、やはり同じようにシャルトル公爵を頭に戴いたこの分裂派の舞踏会は、およそ成功とは言い難いものであった。二月一五日のオペラ座での舞踏会が「貧しい人びとのための豊かな舞踏会」[39] と呼ばれたのに対して、この舞踏会は「豊かな人びとのための貧しい舞踏会」という異名をとったのである。

　ジラルダン伯爵夫人のこうした執拗さは、ロマネスクへの趣味によってのみならず、〈ファッション〉への執着によっても説明される。モードを連想させるこの語の響きには人を欺くものがあり、貴族階級の生まれで、しかも宮廷に所属していることを有利にするような偏見を隠しもっている。ジラルダン夫人自身が王家の狩猟長の妻であったように、委員会のメンバーとしてすぐに任命されたマイエ公爵夫人も、王の〈寝室〉付筆頭貴族の妻であったのだ。

社交生活《モンダニテ》についての二つのヴィジョン

〈貧者のための舞踏会〉は、社交生活についての二つのヴィジョンの対立を初めて明るみに出すきっかけとなった。「閉じられた」社交生活は、エリート主義で、参加者が限定されており、その中心には宮廷に出入りする貴族階級が位置づけられている。これはジラルダン夫人の人選や、「豊かな人びとのための貧しい舞踏会」に具体的に表れている。一方、二月一五日のオペラ座の舞踏会は、新たなブルジョワ階層のエリートたちに道を譲る「開かれた」社交生活の可能性を明らかにした。

国王が欠席したことは、逆にこの舞踏会がその発現である社交グループの存在を浮き彫りにすることとなった。もしこの時シャルル一〇世が主催者として関わっていたならば、この舞踏会を宮廷の祭典にしてしまったことだろう。さて、舞踏会は依然として国王不在のままであり、グループ全体を体現する唯一の人格を欠いていた。したがって、現れたのは多彩であると同時に、等質なグループそのものということになる。この社交グループの示現《エピファニー》は、あらゆる新聞がこの示現を特記し、その結果このグループとの関係を求めようとするほど、十分に驚くべき出来事なのだった。

計画の主導者たちの方は、そのようなことを考えもせずに、宮廷の支持をあてにしてこの示威集会《マニフェスタシオン》を組織したのだったが、オルレアン家の介入は舞踏会の企画に別の制度上のよりどころを与えることとなった。つまり〈パリ市〉（ラ・ヴィル・ド・パリ）である。国王の欠席はオルレアン家の押しつけがましい出席と対照をなしていたが、同時にそれは参加ということの意義を強調していた。そしてこの参加の意味を誰もくどくどと論じたいとは思わなかったのだ。これを控えめにほのめかすには、マイエ公爵夫人のごとき精神の完全な自由が必要だった。国王の欠席と祭典を支える組織のブルジョワ化にもかかわらず、舞踏会はともかく成功したのである。

結局、宮廷との関係における相対的「分離」や排他性の原則の放棄にもかかわらず、この社交集会は成功を収めたのだった。計画はその原則を特権階級の人びとのために残そうとする一派によって企てられたものの、最終的には事実上共存し、協力することができる混合団体の祭典となったのである。

こうした社交界の相対的自立と同時に現れたのが社交界の多様な広がり、社交生活あるいは優雅な生活《エレガンス》に入るための資格の広がりである。この資格の可能性は、貴族階級や育ちのよい人びとの枠を超えてゆく。そしてそこから生じるのは、「仲間内《ソシエテ》」や自分の回りにしっかりと固めていた派閥に対して独断的に付与していた境界線、その境界線のかなたを眺める時に抱く不安な感覚である。「社交界《モンド》」とは類似した社会の集合体であるから、その総体にははっきりと定めうる輪郭がないのである。

〈貧者のための舞踏会〉は、社交界のエリートたちを構成する社会的・政治的に異なったグループ同士の共存を明らかにした。それは人びとの記憶の中にひときわきらめく出来事として残った。しかし一八三〇年の七月革命ののちには、この舞踏会にシャルル一〇世が出席しなかったことも、また、舞踏会がオルレアン家を称える機会だったということも、早ばやと忘れ去られた。祭典に輝きを添えたエリートたちの類い稀な交際も、社会進化のしるしとは解釈されなかった。反対にそれは、懐古趣味的に古き君主政の功績と見なされたのである。

一八三一年一月二二日、貧しい人びとのための舞踏会が再びオペラ座で催された。オルレアン公爵となったシャルトル公爵は、またしても「変わらぬ優雅さと愛想よさで[40]」主催者の役を引き受けた。パトロネスたちは、肩の上に三色のリボン結びと飾り紐を付けるべきかどうか話し合った。オルレアン公爵は、派手な恰好は悪趣味だという理由で反対した。決定は王妃に任された。彼女は前の年には主催者の女性たちに、「目印として空色の絹の紐飾りと花束[41]」を指示していた。しかし今度は、彼女は三色の紐飾りに賛意を表明した。その途端に幾人かの婦人たちは委員会から手を引き、祭典への出席を拒否した。その中には「パリでもっとも美しい婦人の一人」のイストリー公爵夫人もいた[42]。

六〇〇〇名の入場があった。前年には集会の規模の大きさが称えられたのに、今度はそれがあまりにも多人数で込み合っていて、十分な人選がなされていないと中傷された。ついには、一八三〇年にシャルル一〇世は六万フランも提供したのに、今度の新しい国王は六〇〇〇フランしか出さなかったのだろう、という意見まで飛び出した。この反感は長期間主流を占める。つまり、ルイ＝フィリップはしまり屋と噂され、彼が開く祭典は通俗的な喧噪にすぎないというわけである。

一八三三年には、オペラ座の支配人のヴェロン博士が、慈善目的のために〈誰でも参加できる〉仮面舞踏会を開いた。しかし、参加者は破廉恥なダンスに没頭し、警察が介入することとなった。正統王朝派となっていた『ラ・モード』紙は、一八三〇年の舞踏会の品行のよさと対照をなすこの無作法に憤り、厚かましくも、先の舞踏会の品位は「ベリー公爵夫人の堂々たる後ろ盾」があったからだとした。さらに加えて、「一八三〇年と一八三三年の二つの舞踏会は、同じ目的で同じ場所で開かれた。しかし、三年のへだたりが二つの時代をよく特徴づけている。一方はその華麗さとよき趣味によって復古王政期を代表していた。他方はその奔放さと警察による抑圧によって七月革命を代表している[43]」と書いたのだった。

すでに一八三一年からサン＝プリ伯爵がこれと同じ懐旧の情を示し、一八三〇年の舞踏会を失われた調和の模範として理想化している。「これほど非難され、これほど認められていないこのフォブール・サン＝ジェルマン〔アンシャン・レジーム期の大貴族の居住地区。本書第三章の地図を参照〕は、決して尊大な孤独に囲まれていたのではない。彼らはフォブール・サン＝トノレ〔ルイ一五世治下に貴族の新たな居住区となった。本書後見返しの地図を参照〕と十分に交際し、フォブール・サン＝トノレはフォブール・サン＝ジェルマンとショセ＝ダンタン〔流行の先端をゆく新興金持ち階級の居住地区。本書第一一章の地図を参照〕との仲介役を務めていた。一八二九年（ママ）の貧者のための舞踏会が思い出されんことを。出席していた婦人たちの名前がこの融合を示していたのではなかっただろうか[44]」。

委員会の構成

一八三〇年二月一五日の舞踏会に関し、マイエ公爵夫人が残したリストと新聞が掲載したリストとを突き合わせてみると、約三〇名のパトロネスと、同数の役員を見出すことができる。彼らは一八三〇年の社交界のエリートたちの見本を示している。貴族とブルジョワジー、アンシャン・レジーム期の貴族と帝政貴族、テュイルリー宮殿の側近とパレ＝ロワイヤルの側近、シャルル一〇世の宮廷の高官とルイ＝フィリップの宮廷の未来の高官、フォブール・サン

＝ジェルマンとサン＝トノレとショセ＝ダンタンの代表者たち、それらがリストで互いに肩を並べているのだった。
〈貧者のための舞踏会〉は、若々しい雰囲気で進められた。二〇歳だったシャルトル公爵を取り巻く委員の三分の一が三〇歳以下で、もっとも若いのは一九歳のヴァランセー公爵だった。主催者たちの一方は宮廷や軍隊と結びつき、もう一方は実業界と結びついていた。実業界の代表者たちは、パリの区長の選出によるものだった。

最初のグループの中には、長子系の一族〔ルイ一六世、ルイ一八世、シャルル一〇世の三兄弟に連なるブルボン家のこと〕にはっきりと関係のある者たちもいたし、次子系〔オルレアン家のこと〕と手を組んでいる者たちもいた。前者は王やアングレーム家〔王太子ルイ＝アントワーヌの館のこと〕のメゾン（家臣団）の中で、あるいはベリー公爵夫人とその子供たちのメゾンの中で勤務していた（あるいは勤務している両親をもっていた）し、また後者はオルレアン家の王族たちのメゾンに属し、のちにルイ＝フィリップの宮廷に参加することとなる人びとである。

長子系のグループに属する人びとは以下の通り。マイエ公爵夫妻、ギッシュ公爵夫妻、レオン大公夫妻、ラ・フェルテ子爵、ヴァラン子爵、ポレ子爵、ボルドズール子爵、アレクサンドル・ド・ジラルダン伯爵夫人とその甥のニュマンス、ジュスト・ド・ノアイユ伯爵夫人とその息子のアンリおよび義理の姉のアルフレッド・ド・ノアイユ子爵夫人、オードナルド伯爵夫人、シャストネー伯爵夫人、ボーフルモン大公妃、ウジェーヌ・ダストール伯爵、エドモン・ド・カストリー侯爵、バランクール侯爵。

また次子系のグループは、ドロミュー侯爵夫人、モンジョワ伯爵夫人に加えて、ジュール・ド・ラ・ロシュフーコー、ヴァランセー公爵、リュミニー子爵、フラオー伯爵、マルボ男爵、デュマ男爵、ベルトワ男爵、ドカーズ公爵夫人、マッサ公爵夫人、モリアン伯爵夫人、カラマン侯爵夫人、ダルマシー侯爵夫人、スタンディッシュ夫人といった顔触れである。

帝政貴族の夫人たちも、幾人かパトロネスとして登場している。先にあげた夫人たちに加えて、アルビュフェラ公爵夫人、ラギューズ公爵夫人、オトラント公爵夫人、ラリボワジエール伯爵夫人、メルラン伯爵夫人といった人びとである。しかし帝政貴族たちは、一八三〇年においては上流社会の中で別のグループを作っていたわけではない。たとえ開放の問題（誰を受け入れるか、社交界の柔軟性はどこまで許されるか）が生じたとしても、それは実業界や銀行家、両替商に関することであって、帝政貴族がその対象となることはなかったのである。これはルイ一八世によって推進され、シャルル一〇世に引き継がれた統合政策の成果なのだった。

舞踏会の実行委員会のリストには、七月革命以後別々の選択をすることになる同じ一族のメンバーの名前が、隣り合わせで載っている。たとえば、アンリ・ド・レーグル伯爵は新体制の断固とした支持者となるのに対し、その弟のジュール・ド・レーグル子爵はそれに与することを拒むことになる。同様に、ボーフルモン大公妃とその義理の弟にあたるヴァランセー公爵は、それぞれ対立党派に属することになる。ボーフルモン大公妃の夫の方は正統王朝派のリーダーの一人となるが、ヴァランセー公爵の方はオルレアン公爵への友情からテュイルリー宮殿に通うことになるからである。

これに「民主主義」と呼ばれる実業家のグループが残っている。ダヴィリエ夫人、オッタンゲール、アンドレ家（ルイ・アンドレと義理の妹アンドレ・ヴァルテル夫人）、ドレセール家（ガブリエルとその妻ヴァランティーヌ、彼女の弟のレオン・ド・ラボルドもまた委員だった）、ペリエ家（カジミールとその義理の妹ジョゼフ・ペリエ夫人）、プルタレース男爵夫人、アンドレ・ヴァルテル夫人の妹のバルトルディ＝ヴァルテル夫人、こういった名前が、プロテスタント系の大手銀行を代表している。

旧姓をセイエールというシメオン男爵夫人もまた、銀行家の家に生まれた。彼女は一八二七年にコンセイユ・デタ〔訳注〕評定官と結婚したが、夫の父は法学者であり、帝政期のシュバリエ、世襲の伯爵、ルイ一八世治下の一八二〇年から一八二一年にはその大臣という要職を次々に勤め、さらに貴族院議員に任命されて、やがてはルイ＝フィリップに味方することになる人物である。彼女の義理のいとこのポルタリス男爵夫人は、ナポレオン治下の宗教大臣の孫息子で、シャルル一〇世の大臣の甥でもある司法官の妻であった。「民主主義」の女性の中でも、特別待遇の権利をもっていた者もいた。それは金融界の女王アルフェ・ブルドン・ド・ヴァトリー夫人である。総裁政府時代〔五名の執政官に率いられていた時代。一七九五—九九〕に軍隊の御用商人として巨万の富を築いたアンゲルロットの娘である彼女は、非常に裕福で、美しく、教養も備えていた。彼女は復古王政期に金融界に身を投じた両替商と結婚していた。ナポレオンの百日天下の時にジェローム王子の副官であった彼女の夫は、ブルボン家の復帰を機に軍隊から退けられた。ヴァトリー夫人は上流社会で大変な人気だった。まず男性たちが彼女に惹きつけられた。[45] ——イギリス大使夫人はこう記している。「一八二七年に、ジュール・ド・レーグルとタレーラン大公が彼女の虜となった」——しかし、上品な女性たちにも人気が高かった。時代の先端をゆく（ア・ラ・モードな）女性という立場から、彼女は一八三〇年二月に、ジラルダン伯爵夫人の舞踏会に唯一の庶民として招かれることができたのである。

［訳注］コンセイユ・デタ（Conseil d'Etat 国務院）——これに関してはその構成員も含めてこの先でも頻出するので一括して説明する。あらゆる権力を集中させてナポレオンを支えていた帝政期と違って、一八一五年以降のコンセイユ・デタはもはや政治には直接関与せず、行政と司法、中央政府と地方議会、財政管理などの問題の一種の調停機関、諮問機関であった。したがって法の適用上のあらゆる軋轢はここにもち込まれて評決され、一般市民の紛争も取り扱うという最高裁判所の機能を備えていた。しかし法案作成上の是非も判断するなど、立法・行政・司法のあらゆる分野に発言権をもち、したがって三権分立の原則と絶えず衝突していたようである。ともあれ団結（一体性）・平等・人間の尊厳という大革命の理想に基づいた機関としてずっと維持され、二月革命後の共和政では再び強大な権力を握ることにもなるのである。なお復古王政期と七月王政下のコンセイユ・デタの判定には強制力はない。組織は評定官（conseiller）と調査官（maître des requêtes）と聴取官（auditeur）で構成され、復古王政期には大法官《シャンスリエ》（国璽尚書・法務大臣を兼ねることもあるが通常の職務は貴族院議長）の推薦のもとに毎年国王が任命していた。ちなみに一八二四年の通常業務は、三〇名の評定官と四〇名の調査官と三〇名の聴取官が行なっていた。七月王政下では評定官三〇名、調査官三〇名、聴取官四八名で、資格の条件は一切なく、ただ評定官は三〇歳以上、調査官は二七歳以上の年齢制限があり、聴取官は法学士か理科系の学士でなければならず、採用試験が課せられていた。

マルス嬢と芸術家たちの社交界

五〇〇〇枚もの入場券を売りさばいた〈貧者のための舞踏会〉は、それによって入場制限の基準を下げることになった。出入りの御用商人、たとえば仕立屋のブランや「モード店の女主人」[46] エルボー夫人さえもが入場を許可されたのである。しかし、ただ一つの禁止事項だけは守られていた。それは芸術を提供する目的の場合を除いて、上流社会の中に舞台の人気スターを招いてはならないというものである。マルス嬢〔《テアトル＝フランセ》の女優。一七七九―一八四七〕も、入場券を求めたが拒否されてしまった。「あれほど才能豊かな人に対して、これは厳しすぎる措置と思われます」、とマイエ公爵夫人は記している。「そこで私は提案したのです。入場券に署名しますから彼女ともう一人マリブラン夫人〔当時人気のオペラ歌手〕にあげてください。ただし、パリの他の舞台芸術家たちのためにもう一枚、などと入場券の申し出が殺到したりすることのないように、舞踏会の前日にそれを発送してください。そう言ったのです。しかし私の意見はまったく受け入れられませんでした。しかも、もっと奇妙に思われたのは、反対したのが全員男性だったということです」[47]。

マルス嬢の排斥は、一八二七年の三月に行われた彼女の舞踏会の成功に対して、決してそれを許していない貴婦人たちの復讐なのだ、という噂が流された。（同日にボヴォー大公妃もパーティーを開いたが、社交界の男という男がこの女優のもとへ駆けつけたために、一方の舞踏会は空っぽになってしまったという）[48]。しかし彼女の追放の理由は、おそらく個人的な制裁措置というよりもむしろ一般的な原則に基づいてのものである。すなわち、女優とは常に公的な女性を意味するものだから、たとえどんなに多くの人びとが参加しようとも、集会を私的なものと見なしたいのであれば女優を招くべきではないとする考え方である。

女優と社交界の女性が私的な夜会で同席するのは、あえて取り沙汰されるほど、かなり例外的なことだった。一八二九年三月三日、カステラーヌ元帥はヴェルプレ男爵の館へ出かけて行った。男爵がコンサートを開き、そこでマリア・マリブランとその他のオペレッタの女優たちが歌ったのだ。引き続いて催された舞踏会では、この女歌手たちが仲間に加わるようにと招かれた。「その結果、舞踏会が始まると、たくさんの女性たちが帰ってしまった」。したがって踊ったのは女優たちと社交界の男性たちであり、男性の多くは外国人で、「良家の婦人たちは二、三名」にすぎなかった。そこでカステラーヌは結論として、「この奇妙な取り合わせは十分に楽しめるものだった」、と述べている。

女優たちにきせられた汚名を完全に晴らすには、確かにあと一世紀を待たねばならない。しかし、まもなくラシェル〔《テアトル＝フランセ》の悲劇女優。一八二一―五八〕のような、きわめて巧みに自分の〈格〉を認めさせることのできる人物も出てくる。そしてより一般的にいえば、社交界の側も、才能までは問わないにしても少なくとも成功は認めようとする傾向になり、そして女優たちに夢中になり、その魅力に心を奪われてゆくのであった。

〈貧者のための舞踏会〉へのマルス嬢の参加の可否が問題になったのは、彼女がもっとも偉大なフランスの女優であり、また豪勢な暮らしをしていたからである。彼女はトゥール＝デ＝ダーム通りに見事な私邸をもっており、社交界の男性たちの訪問を快く許していた[49]。財産もあり、趣味もよく、大掛かりなパーティーを開くこともできた。それゆえ一八二七年三月二一日の彼女の舞踏会は、新聞報道の対象となり、パリ全体に関わる一大事の様相を呈したのである。

このマルス嬢の舞踏会では、一一〇〇名から一二〇〇名の招待客が広間や廊下で踊り、そして行き来した。廊下は、「いつの季節でも異国の花と植物の香りの漂う優雅な温室」[50]へと続いていた。彼らは、夜を通して絶えず整え直される二五人用の食卓や、豊富に食事が用意された立食用のテーブルで腹ごしらえをした。ゲーム用のテーブルは一台も準備されていなかった。いかなる男性も、賭事をしに来たのではなく、女性たちとの語らいを楽しむためにここへ来たのだということを忘れなかった。「マルス嬢の意図は理解された」[51]のである。

館の女主人は、「完璧な優美さ」でもって礼を尽くした。招待客たちは、頭巾付きマント（ドミノ）か「民族衣装」をまとっていた。「大半はギリシャ人風の出立ちで現れたが、チロル人、ナポリ人、スペイン人、トルコ人、中国人の恰好で参加した者もおり、なかにはイエズス会士の服装をした者さえいた」[52]。女優たちの方では、ローズ・デュピュイが「プロヴァンスの花嫁」の出立ちで姿を見せ、アナイス嬢はチロル女の衣装だった[53]。

舞踏会を中断して深夜に行われた仮面劇によって、楽しさは頂点に達した。仮装した紳士たちは、オリンポスの神々を珍妙に演じた。「ユノ〔ユピテルの妻。婚姻の女神〕は見事なまげを結い、手篭をもっていた。ゼフィロス〔穏やかな西風の神〕は白い粉を付けた鳩の翼と立派な尾で身を包み、空を飛ぶポーズをとっていた」[54]。イザベー・フィスがユピテル〔天を支配する神〕に扮し、シバムギで作った雷神をつかんでいた。アルフェ・ブルドン・ド・ヴァトリーはミネルヴァ〔智恵と勉学の神〕役で、上の方までボタンの付いた子供のズボンをはき、へーべ〔若さの女神〕に扮したオーギュスト・ロミューは、コリント山のブドウを頭に巻きつけ、ココナッツミルク売りの甕《かめ》を背負っていた。飲物をねだるために皆が彼を追いかけ回した。

「ロミュー、ココナッツを！」。以来、オーギュストは、あだ名でココ・ロミューと呼ばれるようになった。この「神話劇団」は、延々と軽喜劇や風刺詩を繰り広げた。ヴィーナス姿のモンテシュイ氏は、館の女主人に宛てたざれ歌の一節を歌った。

神々の間では、もちろん
マルス（軍神）足すヴィーナス（愛の女神）は二であった。
皆と同じく私も言おう
マルス（マルス嬢）足すヴィーナスは一である、と。[55]

ジャルという文士がその『回想録』に述べている。「貴族のあらゆる名士たち」がマルス嬢に招待状を求めたが、それを手に入れることができたのはほんの少数だった。[56] 彼はそこに、貴族に対する文学者や芸術家の勝利を見てとる。審判は才能に対して下されたのだ。文士にとって、これは確かに勇気づけられる主張ではあるが、ここに述べられた懇願と拒絶の有無は検証不能である。新聞もそれを語っていない。新聞報道によれば、マルス嬢の舞踏会へ出席したとされる社交界の男性たちは、ムシー公爵やテュフィアキン大公のような〈ブルヴァール〉〔ダンディたちが闊歩した大通り。本書第一一章を参照〕の常連と、「名門の」外国人や「銀行や商業界の選り抜きの名家の大勢の人びと」であった。後者の中にはジェームス・ド・ロッチルド〔フランスに移り住んだロスチャイルド家の祖。一七九二―一八六六〕やオディエ〔おそらく新教徒系の実業家で七月王政下の代議士だったアントワーヌか、その息子〕などがいた。[57] しかし重要な点は、出席者を構成する人たちの中には、「パリの劇場では最高の」俳優や、文学者（エティエンヌ、ジューイ、アルノー、カジミール・ドラヴィーニュ、ジェルマン・ドラヴィーニュ、ルメルシエ、デュパティ、コショワ＝ルメール、アンスロ夫妻、フンボルト）、画家や音楽家（カルル・ヴェルネ、オラース・ヴェルネ、メイエルベール）たちもいたということである。

さらに、これらの芸術家や文学者は、上流社会のサロンのいくつかにも出入りが許されていた。つまり、これらのサロンはずっと以前から彼らの名声や才能、機知に対して門戸を開いていたということである。しかし、だからといって彼らが「社交界《モンド》の人」として認知されていたわけではなかった。マルス嬢の館では、彼らはいわば身内同士であり、「自分たちの」社交界の内にいたのにすぎず、たとえ館の女主人の示した模倣がどんなに完全なものであっても、真に「正統な」社交界にいたということにはならなかったのだ。しかし、社交界という観念がさまざまなエリートたちのつきあいを一つの同じ集合体の中に包括するという時は迫っていた。そしてそういった集団に対して、「社交界《モンド》」という言葉を用いることがやがて不適当だと思われるようになるのだ。そこで、バルザックが一八三〇年に『ラ・モード』紙に発表した『概論』〔『優雅な生活論』〕の主題である「優雅《エレガント》な生活」といった言葉が、別の表現として求められることになるのである。[58]

『優雅な生活論《ラ・ヴィ・エレガント》』

バルザックはまず、労働をし「暇なし」生活を送る者を、優雅な生活を送る有閑人から区別し、また思索し芸術家の生活を送る者からも区別するのが妥当だと考える。そして次に彼のテキストは、「優雅《エレガント》な生活」と「芸術家の生活」との境界線を取り払おうと努力するのである。

　暇なし生活とは、優雅という概念さえ存在せず、社会的階梯の底辺を基点として、さまざまな境遇を扇形状に包含する。それらの人びとの唯一の気がかりは、生計を維持することである。この第一段階の暮らしから少しだけ抜け出すと、今度は安楽とか贅沢に対するいくつかの願望が生まれる。週に二回は「霜降りのゆで肉」を食べるとか、房飾りの付いたカーテンやほや付きランプを手に入れるといったことがそれである。

　その上に位置するのは、名誉ある仕事（弁護士、医者、公証人、士官）についている人びとである。彼らは物質的無味乾燥さの奴隷ではないが、それでも自分の職務や任務に隷属させられている。彼らに働かなくてもよい日がきても、〈優雅《エレガンス》〉を心がけるには遅すぎるのである。彼らはある程度の贅沢を享受しているが、それは決まって「貯金代わり」なのである。彼らは、カシミア織りや宝石やオペラ＝コミック座のボックス席に熱中する。（しかし真に優雅な人は、あとで述べるように、大オペラ座や、さらに上等な人はイタリア座に通っていたのである）。

暇なし人間は、「休息を楽しくする術」である優雅な生活というものを理解することができない。休息を満喫した有閑人のみが、そこに美的次元を導入しなければ倦怠に追いやられることを知っているのだ。優雅な生活を理解することは、美学の必要性を理解することなのである。

ややもすると「暇なし」と思われがちな人びとも、「有閑人」として定義することができる。それは高級官吏、高位聖職者、将軍、大地主、大臣、王侯といった人たちである。彼らは行政、教会、軍隊、政治の支配構造の頂点に立っている。権力を行使できる立場にいる限り、彼らの負うべき責任は決定のみである。職務への配慮は部下に任せて、彼らは自分の時間を自由に使って社交界に出入りしたり、客をもてなしたり、会話を楽しんだり、精神的なエネルギーを最善を尽くして活用している。

したがって、無為というのは少数の支配階級の生活条件なのである。「かくして、これからも相変わらず有閑人が同胞を支配し続けることだろう」。バルザックによれば、上級の地位を得る喜びが高らかにうたわれたのは、一八〇四年、大革命の平等主義的な混乱のあとの、第一帝政の訪れとともにであった。「同胞を見渡しながら次のように呟くのは、男女を問わず欣快にたえぬことだ。《私はあの人たちの上にいる。私は彼らを威圧し、保護し、支配している。私が彼らを威圧し、保護し、支配していることは、誰が見ても一目瞭然だ。他人を威圧し、保護し、支配している人間は、話し方、食べ方、歩き方、飲み方、眠り方、咳のし方、服の着方、遊び方、どれ一つとってみても、人に威圧され、保護され、支配されている人間とは違っているのだから》」[59]。この支配構造の再編成から〈優雅な生活〉は生まれたのである。

優雅な生活はアンシャン・レジーム期の貴族の生活を引き継ぐものだった。新たなエリートたちの間で始まった優雅な生活は、「金銭、権力、才能という三大貴族階級《パトリキ》」を生み出した。言い換えるならば、それは「銀行、行政、新聞および演壇の貴族階級」であった。以降、優雅とは、これらの「支配する者」が自分と「支配される者」とをはっきり区別する手段として把握され、大革命以前に貴族階級を特徴づけていた特権に取って代わるものとなった。

諸権利は平等なものであるから、この区別は、礼儀作法の質によって誇示され、認められようとするが、その礼儀作法とは個人の内在的な質に依拠するものなのである。「そうなればもう礼儀作法とか優雅な立居振舞いとか、立派な教育などが授けてくれるあの〈曰く言い難い〉ものだけが、有閑人と暇なし人間とをへだてる境界線を形作る。特権というものがあるとすれば、それは精神の卓越性から生まれるのだ。だからこそ、大勢の人びとが競って教育を身につけようとし、美しい言葉づかいや気品ある物腰を心がけ、お洒落をして多少とも余裕のあるところを見せ、住居に凝り、要するに人品骨柄を表す一切を完璧なものにしようと願ってやまないのである」[60]。

したがってバルザックによれば、芸術家は本当の有閑人ではないとはいえ、優雅な生活の性質を帯びることができるのである。高貴な人の人格から、振舞いや礼儀作法や調度品の豊かさが生まれるように、芸術家の人格からは作品が生まれ、その形を示して彼らの価値を立証するのである。同時に、芸術家は完全に独立して生活し、原則として、彼らに対しては何物も何びとも日常生活のリズムを強要したりはしない。そして、それはむしろ高貴な人以上にそうなのである。彼らはいかなる権威にも従属していないし、精神の権威しか認めない。暇なし生活が「人間による人間の搾取」だとすれば、芸術家の生活と優雅な生活は「思想による人間の搾取」を前提としている。芸術家は「才能の貴族階級」を形成する。彼らはモードに影響を及ぼし、より一般的にいえば文化の領域で支配権力を行使するのである。

しかし、決して完成することのなかったバルザックのこのテキストは、新勢力の権力への上昇の結果生まれた新たな貴族階級に優雅な生活を関係づけようとする社会学と、しばしば礼儀作法のマニュアルに変質して軽薄さの中で枯渇してしまう社会的美学との間で、絶えず彷徨っている。

バルザックは、ここではダンディたちを支えている幻想と同一の幻想の犠牲者である。彼は、優雅さが新旧権力の自らの卓越性を示す手段であるとするならば、逆に優雅さを実践することは、社会と権力において第一級の位置に達するための十分な手段になるはずだと確信する。(したがって、テキストでは、優雅な生活の異端として現れるダンディスムへの非難と並んで、ブランメル氏〔訳注〕を訪問する空想上の物語があったり、彼の警句と忠告を『ラ・モード』紙のジャーナリストたちが収集しにやって来たりする話が盛り込まれているのである）。

彼の分析は、純粋に美学的な用語で〈優雅な生活〉を定義しようと努める一方で、優雅な社交界への帰属というものが一般的には生まれと財産で具体的に決定されているという事実を無視している。また、実際にはアンシャン・レジームに発する高位の貴族が、社交界や社交生活の構成要素となっているばかりか、相変わらずそこで支配的な影響力を行使しているという事実も無視している。彼の小説の中では、フォブール・サン＝ジェルマンは常に上流社会の〈きわみ〉（ネック・プルス・ウルトラ〔それ以上はないもの〕）として現れており、バルザックも小説の中でそのことに注目していた。他方、バルザックは優雅な生活に「芸術家の生活」を含めながらも、その表現の面では曖昧で乏しいままの内容になっている。まるで彼は、自分自身が夢見た権力への欲求の方に支配されて、文学者のことしか頭になく、演劇や音楽の世界で輝かしい地位を築いた人びとをはじめ、他の多くの芸術家たちのことを忘れてしまっているかのようだ。

とはいえ、これらのいくつかの限界にもかかわらず、『優雅な生活論』は重要なテキストである。それは、エリートを再定義しようという時代の抱えていた気がかりを証言し、心の内に作り上げていたエリートの概念が、依然としていかに社交生活や貴族的な特権――無為や贅沢な出費――のモデルによって特徴づけられていたのかを示すものである。そう遠くないうちに「広告」が社交界のイメージに影響を及ぼすだろう、そう彼は予感する。つまり新聞は、文芸欄と同じ最下段に社交界の消息や劇評を掲載することによって、無名の広範な大衆の面前に見世物として社交生活を仕立て上げるキャンペーンに着手しながら、同時に公爵夫人と女優、サロンと〈ブルヴァール〉を近づけてゆくことになるだろうというのである。そしてバルザックは、社交生活とモードと文化的なものとが結ぶ同盟の重要性が、今後ますます増大すると予告する。つまり、社交界の人びとは正しい礼儀作法や贅沢品の商い、芸術やエスプリの維持を大いに助けるのは自分たちだ、という口実でもって、そこに文化的な使命を付与しながら自らの存在を正当化するだろうと結論するのである。

復古王政期と七月王政下に、社交界は〈トゥ・パリ〉——一八二〇年頃に作られた表現〔名声や地位によってパリ社交界に出入りする人びと〕——となるために、宮廷から（相対的に）解放される。それは、確かに等質でもなく不変でもない社会集団の形成である。[61] しかしそこから得られる集団内の感情の一致は、国家の政治運営からではなく、この集団が文化の発展において支配的な役割を果たしているという優越や自信によって生まれるものなのである。私がこの本において試みるように、〈トゥ・パリ〉を描くことは同時に、社交性《ソシアビリテ》[62]の研究と、精神性《マンタリテ》およびその表現の歴史研究、そしてフランス文化の分析に資する作業なのである。

［訳注］ブランメル氏——ジョージ・ブライアン・ブランメル（一七七八—一八四〇）のこと。かつて並ぶ者なきモードの王とうたわれ、ジョージ四世のエレガンスの友であったが、債権者に追われ国王の怒りも買って、パリ郊外のブローニュに隠棲して亡命生活を送っていたとされている。実際の隠棲地は、イギリス人の一般的な亡命先として知られているカレーであったらしい。

第一章 復古王政期の二つの宮廷

ランスの大聖堂でのシャルル10世の聖別戴冠式（1825. 5 .29）

君主の公開の食事《グラン・クヴェール》

一八一四年四月二四日、ルイ一八世は二三年間の亡命生活を終えて、フランスに帰国するため乗船した。その夜、彼はカレーで公衆を前に夜食をとった。復古王政期には、この〈君主の公開の食事《グラン・クヴェール》〉が一年に二回行われる儀式となる。ルイ一八世もシャルル一〇世も、毎年一月一日と自分の霊名の祝日――ルイ一八世の祝日は八月二五日、シャルル一〇世の祝日は一一月四日――に公衆を前に夕食をした。テュイルリー宮殿の〈ディアナの間〉で行われたこの儀式に関しては二つの証言がある。一つはマイエ公爵夫人の証言で、彼女は一八二五年に宮廷人としてこれに参列している。もう一つは好奇心旺盛なアメリカ人旅行者で作家のフェニモア・クーパーの証言で、彼は一八二七年に一般人としてこの儀式に参列している。

食卓は馬蹄形、あるいはクーパーによれば「両端が観衆に向けてカーブした三日月」[1]の形をしていた。食卓の一辺は王の席、そしてその右手の一辺は王太子とベリー公爵夫人の席、また王の左手の一辺は王太子妃の席となっていた。王だけは食卓に着席するまで姿を現さなかった。他の三人は第一級の招待客が待機している前の回廊を横切ってシャルル一〇世を迎えに行き、その部屋で王と合流してから列を作って登場となるのだった。王太子妃とベリー公爵夫人はダイヤモンドと首飾りを付けて宮廷用の正装で身を包み、王太子は衛兵隊長の制服を着用していた。クーパーはシャルル一〇世の服装については明らかにしていない。しかしおそらく、一八一八年八月二五日に行われたルイ一八世の時と同様に、フランス元帥の衣装だったのだろう。宮廷用の正装をしたもう一人の人物が広間を横切った。その白髪の老人が片足をひきずり「痩せこけて蒼白な顔」をしていたことから、クーパーはこの人物がタレーランであることを知った。タレーランは侍従長として館の主人の任についており、この時は王にメニューを差し出す役を務めようとしていたのだ。この会食の席にオルレアン家は招待されていなかった。

広間の中央にセットされた王家の食卓の周りには、たとえばマイエ公爵夫人のような宮廷婦人たちが腰掛けていた。広間の両側は、招待客の中でも儀式の間中そこを離れずにいる特権を与えられていた人たち専用の場所で、一方の階段席には婦人たちが座り、もう一方の壁面には男性たちが立っていた。フェニモア・クーパーもこの男性たちの中にいたのである。夕食の間中男性たちの背後に設けられたオーケストラが音楽を奏でていた。料理は身辺警護隊と小姓たちの手によって、彫金された金の食器の中に給仕された。食事時間は、一八二五年には一時間一五分、一八二七年には一時間半を費している。シャルル一〇世は兄弟たちとは反対に粗食で知られていたが、招待券を手にしてやって来た人びとによく見てもらえるようにとたくさん食べることに努め、食事時間をだらだらと引き延ばしていた。一八二五年の時には招待券は六〇〇〇枚以上配られたが、それを心待ちにしながら手に入れられなかった人びとはまだまだいたのである。[2]

クーパーによれば、招待券は二種類あったとされている。一つは広間に留まったままでいる権利を認めるもの、もう一つは〈ディアナの間〉の一方から入場して、王家の食卓の真向いにある手すりの後ろの一段と高くなった通路に沿って、ゆっくりと歩きながら通りすぎることしか許さないものであった。後者は招待券というよりも入場許可券ではあるが、これを手に入れるには、ただ申し込むだけでよかった。とはいえ、この〈君主の公開の食事〉は大変な成功を収めたことから、『モニトゥール（政府官報）』紙は一八二九年の聖人シャルルの祝日〔シャルル一〇世の霊名の祝日〕の三日前には次のようにも報じている。「申込者数が入場券の発行枚数を越えているため、今後の新規申し込みは認められない」[3]。

儀式は、ほとんど何の会話もないまま進められた。王家の人たちは互いに打ち解けて話すには席が離れすぎていたうえ、音楽がその声をかき消していたからである。黙って列席している宮廷婦人たち、特別の招待者たち、そして列をなして通りすぎるだけの招待者たち……、人びとの視線はすべて王に注がれていた。列を作って通り過ぎる人びとは、まさに君主を拝むだけの時間しかなかった。一方、特別の招待客は、王家と歩み去るだけのこれらの人びとを同時に眺めることができた。食卓のベリー公爵夫人は、「オペラグラスで会衆を見ながら」時を過ごした。これについてクーパーは、イギリスの公爵夫人ならやりかねないこの尊大な振舞いは、「気品もなく、女らしさもなく、王族にふさわしくない仕草」だったと書いている。

　このアメリカの作家は、観客の行列が作り出す機械仕掛けのような光景を眺めて楽しんでいる。「体は前へ進んでいるのに、顔という顔はあたかもヒマワリのように、常に王威という光の方に向けられていた」。体は広間の一地点から別のところへ単調に移動しながら、顔の方は国王という一点に引きつけられている。最初はわずかに右側に向けられていた視線が、徐々に中央に向けられる。食卓の正面にたどり着くと、その顔は「満月」になる。やがて出口へ向かいながら君主を肩ごしに眺め、君主の姿を忘れないようにと再び振り向くのである。

　このさまざまな軌道をもった舞台装置には、したがってすべて国王という人格を中心にして、その周囲を引力で回るいくつかの端役的存在が並んでいた。——宮廷人たちが広間の中央部と王家の食卓の周りに威厳の空間を確立していたのである。

　亡命生活から戻ったルイ一八世が公衆の前で夕食をとろうと思いたったのは、民衆の目の前で食卓につくこのような王のイメージが、彼にとっては王権の概念を象徴するものだったからである。彼は、一八〇七年にハートウェル・ハウス〔ロンドンの北西八〇キロの村ハートウェルにある美しい城。ルイ一八世は数年間ここで亡命生活を送った〕に到着したあとも、すぐにこの〈君主の公開の食事〉の儀式を復活させていた。[4] そして、アンシャン・レジームの礼儀作法を固く守ったナポレオン皇帝もまた、年に二、三回は公衆の前で夕食をとっていた。[5] 主権を授けられた国王が円の中心にあって、その周囲を回るのが王国なのである。称号の位階に基づいて組織された側近たちが君主への奉仕を誓い、その奉仕者の集団がメゾン・シヴィル（王直属の文官団）とメゾン・ミリテール（王直属の武官団）を形成しているのである。

　これらのメゾン（家臣団）とは異なり、宮廷とは必ずしも一つの人間集団を意味しているものではない。むしろ宮廷とは〈しばしば出かける場所〉、あるいは〈許されれば何かを行う場所〉——たとえばご機嫌を伺う場所——を意味している。重要なのは、〈王の近くにいること〉であり、〈王にお言葉をかけていただく可能性があること〉なのである。宮廷を一つの社会集団と見なせば、この宮廷とは、王や王族の廷臣たちのうち重要な職務についている者や、家柄のよさによってそうした職務に宮廷から懇請される可能性をもっている者、さらには機会を見はからって定期的に「ご機嫌伺い」をせざるをえないと心で思っている者たちを、すべて包摂しているものなのである。

王権の諸機関、王と王族のメゾン（家臣団）

メゾン・ミリテール（武官団）

フランスに帰国したルイ一八世は、ナポレオンの近衛隊――ルイ一八世はこれを連隊に解体し、地方の駐屯地に分散させた――と国民軍に目をとめた。そして、ルイ一六世が大革命の前夜までもっていた国王の身辺警護の四中隊を再編成し、新たに二中隊を作った。これは、総数二六八六名からなるメゾン・ミリテール（武官団）の半数以上がこの六部隊で形成されていたことを意味する。[6] 彼はまた、兄〔ルイ一六世〕が廃止した赤部隊《メゾン・ルージュ》四中隊を復活させた。すなわち、近衛騎兵隊《ジャンダルム》、近衛軽騎兵隊《シュヴォー・レジェ》、黒の騎兵隊《ムスクテール》、および灰色の騎兵隊〔馬の色による〕の四中隊である。それぞれの中隊に二五五名が配属され、その総数は一〇二〇名であった。（この中にアルフレッド・ド・ヴィニー〔ロマン派を代表する詩人・小説家。一七九七―一八六三〕がいた。彼は一八一四年の七月六日に少尉として灰色の騎兵隊に入隊した）。さらにルイ一八世はスイス人近衛隊（一五一名）、扉警護隊（一三二名）、王の館の憲兵隊（一三一名）、竜騎擲弾兵（一九八名）、王弟殿下《ムッシュー》の身辺警護の二中隊（それぞれ一九〇名）を再編した。あまり重要ではない部隊も加えれば、結局君主を守っていた男たちは四八五九名にものぼっている。

これらの部隊を復活させた以下のような勅令は、王の威信に対する配慮やブルボン家への忠誠に報いようとする意志のみならず、ときにはルイ一四世の治世以前にまでさかのぼりつつ、アンシャン・レジームの伝統と結びつこうとする欲求をも表している。すなわち、軽騎兵隊を復活させる一八一四年六月一五日の勅令は次の宣言によって始まる。

「玉座は、まさにこれに属するあらゆる輝きに包まれていなければならず、国王は、時代の違いが含む変化を勘案しつつ、かつて存在したようなメゾン・ミリテールを再建することが臣下の有益な勤務に報いる手段だと考えて、陛下自らかつての勅令、とりわけ一七八七年の九月三〇日に廃止した近衛騎兵隊に関する勅令を再提出せしめた……」[7]。

これらの部隊の創設は、王の帰還以来忠誠を誓い、職務と年金を願い出るためにやって来た貴族たちを十分に満足させるものであった。一八一四年四月一五日の書簡に書かれたスタンダールの言葉を信じるならば、数多くの貴族が、亡命中の国王がまだフランスの地に足をつけもしないうちに帰国の途についたのだった。「何をする能力もない三万人の貴族が、あらゆる乗合馬車を使って、あらゆることを願い出るために殺到した」[8]。王家の家臣団が形成されるということは、大革命以来権力の場からはずされて、忠誠の概念を極端なまでに誇張して表明してきたこれらの王権支持者たちを満足させるに足ることであった。身辺警護隊の再建を伝える一八一四年五月二五日の勅令の前文は、このことをはっきりと示している。「陛下は、身辺警護隊が陛下の前任者たるフランス歴代の王に対して捧げてきた奉仕や、あらゆる時代における勇気と忠誠と揺るぎない献身、とくに尊い兄君ルイ一六世の治下に示したその度重なる証を、ずっと記憶にとどめておられて、このたびそのご身辺にそれらを維持することに関して、以下のごとく決定された」[9]。ルイ一六世の身辺警護隊の忠誠心を強調することは、新たな君主にとっては自信というよりもむしろ政治的必要性に対応している。もし王の衛兵隊に不忠実さがなかったならば、大革命で兄が倒されることはなかっただろうと、彼は確信していたのではないだろうか。

ルイ一八世は、衛兵隊大尉《カピテーヌ》の地位を世襲財産として保持していると考えていた者たちを、各中隊の隊長の座につかせた。そしてその中には、ポワ大公やグラモン公爵のように失った地位を再び見出した者や、若きリュクサンブール公爵のように誉れ高い名門の家系によってその地位を手に入れた者、あるいはアヴレ公爵のようにハートウェルで王と亡命生活を共にした者などがいた。一つの中隊の指揮権を授与することは、何らかの軍事能力を評価してそれに報いるということではなかった。だから、赤部隊の二つがシャルル・ド・ダマースとエティエンヌ・ド・デュルフォールに任されたといっても、彼らには貴族としての歴史の古さ以外に何の功績もなかった。一方、ラ・グランジュ侯爵が赤部隊の一つを獲得したのも、それは彼の個人的な功績によるものではなく――もちろん帝政下には彼は勇敢に戦い、片腕を落としてはいるのだが――、伝統によるものだった。つまり彼の祖父がかつて騎兵隊を指揮していたからだった。なかには一族の封《ほう》となっていた部隊もあった。ヴェルジェンヌ家は扉警護隊を握っていたし、モルトマール家はスイス人近衛隊を、またヴァンデの英雄の兄弟、すなわち二つのラ・ロシュジャクラン家〔ヴァンデ地方の名家。兄アンリ・デュ・ヴェルジエ伯爵は一七九三年の王党派の蜂起の時に死亡、弟のルイ・デュ・ヴェルジエ侯爵は百日天下の時の蜂起で殺された〕は竜騎擲弾兵を押さえていた。[10] ルイ一八世が新たに二つの身辺警護隊を作ったのも、それをブルボン家に力を貸した帝政期の二人の高官に任せるためだった。それはヌーシャテル大公のベルティエ元帥と、ラギューズ公爵のマルモン元帥だった。

一八一四年一〇月一日の勅令による先発宿舎係〔元帥（マレシャル）の称号をもつ〕の再興は、ルイ一八世が名誉にかけてもやりとげようとしたアンシャン・レジームの慣例回帰を示す好例である。王の宿舎と、王の外出時の警護を任されたこの部隊は、ごくわずかの人数（一九名）で構成されていたが、これは一七七一年以来この部隊を指揮していたラ・シューズ侯爵の奔走によって復活したものである。メゾン・ミリテールのさまざまな部隊が再建されてゆく中、ラ・シューズ氏は王に宛てて一通の報告書を送っている。「先発宿舎係は、王家のあらゆる任務の中でも、もっとも古くから存在していた機関として知られております。その軍事的機能は、君主政の初期にまでさかのぼることができます」[11]、等々。先発宿舎係の古さを強調することで、ラ・シューズ侯爵は自己の目的を達成した。彼は二万四〇〇〇フランの年俸で、再びこの部隊の指揮官に任命されたのである。一八一七年にはこの部隊の定員は九名に減じられたが、一八二四年には少し増えて一三名となった。この部隊の指揮官〔宿舎大元帥（グラン・マレシャル・デ・ロジ）の称号をもつ。位は軍曹〕は、一八三〇年においても依然ラ・シューズ侯爵（一七五一――一八三三）であった。

あらゆる衛兵が士官の階級を所有していたが、俸給はその等級によってまちまちだった。軽騎兵隊の場合、指揮官は一万フランの年俸を受け取っているのに対して、軽騎兵の年俸は六〇〇〇フランにしかならなかった。さらに明確にしておかねばならないことがある。入隊にあたっては、各軽騎兵はそれぞれ総額三〇〇〇フランを支払うことになっており、それに対して管理運営理事会から衣類と武器、馬具一式、馬一頭が支給されるのだった。指揮官の中には兼職している者もいた。マクサンス・ド・ダマース男爵は野営地元帥《マレシャル・ド・カン》〔古くからある称号で当時は旅団長の別称だった。少将の位にあたる〕であると同時にアングレーム公爵の名誉貴族でもあったので、野営地元帥として一万四〇〇〇フラン、名誉貴族として六〇〇〇フランを年報として受け取っていた。「つまり私はひとかどの人物だった。馬車も一台もっていた」、と彼は『回想録』に記している[12]。

百日天下ののちにガンから戻ったルイ一八世は、メゾン・ミリテールの人員を縮小した。玉座を取り巻く華々しさを減らすためではなく、ナポレオンの近衛隊を手本に王室近衛隊を創設するためである。この部隊に彼は二万八〇〇〇人を予定していた。王室近衛隊は軍隊の一機関である。メゾン・ミリテールが内部の勤務を引き受けるのに対して、王室近衛隊は外部の勤務、すなわち王の住居の他、一八一五年一二月三一日の勅令が明示するように、「教会の内陣や貴族院、下院、その他あらゆるところで玉座としてあてられる場所」を警護するのである。[13]劇場に関しても配置は同様である。王が首都の王立劇場に赴いた時には、「ボックス席とそこに通じる階段は王家の内部と見なされるから」[14]メゾン・ミリテールが任務を引き受け、普段の警備は王室近衛隊に任される。

一八一五年九月一日に、いくつかの部隊、とくに赤部隊の廃止を命じる勅令が出されている。以来、王家のメゾン・ミリテールは五〇〇〇名からわずか一五〇〇名を擁するだけとなるが、そのうちの一一一六名が身辺警護隊で、三三五名がスイス人近衛隊であった。当時のメゾン・ミリテールの支出は四一〇万フランに達しており、これに対する国家予算は三一四万フランだった。差額は王室費[訳注]によって補われていた。[15]そしてこのメゾン・ミリテールは、のちにルイ＝フィリップによって廃止されるまで、すなわち一八一五年から一八三〇年の間はほとんど変化することがなかった。

［訳注］王室費――listes civiles の訳語、内帑金ともいう。本来は一六八八年のイギリス名誉革命の際、王家の通常の出費以外に認められた手当てのことで、王室参事会員や外交団などの給料にあてられていた。これがヨーロッパ大陸に入り、立憲王政下の王室維持の必要経費としてフランスでは一七八九年一〇月の立憲議会の政令で初めて法的に定められ、国王がその第一級の地位を維持して、芸術を振興したり、公衆に善行の範を示したり、「不幸な者」を勇気づけたりするための費用として国費より支給されていた。しかし一般的には国費で支払われる年間予算、お

よび国家に帰属するもののうち王家に充当されたすべての動産・不動産をさしている。なおこの費用は一八一四年と一八三〇年の憲章《シャルト》によって保証されていた。

王のメゾン・シヴィル（文官団）

毎年刊行される『王国年鑑《アルマナ・ロワイヤル》』、たとえばその一八二六年版には、メゾン・シヴィル（文官団）として六九二の職務を示すリストが掲載されている。もちろんこの名鑑は王家に勤務するすべての奉公人を収録しているわけではないが[16]、今でいえば王室勤務の〈幹部職〉とでも呼ばれる人びとの職名リストを提示している。職務に帰属する手当ての額は明らかにされていない。しかしこの点に関しては、テオドール・アンヌが一八三〇年に出版した『回想録』の中でいくつかの数字を与えてくれている。

復古王政期の初期において九部門に分かれていたメゾン・シヴィルは、一八二〇年一一月一日の勅令によって六部門に改正された。すなわち、礼拝堂《シャペル》、寝室《シャンブル》、廐舎《エキュリー》、狩猟《ヴェヌリー》、衣装《ガルド＝ローブ》、王宮《オテル》という六つの係である。王の寝室係は、一八二六年には三三一の職務を受けもっており、他を圧倒するもっとも重要な部門であった。侍従長であるタレーラン大公の次席に四名の寝室付筆頭貴族がいたが、彼らは年間を通して交代で勤務にあたっていた。その四名とはドーモン公爵、ブラカース公爵、シャルル・ド・ダマース公爵、デュラース公爵である。ドーモン公爵は八万四〇〇〇フランの年俸を受け取っていた。その内訳は筆頭貴族として五万フラン、国王代理官《リュートナン・ジェネラル》として一万二〇〇〇フラン、貴族院議員として一万二〇〇〇フラン、そして第八師団の司令官として一万フランである。一方他の三名の筆頭貴族たちは、それぞれの給与に加えて、野営地元帥と貴族院議員としての報酬を受け取っていた。そのうえ勤務期間中は、部屋、暖房、照明、食事があてがわれていたのだった。

次に『王国年鑑』のリストには、衣装係である筆頭侍従六名と寝室付貴族三二名、寝室付名誉貴族一〇七名、キャビネ〔付属の小部屋、執務や収集品の陳列などに使われる〕の秘書官でもあるコンセイユ・デタ調査官一名、祭典と催物演出の担当者三名、寝室付常勤貴族一七名、定数外の常勤貴族七名、名誉常勤貴族八名、朗読係七名、図書室担当官一名が見出される。寝室付貴族たちは六〇〇〇フランの年捧を受けていたが、彼らの職務は、あらゆる拝謁式に同席し、王に付き従って聖務に参列し、夜には王とともに王家の女性たちのもとへ同行していた。この官位を得るためには少なくとも知事か、さもなければ士官もしくはフランス貴族院議員であることが必要だった。寝室付常勤貴族には五〇〇〇フランが支給されていたが、彼らには王の代理として宮廷の馬車を用い、家柄や地位によってその恩恵にあずかる権利のある者の家に、喪や誕生、結婚の慣例の挨拶に赴く任務が課せられていた。

さらにこの下に寝室付筆頭近習《ヴァレ》がいるのだった。総数八名で、それぞれが年間三カ月間ずつ勤務し、一万五〇〇〇フランの俸給を受け取り、勤務期間中は王室もちで六人用の食卓を自由に使うことができた。彼らは王の寝起きに立ち会ったが、お召し替えには手を出さなかった。彼らの仕事は、王の部屋に入る権利のある者や謁見を許された者を導き入れることであった。その他、半年ごとに交代で勤務する寝室付近習一七名と常勤の近習三名がおり、後者は通年勤務し、八〇〇〇フランを受け取っていた。そしてさらに、寝室付守衛二一名、キャビネのデザイナー一名、衣装係の検査官と秘書官それぞれ一名、寝室の秘書官五名、寝室とキャビネ付の芸術家一九名がいて、このうち九名が王の礼拝堂の音楽隊を、六名が寝室の楽団を構成していた。また医師と薬剤師の四六名が医師団を作っていた。

たとえ無報酬であっても、名誉職は人気が高かった。というのは、それには〈足を使う〉職務と同じ権利が与えられていたからである。まず豪華な制服。それは、刺繍を施した衣装（メゾン・シヴィルでは六〇〇〇フラン以上かかった）と白い羽根飾りの付いた帽子であり、重要な職務や王の居室への出入り自由の特権を表すしるしであった。名誉職を授けられた多くの人びとは、正式なレセプションのみならず、日曜日ごとに宮廷に参上し、王のミサの前後に〈元帥の間〉に集まり行列を作るのだった。名誉職を得るには、捧給付の職を得るのと同じだけの強力な後ろ盾が必要とされた。たとえばヴィクトール・ダルランクール子爵は、一八二七年一月四日に王の寝室付名誉貴族に任命されるにあたって、シャルル・ド・ダマースとモンモランシー公爵という二重の後ろ盾を必要としたのである[17]。

七月革命まで身辺警護隊員だったテオドール・アンヌは、その後劇作家を経て正統王朝派の新聞記者となった人物であるが、ブルボン家の熱心な支持者であったので、ブルボン家の失墜を、まさに〈王宮の犬〉である宮廷人の責任に帰している。とりわけ職務をめぐる競争と恥ずべき兼職の横行を、彼は告発している。フランス宮廷司祭長であるクロワ大公は、その職務に対して一〇万フランもの年俸を受け取り、これに加えて枢機卿として三万フラン、ルーアンの大司教として二万五〇〇〇フラン、ルーアン司教区からの追加給与として一万五〇〇〇フラン、貴族院議員として一万フラン、総額にして一八万フランを得ていたのである。王の筆頭司祭であるフレシヌス猊下の場合は、それ以上の額、つまり一九万六五〇〇フランを手にしていた。さらに彼は二つの住居を所有していた。一つは宗務大臣としての住居でサン＝ペール通りに、もう一つは筆頭司祭としての住居で、テュイルリー宮殿の中にあった。[18]

王の〈寝室〉には若干の無駄な職務が設けられていたが、〈厩舎《エキュリー》〉のような他の部門でも事情は同じだった。当時〈厩舎〉には一五名の主馬官（三名は定員外）、一名の調馬師長、五名の調馬師（一名は定員外）、八名の常勤厩舎人、三名の名誉厩舎人、七名の厩舎人候補生（三名は定員外）がいた。主馬頭や筆頭厩舎人、厩舎隊長などが存在したことはいうまでもない。これら厩舎人たちはいったいどんな役割を引き受けえたのだろうか。たとえば、等しく六〇〇〇フランの年収を受け取っていた主馬官と常勤の厩舎人の間にはどんな違いがあったというのだろうか。王が複数の中継地を駆けめぐる時には、馬車を引く馬のさらにその先を行く常勤の厩舎人が歩法を定める役となり、主馬官は後続の馬車の中にいた。反対に、王がパリ近郊のサン＝クルーやヴァンセンヌまでしか足をのばさない時には、主馬官は君主の馬車の先を進んだ。主馬官は士官であるから、それにふさわしい白い羽根飾りの付いた帽子をかぶる権利があったが、常勤の厩舎人は士官ではなかったので黒い羽根飾りに甘んじていたのである。

王族のメゾン（家臣団）

王子や王女たちは、それぞれ一つの〈メゾン・シヴィル〉をもっていた。アングレーム公爵夫妻のメゾン（家臣団）は大いなる不変性を備えていた。彼らのメゾンは、アンシャン・レジーム期以来の貴族で、彼らと亡命を共にして献身的に仕えてきた者たちで構成されていた。たとえば一八一四年にアングレーム公爵の寝室付筆頭貴族を勤めたのはダマース＝クリュ伯爵で、一八一六年にはダマース公爵となる人物である。ダマース公爵は、その後一八二六年に至っても〈王太子付近侍《ムナン》〉という肩書のもと、依然としてその地位についていた。というのも、シャルル一〇世の即位後は、アングレーム公爵がその王位継承者となっていたからである。復古王政期の初めに筆頭廐舎人であったギッシュ公爵もまた、王太子付きの近侍となった。一方、公爵夫人のメゾンにも同じ持続性が支配していた。彼らの職務は母から娘へと伝えられたり（一八一四年に女官《ダーム・ドヌール》を勤めていたセラン公爵夫人はやがて公爵夫人となる娘のダマース＝クリュ伯爵夫人にその職を譲る）、互いに婚姻関係を結んだ忠臣（筆頭廐舎人であったダグー子爵は着付け役《ダーム・ダトゥール》のショワジー伯爵夫人と結婚する）とか、その親族たち（この場合はダマース家）の間で占められていた。

アングレーム家に仕えるダマース家の人びとは大変な人数だったため、それらの館は「ダマース風に家具が備え付けられ、しかもその数はダマース家で二倍にふくれ上がっていた」[19]。エティエンヌ・ド・ダマース＝クリュ伯爵は、一八一六年に公爵となり、コンデ軍〔大革命期の象徴的な反革命軍。一八〇一年に決定的に解体した〕の壊滅後はアングレーム公爵の身辺に配属されて筆頭貴族、次いで王太子付近侍となり、旧姓をセランというその妻は、やがて公爵夫人付女官となった女性であるが、この夫妻以外では、エティエンヌの兄で、一八一四年に公爵夫人の名誉騎士に任命されたダマース＝クリュ伯爵がやはりアングレーム家の身辺にいた。（もっとも、彼は急死しているが）。さらには、名誉貴族で公爵の副官から近侍になったマクサンス・ド・ダマース男爵や、旧姓ダマースで、公爵夫人に付き添う任務を果たしていたビロン侯爵夫人やサント＝モール侯爵夫人などもいた。

もっとも、このようなメゾンに属してさえいればどんな職務の者でもすべて宮廷への出入り自由の特権が与えられる、というわけではなかったことは明確にしておこう。たとえば、衛生部門のある医師は、〈寝室〉への入室許可特権も、刺繍を施した衣装を着け、白い羽根飾りの付いた帽子をかぶる権利も与えられていなかったし、寝室付の普通の守衛にしても同様だった。ひとり最高位の職についていた者のみが、職務以外に公式の代表団に加わることや、テュイルリー宮殿へ出入りすることを許されていたのだった。

小姓《パージュ》、エドワール・ダルトン＝シェー

復古王政期には、王の小姓《パージュ》は、名門中の名門の家族が息子たちのために競って得ようとした職だった。一八二〇年には三六件の要請があり、一八三〇年には六〇件に増えている。[20] われわれが王の小姓に関する証言を得ることができるのは、エドワール・ダルトン＝シェーのおかげである。一八一〇年生まれのエドワールは、帝政期にラン・エ・モゼール県およびラ・ロエール県の収税官で一八一五年に亡くなったジェームス・ダルトン男爵の息子で、また、コンセイユ・デタ評定官、元老院議員（帝政期の）、貴族院議員を勤めたシェー伯爵の母方の孫にあたる人物である。シェー伯爵には直系の跡取りがいなかったので、彼はルイ一八世から貴族院議員の職を孫に引き継がせる許可を得た。したがって一八三五年に、エドワールは貴族院に自分の席をもつこととなる。

一二歳で孤児となったエドワールは、当時、パリ王立裁判所次席検事であった義理の兄ジョベール氏に引き取られた。ジョベール氏は一八二六年、後見人となっている義弟のために、シャルル一〇世に小姓の地位を願い出る。同年一〇月一日には、エドワールはヴェルサイユで小姓隊に加わっている。隊は王に忠誠を誓う貴族の子弟から選ばれた一八名からなっていた。彼らのうち、富裕な者たちは家庭教師の神父によって教育を施されていたが、他の者たちはイエズス会が経営する寄宿学校サン＝タシュールや、それ以外は結局地方の学校《コレージュ》を卒業していた。そしてアルトン＝シェーの場合は、パリのアンリ四世校で勉強したのだった。

彼らは、三年間はこの小姓としての職務にとどまり、王室長官の監督下にあった。（エドワールが宮廷で最後の勤めを果たしたのは一八二九年八月九日である）。彼らの任務は〈高貴な召使〉として働くことにあった。レセプションの日にはきまってテュイルリー宮殿で奉仕する他、公的な儀式や閲兵式、狩猟の際にも奉公した。彼らが身に着ける制服はたいそう美しいものだったので、アルトン＝シェーが小姓の職に魅力を感じたのもこの制服によるところが大きかった。

しかし、その魅力も長くは続かなかった。エドワールは自分に課された「半ば修道院、半ば軍隊」の生活を耐え難く思うようになった。小姓は王家の保護を受けていたので、彼らの信仰心は注意深く監視されていたのである。「私たちは特設の礼拝堂での日々の祈りや、聖務日課や説教、晩課に参列したばかりか、ミサに奉仕し、聖体拝領の義務もあった」[21]。エドワールは規律を守らない態度をはっきりと示していたため、たちまち危険分子と見なされた。彼は『ジュルナル・デ・デバ』紙（当時この新聞ではシャトーブリアンがヴィレール〔一八二二年から二八年まで保守的反動内閣の首相として「亡命者一〇億フラン法」、「長子権」復活を実現させ、言論の自由を弾圧した。一七七三―一八五四〕を容赦なく攻撃していた）や、ソルボンヌの反体制派三人組と呼ばれたクザン、ギゾー、ヴィルマンの講義録をもち込むため、馬丁を買収していたのである。小姓たちの暮らしぶりは、常に細心の監視の対象でもあった。ある朝、アルトン＝シェーがたった一人で小姓の館に残っていると、寝室に至るまでどこでも覗いてみたい性分のアングレーム公爵夫人がやって来た。こまごまとした視察が終わった。「彼女は礼拝堂で少し立ち止まり、聖なる場所での私の態度を観察したあと、私に礼を述べ、調馬場の方へと行ってしまった」[22]。

小姓時代を卒業すれば、伝統的には騎兵士官の勅許状が彼らに与えられることになっていたが、エドワールは例外的に――札付きの反抗児が災いしたのだろうか――歩兵隊に配属させられた。しかし彼はその勤務につくこともなく、早々に辞職している。

身辺警護隊員、テオドール・アンヌ

一七九七年生まれのテオドール・アンヌは、一八二三年にリヴィエール公爵の指揮下にある王弟殿下《ムッシュー》の身辺警護隊の第二年度兵として少尉の位で任命された。それまで彼は猟騎兵第一六連隊の曹長だった。下士官に対して〈メゾン・ミリテール〉への門戸を開く法律が発布されたのは一八一八年三月一〇日のことだったが、それまでの身辺警護隊員は家柄や財産に恵まれた特権階級の人びとによって組織されていた。そしてシャルル一〇世の即位の折（一八二四年、即位式は二五年）に、王弟殿下の身辺警護隊は国王勤務として残されたのである。さらにいえば、リヴィエール公爵は一八二六年にボルドー公爵の養育係に任命されたため、以後彼の部隊は四つに分けられ、他の四中隊に編入されたのであった。

テオドール・アンヌは、テュイルリー宮殿の「王子たちの〈第一の間〉の扉や、彼らの部屋の出口に通じている廊下などに」[23]、一週間ぶっ通しで歩哨に立っていた。そして、その次の週には王弟殿下やアングレーム公爵夫人、王子、王女のお供をして外出し、護衛の勤務につくような毎日だった。

身辺警護隊はまた、ルイ一四世の治下に始まり復古王政期の初めに厳格に復活していた一日二回の儀式にも動員されていた。それは王の食事の運搬である。毎日午前一〇時の少し前、王の食堂の扉番は当直の班長に、勤務についている警護隊員の一人を呼び出すよう指令を出す。警護隊員が厨房に降りて行くと、王の朝食はすでに篭の中に収められているのだった。そして食事を護送する一団は、次のような順番で昇って行くのである。先頭は扉番、そのあとに篭をもった二人の近習《ヴァレ》、最後に警護隊員である。スイス兵が両扉をいっぱいに開くと、その前に立った扉番が大声で告げる。「お食事でございます！」。食事が済むまで全員が起立していた。食事が終わって〈ディアナ〉の間の扉のところに到着すると、扉番は回れ右をし、あとに従ってきた警護隊員に敬礼するのであった。夕方の六時少し前にも同様の光景が繰り広げられたが、こちらは一層豪華だった。三人の警護隊員が先を進み、それぞれ皿を抱えた一二名ほどの制服姿の家僕がこれに付き従った。こうした儀式はやがて重苦しくばかげたものと思われることになるが、この儀式を唯一の任務としていた扉番から抗議される危険を冒してまで、これを廃止するようなことはできなかった。[24]

武官としてのテオドール・アンヌは、家柄によって国王代理官の位階の恩恵を受けているこれら警護隊の上官たちを、好意的には見ていなかった。上官たちの役割といえば、王に同伴してミサに出席し、レセプションに参列し、王の外出に従い、毎夜九時に指令の「お言葉」をいただくために参上することだった。彼らは一年のうち三カ月間だけ勤務につき、国王代理官としての俸給以外にも四万フランの手当てを受け取っていた。彼らは、宮殿の内部では元帥にも勝るほどの特権層だったのである。

王室長官、ドゥドーヴィル公爵ラ・ロシュフーコー

一八二四年の初め、ラ・ロシュフーコー公爵はルイ一八世によって王室長官に任命された。そして彼の息子ソステーヌは芸術に関するあらゆる任務を担当していた。シャルル一〇世治下においても、ラ・ロシュフーコーは一八二七年までこの地位にとどまっていた。彼は国民軍の解体〔一八二七年四月二九日の勅令〕に抗議して辞職した唯一の大臣である。

公爵は、王の〈メゾン〉に対して、暮らし向きの質の割には出費が多すぎるとの判断を下した。彼はきわめて評判の高かったオルレアン公爵〔ルイ＝フィリップ〕の財務管理との比較を行なっている。「オルレアン公爵殿は一日に一〇〇名を養い、毎週四〇から五〇名の者たちのために見事な大夕食会を開きながら年間二〇万フランしか使っていないというのに、王は大掛かりな夕食会など決して催さず、また一日に二〇〇名しか養う必要がないのに、年間一一〇万フランも消費していることを私は知った」[25]。この数字を盾に、公爵はシャルル一〇世に改革案を提出した。しかし気弱な王は、その計画を認めながらも、あえて彼の進言に従おうとはしなかった。大臣は改革の必要性を一例をあげて説明している。王の厩舎には一〇〇頭の馬が余分に飼われている。本来ならば六〇〇頭のうち五〇〇頭で十分なはずだ。ところが、まったくありそうもないことだが、余分な一〇〇頭は、シャルル一〇世がフォンテーヌブローかコンピエーニュから帰った翌日に、急きょランブイエへ行こうと決めた場合のために養われていたのである。しかし、たとえいつかそういう事態が生じたとしても、王は駅馬を借りればよい。なぜなら、一〇〇頭の馬を養うには年間三〇万フランを要し、したがって仮に一〇年に一度、フォンテーヌブローかコンピエーニュから帰って来た王が、ふとランブイエへ行こうという気まぐれを起こしたとすれば、そのために三〇〇万フランもの経費が余分にかかってしまうことになるからである。

ラ・ロシュフーコー氏が大いに驚いたのは、彼のこの改革案には反対意見しか出てこなかったことである。「秩序と倹約の力強い味方」であるアングレーム公爵までが彼に対して次のように申し渡した。「この件に関してはあなたを支持することはできません。王家においては厩舎にも厨房にも手を加えてはならないのです」[26]。結局、大臣は悪弊を監視するだけにとどめたが、君主の取り巻きたちにとってはそれさえもがすでに出すぎた行為なのであった。

この点について、ラ・ロシュフーコー氏は「小姓騒動」のことを引き合いに出している。ある日彼は、前日に入ったばかりの新入りの小姓たちが、「おぞましいやり方でこれら新参者を堕落させようとする」古参の小姓たちに苦しめられているのを知った。急いでヴェルサイユに赴いた彼は、彼ら古参の小姓たちを見せしめにしようと決意した。そして犯人たちの中から五名の若者を選び、一年間の追放を告げたのである。ところが翌日には早速、シャルル一〇世によって大臣は激しく非難された。あらかじめ知らせもせずに、なぜこんなにすばやく行動したのか、親たちがやかましく恩赦を願い出ている五名の罪人を、すみやかに復職させることはできないものか、というのである。罰せられた小姓たちは、式部長であるブレゼ侯爵の甥とボルドー公爵の家庭教師であるリヴィエール公爵の甥、それにナルボンヌ公爵の近親者と「王にも王太子にもお気に入りだった」二人の男の息子たちだった。しかし、厳正なドゥドーヴィル公爵は自分の決意を貫いたのである。

礼儀作法《エチケット》

称号、上席権、勲章

一八二四年八月三一日、瀕死のルイ一八世は、もはや頭を上げることすらできなかった。首相のヴィレールは途方に暮れた。彼は『回想録』の中で書いている、「王に判断を仰がねばならない重大事を抱えていたのだ」と。[27] 大臣が瀕死の王との面会にこだわったのは、実は礼儀作法《エチケット》上のある問題を解決するためだった。ここで、ルイ一八世がこの問題に対してどれだけの価値を付与していたかが推察できる。つまりヴィレールが君主から明確な答えを得ようとしたのは、礼儀作法の分野ではルイ一八世は人一倍気難しく、無敵の存在であったためである。大臣は老いた王に当の問題を説明する。オルレアン公爵が明日一四歳になる長男のシャルトル公爵のために、コルドン・ブルー（青綬）を求めており、その申請の裏づけとしてアンギャン公爵の場合を例にあげ、男系の王子は皆この年齢で受勲されたということを強調している、と。

オルレアン公爵は思い違いをしている、とルイ一八世は答える。アンギャン公爵がコルドン・ブルーを授かったのは一五歳の時であり、アンギャン公爵の生年月日と叙勲が行われた正確な日付および曜日までをも、王は明らかにする。したがって他の男系の王族たちと同じように、若きシャルトル公爵がコルドン・ブルーを受けるのは一年後ということになるのだ、と。ヴィレールが王の答えをオルレアン公爵に伝えると、彼は自分が思い違いをしていたことを認め、この近親者の伝説的な記憶力のよさに改めて啞然としたのだった。

礼儀作法を細心の注意を払って遵守すること、これが一〇年にわたってルイ一八世の行動を支配していたものである。まず彼の家族がその第一の対象者だった。王家のメンバーは、王の面前ではテュトワイエ〔二人称単数を用いた親しい話し方〕で接することが禁じられていたが、とりわけ服喪期間中はこれを厳重に守らねばならなかった。また、ベリー公爵夫人の〈メゾン〉は全員、公爵の暗殺後一年以上にわたって喪服を着用した――服装は正式な黒のウールに限られ、馬車の羽目板は黒ラシャ布で覆われねばならないなど――。さらにまた、王は城館にオルレアン家の縁者たちを定期的に迎え入れてはいたものの、最後まで彼らに直系王族《アルテッス・ロワイヤル》の称号を与えることは拒み続けた。ルイ一八世にとってみれば、唯一、ナポリ国王（シチリアのブルボン家）の娘として、マリー＝アメリーだけがその称号とそれに関する特権をもつ権利があるのだった。オルレアン家の全員が宮廷に迎えられた時には、両開きの扉は公爵夫人〔マリー＝アメリー〕の前ではいっぱいに開かれたが、夫の方は扉番が扉の片側を閉めるまで入室を辛抱強く待っていなければならなかった。

礼儀作法の細部に対するこの常軌を逸した気配りには、同時代の人びとの間ではオルレアン家を侮辱する意図があると解釈されていた。オルレアン家に共感を寄せていたボワーニュ伯爵夫人は、公爵にとっていくつかの場面がどんなに屈辱的なものだったかを強調している。たとえばベリー公爵の第一子が誕生した時、出生証書に署名するにあたって大法官《シャンスリエ》[28]がこの縁者にペンを差し出すと、ルイ一八世は、それは儀式の補佐役が手渡せば済むことだとしてこれを妨害した。このように、ルイ一八世は礼儀作法を実際に権力の道具として、あるいは力関係を作り上げるための手段として活用していたのである。これは彼がヴィレールに注意を促したことでもある。ルイ一八世は、他の貴族たちと同様にオルレアン家に対しても礼儀作法の秩序に適ったものはすべてを与えたが、それ以上のものは何も与えなかった。一方、兄よりも人に左右されやすく、礼儀作法を統治の手段として用いることのなかったシャルル一〇世は、即位するとすぐにオルレアン家の要求事項を受け入れたのであった。

称号の位階制度を絶対的に尊重するという点で、ルイ一八世は、姪の〈マダム〉〔通常は王弟妃殿下、王弟（ムッシュー）の妃の尊称〕のアングレーム公爵夫人に対しては特別な地位を与えていた。彼女とは上席権に対する鋭い感覚を共有していたからである。

一八一四年、亡命生活から戻ってカレーで下船する際には、王はアングレーム公爵夫人を片腕に抱き寄せていた。王がパリに姿を現した時には、無蓋の四輪馬車の中で彼はその傍らに彼女を座らせていた。毎刻一〇時半には、公爵夫人は夫と王弟殿下に合流し、王の朝食に参列した。王も王弟殿下もすでに妻をなくしていたので、彼女は義理の弟のベリー公爵が結婚するまで王家における紅一点だった。

しかし、アングレーム公爵夫人は一人の女性である以上に、まさに革命の悲劇を乗り越えたブルボン王家の存続の象徴そのものだった。一七七八年生まれの彼女は、ルイ一六世とマリー＝アントワネットの娘としてまず〈マダム・ロワイヤル〉となり、その後両親の死後は〈タンプルの孤児〉〔一七九二年八月一〇日の蜂起のあとルイ一六世の一家はタンプルの塔に幽閉され、王はここから処刑場に向かった〕となった。弟の王太子〔ルイ一七世のこと。タンプルの塔の中で死亡（一七九五）〕が亡くなったので、彼女は一七九五年一二月にフランスの囚人たちと引き替えにタンプルの牢獄から解放された。オーストリアに着くとミッタウ〔ラトヴィアの都市イエルガヴァのこと。ブルボン家の一時的な亡命地だった〕で叔父たちに合流し、アルトワ伯爵〔のちのシャルル一〇世〕の息子で彼女のいとこにあたるアングレーム公爵と結婚した。

一八一四年になるやアングレーム公爵夫人は、王と一致協力してアンシャン・レジームの礼儀作法《エチケット》を復活させることに専心した。彼女の念の入れようは、かつてヴェルサイユで行われ、もはや誰にも正確には記憶されていない事柄を細かく調べさせるほどだった。ルイ一八世の臨終の際にとった態度は、この分野における彼女の力量のほどを示している。

息を引きとった王の枕辺にいた彼女は、涙にくれながら立ち上がり、同じくすすり泣いている夫とともに寝室を去ろうとした。そして、扉のところでおもむろに立ち止まると、夫である公爵に先を譲って引き下がり、彼に言った。「王太子様、お通りくださいませ」[29]。悲しみにあっても彼女は作法に従うことを忘れなかったのである。つまり、それまで彼女は、王の娘として夫に対して優先通行権をもっていたのである。二人の結婚にあたっては、ルイ一八世は甥のために特別の配慮をしていた。王は勅許状によって、甥に〈フランス国の息子〉の称号を作ってやったのである。妻が〈フランス国の娘〉の称号をもっていたからである。そのおかげで、彼はベリー公爵やボルドー公爵に対して用いられていた〈ル・デュック・ド・ベリー〉とか〈ル・デュック・ド・ボルドー〉のように〈モンセニュール・

ル・デュック・ダングレーム〉ではなく〈モンセニュール・デュック・ダングレーム〉〔定冠詞のルを省くことで親近さを示していると思われる〕と呼ばれた。しかしこの勅許状にもかかわらず、アングレーム夫妻がルイ一八世の部屋に入る時には、ただ「マダムのアングレーム公爵夫人でございます」と告げられるだけで、夫の名は呼び上げられなかった。勅許状も血の上位には勝てなかったのである。

ルイ一八世の死によって、その王弟殿下が王となり、息子のアングレーム公爵は王太子となった。以来、ルイ一六世の娘はシャルル一〇世の息子に優先通行権を譲ったのである。いってみればシャルル一〇世を即位させることで、初めて彼女は夫に新しい称号を与えたのである。亡くなった王も姪に満足したに違いない。彼女の対応は王自身のやり方と似ていたからである。

もっている称号が正当であるか否かとか、それによって生じる優先権に対して、これほど注意を払った女性もいない。しかしそうした彼女も、義理の妹ベリー公爵夫人の決意には強いショックを受けるばかりだった。王太子妃に昇進したアングレーム公爵夫人が〈マダム〉の位を放棄した時、ベリー公爵夫人はそれが我がものとなることを主張した。そうする権利など彼女には何もなかったにもかかわらずにである。彼女はベリー公爵の寡婦にすぎず、ベリー公爵の方は兄のアングレーム公爵が王として即位しなければ王弟殿下《ムッシュー》の称号を受けることはできなかったからである。そのため、ベリー公爵夫人の従者たちだけが彼女をマダムと呼んでいたのである。従者以外は、新しい王太子妃の気分を損ねないよう気づかいながら、彼女の義理の妹を〈マダム・ベリー公爵夫人〉と呼んでいたのだった。

礼儀作法に背いた者があれば、アングレーム公爵夫人は皮肉たっぷりの態度を示したが、それはしばしば辛辣でさえあった。彼女はルイ一八世と一緒に、王族の間では互いに陛下《マジェステ》や殿下《アルテッス》という表現を避けて、三人称でやりとりしなければならないという規則を定めていた。ある宮廷人が礼儀に反して王族の一人に〈殿下《アルテッス》〉の敬称をつけて呼んだところ、いら立った公爵夫人は〈いとも麗しき《セレニッシーム》〉〔直系王族はアルテッス・ロワイヤル、傍系王族はアルテッス・セレニッシームで呼ぶ〕とつけ加えるほどであった。[30]

テュイルリー宮殿に伺候すること

ルイ一八世は、当時のヨーロッパの君主の誰よりも頻繁に客を迎えていた。[31] 何の許可も必要なく、誰であろうと出入りできたヴェルサイユ宮殿とは反対に、テュイルリー宮殿では宮廷に紹介された者か、許可証をもっている者だけが入ることを許されていた。しかしこの許可証は広く配布されていた。だから日曜日には、ミサを終えて出てきた王は彼に喝采を送るためにやって来た混み合った群衆に出会うのだった。[32]

宮廷人たちは、さまざまな折に王の御前に〈伺候しに〉行った。日曜日のミサのあとにはすべての宮廷人が、また、月曜日には一二時半に男性たちが、夜八時半には女性たちが、そして火曜日には大使たちが伺候した。日曜日のレセプションはとりわけ儀式張った色合いを帯びていた。王は〈元帥の間〉を横切ってテュイルリー宮殿の礼拝堂に赴く。彼は衛兵および刺繍をほどこした衣装の高官たちの行列に取り巻かれる。〈メゾン・シヴィル〉のそれぞれの部門が、色の異なった制服を着用している。王宮係は赤、寝室係はスカイブルー、狩猟係は緑、厩舎係は濃い鮮やかなブルー、典礼係は紫である。これらの制服が定められたのは一八〇四年のことであるが、ルイ一八世は寝室係を緋色からスカイブルーに変えただけだった。[33]

オペラ劇場（テアトル・リリック）の主要な歌手たちが歌うミサが終わると、宮廷人たちは大広間に殺到し、王からの好意のしるしを心待ちにするのだった。大きな方の執務室《キャビネ》では、王は厳格な順序に従って一人ひとりに言葉をかけていた。親族、大臣、元帥、元大臣の順である。彼はすべての人に、いつもごく平凡で変わりばえのしない質問を繰り返していた。たとえばジュルダン元帥には日曜日のたびに、「クドレの所有地から戻って来たのか」と尋ねた。しかし、質問の内容はどうでもよいことだった。重要なのは王が言葉をかけたという事実であり、王があなたのことを気にかけている、というしるしを示すことなのである。今までいつも話しかけていた者の前を王が無言で通り過ぎるならば、その沈黙は不興を意味した。一八一九年のモレ氏の場合がこれにあたる。所属していたリシュリュー内閣が失墜したあと、彼はデソール＝ドカーズ新内閣と対立したからである。

伺候に出る際には、人びとは宮廷用の衣装を着用したが、これは一八一四年になるとすぐにアングレーム公爵夫人自らが考案したモデルに従ったものである。ヴェルサイユの宮廷服は、一七八九年以降のテュイルリー宮殿ではもはや強制されなかった。それを再び導入したのはブルボン家ではなくナポレオンであり、一八一一年のことだった。ボワーニュ伯爵夫人によれば、アングレーム公爵夫人は当初、ヴェルサイユで用いられたパニエ（ペチコート）を復活させようと望んでいた。しかしこれが一同の憤激を買ったことから、彼女はパニエの代わりに、帝政期の衣装を用い、これにレースの縁飾りとマンティーラ〔スペイン女性が用いる頭や肩を覆うスカーフ〕をつけ加えることにしたのだった。そして彼女は、自分の決めたデザインに宮廷人たちが従うことにこだわり、新しい宮廷服のモデルを上流社会の出入り商人に預けておいたほどだったのである。

復古王政期には、宮廷人たちを称号に応じて城〔テュイルリーはシャトーとして建てられた〕の別々の部屋に振り分けるというナポレオンの改革を守り続けた。アンシャン・レジーム下では、唯一の差別は折り畳み式床几に座ることができるかどうかということだけであった。すなわち、王や王族たちの夕食に参列するにあたって、公爵夫人はすべてこの権利をもっていたが、他の者たちは立ち通しだった。上席権はナポレオンの宮廷で確立されたが、男性の間のそれに限られていた。つまりテュイルリー宮殿のどの部屋に割り振られるかは、彼らの階級や爵位によって決められていたのである。[34]

ルイ一八世は、王の寝室付筆頭貴族であるデュラース公爵と協力して、帝政下に設けられていた区分を受け継ぎ、それを女性たちに対しても広げながら「玉座の間の栄誉」を確立していった。特権にはまず、いつでも好きな時間に王の寝室に入ることが許される「グランド・ザントレ」があった。それを手にすることができたのは、侍従長、寝室付筆頭貴族、そして衣装係長としての筆頭侍従たちである。続いて「プルミエール・ザントレ」がある。これは、王への取り次ぎを頼むためにいつでも続きの小部屋に入ることができ、奥の居室への入室許可を待つ権利である。この権利を得ていたのは〈メゾン・シヴィル〉と〈メゾン・ミリテール〉の重臣たちである。〈玉座の間〉は、貴族院議員、大使、各省大臣、大司教、王家の高官、両院議長らにあてられていた。そして代議士、国王代理官、コンセイユ・デタ評定官、司教、知事は、〈玉座の間〉の手前にある〈第一の客間〉に入ることができた。また、王立裁判所判事、副知事、市長、参謀将校は〈第二の客間〉に入る権利しか与えられていなかった。[35]

婦人たちの称号による部屋の割り当てはごく簡単なものだった。公爵夫人か否かの区別しかなかったからである。

まず、公爵夫人たちが先頭で〈玉座の間〉に入るということが決められた。したがってそれ以外の夫人たちは、そのあとでなければ入場できないのである。この措置が、公爵夫人でない者の自尊心をどれほど傷つけるものであったかは、想像にかたくない。まるで太陽を奪われたようなものだった、とボワーニュ伯爵夫人は書いている。「私たちは、当時警護隊の部屋として使われ、階段に面していた〈元帥の間〉に到着しました。そしてほとんど日の当たらない〈青の間〉を横切りました。次に私たちは皆〈平和の間〉で待機したのですが、そこも他の部屋と大差はありませんでした。公爵夫人たちの方は進み続けて〈玉座の間〉に入りましたが、そこだけがシャンデリアで光り輝いていました」[36]。ヴェルサイユ宮殿を体験していた公爵夫人以外の老夫人たちの怒りは収まらなかった。彼女たちはこう言った。公爵夫人たちは「私たちを踏み台にしている」、と。〈玉座の間〉の扉は公爵夫人たちの背後で閉じられ、これが王の到着を示しているのだった。やがてほどなくして再び扉は開かれ、〈平和の間〉で待機していた夫人たちが通されるのである。

　公爵夫人たちは愚かにもこの特権を喜んだ。実際、喜んでしかるべきは帝政期の公爵夫人たちだけだったのである。というのは、多くの公爵夫人たちがまだ「貴族の娘」でなかった時に、皇帝がしばしば彼女たちと大して生まれの変わらない夫に授けた称号の力によって、はじめて彼女たちは名門の貴族の女性に先んずることができたからである。一八一七年の聖ルイ勲章の受勲式では、〈玉座の間〉の床几特権をもっていた六一名の夫人のうち、帝政期の元帥夫人か公爵夫人は一五名だった[37]。

　このように、実際には帝政期の貴族しか優遇しないこのような改革がなぜ行われたのだろう。ボワーニュ伯爵夫人は、デュラース公爵にその責任があると主張する。なぜなら彼は、自分がもっている称号を他者よりも優先させることに強く執着していたからだという。もっとも彼女によれば、この措置はアングレーム公爵夫人からも王弟殿下からも同時に非難されたものだった。彼らはかつてのヴェルサイユのように、夫人たちには決して差別を加えていなかったからである。しかし、何ごとも王の承認なしに決定が下されるわけはない。この決定の中には、王が一貫して表明していた「帝政期の貴族の統合」を実施しようとする意志を読みとるべきではなかろうか。

ただ一点についてのみ、ルイ一八世はアンシャン・レジーム期の日常の作法を簡略化した。起床と就寝の儀式を復活させなかったことである。おそらく彼は、病弱な体を人前にさらしたくはなかったのだろう。就寝の儀式の代わりに、彼は毎夜九時に〈命令《オルドル》〉の儀式を設けた。この儀式には宮廷のすべての人が参列することができた。王が警護隊の本部長と中隊長たちに命令の言葉を与えるのである。「オルドルに行く」ことは、宮廷人たちの間で高く評価されていた。それは謁見の許しを乞うことなく王に話しかけることのできる絶好の機会だったからである[38]。

オルドルの成功は別としても、テュイルリー宮殿で宮廷人たちが「伺候すること」はおしなべて煩わしく面倒で、時代の習慣にあまりそぐわない行為だった。しかしこれを遂行することが宮廷人としての義務の一部となっていた。事実ルイ一八世は、各人の出欠に大変な注意を払っていた。一八二〇年のとある月曜日の夜、彼は出席している夫人たちの数をかぞえた。〈玉座の間〉には七五名、〈平和の間〉には一九三名、「総計二六八名、この数は悪くない」[39]。

さて、王と公爵夫人たちの第一の接見のあと、閉じられていた両開きの扉が再び開かれるのを待って戸口に控えていたボワーニュ伯爵夫人の話に戻ろう。扉が開かれると女性たちは列になって入場して前へ進み、玉座のところで恭しく挨拶する時以外は立ち止まらなかった。王が言葉をかけることがなければ行列が止まることはなかった。しかも王はめったに話しかけることはなかったし、話しかけたとしてもごく短いものだった。その後一行は、アングレーム公爵夫人のところへ行くために〈ディアナの間〉を通り抜けた。王とは反対に、彼女はわざわざ来客たちと会話をする労をとっていた。この行為はおそらく好意によるものだったが、難点が一つあった。戸口が込み合うのである。彼女の客間に入るには、人込みの中をかき分けて進まなければならなかった。そのあとで女性たちは彼女の夫の部屋へ、つまり妻の人柄にうんざりし、あまり心地よくない関係を続けている夫の方へと移って行った。さらにまた王弟殿下《ムッシュー》とベリー公爵への伺候のためにマルサン館へ行くには、いよいよテュイルリーのこの翼棟を離れねばならなかった。女性たちはぶるぶる震えながら歩いた。なぜならば、礼儀作法《エチケット》により、城内でのショールや毛皮付きコートの着用は禁じられていたからである。馬車を宮殿の前に止めておく権利も認められていなかったため、馬車に乗り込むわけにもゆかなかった。翼棟から翼棟へ移動する際には、夫人たちは風邪を引かぬよう、ドレスの裾で頭と肩をくるんだのである。

ボワーニュ夫人は、ヴェルサイユでの礼儀作法はもっと「快適」だったと思っている。そこでは、女性はいつも従僕に付き添われ、輿に乗ったまま控えの間に到着することができたのだった。彼女は、テュイルリー宮殿での伺候はつらい務めであり、「宮廷の儀式を担当する人は、それを快適なものとするために何らかの配慮を加えなければならないでしょう」[40]、と述べるのである。しかし伯爵夫人のこの願いは、宮廷人たちをできる限り厳しい義務に従わせようという礼儀作法《エチケット》の本質そのものに矛盾してはいないだろうか。

拝謁式

宮廷のレセプションに出席できるためには、夫人たちはまず拝謁式《はいえつ》を前もって済ませていなければならなかった。一般にそれは、各夫人たちの婚礼の翌日に行われていた。一八二八年にシャルル一〇世に拝謁したマリー・ダグーの証言をまとめれば、次のようになる[41]。

この拝謁式の式次第は、宮廷のダンス教師アブラアム氏の特別講習を受けねばならないほど複雑なものだった。年の頃四二歳ほどのアブラアム氏は、かつて、マリー＝アントワネットの〈優雅な作法の教師〉であった。また、アングレーム公爵夫人が復古王政の初期にかつての礼儀作法を復活させた時には、彼は宮廷に招聘され、ベリー公爵夫人に作法を教える任務を受けもった。このような経歴をもつアブラアム氏は、わずか三回の手ほどきで、マリー・ダグーにゆったりした宮廷用コートを意のままに操る術を教えたのである。コートの長い裾をからめさせずにふんわりと広げるには、人にはそうと悟られずに裾を足で蹴り返さなければならなかったが、これは難儀だった。また、王のもとに着くまでに必要な三度のお辞儀も、完全に習得しなければならなかった。一回目は貴族たちに取り巻かれた王が待ち受ける部屋の入り口で、二回目はそこから王のところまでの最初の三分の一の場所で、三回目はさらに一〇歩進んだところであった。王は、この婦人を迎えるためにわずかに前に進み出て、それから「優雅な仕草で」引きとってよいと知らせると、彼女は後ずさりをしながら退出するのだった。

新婦にはもっとも近縁、あるいはもっとも信望ある親戚縁者の中から選ばれた二名の女性が後見役として付き添った。マリーの後見人はモンモランシー＝マティニョン公爵夫人と、夫の叔母にあたるダグー子爵夫人だった。ダグー子爵夫人は、アングレーム公爵夫人の亡命生活に同行し、彼女の着付け役となっていた女性である。若きマリーが、王に拝謁する前に王太子妃の検査を受けるという光栄に浴したのはこのためである。マリーは真っ白な宮廷用の衣装を着けていた。ドレスはチュール織り、コートはビロード製で、どちらにも銀の刺繍があしらわれていた。髪形はダチョウの羽根をのせた髷《まげ》の、「高くて固い」ものだった。彼女はひどく不安な気持ちで、王太子妃の裁定を待っていた。すると王太子妃は、マリーの全身をくまなく眺め回してから申し渡した。「口紅が足りません」。しかし、手を加えるには遅すぎた。すでに王の広間はすべて開け放たれていたからである。マリーと二人の後見役は恭しくお辞儀をした。老いたダグー子爵夫人のお辞儀は、ボンヌヴァル侯爵の語るところによれば、それは「ただただぞっとする」ものであり、「もっとも古風な礼儀作法のすべてが、あたかも彼女のスカートの下に宿っているかのようだった」[42]。

「皆さん、私を王か王妃と思ってください。おそらくあなた方全員は、いずれ宮廷で謁見を賜ることになるのですから、拝謁の入退場とお辞儀の練習に、さっそく取りかからなくてはなりません」。こんな風にしてアブラアム氏がアングレーズ修道院の寄宿生を対象にレッスンを始めたのは、一八一八年のことだった。彼の寄宿生たちの中にはオロール・デュパンがいた。長じてジョルジュ・サンドとなった彼女は、のちにレッスンの光景を次のように語ることになる[43]。アングレーム公爵夫人のダンスの先生は、高齢にもかかわらず「いつもすらりとして、優雅で礼儀正しく」、生徒たちに「宮廷での行儀」を教えることに努めていた。そのうえ先生は、社交界での立居振舞いも教えてくれていた。「そこでは重要人物たちの集うサロンが再現されていた。生徒たちを座らせたり、出入りさせたりしながら、先生は館の女主人、大公妃、公爵夫人、侯爵夫人、伯爵夫人、子爵夫人、男爵夫人、議長夫人等々への挨拶のし方を指南したが、その一つひとつが位に応じた敬意や礼節にふさわしいものだった」。アブラアム氏自身も次々と男役を演じ、大公、公爵、侯爵、司祭役まで何でもこなした。そして令嬢たちの一人ひとりを呼び寄せ挨拶の実技をさせた。「それは、これらすべての挨拶をどのようにこなし、手袋や扇をどのように受け取り、またどのように微笑み、広間を横切り、座り、席を変え、その他さまざまなことをどのように行えばよいのかを私たちに教え込むためのレッスンだった。このフランス式の礼儀典範では、くしゃみのし方一つに至るまですべてが定められていた」。このように、アブラアム氏はアンシャン・レジーム期の礼儀作法と規範の学校を体現し、それらを丁寧に伝えた唯一の人物であった。

　昔の礼儀作法を復活させることになった一つの機会が、一八一六年に行われた新イギリス大使夫人エリザベス・スチュアートの拝謁式であった。それは〈トレートマン〉〔通常外国大使に供された食事のこと〕と呼ばれる夕食会をともなう式である。ロンドン駐在のフランス大使の娘としてこの儀式に招かれたボワーニュ伯爵夫人が、その詳細を書き留めている。[44] レディ・エリザベス〔あとで頻出するようにイギリス大使夫人はレディを付けて呼ばれる〕は王の幌付き四輪馬車に乗り、出迎えの女官に導かれて午後二時にアングレーム公爵夫人のもとへ到着した。〈マダム〉〔アングレーム公爵夫人はマダム・ロワイヤルの称号をもっていた〕は、宮廷服をまとった一二名ほどの女性たちとともに待機していた。彼女は大使夫人を、自分の肘掛け椅子の左側にある背もたれ付き椅子に座らせた。他の公爵夫人たちは彼女の後ろで折り畳み式の床几に座り、それ以外の女性たちは立っていた。王が入場すると、全員が起立した。ルイ一四世以来の儀礼の言葉を拝聴するためである。「お会いできてこれほど嬉しいことはありません」。次いで彼は退出した。一同は着席し、王弟殿下の入場にあたり再び起立した。王弟殿下は微笑みを浮かべながら声をかけた。「お会いできてこれほど嬉しいことはありません、と私まで言う必要はないでしょう」。〈ムッシュー〉〔王弟殿下の称号〕は女性たちを座らせ、大使夫人に別れの挨拶をすると、今度はアングレーム公爵に席を譲るために退出した。アングレーム公爵は背もたれ付きの椅子を受け入れ、歓談した。このような手を変え品を変えての小細工が二時間も続いた。その後女官がレディ・エリザベスを自宅まで送り届けた。

　この新たな拝謁人は、夫と高貴の出のイギリス女性数人に付き添われて、再び五時に宮廷に戻ってきた。夕食会には、拝謁式に参列したフランス人女性たちと仏英の男性たちが集まった。王とその家族は姿を見せなかった。そのため、夕食会の主人役は王宮の筆頭主人役エスカール公爵とアングレーム公爵夫人の女官が務めた。ボワーニュ伯爵夫人はブルボン家の傲慢さにショックを受けている。王家の人びとが食卓で大使たちを迎えるのを潔しとしなかったからである。[45]

〈トレートマン〉は、もっぱら大使夫人たちのために設けられた伝統的な歓迎会だった。他にどんな人びとが復古王政期の宮廷で謁見を賜ったのだろうか。それを示すリストは不完全だが、一八一六年一月一日から一八二二年二月二日までの間で四二一名のフランス人拝謁者の名が判明している（三分の二が女性）。このうち三七％が昔からの宮廷貴族、四五％がヴェルサイユ宮殿での拝謁を賜ったことのない貴族、一八％が庶民階級だった。[46] ルイ一八世の謁見のやり方はアンシャン・レジーム期よりもはるかに柔軟なものとなっていた。なぜなら、かつてヴェルサイユ宮殿で拝謁を賜るには、一四〇〇年以前にまでさかのぼれる家系図が必要だったからである。先にあげた拝謁者たちの比率は、ナポレオンの宮廷の比率の方により近いものだった。すなわち一八〇九年から一八一五年までに拝謁を賜ったフランス人のうち、三九％がアンシャン・レジーム期の宮廷貴族、三八％がヴェルサイユでの拝謁を体験しなかった貴族、二三％が庶民階級に属していたのだ。[47]

したがってルイ一八世は、宮廷に出入りできる人びとの人選にあたり排他的な態度をとることはなかったのである。一八一六年に行われたベリー公爵の婚礼の儀も、アンシャン・レジーム期の貴族だけが招かれたわけではなかったことを教えてくれている。しかし、その式次第については古めかしいしきたりを復活させている。それは一七世紀のブルゴーニュ公爵夫人の婚礼と、当時プロヴァンス伯爵だったルイ一八世自身の一八世紀の婚礼の儀式を逐一再現したものだった。しかし、国王の〈賭事遊び《ジュー》〉に招かれた人びとのリストは、逆に彼の解放の意志を示すものである。拝謁を済ませた古くからの貴族が一四二名だったのに対して、六一名が大革命以前に一度も拝謁を許されたことのない貴族たちで、三一名がブルジョワだった。たとえば、ヴァンティミール・デュ・リュック家の令嬢という、れっきとした〈家柄の〉娘を妻に迎えていたものの銀行家であったグレッフュール氏や、王が大変重用していたドカーズの妹ではあったもののプランストーに嫁したプランストー夫人〔不詳。妹はおそらくブルジョワに嫁していたのだ〕などである。[48]

セルクルと夜会

かつてヴェルサイユの宮廷では、〈アパルトマン〉と呼ばれる慣例の夜会が催され、王とその家族、そしてすべての宮廷人たちがこれに参加していた。そこでは踊りや音楽鑑賞、とりわけ賭事が行われていた。ルイ一四世治下の最後の頃には、少なくとも週三回のアパルトマンが開かれていた。一七四七年には、ルイ一五世はアパルトマンを以後週一回だけにすると決めた。[49]

ナポレオンはテュイルリー宮殿でこの伝統を復活させたが、その夜会はもはや〈アパルトマン〉ではなく〈セルクル〉（円陣）と呼ばれていた。[50] 一八〇九年にはセルクルは月曜日ごとに開かれていたが、その後の数年間はしばしば日曜日に催された。復古王政期には、王は出入り自由の特権をもつ人びとのリストに基づいて、セルクルと賭事のための招待状の送付先を接待担当筆頭貴族に指示した。

シャルル一〇世治下の一八二五年には、セルクル（マイエ公爵夫人はセルクルを賭事遊び《ジュー》と呼んでいる）は毎週一回と予定されていたが、一八二六年以降は年に三回の他、外国の君主が訪問した際の特別な場合にしか開かれなくなっていた。王太子妃からシャルル一〇世に「宮廷を活気づける」のに役立つはずと提案されたものが、王家と宮廷人たちにとってはたちまちのうちに退屈の種となってしまったのだ。これに参加することに満足していたのは宮廷に所属していない人びと、すなわち国会議員たちだけだった。

この夜会が開かれる時には、テュイルリー宮殿の二階の五つの大広間と王の小部屋《キャビネ》が照明で照らされていた。先に述べたように、招待状には各人の特権に従ってそれぞれ違った客間が指示されていた。招待客たち――一八二七年二月には八〇〇名――は、王が巡回する時だけ、しかるべき席についていればよかった。それ以外の時間は各部屋を自由に行き来できたのである。

王は、礼儀作法《エチケット》に従って宮廷人の間を一巡りすると、ホイスト〔トランプ遊戯の一種〕のパートナーとして指名しておいた三名の者とともに、小部屋――〈玉座の間〉と〈ディアナの間〉の間にある四角い客間――に設けられたゲーム台につくのだった。これらのパートナーは普段は爵位をもつ夫人と大使と元帥だったが、一八二七年二月の夜会では、ロアン＝シャボ公爵夫人（旧姓モンモランシー）とオーストリア大使のそばにいたのは元帥ではなく教皇大使だった。王専用のゲーム場となっている小部屋以外にも、あらゆる部屋に数多くのゲーム台が設けられていた。アングレーム公爵夫人は〈玉座の間〉、ベリー公爵夫人は〈平和の間〉、オルレアン公爵夫人は〈青の間〉でゲームをした。しかし、真剣に賭けている者など一人もいなかった。誰もがシャルル一〇世に「伺候しに」行くことだけが気がかりで、これは王が目を上げてくれるまでその前でじっと立ち尽くすことを意味していた。希望が叶《かな》った時、彼らは恭しく王にお辞儀をする。すると王はたいていの場合数語の言葉をかけるのだった[51]。

すべての下院議員は交代で王のゲームに招かれた。そのうちの一人ピエール・ベローは、その時味わった目の眩むような印象を証言している。彼は一八二四年二月にアリエから議員に当選した人物である。一八二六年に王のゲームに招待された彼は、二〇〇〇名もの人びとの中にあって、君主を間近で見られたことに強く心を打たれた。そして王が隣りにいた二人の婦人（ジュミヤック侯爵夫人とラトゥール＝モブール侯爵夫人）に対して、彼女らの息子と夫の近況を尋ねる声を聞いた時に、彼は感動で目頭が熱くなったという。「心臓にこだまするほど近くから王の言葉を耳にできたのは、生まれて初めてのことでした」[52]。シャルル一〇世の礼儀正しさと親しみ深さが、彼を魅了したのだった。王は、接待担当筆頭貴族に先導されつつ、四五分間にわたって宮廷人のごった返す中を回り歩いた。それは礼儀作法で説かれているような真っ直ぐな歩みではなく、各人に声をかけながらであるため「蛇行しながら」進むのだった。筆頭貴族はこの「無秩序」について不満を漏らしていた。

人びとの出入りが激しいこれらセルクルと対照的なのが、王太子妃（アングレーム公爵夫人）主催の内輪の夜会であった。マイエ公爵夫人は一八二四年の一二月にこの小さな夜会に招かれたが、この手の夜会は王の一族がベリー公爵夫人の館で過ごす金曜日と土曜日を除いて毎日開かれていた。「入室が許されるのは、召使を除けばせいぜい外国人女性二人とごく少数の男性たちだけ。王もホイストをしにやって来ます。ベリー公爵夫人も芝居に行かない時にはしょっちゅう。男性はビリヤード、女性はエカルテ〔二人でするトランプ遊びの一種〕。いつもは厳しく気真面目な王太子妃も、ご自宅ではだいたい親切で、いそいそとした感じで愛想を振りまいておられました」[53]。

一方、マリー・ダグーは、一八二八年から一八三〇年までアングレーム公爵夫人の小夜会の常連だったが、王太子妃を「だいたい親切」などという印象どころか、反対に彼女のサロンに漂っていた「氷のように冷たい雰囲気」のことを語っている。肘掛け椅子に座った王太子妃を中心として、アーモンド形に延びた婦人たちの円陣が出来上がっており、彼女はその中心に陣取ってタピスリー〔つづれ織りの壁掛け〕の製作に熱中していた。この円陣では、それぞれが序列に従って場を占めていた。女性たちはごく小さな声でしか話すことはなかった。ときどき館のこの女主人が、針をもつ手を休めることなく、礼儀作法《エチケット》に定められた面白くもないごく当たり前の質問をした。すると、声をかけられた女性は静まり返る中でその問いに短く答えるのだった。

王太子の方は、この輪から離れてダグー子爵夫人とチェスをしていた。また、シャルル一〇世は常連のデュラース公爵やダマース公爵らとホイストに興じていた。沈黙は、負けた時に王が発する激しい抗議の声でやっと破られるのだった。ゲームが終わり、王が立ち上がるやすべての動きが止まった。すると王太子妃も「ゼンマイ仕掛けのように」立ち上がり、タピスリーを投げ出すと女たちの円陣に向かって解散するよう視線で命令し、王太子もチェスをやめるのだった。王ひとりが慇懃に振るまっていた。やがて王は、自分の住居《アパルトマン》へ続く戸口へと向かいながら、訪れた女性たちの一人ひとりにごく私的な言葉をかけていた。そして王の姿が見えなくなるや、王太子と王太子妃が退席するのであった。

この内輪の夜会に招かれることは、特別な寵愛のしるしだった。なぜならば、それは王の一族と親密さを分かち合っていることの証と見なされたからである。しかしマリー・ダグーに言わせれば、そんなものは何も存在しなかった。ただ「一族の輪《セルクル》の沈黙と、威圧的な空虚」に招かれたのにすぎなかったのである。[54]

宮廷の浮かれ女、ベリー公爵夫人

宮廷にはまるで役割分担があるかのように万事が執り行われていた。王とアングレーム家には礼儀作法の尊重と倦怠の中で、ベリー公爵夫人のもとでは気取りのなさと陽気さの中で、という具合にである。

シャルル一〇世の第二子であるベリー公爵は、一八一六年にナポリ王の娘マリー＝カロリーヌ・ド・ブルボン＝シシールと結婚した。オルレアン公爵夫人マリー＝アメリーの姪にあたる一八歳のこのプリンセスは、宮廷に若さと躍動をもたらした。彼女は踊りや遊びが大好きだった。パリに着いた頃は、まだ無知でぎこちない娘だった（フランス語と礼儀作法のレッスンを受けなければならなかった）が、その天性と自発性であらゆる人びとを魅了していた。

おそらく彼女の人柄は、宮廷が開かれたものにしたいと努めていた夫の計画に大いに役立ったであろう。「ベリー公爵は、宮廷があまりにも厳しく拘束されていると考えていました。取り巻きたちの意図は、王族たちの出無精で引きこもりがちな性向を利用して彼らを完全に独占することにあったのですから。彼らに接近するためにはそのメゾン（家臣）となるか、常にすぐそばにかじりついている必要がありました。ベリー公爵はこうした宮廷内の排他性を非難し、自分はそれから解放されたいと述べていました」[55]。開放の意志を伝えるために、公爵は日頃両院の有力者を夕食に招待していた。しかし、ルヴェルの短剣のひと突きがその企てに終止符を打った。一八二〇年二月一三日、ベリー公爵は殺害されたのである。[訳注二]

ベリー公爵夫妻は、ルイ一八世、王弟殿下、アングレーム家に対して比較的独立した立場を維持していた。たとえば公爵は、レセプションのための居室《アパルトマン》をテュイルリー宮殿に残したとはいえ、結婚にあたって城館を去り、エリゼ＝ブルボン〔エリゼ宮〕に住んでいた。また、夫妻はあらゆる公式集会に姿を見せたが（彼らはアングレーム家と同様、毎日曜日のミサの前に客と面会していた）、その代わり、毎夜王家の人びとと夕食をとる義務はなかった。夫の死後、公爵夫人が一人身でエリゼ宮に居ることは慎みに欠けるように思われていた。そこで、テュイルリー宮殿のマルサン館の一階に残されていた夫の居室が、彼女のために用意された。彼女は失われてしまった自由をいつも懐かしんでいたが、夏になるとそれを取り戻しに出かけていた。宮廷やサン＝クルーへ行く代わりに、彼女の持参金——一七〇万フラン——で夫が買ってくれていた城のあるロニー〔パリの東一六キロの村〕へ、そしてディエップ〔ノルマンディーの海岸の避暑地〕へと保養に出かけていたからである。

ベリー公爵夫人はボルドー公爵アンリの母として、宮廷の重要人物になった。王位継承者アンリが、一八二〇年九月、すなわち父の死後に生まれたからである。しかしボワーニュ伯爵夫人の次のような証言が物語るように、ベリー公爵夫人はその奔放な振舞いで周囲の人びとに不快感を与えてもいた。「最近私が出席した彼女の館でのコンサートでのことです。音楽が終わっても居残っていた私たち約四〇名の女性は、客間に戻りました。すると彼女は私たちを部屋の回りに円を作らせておいて、その真ん中で二〇分もの間メナール伯爵を相手に耳打ちしたり、笑ったり、ふざけ合ったりしていました。そして彼の腕を取ると、他の者には一言の挨拶もなく部屋の奥へ入ってしまいました。私たちは、幾分不愉快さを感じながら、間抜け顔の自分からわれに帰りました」[56]。

こうした無造作な行為は、礼儀作法を重んじる宮廷人の間では明らかに無礼な態度と見なされた。公爵夫人は恋多き女として通っていた。かつて彼女の名誉騎士だったメナール伯爵が、愛人の一人として[訳注二]取り沙汰されていた。この悪い噂は一八三二年のヴァンデでの正統王朝派による蜂起計画の際の彼女の行動によっても帳消しにはならないだろう。公爵夫人の妊娠を正当化するために、シャルル一〇世党員が高い代価で買収していたルッケージ＝パッリ伯爵とのいわゆる秘密結婚も、大いに人びとの冷笑を買ったのだった。（正統王朝派のいわば伝令官ともいうべきシャトーブリアンは、辛辣な皮肉をこめてこう語っている。「父親が誰なのか、どうやって知ることができよう。彼女自身さえ分からないというのに」）。とはいえ、一方では、宮廷に根を下ろしていた秩序が公爵夫人によって引っかき回されている限り、彼女がもたらす新風は幾人かの宮廷人から評価されてもいたのである。そのようなわけで、「小さな城」と呼ばれていたマルサン館は大いに人気があったのだった。

そのうえ、ベリー公爵夫人の芸術趣味は、王家の中でも抜きん出ていた。衣装についてではなく――人びとは彼女のことを、服を着ているというより服を束ねていると言っていた――、室内装飾と演劇に関してである。彼女は骨董品を〈漁《あさ》り〉、それらを室内にため込むことを好んでいた。置物や収集品を並べる飾り棚《プティ・ダンケルク》が流行したのは彼女のおかげである。王とその一家を迎える二晩を除いては、彼女は毎晩のように芝居に出かけていた。そして一八二四年には、その演劇熱によってジムナーズ座に保護の手を差しのべるまでになった。ジムナーズ座は「マダムの劇場」と名づけられた。スタンダールが主張するように、彼女はルイ一八世の許可を求めずしてこの劇場を庇護したのだろうか[57]。いずれにせよ、《テアトル＝フランセ》には現代風俗を扱った喜劇の上演を一切禁じていた検閲係も、公爵夫人が通い詰めていた劇場には同様の厳しい措置をとることはできなかった。

シャルル一〇世治下での祭典や舞踏会、音楽会は、王自身の意志に基づき、大概の場合は公爵夫人が仕切っていた。新聞はこれら気晴らしのための行事を報道している。「五〇〇名以上の招待客が、マリブラン夫人やソンタッグ嬢、ヌーリ、それにラフォンという当代の人気歌手の歌声を聞きにやって来た」。これは一八二九年三月一日付の『ジュルナール・デ・デバ』紙が、前夜に行われたマルサン館での夜会について語った記事である。ダンスに対するマリー＝カロリーヌの情熱はよく知られていた。アングレーム公爵夫人がきまって一一時に引き上げていたのに対し、彼女が舞踏会場を去るのは夜もだいぶ更けてからであった。彼女自身も仮装舞踏会を開いたが、そのいくつかは語り草となっていた。わけても一八二九年〔三月二日〕の舞踏会で彼女が扮したマリー・スチュアート〔スコットランド女王でフランス王フランソワ二世の妃にもなった。新旧両教徒の争いの渦中で処刑される。一五四二—八七〕は、最悪の趣味を示したものだった。マリー・スチュアートは、首を切られた女君主だったからだ。

このように、ベリー公爵夫人は宮廷人のすべてから受け入れられていたわけではないが、パリっ子たちから共感を得ていたのはもっともなことだった。彼女は「小店主階級の心」[58]を引きつけていたからである。しかしこれは彼女へのお愛想によるものかもしれない。とはいえ、義理の姉の大袈裟な信心や憂いとは対照的に、この「小公爵夫人」の示した快楽への嗜好は人びとの人気を誘っていた。しかも、彼女は大衆の前に好んで姿を現していた。一八一八年の聖木曜日には、折り畳み式の幌付き四輪馬車に乗り、豪華に飾り立てた供回りたちに囲まれ、馬上の夫を脇に従えて、彼女はロンシャンの行進〔本書第一一章の小章「社交界行事と〈パレード〉」を参照〕に参加していた。[59] しかし、彼女を間近で見るチャンスが大いにあったのはディエップでだった。保養地をはやらせたのも彼女である。一八二二年に海水浴場の施設を作ったブランカース伯爵は、一八二四年から一八二九年まで、一年を除いて毎夏彼女がそこを訪れるようにうまく仕向けた。やがて彼女は〈フォブール・サン＝ジェルマン〉〔昔からの大貴族の居住区、そこの社交界人士たちをさす。本書第三章を参照〕をも巻き込むことになるのである。[60]

〔訳注一二〕ベリー公爵の暗殺——ルイ・ピエール・ルヴェル（一七八三—一八二〇）は馬具師であったが、熱烈なナポレオン崇拝者で、一八一四年に敵国の支援のもとに帰国したブルボン家を見て、この一族の皆殺しを決意したという。エルバ島のナポレオンのもとにかけつけて廐舎の仕事をし、一八一五年三月にはリヨンのナポレオン軍に参加してワーテルローの戦いも経験した。決意を実行に移すため一八一六年にはルイ一八世の廐舎の使用人にも志願し、対象をベリー公爵にしぼり機会を窺っていた。そして一八二〇年二月一三日の深夜、オペラ座の夜会を終えて扉口へ姿を現した公爵は、彼の短剣の襲撃を受け、翌朝死亡したのであった。この暗殺事件の結果、過激王党派から共謀を疑われたドカーズ内閣は総辞職し、以降選挙法をめぐる対立などを経て政府は急速に右傾化することになる。ルヴェルは六月六日に貴族院法廷で死刑宣告を受け、翌日処刑された。

[訳注二] ヴァンデでの蜂起計画――七月革命後、亡命先から帰国したベリー公爵夫人は、シャルル一〇世の孫でありわが息子でもあるアンリ（シャンボール伯爵ともいう）を王位につけるため奔走し、シャルル一〇世党員（カルリスト）を糾合して最初はイタリアで（南フランスとの説もあり、一八三一―三二）、次いで王党派が伝統的に強いヴァンデ地方で（一八三二―三三）、ルイ＝フィリップに対して蜂起を企てた。計画は失敗し、彼女は捕らえられジロンド川河口部にあるブレーの城塞に収監されていたが、イタリア人貴族との秘密結婚（彼との間には一子があるとされている）を告白して釈放された。この事件の結果、彼女は亡命地のシャルル一〇世からも、また国内のその党員からも決定的に見放されてしまった。

宮廷によって統治すること

第二帝政の初期に出版された『パリのあるブルジョワの回想』の中で、ヴェロン博士は宮廷に対する自分の視点を明らかにしている。「王家は、自分たちの周りにかつての礼儀作法を復活させ、衣装係長や寝室付きの筆頭貴族、筆頭司厨長を配し、王室近衛隊を作り上げ、王の身辺警護隊や王弟殿下の身辺警護隊、扉警護隊、スイス人近衛隊、赤部《メゾン・ルージュ》隊を創設した。人びとは異議をはさむこともなく、喜んで王家のなすがままにさせていた。王家がスイス人傭兵部隊をフランスに召還したことについてもそれを放任していた。しかし、政治の中心的な指導者たちは、出版の自由、弁論の自由、選挙の直接投票を手放すことはなかった」[61]。したがって、一方には「礼儀作法の空しい威信」があり、他方には「激しい権力争い」があったわけだ。七月王政の有力者となったヴェロンによれば、まさにこの二つの傾向が議会やジャーナリズムを支配していたのである。

ヴェロンのような尊大さや皮肉さをもち合わせていない王家ともっと親密な関係にあった証人たちも、意見は一致していた。ヴィレールが語るところによれば、ルイ一八世は常々大臣たちとの政治会談を極度に嫌っていて、自分が口をはさまずに済むよう、重大な決定は閣議のメンバーたちに任せたいと思っていた。彼にとって必要なのは、ただ体裁が整えられていることと、『モニトゥール』紙が「王は国務に専念している」と毎日発表することだった。そのためにルイ一八世は、実際に一日一時間ほどヴィレールと会談したが、話題はといえば政治とはまるで関係のないことばかりだった。[62] ヴィレールは、その『回想録』の中では議会と大蔵省の書類の山に潰されそうになっている真面目な管理者として登場しているが、彼にとって政治とは重大事であり、社交上の会話などとはまったく異なる性質のものだった。

反対に、ルイ一八世にとって国務の管理運営、書類の扱いは、おそらく大臣のような管理職が専門とすべき二次的な仕事であった。彼自身の役割は政治を行うことではない。彼は王である。つまり、王は宮廷人たちに寵愛を与えたり、取り上げたりしながら統治を行うものである。この視点からすれば、大臣たちは宮廷の構成員にすぎないのである。ルイ一八世は、明らかに意味あるものとしての寵臣を抱えたフランス最後の君主なのである。そしてその寵臣とは、アヴァレー、ブラカース、ドカーズ、デュ・ケーラ夫人であった。

王は称号を授け、自らの意志で職務や年金を与えたり取り消したりすることを専らとした。彼は、古くからの従者で友人でもあったデュラース公爵に寵愛を示したかったのであろうか。公爵が二番目の娘クララをアンリ・ド・シャトリュのもとに嫁がせる時、ルイ一八世は結婚祝いとして二つの贈り物を与えた。一つは、貴族院議員の世襲職が公爵からその婿へ受け継がれることを認めたこと、もう一つは婚礼の当日に新しい夫婦にローザン公爵の称号を贈ったことである。それはデュラース家の昔の称号で、王が彼のためにわざわざ復活させたのである。[63]

反対に、彼は罰を与えようと思った場合もあったようだ。その人物は罷免されたからである。寵臣ドカーズに対するシャトーブリアンの敵意に激怒した王は、一八一六年に国務大臣の役を解任したのである。このためシャトーブリアンは、その職務とともに二万四〇〇〇フランの年収を失い、ヴァレ＝オ＝ルーの所有地を売り払わねばならなかった。このように、王が与えた特権はいつでも王の手によって撤廃することができたのだった。これは明らかな専制支配であった。彼が忠臣たちに与えていた年金は、一八一六年には九〇〇〇万フランに達していた。「許し難いことだ！」とヴィレールは記している。[64]

宮廷に招くことや称号および年金は、微妙な問題を解決したり、忠勤を慰労したりする手段でもあった。この場合重要なのは結果に対してだけであり、倫理や礼節の感覚はもはやほとんど通用しなかった。規律を厳守することで知られるあのアングレーム公爵夫人でさえ、ときには驚くべき経験主義を発揮した。それは、デュ・ケーラ夫人に対する自分の態度をすっかり変えてしまったことからも窺うことができる。彼女はルイ一八世の存命中はこの愛妾に対して冷たくあたっていた。しかし、愛妾が生前の王から、「私は最後の宗教的義務を果たす」という約束を取りつけていたことを知るや、公爵夫人は突然それまでの態度を変えて「非常に愛想のよい」[65]対応をするようになったのである。シャルル一〇世はデュ・ケーラ夫人に感謝して、彼女に〈玉座の間〉への出入り自由の特権と、かなりの額の年金を与えたほどである。

一八三〇年には、宮廷でのレセプションの席で、コンデ家の最後の人物〔ルイ＝フィリップの叔母の夫のブルボン公爵。一七五六－一八三〇〕の遺産問題が解決した。年老いたブルボン公爵〔本書巻末の家系譜を参照〕は策謀家のフシェール夫人の支配下にあった。彼は一人息子のアンギャン公爵を亡くしていたため、その莫大な遺産は本いとこたちのロアン＝ゲメネ家に戻ることになっていた。ところが王家の人びとはすべて、この遺産がブルボン家に残り、一人の人物に集中することを望んでいた。そこで、オルレアン公爵〔ルイ＝フィリップ〕の息子でブルボン公爵の代子にあたるオマール公爵を、老公爵の養子にさせることが発案された〔傍系であれオルレアン家はブルボン家の一族である〕。これの結果から利益を得ることができたのは、フシェール夫人だけだった。仲介役として彼女が要求した第一の報酬は、一八二四年以来拒否されていた宮廷内への出入りを回復してもらうことだった。オルレアン公爵夫人はそのことを王太子妃に打ち明けた。王太子妃はためらう気持ちを抑え、有能な計略家として振舞った。彼女はこの一件を王に打ち明けようと提案し、レセプションの企画をして、フシェール夫人を礼儀正しくもてなした。こうして、オマール公爵にシャンティイの領地〔昔からのコンデ家の領地〕を与える遺言状がブルボン公爵によって署名されたのである。[66]

このクリアリス政策〔ローマ帝国末期ではクリアリスとは宮廷人を意味した。つまり宮廷人に登用することで支持基盤を強化する政策〕の適用範囲は、ごく限られたものだった。しかしこの政策によってレセプションに招かれたり、職務を与えられたりした帝政期の貴族たちの統合には、役立った。ルイ一八世に尻をたたかれて、接待担当筆頭貴族と王宮の筆頭主人役は、一八一四年になるとすぐに少なくとも月に二回は大掛かりな夕食会と夜会を開くことにした。あるイギリス貴族が述べたところによれば、一八一四年から一八一五年にかけての接待担当筆頭貴族の部屋は、帝政期の高官であふれていたというが、シャストネー夫人がスルト、モロー、シュシェといった元帥夫人たちと出会ったのもここにおいてである。[67]

ナポレオンの元帥だったレッジョ公爵シャルル・ウディノは、ブルボン家に加担し、復古王政期の初めに新しい王の信頼を得た。彼は国務大臣と貴族院議員に任命されたあと、百日天下が終わると国民軍の総司令官となった。そして、一八一六年三月にベリー公爵の未来の妻の〈メゾン〉が設立された時には、王の寵愛がさらに明白な形で示された。若きウディノ元帥夫人（四八歳のウディノの二番目の妻で当時二四歳）は、女官長の職を引き受け、新しいメゾンの最重要人物となったのである。このウジェニー・ウディノは、マルセイユに到着したマリー＝カロリーヌ〔ベリー公爵夫人の名〕をもてなし、その結婚の儀を監督し、「お供の女性」八名の任務を割り振る役目を仰せつかった。また彼女は、日曜日にはベリー公爵夫人とともに王のミサに赴き、大使の歓迎会や著名な外国人の拝謁式にも出席しなければならなかった。[68]

この特別な寵愛は非常に巧妙なものだった。なぜならば一方で〈フォブール・サン＝ジェルマン〉を満足させつつ、もう一方では帝政期の貴族たちにも名誉をもたらすものだったからである。というのも、ウジェニーは旧姓をクシーといい、生まれながらにして古い家柄の貴族に属していたからだ。彼女の父親はアンシャン・レジーム期には軍務についており、両親はその後の恐怖政治下においては収監され獄中にあった。だからウジェニーは、二つの貴族の完全な同盟を象徴していたのである。

王家は常にウディノ家に関心を示した。一八一六年の三月に生まれた長女ルイーズは、代父をルイ一八世、代母をアングレーム公爵夫人として、テュイルリー宮殿の礼拝堂で洗礼を受けているし、翌年には、今度は王弟殿下とベリー公爵夫人が、一八一七年の六月に生まれたカロリーヌ・ウディノの代父と代母を引き受けている。また、元帥の最初の結婚で生まれた娘ステファニーが一八二九年二月にジェームス・アンゲルロット男爵と結婚した時、婚姻財産契約書に署名したのはシャルル一〇世であったし[69]、婚礼を祝して舞踏会を開いたのは王太子妃であった。

シャルル一〇世は、宮廷の組織、礼儀作法、および二つの貴族の均衡を維持しながら、兄が進めた政策を引き継いだ。王家の機能についての彼の考え方は、そのスタイルこそ兄ほど反世間的ではなかったとしても、基本的にはルイ一八世のそれと大差はない。しかし、シャルル一〇世にとって、宗教儀式における王権と貴族の役割というものへの絶対的信仰《ミスティック》は、単に自分の人格に体現されるだけでは済まなかった。彼が防衛しなければならなかったのは一つの観念だったのである。だから彼は党派の長として行動したのである。彼が望んだのは過激王党派《ウルトラ》の陣営が勝利することであり、自由を制約することであり、旧秩序を復興させることであり、結局は〈シャルト〉[訳注]を無力化することだった。彼にとって宮廷は、何よりも忠臣たちの貯蔵タンクであった。彼が追求した政治目的は、確かに古風で幻想的なものと見えはする。しかし党派の長という彼の立場は、ルイ一八世が示した権力に対する概念よりもずっとわれわれ近代人の概念に近い。ルイ一八世の方は宮廷の中心にあって、あくまでアンシャン・レジームの君主として君臨しただけであったのだ。

［訳注］〈シャルト〉――一八一四年六月四日に布告された憲章のこと。これは神聖同盟側に対して王政再建を宣言する文章化された保証でもあり、もはや後戻りできない国民代表制＝議会の尊重の確約でもあった。これによって貴族院と制限選挙による下院議会を抱えた立憲王政が始まる。

パレ＝ロワイヤルからテュイルリーへ

一方、オルレアン公爵はフランスに帰国すると、まず一八一四年に、次いで一八一七年には最終的にパレ＝ロワイヤルに身を落ち着ける。七月革命まで、彼はここであらゆる種類の人びとを受け入れて、パレ＝ロワイヤルは流行の場所となる。さらに〈フランス人の王〉ルイ＝フィリップとなって、一八三一年にテュイルリー宮殿に移り住んでからも、彼は相変わらず多くの訪問客を迎えていた。しかし、大いに魅力的に思われたパレ＝ロワイヤルの「多彩な顔触れの」社交界は、テュイルリー宮殿に入るとたちまちにして「雑多な」ものと形容されてしまうのだった。つまり、下品でつきあうには価しない連中の社交界に変貌するのである。テュイルリー宮殿は決して流行の場所とはならないだろう。この根源的なイメージの変化は熟慮に価する。

　復古王政期には、オルレアン公爵とその妻および妹はルイ一八世とシャルル一〇世のいとこ〔少なくともある世代に兄弟関係があればその下の世代はすべていとこである〕として、宮廷のもっとも重要な客人であった。彼らはまた、真っ先に王家の訪問を受けてもいた。正月の場合や、毎日曜日の一二時半にミサから退出してきた国王には、原則としてオルレアン家が最初に挨拶をすることになっていた。一月の初めには伝統として彼らオルレアン家の人びとは、「公現祭のお菓子を食べて一座の王を決めにやって来た。たとえば一八二九年一月六日火曜日に、オルレアン家は六時から七時までシャルル一〇世と〈公現祭の夕食〉を共にしている。ソラ豆〔切り分けたお菓子の中にソラマメを見つけた者は、男性なら王様となり女王を選ぶ。女性ならばその逆〕がマリー・ドルレアン〔ルイ＝フィリップの次女。本書巻末の家系譜を参照〕にあたったので、彼女が王として選んだのはシャルル一〇世だった。[70] 新聞雑誌はしばしば「オルレアン公爵夫人がマダム〔マダム・ロワイヤル。アングレーム公爵夫人のこと〕を訪れた」と報道している。マリー＝アメリー〔ルイ＝フィリップの妻〕は、アングレーム公爵夫人に特別な好意を寄せていたので、いとこの方もそれによく応えていたのである。この件に関するあらゆる証言を信じるならば、七月革命によるこの友情の決裂は、ルイ＝フィリップの妻を大いに悲しませたものだった。

　ルイ一八世から与えられていた度重なる侮辱にもかかわらず、オルレアン家は常に尊敬されてしかるべき男系の王族だった。しかし彼らオルレアン家は宮殿内に住んでいなかったため、独立を守れるという大きな利点をもっていた。したがって、パレ＝ロワイヤルはいわば宮廷の延長でありながら、ずっと通いやすい場所となっていたのである。少なくともこれがボワーニュ伯爵夫人の見解である。オルレアン公爵はパレ＝ロワイヤルに毎月第一水曜日に客を迎えていた。夜会の礼儀作法はテュイルリー宮殿よりずっと柔軟なものだった。もっともあれほど異議の申し立ての多かった男女の区別に関していえばである。もちろんオルレアン公爵といえども、日中は宮廷と同じように男女間にしかるべき区別を立ててはいた。（たとえば一八一八年一月一日の午後一時にはオルレアン公爵夫妻とオルレアン嬢〔公爵

〔ルイ＝フィリップの未婚の妹アデライード、七月革命後はマダム・アデライードと呼ばれた〕が男性客と面会していたし、二月二日月曜日の午後一時には公爵が男性客を迎えていたなど）。しかし、夜には男女が揃って招待された。そのうえ女性たちは、宮廷でのように王の顔の合図や一言を待って「羊の群れのごとく」行列する必要もなかった。パレ＝ロワイヤルでは自由に動き回ることができたし、気に入った人と交流することもできた。冷淡でもなく、勿体ぶった様子も何ら見せない館の主人たちは、すべての人に対して好意を示していた。したがって、招かれた人びとも皆満足して夜会の席を離れるのであった。

毎月催されるこれら大掛かりなレセプションとは別に、オルレアン家はすばらしいコンサートや夕食会も開いていた。「あらゆる意見が取り交わされて、誰に対する排斥も生まれないようにと、招待状はいつもさまざまな人びとに送られるよう配慮されていました[71]」。パレ＝ロワイヤルで出会う社交界の魅力は、その多彩性に由来している。ティエボー将軍は書いている。「これらのサロンは、亡命貴族と大革命の人間たちを、その極端派を除けばすべて集めていた[72]」。さらに加えて、「こうした人びとの寄せ集めにもかかわらず（むしろそのせいでと言うべきだろうが）、皆がくつろいでおり、それぞれがふさわしい場所にいたと言ってよい」と述べている。そこでは貴族、外交官、一時的に滞在している外国人、両院のリベラルな大雄弁家たちと、一言でいうならば「ジャーナリズムや法曹界、文学界から国家のエリートとして特筆され、すでに歓迎されていたあのブルジョワ階級[73]」が、一緒になって席を並べていたのである。かくしてマリー・ダグーは、こうした席でラフィット、ロワイエ＝コラール、カジミール・ペリエ、ティエール、ギゾー、オディロン・バロー、ベルタン兄弟らの面々と出会ったことを確認している。オルレアン公爵夫人はその『日記』の中で、折に触れて面会した人びとのことを記している。一八二八年の一月一三日には、「ヴォーデモン大公妃、タレーラン大公、パキエ男爵夫妻、モレ伯爵夫妻、モリアン伯爵夫妻、バラント男爵夫妻、カラマン侯爵夫人、ウードト伯爵と夕食をした」。同月の一六日には、コンサート付きの夕食会で新しい大臣たちをもてなしている。（一〇年ほど前の彼女なら、コンサート付きの夕食会を用意したのはむしろ元の大臣たちのためだった）。そしてついに同月三〇日には、一〇〇〇名もの人びとがダンスと夜食のためにやって来て、「舞踏会は朝の三時半まで続き、とても愉快でした」というわけである。ベリー公爵夫人も喜んで伯母の館に踊りに来ている。そして一八二九年二月二一日には、マリー＝カロリーヌは一三〇〇名の人びとが参加するナポリ農民の姿の男女たちによるカドリーユ〔一八一九世紀に流行した社交ダンス〕に加わっている。一緒にいたのはフォシニー、シャレット、ラ・ロシュジャクラン、メフレー、フェリックス・ダンドロー、ウディノといった夫人たちで、男性の方はボーフルモン、ラ・ロシュフーコー、ルール、ベアルン、ブイエ各氏、およびシャルトル公爵やヌムール公爵とそのいとこたちだった。

確かにパレ＝ロワイヤルは、テュイルリー宮殿のあの伝説的な倦怠と比較されて得をしていた。スタンダールはこの倦怠を、王家における「才気と好意の絶対的欠如」のせいにしている[74]。才気はオルレアン家のものとされたのである。何につけても融通の利かないテュイルリー宮殿と反対に、パレ＝ロワイヤルには生き生きとした斬新な動きがあり、それはおそらくオルレアン公爵の好奇心に由来していたのだった。公爵は、「芸術であれ科学であれ、新しいと思われるものについてはすべて最新の情報を仕入れていました。学者たちは自分の発明したものを彼に伝え、王女たちの興味を引きそうな性質のものは製作され、サロンで発表されました。立ち寄った芸術家たちはそこで耳を傾けてもらい、その場を多彩なものにしていましたが、常連たちにとってこれらはサロンを大変快適にするものでした[75]」。

オマール公爵の家庭教師だったキュヴィリエ＝フルリーが『日記』に書き残したことを信じるならば、パレ＝ロワイヤルでは朗読とコンサートの夜会が非常に頻繁に開かれていた。一八二九年にはマリア・マリブラン出演の大コンサートが一月一四日、一月二〇日はオルレアン公爵の図書係だったカジミール・ドラヴィーニュによる自作の未刊行の悲劇『マリノ・ファリエロ』の朗読、一月二八日は〈若きリスト〉のピアノ伴奏によってソンタッグ嬢が歌う。二月四日には再びマリブラン夫人、二五日には二人のプリマドンナ、マリブランとソンタッグの合同出演。前者は舞台の方が、後者はサロンの方がよい。三月八日にはマリア・マリブランがロマンスを歌い、三月二七日にはルイ＝ル＝グラン校の哲学教師オザノー氏が自作の悲劇『ラザール』を朗読、四月三日はオルレアン公爵の秘書官ヴァトゥーが自著の『パレ＝ロワイヤルの歴史』を朗読[76]。ヌーリやのちに偉大なダモロー夫人となるチンティ嬢らの歌手たちも、オルレアン家に姿を見せていたのだった。

こうしたパレ＝ロワイヤルの「くつろいだ」社交性《ソシアビリテ》は、果たしてオルレアン公爵が長子の家系〔ルイ一八世やシャルル一〇世の系統〕ほどには礼儀作法にうるさくなかったことを意味しているのだろうか。断じてそうではない。両家の違いは礼儀作法に対する知識や執着にあったのではなく、むしろ時代の空気との関係における礼儀作法の適用の仕方にあったのである。

　オルレアン公爵は、基本的には称号や特権に執着したアンシャン・レジーム期の人間である。先に述べたように、彼は「アルテッス・ロワイヤル」の位を授けてもらうために、懸命に闘ってきたのである。ルイ一八世の死にあたって、彼は血縁の王族という条件にともなうあらゆる特権が自分に引き渡されるようにと、新しい君主と大臣たちに対して自らの立場を擁護した。一八二四年一二月一七日に書かれたヴィレール宛の彼の書簡が、要求事項のすべてを端的に示している。[77] 彼は書いている、大革命の以前には毎年一月一日に、あらゆる司法行政機関はヴェルサイユの帰途にパレ＝ロワイヤルへ新年の祝いを述べにやって来た。それも「国王のもとへ赴いた時と〈同じ形式、同じ服装で〉」。ところで、一八一八年一月一日にパレ＝ロワイヤルに現れた破棄院の人びとは、〈小人数の代表団で、略式コート〉を着ていた。そしてその翌年に同じ恰好でやって来た会計検査院の代表者との面会を、公爵は拒絶した。シャルル一〇世が王となった今、公爵はこうした不正義を正すようにと要求するのである。彼は伝統に背くことも、それを釈明することも、どちらも受け入れ難いと判断したのである。

　伝統への違背が行われていたのは本当である。というのは、公爵は子供時代に彼の父と祖父のそばで、「緋色の法服を着たパリ高等法院、会計検査院、御用金裁判所等々」、および「われわれに大ろうそくを捧げる大学総長を先頭にした、ガウンをまとった大学の四学部」の人たちを迎えたことを覚えていたからである。一方、破棄院が提出した釈明は次のようなものだった。破棄院は、「皇帝のところへ赴く以外は、大人数の代表団を組み緋色の法服を着用しての訪問はこれを禁止し、皇太子たちのもとには〈小人数の代表団〉で〈略式のコート〉を着て訪れることと定めていた」。つまり帝政下の政令に従ったというのである。これについてオルレアン公爵は、皇帝の一族たちと同一視されたことにひどく腹を立てている。さらにまた〈大学《ユニヴェルシテ》〉の代わりとなった王立公教育評議会が、一度も自分のところに姿を現さないことに抗議している。こうした背景の中、シャルル一〇世はオルレアン公爵の望む称号を授与したのと同じように、彼が要求してきた名誉も回復させたのだった。公爵は、自分の家柄のもつ特権が奪われたと感じた時には容赦しなかったのである。

　しかしながらオルレアン公爵は、一方ではすべての王族たちが自分たちの館をあらゆるエリートたちに解放し、出生や家柄とは別の長所を評価する社交を実践するのが有利であることも理解していたのだ。この新しいスタイルは称賛されてしかるべきものであったが、一八三〇年五月三一日にマリー＝アメリーの兄であるナポリ王のパリ訪問を祝して、シャルル一〇世臨席のもとで彼が開いた盛大な祭典のあとでは、とくに批判を招いてしまった。邸内どころかパレ＝ロワイヤル周辺の至るところで巻き起こった喧噪のことで、公爵は大きな非難を浴びたのだった。照明で光輝く庭は大衆たちを受け入れ、求める者すべてに入場券が配られていた。しかし王たちのために開かれる祭典というものは、本来、来る者を拒まずという性質のものではなかったのだ。そのうえオルレアン公爵は、ためらいもせずに何度もテラスに姿を見せて喝采を浴びていた。オルレアン家に親しいボワーニュ伯爵夫人でさえ、これには驚き、「困ったことに、これらすべては大衆的というよりも〈下品〉でした」と述べている[78]。

　マイエ公爵夫人がどうやって以下のエピソードを作り上げたのかは理解できるところである。（もっともこの話はドロミュー侯爵夫人から聞いたものだと主張しているのだが）。五月の終わりの時期は上流社会の大部分がすでに田舎に戻っている時であっただけに、五月三一日の舞踏会の招待リストの作成を任された者たちは、全員が欠席するのではないかと気をもんでいたらしい。するとオルレアン公爵は彼らにこう言ったのだった。「なぜ人数が足りないなどと心配するのですか。安心させてあげましょう」。そう言って、彼は招待客を選ぶために『二万五〇〇〇名の住所年鑑』を手に取ったという。この時以来、貴族の祭典の真っ只中への有力ブルジョワの闖入や、パレ＝ロワイヤルの広間という広間、庭という庭を闊歩する見知らぬ者たちの大群衆の出現という現象が生じたのである。復古王政期の初めから、オルレアン公爵は「質より量」への偏愛を示している、と中傷者からの非難を浴びていたのだった[79]。

　オルレアン公爵の気がかりは、何よりもまず、自分の地位を守ることにあったと思われる。この目的ゆえに、彼は自分の特権について国王には口うるさかったのだ。しかし一方で彼は、革命後のフランスでは出生によって与えられた地位というものがただ王権との関連のみで維持される必要はないとも感じていた。貴族身分を維持するためには、国民とまではゆかなくても、少なくとも国民のエリートたちからの同意と支援が必要となっていた時代なのである。彼が比較的広範囲の大衆に館を開放したり、王になってからも自分の方針をほとんど変えなかったのはそのためである。また、とくに子供たちを外国の王家と結婚させることで外国の君主に自らの王家の血筋を認めさせようと努力し、多少なりともこれを成功させていた。しかしそれでもやはり、彼がつかんだ〈フランス人の中の第一人者〉としての王権という地位は、財産家の支持を得たうえで引き受けたのであり、決して神秘的な聖別としての王位を授けられたのではなかったのである。

第二章

〈フランス人の王〉の宮廷

〈フランス人の王妃〉マリー＝アメリー

パレ＝ロワイヤルでのヴィニー

一八三一年二月一一日、アルフレッド・ド・ヴィニーは、国民軍第四大隊の隊長としてパレ＝ロワイヤルで勤務にあたっていた。夜になって王妃が彼を夕食に招いた。第二帝政下に書かれたテキストの中で、彼はこの夕餉について詳しく述べている[1]。食事は内輪のものだった。というのも、王家のメンバー以外には、部外者は五名しかいなかったからである。部外者とは副官や将校たちで、ヴィニーもその一人だった。王妃が、「みんなあなたの本を読んで大きくなったのですよ」と強調しながら娘たちを紹介したように、敬意を表そうとしたのは文学者としてのヴィニーに対してだった。夕食は豪華なものではなかった。王子たちは黒い服、王女たちは白い服で、召使たちは制服を着けていなかった。

ヴィニーは正統王朝派だったので、この情景の説明には明確に彼の立場が感じられる。しかしその立場で彼が語る話は、見事な切り口でオルレアン家の家風を明らかにする。

まずは国王である。ヴィニーが王と最初に出会ったのは食事の席ではなく、王を喝采で迎える群衆と揉み合った街頭でだった。この士官は部下とともに王が群衆から解放されるのに手を貸さねばならないほどだった。「国王はひどい恰好で大階段にたどり着いた。チョッキのボタンははずれ、袖は引きちぎられ、はまり込んでいた群衆の中から挨拶しようとしたために、帽子は潰れていた」。したがってボワーニュ伯爵夫人のように語れば、ルイ＝フィリップの第一印象は「下層民のよう」であった。

これとは対照的にマリー＝アメリーは、娘たちが集まって形成する花束の真ん中にあって、まさに王家の名にふさわしい本物のブルボン家の女性らしく見えた。マリー＝アントワネットとアングレーム公爵夫人によく似た顔立ち。ルイ一六世を彷彿とさせる横顔。わけても、「サロンにルイ一四世の世紀の雰囲気を伝える、あの時宜を得て苦もなくあらゆることを運んでしまう、高貴でおおらかな気質」によって、彼女はブルボン家そのものであった。

食事の進行と、王家の他の人びとへの言及は、一貫してこの粗野と高貴の対立を詳述する。まず、彼は遅刻して食卓につく。ルイ＝フィリップはひどい不作法を身につけた、救い難い一家の主として振舞っている。絶えず物思いにふけり、会食者にも給仕された料理にもまったく無関心だった。オレンジ・シャーベットをかき回しながら、最後には口もつけずに食卓に肘をつく始末で、押し黙った厄介なその存在のために、部屋中が沈黙で支配されていることにも気づかなかった。コーヒーが出されると、スプーンでだらだらとかき回し、飲みもせずに窓際にヴィニーを連れ込んで、とめどない言葉で彼を圧倒するのである。この「くだらない無駄話」の目的はただ一つ、新体制への賛同の辞を得ることだった。

マダム・アデライードも、俗悪さとつっけんどんと脈絡のない行為の点で、兄に匹敵する存在だった。容姿に関してはさらにまずかった。なぜならば、ルイ＝フィリップはそれでも威厳に満ちた指導者の態度を身につけているのに、妹の方はずんぐりした体つきで、下膨れの赤ら顔だった。「フランス国王子・王女のお守り役か、太った私塾の女教師とでもいったところだ」。

マリー＝アメリーの気品は王子や王女たちにも面影をとどめていた。しかし王女たちだけがヴィニーの目には優美に映った。自分の役割を演じようと心がけ、見るからにぎこちない王太子の言動は、信頼に足るものではなかった。士官らしく振舞おうとしてせっせと努力はしていても、母親の右に座っている彼は、「優雅で、陰鬱で、すでに世慣れてしまった」、いわばハムレットのような人間を思い起こさせた。まだ少年だった弟のヌムール公爵は、大いに尊敬するヴィニーを前にひどくおどおどしていた。しかし、王女たちは魅力と優雅さの光に包まれていた。マリー王女は美と品位と才気のすべての点で、完璧さの化身だった。すなわち、「アテネ女の繊細さを備えたギリシア人風の横顔、か細くすらりと伸びた優美な体つき、趣味のよい自然さ、賛辞に慣れ切った女性の気取りのない物腰、芸術や思索に発揮される卓越した知性を示す視線の注意力」。彼女が弟のヌムールに、「何げなく遠くから伏し目がちに投げかける優しいまなざし」は、ラファエルの描く聖母を思わせた。それは、王妃がこの次女のマリーを包む優しく不安げな「深いまなざし」とまったく同じものであった。

ヴィニーはルイ＝フィリップの人を圧倒するような饒舌と、子供たちや王妃の繊細な魅力あふれる態度とを対比している。それが作家の虚栄心に訴えたからである。夕食が済むと、オルレアン公爵〔ルイ＝フィリップの長男。王太子のこと〕がヴィニーのところへやって来て、「こまごまとしたたくさんの引用と賛辞を使って」彼の著作のことを語った。公爵は『サン＝マール』を読んで以来、パレ＝ロワイヤルの回廊にあるルイ一三世の寵臣の肖像画と、「その他もろもろの感じのよい小さな品々」を見ることがどんなに楽しみになったかを、ヴィニーに伝えた。王妃はそれ以上のことを語り、娘たちも同様だった。ルイーズ王女〔ルイ＝フィリップの長女〕は、「希有な慎み深さと繊細さのある洗練された趣の賛辞を小声で」つけ加えた。作家への媚びなのか、それとも正統王朝派への警戒心なのかが分からずに、ヴィニーはこれらの束になった誉め言葉にいら立った。これらの言葉は、「鎧も着けていない私の心臓めがけて矢継ぎ早に打ち込まれる攻撃のように、左右から交互に行われている」と感じられたからである。そして、「ポエジーと美術の若々しく曇りのない趣味が活気づけている」その話し方にもかかわらず、彼はオルレアン家のセイレンたちの魅惑的な声に耳をふさいだのだった。

彼が語るこの場景からはすでに二〇年以上も経過したのちに書かれたこのテキストの中には、おそらくルイ＝フィリップの家族と七月王政のスタイルに関して、世論が作り広めたステレオ・タイプの表現が入り込んではいるだろう。しかし、たとえヴィニーの個人的な記憶が歪曲されてはいても、この資料はやはり重要である。伝説的なイメージには常に意味があり、とくにルイ＝フィリップの場合のように、君主自らが特徴あるイメージを求めた時には、たぶんなおさらそうなのである。

新しい宮廷とそのイメージ

革命の直後には、パレ＝ロワイヤルに関していくつかの噂が流れている。ディエップで保養中だったアポニイ伯爵は、パリから来た社交界の人びとから新しい宮廷の噂を聞く。オルレアン家と親しく、新体制の支持者だったスタンディッシュ氏〔旧姓をセルセーというその妻は、ルイ＝フィリップを教育したジャンリス夫人の姪だった〕は、宮廷の新しい礼儀作法を「少し変だ」と思っている。[2] 皆は泥だらけのブーツで王妃のもとへ行き、彼女が立ち上がった時でも自分が起立する必要すら感じていない。ある夜、王妃が隣室に何かを取りに行こうと席を立ったのを見て、スタンディッシュ氏が彼女のために急いで扉を開けようと飛んでいったところ、モンジョワ夫人が「もうそんなことをする時代ではありませんよ」と彼に忠告したという。

反対に王妃の方は、その必要すらほとんどない者に対してまでも、過剰なほど慇懃に振舞っていた。一八三〇年の一一月にパレ＝ロワイヤルで行われた最初のコンサートの時、彼女は自分がオルレアン公爵夫人であった時代と同じように、〈ヴァロワの間〉の手前の部屋の扉のところにいた。この点については変わったことは何もない。しかし、時間の厳守はもはや通用していなかった。かつてはきっかり午後八時にコンサートを始めさせていたマリー＝アメリーは、この時以来「社交界の大物たちが全員」揃うまで待つことにしたのである。[3] 九時になっても、法務大臣の妻であるデュポン・ド・ルール夫人はまだやって来なかった。王妃は自分のそばに一席を確保し、コンサートを始めるよう指示した。ようやく夫人が姿を見せると、王妃は彼女を待たずに始めてしまったことを詫びたのだった。ラ・ファイエット将軍に対しても、彼女は同じような驚くほど恭しい態度をとっていた。将軍が入って来ると、曲も佳境の最中に彼女は立ち上がったが、それは元来は大使だけにする挨拶であった。

一八三一年の一月二日、アポニイ伯爵は、〈フランス人の王〉〔国王は元来「フランスとナヴァールの王」という称号だったが、大革命期のルイ一六世の最後の称号が「フランス人の王」であったことから、ルイ＝フィリップがこれを採用したのである〕の即位以来、スノビズム〔上流気取り〕が反対陣営に移ったことに注意を促している。「ある人びとの間では、もっとも貴族主義的な諸原理を誇示して、新しい宮廷を無視するのがとてもよいことであるかのように、パレ＝ロワイヤルに絶対足を向けないのが非常に優雅なこととされている。昨年は、サン＝キュロット主義を表明するのが非常に洗練されたことだったのに」。すると粋《シック》であるというのは、常に現体制に反対の立場をとるということなのだろうか。

ルイ＝フィリップがオルレアン家の邸宅を去って、ブルボン家の住居に移ったのは、一八三一年のことだった。一八三一年五月五日、彼はヌイイの自分の本拠地で夏を過ごす代わりに、サン＝クルーの城館に身を落ち着けた。自らを正当な王とは思っていないから王たる者の居住地には住まないのだ、こうした噂にケリをつけることを彼は願ったのである。[4] そして一八三一年九月末には、彼は甘んじてパレ＝ロワイヤルを離れることを受け入れ、テュイルリーに居を構えたのだった。転居の必要性を彼に納得させるためには、安全上の理由が提示された。「パレ＝ロワイヤルは細い路に囲まれており、人の接近を禁じるのにこれほど難しい場所はない」と。[5] ルイ＝フィリップがアポニイに打ち明けたように、彼はオーストリア皇帝の忠告に基づいて行動したのだろうか。いずれにせよ即位から一年以上たって、やっとかつての王権の場をそれと承認したのである。

しかし、王がパレ＝ロワイヤルで人に面会しようとテュイルリーで面会しようと、世間の批判は変わらなかった。群衆はいてもサロンは精彩がなかった。つまり上流社会からは見放されていたのである。一八三一年一月二三日にパレ＝ロワイヤルで大舞踏会が開かれ、二〇〇〇名に夜食が出された。しかし、舞踏会にはそれ以上の人数がいたはずなのに、踊った人びとすべてに夜食が供されたわけではなかったのである。アポニイは、二〇〇〇名の人びとはほとんどが無名の者たちであったろうと主張している。祭典のもてなしの任にあたった王太子は困惑して、伯爵にこの舞踏会を見捨てないでコティヨン〔パーティーの最後に踊る四人または八人のダンス〕とギャロップをリードしてくれと頼み込んだほどである。[6]

パレ＝ロワイヤルと同様に、テュイルリー宮殿でもオルレアン家はつきあうべきではない大衆のために、贅沢な祭典を開いていた。パリで催される祭典の常連であり、寛容とは言い難いアポニイは、一八三三年一月三一日に次のように記している。「昨日のテュイルリー宮殿の大舞踏会は、私が今までに見たもっとも壮麗な祭典の一つだった」。

〈ルイ＝フィリップの間〉と名づけられた新しい広間は、城館の中でも最高に美しい部屋だった。それは〈シャルル一〇世のレセプションの間〉と〈元帥の間〉と〈ディアナの間〉に、かつてのベリー公爵夫人の居室や礼拝堂の回廊、〈円柱の回廊〉、〈劇場の間〉を合体させた大回廊のことだった。これらの続き部屋にはすべて華やかな家具が備えられ、目も眩むほどに照明が当てられていた。天井はシャンデリアに隠れて見えなかった。もともとそこにあったシャンデリアに加え、シャルル一〇世の聖別式の時にランスの大聖堂を照らしたあとは家具置き場に保存されていたシャンデリアが使われていたからだった。夜食は〈劇場の間〉で給仕された。招待客たちは広間に向かって片側だけに着席したので、金色の柱頭と台座のある円柱の二重の列で囲まれた、この楕円形の部屋の「夢のような美しい眺め」を存分に楽しむことができた。三〇〇〇名を集めたこの舞踏会は、それでもアポニイ伯爵にとっては「ほとんど精彩のないもの」だった。オルレアン公爵にとっても同様で、彼はこの状況に心を痛めていた。

この新たな社交生活《ソシアビリテ》、最上流の人たちから見れば社交的に無価値とけなされる人びとを豪勢な環境の中に迎え入れるこの大掛かりなレセプションは、多くの中傷の口実となり、たちまちにしてその中傷が決まり文句のようになっていったのである。

テュイルリー宮殿に迎えられた人びとの凡庸さ

ルイ＝フィリップは、招待せざるをえない政治的新勢力の代表者たち、すなわち代議士、国民軍の将校、財界人、あるいは商人たちと、宮廷で近づきになったとしてしばしば非難されていた。ところでデルフィーヌ・ド・ジラルダンは、王族、とくに王妃の完璧な優雅さと、新しい宮廷人たちの卑俗さとの間にある違いをはっきりと区別する。「おおブルジョワ女性たちよ、宮廷に来なさい、その権利があるのだから、今や権力と富をもったのだから、一番すばらしい城館も手に入れたのだから（…）。しかしそれならば宮廷の作法を覚えなさい、そして〈フランス人の王の妃〉と話す時には少なくともフランス語を話すように努めなさい」[7]。王妃からヌムール公爵夫人を紹介された一人のブルジョワ女性が、「陛下、マダムを私の〈知り合い〉にしてくださって深く感謝いたします」と答えたらしいこと

も言っておく必要がある。[訳注]

新しい宮廷は、商人の城だった。旧貴族のある貴婦人が一八三三年にキュヴィリエ＝フルリーに打ち明けている。「もうテュイルリー宮殿でお菓子屋の女房などに会いたくはありません」[8]。一八三七年六月、パリの通りでは、人びとはオルレアン公爵と結婚したばかりのエレーヌ大公女を待ち受けていた。群衆はじりじりしていた。突然一人の庶民階級の女が、貴族の女を押しのけた。「大公女様を見せてください。あなた方は宮廷でお目にかかることができるのでしょう、奥様」。この社交界の婦人は、話しかけてきた女を軽蔑したように眺め回したあと、自分の娘の方を振り返ってこう言った。「この勇敢なご婦人は、私たちよりずっと今度の宮廷にゆく機会に恵まれていることをご存じないのね」。すると若き跡取り娘は答える。「食料品屋と結婚すれば、おそらく貴婦人になれるでしょうにね」[9]。この場面は、たぶんデルフィーヌ・ド・ジラルダンの架空の観察にすぎないだろう。しかしそれにしても意味深いものを含んではいる。

七月王政と食料品屋を結びつけることは常套句だった。統治の初期には反対派にいたヴィクトール・ユゴーが一八三二年四月に書いている。「ルイ＝フィリップが失脚する日、彼はシラクサのディオニュシオス〔プラトンを庇護した僭主。前四三〇頃－前三六七〕のように学校の先生にはならず、食料品屋になるだろう」[10]。

今日、テュイルリー宮殿への招待状のリストを手に入れて分析することはもはや叶わないが、このリストが王と王妃と副官たちの間の論争や裏取引の対象だったことを考えれば、まことに残念である。誰を締め出し、誰を迎え入れるのかという基準の問題は、絶えず生じていた。どの程度の人まで受け入れることができたのだろうか。一八三三年一月三一日、王の副官だったデュマ将軍は拝謁式に関してマリー＝アメリーと協議し、両替商の妻たちの排除に対して抗弁している[11]。またヴェロン博士も、かなり内輪の舞踏会の招待客リストをめぐって、ある日こうした類いの議論が起こったことを報告している。学士院会員の妻たちを招待客に加えるべきか、とくにオラース・ヴェルネ夫人はどうしたらよいか、などなど。王妃は〈フォブール・サン＝ジェルマン〉から怒りを買うことを恐れ、ためらっていた。王は決断した。「私は時代を知り抜いているのだから、名誉ある人びとや肩書をもつ夫人たちを招待しないなどということはできないのだ[12]」。

ルイ＝フィリップはまた、あまりにも多くの外国人、とくにイギリス人を宮廷に招いたとして非難されていた。亡命生活から戻った一八一七年以来、彼はイギリス人と数多くの人間関係をもっていたので、復古王政期のパレ＝ロワイヤルにはたくさんのイギリス人客が招かれていた。しかし〈フランス人の王〉の館では、彼がオルレアン公爵であった時よりもイギリス人たちの姿はずっと派手に目立っていたのであろう。一八四〇年二月一三日付の『シエークル』紙はこう伝えている。「このイギリス人たちは、宮廷の舞踏会に深紅の色調を加えるので、それが目を疲れさせる。王室の祝宴やその他の場を覗いてみるとよい。そこでは金めっきをした銅製の大きな二つの肩飾を配した真っ赤なすばらしい衣服を見かけるはずだ。これをまとっていないような旅行中の紳士やロンドン・シティの引退商人にお目にかかったことはない」。テュイルリー宮殿に通うイギリス人はありきたりの人たちである。イギリス人の中で本当に粋な連中はといえば、キース提督の娘で非常に由緒ある家柄のイギリス婦人、つまり当時パリに住んでいたフラオー夫人のところに集まっていたのである。

あるアメリカ人旅行者の話から判断すると、宮殿へ招かれるための手続きはいとも簡単だった。「アメリカ人なら、国の代表者たる公使に名前を送るだけで事足りる。次にクリーム色のズボンに脚を通し、襟と袖口に金の刺繍をしたボタン付きの青い服に身を包む。頭に中折帽子をのせる。腰は剣を吊したベルトで締める。両手は白いバックスキンの手袋で包む。一八三七年一月二三日、彼らはこうして全身に装備を施して、同郷の三八名の一行とともにテュイルリー宮殿の大階段を昇り、〈元帥の間〉に入るのだった[13]」。

外国人を招待することに対する王の偏愛は、新聞各紙から外交上の過ちとして告発されている。「外国人たちは、このえり好みについてはほとんど無感覚である。彼らは内輪で会うためにわが国へ来ているのではないはずだ[14]」。それでも、時流を知っていた外国人の方は、パリの上流階級と同じ尊大さで宮廷を眺めていたのである。かくしてベルジョヨーゾ大公妃は、一八三九年の八月六日、リストに宛ててこう書き送っている。「あなたがそこ〔テュイルリー宮殿〕で演奏なさるのならば、もちろん私は、〈テュイルリー宮殿の常連〉にさえなってもよい、と申し上げる必要はないでしょう」[15]。彼女は、リストへの友情のために果たしうる自己犠牲の頂点はまさにここにあるということを悟らせようとして、表現を強調しているのだ。イタリア人のこの美わしき女亡命者は、パリの時流《モード》に精通していたのである……。
行動様式《スタイル》の欠如のために宮廷を台なしにしたのが商人や外国人ならば、地方選出の代表者たちはそれ以上に悪かった。テュイルリー宮殿の大舞踏会は、「薄汚く、櫛も入れていない、フランスでもっとも醜悪な三〇〇人の男たち」の失態によって、「本物の慈善舞踏会」になってしまった。彼らには上品さや作法が欠けていた。「彼らは互いに肘をぶつけ合ったり、脚蹴りをしたり、パンチの応酬を行なったりした。許し難い。まるで議会にいるようだ[16]」。

毎年年頭の数日間は、城〔テュイルリーはシャトーである〕ではレセプションと舞踏会が開かれた。一八四二年の一月三日と五日には、婦人の装いや軍服の正装、そしてダンスも華やかなものだったが、調子はずれの者たちが混乱をもたらした。「代議士諸氏だけがこの輝かしい調和をぶち壊した。それは薔薇の上を這う青虫さながらだった[17]」。強調しておかねばならないのは、軍服や宮廷服で参上する必要がなかったのは代議士だけであったということだ。(一八三七年のアメリカ人旅行者の身なりのように)。彼らはブルジョワの服装、つまり黒い服をまとってやって来た。それがさまざまな色彩と装いの中に、陰気な効果を生み出していたのである。『婦人の鏡』紙は、自分流の作法を押し通して権力からの独立を主張するこれら男性たちを非難する。「これらの殿方は、まさに独立を旗印に、惨めなとんでもない黒服でやって来る。ブーツは水道栓の下で洗い、ネクタイは黒、手袋も擦り切れた黒。彼らが群衆の中を歩き回ると、皆がおびえて遠ざかるのだ[18]」。彼らが見せびらかしていた勲章は、「キャベツの葉の上を這うツチボタル」だった。

しかし、公式の代表団としてこうしたさもしさをひけらかしていたのは代議士だけではない。政治や行政に携わる人びとの振舞いも、すべて同じようなものだった。無名の役人たちならばまだ宮廷に招待されることを光栄に思うかもしれないが、もう少し高位の役人になると、招待を重大なこととも考えずに服装も倹約してやって来る、といった印象を一般の人はもっていたのである[19]。

〔訳注〕……必要がある。——デルフィーヌ・ド・ジラルダンのテキストでは、「素朴で好ましいこの言葉」とつけ加えて皮肉っている。「私の〈知り合い〉の一人としてマダムを加えてくださって」の意。「マダムの〈知り合い〉の中に私を加えてくださって」の意ではない。またブル

ジョワ女性が王家の女性と〈知り合い〉関係になるという新時代を揶揄しているのである。

さらに厳選された夜会

テュイルリー宮殿の大レセプションの群衆たちと、どのようにして一線を画すのか。大人数の俗悪さを逃れ、小さな集まりに招待してもらうこと、これが婦人たちの強迫観念《オブセッション》となるのである。一八三三年二月一八日、数人の貴婦人たち（その中にはセギュール夫人も交じっていた）が、二日前の小舞踏会に招かれなかったという口実で、一〇〇〇名が参加する舞踏会に背を向けた。彼女たちは〈殿下の後宮〉と呼ばれて、その全員がオルレアン公爵に好意を寄せる魅力的な女性たちによる排他的なグループに属していたが、それ以降、大規模な夜会に出席することはなかった。[20]これは一種の取引に関することなのである。貴婦人たちは、より排他的な社交生活〔より小規模な舞踏会に招待されるということ〕を利用できるという条件で、数千名を集める一般の舞踏会にも頭数を揃える関係でかり出されていたのだった。「ある高官の妻のD公爵夫人は、〈大舞踏会〉や〈全員舞踏会〉にはいつも招かれていたが、〈えり抜きの夜会〉には招かれたことがないので声高に不満を述べ、名誉にかけて〈民衆の水曜日〉には二度と足を向けないことを誓った」という。[21]

どんな基準での選別か。貴族としての家柄の古さは、もはや決定的なファクターではありえない。選別という概念そのものが曖昧でしかないのである。キュヴィリエ＝フルリーは『日記』の中でこのことを指摘している。「テュイルリー宮殿での舞踏会、あらゆる階層の三〜四〇〇〇名、それは選ばれた者の集いであって、単なる貴族の集いではない。フリアン夫人やル・オン夫人は大変美人だが、自称できる程度の貴族なのだ」。[22]したがって、人数の少ない夜会、つまり数千名ではなく数百名の集まりが単純に問題となる。しかし〈七月〉の宮廷の始まりとともに、今や重心は小さなセルクル〔元来は王や王妃を中心に円陣を組み挨拶をする儀式。転じて親しい者たちの間で会話を楽しむ小さな集い〕の側にではなく、大人数の側に移動したのだった。王妃は一八三二年一月二五日の『日記』に書く。「夜には、えり抜きの社交界のために二〇〇名の舞踏会を開いた。完全な成功を収め、とても美しく楽しかった」。

けれどもオルレアン家は、家族の親密さも大事にしていた。王妃はいつも子供たちのすぐそばにいた。毎日午後四時から五時半まで、彼らは《クラブ》と呼んでいた集いをもっていた。一〇人の子供たち（生き残ったのは八人だけ）のうち、年長の者が本や絵や手芸品を手にやって来て、母のそばに座った。彼らはお菓子を食べて、国事のことや巷の噂や、「サロンでおなじみの話の種のすべてについて」[23]、お喋りをして楽しんだ。数年後には、幼かった子供たちも年上の子の代わりをしていた。こうして《クラブ》は、一八四八年まで続いたのである。

レセプションがない時には、家族が内輪で夜会を開いていた。王妃とマダム・アデライードは、王女や女官たちに取り巻かれて、サロンでタピスリーを織っていた。その隣りのビリヤードの部屋では、王がイギリスの新聞を読んでいたが、彼が毎日読むのはこれだけだった。外交官が彼に話をしにやって来た。女性の訪問客たちは王妃のテーブルの周りに座ったが、「そこで交わされた会話は、しばしば眠気を誘うくらいのありきたりの内容だった」、と国王夫妻の三番目の息子のジョワンヴィル大公は明らかにしている[24]。彼が言うには、夜会に少し趣を添えるものがあったとすれば、それは美しい女性の到着だけだったという。

一八三六年四月一四日、アカデミー会員のヴィエネはマダム・アデライードの話に飽きあきしてしまった。彼女は、孫の誕生のためにブリュッセルに出かけた王妃に代わってサロンを開いていた。「生まれたばかりのベルギー王室の王子の可愛らしさのことしか、久しく話題がなかった。ティエール氏やアルグー氏は、私と同様に黙って話を聞いていた」[25]。オルレアン公爵とヌムール公爵〔ルイ＝フィリップの次男〕が、王におやすみの挨拶にやって来た。誰かが彼らに散歩に行こうと提案すると、アタラン将軍がこう答えたらしい。「結構ですな。奥の小部屋と閨房へ」。オルレアン公爵が社交界の婦人たちや女優たちの心を引きつけてやまなかったことは、よく知られている。また彼の兄弟たちも演劇界の女性と周知の愛人関係にあった。ジョワンヴィル大公〔ルイ・フィリップの三男〕はラシェルと、オマール公爵〔ルイ＝フィリップの五男〕はアリス・オジーとである。

確かに王子たちは女好きだったが、シャルル・ド・レミュザ〔七月王政下の有力なリベラル派議員、伯爵。一七九五―一八七五〕が証言するように、彼らはテュイルリー宮殿にはとくにうんざりしていた。「宮廷はつまらなかった。王妃は才気に乏しかった。彼女は自由な雰囲気が昂じて悪口が飛び出すような会話を恐れていた。彼女の女官たちも凡庸だった。王は女性たちの集まりに積極的に足を踏み入れはしなかった。彼はぶしつけな言動や嫌がらせを避けていた。聞くことよりも話すことの方が好きだったのである。彼の子供たちがずっとあとになって私に打ち明けてくれたのだが、王家の家族関係に見られたくつろいだ雰囲気にもかかわらず、彼らは死ぬほど退屈していた。機会さえあればそこから逃げ出して、宮廷人に金を出させて一緒に気晴らしをしに出かけるのだった[26]」。

実際にあらゆる証言は一致している。王子たちは才気にあふれ、心地よい会話をしていた。ヴィクトール・バラビーヌ〔ロシア大使館の書記官。本書第三章の小章「四つの地区」参照〕は一八四七年一月に、カステラーヌ伯爵夫人の家でオマール公爵とモンパンシエ公爵〔ルイ＝フィリップの六男〕に出会った。「彼らは北部鉄道で経験した数々の災難について面白おかしく語ってくれた。しょっちゅうそれに乗り込んであらゆる方面に出かけていたからである（…）。要するに、彼らは魅力的で礼儀の点でも申し分がなかった[27]」。

テュイルリー宮殿の内輪の夜会の倦怠感は、それがありきたりの家族的スタイルだったことに起因している。もちろん、復古王政期の王家の私生活のスタイルの方がもっと堅苦しいものではあったが、それにしてもこの倦怠感は基本的にはシャルル一〇世やアングレーム公爵夫人の小さな夜会に漂っていたものと何ら変わるところはなかったのだった。

ブルジョワの流儀

〈七月〉の体制により礼儀作法《エチケット》は簡素化され、テュイルリー宮殿の各部屋への入場の序列と公爵夫人の特権は廃止された。しかし、とくに強調すべき点がある。つまり、礼儀作法に関していえば、新体制の初年を特徴づけたものは、その曖昧さだったということである。アポニイ伯爵の『日記』を読むとこのことがよく分かる。

ナポレオンが作り出し、アングレーム公爵夫人が継承したような宮廷服は廃止された。ではどんな服装で宮廷へ赴いたらよいのだろうか。招待状は「軍服もしくは正装で出席のこと」と命じている。その結果は、一八三〇年一一月のコンサート・シーズン開幕時の不協和音である。指示にもかかわらず、招待客の中には燕尾服《フリック》〔鳩に着せるコートのように胸の部分だけを覆い、下腹部と腰を露出させた細く長い二本の尾のある上着。当時の伊達男の衣服〕を着てくる者もいた。多くは軍服を着ていたが、それとて国民軍の簡素な軍服だった。アポニイは衝撃を受けた。「こんな格好で宮廷へ行けるとしたら、私の服を作る仕立屋でさえ、こんなにひどい集まりにあっては自分の方がよほど育ちがよいと思い込むことだろう」[28]。

舞踏会では進行役はもはや存在しなかった。アポニイ伯爵は、王妃とマダム・アデライードから個人的にルイーズ王女やマリー王女と踊るようにと勧められ、仰天してしまった[29]。もう身分や上席権を尊重するようにと心を配る人はいないのだから、自分の席にじっとしている者など誰もいなかった。こんなわけで、一八三一年七月二三日の議会の開会式では次のようなことが起こった。チュニス使節の〈ベドウィン人〉が他を気にすることもなく、全員の前に出ようとした。イギリス大使のグランヴィル卿は、彼に退くようにと頼んだ。しかし他の大使たちがグランヴィル卿ほどきっぱりとした態度を示さなかったので、結局チュニスの使節は自分に与えられた列の席ではなく、プロシャとバイエルンの代表者の前に座ってしまったのである[30]。

礼儀作法は実際には消滅したのではない。ただ、それが厳格で一律のものというのではなくなったということである。人びとは好きな時にだけこれに従っていた。曖昧さや、おそらくは全体の統一性の欠如が生じていたのはそのためである。エコール・ポリテクニック（理工科学校）の卒業生で土木局技師のテオドール・エナールは、毎年一月二日に行われるテュイルリー宮殿でのレセプションを一度も欠席したことはないと語っている。婦人たちに関しては、規律はよく守られていたらしい。「王妃に続いて王女たちが、婦人たち全員の前を通って行った。婦人たちは立ち上がり、副官に自分の名前を述べた。副官はこれを侍女に伝え、侍女がそれを王妃と王女に告げた。王妃たちが立ち止まるのは名前を知っている女性の前だけで、他の者にはただ挨拶をするだけだった」[31]。反対に、男性たちには典礼が定められていなかった。彼らはそうしたければ王の面前を列になって進んで行くこともできた。その時は副官に自分の名前を告げる。すると副官がそれを大声で呼び上げるのだった。男性たちはルイ＝フィリップに挨拶をしたが、君主が言葉をかけない限り立ち止まらなかった。この行列は復古王政期の婦人たちのそれを連想させずにはおかない。しかしエナールはこうつけ加えている。「一般にはほとんどの客がこの挨拶を省いていた」。したがって礼儀作法の原則は存続していたが、皆それには従っていなかったということである。

この礼儀作法における曖昧さは、〈セルクル〉に関しても認められる。復古王政期には、あらゆる公式のレセプションが外交的なセルクルに倣った、いささか長々としたセルクルで始まっていた。王が外交団を迎え入れる時には、外交官たちは円陣を作り、彼らのうち教皇大使が全外交団を代表して挨拶を述べた。すると王は、一行の者たちに質問をしながら円を一周するのだった。同じように、宮廷での舞踏会形式の夜会も、まず数分のセルクルで始まっていた。

しかしルイ＝フィリップが王になってまもなく、レセプションの初めに行われるこうしたセルクルの儀式は廃止された。彼はそれをあまりにも堅苦しいと考えたのだろうか。それとも、前体制との決別をはっきりさせようと思ったのだろうか。いずれにせよ、彼はこれによって招待客を迎えるための方法を失ってしまった。なぜなら彼は、セルクルなど開きたくもなく、戸口のところで「一介の私人として人を迎えること」[32]すら望まなかったからである。そこで彼は、一八三〇年一一月に行われた最初の数回のレセプションの時には、部屋の奥に引きこもっていることに決めた。しかし、そんなことを知らされていなかった招待客たちの方は、彼を王としても私人としても扱わなかった。単にそっけなく無視してしまったのである。一八三一年一月に行われたパレ＝ロワイヤルでの大舞踏会の時には、彼はサロンからサロンへとあらゆる人びとに挨拶して回り、出会った人なら誰とでも会話をしたが、これは自分の存在を人びとに思い起こさせたかったからなのだろうか。

宮廷の礼儀作法を廃止して、それをブルジョワの礼儀作法に代えるのは至難なことのように思われる。宮廷に出入りしていた者たちは、もはやどの規範《コード》によってどれほどの距離を王との間に保てばよいのかが分からなくなっていたので、一種の全般的困惑、あるいは不安が生じていたのである。そして、かつての礼儀作法に戻ることがもっともだという考えも当然生じてくるのである。こうして一八三一年の一二月二四日には、再び舞踏会の前にセルクルが行われることになったのだった。

ヴィクトール・ユゴーはルイ＝フィリップに親しく会って、彼を評価し始めると〈オルレアン公爵〔ルイ＝フィリップの長男〕

は一八四二年に、またレオポルディーヌ・ユゴー〔ユゴーの長女。ヨットの転覆で溺死〕は一八四三年に不慮の死をとげているが、ともに子を失ったことが二人の接近に一層の拍車をかけた）、七月王政が採用したブルジョワの流儀は、長期的に見れば宮廷風俗と両立しえないのではないかと自問している。一八四六年七月三〇日、詩人は王のところへ「記帳しに」行く。王は〈ユー城〉に出発しており不在だったからだ。つまり、滞在先のルイ＝フィリップのもとに毎晩送られる訪問客の記帳名簿に、ユゴーも名前を記したのである。「それは洗濯屋の帳面のような、緑色の羊皮紙の背表紙の付いた登録簿風に作られている。五冊の帳簿が置かれていたが、それは王家の各人に一冊ずつということである」[33]。この習慣はまったく王にふさわしからぬものである。それはルイ＝フィリップとその一族を、店に入ったり出たりする綿製品やご用聞きの品物の細かい計算の控えをとるのに慣れた、中流ブルジョワジーの家庭に近づけるものなのである。もっともこの王はそのように扱われてはいたのだったが。ユゴーは自分が出席した初めてのテュイルリー宮殿での夕食会を思い出している。「私は会食者の一人だったレミュザ氏とその一カ月後に会ったのだが、彼は私にこう言った。《夕食会のお礼の訪問は済まされましたか》」。それはまるでどこかのブルジョワの家庭へ招かれた夕食会のことでも話しているかのような口ぶりだった……。確かにこのようなブルジョワ流儀には、簡素さという意味での魅力がある。しかしユゴーは自問する。もしそれが宮廷の礼儀作法に取って代わるならば、王権はブルジョワ形式のもとで窒息してしまうのではないか、そんな状況下で王を維持することに何の意味があるのだ、国家の指導者というのならば〈大統領〉の方がずっとうまく事を運ぶだろう、と。

　一八四六年八月一日付で記されたユゴーのこうした考察は、王の人格のイメージに触れることがどんなに微妙だったかを示している。ルイ＝フィリップが選んだ自己のイメージは、ブルジョワのスタイルだった。そのため、王が傘を手にして散歩する場面から新しい礼儀作法の滑稽な取り決めに至るまで、風刺画を描くことがいともたやすいこととなっていた。新しい作法の取り決めとは、（一）どうかドアを閉めてください、（二）階段の下と控えの間の戸口ではどうか足をよく拭いてください、といったものだった[34]。この親しみやすいスタイルは時流によく合い、王が世論の大多数の支持を得るには役立っていた。しかし、この選択には危険がないわけではなかった。なぜならそれは、王権の本質そのもの、つまりブルジョワ国家の長と国王との違いは何なのか、といった諸問題を引っ被ることとなったからである。礼儀作法は王がもつ本質的な差異と優位を標示するものであった。それが曖昧にされたなら、王はどうやって自分の優位を強調すればよいのだろう。

ユゴーらが自問したのはおそらくこの点だったのだろう。しかし、ルイ＝フィリップは自ら大統領になったつもりでいただけに、王家のブルジョワ流儀は特別の意味は何ももたなかったのである。

ルイ＝フィリップの奢侈政策

一八三〇年前後の『王国年鑑』を読むと、〈七月〉の宮廷では人員の削減が行われたことが分かる。侍従、宮内府奉行、先発宿舎係、小姓はもう存在していない。式部長もサン＝モーリス氏ただ一人である。三カ月、四カ月、半年交替といったシステムの職務も残っていない。一八四五年には王と王子たちのメゾン・シヴィル（文官団）の職務は、総計で三一四名分〔一八二六年のそれは六九二名分。本書四七頁を参照〕である。

王権の座についた時、オルレアン家は側近を交替させなかった。このことはまさに彼らに向けられた非難の一つとなったが、その中にはオルレアン派の人びとからの非難もあった。オルレアン公爵の時代にはふさわしかったものが、〈フランス人の王〉の立場では必ずしも十分ではないことをルイ＝フィリップは理解すべきだった。七月革命以前には彼には六名の副官がいた。ジュール・ド・ラ・ロシュフーコー伯爵、フランス・ドゥードト伯爵、ロアン＝シャボ子爵、リュミニー子爵、アタラン男爵、ベルトワ男爵である。王になっても彼は同じ副官（ロアン＝シャボだけは「名誉職」になったが）を維持し、さらにエイメース、ボワイエ、C‐L・デュマを加えた。オルレアン家に仕えていたアペール（彼はマリー＝アメリー宛ての助力要請の処理を任務としていた）は、王が外国の君主にも対抗できるような自分の威光の基盤作りに貢献したであろう古くからの大貴族、すなわちモルトマール、ブロイー、ショワズールらを側近にしていなかったことを惜しんでいる。アタランがルイ＝フィリップの即位の知らせをもってロシア皇帝のもとへ行った時、皇帝が彼に示した冷淡さはアタランにとってどれほどの驚きであったか。つまり、皇帝はアタランという名をまったく知らなかったのである。[35]

王妃とその義妹の側近である貴婦人たちについても、同じことが指摘できる。マリー＝アメリーは、パレ＝ロワイヤルで彼女に仕えていた女官、ドロミュー侯爵夫人を手元に残した。ドロミュー侯爵夫人とマダム・アデライードの女官、モンジョワ伯爵夫人は姉妹だった。女官職は報酬が少なかったが（一年に六〇〇〇フラン）、その威信ゆえに人気が高かった。アペールによれば、ドロミュー夫人は王妃付きの女官としてふさわしい度量はまったくもち合わせていなかった。選ばれるべきは、モンテベッロ公爵夫人やヴァグラム大公妃（旧姓エリザベート・ド・バヴィエール）のような財産家で大衆的知名度の高い、帝政期の元帥の妻たちであったのだ。

付き人にしてもまた、王妃は復古王政期に使っていた二人の女性を離さなかった。一人はルール侯爵夫人である。（語尾に「オッテ」を付ける癖のあった彼女は、ある日紳士たちに退く（ルキュレ）ように命じた時、「ルキュロッテ、ルキュロッテ」〔半ズボンをはき直しなさい、の意〕と言ったのだ！）。そしてもう一人はシャンテラック侯爵夫人である。彼女はルイ＝フィリップが言っていたように一つの「遺産」だった。というのも、少し前までは彼女は寡婦給与財産を受けていた先のオルレアン公爵夫人〔フィリップ平等公の妻でルイ＝フィリップおよび妹のアデライード母アデライード・ド・ブルボン〕の付き人だったからである。前の治世と同様、宮廷の職務は同じ家系の中で配分された。たとえば、ルール夫人のあとは、彼女の娘モーリス・デュルスト伯爵夫人が付き人となるのであった。一八三三年の時点でマリー＝アメリーには四人の女性が予備の付き人として仕えていた。一人は一八三七年に若きオルレアン公爵夫人（王太子妃エレーヌ）の女官に任命されることになるロボー元帥・伯爵夫人、もう一人はイギリス亡命中のオルレアン公爵（ルイ・フィリップ）に副官として仕えた夫をもつカミーユ・ド・サン＝タルドゴンド伯爵夫人、そしてセーヌ県知事の妻ボンディー伯爵夫人と、ナポレオン帝政下に財務大臣を務めたこともある預金供託公庫の監督委員会委員長の妻モリアン伯爵夫人である。このように、宮廷の職務は貴族の家柄の古さによって割り当てられていたわけではない。ものを言ったのはオルレアン家への忠誠。そして新体制への献身だったのである。

ところで、宮廷の重みを軽くしたからといって、ルイ＝フィリップが華やかな君主制を望まなかったわけではない。先に見たように、彼は血縁の王族の特権に非常に執着していた。レミュザが強調するように、彼は玉座についてからもアンシャン・レジーム期の雰囲気を色濃く身につけていたのだ。「彼の頭の中はいつもヴェルサイユの伝統やアンシャン・レジームのこまごまとした事柄でいっぱいだったので、彼は絶えず過去にさかのぼっていた。しかし、それは、近づこうとすればするほど逃れてしまう性質のものだった。七月革命によって彼が身を置いた世界では、もはや彼が何を語りたいのかほとんど誰にも分からなかった。つまりこれが、彼をして《もうフランスの歴史を知る者は誰もいない》とたびたび語らせるゆえんなのであった」[36]。ルイ＝フィリップは精神の進化を尊重していた。しかし、その精神はもはやアンシャン・レジームへのノスタルジーを受け入れるようにはできていなかった。彼は王のイメージを含め、君主制の実態は変わるべきものであり、自分の役割はその変化についてゆくことだと感じていた。共和主義者と正統王朝派という双方からの暴力の嵐の只中にあって、新しい君主制の最初の数年間は困難をきわめた。しかし一八三四年からは体制もずいぶんと安定してきたため、王は自らの演出を強調することができるようになった。

このことについては、ボワーニュ伯爵夫人が彼女も招待された一八三四年一〇月の宮廷による最初のフォンテーヌブローへの旅行の時に気づいたことだった。「この旅行にはある種の玉座の香りが漂っていました。少なくとも、彼には一段ずつ王権の階段を上り詰めてゆく明らかな意志が見てとれました（…）。自分はアンリ四世の子孫だということをあえて思い出そうとしているかのようでしたが、そのような王を見たのは革命以降初めてのことでした」[37]。フォンテーヌブローでのもてなしは、豪華で都会的洗練に満ちたものであった。王は招待客を前に、城館の修復作業の様子や、すでに完成しているもの、あるいは今後の計画について長々と説明した。宮廷内の図書室の登録簿が示すように、〈フランス人の王〉フランソワ一世[訳注]の系譜に自分の名前が加えられたことを彼は誇りに思っていた。そして彼は明らかにこの誇りを子供たちの頭にたたき込んでいた。なぜなら、訪問者たちにこの登録簿に注目するように促したのは、当時一二歳のオマール公爵だったからである。

ルイ＝フィリップは王宮の維持、改修、拡張に熱中していた。しかし一方では、壮大なこれらの政策の遂行そのことによって、彼は国民を自分の人格と自分の王朝に一体化させようとする聡明さを備えていた。次に述べるフォンテーヌブローやヴェルサイユでの行事がその例で、そこでは王国の継承者の結婚に際して、王がこの二つの場所に付与した補完的な役割が明らかになるだろう。

［訳注］フランソワ二世――一五四四―六〇、国王としての在位は一五五九―六〇。スコットランドの女王でギーズ家の姪マリー・ステュアートと結婚。旧教徒の首領であるギーズ公爵に操られて新教徒の企てたアンボワーズの陰謀事件に巻き込まれる。図書室の登録簿に〈フランス人の王〉と署名したかどうかについては不祥。

オルレアン公爵の結婚の祝賀祭、一八三七年五月と六月

王家のプリンスの結婚を祝してフォンテーヌブローとヴェルサイユで繰り広げられた盛大な儀式。これに関するもっとも詳しい報告がもたらされるのもまた、ボワーニュ伯爵夫人のおかげである。彼女はこの時も招待客の一人として参列している。

一八三七年五月、オルレアン公爵はプロシア国王の姪にあたるエレーヌ・ド・メークレンブルク・シュヴェーリンと結婚した。当初彼はオーストリア皇女テレーズ・ドートリッシュとの結婚を望んでいたが、これは拒絶されている。ブロイー公爵はエレーヌ大公女をフランスに連れて来る役目を仰せつかった。そして大公女とともに、彼女を育てた義理の母で、寡婦となっていた大公妃も一緒にやって来た。噂話がはずんでいた。この若きドイツ女性はどんな姿をしているのだろう。デルフィーヌ・ド・ジラルダンは、噂が噂を呼んで大公女のイメージがパリに近づくにつれて大きく変化してくるのを楽しんでいる。初めは大足で品のない外国女性のイメージ、やがて魅力的な足をもち、「絵になる」ほど美しい可憐なパリジェンヌ像になってゆく。[38] フォンテーヌブローに赴いたボワーニュ夫人は、以前エレーヌ大公女に会ったことのある人びとが、皆異口同音に同じように話すのを聞いている。たとえばブロイー公爵は彼女をしきりに誉めそやしている。その結果、ようやくこの若きドイツ女性に会うことができた伯爵夫人は、期待を裏切られて、そのことをブロイー公爵に打ち明けると、彼は激怒してしまうのだった。

大公女の旅程は礼儀作法《エチケット》が定める通りに進められた。これにはムラン〔パリの南東四五キロの町〕での宿泊という決定的な行事が含まれており、彼女はこの地で象徴的な意味でフランス人となったのである。つまりその行事とは、ムランで以下のことを行う伝統のことである。彼女の未来の伴侶が、やがて彼女の〈館《メゾン》〉を形成することになるすべての人びとを連れて会いにやって来る。そして、それまで着ていたドイツ製の服を脱がせて、大公女にパリジェンヌの装いをまとわせる。この儀式を終えたあと、彼女は宮廷の祝典用の馬車に乗り込み、他の馬車もそのあとについて行進を開始するのである。

到着地フォンテーヌブローでの光景は、絵のように華麗だった。大公女は「比類なき優雅さと威厳をもって」王と王妃の足元に身を投じた。その様子は、王への拝謁を行う大公女のために手を差しのべようとしていたオルレアン公爵さえもが驚くほどだった。彼女にしてみれば、エピナル版画〔エピナルは一八世紀以来民衆の間でもてはやされた版画製作の中心地〕のように構想されていた国王夫妻とのこの出会いに、感動の趣を添えようと大変な如才なさを示したのである。この戸外での会見はあらゆる階層の見物人からなる大群衆の真っ只中で行われたため、効果は満点だった。そして、すべての人びとが王の家族と感情を共有したのである[39]。

その翌日の五月三〇日、民法上の結婚式と教会結婚式が執り行われた。父の大公はプロテスタントだったので、夫妻は相次いでプロテスタントとカトリックの二つの儀式に従って、ごく簡素に結ばれた。結婚を記念する感謝の祈りのミサに際しては、若き花嫁は王妃のそばに列席させてくれるよう願い出るだけのセンスのよさも備えていた。

お披露目式を行う城館には招待客全員を一度に収容することができなかったので、彼らは三つの「組」に分けられた。それぞれが着飾ることに懸命だった。ボワーニュ伯爵夫人は記している。「私は久しくなかったほどの装いをこらして、いわゆる〈ルイ一三世のサロン〉に降りてゆくと、そこには金と真珠とダイヤモンドの輝きであふれた、大勢の婦人たちが集まっていました」[40]。テュイルリー宮殿よりもずっと厳しい礼儀作法は、復古王政期のそれに似ていた。賓客たちは〈ルイ一三世のサロン〉より奥に行くことはなかった。〈玉座の間〉と王家のサロンは王族専用だったからである。この厳格な礼儀作法は、ルイーズ王女の夫であるベルギー王のせいだ、とボワーニュ夫人は主張している。しかしルイ＝フィリップがこれを場違いだと判断していたのならば、それをこの場に採用することはなかっただろう。彼は、王朝の基礎を固めるための結婚式はおそらく宮廷の普段の儀式よりもはるかに人に畏怖の念を抱かせる儀礼に従う方が適切である、と決断したのである。

新しいオルレアン公爵夫人（エレーヌ）の女官、ロボー元帥夫人が新婦に招待客を紹介し、王妃も何人かの名前をあげてこの義理の娘に紹介した。エレーヌ大公女は貴婦人にふさわしい態度で振舞った。自分が到着した時に紹介された婦人たちのことはすでに見知っていたので、大公女は彼女らに言葉をかけたり微笑んだりした。彼女は当を得た言葉づかいで人を楽しませるすべを心得ていた。自分のために飾り立てられた豪華な品々については、彼女は敏感にそれと気づいてはいたが、だからといって「成り上がり者の喜び」をあらわにすることは決してなかった。あたかも生まれながら富と優雅さに恵まれることが定めであったかのように、彼女は王妃としての資質をすでに十分に備えていた。結局彼女は、マリー＝アメリーに深い情愛をこめて敬意を表しつつ、巧みに新しい家庭におさまったのである。

ボワーニュ伯爵夫人は、ようやく肩の荷を下ろしてフォンテーヌブローを去って行った。「豪華な装い、ダイヤモンド、礼儀作法、そしてとりわけこの長ったらしいお披露目式にはすっかり疲れ切ってしまいました」[41]。一方、同じくこの王族の結婚式典に参加したギゾーの方は、六月五日付のロール・ド・ガスパラン〔本書第六章の原注16を参照〕に宛てた手紙の中で、次のように書いている。「宮廷生活は、われわれの時代においてはあまりにも皮相で、わざとらしい。だからもはや、われわれの側に欠点があるとか、それにふさわしい資格があるとかいう問題ではないのだ。われわれは宮廷生活に折り合おうとして、あまりに生真面目すぎ、結局徹底的に振り回され、忙しい思いをした。これほどの因習や気詰まりの中では、くつろぐこともできない。私がそこで見たものは、一刻も早くこの席から離れたくてじりじりし、ほとんどいら立っている人たちの姿ばかりだった。彼らにはそれ以外の振舞い方はできなかったのだ」[42]。復古王政期以後はもう慣れていなかったこの過剰な礼儀作法は、まさにフォンテーヌブローという場で自分の王位継承者をかつての君主制の系譜に加えたいとするルイ＝フィリップの願望を示すものである。そして反対にヴェルサイユ宮殿の方は、この結婚を機会にこれを美術館にすることとし、一八三六年六月一〇日にその開館式が挙行され、これをもって国民の偉大さが称えられたのであった。

ヴェルサイユ

ルイ＝フィリップの企てることは、先人たちと比べ実に対照的である。ナポレオンやルイ一八世とは反対に、ルイ＝フィリップはルイ一四世の城館にはもはや住む意志のないことを示そうとして、特別の注意を払っている。ナポレオン皇帝は一八〇五年に母と妹のポリーヌと自分自身のためにトリアノン宮を修復し、家具を取り替え、次いで未完成のままだった城の工事を再開した。マリー＝ルイーズと結婚してローマ王が生まれたあと、ナポレオンはヴェルサイユに住むことを考えていた。彼はアンシャン・レジーム期を手本にして城の空間を分割し、一八一一年から一八一二年にかけて室内装飾用の織物を注文している。だが戦争とその敗北によって、この目的は達せられなかった。復古王政期に入ると、ルイ一八世がこの工事を引き継ぎ、部屋の割り振りをやり直し、織物を保存し、絵画と扉の上部装飾を注文している。早くも一八一四年の七月一日には六〇〇万フランの予算が計上されていた。しかしこの計画は徐々に消えて、一八二〇年頃には完全に放棄されてしまった。アングレーム公爵夫妻のために王太子夫妻の奥の小部屋だけが改築されたが、彼らがそこに住むことはなかった。次の王、シャルル一〇世の場合はこれらすべてを棚上げした。そして、ヴェルサイユ宮殿を美術館に改造するのに時間と個人資産をつぎ込んだのが、ルイ＝フィリップだった。[43]

王室費の運営にあたっていたモンタリヴェは、国王はヴェルサイユの改築のために二三四九万四〇〇〇フランもの資金を費やし、一八三三年一二月二日から一八四七年一二月一〇日までの間に、ここをルイ＝フィリップが三九八回も訪れたと書いている。[44] しかし王は決してそこには泊らないように気をつかい、夜になればパリかサン＝クルーに向かった。家族が静養するための田舎の家として扱われた唯一の場所は、息子オルレアン公爵夫妻の田園用住宅、プティ・トリアノンだった。そしてルイ一四世が建てたこの宮殿の大きな続き部屋《アパルトマン》と豪華な小部屋は、意を決して美術館にあてることにした。

ヴェルサイユ宮殿の美術館への改築は、国民的祝賀の意志を表している。ルイ＝フィリップは、国家共同体の概念を想起させようと戦争画の陳列室を思いつき、そのために四九六年のトルビアックの戦いから一八〇九年のワグラムの戦いに至るまで、フランス史を通して成しとげられた栄誉ある武勲を称える絵画三三枚を描かせた。中世の王たちからルイ一四世を経て、革命期の将軍やナポレオンに至るまで、彼は訪れた人びとの目にさまざまな指導者たち、しかもすべてフランスの偉大さのために働いた人たちを示して見せた。[45]この政治的構想は、アンシャン・レジーム期の王政に対置される立憲王政の関係において、象徴的な意味で決定的なものであった。

　ベリー公爵夫人の扇動によって起こったヴァンデ地方での反乱があったにもかかわらず、王は一八三三年以来、復古王政期の部屋を開設したいと願っていた。「名誉あるすべての物事は称えられねばならなかった」[46]。しかし、彼が美術館の公式落成式典と王太子の結婚式とを同時に行わせたのは、明らかに政治的思惑によるものだった。一方で、彼は〈鏡の間〉を使った豪華な祝宴とその後に準備していた芝居に一五〇〇名の人びとを招待した。この一大行事は、これだけで三〇万フラン以上かかり、王はこの日のために華々しい宣伝を行なった。[47]パリ中のジャーナリストが招待された。フォンテーヌブローでは上流階級の人びとが圧倒的に多かったのに対して、ここヴェルサイユでは報道関係者がその場を席巻していた。ボワーニュ伯爵夫人はこれについて憤慨する。「そこにはジャーナリストたちがうようよし、どこにあっても彼らに付きもののお喋りがあふれていました。彼らはこの城壁の中でこうした態度を〈好んで〉ひけらかしていましたが、おそらく彼ら自身も、自分たちがこの場所にふさわしくないことぐらい承知していたのでしょう」[48]。

　しかしボワーニュ夫人は、自分を不快にさせるものは招待客の庶民性と王宮という場所との不釣り合いに由来するのではない、と明言している。確かにこの祝宴には下院議員や貴族院議員が非常に多く招待され、彼らの中には「モンテスパン夫人〔ルイ一四世の愛妾。一六四〇―一七〇七〕主宰のセルクルを驚かせるような出自の名前がたくさんありました」。しかし、これは立憲王政の性格そのものに起因しているのである。国民の代表者たちは、公式行事に事実上自分の席を得ているのである。こうしてボワーニュ夫人は、品のない下院議長デュパンがヴェルサイユに出席していたことも正当なことと見なすのである。伯爵夫人は新体制の原理に賛同する貴族として、議会の代表者たちの出席の必要性を上流社会の作法より優先させている。さらに彼女は、優れた精神の持ち主の出席、つまり「一流の者に限るならばアカデミー会員、学者、芸術家」の出席もまったく正当化できると判断する。彼女はこの点でギゾーや正理論派の人びとと似通っているのだ。「真の能力」は認知されなければならず、一流の仲間に入れられる権利を有するのである。

だから「ジュール・ジャナン氏とその同僚たち」（ジャーナリスト）の出席に対して彼女が憤慨するのは、彼らの中に傑出した人物が全然いないからであり、彼らを王家の祝祭に迎え入れるのはその「つまらぬ才能」におもねって行事の威厳を落としてしまうことだったからである。おそらくルイ＝フィリップは、王太子の結婚と王朝の確立とを組み合わせ、自らの指示で修復させた「ルイ一四世の宮殿」という国民への贈り物を添えて世論はいかにと問う時は、ジャーナリストがいかに役立つかを伯爵夫人以上によく知っていたのである。

ジャーナリストや作家たちは王の期待に応えたのである。デルフィーヌ・ド・ジラルダンは一八三七年六月二一日付の『プレス』紙の時評欄で、この放棄されていた城館の救済活動について祝福し、その成果をしみったれたものとして感じていた気難しい人びとの批判に応えている。確かに大理石よりもナラ材の方が多く使われていた。しかしこれはすなわち、ヴェルサイユが「君主の気前のよさの所産」である代わりに、今日では「彼の倹約の成果」であるということなのである。[49] 彼女は、王がヴェルサイユを「ネズミや下院議員」から救ってくれたこと、そしてヴェルサイユを時間による損耗や、王の華麗さの終焉を告げる立憲時代の単調さから守ってくれたことに感謝する。ヴィクトール・ユゴーは覚書帳に厳かに書き留める。「国王ルイ＝フィリップがヴェルサイユに施したものはすばらしい。この事業は王の偉大さと哲学者の公正さがなければ成就できなかったことである。そしてこれは、君主政の歴史的建造物を国民のための歴史的建造物にしたということである。壮大な理念を巨大な建物の中に吹き込んだということである。過去の中に現在をはめ込んだということである[50]」。

オルレアン公爵

一八三〇年、ルイ＝フィリップが〈フランス人の王〉となった時、彼の長男フェルディナンは二〇歳である。その時までシャルトル公爵だった王太子は、オルレアン公爵の称号を名乗ることとなる。彼はその前年の一八二九年に社交界にデビューをしており、貴族階級のサロンでは大歓迎で受け入れられていた。彼は「入念な教育がもたらしうるすべてのもの、教養と上流社会の作法」をことごとく備えている、とマイエ公爵夫人は書いている[51]。彼は一八三〇年一月二日にマイエ夫人のサロンでダンスを踊ったのだった。一社交シーズンだけで彼は寵児となり、貴婦人たちに追い回される。そして、公爵夫人は彼を取り巻いている「媚を売る女性たちのライヴァル意識」を面白がっている。本書序章で述べたように、彼が主宰して組織した一八三〇年二月一五日の〈貧者のための舞踏会〉は、こうして大成功を収めたのだった。

七月革命は、上流社会の内部での彼の人気に弔鐘を鳴らそうとしていた。しかしそれに逆比例して、彼が連隊を率いている時の街頭での人気は増大する。社交界のこの微妙な状況は数年間続き、一八三七年の彼の結婚の時まで真に終わることはなかったのだ。つまり革命前に彼を手放しで歓迎していたフォブール・サン＝ジェルマンは、大多数が、革命後には正統王朝派野党に転じていたからである。七月王政初期の数年間、シャルル一〇世派野党であることの証の一つは、もはや王太子には話しかけないこと、彼と会うのさえ避けることにあった。これはむしろ子供じみた抗議の形態であり、ときとして痛ましくも異様な場面を引き起こすことにもなるのである。かくして一八三一年二月一五日のロッチルド家における舞踏会では、正統王朝派の青年たちが、王太子の踊っている間に彼の帽子の三色帽章を取り去って代わりに白色帽章を縫い付けるという陰謀を企てたのだった。しかしこの晩は王太子は暴徒の鎮圧活動に追われていたため、夜会を欠席した。その代わりに翌年には、やはりロッチルド家で当時噂の種となった事件が起きた。レオン大公ロアン公爵〔ナポレオンの副官、ベリー公爵の副官、ボルドー公爵の筆頭副官を務めたが、ルイ＝フィリップの体制に加担することは拒否した〕がある女性に話しかけた際、彼は王太子のことを、『ラ・モード』紙が広めた「大きな坊や《ブーロ》」〔ノルマンディー地方の人びとが自分の第一子につける呼び名〕というあだ名で呼んだのである。王太子の副官たちは大公の声を聞きとり、彼とその仲間たちに対して釈明を要求した。決闘のスキャンダルは裏工作で避けるのが普通だった。しかし、王妃とマダム・アデライードはこの事件にたいそう心を痛め、このために王太子の方も「すっかり怒りっぽくなり、機嫌の悪い」有様だった。[52] そして社交界では、この種の事件がまた起こりうるのではないかと皆不安に思っていた。

オルレアン公爵はそれぞれの親族間でも不和の種となっていた。この王太子《プランス・ロワイヤル》を迎えて彼のダンスパートナーとなったある社交界の女性は、シャルル一〇世党の激怒を招いていた。エスクリニャック公爵夫人は、一八三二年二月二九日にイギリス大使館で彼とワルツを踊ったという理由で、その翌日ノアイユ家と彼女の夫の両親とが引き起こした「凄まじいいさかい」の原因となった。一八三五年五月七日、ロアン公爵夫人がいとこのヴァランセー公爵夫人の部屋に入ろうとした時、そこから出て来たオルレアン公爵とすれ違ったが、その時いとこに浴びせかけた彼女の侮蔑的な言葉はもっと悪質なものである。「今後あなたの部屋にやって来た人がどんな目にあうかを考えるとぞっとするわ」[53]。ヴァランセー公爵はロアン公爵に謝罪を求め、ロアン公爵は妻に陳謝の手紙を書かせることで決闘を回避したのである。

復古王政下では人気を呼んだオルレアン公爵の夜会への出席は、今では正統王朝派の存在を際立せるだけであった。社交界の人は皆このことを考慮に入れざるをえなかった。つまり公爵を夜会に招待することは、全フォブール・サン＝ジェルマンの欠席を意味する危険があったからである。アポニイ伯爵はこう主張している。オーストリア大使館は両陣営の狭間で選択の苦労をしなくて済むよう、一八三二年から一八三三年の冬の間は一回も舞踏会を開かない方がよい、と。しかしこの主張は果たして有効だろうか。なぜならすでにシャルル一〇世党は、このシーズン中はベリー公爵夫人逮捕への抗議のために、ダンスを一際行わないと断固決めていたからである。

オルレアン公爵とともに人気を二分していた舞踏仲間で、公爵から親しみをこめて「ロディ伯爵」と呼ばれていたロドルフ・アポニイ伯爵〔本書第四章の小章「アポニイ家とオーストリア大使館」を参照〕の証言を信ずるならば、公爵の社交界政策は半ば失敗だったといえる。アポニイによれば、公爵は宮廷を敬遠してもはや自分と交際しようとしない上流社会の態度に苦しんでおり、同時に、父がテュイルリー宮殿に招いた人びとの俗悪さにうんざりして、自分の本来の階層に戻りたいと言い出している。こうして公爵は、オーストリア大使館でロディ伯爵に会い、自分とフォブール・サン＝ジェルマンの女性たちとの間の仲介役をしてほしいと頼むことになるのである。その結果、レオニー・ド・ベテューヌ大公妃が彼とのワルツを承諾したのだったが、果たしてローザン公爵夫人とラ・トレムイユ公爵夫人は同じように彼と踊ることに同意しただろうか。[54] アポニイによれば、フォブール・サン＝ジェルマンの人びとと出会うのにもっとも適した家は、デルマール男爵の屋敷だった。男爵は一八三四年に公爵を確かに招待してはいる。しかしそれは、他の〈中道派〉は誰も加えず、公爵の同行者も二人の副官だけという条件付きだったので、公爵はこの招待を拒絶したのだった。つまり公爵は、シャルル一〇世党の人たちの中では誰も話相手が見つけられないという危険を察知したのである。一八三五年二月、新たな招待がデルマール氏からオルレアン公爵になされた。この時公爵は、「気持ちよく迎えられるという条件」、意味するところは正統王朝派の社交界人を呼ばないという条件を出し、招待を受け入れている。しかし、デルマール男爵は逆に宮廷との縁切りの方を選んで、王太子を招待するという考えを捨てたのだった。

この最後のエピソードは示唆的である。オルレアン公爵はロディ伯爵の断言とは反対に、自分の生まれた階層から締め出されてそこに戻りたいと願っている哀れな若者、といった風情はまったくない。彼にとって重要なのは受け入れられることだが、それは〈自分の社交界とともに〉、すなわち新体制にとって好ましい若い友人たちとともに迎えられることなのである。したがって彼の態度は一つの社会階層の浸透作戦と同じである。フランスの世論における自分の人気に喜んでいるこの王国の跡継ぎ息子は、かつてはあれほど自分を歓迎してくれていたフォブール・サン＝ジェルマンだけが自分を拒絶していることに耐えられないのであった。おそらく彼は、自分が正統王朝派と七月王政との間の橋渡し役となることを夢見ていたのである。

オルレアン公爵はこのまとめ役を果すための切り札をたくさんもっていた。まず第一に、皆の意見によると彼は傑出した人物だったからである。レミュザは彼についてこう述べている。「私はこれまで、これほど優れた人物をあまり見たことがなかった。彼には偉大なる王太子の素質があった」。さらにレミュザはつけ加える。「魂の高貴さ、威厳、物腰、自制心の点で、そして広い知識、思想の厳密さと積極性、自分の時代、自分の国民、自分の地位に対する理解力の点で、彼は父親より優れていた」[55]。オルレアン公爵は、フォブール・サン＝ジェルマンの側から見れば大きな欠点と映ったその自由主義《リベラリスム》にもかかわらず、もっとも保守的な王党派でさえ気に入るような多くの長所を併せもっていた。完璧なまでの立居振舞い、女性に対する配慮を備えた彼は、自ら進んで伝統や上流社会の作法、つまり優雅さと様式とよき趣味の擁護者たろうとしていた。彼は独身時代はダンディで競馬も好み、両親の叱責を招いていた。アポニイの証言によると、王と王妃は一八三六年四月二七日、この王国の跡継ぎ息子とその弟ヌムール公爵があの「シャンティイ〔パリ北方の町で競馬場がある〕の愚行」〔競馬を楽しみながら行なった野外パーティー〕に参加したことで立腹したという。二人の王子は、一八三三年に創設された〈ジョッキー＝クラブ〉の創設者の一員に加わっていた。そしてオルレアン公爵はすでに数々のすばらしい舞踏会を開いており、一八三六年一月二五日の舞踏会は、「人びとが目にする限りのもっとも盛大でもっとも優雅なもの」であった。

　この若き王子をめぐってのさまざまな陰謀はその後も続いた。シャルル一〇世党はバルティヤ侯爵夫人（彼女は復古王政下ではエスカール公爵夫人一派のメンバーであり、夫は極端なシャルル一〇世党員だったにもかかわらず、オルレアン公爵と会うことを決して憚らなかった）を介して、この王太子に驚くべき提案を行なった。彼らは王太子にボルドー公爵の姉のマドモワゼル〔ベリー公爵の娘ルイーズ・ド・フランスの通称〕と結婚して、正統王朝派野党の先頭に立つようにほのめかしたのである[56]。ルイ＝フィリップに関していえば、彼は自分と自分の長男の役割分担をきっぱりと区別していた。好奇心と精神の開放性、輝かしい社交性——貴族と文学者と芸術家を混ぜ合わせて——など、まるで、復古王政時代の王自身の威信となっていたものを王太子に委任するかのように、すべてが配慮されており、王自身の方はといえば、自分を権力につかせてくれた人たちの「ブルジョワ」様式を採用していたのであった。

　オルレアン公爵の結婚には、自宅での威信ある社交生活を保証するという意味があった。エレーヌ王太子妃は知的で教養があり、すべての人びとが口を揃えてその優雅さと趣味のよさを認めていた。彼らのマルサン館は、父のサロンと対照的に、公爵が亡くなるまでの五年間、優雅な人びとのたまり場となるだろう。一八四〇年二月、テュイルリー宮殿では「本物の慈善舞踏会」が開かれていたのに対し、マルサン館では「本物の王太子の舞踏会」が催されていた。そこでは「もっともみずみずしい装い、もっとも美しいダイヤモンド、もっとも新鮮な花々」に触れることができた。[57]

オルレアン公爵は招待客を自ら選別して、芸術界、文学界、科学界に属する人びとを引き寄せようとした。デルフィーヌ・ド・ジラルダンはこの「エリート集会」を賞賛し、アルフォンス・カールは公爵が『王国年鑑』や『二万五〇〇〇名の住所年鑑』にみじめに屈服」しなかったことを褒めたたえている。[58]同時に彼は、ある種の礼儀作法が自分のパーティーの中に復活することを奨励している。これがアポニイをして、ぎこちなく次のように言わしめるものである。「王太子は、皆に自分の夜会を楽しんでほしいと称しつつ、退屈を生む秩序でそれを包んでいる」。実際に王太子は、「人びとが大声を慎しみ小声でささやいていること、男たちが皆オルレアン公爵夫人のテーブルから恭しく距離を置き整列していること、そして夫人の回りにはお喋りなどしない女性たちの大きな輪《セルクル》が形成されていること」をとても喜んでいるのである。[59]さらに悪いことに、彼は憲兵のようになって、定刻に着かない招待客を叱責したりすることもあるほどであった。

おそらくロディ伯爵は、自分の青春時代の古きよき夜会の友人たちが変わってしまったのを嘆かわしく思い、したがって彼は故意に触れようとはしていないが、実はオルレアン公爵のこの試みは人びとの心を魅惑するのに大成功していたのである。彼は、夜会に招待されようと腐心する財界人と同じくらいヴィクトール・ユゴーにも好かれているのだ。(これには詩人の大ファンである公爵夫人が大いに寄与している)。

マルサン館は宮廷の中ではもっとも好まれた場所である。一八四二年の初めに一番評判になった宴は、オルレアン公爵が二月五日土曜日に開いた仮装舞踏会である。公爵がルイ一三世に扮していることが分かると、誰もカドリーユを踊る時に別の時代の場面を再現しようとはしない。公爵はモードの支配者として立ち現れる。「政治が進歩し、私たちの社会風俗に目覚ましい変化が生じたにもかかわらず、パリ市《ラ・ヴィル》は相変わらず宮廷を模倣しようという気でいる」。[60]

王太子の祝宴は一連の仮装舞踏会を生み出した。「皆われ勝ちにマルサン館の空気に触れようとしている」。

その頃のフォブール・サン＝ジェルマンの反発は、もはや一二年前ほどの顕著さはない。何人かの正統王朝派が再結集を図ってはいた。新体制はその継続期間の長さによって認知され、ブルボン家の復活は徐々に考えにくくなってきていたので、野党に残った者たちもさほど大声を上げる風でもない。王太子は国家を治める覚悟を決め、治世の最初の頃のように社交界での立場の回復を必要とするどころか、今や彼は強力な地位にあって、宮廷と流行《モード》との和解を図ろうとしているのだった。

パレ＝ロワイヤル時代、彼の父はパリ市《ラ・ヴィル》に宮廷の門戸を開いていた。テュイルリーではそれをあまりに大きく広げすぎたので、そこでの父の社交的威信は失われてしまった。オルレアン公爵は優雅さという札に賭けて、この失われた地歩を取り戻した。優雅さは、礼儀作法《エチケット》（これを知らないでは済まされない）の厳密な実践や、大貴族の名前（彼らを遠ざけることは問題外だ）だけを排他的に集めた集いをもつということに限るものではない。優雅さとは、今やその出自によって宮廷に近づくことのできる人びとと同じ割合で、財産や才能やモードにおいて傑出したすべての人をパリ市《ラ・ヴィル》からも迎え入れることにある。

オルレアン公爵は、パリ市《ラ・ヴィル》の優雅さ、とくに馬の流行に積極的に参加する。一八四一年五月、弟のオマールが受け継いだコンデ家の領地シャンティイで、競馬に光輝を添えるための大宴会を開催したのも彼である。しかし、一八四二年七月の彼の早すぎる死によって、少なくとも宮廷の一部分を栄光の輝きで包んでいたこうした社交的威信は消えてしまった。彼だけが人に好かれる術と、時代の空気を嗅ぎ分ける力を併せもっていた。彼ならば手遅れにならぬうちに必要な改革ができただろうに、と皆が考えた点で不一致はなかった。

弟たちの力量では彼の跡を引き継ぐことはできないだろう。ヌムール公爵は堅苦しすぎ、礼儀作法《エチケット》にうるさかったので、周囲をうんざりさせていた。彼は〈偉大な世紀〉〔ルイ一四世時代〕の服装を復活させるという口実で、会食者たちに長ズボンを禁止し半ズボンの着用を課していた。かくして一八三五年、ヌムール公爵のある夜会に招待された父は冗談にこう言った。「お前の屋敷に長ズボン姿で現れてすまんな。でもわしはサンキュロット〔大革命期の下層市民。半ズボンをはかない意〕なのでな」。このズボンに関する要求に対するジャーナリストたちの反応は興味深い。なぜならば、ヌムール公爵が問題になっているか、オルレアン公爵が問題になっているかでジャーナリストの反応が根本的に異なるからである。実はオルレアン公爵も招待客に半ズボンの着用を要請していた。そしてこれを身に着けていない者を当時の論調は滑稽きわまりない人物と指摘していたのである。「元革命派のティエール氏だけが、長ズボンをはいてオルレアン公爵の先日の舞踏会に抗議の意を示した。彼の妨害は目に見える形で表現されていた。彼はほんの少し自分のふくらはぎを見せるだけだった」[61]。ところがヌムール公爵に対しては、彼が同じ習慣を押しつけようとするのはお門違いと見なすのである[62]。兄と違って、彼には優雅なところが何もなかったのでなおさらである。「ヌムール公爵は女性たちに敬意を払うことなど気にもかけず、男性たちが半ズボン姿か長ズボン姿かを見分けるのにかかりっきりになっていた」[63]。そして「激しい怒りに満ちた視線」で、長ズボンをはいた人びとを追いかけていたのだった。ヌムール公爵は時間についても同じ態度をとる。彼は人びとが遅れてやって来ることにも、また、あまりに早く立ち去ろうとすることにも、我慢がならなかったのである。彼は自分の兄弟たちさえも監視した。しかし兄弟たちは、モンパンシエ公爵を除けばダンスもせず、かといって夜会を辞する権利もなかったので、人けのないサロンを探して居眠りをしていた。このようなわけで、自分の意向をうるさがられずに押しつけることのできたのはオルレアン公爵だけであり、十分なカリスマ性をもっていたのは彼だけだったと思われるのである。

ルイ＝フィリップの息子たちには、話し上手な社交界人としての才能は十分にあった。しかし、だからといってその育ちのよさと政治感覚が調和するわけではない。彼らはときおり、国家情勢を読みとる意識を忘れて特権者として振舞い、大失敗をしでかしている。たとえばヌムール公爵が一八四七年の謝肉祭に企画した舞踏会では、穀物の高騰によって暴動が発生しているという時だというのに、招待客は小麦粉で顔を真っ白に塗ったピエロに扮していなければならなかったのだ。この少しあとには、モンパンシエ公爵がヴァンセンヌにおいて東洋風の豪華な祝宴を開くという悪趣味を露呈した。その時招待客が通って行くのを見た人民は、怒りを爆発させたのだった。

第三章

社交界とサロン

ショセ＝ダンタンの舞踏会（1831）

一八一九年の初冬、ボワーニュ伯爵夫人は両親とともにブルボン通り（現在のリール通り）に借りた屋敷に身を落ち着ける。そして復古王政の期間中、彼女はそこでサロンを開くことになる。

「私は自分の気に入るやり方で生活を工夫し、整えてきました」、と彼女は『回想録』の中で語っている。「私はあまり外出しませんでした。たまたま外出した時でも母がサロンを主催し、その結果ほとんど毎晩サロンは開かれていました。何人かの常連が毎日ここに通って来て、予定の時間がオーバーしても今度は会話の時間と告げられて、それが延々と遅くまで続くことがしょっちゅうでした。

私もときどき社交界の人びとを夜会に招いていましたが、これがかなりの人気となっていました。私は招待を口頭で行なっていましたので、私の招待はたまたま出くわした人に無作法に向けられたものと思われていました。しかしながら私は自分が集めたい人びとと、互いにきっと気が合いそうだと思う人びとと道の途中で出会うように、とても気を配っていたのです。私はこの方法によって人が大勢集まりすぎるのを避けました。礼儀上呼ばなければならないような人や、初めての誘いでも必ず駆けつけて来れるような人たちにだけ声をかけ、うんざりする大衆を迎え入れるような事態を回避したのです。私は冬の間に招待者を検討し、私のサロンが人であふれて押し潰されないように、わずかな人数に絞り込んでいました。相手にとって招待されるかどうかがはっきりしていないということは、それ自体この夜会に何がしかの価値を与えることとなり、皆に他のどこよりもこの夜会を求めさせる原因ともなっていました。

私はあらゆる意見の人びとと会っていました。私的な集まりでは、過激王党派《ウルトラ》が大半を占めていました。なぜなら、私の家族関係と社会関係は、すべて彼らとともに成り立っていたからです。しかし、私的でない夜会の常連はもう一

フォブール・サン＝ジェルマン（網枠内）　1843年現在。本書後見返し拡大図

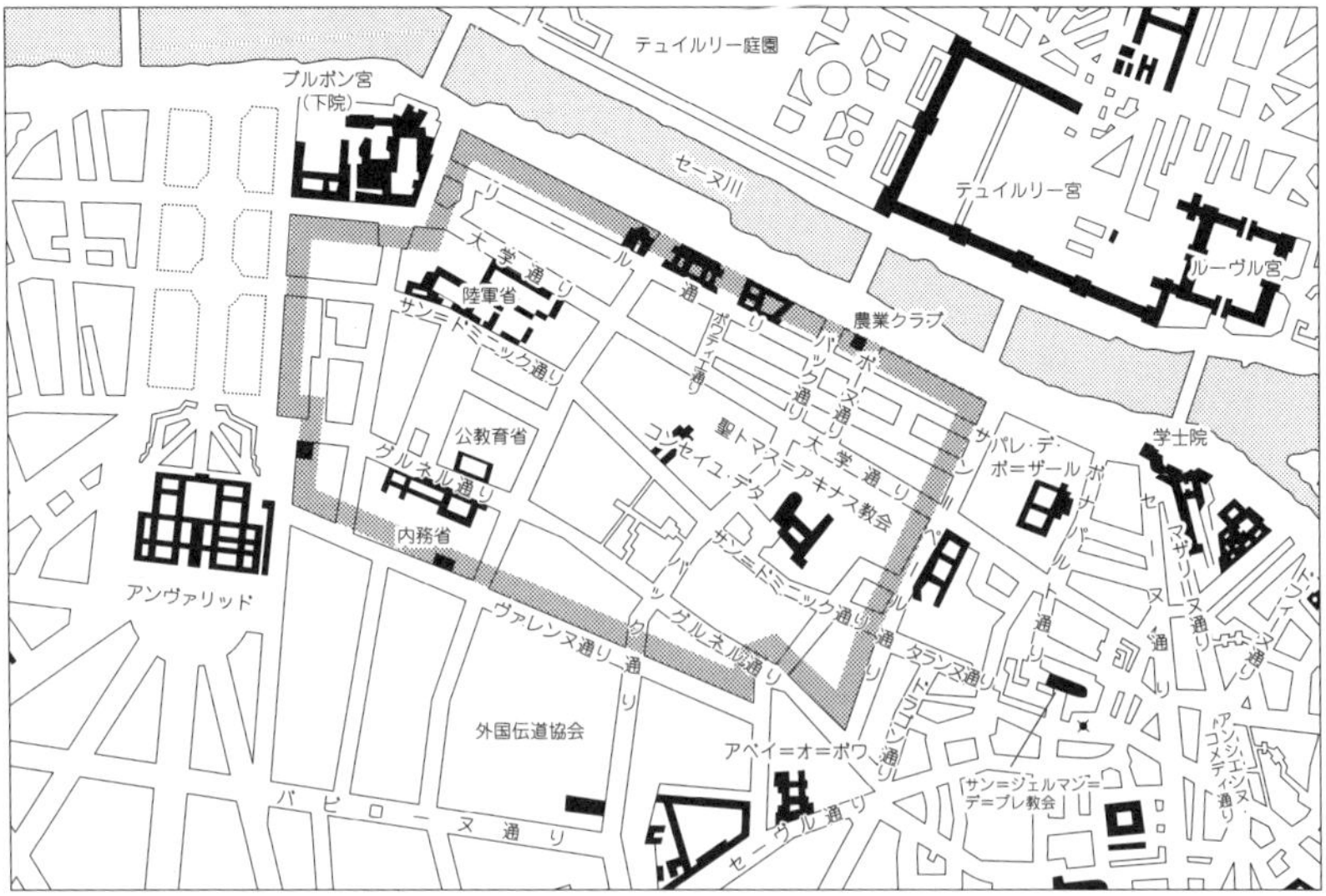

つ別の微妙に意見の差異がある人たちで構成されていました。私たちは王〔ルイ一八世〕の王党派であって、王弟殿下《ムッシュー》〔シャルル一〇世〕の王党派ではなかったのです……」[1]

社交関係によってリズムを与えられたこの規則的な生活は、レミュザ〔七月王政下のリベラル派を代表する議員で、ティエール内閣の内務大臣、その『回想録』は有名。本書第五章の小章「シャルル・ド・レミュザの言う会話とは」を参照〕が復古王政期に頻繁につきあっていたラ・ブリッシュ夫人の生活でもある。「ラ・ブリッシュ夫人が毎日曜日に宮廷とパリ市《ラ・ヴィル》の双方を一緒に迎えるようになってから、一八一四年でおよそ一五年になっていた。また、彼女には他に〈小さな日《プティ・ジュール》〉と呼ばれる夜会もあって、家族や友人たちを毎木曜日に集めていた。彼女とその娘（モレ夫人）は、オペラ＝コミック座の桟敷席の四分の一を常時確保していた。彼女らは週二回、二五年間にわたりそこに通い続けたと思われる。さらに週にもう一晩か二晩、何か別の芝居《スペクタクル》で過ごす口実を見つけ、また芝居があってもなくても、二人は日曜日と木曜日を除けば毎日社交界に出かけていた。この生活はラ・ブリッシュ夫人の年齢が許す限り続けられた。私はこの人たち以上の社交界人を、そしてこの人たち以上に気晴らし好きの親子を見たことがない」[2]。ラ・ブリッシュ夫人は、フォブール・サン＝トノレにあるヴィル＝レベック通りに住んでいたが、彼女のサロンは「完全にフォブール・サン＝ジェルマンのサ

ロンの雰囲気」を保持していたのであった。

社交《ソシアビリテ》の形式としてのサロン

社交界における社交（ソシアビリテ・モンデーヌ）の基礎単位はサロンである。サロンとはまず第一に人間であり、しばしば女性であり、また場所である。しかし、その規模は日によっても時間帯によっても異なる。午後の初めには何人かのごく親しい人にしかドアを開けないある女性が、夕方四時から五時になるとひっきりなしに現れる何十人もの知人たちと会ったり、おそらく夜には何百人という人をダンスに招待することもある。したがって、サロンとは伸縮自在の空間なのである。

ローザン公爵夫人のサロンに通っていたムラン子爵は、そのサロンが実は二つの異なった階層を受け入れていたことを指摘している。夜の招待客の大多数は、「非常に騒々しくて軽薄な」[3]一団を形成していた。そしてその前の夕方四時から六時までは、逆に公爵夫人は「真面目な」人びとを迎え入れていた。後者の場合、女性は非常に稀で、ヴィルマンやサント＝ブーヴ、サルヴァンディなど、政治家や文人が大半だった。クララ・ド・ローザン夫人は、彼女の母デュラース公爵夫人から才知《エスプリ》のある人たちと交際する趣味を受け継いでいた。「一日のこの時間になると、ローザン夫人は、愛想よくもてなす気品はもちろんのこと、一人の人物や一つの作品をたった一言で適格に判定する術もわきまえていて、それを示すのだった。こうして言うべきことは言ったうえで、他の人びとにも才知《エスプリ》を示す機会を与えるのだった」。この午後の集まりに出入りを許されなかった大半の女性たちは、その嫉妬からローザン夫人を「青踏派《バ＝ブルー》」呼ばわりしていた。

内輪であれ社交界上であれ、この社交《ソシアビリテ》の人間関係は、〈マチネ〉と呼ばれた午後と、〈ソワレ〉と呼ばれた夜とを費やして行われていた。午前中は睡眠や召使への手筈にあてられていた。私的な空間は昼食《デジュネ》のあとになってやっと訪れるのであった。一日の中ほどの食事にあたるこの昼食を〈夕食《ディネ》〉と呼んでいた人びともおり、一八世紀にはこれを社交生活の一部に含めることもありえたが、この時代にはそうした習慣は消えている。一八世紀の場合、デュ・デファン夫人〔一七三〇年頃から著名な作家や哲学者を集めた有名なサロンを開いていた。一六九七—一七八〇〕の家で一四時三〇分にとられた夕食《ディネ》と二二時の夜食《スペ》とは、サロン生活の中で二つの確固とした時間を構成していた。「おそらく内輪の人の間でとられる夕食《ディネ》は、ときには声高の朗読や文学討論の行われる午後の前奏曲の役割を果たしていた」[4]。

一人の女性が一週間のうち一日を選び、午後二時から七時までの間に客を迎える習慣は、七月王政期に定着した。最初この〈日〉は〈四時〉と呼ばれていた。小冊子『パリ社交界』が一八四二年に確認したところによれば、女性たちはそれぞれ小さな集まりを主宰するため、四時になると自分の家に戻ったという。社交界の男性の政治家や芸術家たちをそこでもてなすためである[5]。その夫たちは必ず不在である。夫はむしろ別の女性の集まり《セルクル》に出入りしていた方がよいのだ。これは貴族の伝統の名残だろうか。社交界で夫婦の親密さを見せびらかすのは、最低のブルジョワなのである。

しかしながら、マチネでも夜会《ソワレ》でも、それぞれ〈小さな日《プティ・ジュール》〉と〈大きな日《グラン・ジュール》〉とがあったようである。エスパール侯爵夫人は、カディニャン大公妃とダニエル・ダルテーズを、「小さな日と称された夜会」に招待した。「その夜会は親しい人たちだけのもので、直接声をかけて招待した人しか集まらなかったし、夜会の間中は戸口は閉じられていた」[6]。夜会における〈小さな日〉に対するものとしては、〈レセプションの日〉や〈舞踏会の日〉などがある。これに対して、マチネにおける〈小さな日〉と〈大きな日〉にはどんな違いがあるのだろうか。ロドルフ・アポニイは、一八三四年三月一日に行われたある夜会について、その招待客の多さに不平を述べたうえで、次のようにつけ加えている。「昼《マタン》でも同じことだ。コンサートがあったり、昼の大招待会があるのだ。というのも、これらすべての婦人のうちで自分自身の〈小さな日〉とか〈大きな日〉をもたない女性など一人としていないからである。だからあなた方招待客たちはしょっちゅう、《私の火曜日を忘れないで》とか《土曜日を忘れないで》とか《木曜日を忘れないで》と言われどうしなのだ。それからまた、あなた方が記憶に留めておかなければならないのは、異なったいくつもの時刻である。《私は家に二時から四時までいます。——私の方は三時半から六時までいるわ。——私の方は四時から五時までよ。――私は五時から七時まで》といったように」。マチネにおける〈小さな日〉は、女性たちはやって来た訪問客をただもてなすだけで済んだのに対し、〈大きな日〉の方にはレセプション、アポニイのいう「昼の大招待会」、つまりオーストリア大使館がはやらせたあの別名「舞踏昼食会」を開催していたということも、知っておく必要がある。では、ボヴォー広場のアルフレッド・ド・ノアイユ子爵夫人の家で行われた一八三三年三月一二日の集い、この日は〈小さな日〉なのだろうか、それとも〈大きな日〉なのだろうか。四時に茶菓が出される。ボンガール氏がオペラの一節をピアノで弾き、モンテギュー氏が歌う。ラ・トレムイユ公爵夫人がロマンスを演奏し、マイエ公爵夫人、ジュミヤック侯爵夫人、ジラルダン伯爵夫人などがエスプリを競い合う。一人の男が引き合いに出されている。ナルシス・ド・サルヴァンディである。「この七月王政の高官は貴族階級の人たちと同様、何も愛さなかった」、などと。

サロンによる社交《ソシアビリテ》は上流社交界の専有物ではなく、中流階級全体のモデルとしても役立っていた。さらに、小ブルジョワ階級に成り上がったことの目印は二つの仕方で示されていた。つまり女中を雇っているか、もしくはサロンを開く日をもっているかである。[7]

サロン活動の内容は社会のどんな階層の間でも類似したものである。たとえば、あるアメリカ人旅行者は、パリの小売店主の妻の家で開かれた夜会について次のように語っている。[8] D夫人は三階に住んでいた。それは本来貴族の住む階だったが、彼女はそこで三〇名ほどの人をもてなしていた。その家の二人の娘がピアノを担当したが、居間で踊るのは難しかった。居間は、むしろ万能部屋であって、ある時は食堂となり、ある時は寝室となっていた。だからそこには、カドリーユやワルツ、ギャロップを踊ろうものなら回転ができないほどの品物が詰め込まれていたのである。ダンスをしようとは思わない招待客たちは、二人一組でトランプ遊びに興じた。砂糖水に大変よく似た〈グロッグ〉〔ラム酒かブランデーに砂糖とレモンを加え湯で割った飲物〕が出されていた。

小ブルジョワ階級や中ブルジョワ階級の夜会の描写は、本物の社交生活《モンダニテ》の模倣画のようである。そしてそれは、さらに金持ちのサロンで開かれる夜会としばしば対比される。したがってその描写が風刺画となってしまうのは免れ難いことで、とりわけ一家の女主人を取り上げるとなればなおさらそうである。そこでは、小ブルジョワ階級の女は常に卑俗という罪の現行犯として取り押さえられる。この残酷な対比の典型例を一つあげてみよう。オマール公爵の家庭教師だったキュヴィリエ＝フルリーは、一八三三年一月二三日の夜会について語っている。その前半は、彼が自分の生徒〔オマール公爵〕のお供をして毎日通っているアンリ四世校の校長の家で開かれたものである。一家の女主人ガイヤール夫人は「美しい女性ではあるが、すでに一五回も使い込んだ手袋をはめている」。その後半は、ある貴族の女性の客間で開かれたもので、彼女は「手が白く、エレガントな装いをし、いつも手入れのゆきとどいた簡素でありながら凝った身だしなみで、香水をつけ、髪も整えられている。そしてこれらすべての点から、社交界の中ではもっとも優美な女性といわれている」。

　役人、勤め人、校長、教師などの妻たちが大勢サロンを開いていた。しかし、おそらく回想録作者の青春の一部として彼女らが登場するような場合を除けば、これらのサロン活動が共感をもって描かれることは稀である。前者の場合には、回想録作者の修業時代の追憶とともにかつての感情が再び今に蘇ってくる。一九〇八年にはすでに弁護士会の最古参者となっていたシャルル・リメの場合がそれである。彼は、一八三〇年代の終わり頃に訪れた民法教授ウドの妻のサロンを思い出している。リメは大きな製粉業者の息子で、一八三八年から一八四一年まで法科の学生だった。彼は学生の中では一二人ほどのエリート・グループに入っていて、ウド氏はこれらの学生を自宅にもてなし、冬はムッシュー・ル・プランス通りのアパルトマンに、夏の日曜日にはフォントネー・オ・ローズ〔パリの南の郊外約八キロの村〕に彼らを迎え入れていた。ウド夫人は、焼きたての熱いブリオッシュやレモネード、あるいは砂糖水などでとても簡素にもてなしたが、若者たちにとってこの小さな集まりに所属するのは、とても誇らしいことだった。この名誉に価するには、三年間の試験で一度も注意点を取らないことが必要だった。このウド家においてリメは、教授と同郷でパリに到着したばかりの若者ギュスターヴ・クールベや、コレージュ・ド・フランスで経済学を教えていた著名なイタリア人法学者ロッシと出会った[9]。

　ウド夫人のサロンは、社交空間というよりも、先生に歓迎された生徒たちのただの集まりではないかと言えなくもない。だがこれは誤りである。なぜならウド夫人は、規模はささやかながらも学生以外の人たちも迎えていたし、ある時はパリ、またある時は田舎という風に、季節によって場所を変えながら、その集いに週一回の儀式的な趣を与えていたからである。

スタンダールはラ・モール侯爵の口を借りて、からかいの調子でスノビスムの定義を行なっている。侯爵はピラール神父に、自分の事業に真剣に取り組んでくれる秘書が見つからない理由をこう説明する。「仕事のできる人間はおそらくパリでも見つけられるのだろうが、皆六階のとまり木にとまったまま〔労働者などの暮らす屋根裏部屋で鳩のように生活している、の意〕なんだよ。かといって私が一人の男に接近すると、その男はすぐ三階にアパルトマンを借りてしまって、そこでかみさんがお客を迎えるんだ。だからもう仕事や努力どころじゃないよ。社交界の人間になるためとか、そう見せかけるために夢中なんだ。これが、パンを食えるようになってからの彼らの唯一の関心事なんだよ」[10]。スノビスムが文明の進歩に寄与していることについては熟考する必要があり、それはおそらく教育の果たす役割と同じくらい重要なものである。社交生活の実践は、度量や伝統のない場所に現れる時には風刺画として表現されるとはいえ、それは人びとの文化や洗練の本質的な手段ともなっていたのである。貴婦人ぶる小ブルジョワ階級の女性たちは、常に嘲笑されはするだろう。しかし社交界の流儀を模倣し、それを自分のものにすることは、言葉で言い表されたこと以上に積極的で評価すべき態度なのである。

社交界《モンド》とは何か

〈モンド〉（世間）は、古典主義時代には信仰生活に対立させて、世俗生活を意味する語であった。一九世紀になると、それは「ボンヌ・ソシエテ」（上流社会）と呼ばれるものに等しくなり、単に短く「ソシエテ」（社交界）ともいわれるようになった。

〈アレ・ダン・ル・モンド〉（社交界に出かけること）。「私の父は社交界に行かなかった」[11]と、レミュザは自分の父がドヴェーヌ夫人の家にしか出入りしていなかった百日天下時代のことを語りながら書いているが、したがって

「社交界に出かけること」とは、「あらゆるサロンに出入りすること」とまったく同義語なのである。

〈アン・ノム・デュ・モンド〉（社交界の人）。この言葉は『ロベール辞典』によると三つの意味がある。一つは昔の意味で、身分の高い人。もう一つは使われなくなった意味で、宮廷の人、宮廷人。そして現代の意味では、「社交界に生き、その作法を心得た人」である。名詞の〈モンダン〉（社交界人）は「社交界の人」に相当する語である。「社交界の人」であるという言い方は、われわれが今その真の社会的定義をしようとしている時代にあっては、政治の人とか文芸の人であるという言い方と、同じ称号で使われていた。そのうえサロンの中では、ときにはごちゃまぜになったこれらさまざまなカテゴリーの人びとが互いに出会っていたのである。レミュザは、ある夜会で出会った「社交界の人以外の何者でもない」年金暮らしの二人の男が、サロンで時を過ごしている様子について語っている。

〈ル・トゥ＝パリ〉（パリの社交集団）。リトレによれば、この語が初めて登場したのは一八二〇年である。一八三七年の『シエークル』紙は、この語をダンディ、文人、洒落者、青踏婦人など、あらゆる種類の著名人からなる四〇〇から五〇〇名の「神聖にして不可侵の大隊」[12]と定義している。彼らは劇場の初日、オペラ座の夜会、競馬、《アカデミー》の入会式など、儀式を盛大にするために呼び集められる。バルザックは『田舎のミューズ』〔『人間喜劇』〈地方生活場景〉の中の作品『地方のパリっ子』の第二話〕の中で、「自分が〈トゥ・パリ〉だと思っている二〇〇〇名もの人」[13]のことを語っている。アポニイは一八三八年、この数を三〇〇〇名にまで引き上げている。戯曲『三つの地区』〔一八二七年に初演の喜劇。本章原注14を参照〕では、〈トゥ＝パリ〉の類義語として「傑出した人たち」[14]（レ・ジャン・ディスタンゲ）という語が用いられている。復古王政期に〈フランス王の子供たち〉〔原語〈アンファン・ド・フランス〉はフランス王の子や孫の称号〕の家庭教師をしていたゴントー夫人は『回想録』の中でこう書いている。「〈トゥ＝パリ〉と呼ばれている人びとは、宮廷に紹介されたすべての人びと、と言い換えることができる」[15]。

ゴントー夫人の定義は、確かに復古王政期の社交界や、デュラース公爵夫人、マイエ公爵夫人、あるいはモンカルム侯爵夫人のような宮廷にとても近い婦人たちのサロンには当てはまる。デュラース公爵夫人は、前述したようにテュイルリー宮殿の礼儀作法の決定にルイ一八世とともに尽力した人で、王の寝室付筆頭貴族の妻であった。マイエ公爵夫人はアルトワ伯爵〔一八二四年に国王となる前のシャルル一〇世の称号〕の筆頭貴族の妻だったが、夫は一八二八年に王の寝室付筆頭貴族に任命された。この二人の婦人はまぎれもなく宮廷の最高クラスの人たちだった。彼女たちの二つのサロンは有名だったが、決して過激王党派《ウルトラ》のサロンとしてではなかった。マイエ公爵夫人は、主義としてどんな意見の人でも迎え入れていた。一方、デュラース公爵夫人の方は小説家で才知《エスプリ》のある女性だったので、むしろ知的なサロンを熱望していた。

モンカルム侯爵夫人が宮廷に出入りしなかったのは、つらい身体障害のためにほとんど家から動くことができなかったからである。しかし、彼女は妹のジュミヤック侯爵夫人の手を借りて一家を取り仕切り、彼女の兄のリシュリュー公爵〔帝政崩壊後の残務処理と復古王政の安定のために努力した外務大臣兼首相〕が政府を動かしている間は、ずっと彼のサロンを主宰して、宮廷に通っていた人びとを迎えていた。また、ボワーニュ伯爵夫人に関していえば、その父は一八一九年にロンドン大使館を離れて、もはや公式のポストについていなかったが、彼女は好感をもって宮廷に受け入れられている。アングレーム公爵夫人がボワーニュ伯爵夫人に再会した時、ボワーニュ伯爵夫人は「まあ、アデールね」という風に愛称で呼びかけられている。彼女の弟のオスモン侯爵は、アングレーム公爵の副官に任命されていた。

宮廷に紹介された人びとだけからなるとするこの〈社交界《モンド》〉は、復古王政期の貴族たちの見地《ヴィジョン》である。それは、一方で社交界人による社交《ソシアビリテ》の実践において、宮廷貴族以外の社会階層にこれが拡大している事実を忘却することであり、他方では復古王政期と七月王政期との間の宮廷の変遷を無視することである。

確かに一八三〇年まではフォブール・サン＝ジェルマンと宮廷は一致しており、同じ人物がテュイルリー宮殿と高貴なこのフォブールの社交生活をリードしていたが、七月王政期に入ると、フォブールの大部分の人びとが宮廷から退いてしまったのだった。人びとは、もはや宮廷に紹介された者と社交界とを同一視しようとは思わなくなる。ルイ＝フィリップに向けられた非難の一つは、まさに巷にいる誰もが宮廷に出入りできるのを彼が許してしまうということであった。

七月王政期には、社交界の変貌を嘆くのが決まり文句だった。レミュザがその変化を描写している。一方では、自分が若い頃出入りした「一八世紀社交界の名残」が「消えたり、衰退したり、分散したり」している。ラ・ブリッシュ夫人は当時すでに七五歳を過ぎており（一七五五年に生まれ、その死ははるか先の一八四四年であった）、彼女のサロンはまったく輝きを失っていた。「エスプリのある人びとはそこから身を引いてしまい、サン＝ランベール、ラ・アルプ、フロリアン〔一八世紀後半の文人たち〕などを通じてヴォルテールとルソーの時代の何らかの伝統を守り続け、その伝統を少しも崩さぬ形でフォンターヌやシャトーブリアンの社交界の中に移し替えようとした、これら話し好きの女性たちの代わりになれる婦人は一人としていなかった」[16]。他方では、「革命によって浮き彫りにされた社会の新しい部分」は見えていても、社交界による新しい社交方法《ソシアビリテ》は見出されず、「くすんだ、不毛の」雰囲気があるばかりである。宮廷は平凡なものとなり、政府はとても異質なものとなった。そしてさまざまな社会階層の人間の混合が窮屈を生み出し、全体を「平準化」の方へと導いていたのである。

　レミュザによれば、かつての魅力と都会風の優雅さを依然として保っていたサロンは、たった一つしかなかった。ボワーニュ夫人のサロンである。彼女は復古王政期の自由主義王党派であり、マリー＝アメリーと非常に親しく、新体制の主要な地位にある人びとにサロンを開放していた。レミュザは一八三二年、ここに招かれ、一家の女主人が客に示した「心地よい好意」と「人を元気づける心配り」[17]を高く評価している。しかし彼女は独創性には反対だった。なぜなら、自分のサロンがフォブール・サン＝ジェルマンから常々嫌われている「突飛な空気」に染まることを、何にもまして恐れていたからである。レミュザはこういった制約にもかかわらず、「フォブール・サン＝トノレのかつての社交界の名残が見られる」この屋敷に通うことを、この上ない幸福と公言している。

　「社交界《モンド》は消えた」というテーマで多くの論評がなされた背景の一つには、おそらく〈アンシャン・レジーム〉の社交界はもはや消滅してしまったのだという思いがあったに違いない。大革命以前を生きてきた社交界の婦人たちは、一人ずついなくなり、彼女らとともに礼儀作法、会話、エスプリなどの貴族の伝統も消えていった。レミュザのページを繰っていると、読者は一つのイメージに引き止められる。それは一八世紀のスタイルとその後の新しいスタイル、つまり偉大な婦人と利権屋という二つのスタイルの出会いを象徴するようなイメージである。これはラ・ブリッシュ夫人が彼の『回想録』に登場する最後の時期である。時は一八三六年、レミュザは内務省の次官。この時期彼は、成り上がりのブルヴァール劇の作者ヴェロン博士とよく会っていた。博士はオペラ座の支配人になったのち、「政治に近い地位を築くこと」を欲していた。ある日レミュザは、博士をモレ家の夕食に連れて行く。「私はモレがヴェロンに《私の義母に手を貸してください》と言うのを聞き、ヴェロンが当時非常な老齢のために腰が曲がったラ・ブリッシュ夫人をテーブルのところまで連れて行くのを見ると、微笑まずにはいられなかった[18]」。

こうしたスタイルの変化は、その時代の政治がもっていた重要性によって、しばしば説明される。ヴィルジニー・アンスロは、サロンに関する二つの著作――それらはごく私的な証言集である――の中で、このテーマを延々と展開している。彼女は復古王政から第二帝政まで連続して四つの体制下でサロンを開いており、半世紀にわたって〈トゥ・パリ〉とつきあってきた女性である。一七九二年生まれの彼女は、復古王政期にはセーヌ通りのラ・ロシュフーコー館のアパルトマンに住んでいたが、七月王政下ではショセ＝ダンタンのジュベール通りにある小さな家に転居した。彼女自身いくつかの戯曲を書いて成功を博していた。彼女は、アカデミー・フランセーズ会員の妻であり、彼女によれば、一八三〇年以降は政治的なとげとげしさがすべての社交界を支配していた。たとえば、フォブール・サン＝ジェルマンは仏頂面の敵意の中に立てこもっており、長子系のブルボン家のあとに付いてパリを離れていった人びとのことを思わずにはいられなかった。そして新政府の人間でさえ不満をもっており、非社交的であった。なぜなら彼らは、「新聞や下院議会から嫌というほど攻撃を受けていたのです。彼らの心配や不安はその顔にありありと現れておりました[19]」。

しかしながら、デルフィーヌ・ド・ジラルダンは一八四四年六月二三日（日曜日）の学芸欄の中で、この時代の決まり文句に真っ向から反対している。「もはやサロンはない、と人はいう。その場合に引き合いに出されるのは、かつてのスタール夫人のサロンであり、その後のデュラース公爵夫人、モンカルム夫人、ブロイー公爵夫人のサロンのことである。そして悲歌の調子でこうつけ加えるのだ。《今日ではもうサロンといえるものは一つとしてない》と」。そこで彼女は、この決まり文句に面白がって反駁する。「あなた方は、《もうサロンといえるものは一つとしてない》ことの理由を知りたいであろう。その理由は今や二〇もそれがあるからである。各サロンの影響力は分散しているものの、それでもなおその力は現実にある。そして、もはや誰もどこでも喋らなくなった、と主張するのは、その人たちがすでにあちらこちらで喋り尽くしているからである」。そして彼女は故意に逆説的に述べたこの主張を、「パリにおける二〇の有力サロン」というリストを作成して立証している。

デルフィーヌはそのリストをまずレカミエ夫人から始めている。レカミエ夫人の催すサロンは世間から半ば神話化されていた。次にデルフィーヌは文人による二つのサロンを引用する。彼女の友人だったラマルティーヌとユゴーのサロンである。それから非常に古くから続いているシャストネー夫人、マイエ夫人、ボワーニュ夫人、ローザン夫人、リアンクール夫人、ノアイユ子爵夫人のサロンを列挙する。さらに、貴族たち（アゲッソー夫人、ヴィリュー夫人、ポドナス夫人）によって開かれているフォブール・サン＝ジェルマンのサロンや、メルラン伯爵夫人の音楽サロン、そしてショセ＝ダンタンのもっともブルジョワ的なサロンであるドーヌ夫人のサロン、これは別名〈ティエールのサロン〉といわれているものだが、これらを並置している。

したがって、社交界《モンド》や社交生活《モンダニテ》は死滅したどころではなかったのである。デルフィーヌ・ド・ジラルダン自身も、重要なサロンを主宰していた。人びとはパリの優越性がどのようなものかを示すために、著名な外国人を進んでそこに連れて行った。また一流の芸術家たちやセーヌ両岸の名士たちも、その場所で肩を並べていた。端的に言えば、七月王政下では社交界人による社交《ソシアビリテ》は拡大する一方だったのである。そしてその規模も変化したのである。「数年前からもっとも小さなパーティーでも三〇〇名もの人を招待する習慣が見られるが、このことによって社交はますます増大してきたのだった」[20]。社交の回数は減ったが、それはより贅沢で、お祭りの性格を帯びてきたのである。

四つの地区〔本書後見返し地図を参照〕

社交界《モンド》とは、宮廷から始まって拡大するさまざまなサロンや仲間《ソシエテ》や党派の、いわば一つの混沌である。しかしその動きは、規則的なものでも継続的なものでもない。フォブール・サン＝ジェルマンが新権力と手を切り、宮廷があまりにも広く門戸を開けすぎたために威信を失う一八三〇年以降は、とりわけそうである。

復古王政期の宮廷は、たとえ厳格なものであったとしても、中心の役割を担っていた。しかし〈七月〉の宮廷はもはやこの機能を果たさない。一八四二年の五月にパリに到着したロシア大使館秘書官ヴィクトール・バラビーヌが、一八四三年一月二〇日に次のように書いたほどである。「どんな社会にも中心は必要である。だがここにはその中心がない。したがって、あるのは党派と呼ばれるものだけだが、党派間には何のつながりもない。しかもこれら党派は諸革命によって切り離された肉体の、散らばった手足の数だけあるのだ（…）。それらの一つひとつは国民史の大冊からちぎり取られた一ページなのである」。

外国の首都を知っている人たちが強調するのは、社交界の地理の中で自分がどの位置にあるか、これを知ることがパリではとくに難しいということである。パリで一八年間も過ごしたロドルフ・アポニイでさえ、この「何の境界もない」社交界にまだ驚いている。これは社交界に飛び込んで行こうとする者の勇気をくじくものである。手本になるのは誰なのか、誰の寵愛を受けるべきなのかを、どうやって知ればよいのだろう。ロンドンならば、社交界の人という保証を得るためには、X公爵に迎えられたり、Y夫人と一緒にいるところを目撃されれば十分であろう。一方、パリでは「毎日各サロンごとに、一連の手続きをやり直さねばならない。つまり誰も人の権威を認めていないのである。昨日の成功は今日の苦痛を免除してはくれないのだ。ある人物のところで大いに顔が売れている人も、通りの向こう側では未知の人なのである」[21]。

このような状況の中で、どのようにして自分の向かうべき方向を見定めたらよいのか。これにはまず初めに、社交界の多様性を認めてかからなければならない。七月王政期における上流社会の内部には、階級感情と政治的意見という二つの重要な係数が存在する。したがって、アンシャン・レジーム期の貴族と帝政期の貴族、正統王朝派貴族とオルレアン派貴族、貴族階級と上層ブルジョワ階級、伝統的な土地資産家と銀行・大工場・出版などの新権力、これらが対立したり肩を組み合ったりしているのである。どんな生まれであるのかということと、どんな政治的立場に共感するのかということが互いに絡み合い、しかも異なった体制に次々に加担したという事実や、婚姻の関係などによって、その絡み合いがさらに複雑になっているのである。パリにやって来たばかりの外国人が、たとえばラボルド夫人のような人を位置づけるのに苦労したのは、よく理解できるところである。しかし王宮育ちのレミュザならば、ラボルド夫人のことをごく自然にこう書くのだった。「彼女は、義姉ナタリー・ド・ラボルドとシャルル・ド・ノアイユとの結婚を通して、フォブール・サン＝トノレの貴族の社交界に執着していたが、この熱は彼女が顔を出していた皇帝の社交界によって沈静化され、最後には復古王政期に自分の夫が探し当てた、当時人気の避難場所である自由主義者《リベラル》の社交界に移っていた」[22]。

ルイ＝フィリップ時代のパリの外国人と同様、現代の読者にもこれには注釈が必要である。このアレクサンドル・ド・ラボルド伯爵夫人は、革命前の上流社会の中でもっとも評判をとった女性ナタリー・ド・ラボルドの義妹だった。ナタリーは、ポワ大公の息子でムシー元帥の孫のシャルル・ド・ノアイユ伯爵と、一七九〇年に結婚していた。彼女はシャトーブリアンとの関係でさらに有名だったが、復古王政期と七月王政下に非常に評判のよかった女性アルフレッド・ド・ノアイユ子爵夫人の母としても、その名前をあげることができる。このノアイユ家は現在の内務省の所在地にあたるボーヴォー広場の館に住んでいた。ここからラボルド伯爵夫人とフォブール・サン＝トノレとのつながりが生まれたのである。その後彼女が姿を見せた皇帝の社交界はもっと容易に説明できる。すなわち彼女は皇太后付きの女官だったからである。また、復古王政期の自由主義者の社交界についていえば、それは彼女の夫がイギリスからフランスに相互教育の思想をもち帰り、自らその宣伝者となって出入りしていた場所がそこだったのである。夫アレクサンドル・ド・ラボルドは一八二二年から一八二四年まで、次いで一八二七年から一八三〇年まで下院議員として、野党に属していた。そして一八三〇年になると、彼はルイ＝フィリップの副官および国民軍の将軍に任命されたのだった。

このようにパリにやって来た者にとっては、社交界についての見解を作り上げるのは非常に難しいことが分かるであろう。一八三五年の四月に、オーストリア皇帝から派遣されたシェーンブルク大公に至っては、すべての情報を得ているはずにもかかわらず、なぜ自分がフランス社交界について何の概念ももてないでいるのか理解できないでいた。ロドルフ・アポニイは、この点に関して次のような指摘をする。「フランスにおいて人びとの演説を判断するには、彼らがどのような党派に属しているかを知るだけでは不十分である。七月革命以前の彼らの立場も認識していなければならないし、仮に当時の彼らのことを知ったとしても、彼らが反対派だったかどうか、そしてなぜそうだったのかをも含めて知っていなければならないし、彼らが素直にこの党派を奉じているとすれば、あるいはある特定の問題に関してのみそれに与しているとすれば、彼らがなぜルイ＝フィリップに賛同する決意をしたのか、その理由を見つけ出す努力をしなければならない」[23]。

　自分の居場所を見当づけるために、この時代は位相幾何学《トポロジー》を発明したのだった。パリ社交界は地区に分割される。つまりフォブール・サン＝ジェルマン、フォブール・サン＝トノレ、ショセ＝ダンタン、マレーである〔本書の後見返し地図を参照〕。社交界の人びとはこうして自分たちが住む私邸の所在地に応じて分類されることになる。

　しかしながら、声望と豪華さは必ずしも相ともなわない。いくつかの有名なサロンは二部屋のアパルトマンの中にあった。たとえばセーヴル通りのアベイ＝オ＝ボワ〔訳注〕にあるレカミエ夫人のサロン、ラ・フェルム＝デ＝マテュラン通りのコルデリア・ド・カステラーヌのサロン、ロワイヤル通りのクールボンヌ夫人のサロンなどがそれである。このような場合、一家の女主人たちは、威信ある交際を保つのに十分な資産のあったそれ以前の社交界人としての派手な生活ぶりを利用していたのである。こうした交際のやり方は、狭くなった住居にまで引き継がれていた。たとえば、ソフィー・ゲーの身に起こったことがこれに当てはまる。彼女は一八二二年に夫を失ったのち、金銭的に逼迫したので、今まで住んでいた庭付きの家を引き払って、ガイヨン通りの中二階にある二部屋のアパルトマンに身を落ち着けなければならなかったのである。

　これらの引越しは復古王政期に始まっていた。この頃はたとえ破産していたとしても、まだ社交界に出入りできた時代だった。大革命以来、資産家の間にはこうした激変が起こっていたのである。しかし七月王政下ではお金は必要不可欠なものとなっていた。ジェームス・ド・ロッチルドの場合がこの変遷をよく体現している。この銀行家はすでに復古王政期には大変な大金持ちだったが、社交界からの排斥運動をまともに受けていた。その後彼は、個人的な奉仕のお礼として、メッテルニヒ〔オーストリアの外相（一八〇九―四八）で宰相（二一）、ウィーン会議（一四・一五）の議長を務めた神聖同盟の立役者〕から外交官の地位、つまりパリ駐在オーストリア領事の肩書を授けてもらった。この肩書は、銀行家には決して開かれることのなかった扉を彼にすんなりと開いてくれた。そしてルイ＝フィリップ時代になると、男爵〔ロッチルド〕は社交界でえり抜きの席を勝ち取るのに、もはや外交官の地位さえ必要としなくなっていた。人びとにとっては彼が開いたパーティーの豪華さだけで十分だったし、宮廷も彼の存在を誇りに思っていたからである。

社交界の地理学に話を戻そう。地区の四つの名称は、非常に大雑把にしか現実をさし示していない。フォブール・サン＝ジェルマンに属しているのに、フォブール・サン＝トノレに住んでいるということもありうるのだ。たとえばレミュザの叔母ナンズーティ伯爵夫人は、一八一五年にはアンジュー＝サン＝トノレ通り一六番に住んでいたが、「正真正銘のフォブール・サン＝ジェルマン精神の持ち主」[24]だった。とはいえ、これらの地区の名前は、それぞれが異なった社会的・政治的帰属と、時代の雰囲気や新しさに対する異なった姿勢とをさし示している。デルフィーヌ・ド・ジラルダンが一八三九年に試みたことはまさにこのことである。彼女はそれぞれの地区の流行《モード》に対する関わり方に応じて、これらを区別している。それに従うならば、ショセ＝ダンタンは大臣のように提案し、フォブール・サン＝トノレは下院のように採決し、フォブール・サン＝ジェルマンは貴族院のように批准し、最後にマレーは政府のように執行かつ裁可するのである。[25]デルフィーヌ・ド・ジラルダンはまた、一八四〇年にもヴァレヴスキーの戯曲『社交界の学校』に関連して、フォブール・サン＝ジェルマンとショセ＝ダンタンとの間の対立を再び取り上げている。「前者は後者の権力を嘲笑しながら羨望する。後者は前者の勿体ぶった様子を嘲笑しながら模倣する」[26]、と。ショセ＝ダンタンは資金と権力をもっているが、「高貴なフォブール」の方は自らを正当化できる威信を保ち続けている。この配置図の中では、ショセ＝ダンタンは成り上がり者と映るのである。

〔訳注〕アベイ＝オ＝ボワ――セーヴル通り一六番にあった女子修道院の名。大革命のあと売りに出され、その翼棟の一つにレカミエ夫人が四二歳で隠棲し、一八一九年から四九年の死に至るまでここでサロンを開いていた。夫人に生涯プラトニックな愛を捧げたシャトーブリアンが、毎日午後三時に現れていたので、ここはいわば二人共催のサロンの観があった。他に出入りした者としてはラマルティーヌ、バランシュ、モンタランベール、アラゴ、ドラクロワ、バルザック、アンペール、ユゴー、サント＝ブーヴ、バンジャマン・コンスタン、ミュッセ、スタンダー

ルなどで、この時代を代表する文学サロンであった。

ショセ＝ダンタン〔本書第一一章地図を参照〕

ショセ＝ダンタンの名称は、ルイ＝ル＝グラン通りがぶつかるイタリア座大通りからサン＝ラザール通りに至るまでの、セーヌ右岸に広がる地区をさしている。そして東はフォブール・モンマルトル通りとマルティール通りに区切られ、西はアルカード通りとロシェ通りに区切られている。一八三六年末に落成したノートル＝ダム＝ド＝ロレット教会が、この新しい地区を代表する壮麗な教会である。

一八世紀初頭にポルシュロンと呼ばれていたこの地区は、徴税請負人たちの庭園とダーム・ド・モンマルトル大修道院の広い領地からなる、まだ緑なす広大な土地だった[27]。一七二〇年頃に分譲が始まった時、ここはガイヨン地区と呼ばれるようになり、その後その中心を走る通りの名前をとってショセ＝ダンタン地区となったのである。この通りの名は、一七九三年に一旦モン＝ブラン通りと変更されたが、一八一五年には結局元の名称に戻った。一八世紀後半以降この地区には、財界人や芸術家が居を移し、以後一九世紀まで続く伝統を確立してきたのである。

この地区に多くの建物ができたのは復古王政期だった。一八二〇年には、一方をラ・ロシュフーコー通りとトゥール＝デ＝ダーム通りに、もう一方をブランシュ通りとサン＝ラザール通りによって囲まれた場所に、〈ヌーベル・アテネ〉〔分譲地の名〕が作られた。また、一八二三年からは〈ヌーベル・アテネ〉に沿って、ラ・ロシュフーコー通りとマルティール通りに挟まれた区域〈サン＝ジョルジュ〉が開発された。

ショセ＝ダンタンには、ジャック・ラフィットやジェームス・ド・ロッチルドをはじめとする大銀行家や実業家が住んでいた。一七八八年にパリにやって来たバイヨンヌ出身のジャック・ラフィットは、銀行家ペルゴーの店に簿記係として入った。ペルゴーはショセ＝ダンタン通りの中でも大通り《ブルヴァール》の角に近いところにある、建築家のギマールが建てた館に店を構えていた。ラフィットは一八〇七年に主人の共同経営者となり、翌年主人が死ぬと銀行の店名を《ペルゴー・ラフィット商会》と変えた。ラフィットは復古王政期間にアルトワ通り（一八三〇年にラフィット通りと改名）の館を手に入れた。この館は七月王政初期にこの銀行家が破産した際に一旦売りに出されたが、ルイ＝フィリップの反対派によって企画され集められた国民出資金（五年間で四五万フランに達した）のおかげで再び彼のものとして残された。[28] こうして彼は、一八四四年にこの世を去るまでそこに住んだのだった。

ジェームス・ド・ロッチルドはラフィットの隣人だった。彼は、銀行家ラボルドのために一七六五年頃に建てられた館を、一八一八年にフーシェ〔フランス革命期以来の謀略政治家。ナポレオンのもとで警察大臣。ルイ一六世弑逆者として一六年に追放される〕から買い取った。彼は七月王政期にこの一八世紀の建物を取り壊し、一八三四年から三六年にかけて新しい館をゴシックとルネサンスの折衷様式で再建して館の中に自分のアパルトマンとともにオフィスを設置した。[29] この館のごく近くの現在のピィエ＝ヴィル通りに、彼の兄（で義父）のサロモンが館を所有していた。また、ロンドンのロスチャイルド家の方はテトブー通りに館をもっていた。

もう一人の銀行家もラフィット通りに居を構えていた。ジョゼフ・ペリエである。彼はフランス銀行の理事で、一八三二年の大臣〔一八三一年三月に首相となり三二年五月にコレラで死んだカジミール・ペリエ〕の弟だった。ラフィット通りにはガブリエル・ドレセールも住んでいた。彼は七月王政期の警視総監であり、彼の妻ヴァランティーヌはメリメ〔小説家で歴史家。史蹟監督官も務める。作品に『コロンバ』（一八四〇）など〕やレミュザの情熱を刺激した。ガブリエルの兄バンジャマン・ドレセールは、実業家で貯蓄銀行の創設者だったが、一八二四年に実業家エティエンヌ・テルノー＝ルソーからモンマルトル通りにあるユゼース館を買い取った。それは一七六八年に建築家ルドゥーによって建てられていたものだった。その後この館を受け継いだのは、バンジャマンとガブリエルの弟で銀行家のフランソワ・ドレセールである。

その他、大実業家ダヴィリエはポワソニエール大通りに、銀行家オッタンゲールはサン＝ラザール通りに住んでいた。ボワーニュ伯爵夫人の義妹で、デスティリエール（証券取引所で投機をやって莫大な財産を獲得したタレーラン〔ベネヴァン大公〕の腹心）の娘のオスモン侯爵夫人は、バス＝デュ＝ランパール通り八番、現在のカピュシーヌ大通り〔ここには城壁が残っていてその北側をバス＝ランパール通りと言った〕に一七七五年に建てられた豪華なサント＝フォワ館を所有していた。同じくショセ＝ダンタン地区には、成り金弁護士で復古王政期に大蔵大臣を務めたロワ伯爵の二人の娘も住んでいた。その一人ラリボワジエール伯爵夫人は、ボンディ通りの館をメルラン伯爵夫人と共有していた。もう一人の方はオーギュスト・ド・タルーエと結婚し、ショセ＝ダンタン通りに館をもっていた。グランジュ＝バトリエール通りに住んでいたのは、アルフレッド〔本書第一二章の小章「アルフレッド・タッテとその友人たち」を参照〕の父の株式仲買人タッテと、三兄弟シャルル、アルフレッド、エドワール（前の二人は士官、三番目は国務院の聴取官でルイ＝フィリップ治下の知事）の父で銀行家のボシェ、それに銀行家のアグワドことラス・マリスマス侯爵である。

七月王政期におけるショセ＝ダンタンの女王の一人は、アルフェ・ブルドン・ド・ヴァトリー夫人である。彼女の姿は一八三〇年二月一五日の舞踏会の主催者たちについて述べた中ですでに見てきた〔本書序章を参照〕。彼女はサン＝ジョルジュ広場にある「とても小さいが非常にエレガントな」[30]自分の屋敷でパーティーを開いていた。彼女の隣人には、ショセ＝ダンタンの活力と成功の象徴であるティエール〔七月王政の中道左派を代表する政治家。内相（一八三四）、首相（三六、四〇）〕がいた。彼は未来の義父となる元株式仲買人ドーヌ氏とともに、〈サン＝ジョルジュ区〉の土地に対し投機を行なった。そして広場に面して館を建てて、ドーヌ一族と一緒に暮らしていた。

一八世紀に始まった伝統に従って、芸術家たちの多くもショセ＝ダンタンで実業界の人びとと隣り合わせで暮らしていた。オラース・ヴェルネ〔熱烈なボナパルト主義の画家。戦争画で有名〕は、一八二二年から一八四六年までトゥール＝デ＝ダーム通り五番に住んでいた。（以後、彼はセーヌ通り一番のフランス学士院会館別館に移る）。そしてヴェルネの娘婿ポール・ドラロッシュ（彼の妻ルイーズ・ヴェルネは一八四六年に没している）は、一八三五年にヴェルネのもとにやって来てトゥール＝デ＝ダーム通り七番に住んでいた。二軒の隣り合わせの家はサン＝ラザール通り五六番に別の入り口を共有していた。オルレアン家の私的な友人で、マリー王女に絵を教えていたアリ・シェフェールは、一八三〇年にシャプタル通り一六番にある屋敷（一八二〇年に建築）に移り、三〇年近くそこに住んでいた。この屋敷は現在ルナン＝シェフェール美術館となっている。ジェリコー〔作品にはロマン主義絵画のマニフェストともいうべき『メデュース号の筏』（一八一九）がある〕は、一八一三年から一八二四年の死に至るまでマルティール通り二三番にある屋敷に住んでいた。その屋敷を今度はシャンソン作家のベランジェが、一八二四年から二七年まで借りていた。ドラクロワは、彼のいとこで情婦だったフォルジェ夫人と同じ住所、つまりラ・ロシュフーコー通り一九番で暮らしたあと、一八四四年から一八五七年にかけてはノートル＝ダム＝ド＝ロレット通り五四番（今日の五八番）に移り住んだ。

マルス嬢、デュシェノワ嬢、タルマなど有名な俳優たちも、ショセ＝ダンタンに住んでいた。ヴォードヴィル座の喜劇役者アルナルは、一八四三年にグランジュ＝バトリエール通りとイタリア座大通りの角にある〈ジョッキー＝クラブ〉の建物に居住していた。マルス嬢は一八二二年にトロワ＝フレールの集合住宅を買っていたが、一八二九年にはそれを転売した。これを建築家クレジーが取り壊してアパルトマン団地の〈スカール・ドルレアン〉を建て、そこに芸術家たちがやって来て住んでいた。一八四〇年にはマリブランの妹でオペラ歌手のポリーヌ・ヴィアルドが夫とともに、そして偉大な舞踊家タッリオーニもこの団地にやって来た。同じく一八四二年には、ジョルジュ・サンドとショパン、それにショパンと同じく偉大なピアニストでリストのライヴァルだったカルクブレンナーもここに移り住んだ。フォブール・ポワソニエール通り五六番に一八三八年に完成した館は、一八四〇年にはヴォードヴィル作家で演劇の興行師ドレストル＝ポワルソン（彼はかの有名なジムナーズ座の支配人であった）の所有物となり、彼の住居となっていたが、その後彼はこれをオペラ座管弦楽団の元第一ヴァイオリン奏者アレクサンドル＝シャルル・ソヴァージョに転売した。オペラ＝コミック座の歌手デュプレとロジェは、ロシュシュアール通りの館に住んでいた。[31]

ショセ＝ダンタンは大通り《ブルヴァール》に近接していることによって活力と現代性のシンボルであったが、一方では富と流行をひけらかす派手な地区としてのイメージも有していた。このイメージがあまりにも浸透していたので、レミュザはドレセール兄弟の屋敷を紹介する時、それを街とは異なったものとして対比させる必要性を感じるのである。「非常に節度があり敬意も払われたこの屋敷の内部は、冷え冷えとして堅苦しかった（…）。この場所でショセ＝ダンタンの奇嬌さと浮薄さから逃れるには、ジュネーヴ人や新教徒のように厳格になって、身を守るしか方法はなかったからである」[32]。ショセ＝ダンタンを風刺する時、誰もが名調子になる。たとえばデルフィーヌ・ド・ジラルダンは一八三九年こう述べている。ちょうどスペインのスタイルが大流行していた頃で、ノブレ姉妹がオペラ座でカチューシャ〔本書第四章の小章「カドリーユからポルカへ」を参照〕を踊っていた。そこでショセ＝ダンタンに住む一人のエレガントな女性がこれを真似て、スカートに裾飾りを六個も七個も八個もくっつけ、自分の地区の銀行家たちの館で大もてを狙おうとしていた。しかし、もし彼女が同じ格好でフォブール・サン＝ジェルマンの舞踏会に行ったならば、ひどく下品になってしまうだろう。「このカチューシャの衣装は趣味のよい人たちの間では憤激を買っているのだ」[33]。

マレー

重要なのは、風俗や衣服、語彙に関する地区相互の違いであった。したがってパリ社交界の中を移動しようと思ったら、各地区の基準を認識していることが肝要となる。もしショセ＝ダンタン地区の若いダンディが、少し窮屈な生活を送っているマレー地区の古い貴族の家庭に乗り込み、葉巻を吸いながら、「それはばかげている」、「それはとてつもない」、「それはへぼだ」、「それは老いぼれだ」といった類いの流行の表現で批判を加えたりしたら、そのたびに彼はこの地区の一家をおびえさせて、求婚相手の若い娘を遠ざけてしまうことになるだろう[34]。

バルザックの小説『二重の家庭』は、ショセ＝ダンタンとマレーとの対立が舞台になっている。次席検事のグランヴィル氏が地方出身の信心深い女性と結婚してパリに住んだ時、妻はヴィエイユ＝デュ＝タンプル通りの角にあって、教会に近いアパルトマンを選んだのだった。グランヴィル氏の方は、できることならショセ＝ダンタンに住みたかった。「そこではすべてが若くて生き生きしており、新しさの中に流行が生まれている。大通り《ブルヴァール》の住民はエレガントであり、そこからさほど遠くないところに、芝居を見たり、気晴らしを求めたりできる場所がある」[35]。妻を喜ばすために彼は「マレーに引きこもった」が、情婦の方はショセ＝ダンタンのど真ん中にあるテトブー通りに住まわせるつもりだ。パリのこの古い中心地区は、窮屈な世界を想起させる。もしある人が「マレー出身」ならば、その人はたとえフォブール・サン＝ジェルマンの館に転居したとしても、死ぬまで通俗的な節約感覚に染まったままである。『瓦版』紙では、〈フォブール〉〔以下カッコ付のフォブールはフォブール・サン＝ジェルマンをさす〕にある自分の美しい居間の中で、何かを〈壊される〉のではないかという観念にいつもつきまとわれているアング…夫人がからかわれている。彼女は、レセプションの時以外は自分の豪華なアパルトマンには住まず、上の階で粗末な家具に囲まれながら暮らしているのだ[36]。マレーの古い家族たちは、その出自の点で社交界に参加しようと思えばできたはずであろうが、ショセ＝ダンタンに開花したもっと派手な社交界からは無視されていたのである。

フォブール・サン＝トノレ

シャルル・ド・レミュザは、自らをもって「フォブール・サン＝トノレの社交界出身」と任じている。彼は一七九七年から一八六八年までの間に、一四の住居（庁舎は含まない）に住んだが、それらはすべてフォブール・サン＝トノレにあった。すなわちヴァンドーム広場からマドレーヌ大通りまで、ソセー通りからフォブール・サン＝トノレ通りまで、アンジュー＝サン＝トノレ通りからロワイヤル＝サン＝トノレ通りまでの地区である。彼にいわせれば、フォブール・サン＝トノレの社交界の独自性を示すものは良識と節度である。この社交界はアンシャン・レジーム期から出発し、啓蒙哲学の影響を敏感に受け、「正しい革命」とも関わりをもち、さらに「多くの利害関係」によって帝政に結びついていた。しかし、ナポレオンの行きすぎに嫌悪を覚えて、自分たちの考え方と多くの点で類似していた復古王政期の思想に加担したのだった。[37]

ある人のスタイルを定義する場合の「フォブール・サン＝トノレ」風という言い方は、「フォブール・サン＝ジェルマン」風とか、その逆の「ショセ＝ダンタン」風といった呼称に比べれば、ほとんど普及していなかった。ところで、この「フォブール・サン＝トノレ」のスタイルはレミュザによって極端に誇張されたが、それはなぜだろう。自分をよき社交界の一員として位置づけるためか、ボナパルト主義者〔ナポレオン・ボナパルトの崇拝者〕であった過去の自分に統一するためか、それとも、自分が貴族の出身であり、また同時に自由主義であることを説明するためか。つまり彼によれば、フォブール・サン＝トノレは正統王朝派のフォブール・サン＝ジェルマンに対比するならば、自由主義貴族を代表していたのである。しかし、これはニュアンス上の問題である。なぜならこの人びとは、フォブール・サン＝ジェルマンと共通の素性と歴史の持ち主だったからである。「そこには亡命貴族が必ずいたし、一七九三年の受刑者〔ロベスピエールの恐怖政治の犠牲者〕の子供も珍しくなかった。そのうえ、貴族としての考え方に大いに執着する貴族や社交界人士が数多くいた」[38]。

フォブール・サン＝トノレには二つのカテゴリーの社交界人士が共存していた。自由主義的傾向の貴族と、一部の大使館を含めた外国人である。フォブール・サン＝トノレ通りには、ハウデン卿と再婚したロシア人のバグラシオヌ大公妃が四五番に、またシャルル・ド・フラオー伯爵と結婚したイギリス人のフラオー夫人が五五番に住んでいた。フラオー伯爵はタレーランの私生児で、モルニー〔ナポレオン三世の異父弟。一八五一年のクーデターの首謀者〕（オルタンス王妃〔ボーアルネとジョゼフィーヌの娘。ナポレオンの弟ルイと結婚し、オランダ王妃となる。ナポレオン三世の母〕）との間に生まれた）の実父だった。彼は百日天下の時にナポレオンに合流したが、復古王政の一時期はイギリスで過ごした。一八二七年、彼はパリに戻って居を構え、妻は自由主義者が足繁く出入りするサロンを開いた。そこにはシャルトル公爵も姿を見せており、フラオー伯爵はやがて一八三七年にはその筆頭厩舎係になるのである。これをさかのぼる一八三〇年の終わりには、フラオー家はシャルト通り（昔のアングレーム通り、のちのラ・ボエシー通り）とシャン＝ゼリゼの交差する角に館を買っている。

フォブール・サン＝トノレ通りには、カステラーヌ元師ボニファスの従兄弟のジュール・ド・カステラーヌ伯爵も一〇六番に、さらにセバスチアーニ元師もいた。そしてセバスチアーニ元師の館には元帥の娘ファニーと娘婿のプララン公爵も、大勢の子供たちと一緒に住んでいた。一八四七年に公爵が妻を殺害したのは、この館でのことだった。

アンジュー＝サン＝トノレ通りには、ラ・ファイエット将軍や、祖国をオーストリアの支配から解放するために闘って亡命したミラノの女性ベルジョヨーゾ大公妃、それにラヴォワジエの未亡人ラムフォルド夫人らが隣り合って住んでいた。ラムフォルド夫人は一八世紀のリベラルな大ブルジョワジーの出身であり、一七九四年に処刑台上で父と夫を亡くしてからは、学者たちに囲まれて暮らし、社交界に確固とした地位を築いていた。彼女は週に三回客を迎え、自分の館を都会風の洗練された雰囲気で満たしていた。一八世紀風のこの最後のサロンが消えたのは、一八三六年の彼女の死によってである[39]。

二人の大物がフォブール・サン＝トノレに住んでいた。一人はタレーランで、サン＝フロランタン通りに館を構えていた。彼の死後、姪のディノ公爵夫人がこの館をジェームス・ド・ロッチルドに転売した。（ロッチルドの方は外交官時代の元のアパルトマンをリエヴェン大公妃に貸した)。しかし、フォブール・サン＝トノレに自由主義的な色合いを与えた最大の功労者は、おそらくラ・ファイエット将軍その人である。彼はアンジュー通り六番のサロンにおいて自分の大家族の中央に長老として君臨しており、またパリに立ち寄った外国人たちも、彼に引き合わせてもらうことを望んでいた。それほどまでにこの人物は、自由の老闘士として神話化されていたのである。

フォブール・サン＝ジェルマン〔前掲地図を参照〕

フォブール・サン＝ジェルマンはセーヌ左岸にあり、東をサン＝ペール通り、西をアンヴァリッド、北をセーヌ河岸、南を《外国伝道協会》の塀で区切られ、ブルボン通り(一八三〇年以降はリール通り)、大学通り、グルネル通り、ヴァレンヌ通り、サン＝ドミニック通りという五つの長い通りを含んでいた。ルイ一五世の時代、この〈フォブール〉は貴族が好んで住んだ地区だった。当時、彼らはヴェルサイユには居住しなかったのである。しかしその後の大革命期には、大勢の貴族が亡命したり断頭台上に消えたりしたので、その財産は没収あるいは売却されてしまった。しかし一七九六年〔訳注〕〔一七九五年一〇月の総裁政府の成立によって民主的共和政の時代が終わる〕になるや、家族への返還作業が始まり、一八二五年に制定された〈亡命者一〇億フラン法〉とともにその手続きが完了した。得られた補償金によって館を改築できた一族もあった。こうして復古王政期になると、フォブール・サン＝ジェルマンのすべての館《オテル》には、また再び人びとが住むこととなった。サン＝ドミニック通りだけで二五もの館があったが、そのいくつかは一七世紀や一八世紀の建物だった。そこでは帝政貴族と新体制の寵児たちが、かつての貴族階級の人たちとともに隣り合って暮らしていた。昔は建物の美しさと庭園の魅力で有名だったこのフォブール・サン＝ジェルマンが、〈良質の住民〉のいることを特色とし始めたのがこの時代からである。[40]

ルイ一八世とシャルル一〇世の治世においては、貴族階級は宮廷にもいたし市中にもいた。テュイルリー宮殿と〈フォブール〉の間には、渡れる橋が一カ所しかない。公職の肩書をもち、テュイルリー宮殿に寝起きしていた約一〇〇名ほどの貴族でさえ、フォブール・サン＝ジェルマンの住居を引き払うことはなかった。というのは、ある種の職務は四半期勤務あるいは半期勤務だったので、〈地区〉からの通いでなされていたからである。当時〈フォブール〉と宮廷とは完全につながっていたのである。またフォブール・サン＝ジェルマンへの貴族階級の集中は、何よりも具体的な現実であったが、さらに象徴的な含意（コノタシオン）をも生み出そうとしていた。ときには〈高貴なフォブール〉とか、大文字の〈フォブール〉と縮約して表現される時の〈フォブール・サン＝ジェルマン〉は、換喩《メトニミー》によって、「王宮の勢力圏内にあってパリで暮らすことのできるフランス貴族階級の上層部」[41]、という意味を示し始めた。その表現は、貴族階級というものの向こう側にある古いエリートにふさわしいスタイル、つまり言語と礼儀作法の中にエレガンスの伝統を保持し続けている一つのスタイルというものを形容していた。かくして、地理学は象徴の背後に消えてしまうのである。もし、フォブール・サン＝ジェルマンが場所ではなく一つのスタイルだったならば、〈フォブール出身〉でありつつ、パリの別の場所に住むことも可能となる。バルザックはこのことを『ランジェ公爵夫人』の中で示唆している。「ロワイヤル広場とフォブール・サン＝トノレとショセ＝ダンタンには、フォブール・サン＝ジェルマンと同じような空気を吸うことのできる館がある」[42]。

この表現の象徴的意味は、七月王政下で強化されてゆく。〈フォブール〉は本質的に〈長子の家系〉に執着する貴族たちを意味するのに対し、ショセ＝ダンタンやフォブール・サン＝トノレさえもが、新体制に加担する者とか、新しい指導者階級を表現することとなるのである。〈フォブール・サン＝ジェルマン〉は、古い価値観を近代性に対立させようとする裏切りとの関係では、逆に忠誠の象徴となったということである。

フォブール・サン＝ジェルマンには誰が住んでいたのか。昔からの貴族の一家が代々同じ館に住んだ場合もある。たとえば一六六〇年から一六六二年に建てられたサン＝ドミニック通り三一―三三番にあるシュヴルーズ館（その後のリュイーヌ館）には、二世紀にわたってシュヴルーズ家とリュイーヌ家が住んできた。一七四八年生まれのリュイーヌ公爵は、一八〇七年にそこで没した。その夫人（旧姓をモンモランシー＝ラヴァルという）は、ここでサロンと賭事の会を開き続けた。彼女は、義理の娘の旧姓エルムザンド・ド・ナルボンヌ＝プレを熱愛していた。この娘はナポレオンに反逆し、一八一三年に亡命先で死んでいる。復古王政期に入ってシュヴルーズ公爵がパリに来るのは、貴族院の席に座る時だけであったが（彼は一八三九年に没した）、彼の妹でマチュー・ド・モンモランシーの未亡人だったポリーヌは、リュイーヌ館の一隅に住んでいた。公爵の死後、館は息子のオノレ・ド・リュイーヌのものになった。この館はその後、サン＝ジェルマン大通りの貫通工事にともなう排除命令を受けて、一九〇〇年に取り壊されている。

しかし、たいていの場合、館は相続者間の分割や政治上の大混乱のせいで、一つの家族から別の家族へと移るのが普通であった。サン＝ドミニック通り八七番、のちの一〇九番（現在の三五番）のブロイー館もそうである。この館は、まず一六九四年以来ブロイー侯爵によって人に貸されていたが、一七二〇年に彼の弟のブロイー騎士が建物を買い戻し、館は再建された。その後この邸宅は相続によって、侯爵の娘リニュラック伯爵夫人の手に落ちたが、大革命後、彼女は財産に課された供託処分を解除するために大変な苦労をした。彼女の子孫は相次ぐ分割問題のために館に住むことはせず、これを人に貸して、一八一〇年にナポレオンの侍医コルヴィザールに売却した。コルヴィザールの方は一八一八年、それをさらにオーソンヴィル伯爵夫人、旧姓ファルコス・ド・ラ・ブラッシュに転売した。彼女の夫オーソンヴィル伯爵は、これによって自分の青春の街を取り戻すことになったのである。というのも、彼はサン＝ドミニック通り六三番にあった両親の所有するヴァランジュヴィル館で育ったからである。寡婦給与財産を受けていた彼の母の伯爵夫人の方も、一八三八年に亡くなるまで三人の娘や娘婿、孫たちとともに、ブロイー館に住んだのだった。オーソンヴィル家の一人息子オトナンは一八三六年、ヴィクトール公爵と旧姓をアルベルティーヌ・ド・スタールという公爵夫人との間にできた娘、ルイーズ・ド・ブロイーと結婚した。オトナン・ドーソンヴィルは、シャトーブリアンが一八二八年にローマに大使として赴いた時の大使館員であり、自由主義者だった。彼は七月王政下に下院議員に選ばれ、義父〔ヴィクトール・ド・ブロイー〕と同じようにオルレアン派に近かった。両親の死後、彼はブロイー館を自分のものとし、妻の死んだのちの一八八二年までこれを手放さなかった。

ブロイー館の歴史は、そのままフォブール・サン＝ジェルマンの住民のこの地区への愛着を表している。彼らは、借家人であろうと家主であろうと、たとえ住所を変更したとしても自分たちの住んだ通りに、あるいはもっと一般的には〈フォブール〉に対して忠実であり続けた。このために館《オテル》は、革命の動乱を乗り越えて、〈フォブール〉生まれの人びとによって再び占拠されるということがしばしば起きるのである。

ミシェール・ペローとジョルジュ・リベイユは、その編書『カロリーヌ・Bの日記』に付けた序文の中で、この忠誠心をうまく示してみせた。カロリーヌ・ブラームの母、パメラ・ド・ガルダンヌは一八二四年生まれで、幼少期をリール通り四一番の館で過ごした。パメラはニコラ・ガトーのただ一人の相続人だった。ニコラはよく知られた富裕な芸術家で、ルイ一六世のメダルの彫金を担当し、またアングル〔古典派の指導的画家。作品にルーヴル宮殿の天井画『ホメロス讃仰』など〕の友人でもあったが、非常に美しいコレクションだけでなく、相当な財産を残したまま一八三二年に亡くなった。リール通りの館以外に彼が買ったのは、ノーフル＝ル＝ヴューの城とフォブール・サン＝ジェルマンにあるもう一つ別の邸宅だった。その邸宅というのがサン＝ドミニック通り五番にあるタヴァンヌ館で、一八二六年から一八五七年までスヴェッチーヌ夫人に賃貸された。彼女はここでカトリック自由主義の中心となる有名なサロンを開いていた。[43]

当のパメラ・ド・ガルダンヌは一八四六年に、理工科学校の卒業生で土木局技師のエドワール・ブラームと結婚した。この若いカップルは〈フォブール〉を離れず、バスタール公爵の館にアパルトマンを借りた。その後一八五九年、ブラーム家とその子供たちはスヴェッチーヌ夫人の死後取り戻したタヴァンヌ館に転居したが、ここでパメラは三年後に死去している。また、一八四七年生まれのその娘、カロリーヌ・ブラームも、常に〈フォブール〉で暮らしてきた。一八六六年にエルネスト・オルヴィルと結婚してからも、まったく自然にタヴァンヌ館のアパルトマンに住んだ。この館は当時アパルトマンとして貸し出されており、上の階はバルベ・ド・ジューイ家が借りていたが、カロリーヌはここを自分のものにしたのだった。カロリーヌは一八九二年に、また彼女の夫は一九二〇年にここで没している。さらに、オルヴィル家の二番目の娘で、ヴィブレー伯爵と結婚したルネも、サン＝ドミニック通りに長い間住んでいた。したがって一族は一世紀以上もの間、〈フォブール〉の心に忠実であり続けたことになる。

〔訳注〕〈亡命者一〇億フラン法〉――シャルル一〇世の即位後の一八二五年四月に制定された亡命者の救済法。〈シャルト〉の規定により土地財産の回復の方はできなかったので、一七九〇年当時の収益の二〇倍に相当する額を賠償することにし、総額を一〇億フランに見積もった。財

源は国債の利率を五％から三％に切り下げることで作り出し、約二万五〇〇〇名に配分した。この法律で最大の恩恵を蒙ったのは、後出のごとくオルレアン公爵（一二五〇万フラン）とラ・ファイエット（四〇〇万フラン）であった。

外国人、トルンとホープ

すでに見て来たように、フォブール・サン＝ジェルマンと称されるものの全体が〈フォブール〉の中にあるのではないとすれば、逆に〈フォブール〉に身を寄せた人びとの中にはその出身者でない人も含まれていた。帝政期の大勢の高官の場合がこれであった。たとえば、サン＝ドミニック通り一二番（現在の五三番）のキンスキー館は、帝政下にランヌ元帥、次いでヴァルテール将軍が取得したのち、復古王政期には数年間グラモン公爵が所有し、さらに一八三二年にレイユ伯爵とその妻（旧姓マセナ）に転売されて、夫妻は第二帝政期までそこに住み、そこで死んでいる。また七月王政下の〈トゥ＝パリ〉の花形となった二人の富裕な外国人トルンとホープの場合も同じである。

一七七六年にニュー・ジャージーで生まれたトルン「大佐」は、大金持ちだった。彼は一八三五年頃、妻と一四人の子供を引き連れてヨーロッパに移った。彼の軍隊における階級――デルフィーヌ・ド・ジラルダンは一八四八年に「将軍」の階級すら与えている――は、厳密にいえば実際上の階級のいずれにも該当せず、純粋に社交上のものだった。トルンはヴァレンヌ通り五四番のモナコ館、現在のマティニョン館に居を構えた。彼はこの館をルイ＝フィリップの妹のマダム・アデライードから賃借りしたのである。この館をマダム・アデライードに遺贈したのは、一八二二年に亡くなった伯母のブルボン公爵夫人〔巻末《第三オルレアン家》の家系譜を参照〕だった。このあたりの事情を詳細に見ていくと非常に興味深い。すなわち公爵夫人は、ルイ一八世所有のその館を、一八一六年に自分が所有していたエリゼ宮と交換したのだった。一八四七年にマダム・アデライードが亡くなると、館は王の五番目の息子のモンパンシエ公爵の所有になり、さらに一八五二年ガリエラ公爵に転売された。この間、一八四八年には行政府の長カヴェニャック将軍によって徴発されて、その住居にされたこともあった。

トルン氏は館に豪華なルネサンス様式の家具を備えつけたが、これに一〇〇万フランもの大金をかけたといわれている。「四〇〇から五〇〇フラン以上もする椅子が二〇〇脚。あとは想像してください」、と『ラ・モード』紙は書いている。[44] 彼は二五名の召使を雇って客の招待を開始し、豪勢な暮らしを送ったが、一八四八年には革命のために合衆国へ戻らねばならなくなり、一八五九年にニューヨークで没している。このような彼ではあったが、だからといって社交界に無邪気に飛び込んで行ったのかといえばそうではない。彼はバーデンの保養地ですでに、そこの大公妃を通して紹介された〈フォブール〉の二大貴婦人、ロアン公爵夫人とレオニー・ド・ベテューヌ大公妃に介添え役を頼んでいたのである。彼女らが彼のために招待客リストの作成を引き受けたが、その庇護のおかげで、彼の夜会には常に高貴な生まれの人たちが集まってきたのである。レオニー・ド・ベテューヌ大公妃は、レセプションの間中トルン夫人のそばを離れなかった。大公妃は太って赤ら顔の、「かなり品のない容姿の老嬢だった」が、その名前が嘆かわしい外観を打ち消していた。むしろ彼女の方がその場所の女主人のように見えていた。「トルン夫人が客を迎える時は必ずレオニーを隣りに座らせていましたが、むしろ彼女の方がレオニーの横にいるみたいでした。そして、これがまた、トルン夫人に寄せられた特別の好意だったのです……」[45]。

　これら夫人たちの指導によってトルン大佐は排他作戦を学び、それをうまく実行したので、最後には伝統的な力関係を逆転させるまでになった。つまり彼は、請願する側からされる側に変わっていったのである。彼が征服することのできた地位は、彼の贅沢と同様に人びとを驚かせた。デルフィーヌ・ド・ジラルダンは書いている。「フランス上流社会は〈大金持ちのアメリカ人〉を受け入れた、と各新聞が書き立てている。しかし、これらはすべて間違っている。逆に〈大金持ちのアメリカ人〉の方がフランス上流社会を快く受け入れてくれたのであり、その受け入れ条件を作り、それを彼らに課したのはまさに彼の方なのである」[46]。彼は二五〇名の特権者にしかサロンを開放しなかった。そして、リストからはずされた人物の名前をあげては、大いに満足を感じていたらしい。一八四三年一月一一日にロッチルド家で開かれたコンサートについてヴィクトール・バラビーヌが書いているように、大夜会《ラウト》なら容易に一〇〇〇名は集められた時代に、そこでは二〇〇名とか二五〇名の人が「非常に簡素な社交界」を体現していたのである。

　トルンは、夜会の時間割についてはとても気難しい態度を示していた。「夜の一〇時に到着し、朝三時に退出してください」と招待状には明記されている。一〇時を過ぎると入り口の扉が閉められ、指定された時間になるまではパーティー会場をあとにすることができなかった。[47] 仮面舞踏会の衣装に関する指示は、二頁にわたってびっしりと書き込まれ、一二から一五項目からなるこまごまとしたものだった。一八四一年の仮面舞踏会の演出題目は、〈ジェノヴァ共和国総督を迎える宮廷内のルイ一四世〉であった。招待客に対しては、ヴェルサイユ美術館に行ってルイ一四世時代の衣装を観察してくるようにとの助言が、高圧的になされていた。[48] もしトルン氏が「綿の縁なし帽をかぶって入室してください」と招待状に記せば、社交界の人びとはこぞって綿の縁なし帽をかぶって彼の家に駆けつけるだろう、とデルフィーヌ・ド・ジラルダンは断言している。この〈アメリカ人〉は、哲学者になるにはパリで最良の席に陣取っていたのである。つまり、選ばれた者の仲間に是非加わりたいと思う者はどんな屈辱的な要求に膝を折るものなのか、それを確認することのできる位置にいたのである。もっとも、このアメリカ人の奇抜さを真似しようとするフランス人も現れてはいた。一八四一年三月七日付の『シエークル』紙はこう書いている。「最近、王室付公証人（おそらく一八四七年に破産して話題を呼んだウートルボン氏）は、舞踏会の招待状の末尾に《パートナーの男性はトルコ服姿の者だけに限られる》という指定をして、それを配布した。このトルコ服でという指示は厳しく守られ、《十分にイスラム教徒とは見えない者》は幹事によって追い返されてしまった」。

しかし、トルン氏の館で催された一八四一年の仮装舞踏会ほど仰天する光景には、めったにお目にかかれないだろう。突然ファンファーレが聞こえると、〈大回廊の間〉の扉が開かれ、東洋人の奴隷に扮装した六人の男に牽かれる一台の山車が出現し、ベルジョヨーゾ大公〔パリにあってイタリアの独立運動〈リソルジメント〉を熱心に支援した大公妃の夫。本書三九四頁以下を参照〕がそれを先導したというものである。しかも山車には、二人の魅力的な若い女性、ロッチルド嬢とトルン氏の娘が乗っていたのだった。

大夜会への招待も非常に人気は高かったが、内輪のパーティーに招かれることは、さらにもっと人気があった。しかしそれ自体に魅力があったというわけではない。なぜなら、内輪のパーティーの場合、客の数はあまりにも少なかったため、豪華な催しが別のサロンで計画されると、彼らでさえその方に吸収されていたからである。内輪のパーティーに参加することの人気は、ただ単に他の排除された人が嫉妬に苦しんでいる時に、〈仲間でいること〉、つまり選ばれた者の中に加わっているということの快楽のためなのである。そこで、デルフィーヌ・ド・ジラルダンは次のようなパラドックスを述べるのである。「小夜会が開かれるのは、参加者たち（せいぜい三〇名の女性）のためではなくて、《そこにいない人のため》なのであり、したがって、忘れられた例の女性はこう思って自らを慰めていただきたい、《忘れられたということはむしろ自分のことがよく考えられていたということである》[49]」、と。

トルン大佐の社交戦略は、貴族階級との縁組によって具体化していた。ナポレオン三世の宮廷には、彼の娘が二人入っている。すなわち、皇帝の侍従カミーユ・ド・ヴァレーニュ・デュ・ブール男爵の妻マリー（メアリー）と、ピエール男爵夫人となり皇妃付女官となったジャーヌ（ジェーン、彼女の姿はヴィントラルテール〔ドイツの画家。一八三四年にパリに来てマリー＝アメリーに庇護される。『宮廷夫人に囲まれた皇妃』（五五）がコンピエーニュ美術館にある〕の大きな絵の中に見られる）である。また美声の持ち主のアリスは、一八四五年にオードバール・ド・フェリュサック伯爵と結婚した。そしてトルンの息子の一人ジェームスは、メッテルニヒの二番目の妻の妹テレジーナ・レーカム女男爵《バロンヌ》を妻に迎えた。

その他の大富豪の外国人たちも、トルン氏の政策を採用して同じような成功を収め、フォブール・サン＝ジェルマンの庇護下にあった。たとえばウィリアム・ホープの場合もそうである。彼の父はイギリス生まれで、アムステルダムを拠点にホープ銀行商会を営み、頭角を現した。一八〇二年に生まれたウィリアムは、その生涯の半分をパリで過ごし、ルイ＝フィリップは一八四八年二月三日に彼にフランス国籍を授けている。すでに一八二七年、彼はヌーヴ＝デ＝マテュラン通りの屋敷で舞踏会を開いていた。彼は女優たちを愛し、ジェニー・コロン〔一八三〇年代のオペラ歌手〕と波瀾含みの恋愛関係にあったが、彼女の方はジェラール・ド・ネルヴァル〔『ファースト』の訳で文壇にデビューしたロマン派の詩人。一八五五年に自殺〕を愛していた。彼は一人の女性を誘惑するためならば、たとえ二月の真冬でも、夕食のテーブルを飾るスミレの花をどんなところへでも探しに行かせることさえやりかねなかった。この気まぐれの代金は三〇〇〇フランといわれている[50]。彼は一八三五年にラップ将軍の娘と結婚した。一八三八年には、彼は〈フォブール〉のど真中で衝撃的な不動産売買を行なった。ダヴー〔ナポレオンの元帥。バヴァリアの村エックミュールでの戦攻でエックミュール大公の称号を授けられた〕の未亡人エックミュール大公妃から、サン＝ドミニック通り一二一番にある大きな館（彼女が一八二六年からオーストリア大使に貸していた）を、隣接するいくつかの屋敷とともに買い取ったのである。ウィリアムはそこで、サン＝ドミニック通り一三一番から一三三番、およびイエナ通りの一五番から一七番に相当する場所に、一群の豪華な建物を建てた。そして、サン＝ドミニック通り一三三番をサルジニア〔コルシカ島の南の島。当時王国だった〕大使館に貸し、彼自身はそれ以外の建物に住んだ。かくして新聞は、ホープ氏の「宮殿」のことを、一八四一年まで続いた工事の費用は七五〇万フランだったと書き立てた。[51] 一八四二年四月二五日に行なった新しい邸宅の落成式では、ロアン家、ゴントー家、ノアイユ家、ラ・トレムイユ家、リシュリュー家といった最高の家系が一堂に会した。[52] このように、復古王政以来ホープ氏は、「パリの最良の社交仲間」を迎え入れていた。招待客リストを作成していたのがジュスト・ド・ノアイユ夫人だったからである。[53]

ホープ氏の所有地は一万二〇〇〇平方メートルにおよび、敷地内にはいくつもの庭園、細長い丘陵、噴水、池、あずま屋、樹齢数百年の老木があった。厩舎《きゅうしゃ》には三五頭の馬が飼われており、調教と散歩のための調馬場もあった。館の内装の豪華さは筆舌に尽くし難いものだった。大広間は、壁布、窓のカーテン、椅子に至るまで赤いダマスク織りが一面に張りめぐらされ、その赤の色は、金色のブロンズ装飾の付いた黒檀の家具を一層際立たせていた。その他の客間を板張り仕上げにしたのは、自分の画廊からもってきたルーベンスやジョルダーエンス、カルロ・ドルチなどの絵画をそこにはめ込むことを思いついたためであった。食堂は三つあり、第一の食堂は六人用、第二の食堂は重厚なマホガニーでできた二五人用、第三の食堂は二〇〇人用であった。舞踏会の夜には、この第三の食堂で夜食が出された。また芝居が上演される日には、ここに劇場が設けられるのだった。舞踏会が行われる部屋はイオニア式の円柱と付け柱、キューピッドや葉の垂れ飾りで縁取られた窓と鏡、はめ込み絵画で飾られた天井、豪華な照明など、「ルイ一四世時代風」の様式に飾り立てられていた。この装飾はディアーズによるものだった。ホープ氏は、自分の「宮殿」の周りを神秘のヴェールで包んでおくことを好み、誰にもそれを見せなかったので、人びとは好奇心を刺激され、その豪華さを暴いてみたいと思っていた。それゆえ彼が一八五五年に死んだ時には、その家具とコレクションの売却にパリ中が殺到したのである。

ところで、招待客リストというものは社交界での成功に欠かせない道具だった。これは、長い時間をかけて仕上げられた真の仕事道具であり、そこに名前を載せられた人にとっても、載せられなかった人にとっても意味のあるものだった。だからウディノ元帥夫人は、招待客リストを発表する時に夫が払った心配りについて次のように語っているのである。誰かのリストを借用する際にも、社交界の人びとに見られて悪い評判が立たないよう、非常に慎重でなければならなかった、と。[54] 一方、リスボンからやって来たイギリス人の裕福な卸売商ジェラルド・グールドは、「混合の」社交人士を迎え入れていた。彼には二つの異なった社交界に属する二人の「パトロン」がいたからである。一人はフォブール・サン＝ジェルマンを代表するイド・ド・ヌーヴィルで、もう一人は七月王政の社交仲間を代表するドカーズ公爵夫人である。[55] これに対して、アメリカ人銀行家の妻ビンガム夫人の方は、リュクサンブール宮殿で客を迎えていたドカーズ公爵夫人（ドカーズ公爵は貴族院の尚璽《しょうじ》だった）の交際者リストを拒絶し、「純血なるフォブール・サン＝ジェルマン」女性、ロアン大公妃のリストを採用した。これは、体制に加えられた侮辱を喜ぶ正統王朝派の『コティディエンヌ』紙が一八四一年三月三日に報じたことである。ビンガム夫人はトルン夫人を手本にしていたのだろうか。

　財産のある外国人たちは、貴族のお墨付きを得て、贅沢をひけらかしながら自分の金を浄化する。この保証のおかげで、彼らは上流社会に対して気まぐれを押し通すのである。デルフィーヌ・ド・ジラルダンは、この上流社会の反応の相対性を強調し、彼らは一方では百万長者の外国人たちの気まぐれに服従するかと思えば、「オルレアン公爵氏が自分の妻のところにはブーツで来ないようにと求めた時には、とんでもないことだと騒ぎ立てている……」[56]と書く。このブーツで来るなという要求は、礼儀作法の最低限の規則でしかないにもかかわらずである。トルンとホープの成功の理由は何か、と問う人もいよう。なぜ彼らは〈フォブール〉の人びとを自分の家に引きつけることに成功したのか。ショセ＝ダンタンに住む金持ちたちには、到底難しいことと思われるのに。これは、彼らが外国人であるためにフランス社会を動揺させている緊張関係の外にいるから、したがって彼らは危険人物ではないから、というわけなのだろうか。

〈フォブール〉の魅力

フォブール・サン＝ジェルマンとショセ＝ダンタンの対立は、一九世紀前半の文学の重要なテーマである。バルザックは、ショセ＝ダンタンの銀行家の妻となったゴリオ爺さんの娘デルフィーヌ・ド・ニュシンゲンが、フォブール・サン＝ジェルマンの貴婦人ボーセアン子爵夫人の家に迎えてもらうためならば、「サン＝ラザール通りとグルネル通りの間にあるすべての泥を舌を鳴らして飲むだろう」[57]と書いている。事実、子爵夫人がついにニュシンゲン夫人を舞踏会に招待してくれることになったその日、ニュシンゲン夫人は自分をそこに行けなくさせるような障害はすべて退けて、瀕死の父親をも見捨てたのである。子爵夫人は、ショセ＝ダンタンをフォブール・サン＝ジェルマンの方へとかり立てる庶子の嫡出転化（認知）の欲求をよく心得ていた。彼女は、遠い親戚の若いラスティニャックが社交界に入り込むのを助けるために、彼に「開けごま」の呪文として自分が保護することを約束し、「この迷宮に入るあなたのために、私はアリアドネの糸として私の名前をあなたに与えます」[58]、と告げている。

フォブール・サン＝ジェルマンとショセ＝ダンタンの縁組みが一人の野心家に見せつける魅力と利点は、しばしば演劇の世界において活用された定式である。たとえば一八二七年に〈テアトル＝フランセ〉で上演されて成功を収めた喜劇『三つの地区』（この喜劇のタイトルはパリ最初のデパートの名称となった）の場合は以下のような具合である。各幕の舞台装置はサロンを表している。第一幕ではマレーの商人の家、第二幕ではショセ＝ダンタンの銀行家の家、第三幕ではフォブール・サン＝ジェルマンの侯爵夫人の家。この三つのサロンには、それぞれ結婚を間近に控えた三人の若い娘がいる。彼女らは同じ修道会女学校の寄宿生だった。商人の娘はサン＝ドニ通りを離れず、父の番頭と結婚し、銀行家の妹は、生まれはよいが文なしの子爵と結婚する。一方侯爵夫人の姪は、ショセ＝ダンタンの銀行家と結婚するのである。

〈フォブール〉－ショセ＝ダンタン間を貫く軸がこれほどまでに強いのは、家柄に負う威光と金に基づく権力との間の関係が、常に問いただされ、劇化され、上演されているからである。スタンダールもこのことを『リュシヤン・ルーヴェン』の中で簡潔明瞭に表現している。賭事の女王グランデ夫人に関する部分である。「彼女はロッチルドのように金持ちだった。そしてモンモランシー家〔一〇世紀にまでさかのぼるイル・ド・フランスの貴族の名家〕の人になりたいと思っていた」[59]。

社交シーズンと保養地

社交のシーズンは一二月から復活祭〔春分後の満月直後の日曜日〕までを占めていた。シーズンに公式的な始まりはなく、サロンは順次再開されていたのである。伝統的には、フォブール・サン＝ジェルマンのサロンが一番最後に開かれていた。シーズンは、四旬節前と四旬節期間の二期に分かれ、後者は復活祭までの四〇日間であった。四旬節まではダンスに興じて、社交舞踏会、謝肉祭の際の仮装舞踏会、慈善舞踏会が開かれた。また、四旬節の間はダンスの機会は少なくなり、その分音楽を聞いていた。ジャーナリズムの世界では時評欄担当者たちが、その年の最初の三カ月間はどこに顔を出し、どこの記事を書けばよいのか分からなくなるほど、社交界行事は重なっていたのである。一八四一年二月一〇日にデルフィーヌ・ド・ジラルダンは書いている。「パリ社交界は二週間前からもっとも華やかな時期に入っている。そして金曜日に始まったこの学芸欄も、三回の舞踏会、二回のコンサート、三回の朗読会、それに二つの喜劇と一つの悲劇などによって中断された」。

その代わりに、シーズンの終わりを告げる公式行事は存在している。イタリア座の最終公演がその「口切り」（たとえば一八四四年には四月七日の日曜日）であった。次に「ロンシャンの散策」〔一八世紀以来の供回りを連れた馬車の社交的パレード〕がきて、これによって社交界人士のパリにおける活動が締めくくられ、各人は夏期用住居の準備に取りかかるのである。

五月になると、上流社会は首都を離れる。「今週でほとんどすべてのパーティーがさよならをした」という一文が、一八四一年五月一七日の『プレス』紙に載っている。一八四四年四月一八日の『シエークル』紙は、サロンというサロンは向こう五、六週間は続く「最後の日々」の話題でもちきりであると報じている。もし春に社交生活を体験したければ、五月と六月にはロンドンに滞在しなければならないだろう。というのもイギリス人は、フランス人とは逆に、冬は自分たちの領地で猟犬を使った騎馬狩猟で過ごし、春になって天気のよい日が続くとロンドンに戻って来るからである。

夏場は皆、田舎の城や屋敷で暮らすのだった。もしそこがパリに近ければ、社交生活が途絶えることはなかった。アポニイ伯爵夫人とモンモランシー公爵夫人は、〈フォブール〉の館での場合と同じくらい頻繁に、オトゥイユ〔エトワール広場から南西三キロ。今は第一六区内〕の所有地で知人たちをもてなしていた。たとえばロドルフ伯爵は、パリのオーストリア大使館でする時とまったく同じように、紅茶の給仕をしにやって来た。しかもこれら夫人たちの「サロン開催日」に足繁く通う顔触れもまったく同じであった[60]。ボナパルト通りで一八〇〇年から一八三〇年までサロンを開いていた画家ジェラールは、美しい季節をオトゥイユで過ごしている間も、週一回のレセプションを決して中断することはなかった。彼はオトゥイユの公園の真ん中に美しい屋敷をもっていたので、夏になると月曜日にはオトゥイユで、水曜日にはパリで客を迎えていた。「水曜日の夜は召使も含めて家の者全員がパリに泊まった」[61]。

もし夏の住居が首都から遠いところにあったならば、田舎女を演じる決意をしてもよかろう。デルフィーヌ・ド・ジラルダンが、ブルガヌーフ市〔パリの南三五〇キロ〕の下院議員だった夫に連れられクルーズ県に行った時のようにである。パリに戻ると彼女は、田園に隠棲する無上の喜びを詩に歌ったのである。しかし、われわれが想像するのとは反対に、彼らは決して孤独ではない。つまり田舎に分散した際にも社交界の人びとの間では互いに訪問し合ったり、物のやりとりをしたりするなどの大きな動きがあったからである。このようにして、ジェームス・ド・ロッチルドはフーシェから一八二九年に買い取ったセーヌ＝エ＝マルヌ県にあるフェリエール〔パリの南八〇キロ、ロワレ県〕の城で客を迎えていたし、彼の兄サロモン・ド・ロッチルドはシュレーヌ〔ブローニュの森の西、セーヌ川の対岸〕の城で人びとを歓待していた。この城はその後、一八四八年に暴徒によって破壊された。また、ディノ夫人とタレーランはヴァランセー〔パリの南西二五〇キロのアンドル県〕の城に、シャルル・ド・ボヴォー大公はサント＝アシーズ〔セーヌ＝エ＝マルヌ県〕に、シャルル・ド・ゴントー＝ビロン伯爵はモンジェルモンに、それぞれ落ち着いていたし、ノアイユ家はマントノン〔パリ南西一〇〇キロ、シャルトル市の近く〕で、ラグランジュ伯爵はダンギュ〔ルマンディーのウール県、セーヌ川右岸の村〕（彼はそこにフランス中で一番の種馬飼育所を所有していた）で、ショワズール・プララン家はヴォー＝ル＝ヴィコント〔パリの南東八〇キロ、ムラン市の近く〕で、友人たちをもてなしていた。ラ・ブリッシュ夫人のところではマレーで芝居が上演され〔本書第一〇章を参照〕、ベリッサン侯爵のところではロワイヨモン〔パリの北三〇キロ、ヴァル＝ドワーズ県〕で音楽が演奏された。ギゾーの場合は、自分の家族をリジウー〔ノルマンディーのカルヴァドス県〕の近くにあるヴァル＝リシェに連れて行った。リジウーは彼を下院議員として選出した町であった。

夏期の移動は非常に一般化していたので、パリにいる者はもはや、貴族院議員とプロレタリアと地方からの観光客だけだった。[62] リエヴェン大公妃にとっては、このことがつらいジレンマだった。すなわち彼女は、首都で社交界や政治問題の真っ只中にあってこそ快適さを感じ、田舎が大嫌いの人だったが、そんな彼女でもやはり緑の草木以上に怖い孤独を前に譲歩して、しぶしぶパリを離れるのであった。その代わりに彼女は、自分がヴァランセー〔パリの南二三〇キロ、アンドル県。一八世紀初めにフランスの大蔵卿を務めたジョン・ローも住んだ城がある〕のタレーランのところにいたこと、[63] ディノ公爵夫人と一緒にバーデン〔ライン右岸の温泉場〕にいたこと、あるいはトルーヴィル〔ノルマンディーの海岸〕にいたことを、絶えず愚痴っていたのである。[64]

九月は七月よりも悪く、閑散とした月だった。この月が学校の休暇期間（八月一五日から一〇月の初めまで）と重なっていたということを明記しておかなければならない。しかし田舎に出かけるのに、子供たちの夏休みに合わせていたわけではなかった。たとえばブロイー公爵夫人は、パリの寄宿学校にいた息子のアルベールが夏休みになって家族に合流するずっと前から、ブロイー城〔ノルマンディーのウール県の小村にある〕に滞在していた。[65] エレガントな人が九月にパリの街に姿を見せることなど論外だった。したがって、もし経済的理由からパリを離れることができなかった場合は、たった一つだけ解決法があった。居留守を使うのである。昼間は家に閉じこもり、外の空気を吸いに出るのは夜暗くなってからにし、もし知り合いに出会ったなら気づかぬふりをするのである。[66] 一〇月は狩猟にあてられ、パリに戻り始めるのはやっと一一月になってからだった。[67]

夏にはまた、湯治に行くこともあった。一七八九年以前には、まだ温泉利用はもっぱら大貴族階級の行事であり、少数の人びとにのみ関係のあることだった。温泉地での滞在がかなりな程度に普及したのは、一八一五年から一八四〇年の間である。湯治客は一八二〇年代の初めには三万一〇〇〇名だったのが、一〇年後には三万八〇〇〇名となり、さらに一八四〇年代の初めには九万二〇〇〇名となった。[68] この時代になると、温泉利用の余暇が社交生活の一年のリズムの中では欠かせない日程となった。

人びとが湯治に出かけたのはフランス国内ばかりではない。一八一五年以降、とりわけ一八三〇年を過ぎた頃からは進んで外国にまで足をのばした。華やかな温泉地生活は、フランス、ベルギー、ドイツ、ピエモンテ〔イタリアの北西部の州〕にまたがった約三〇カ所の、国際的に有名な保養地に集中していた。フランスではピレネー山脈のコトレとバニェール＝ド＝ビゴール、中央山地ではヴィシーとモン＝ドール、ベルギーではスパ、ドイツのラインラントではバーデン、エムス、ヴィースバーデン、そしてピエモンテではエクス・アン・サヴォワの名があげられよう。

平均の湯治期間は三週間であった。医者たちは連続二回の湯治を命じることもあった。だからブロイー公爵は、一八二〇年にピレネー山脈に立て続けに二回滞在し、七月は三週間をボンヌで、それから八月から九月の初めにかけてはコトレで過ごしたのである[69]。湯治の平均費用は復古王政期には二五〇フラン、七月王政期には三〇〇フランだった。温泉地の滞在には費用がかかった。なぜなら、乗合馬車による旅行が高くついたからである。（鉄道は第二帝政期以降にならなければ温泉町に通じなかった）。パリからクレルモン＝フェラン〔中央山地の入口にある都市〕へ行くには、四一フラン七三かかった。そしてそこからモン＝ドールやラ・ブルブールにたどり着くには、特別に雇った馬車に乗らなければならなかった。メラ博士が計算したところによれば、一八三八年当時モン＝ドールでの三週間の湯治には、パリからの旅費や賄付き宿泊料などすべての費用を含めて合計六〇〇フランが必要だったという。

支配階級の間での温泉利用の増大を成功させた原因は、何だったのだろうか。おそらく湯治という言葉が示すように、治療への関心が高まったためだろう。また、ラ・ブリッシュ夫人が一八二六年六月二九日に書いているように、おそらく移動するということの純粋な楽しみもあっただろう。「旅をすることと空気の変化は、しばしば薬自体よりも効果があると私は思う」[70]、というわけである。しかしとりわけ、温泉地での生活はもっともよい気晴らしであった。

この新しい社交生活は、一九世紀の前半期に急速に発展した。復古王政期の初めには、パリ上流社会の人びとがピレネー山脈に湯治へ行った際にも、婦人たちは実のところパリの自分の屋敷でするのと同じように、賃貸アパルトマンでサロンを開いていた。一八一六年の夏に、サン＝ソヴールとバレージュ〔ともにピレネー山脈の湯治場〕に滞在したメーヌ・ド・

ビランは、ロアン公爵夫人の「いつもと変わらぬ社交界」に定期的に通った。[71] 復古王政期以降にできた宿屋やホテルは、長期滞在客専用とはいえ、それほど私的ではない出会いの場所を開設したのだった。それはソファーや肘掛け椅子、ピアノ、ゲーム台が置かれた大きな部屋だった。ドイツの温泉町をモデルにして、温泉場のすぐ近くに、公衆のためにサロンや読書室、劇場などを開放するカジノも設けられた。ある種のカジノはきわめてエレガントで評価の高いものだった。バニェール＝ド＝ビゴールでは、一八二八年以来フラスカティ〔本書第一一章の小章「カフェ、賭博場、パノラマ館」を参照〕のサロンが国際的な名声を得ていた。そこでは舞踏会やコンサート、芝居が催されていた。そしてさらに一層洒落ていたのが、贅沢な設備を備えたバーデンの〈談話の家〉というサロンだった。バーデンでは一八二〇年に五〇〇〇名の客を迎えていたが、一八四〇年になるとその数は四倍の二万一〇〇〇名近くにふくれ上がっている。そして湯治客の四分の一がフランス人で占められていた。一八四〇年代のバーデンでは、毎日のコンサートの他、週に二、三回の舞踏会と三回の芝居の上演が行われていた。[72]

バーデンは、『『ゴータ貴族名鑑』所載のヨーロッパの名士』たちが毎年集まる場所の一つとして知られていた。しかし、一八三九年九月にそこにいた『シエークル』紙の社交界時評欄担当記者は、身分の高いフランス人はごくわずかしか見かけていない。そして彼はこのことを、「フォブール・サン＝ジェルマンの貴族たちは、ヴィシーやディエップやアンギャン〔パリの北一〇キロ、鉱泉がある〕より遠くには行かない」と書いている。バーデンにはむしろ、パリ在住の高名なロシア人たちが集まっていた。ドルゴルーカ大公妃、ガリチーヌ大公妃、そしてラシェル〔《テアトル・フランセ》の悲劇女優〕に似ていたポトッツカ伯爵夫人、あるいはリエヴェン大公妃やディノ公爵夫人である。[73] 外国のあらゆる温泉町と同様に、バーデンには一つの利点があった。すなわち、フランスでは一八三七年以来政府によって賭博場が閉鎖されていたが、そこでは賭博をすることができたのである。バーデンの賭博場と〈談話の家〉の支配人は、一八二七年から三七年までパリで賭博場経営請負業をしていたベナゼ氏だった。「ルーレットと鉱泉の季節」[74] が終わるのは、毎年一〇月三一日の午前零時をもってだった。

温泉地の生活で気に入られたのは、よく知った土地にいるという点だった。そこではパリを再発見し、同じ仲間に会い、同じ気晴らしが見つけられた。一八四二年の夏、スパではポリーヌ・ガルシア・ヴィアルドやペルシアーニ嬢、ルビーニ、タールベルク、リスト、バッタ兄弟、ラシェル、デジャゼ嬢、アルナル、アシャールなど、パリの音楽、オペラおよび演劇界の花形スターに拍手が送られていた[75]。

温泉地での社交界の交際範囲は、パリの場合とそう変わりはなかったが、こちらではつきあいはもっと柔軟に実行されていた。一八四〇年の七月に『シエークル』紙の時評欄担当記者が想像しているように、交際相手とは気軽に結ばれ、社交関係はさらに親しく繰り広げられていた。一人のダンディな男がさまざまな温泉地での滞在について書き残しているが、なかでもスイスのルエーシュに滞在した時のことをこう述べている。「想像してみたまえ。高い丸天井の部屋の中に大きな湯船があり、その真ん中に老若男女の頭がたくさん見えている。なまめかしく髪を整えている女もいれば、ナイトキャップをかぶっている人もいる。私は、まるでサロンの絨毯の上で足を運ぶ時のように、順番に挨拶をしながら温泉の中に入って行く。確かにそこは、エレガンスを別とすれば、正真正銘のサロンだった。人の集まりの輪ができていた。隅の方では、いくつかの男性のグループが顎までお湯に浸かりながら、重々しい調子で政治談議に興じていた。女性たちはお喋りを楽しんでいた。小さなテーブルを目の前に浮かべて刺繍の細かな作業に熱中している女性もいれば、コルクの書見台で本を読んでいる者もいた。この眺めには一種の絵画的な魅力も欠けてはいなかった。ただし、共同で入らねばならぬ風呂というものへの嫌悪感がそれを損なってはいたが[76]」。そしてこの文章では、誰にもやがて実際に蕾の開花が訪れて、その開花の進展と広がりが比較されるのである。

このジャーナリストは、社交界の行儀のよさと不快な雑居生活とを比較し、そのありうべくもない混合を戯画化している。しかし一般的にいえば、温泉町はパリのサロンよりも開かれた空間であり、国際色にも富んでいたので、温泉地での余暇は人間の地平を拡大し、パリよりも容易に他人との出会いを促進するのである。

夏に行われる三番目の社交活動は海水浴だった。海岸での滞在には温泉町で見られるのと同じ社交生活があった。それに、国内の湯治場における保養地のモデルが、「海水浴場の考案[77]」に影響を与えた。

フランス最初の海水浴施設は、一八二二年にブランカース伯爵によってディエップに開設された。そして、ヘフォブール〉の人びとをそこに引き連れて来たのはベリー公爵夫人である。また、ロドルフ・アポニイが一八三〇年のパリの反乱を知ったのも、この場所においてだった。「私たちの小さな社交界は完全に分裂している」、と彼は七月三一日に書いている。前々日には、貴族たちは自然に二つの派閥に分かれてしまったのだ。シャルル一〇世の党派はレオン大公妃のもとに結集し、残りの人たちはアルフレッド・ド・ノアイユ子爵夫人のもとに集まったのである。

フォブール・サン＝ジェルマンは、革命後も忠実にディエップに通い続けた。しかし一八四〇年代になると、ここは別の大衆に取って代わられた。ショセ＝ダンタンの金融貴族がそれである。ディエップでは「騒々しい華麗さ」がはびこっている。ダンディたちがそこで贅沢をひけらかす。彼らは、半ズボンに袖の短いチョッキという出立ちで水浴びをする。そして水から上がると、豪華なバスローブに身を包み、刺繍が施されたギリシャの縁なし帽を頭にかぶる。この格好で、干潮の時には浜辺で行われる競馬に興じることはいうまでもない。これに比べれば、女性の海水浴客たちは簡素な格好をしている。「毛皮のコートを着、マフを付けて水に足を入れる」[78]寒がりのクレオール女性だけは別にして。やがて〈フォブール〉の人びとは、一八四二年でもまだ「穏やかな田舎生活」[79]が味わえるトルーヴィルの方を好むようになる。八人の公爵夫人[80]が海岸に住居を定めた。しかし、この漁師の村も流行が占領してゆく。なぜなら、翌年に劇場が建築されたからである。贅沢を誇示するディエップと、簡素を好むトルーヴィルの中間に位置するのがグランヴィルである。そこでは散策、釣り、コンサート、舞踏会の他に、自然を背景にし、黒い岩を柱廊に見立てた浜辺の芝居があり、「娯楽がすべて揃った甘美な生活」[81]が享受できるのである。

第四章

ダンスと舞踏会、大使館と博愛

オーストリア大使館の夜会

社交界では何が行われていたのだろうか。人びとはお喋りをし、ダンスをしていた。いうまでもなく会話が社交界人士の通常の活動であった。そしてダンスは彼らの娯楽の一つだった。しかし舞踏会とパーティーには、もう一つ別の象徴的な領域があった。すなわち上流社会は、このように集い合うことによって自分たちの権力を誇示し、忠誠を表明するのである。

舞踏会に集まった人びとは、一つの社会集団として自己確認をする。舞踏会には多くの費用と組織力が要求される。それは贅沢の誇示であり、見せびらかしである。そしてそこでは社交界のエリートたちが舞台に上がる。宮廷であろうと市中であろうと、そこで開催された舞踏会の様子を報じる新聞は、芝居《スペクタクル》の用語を使って説明する。各紙は、公共の建物や私邸の入り口にできる舞踏会参加者の長い行列を描写し、婦人たちの装いや髪形、宝石の品定めをし、ダンスをするサロンの照明やオーケストラ、それにテーブルに並べられた料理の質さえをも、褒めそやしている。市井の人びとにとってみれば、これは芝居である。だから舞踏会参加者たちが通り過ぎるのを一目見ようと、野次馬が群がる。一方、集団の内部にあっても、舞踏会は芝居であった。皆が互いに集まれば、舞踏会が彼らの自己賛美を顕揚するのである。しかも、社交界のエリートによって作り出されたこうした空間の内部では、舞踏会は各人の権力の度合いを表すのにも役立っている。このことは、公式の舞踏会でも私的な舞踏会でも変わらなかった。アポニイ伯爵がオーストリア大使館で自国の強大さを誇示にするのとまったく同様に、ジェームス・ド・ロッチルドはラフィット通りの館で己の資産と権力をひけらかすのである。

こうして結局、社交界の人びとは舞踏会や祝宴によってエリートの社会的責任を裏打ちする。すなわち博愛の催事行為は、善をなす彼らの能力を見せびらかすためのものなのである。

子供舞踏会と仮装舞踏会

モンカルム侯爵夫人〔一八二〇年に首相になったリシュリユー公爵の妹。本書一二六頁参照〕は、ラ・ブリッシュ夫人が一八一七年に開いた舞踏会について詳しく語っている。舞踏会の呼び物は一二人の子供たちが踊るカドリーユであり、シャトリュ夫人とナンズーティ夫人が考案したものだった。このカドリーユは、一六六八年四月八日にランブイエ館〔本書二三〇頁注二を参照〔訳〕〕で踊られたものの再現を意図していた。子供たちはそれぞれ小姓、領主、貴婦人の役を演じた。モンカルム夫人の甥たち、すなわち八歳のアルマン・ド・ジュミヤックと一二歳のオデ・ド・ジュミヤックはピケ〔ルイ一四世治下に近東で活躍した高位聖職者〕とラ・ロシュフーコー公爵を演じ、同じく八歳のシャルル・ド・ヴォギュエと一二歳のレオンス・ド・ヴォギュエは、タルタランとローザン公爵の役をした。レミュザのいとこで一四歳のエティエンヌ・ド・ナンズーティは、オッカンクール元帥の扮装をさせられた。子供たちは真剣に稽古に取り組み、「ロングヴィル公爵夫人は誰と話しているのか」などと互いにそれぞれを役名で呼び合ったりした……。また、少年たちはこうした稽古を通してみやび《ガラントリー》の道を習った。オデは毎日、セヴィニェ夫人役の自分のパートナーである一〇歳のアナイス・ド・ヴァンスに花束を届けていた。そこでモンカルム侯爵夫人はこの甥に、アナイスに恋をしているの?と尋ねる。ところが、アナイスの方は彼に気に入られたい気持ちをはっきり示しているのに、彼は「いいえ」と答える。なぜなら、彼によれば彼女の方は気持ちを出しすぎるからである。[1]

ナポレオンの帝国軍隊に関する歴史家フィリップ・ド・セギュールの娘セレスティーヌ・ド・セギュール（彼女はフィリップの二度目の結婚によって一八三〇年に生まれ、一八五一年にルイ・ダルマイエ伯爵と結婚している）は、二歳若い妹ロールとともにたびたび子供舞踏会に招待されたと語っている。「それはルイ一六世の宮廷の習慣とベルカン〔本書一六四頁を参照〕の時代の名残でした。毎冬、私の両親の友人たちの家で、私たちは小さな舞踏会や小さな芝居を行いました」[2]。

セレスティーヌは、謝肉の日曜日には慣例のようにして、シャストネー伯爵夫人（夫人は『回想録』の作者ヴィクトリーヌ・ド・シャストネーの義妹だった）の家の舞踏会に行った。伯爵夫人はコンコルド広場四番にある館の二階に住んでいた。午後二時頃になると、コンコルド広場には子供たちを乗せた馬車の列ができた。子供たちは玄関先で付き添いの女中と別れ、「この集いに夢中になった老婦人の一団の」観閲を受けた。一方、若い母親たちの方はこの催しにむしろうんざりしていた。少女たちは、薔薇色や青色のリボンがところどころに結ばれた白いモスリンのドレスを着、「古代ギリシャの半長靴風」の白いサテンの靴を履き、白い手袋をしていた。舞踏会はダンスの先生によって進められたが、二人の小さなセギュール姉妹は、まだダンスを習ったことがなかったので不安だった。

シャストネー伯爵夫人の舞踏会は、新聞の社交界欄の批評の対象になっていた。たとえば『ラ・シルフィード』紙は、「社交界時評欄」の中で一八四一年の謝肉の火曜日に催された子供舞踏会の模様を報じている。この新聞は、そこに出席した母親たちにも言及している。ボンヌヴァル夫人、ポール・ド・セギュール夫人、カラマン夫人、サン＝プリ夫人らであった。このうち前者二人は姻戚関係にあった。ボンヌヴァル夫人はフィリップ・ド・セギュールの最初の妻が産んだ娘だった。セギュールは三人の子供とともに妻に死に別れたが、同じく子を三人抱えた未亡人グレッフュール伯爵夫人と再婚し、その後セレスティーヌとロールをもうけた。また伯爵夫人の先夫の娘アメリーは、一八三三年に彼女の義父となったセギュールの息子の一人ポール・ド・セギュールと結婚した。招待された子供の中にはギゾーの息子、シャストネー伯爵夫人の甥、ボーフルモン公爵の息子、それにボヴォー大公の息子がいた[3]。

子供舞踏会は貴族階級の行事であるばかりではなかった。大ブルジョワ階級も同じようにそれを開催した。有名な医者の妻オルフィラ夫人は、一八三六年の謝肉の火曜日に、一一歳になる息子の仲間たちを招待し、仮装舞踏会を開いている。舞踏会は夕方の七時半から夜中の一二時半まで続いた。招待されたのは、四歳から一四歳までの子供たちだった。その中にはブラジル皇帝の代子やタレーラン公爵の甥、ドカーズ公爵の子供たち、ヴォードヴィル作家メレスヴィル氏の子供たち、弁護士仲間のベルヴィル、クレミュー、フィリップ・デュパンらの子供たち、女流作家メラニー・ヴァルドールの娘などもいた。子供たちはスペイン領主、ナポリ娘、フィガロ〔ボーマルシェの戯曲の主人公〕、スコットランド女、ケーキ屋などに仮装させられた[4]。

ラ・ブリッシュ夫人、シャストネー夫人、オルフィラ夫人の例に倣って、当時は多くの社交界の婦人たちが子供舞踏会を催していたと思わねばならない。なぜなら、一部の親たちは舞踏会が頻繁に行われすぎると考えていたからだ。ギゾーの義妹のムーラン夫人は、シャストネー夫人の家にこの政治家の二人の娘と一人の息子を連れていった時に、こう言った。「この子たちはもうへとへとです。一週間に四つも舞踏会があるなんて、いくら何でも多すぎるわ[5]」。セレスティーヌ・ド・セギュールの両親に至っては、「実際には老人たちを楽しませる目的の」この慣行を敵視していた。彼らはときどき、自分の娘たちを舞踏会に行かせぬようにし、娘たちには慰めのおもちゃを与えていた。

王家は、復古王政時代にも七月王政期にも、子供のための仮装舞踏会を定期的に催していた。前述したように、ベリー公爵夫人は踊ることと仮装することが大好きだった。彼女は好んで自分の子供やオルレアン家の甥たちのために舞踏会を計画していた。一八二九年一月二五日の舞踏会は有名になって、その後も記憶され続けたものである。ルイ一五世の宮廷の貴婦人に仮装したクレマンティーヌ王女〔ルイ＝フィリップの三女〕は、魅惑的だった。そこでシャルル一〇世はうっとりとして彼女にこう言った。「まるで余の妻に再会したようだ[6]」。そしてオルレアン公爵〔のちのルイ＝フィリップ〕に向かってこうつけ加えたといわれている。「余が四〇歳若ければ、あなたの娘との結婚の許しをお願いするところだ。あなたの娘をフランス王妃にするために[7]」。一八二九年三月三日、パレ＝ロワイヤルでは皆が謝肉祭の仕上げをしていた。「今日は私たちの可愛い王子たちのための祝日だった。謝肉祭の飾り牛とそれを取り巻く滑稽な仮装の行列が、子供たちを迎えにパレ＝ロワイヤルにやって来た。それから、マドモワゼル〔ルイ＝フィリップの長女ルイーズ〕が彼らにおやつを食べさせ、ダンスのお相手をした（…）。シャルトル公爵〔ルイ＝フィリップの長男〕は白熊に仮装し、黒熊（リュミニィー氏）と七面鳥（彼の自慢の弟ジョワンヴィル〔ルイ＝フィリップの三男〕を連れて現れた」、とキュビリエ＝フルリー〔ルイ＝フィリップの五男のオマール公爵の家庭教師〕は書いている。

王妃〔マリー＝アメリー〕とマダム・アデライードはルイ＝フィリップの治世の間中、最初はパレ＝ロワイヤルで、その後はテュイルリー宮殿で子供舞踏会を開き続けた。しかもこれらの舞踏会は、他の舞踏会と同じくらい混み合っていたらしい。定期的に招待されていたセレスティーヌ・ド・セギュールは、群衆が〈元帥の間〉を埋め尽くしていて、踊る場所を見つけるのに苦労するほどだった、と語っている。またロドルフ・アポニイは、オルレアン公爵が話してくれたという次のような楽しいエピソードを伝えている。一八三一年二月五日の子供舞踏会の最中に、一人の従僕が大人のために用意されたポンチを誤って幼い招待客に出してしまった。子供たちは全員すぐに酔っ払い、部屋の隅々におしっこをしたという。[8]

これら宮廷や市中における子供舞踏会は、社交シーズンのリズムに従っていた。謝肉祭の時期に開かれることがもっとも多かったが、その時はたいてい仮装だった。「四旬節の禁欲の日々の間は、あらゆる真面目な宿題や勉強が彼らを待ち構えているが、その代償として与えられる一種のご褒美がこれだった」、と一八四一年二月二七日付の『ラ・シルフィード』紙は書いている。数日前の同じ新聞はもっと説得的だった。「子供舞踏会は、社交界の知識を前もって子供たちに優しく与え、道を花と緑の芝生で覆い飾って、社交界への近づきを容易にしてやる。それに加えて、家族と家族を互いに結ぶ絆を、さらに一層強固にするという利点をもっている」。[9]

社交界の老婦人たちに見守られながら踊る小さな少年少女たちは、自分たちの生まれた世界《モンド》（社交界）の見習いをしているのと同時に、この世界の永続性を体現しているのだった。つまりこの舞踏会は、彼らを二重の関係の中に登録していた。一つは未来に対して、もう一つは過去に対してである。舞踏会は、一方で同族結婚を準備するものでもあった。子供たちは、ごく幼い時から顔を合わせ、お互いを知り合い、時が熟せば結婚に行き着いた。他方、舞踏会は過去への投錨を強調するものとして用意されていた。なぜならそれらは、かつての宮廷とベルカン時代の思い出を保持し続けるものだったからである。アルノー・ベルカン（一七四七―九一）は、「ベルカン流の」と呼ばれた恋歌や少年少女文学の非常に有名な作家だった。このようにして、一つの伝統が大革命を越えて生き続けていたのである。そして舞踏会は、衣装や歴史の再現を通して過去との絆を織り上げていたのである。

大人たちもまた仮装舞踏会を開いていたが、なかでも多くの人の語り草となったものがある。それは銀行家グレッフュールが一八二〇年二月一二日に開いた舞踏会である。翌一三日に暗殺されるベリー公爵が、公爵夫人（金の刺繍を施したビロードの服を着て、風にたなびくヴェールをかぶり、中世の王妃の姿していた）とともに、そこに出席していたのである。フィッツ＝ジャム公爵の扮装とその時の言葉は、あとになってその前兆だったのではないかと思われた。実は、フィッツ＝ジャムは俳優ポティエの服装をしており、当時パリ中の人びとがこの俳優を一目見ようとポルト・サン＝マルタン座に殺到していた。ポティエは、サリエーリ〔モーツァルトのライヴァルだったイタリア人作曲家。一七五〇―一八二五〕のオペラのパロディー『小さなダナイスたち』に出てくる腹黒い父親の役を演じていた。この父親は五〇人の娘たちに夫を殺しに行くよう、「行け、私の可愛い小羊よ」と言いながら、ナイフを配るのであった。これを真似てフィッツ＝ジャム公爵は、五〇本のナイフをポケットいっぱいに詰め込んでいたが、彼はそれらを残忍な顔つきで研いでから、一本ずつ若い妻たちに差し出した。彼はベリー公爵夫人に、心臓のどの部分を突き刺すべきかを説明した……。この舞踏会があった翌日の夜、ベリー公爵は実際にオペラ座から出たところを短刀で刺されてしまったのである。この同じ晩には、ラ・ブリッシュ夫人の家でも舞踏会が開かれていた。招待客たちは、村の洗礼式を再現する仮装行列の扮装をしていた。このことが悲劇にグロテスクな雰囲気を加えることになった。なぜなら、公爵暗殺の知らせを聞いて駆けつけた男たちは、職務につくために着替えをしなければならなかったし、全員それがうまくできたわけではなかったからである。たとえば、「城館の貴婦人の服装をし、コルセットを紐で結び、飾り襟《コルレット》を付け、ごてごてと飾り立てて羽根飾りまでしていた」マン氏は、一晩中その衣装のまま副官や従卒たちの中に居続けたのだった。[10]

　だが、謝肉の火曜日に行われたからといって、結末がいつも悲劇的であったわけではない。たとえば、一八四四年二月一九日のメルラン伯爵夫人の舞踏会である。ロドルフ・アポニイとデルフィーヌ・ド・ジラルダンは、三〇〇から四〇〇種類もあったこの時の仮装のうちのいくつかを紹介している。メルラン夫人は宝石の縫い取りがあるギリシャの衣装を着ていた。ソフィー・ゲー〔デルフィーヌの母。本書第九章を参照〕はクレッキー侯爵夫人〔侯爵はルイ一四世治下の元帥〕に扮し、画家のカミーユ・ロクプランは養い親の格好をし、弁護士ベリエの息子は「頬の丸々した太った若者だったが、薔薇の冠を頭にかぶって」愛の神を演じていた。ラドポン夫人はルーベンスの妻になり、サモイロフ伯爵夫人はルイ一四世時代の女馬術教師、踊り子カルロッタ・グリージはイタリアの農婦、テノール歌手ラブラッシュはドニツェッティ〔ロッシーニ影響下にオペラを作曲した。一七九七―一八四八〕の作品の主人公ドン・パスクヮーレに扮していた。また、ルイ一三世時代の狩人の服を着た社交界の一二人の男たちが、一つの騎馬分隊を構成していた。そのうちの二人、ロジェ・ド・ゴントーとベドマール侯爵は酔っ払っていた。ティエール夫人はといえば、簡素な白いドミノを身に着けていただけだった。[11]

宮廷でも同じように仮装舞踏会が開催されていたが、それは公的な場所ではなくて、いわば宮廷の私的空間と呼びうるところ、つまりマルサン館にあるベリー公爵夫人の住居とかオルレアン公爵の住居でだった。ベリー公爵夫人はまた、息子や娘のアパルトマンにおいて、幼い王女の養育係ゴントー公爵夫人の名前で、舞踏会（単に子供たちのためのものばかりではなく）を開いていた。「このことが招待における礼儀を省かせ、客にもっとも人気のある舞踏会を選択させる余地を与えていた」[12]。

仮装舞踏会における仮装は、二重の役割を果たしている。まず何よりも、見世物であるというカーニバルの機能。そしてもう一つは、それによってグループを編成する機能である。招待客全員に課せられた歴史的テーマをめぐってグループを作るとか、仮装が工夫や想像力、あるいは上演にあたっての共同の努力を要求するゆえにとか、要するに、それはグループを構成させるものなのである。

カドリーユからポルカへ

ラ・ブリッシュ夫人のところでダンスをすることになっていた人たちの中で、前もって稽古をする必要があったのは決して子供たちだけだったわけではない。大人たちもまた同じように稽古をしていた。カドリーユは小バレーであり、即席で踊るなど論外だった。ロドルフ・アポニイは、一八三二年の二月に三〇〇名規模でノアイユ公爵の館で行われた際の、カドリーユの準備について語っている。ロドルフ伯爵は曲を継ぎ合わせ、一つのカドリーユの振り付けを組み立て、その稽古を監督しようとする。これには多くの時間とエネルギーが必要だった。彼は、一日に三時間をピアノ担当のダルベルグ公爵夫人の家で過ごす。ヴァイオリンを務めるのはトルベック〔トルベック三兄弟はこの時代のもっとも優れたヴァイオリン奏者。ここではカドリーユ、ワルツなどの作曲もし、一八三五年から宮廷の舞踏会を任される長兄のジャンと思われる〕である。こうして彼は作曲家と演出家と教師の一人三役をこなしたのである。「ステップがまるで分かっていない二三名もの連中に、それを教え込まなければならない。ダンスの型を構成し、役割を振り分けねばならない。しかもこれらすべてのことを、信じられないような騒ぎの中で、つまりお嬢さん方の弾けるような笑い声や、若い男性の熱気の中で行わなければならない」。リズム感がまるでない者もいるので、さらに難しい。「踊り手のラ・シャテーニュレー侯爵夫人は、うまく拍子をとって踊ることができない[13]」。

一八四〇年頃、それまでコントルダンスという名で踊られていたダンスは、カドリーユと呼ぶ習慣になった。レミュザは第二帝政期に『回想録』を書いた時、わずか数行の間にこれら二つの語を区別することなく用いている。「コントルダンスは、部屋に入って来た人たちによって中断された。彼らはダンスの中を横切り、通り過ぎながら、なにがしかの情報を伝えてきた。皆はカドリーユの図形を描きながら、意見を交換していた[14]」。コントルダンスはイギリス起源の村人のダンスだったが、一三世紀の初めにフランスにもち込まれた。列をなしたり図形を描いて踊られるこのダンスは、それ自体多くの組み合わせを可能にするが、荘重さを表現した前世紀のフランスのダンスとは一線を画すものであった。執政政府時代には、限られた数の連続動作《アンシェヌマン》である「フィギュア」と呼ばれる型が保存されていた。すなわちイギリスの鎖状舞踏あるいはパンタロンと呼ばれるもの、それにエテ、プール、パストレール、フィナーレ（ブーランジェール、コルベイユ、ギャロップなどさまざまな種類のフィナーレ）という五つのフィギュアである。これら五つのフィギュアでひとまとまりになるダンスが、四組のペアによって演じられていたのだ。

執政政府時代から第二帝政期までの時期にもっともはやったダンスが、このコントルダンスであった。しばしば見られたことだが、人びとは、厳密な意味での舞踏会ではなくても、サロンでもこれを踊ることができた。たとえばレミュザは、一八一五年にラムフォルド伯爵夫人のところで行われた非公式の舞踏夜会のことを思い出している。「例年同様この冬も、彼女のレセプションの日には誰かがピアノを引き受けて、彼女はボヴォー嬢やスタール嬢〔のちのブロイー公爵夫人〕、それから今年カステラーヌ夫人となったグレッフュール嬢など、自分が好きだった何人かの若い人たちにダンスをさせていた」[15]。

コントルダンスとカドリーユは似通っており、両者とも全体の動きによって行動する。つまりこれら二つのダンスにおいては、フィギュアは、各ペアの位置転換を別のペアの位置転換の動きに従わせているので、グループ自体が構成の行き届いたアンサンブルを生み出すのである。しかもこの舞踏術が自らの前身として参考にしているのは、コントルダンスの村人風の民俗的原型ではなくて、ルイ一四世が自ら主役を務めた宮廷バレーの方である。だが、これらのダンスの「位階性のある」性格は、一九世紀の流れの中で消えてゆく傾向にあった。

また、この時代に入ると、上手に踊ることももはや問題ではなくなる。執政政府時代や帝政期には、サロンの踊り手たちにはステップの妙技に対する好みがあったが、復古王政期になると倦怠感が居座り、一八三三年にはソフィー・ゲーが、「踊りのうますぎる女性」[16]を滑稽なものの一つとして引用するほどだった。もしそれが若い女性なら、寄宿学校出たての感じがするだろうし、それほど若くなければ、自分がダンスを上手に踊る時代に属していることをわざわざ示して年齢を暴露する恐れがある。だから、あらかじめ計算して無造作に踊らなければならないのである。そして形式主義と華麗さの拒絶が、陽気で活発な踊りの中に現れることになる。一八二〇年頃に考案されたコティヨン〔四人または八人で踊るフィギュアダンス〕は、ロドルフ・アポニイによって一八二七年の宮廷舞踏会において取り入れられた。またギャロップ〔四分の二拍子の速い輪舞〕については、「とても軽快で活発で真に国民的な」[17]踊りとして、一八三〇年の一月にスクリーブ〔非常に多作な劇作家。一七九一―一八六一〕とメレスヴィルによって称賛されている。

だからといって、何も上流社会が狂乱のどんちゃん騒ぎに夢中になったわけではない。シャユー、すなわちカンカンが生まれたのは、民衆の舞踏会からであった。シャユーは初めは女性語だったが、それはラ・カチューシャというスペイン・ダンスの名前に由来しているからのようだ。この踊りは一八二五年以降フランスで見られるようになり、一八三八年から一八三九年にかけて大流行した。ファニー・エルスレール〔オーストリア生まれの有名なバレリーナ。コラッリの『跛の悪魔』（一八三六）の中のカチューシャ役で大当たりをとる〕はオペラ座の舞台上で、激情的なカチューシャの第一人者であることを見せつけた。だがシャユーは、その生々しいエロティシスムのために、常にサロンからは追放されていた。既婚女性でさえもそれを踊る権利はなかった。

彼女らにはその代わり、若い娘たちには禁じられていたワルツを踊る資格があった。ワルツは一七九〇年頃にドイツから入ってきた。（あるいは再び入ってきた。というもの、すでに一七世紀の最初の三半世紀にはフランスでも知られていたからである）。ワルツは帝政期のサロンで踊られていた。しかし、そのリズムを決定的なものとし、これに旋回の動きを与えたのはヴェーバー〔ドイツの作曲家〕であり、一八一九年の彼の〈招聘〉を契機にしてであった。ワルツにおいては各ペアは互いに独立しており、踊る女性とパートナーとの絡み合いは大胆に見えた。したがってベリー公爵夫人の異議にもかかわらず、一八二〇年にはワルツは宮廷で禁止された。

踊るペアたちを集団フィギュアの規律から解放させようとする変革は、ポルカにおいて大成功を収めた。ポルカが一八四三年から一八四四年にかけての社交シーズンに登場した時、これはサロンと同様に公共舞踏会においても満場一致で受け入れられた。ポルカがどこから入って来たのか正確に知っている者はいなかったが、その起源はポーランドとされていた。つまりフランス人の間では、ポーランドのものといえば常に歓迎の対象となっていたからである。[18] 社交界全体が「ポルカの踊り」を習いたがり、運よく三人の教師にめぐり会った。元オペラ座のバレエ団員ラボルドとコラッリ、そしてセラリウスである。とりわけヴィヴィエンヌ通りのセラリウスのサロンは、エレガントな人びとの会合場所であった。彼は婦人たちのために、朝に一クラス、夜に一クラスのレッスンをした。舞踏会から帰って来た人のための特別レッスンも、夜中の三時から四時の間に行なっていた。[19] 一八四四年の八月にはレッスンのためにヴィシーへ、次いでバーデンへと出かけた。社交界のポルカ熱のおかげで、彼は三万フランは稼いだようだ。

ポルカの成功はあらゆる分野に影響を与えた。人びとはポルカを習う時間欲しさに結婚を遅らせ、医者は、「ポルカ病」という足が腫れ、じん帯が痛む流行病を治療した。[20] すでにポルカの変種も生まれ、真夜中になると、疲れ切ったポルカの踊り手たちは胸を前に突き出し、まるで床を磨いているかのように足を引きずっていた。これがフロッテスカ〔床磨きポルカ〕あるいは「ポルカ・エランテ」[21]〔へとへとポルカ〕といわれるものである。別の変種も、たとえば一八四六年のレドバ〔ワルツとマズルカに由来するスラヴダンス〕のように生まれてゆく。しかし一八四四年から一八四五年のシーズンにかけて企てられたマズルカをはやらせようとする試みは、失敗に終わった。

ポルカの電撃的な大流行は、上流社会が娯楽についての嗜好を変えたことを示している。これ以降、社交界はカドリーユやコントルダンスに必要だったグループというものから、もっと個別化した、外に向かって解放されない閉じたペアによるダンスを重視するようになる。そして社交界は、より速いリズムの方を好み始める。ポルカが二つの階層に同時に現れたということは、社交界が大衆の趣味に近づいたということである。またポルカによって、社交界は、開かれた場所で楽しむ民衆のように、ダンスを楽しむに至ったのである。これは品のなさが目立ちすぎるシャユーでは不可能であった。ポルカは上流社交界とブルヴァール〔七月王制下の社交空間としての大通り〕との混交の一つの表れなのである。劇場、トルトーニ〔イタリア座大通りとテトブー通りの角にあったカフェ〕、カフェ・アングレ〔同じくイタリア座大通りにあったカフェ〕、ロンシャン、ティボリ〔クリシー通りにあった娯楽施設を備えた庭園〕など公共の場所に姿を見せることが、上流社会の人士にも完全に合法化された。しかしながら、社交界の男性——それ以上に社交界の女性——は公共の舞踏会には出入りしなかった。少なくとも公人としては通わなかった。なぜなら、そこでは下賤な連中と一人ならずつきあわなければならなかったからである。一八三五年の謝肉の火曜日の夜、アポニイはメーヤンドルフ男爵夫人の家で催された社交界の舞踏会から退出すると、変装して三人の友人と一緒に、パリで開かれていたいくつかの公共舞踏会をはしごした。まずはサン＝トノレ通りのバザールの仮面舞踏会。「広大な場所、すばらしいオーケストラ、活発に浮かれてはいるが下品にもふしだらにもなっていないブルジョワ社会」[22]。懸章を付けた一人の警視が節度が守られているかどうか監視している中で、踊り手たちは「上流社会のシャユー」を演じている。それからヴァリエテ座の舞踏会。ここには解放感に浸る三〇〇〇名の群衆が集まっていたが、全体の品位を保とうとする警官はいない。朝の五時になると、四人の仲間はクルティーユ〔パリ北西部の坂の酒場街、今のベルヴィル通り〕下りに加わるために、ベルヴィルに出かける。グラン・サン＝マルタン〔おそらく酒場の名〕で彼らは猥褻きわまりないシャユーを見る。これは「不潔な」ダンスであった。最後に、高級キャバレーのヴァンダンジュ・ド・ブルゴーニュへ行くと、「パリの悪者の、もっとも金持ちで最高の社会に属する若者たち」によって、そこら中が打ち壊されていた。

オペラ座の舞踏会

このような若者の行動が大目に見られ、きわめて礼儀正しいアポニイがこうして自分の遠出に言及できたのは、その日が謝肉の火曜日だったからであり、また、公共舞踏会は上流社会の人びとが頻繁に通う場所ではなかったからである。ただしオペラ座の舞踏会は例外で、復古王政の間は厳粛なものだったが、七月王政期にはとても陽気な舞踏会となっていた。これは、一七一六年にオルレアン公爵フィリップ〔ルイ一五世の摂政〕によって発案され、謝肉祭の時に行われた仮装舞踏会であり、一八世紀には「派手でみだらな仮装行列」[23]の様相を呈していた。貴族のグループ、といってもそこに接近できる者たちだけだったが、彼らは復古王政期には市中《ヴィル》の正装の舞踏会には姿は見せるが踊らない、という習慣を作り上げた。唯一許されていた仮装は黒のドミノで、とくに婦人たちに許されていた。「したがってそこにいたのは、外観は陰気で重々しい群集で、おそらくこの種の集いのばか騒ぎと同じように、あまり道徳的でない企みに夢中になってはいたが、全体としては上から見下ろす尊大な様子の人びとだった」[24]。「慣例の舞踏会」と呼ばれたこのダンスのない舞踏会は、一八一五年から一八三三年まで続くことになる。これは非常に排他的な舞踏会で、入場料は一〇フランであった。

七月王政の初めに、当時オペラ座の支配人だったヴェロン博士は、この舞踏会を伝説的な品位は保ちつつも、もっと魅力的なものにしようとした。彼は入場料を五フランに値下げし、舞踏会の最中にバレーの見世物を導入する決意をした。一八三三年一月五日、何千人もの人びとが礼服とドミノを色のついた仮装衣装に着替えて、この舞踏会に出席した。バレーは舞台からホールへと移動したのだ。大衆は踊った。思い切ってギャロップやシャユーさえ踊った。警察が干渉しようとしたが、出席者たちから罵声を浴びて撤退せざるをえなかった。スキャンダルになり、ヴェロンは再び「慣例の舞踏会」に戻さなければならなかった。だが、誰もが踊りたい時代、また非常に多くの劇場が仮面舞踏会を計画していた時代にあって、万事がその状態にとどまっているはずはなかった。

ヴェロンは一八三四年にオペラ座の舞踏会の運営をミラに委託していたので、ミラは一八三七年二月六日に派手な宣伝に打って出た。彼は「二月七日謝肉の火曜日、オペラ座にて、ミュザールの大舞踏会、入場料五フラン」と印刷したポスターを、パリ中に貼った。翌日には、五〇〇〇名もの人びとが殺到した。以後、この成功は変わることはないだろう。一八四〇年にはこのオペラ座のミュザール舞踏会は一つの習慣と化し、パリをダンスの世界的中心地とするのに貢献するのである。当時、この舞踏会は一時滞在の外国人にとっては旅程の一つとなっていた。一八四四年にはビュジョー〔一八三六年以来アルジェリアに派遣されていた元帥。一七八四―一八四九〕によって急きょ送り込まれたアラブの首長たちがそこに招かれた[25]。オペラ座では一シーズンに一〇回の舞踏会が催されていた。一二月の末から毎週土曜日に一回の割合で開かれ、謝肉の火曜日の週には三回、そして三週間の中断のあと、シーズンの終わりを告げる舞踏会が四旬節中日の木曜日に開かれていた。各舞踏会は午前零時に始まるのだった。

これら舞踏会の成功をどのように説明すべきだろうか。まずミュザールの人柄があげられる。彼は、一八三三年以来パリで脚光を浴びていたオーケストラ指揮者であり、舞踏音楽会の第一人者だった。オペラの歌曲に合わせてカドリーユを編曲することにかけては、ミュザールの右に出る者はいなかった。舞踏会の指揮のために彼の参加を取りつけることは、二万から二万五〇〇〇フランの収益を見込めることであった。常に不安定な予算のオペラ座は、舞踏会収入で追加資金を調達した。

さらにまた、こういった夜の舞踏会は、だんだん下火になってきた謝肉祭の昼の行事（クルティーユ下り、肉食日〔肉食が許される四旬節前の三日間〕の行列など）以上に、大衆の注意を引きつけていた。しかし、オペラ座のミュザール舞踏会の流行は、何よりも裕福な階層の突然の殺到に起因している。彼らはもっぱらサロンに引きこもって楽しむよりも、仮装に隠れて、公けの場へ踊りに行く楽しみを発見したのである。伝説としては、一八四〇年代には上流社交界の男性だけが色恋のアバンチュールを求めてオペラ座の舞踏会に足繁く通った、ということらしい。社交界の婦人たちは、「慣例の舞踏会」の時代にはドミノに身を包んで、自分の痕跡に気をもませ、それをかき消したりするのを好んでいたが、人びとが踊るようになってからは俗悪になってしまったこの場所を、放蕩者の男たちに任せたのだという。だがこれは誤りだと思われる。なぜなら、良家の若い娘たちはダンスに出かけて、サロンで許される以上の刺激的な陽気さの香りを味わうために、仮装を利用していたからである。[26]

オペラ座の舞踏会は公衆のためのものではあったが、大衆は入場料金によって選別され続けていただけに、やはり富裕層のものであった。たとえ一シーズン三〇フランで予約したとしても――一回の舞踏会は結局三フランということになり――、この値段は大多数にとってまだ高いものだった。(男たちだけが支払いをし、パートナー役の女性を連れて行くことができた)。したがってオペラ座の舞踏会は、それに見合った資力をもつ人びとにとっての娯楽空間を代表していたのである。これはサロンという閉ざされた世界と、公共舞踏会という開かれた世界とを媒介する場所なのであった。

贅沢の値段とその利得

一回の舞踏会はきわめて高くついていた。個人の家で行われた舞踏会の費用に関しては、われわれは数字として算定されたものを手元にもっていない。多くのパーティーについて語っているロドルフ・アポニイは、しばしば招待客の数や舞踏会のこまごまとした段取りには触れているが、予算についてはまったく言及していない。その代わりに、大臣たちが開いた二つの夜会の支出総額が残っている。一八二五年に外務大臣のダマース男爵は、シャルル一〇世の戴冠式後の最初の舞踏会を催した。彼は二〇〇〇名を招待したが、およそ一五〇〇名がこの夜出席した。邸宅を整え、飾り付けをするのに四〇〇〇フランかかったが、その総額は国家が支払った。その代償に男爵がアイスクリーム代と夜食代、しめて一万三〇〇〇フランを負担した。彼はオーケストラ団員の出演料については何も語っていない。[27] ギゾー首相は一八四三年二月、一〇〇〇名規模の一回の夜会で二万三〇〇〇フランを使った。[28] それは舞踏会のない夜会だったが、費用はおそらく舞踏会を開いたとしても同じだった。なぜなら、オーケストラの出演料を支払う必要がなくても、たぶんその分、小テーブルごとに出される夜食がいつもより豊富で凝ったものとなっていたからである。

以上のことは、同程度の人数の客を招いてパーティーを催した人びとの生活規模を教えてくれるものである。このような状況下では、テュイルリー宮殿の舞踏会に二〇〇〇名から三〇〇〇名の人を招いたルイ＝フィリップが、下院議員たちの差し出した市民リストの不十分さに不平を漏らしたのも理解できる。このような多くの大舞踏会は、公職についているために少なくとも経費の一部が宮廷、各省庁、パリ市、大使館などの公的機関から提供される人たちの館で行われていたのである。

パリ社交界では、表通りに立派な館を構えているような一家の女主人は、原則として年一回、一月から三月の間に舞踏会を開いていた。デルフィーヌ・ド・ジラルダンは一八四四年二月二五日にこう書いている。「だが、いつかは一八四四年の謝肉祭のことをあなた方に話しておかなければならないだろう。それはコンサートによって穏やかに、そして厳かに幕を開けた（…）。コンサートのあとで慈善パーティーがあった（…）。次に定例の社交舞踏会が開かれた」。そして彼女は仮装舞踏会のことに触れて筆を措いている。「定例の社交舞踏会」を説明するのに、彼女はラリボワジエール伯爵夫人の舞踏会を引用する。これもまた「定期的に開かれる盛大な儀式であり、これのために人びとは新しいドレスを作らせたり、化粧の効果を考えたりする」[29]。

数百名が招待される毎年恒例のこの舞踏会は、誇示の働きをもっている。すなわちこの舞踏会のおかげで、各人が上流階級の中に自分の位置を確保することができるのである。並べ立てた贅沢によって、自分の財力と威信を公表するのである。トルンとホープはこのことをよく理解していた。だがこれをもっとも辛抱強く実行し、もっとも成功を収めたのが、おそらくジェームス・ド・ロッチルド男爵なのであった。

ジェームス・ド・ロッチルドの社交経歴

ジェームス・ド・ロッチルドは一八一一年三月、一九歳の時にパリにやって来て、成功への階段を一歩一歩昇っていった。彼は七月王政下では、王と並んでフランスでもっとも裕福な男だった。彼の資産は一八四七年には四〇〇〇万フランに達していた。（彼は二〇年間で資産を倍増させた）。そして、それぞれ一一〇〇万フランの資産をもつセイエールやドレセールなど、他の富裕な銀行家たちをはるかに凌いでいたのである。[30] 彼は復古王政期には、社交界に招待されないことで苦しんでいた。財政的な成功だけでは上流社会の扉を開けるのに不十分であった。だから、彼はもはやいかなる敗北も蒙らぬようにと、よいカードを手に入れたのである。前述したように、彼は一八一七年に爵位を受けたあと、メッテルニヒによって一八二一年に、パリ駐在のオーストリア総領事に任命してもらった。ひとたび領事になると、彼は最初の大舞踏会を開いたが、この舞踏会のためにベリー公爵夫人の衣装係だったジュスト・ド・ノアイユ伯爵夫人に、招待客リストを作成してくれるように頼んだ。[31] 外交官という資格がフォブール・サン＝ジェルマンを征服するのに役立ち、また一八二五年のシャルル一〇世の戴冠式への出席を可能にしたし、他の銀行家たちは〈グラモン通りクラブ〉に留まっていなければならなかったのに、彼の方は一八二九年には〈ユニオン・クラブ〉〔本書四二五頁以下を参照〕にも選ばれることができたのである。

ジェームス・ド・ロッチルドの二番目の切り札は、彼の妻ベティだった。彼女は彼の兄サロモンの娘だったが、一八二四年に結婚した時は一九歳だった。そしてフランクフルト、ウィーン、パリですばらしい教育を受けていた。彼女はフランス語を流暢に話したり書いたりすることができたが、ジェームスには常にゲルマンなまりが残っていた。このなまりは、バルザックが小説の中でニュシンゲン〔『人間喜劇』のさまざまな作品に登場するユダヤ系ドイツ人の銀行家〕に与えたものだった。ジェームスがニュシンゲンのモデルだったのである。ベティは、〈トゥ＝パリ〉を接待できるほどの偉大な気品を備えた女性だった。レディ・グランヴィル〔本書一八九頁以下を参照〕は彼女のことをこのように述べている。「この人は奇麗な可愛いユダヤ女性で、パリではとてもよいことに、まだ子供のあどけなさがあります。つまり彼女は子供部屋を離れてからは、まるでそれ以外のことはしたことがないかのように、一家の主人役を務めているのですから」。そのうえ、夫がそのときどきの権力に仕えてきたのに対して、ベティの方は七月王政の時代は正統王朝派になり、第二帝政時代はオルレアン派になるというセンスのよさをもっていた。[32]

社交界の演出においては、万事を偶然にゆだねてはならなかった。そこで、男爵はレセプションを順序よく進行させるために、かつてバガテル〔ブローニュの森の西のはずれ〕でのアルトワ伯爵のパーティーを演出していたアンシャン・レジーム期の人間、建築家ベルトーを雇った。また、「フランス一、いやヨーロッパ一」[33]の最良の食卓を用意するのに、彼は偉大なるカレームを使った。カレームはイギリスの摂政皇太子、のちのジョージ四世や、ロシア皇帝アレクサンドルおよびタレーラン大公の食事長を相次いで務めてきた男だった。

よき趣味に関しては厳格なロドルフ・アポニイでさえ、男爵を取り巻く豪奢な生活を称賛している。一八三六年三月一日、彼は前夜催された舞踏会のことを報告している。それはベランジェとデュポンシェルという建築家によってゴシックとルネサンス様式に復元された、ラフィット通りの館の落成を祝うために執り行われたものである。ルネサンス様式の調度品は、おそらくパリの住居より城館《シャトー》に似つかわしいかもしれない。だが、このような留保条件にもかかわらず、アポニイは完璧な模倣に陶然となる。金地の絵画、彫刻が施された暖炉、枝付き大燭台、金銀の房が付いた飾り布、紺青の地に七宝を施した振り子時計、細かい宝石や真珠を散りばめた黄金の花瓶、そして最後に、「背もたれがとても高く、その上部に七宝のロッチルド家の盾形紋を支える像を頂いた、金粉塗りのブロンズの」椅子。

一八三七年七月、ジェームス・ド・ロッチルドは一二〇万フランでタレーランの館を買い取り、ラフィット通りにオフィスを残して、ただちにそこに身を落ち着けた。夜会はサン＝フロランタン通りで続けられ、リエヴェン大公妃〔本書第六章を参照〕が同じ館の中二階を借りていたので、人びとはレセプションの日には一方のサロンからもう一つ別のサロンへと移動することもできたのだった。ロッチルド家ではよく客を呼び、平均して週四回の夜会が開かれていた。普段は昼食には三〇名、夕食には六〇名の客が集まっていた。

美しい季節になるとロッチルド兄弟は、ジェームスはフェリエールで、サロモンはシュレーヌでという具合に、それぞれの城館で豪華なパーティーを催した。たとえば一八四一年五月二六日、サロモンは千一夜物語に匹敵するほどのパーティーを主催し、ジャーナリズムはこれを称賛する報道をした。デルフィーヌ・ド・ジラルダンはこの夢幻劇のような集いに二つの時評をあて、同じことについては言及せずに、あたかも二度に分けることの方が一層華麗さの強調に効果があるかのように語っている。五月三〇日の最初の時評は夜会のことに触れ、六月一三日の二番目の時評は午後の集まりを描写している。あらゆるものが豊富にあった。花も、美少女たちも。またすべてのものが非現実的で、幻想的な様相を呈していた。庭に盛り上げられた巨大な砂山、黒い白鳥と白い七面鳥、家畜小屋には長椅子を備えた本物のスイスの山小屋、酪農場には日本の食器、噴水と絡み合う花火、「花の住む光の宮殿」など。また人を魅了するのは、自然と豪華な技巧の融合である。舞踏会の部屋を離れると、「巧みに照明が当てられた見事な庭が、私たちの前に広がる。あらゆる色のランプが木々の間で光り輝き、茂みの一つひとつが光りを投げかけ、幹の一本一本に松明が燃えているのだ[34]」。

この桁外れに豪奢な演出は上流社会を引きつけていた。招待客からの話はジャーナリストによって増幅され、ロッチルドのパーティーに霊気を付与した。確かに『シエークル』紙の社交界時評欄担当記者は、ジェームス男爵のことをけばけばしい豪華さをひけらかしているとして、しばしば非難し、目の弱い人には、彼の黄金に覆われたサロンに目を潰されないよう、緑色のメガネをかけることを忠告している[35]。しかし他紙の解説は、むしろ彼にへつらったものであり、とくに正統王朝派のものはそうであった[36]。

外交代表団と社交生活

大使館は、代表している国の力を顕示するために、パリ社交界に席を確保しなければならなかった。パーティー、舞踏会、レセプションは、大使館が利用できるもっともよい宣伝の場だった。しかし、実際の開催費用に対処できたのは、イギリスとオーストリアの二大大使館だけだった。当時のパリにおいてこれらの大使館は非常に重要な位置を占めていたが、それは自由にできる予算と同時に、大使たちの人格に依るところが大であった。オーストリアではアポニイ家、イギリスではグランヴィル家である。

レディ・グランヴィルとロドルフ・アポニイが、他の大使館に関して述べていることに曖昧さはない。つまり、他のどの大使館も彼らの大使館には比肩できないのである。たとえば、イギリス大使夫人は一八二五年一一月二九日

――この日はアポニイ夫人の輝かしい夜会の翌日であり、自分の大使館で行う舞踏夜会の前日にあたっていた――に、そのことを見事に書いている。「私たち抜きで〈お喋りしてください〉というのは、何をすることなのでしょう」。つまり彼女らは、パリ社交界の舞台の前面にいることを強く意識しているのである。彼女らに比べれば、七人の子もちで、一〇頭の雌ラバを飼い、フランス語をまったく知らない哀れで小柄なスペイン大使夫人など、いったい何ができただろうか。あるいはまた、英語の発音も下手糞なアメリカ大使夫人のブラウン夫人はどうだったのだろう。レディ・グランヴィルは、（fine や happy と言うべきところを）「in foine spirits and very hoppy」と発音した彼女のことを嘲笑する。[37] ナポリ大使カステル＝チカーラ大公に関しては、アポニイは「酒樽のように太り、人の一〇倍も飲み食いする」と書く。ナポリ大使はこのように俗悪だったにもかかわらず、礼儀作法の狂信者となり、「さまざまな規範によって自分自身と他人を苦しめている[38]」。

ロシア大使館が、イギリス大使館やオーストリア大使館の勢力にどの点をとっても比肩しえないのは、その代表団の欠点のせいではなく、ロシア皇帝の不確かな対外政策にあった。パリ駐在のロシア代表は、一八一五年から一八三四年までは第一級の人物だった。コルシカ島出身のこのシャルル＝アンドレ・ポッツォ・ディ・ボルゴ（一七六四―一八四二）は、一七九一年の立法議会では島を代表していた。それからパオリ〔コルシカの愛国者。一七二五―一八〇七〕と行動を共にして、フランスと縁を切った。彼は一七九四年から一七九六年まで、イギリスに占領されていたコルシカ島において閣外大臣を務めたのち、ロシアに亡命してロシア皇帝アレクサンドル一世に仕えてナポレオンと戦った。フランス皇帝の失脚にともなって、パリ駐在のロシア皇帝大使に任命され、以後二〇年の間、彼はパリ社交界における非の打ちどころのない男として引き合いに出された。彼は、モンカルム侯爵夫人とボワーニュ伯爵夫人の友人だったが、復古王政期にフォブール・サン＝ジェルマンの貴族の中でも、もっともパリ風な女性、アルフレッド・ド・ノアイユ子爵夫人と結婚しようとした。「彼女は礼儀作法はいたって軽率ですが（…）、その下にもっとも強い精神をもち、自分が知っているどの人物についても、もっとも深い認識を示していました」、というポッツォの打ち明け話の相手のレディ・グランヴィルが書いている。[39] 子爵夫人は申し出を断ったが、それでもなおポッツォ・ディ・ボルゴはパリ社交界の中で幸福であり続けた。ただし、一八三四年の晴天の霹靂までは。突然、ロシア皇帝がリエヴェン大公の代わりに、彼を駐ロンドン大使に任命する決定をしたのだった。ポッツォにとってこれは破局的な出来事だった。「この大使はとても強固にパリに拠点を築いていたので、常に自分はパリに留まっていてよいはずだと信じ込んでいた」[40]、とアポニイは記している。

フランス政府はポッツォ・ディ・ボルゴの出発に大きな痛手を受けた。ルイ＝フィリップがロシア皇帝の厚意を得てきたのは、ひとえに彼のおかげだったからだ。ポッツォ自身も自分の転属を非常に悪く受けとめていた。ロンドンとパリで彼と親しくつきあっていたリエヴェン大公妃は、ギゾーに書き送っている。「彼はパリではまったく別の顔つきをしています。若く陽気に見えるのです。ロンドンではまったく調子が悪そうです。彼はそこにいると不機嫌になり、他の人も彼に対しては不機嫌になります」[41]。この不幸な男がやっとロンドンを離れることになるのは、すっかり耄碌してしまって、サン＝クルー〔パリの西、セーヌ川の対岸〕近くのモントルトゥー城で、ただ死を迎えるためにだった[42]。

一八三四年に駐パリ代理大使に任命されたメデム伯爵は、六〇歳の新大使パーレン伯爵が赴任するまで、フランスとロシア間の外交関係の仕事を代行した。パーレンは、一八三五年から一八四一年の東方問題による外交危機の時まで、パリでそのポストに留まることになる。その時、フランスは駐サン＝ペテルスブルク大使のプロスペール・ド・バラントを召還し、ロシア皇帝もパーレンを呼び戻したので、ロシアを代表したのはもはや代理大使、すなわち大使館参事官のニコラ・ド・キスレフ伯爵だけだった。

こういった相次ぐ変化のために、パリのロシア大使館は社交生活の中でその地歩を保つことができなかった。アポニイによれば、ロシア皇帝が十分な経費を支給しなかっただけにますますそうであった。このようにして一八三八年一〇月には、パーレン伯爵は自分を取り巻く状況が困難をきわめていることに気づいたのだ。彼は一五〇万フランで借りられる館を二カ月間探し回ったが、この値段では十分に大きなものは一つも見つからず、どのようにしてもそれを手に入れることができなかった。だから彼は、パリには小さな館を借りて大使館事務局にあて、美しい季節の間はアポニイが以前借りていたオトゥイユのテュイルリー城〔今のパリ一六区にあった城。一八四九年にヴェロン博士の所有となり、文人や芸術家を集めた夜会で有名〕を借りる準備をしていた。[43]ロシア大使館でレセプションが催されなかったということは、一八四二年五月から大使館書記官を務めたビクトール・バラビーヌの『日記』によっても確証される。彼は、自分が通うサロンや招待を受けた夜会については多くのことを語っているが、自分が書記官として大使館の招待客に何杯ものお茶を出すことがあったとは、どこにも書いていない。ロドルフ・アポニイとも何の関係もなかったのである。

ベルギー大使夫人ファニー・ル・オンが話題になったのは、彼女が美しく、浮気な女性だったからである。ファニー・ル・オンは、ヨーロッパでもっとも裕福な男の一人、銀行家モッセルマンの娘で、ブロンドの美人だった。彼女はパリで二度有名な愛人関係をもった。最初はオルレアン公爵との間で、彼女はこれにより一八三二年に息子を一人もうけた。二度目はモルニーとの関係で、一八三八年に娘を産んだ――そして、とりわけこの人物の出世を助けた。彼女はベルギー大使館をショセ＝ダンタンの自分の私邸に設置させ、そこで一〇年間パーティーを開いた。しかし彼女の夫は、ルイ＝フィリップの長女ルイーズとベルギー王レオポルド一世との結婚の交渉をまとめたために、それまでは寵愛を受けてきたが、一八四二年に公証人だった兄のスキャンダラスな破産の結果、辞職を余儀なくされた。ファニー・ル・オンは夫と別れてパリに住み続けた。彼女は一八四六年、シャン＝ゼリゼ大通り一三番に豪華な邸宅を建てさせたが、この屋敷はモルニーの住む隣家と秘密の通路で結ばれていた。

新しい大使はウジェーヌ・ド・リーニュ大公で、彼は一八四八年までそのポストにいた。大公妃は旧姓をエドヴィージュ・ルボミルスカといい、ポーランドの名家に属していて、アダム・チャルトリスキー大公の姪だった。彼女は、アングレーム通りとシャン＝ゼリゼ大通りの角にあるフラオー館に置かれていた大使館の、社交界における貴族的威信を高めようと望んだ。彼女は一七四七年の日記にこう書いている。「一八四七年四月一二日、二二日、二九日に、ベルギー大使館でダンスの夕べ。それらは大成功を収める。皆、先を争って招待されようとしている。私たちは完全に人気をさらっています[44]」。彼女だけが――おそらく嫉妬から――オーストリア大使夫人のことを悪く言うのである。「あの人の愛想のよさは戸惑うぐらい嘆かわしく、月並みです。彼女は〈親愛な《シェール》〉と呼びかけながら、最高の貴婦人ででもあるかのように、ラシェル嬢〔《フランス座》の悲劇女優〕やラ・グリージ〔ロマン派バレー『ジゼル』などのプリマドンナ〕に接吻していました」[45]。

アポニイ家とオーストリア大使館

アポニイ家はハンガリーの非常に古い家柄だった。一族は一三世紀以来重職を占めてきた。一七八二年生まれのアントワーヌ伯爵〔正式にはアントワーヌ＝ロドルフ・アポニイという。したがって長男はロドルフ二世。本書で言うロドルフ伯爵あるいはアポニイ伯爵はアントワーヌの従弟で、日記『パリでの二五年』（四巻）の著者。『グラン・ラルース』はこれをアントワーヌの著書としているが間違い〕は、同じくヴェローナの古い貴族の出であるイタリア人女性テレーズ・ノガローラ伯爵夫人と結婚した。すばらしく歌が上手な優れた音楽家の伯爵夫人は、普段から「女神のテレーズ」と呼ばれていた。アントワーヌ伯爵は、一八二六年から一八四八年までの二二年間をパリで過ごしたが、その前には一八一四年にフィレンツェで公使を、一八一九年から一八二四年まではローマで大使を務めた。一九世紀前半のヨーロッパ外交の中では、彼は重要人物である。長男のロドルフは、『日記』の作者と区別するためにロドルフ二世と呼ばれていたが、今度は彼が一八五六年から一八七一年まで駐ロンドン大使を、そして一八七二年から一八七六年まで駐パリ大使を務めることになる。

アポニイ家は、すでにローマで大使館に独特の輝きを与えていた。ロドルフ伯爵は一八二四年四月二三日に、父親の二番目の妻に手紙を書いた。「今週（聖週間）の始めに、私たちの家で壮麗なミゼレレ〔ダビデの痛悔詩篇の楽曲〕が演奏されました。大使館の大広間で、六〇名の歌手が同じ人数のオーケストラの伴奏で歌いました。この豪華なアパルトマンがおびただしい数のろうそくで照らし出されました。中央の大シャンデリアだけでも七二リーブルのろうそくが灯されていました。バヴァリア、プロシア、スウェーデン、オランジュ公国、メークレンブルクの大公たちが出席していました。彼らは私に、さすがこのパーティーは皇帝にふさわしいと明言しました」。このようにして誇示された豪華さは、オーストリアの力というものを具体的に見せつけていたに相違ない。

メッテルニヒに保護されていたアントワーヌ伯爵は、一八二四年五月にウィーンに呼び戻された。宰相は彼にもっと重要なポストを与えるつもりだった。ロンドンが問題になっていたが、最終的にはパリとなり、新大使は一八二六年二月に赴任した。彼はまず、ロンドン駐在のオーストリア大使ポール・エステラジー大公がシャルル一〇世の戴冠式の時に皇帝の代理としてやって来て使った館に、身を落ち着けた。数週間後、彼はダブー元帥夫人から年六万フランで、サン＝ドミニック通り一二一番にあるエックミュール館を借りた。この館は「パリのもっとも美しい宮殿」といわれ、レセプションのためのサロンが九つあり、イギリス風庭園もあった。一八三八年、ウィリアム・ホープがそれを買い取り、そこでオーストリア大使館はグルネル＝サン＝ジェルマン通り一二七番に移動した。

二人の人物が大使館をパリの社交生活における最高の場所にしようと尽力した。大使夫人とロドルフ伯爵である。「女神のテレーズ」は、フランス人の性格には適応できなかったにもかかわらず、崇拝者しか考慮に入れなかった。レディ・グランヴィルによれば、「彼女が熱中するのは敬慕することと敬慕されることです（…）。だから彼女は、フランス人が彼女を好まず、彼女の方もフランス人を愛せないことが分かって、すっかり意気消沈しています」[46]。情熱的なイタリア女性である伯爵夫人は、フランス人の冷淡さに「本当の涙」を流す。「外交は心であると思っているところに間違いがあるのです」。だが、伯爵夫人のこういったところがパリ社交界を魅了してやまないのである。

一八〇二年生まれのロドルフ伯爵は、一八二三年に従兄のアントワーヌ伯爵と合流して、ローマで外交官生活に入った。彼はこの時から一族全員とうまくやりながら、大使の全生涯に影のように付き従い、テレーズ伯爵夫人に対しては心からの敬愛を表明していた。彼は一八五二年までパリに留まり、一八五三年一二月三〇日にウィーンで没した。アントワーヌ伯爵はその前年に亡くなっている。

ロドルフ伯爵は結婚しなかった。おそらく愛の失望によって。つまり、彼はアリックス・ド・モンモランシーに夢中になっていたが、彼女の方は一八二九年にヴァランセー公爵と結婚してしまったのである。また、結婚しなかったもう一つの理由は、おそらく彼も示唆しているように個人的な縁に恵まれなかったからである。彼は長年パリの上流社会の中では、身のこなしが完璧で、愛想よく、ダンスも非常にうまいという社交界男性の典型であった。彼の踊りがコティヨンやギャロップをリードし、カドリーユをうまく取りまとめるというのがいつもの光景だった。独身の彼は、従姉のそばで一家の若者頭を演じて、彼女にとっては常に貴重な助手であった。

ロドルフはパリから家族に定期的に便りを書いていた。これらすべての書簡はカルパチア山脈にある一族の城に保存されていたが、エルネスト・ドーデ〔小説家アルフォンス・ドーデの兄でジャーナリスト。歴史小説も書いた〕がその処置を任されて、それを『日記』に編纂し、一九一三年より出版され始めたのである。ドーデは序文の中で、アポニイ家のパリ到着の日付を一八二六年二月五日としている。しかしながら、一九世紀末に息子によって出版されたレディ・グランヴィルの書簡は、この年譜と一致していない。そこでは、テレーズ伯爵夫人が最初にオーストリア大使夫人としてパリに姿を現したのは、一八二四年一一月となっている。彼女の夜会については、さらに一八二五年の秋の間、何度も引き合いに出されている。

七月革命後の冬に社交生活が再開されたが、フォブール・サン＝ジェルマンのど真ん中にあったオーストリア大使館は、宮廷に続く最初の社交場となった。ロドルフは一八三一年一月一八日に書いている。「私たちの舞踏会はもっとも活気あるものの一つだった。これは七月革命後に開かれた最初の大きなパーティーだった。昔と変わらない同じ人物たちがそこで再会し、窓の向こうで繰り広げられた革命をしばしの間忘れているかのようだった」。実際にアンヴァリッド前広場には、舞踏会襲撃を決意した共和主義者たちが集まっていた。しかし彼らは首都警備隊に追い散らされたのだった。

当時、大使館は正統王朝派の砦であるという噂だった。オーストリアは新政府を承認したが、アポニイ家がブルボン王家に好意的な古い貴族を迎え入れていたのは事実だし、彼らが簒奪者オルレアン家に好感を抱かなかったのも本当である。だが、とりわけオーストリアをシャルル一〇世党と思わせていたのは、ナポレオンの将軍たちに対するその態度である。実際、一部分が〈中道派〉に参加していた帝政貴族は、一八二七年一月二四日以来アポニイ家には寄りつかなかった。

この日付の当日にアポニイ伯爵は、メッテルニヒの命令に基づいて、皇帝から爵位を授けられていた将軍たちに、その爵位を認めないと突然宣言して侮辱を加えたのである。たとえばレッジョ公爵はウディノ元帥、ラギューズ公爵夫人はマルモン夫人、ダルマシー公爵はスルト元帥、トレヴィーズ公爵はモルティエ元帥、タラント公爵はマクドナルド元帥と呼び上げられたのだ。一八一五年以来オーストリアは、戦勝を記念して与えられた爵位だけを認め、オーストリアやイタリアの領地の占領に関わる爵位を拒否してきた。アポニイの前任大使ヴァンサン氏は、書面の招待状を送らなかったり、招待客の名前を呼び上げなかったりして、これにともなうごたごたをうまく避けていた。

この事件は大きな反響を呼んだ。なぜなら、侮辱された公爵たちはシャルル一〇世の忠実な臣下だったからである。事件は一月三一日の議会の演壇でも取り上げられた。国家の名誉が問題になったのであり、この点で、自由主義者と過激王党派の意見が珍しく一致した。アポニイ伯爵は、この紛争の責任はタレーランにあると主張した。アポニイ伯爵は、タレーランが一八一四年か一八一五年にオーストリア大使に宛てて出していた一通の手紙を、この当時外務大臣だったダマース男爵に提出したという。その手紙の中でタレーランは、しかるべき時が来たら、オーストリア政府に不快感を与えている爵位を王の名において変更すると約束していたらしい。しかしこの手紙に関しては、いかなる証拠も外務省には残っていなかった。紛争の解決のために、タレーラン自身とイギリス大使が仲に立った。[47] これについては二つの面で傷が残った。一つは文学上のもので、ヴィクトール・ユゴーの『ヴァンドーム広場の記念柱への賛歌《オード》』〔この記念柱はオーステルリッツの戦勝を記念して、占領品のオーストリアの大砲約一二〇〇台を鋳つぶして一八一〇年に作られた〕であり、もう一つは社交界上のもので、全帝政貴族によるオーストリア大使館のボイコットである。

アポニイ家は、名簿から新しい多数派〔七月王政を支持する〈中道派〉の者たち〕を削除するのを禁じていた。ロドルフ伯爵は、一八三二年二月二四日にこう書いている。「大使へと紹介された人で、かつ私たちの舞踏会に招待をお願いしなかったような〈中道派〉の人は一人もいないと、私は言ってきたし、それを繰り返してきた」。しかしこの会食者たちは、正統王朝派の間に座らされていた。このことの意図は、一八三三年一月、ベリー公爵夫人の拘禁を理由に大使館は舞踏会を開催しないと決めた時、皆がよく理解したことである。これは一方で原則の問題である。すなわち公爵夫人は、亡命中の彼女の一家を迎えてくれたオーストリア皇帝の姪だということである。他方、それはまた現実主義を示すことでもある。つまり、抗議のしるしとしてダンスをしないことを決定したシャルル一〇世党員も、また、大使館にそれほど出入りしていなかった〈中道派〉も、実際には招待には応じないだろうということである。

その少しあとでロドルフ伯爵は、パリで社交関係を維持するうえで各国大使たちが感じる困難について次のようにコメントしている。イギリス大使夫人はたった一回しか舞踏会を開かなかった。彼女の家は上流階級にかえりみられていなかったし、上流階級はラ・ファイエット〔アメリカ独立戦争に参加したこの将軍はリベラル派のシンボルだった〕におびえ、レディ・グランヴィルが受け入れる自由派の人たちを怖がっていた、と。伯爵は、それぞれの大使館がはっきりとした識別のイメージをもつことを嘆いているが、おそらく結局は自分たちアポニイ家のイメージについては不満ではないのだ。すなわち、「フランス駐在大使たちがさらされている大きな不都合の一つは、社会が彼らにしかるべき色合いを付与することである。自由主義者たちはイギリス大使のサロンを占拠するだろうが、学識教養《レットレ》のある人はすべてオーストリア大使の館に飛び込むのが常だとされている」[48]、といった具合に。

自分たちの社交界の基盤を構成しているシャルル一〇世党員に対するアポニイ家の態度は、七月王政初期の数年間で変化してくる。新王に対するシャルル一〇世党員の遠慮がなくなるにつれて、アポニイ家の正統王朝派貴族への批判は厳しくなる。一八三五年九月、ロドルフ伯爵は書く。「私には、思い切ってこの政府に結集すべき時が来たように思われる。これが、他国民の多くの心をとらえてきた破壊精神への危惧を和らげる唯一の方法だろう」[49]。オーストリアはこの体制がとった成りゆきに安心する。ルイ＝フィリップは、一八三〇年の変動に紛れ込んだ共和主義者たちとは完全に一線を画してしまった。そして彼は、最初の数年の暴動や騒擾から勝利者となって抜け出し、自分が狙われたテロに対しては毅然たる態度と勇気を示した。この王の子供たちも彼のよいイメージ作りに一役買っている。一八三五年の四月、父フランツ二世〔オーストリア皇帝としてはフランツ一世。在位一八〇四―三五〕の跡を継いだ新皇帝フェルディナント一世〔在位一八三五―四八〕の即位を〈フランス人の王〉に告げるため、シェーンブルク大公がパリに来るが、その時彼は王女たちの教育や、彼女らの政治的知識と独立精神に「とてもびっくりする」[50]。アポニイ家は結局、王家が示す極端な好意に敏感である。「この宮廷の親切以上に親切になることは不可能だ。とりわけこの王家の人たちが家族でいる時には、私たちには大げさに見えるほどの心づかいと思いやりで外交団の婦人たちはもてなされている」[51]。

他方、正統王朝派の人びとは、この最初の数年間で、愚行や判断力の欠如や現実感覚のなさによって評判を落としてしまった。オルレアン家が自分たちの資質を全面的に開示すればするほど、ブルボン家の党派員たちはもの笑いの種になってゆく。彼らのリーダーたちの考え方は偏狭であり、盲信的である。彼らは原則に縛られていて、状況とともに変化するという能力をもたず、適応することをしない。一八三五年七月一五日、ロドルフ伯爵は回想して書く。「この党派は、ブルボン家からフランスの王位を三度も失わせた。たとえボルドー公爵〔シャンボール伯爵ともいう〕がアンリ五世になったとしても、彼が同じ運命をたどるだろうということは間違いない」。政治的党派の評価におけるこの変化は、一八三八年にバルザックが提起する共存《コアビタシオン》にまで行きつくのだろうか。ロドルフ伯爵はまるで中立地帯について話すように、この大使館のことを語る。なぜなら、「もっともエレガントな最先端の人物に代表されて、正統王朝派の社交界《ソシエテ》と新しい社交界《ソシエテ》とがそこで出会っていた」[52]からである。

アポニイがパリに来てから大使館は、大使たちがイタリア座に音楽を聴きに行く木曜日を除いて毎晩開放されていた。テレーズ伯爵夫人は毎日大勢の人を迎え入れていた。彼女は健康状態がすぐれなかったにもかかわらず（ロドルフによれば、ホメオパシー療法〔生体の病的反応と同様の反応を起こす薬物の使用によって病気を治療する方法。同毒療法のこと〕によって彼女の健康は改善された）、人びとを歓待することは彼女の好むところであり、彼女の興味を引くところであった。自分が夜会に招待されていた時でさえ、彼女は馬車に乗って出かける九時半まではサロンを開放していた[53]。

アポニイ家は、知人たちへの毎日のもてなしとは別に、大夜会《ラウート》、舞踏会、舞踏昼食会など、いくつかのタイプのレセプションを開いていた。一八二六年には、彼らは火曜日を大夜会や舞踏会の日に決めていた。だが、一八二七年の初頭には、ロシア大使館のポッツォ・ディ・ボルゴの夜会と交互に、隔週の火曜日に開くことで満足しなければならなかった。一一月二四日、ロドルフ伯爵はすでに三回の大夜会が開催されたと書いている。したがって、社交シーズンは一一月初めに始まったということだろう。たとえば一八三五年の最初の盛大な大夜会は、一二月一四日に行われたが、これは七月王政期にはシーズンの幕開けが遅れる傾向にあったからである。

ロドルフは一八二六年にこう明言している。「私たちは毎回招待状を出す。それは人出が多すぎないようにするためであり、社交仲間《ソシエテ》をより一層厳選されたものにするためである。これらの招待状は、私たちの夜会が他の大夜会には見られぬほどエレガントで洗練されているという評判を生んでいるのだ」[54]。このことが意味するのは、通常は大夜会のたびごとに毎回招待状を出すのではなくて、毎週参加できる人たちのリストがすでに最終的なものとして作成してあったということである。大夜会は、今日のカクテルパーティーと呼ばれるものと同じと考えるべきだが、私たちのカクテルパーティーは午後の終わりに行われるのに対して、大夜会の方は晩に開かれる。そして大夜会では、知り合い同士がしばらくの間サロンで過ごし、立食用テーブルから食物をつまみ、雑談したり、ダンスをしたり、音楽を演奏したり聴いたりして、それから退出するのであった。大夜会の招待客の定員はさまざまである。一八二七年一二月四日には、「公使や外交団を含まずに四〇〇名の招待者」。一八三五年一二月一四日には、七〇〇から八〇〇名が夜会の間に入れ替わった。このタイプの行事は、復古王政期よりも七月王政時代の方が人をたくさん集めていた。

ロドルフ・アポニイは、大夜会の展開の様子と、一家の若者として自分が演じた役割について詳しく述べている。彼はまず、タレーランと彼の女友達ヴォーデモン大公妃のような、指定の時間（九時）より早くやって来る招待客をもてなし、従兄姉たちの準備ができるまで彼らを待たせるのだった。次に、夜会の間はずっと、到着する人びとに挨拶をし、彼らをテレーズ伯爵夫人のそばまで連れて行って、彼女に紹介した。彼はまた、冷たいものを飲みたがっている女性には、立食用テーブルのところまで付き添って行った。招待客が退出する時は、彼は婦人たちだけの馬車を先に出させ、彼女らのマントをもって来るよう指示するのだった。したがって、彼は夜会の間はずっと立ちっぱなしで、常に臨戦態勢であった。彼の舞踏会好きが理解できるというものだ[55]。大夜会は一月には舞踏会に席を譲った。謝肉の火曜日に先立つこの時期は、舞踏夜会に最適だったからである。

七月王政時代、大夜会は初めは日曜日に開かれていた。だから一八三一年一二月一六日の『日記』でロドルフは、「私はいつも時間通りに三〇〇杯ものお茶を出している」と書いている。彼はそれが昼間なのか、夜なのかをはっきりさせていない。二階にある三つのサロンは、群衆を収容するには十分に広いというわけではかったので、一階で客を迎えることになる。その後、日曜日は月曜日に変更される。大夜会とコンサートを交互に隔週で。コンサートは普段は招待夜会だった。しかしながら必ずしもそうとは限らなかった。「先週の日曜日は私たちの家で、夜会の間中、タンブリーニ〔バリトンのオペラ歌手。一八三二年にイタリア座でデビュー、以来パリに定住〕とルビーニ〔有名なテノール歌手。一八二五年にイタリア座でパリを魅了する〕がロッシーニ〔オペラ作曲家。一八二四年よりパリに定住〕の伴奏で魅惑的に歌った。彼らはいつもよりすばらしい出来だった。これは招待夜会ではなかった。つまり入口の扉は開かれたままだった。だがそれにもかかわらず、二〇〇名近くもの客が集まってきた」（一八三二年一一月二一日）。

この大使館の舞踏会は、パリで開かれるパーティーの最上位を占めていた。一八三〇年二月五日、ロドルフは次のように評価点をつける。「昨日の私たちの舞踏会は、見事な成功を収めた。四〇〇名出席の夜食会は全員を驚嘆させた。私たちのパーティーはパリで一番美しい、とタレーラン公爵が言っていたと、ピエール・ダランベールが私に話してくれた」。大使の従弟の見方の公正さを疑うこともできようが、彼の判定は、同時代人たちが日記や回想録で書いたこと、つまり「女神のテレーズ」は愛想のよさとレセプションの完璧な趣味で評判だ、ということをよく反映している。

しかし、もっとも有名になった舞踏会は〈朝の舞踏会《バル・デュ・マタン》〉だった。アポニイ伯爵夫人は、正午か一時に始まり八時頃に終わるウィーン風舞踏昼食会をパリで流行させた。のちに〈ガーデンパーティー〉と呼ばれるこの昼間の舞踏会では、庭園を利用することができた。そこには昼食用のテーブルが据えられ、午後のちょうど中頃、ダンスが中断している間に食事が運ばれるのだった。

ギゾーは一八三六年五月二八日土曜日、ロール・ド・ガスパランに宛てて、アポニイ家の舞踏会に倣って催されるイギリス大使館の舞踏昼食会に出席するので、着替えのため議会からは五時に戻るつもりだ、と書いている。彼は日の光の降り注ぐ下でのこの楽しみの利点と不都合を述べる。「中庭、屋敷、庭園、すべてが開放されている。至るところに整えられたテーブルがある。そして午後の二時から夜中の一二時まで、人びとは散歩をし、お喋りをし、ゲームをし、ダンスをし、昼ごはんを食べ、夕食をとって過ごすのである。よく晴れている日は十分に気持ちがよい。大勢の人がいて、エレガンスがこれを盛りと花開いている中では、のんびりとした自由が似つかわしい。しかし、女性たちはこれと同意見であるべきではない。なぜなら、この白昼に耐え得る女性はほとんどいないからである」。『シエークル』紙は、「四〇歳の男」は「三〇女」[56]と同じくらいこの白昼に絶望させられるとさえ主張する。エレガントな女性には、さらに別の不安の種がある。それは服装である。肩をあらわにしないで、いったいどのようにフォーマルドレスを着こなせばよいのか。花の形に編んだ髪に、どのようにして帽子を組み合わせればよいのか。

このフォブール・サン＝ジェルマンで行われる〈朝の舞踏会〉は、田舎祭りの様相を呈していた。この他にもアポニイ伯爵夫人は、自分が借りているオトゥイユの、テュイルリーあるいはベルヴュと呼ばれた土地で、正真正銘の田舎の祭りを開催していた。一八三四年七月二三日、ロドルフは、招待客たちが大使夫人のために計画した思いがけない贈り物について想い起こしている。彼らは〈ベルヴュの王妃様〉に敬意を表して唄を歌ったあと、夫人に花火をプレゼントしたのだった。「赤と青のベンガル花火が木々や湖や古い塔を包み、それから火炎の束と打ち上げ花火が上がった。湖上では一艘の小舟があらゆる色の光の球を噴き出しており、橋にも花火を仕掛けて、それはもう燃え上がる噴水のようだった」。一八三八年の秋、伯爵夫人はブドウの収穫をするために、テュイルリーの城にパリの名士たち（トゥ＝パリ）を招いた。彼女は一人ひとりに日よけ帽をかぶらせ、バスケットと小鎌をもたせた。このようにして彼女は「ファッションとしての牧人劇」[57]を発明した、と『シエークル』紙は書いている。

イギリス大使館

イギリス大使館は、オーストリア大使館と政治的には同じくらい重要だったが、パリ社交界では同じような成功を収めていたわけではなかった。というのも、イギリスの政治活動つまり外交政策には、まずオーストリアに見られるような継続性がなかったからである。社交界におけるアポニイ家の長年の栄光を可能にしたものは、長期間権力の座にあった彼らの庇護者メッテルニヒの存在であった。

もしイギリス大使館に継続性があったとすれば、それは大使たちの顔触れではなくて、大使館の場所だったといえよう。ウェリントン公爵は一八一四年八月、ポリーヌ・ボナパルトから八七万フランでフォブール・サン＝トノレ通りのボルゲーズ館（フォブールの貴族階級はシャロの館と呼んでいた）を買った。そしてここに一〇〇年以上もの間大使館が置かれていたのである。この館には、パリのどこにも見られないような類い稀な魅力ある庭園があった。

翌年、ウェリントンの右腕サー・チャールズ・スチュアートが大使の職を引き継いだ。彼は一八一六年にレディ・エリザベス・ヨークと結婚した。彼女の宮廷での拝謁《プレザンタシオン》式は、一種の「礼遇《トレートマン》」〔王への拝謁や会食など〕の機会だった。チャールズ・スチュアートは、一八二四年の終わりに自分の地位をグランヴィル卿に譲ったが、四年後に再び同じ職につき、一八三一年まで務めた。スチュアート卿は評判の漁色家で、「あらゆる毛色の、あらゆる種類の」[58]娘を好んだ。彼は職務のことなどほとんど気にかけていないとの評判で、その頭にあるのは「さぼることと卑猥なこと」ばかりだった。彼にはパリの水がとてもよく合っていたので、一八三一年にまた再びグランヴィル卿がそのあとを継いだ時も、すぐにはイギリスに帰国せず、私邸に住んで大使館に頻繁に出入りした。新しい大使夫人にとっては微妙な状況であったはずだが、両方の婦人は如才ない態度を示して、すべてがうまく運んだのだった。[59]

初代スタッフォード侯爵の次男グランヴィル卿は、革新的トーリー党員であるカニングとオックスフォード大学以来の友人だった。カニングは、一八二二年にカースルレイに代わって外務大臣となり、一八二七年の死去までその職にあった。彼がグランヴィルを一八二四年にまずハーグ大使に、次いでパリ大使に任命したのだった。一八二八年にカニングの党派の者たちがウェリントン首相支持を取りやめると、グランヴィルはその職を辞した。一八三〇年、ウェリントンからホイッグ党のグレイ卿に交代すると、グランヴィル卿は再びパリ大使に任命された。（ロドルフ・アポニイは、グランヴィル家の人たちがホイッグ党を名乗るのは信念からではなく、自分たちは大衆派だとただ宣伝したいためだと主張している）。彼は、ロバート・ピールが首相となっていた一八三五年初めの数カ月を除き、一八四一年までその地位にいた。一八四一年に新しくパリ大使館を任せられたのは、ウェリントンの兄カウリだった。

レディ・グランヴィルは、したがって一八一五年から一八四八年までの間に合計一四年間という、もっとも長くパリに滞在したイギリス大使夫人だったのである。彼女は旧姓がハリエット・エリザベス・カヴェンディシュで、第五代デヴォンシャー公爵の次女だった。一八〇九年にグランヴィル卿と結婚し、五人の子をもうけた。彼女には第六代デヴォンシャー公爵となる兄（ロドルフ・アポニイもチャッツワース城に招待された時にこの人物のこと[60]を語っている）と、モーペス卿と結婚した姉のジョージアナがいた。モーペス卿は一八二五年、父の死後カーライル卿となった人物である。レディ・グランヴィルは、家族とりわけ姉と、パリ滞在中ずっと定期的に手紙のやりとりをしており、この書簡集が彼女の次男によって死後に出版された。レディ・カーライルの娘、つまりレディ・グランヴィルの姪に、ヴィクトリア女王付女官のサザーランド公爵夫人がいたことも言っておこう。その夫は七〇〇万フランの所得という莫大な財産を所有していた。アポニイはサザーランド公爵夫人のことを、完璧で善良で気取りがなく、エスプリに富み、しつけの行き届いた美しい子供たちに囲まれた女性、と描写している。つまり彼は、「私が知る限りでもっともすばらしい女性だった」[61]と言っているのである。

大使夫人は一八二四年末のパリ到着直後から、パリと宮廷と市民を観察し始め、自分が目にしたことを姉にしたためている。そして、彼女は果たさねばならない自分の役目が気がかりとなる。「私は、自分がやろうと思っていることを何としてもうまくやりたいのですが、私には難しすぎる任務がいくつかあって、とても不安です。交際が親密になるのを避けること、人を不快にさせるほど慇懃な作法を身につけること、好みをもたず何も作り出さないこと、これらのすべては、私の心の奥底を逆なでするでしょうが、私は自分の役目をよく考えて、最後にはそれを覚え込まなければならないのです」[62]。

彼女は宮廷での拝謁式をひどく恐れ、それに頭を悩まされていた。この拝謁式は、社交界全体から批評されることになる正真正銘の進級試験に他ならなかったからである。「私の拝謁式はこのような結果になると想像されます。私がどのような服装をし、どのように振舞い、どのように拝謁するかが、さんざん批評され議論されますので、まるでこれから絞首台に上がるかのように感じます。そしてこれ以後、私の評判はがらりと変わってしまうのです」[63]。一二月一八日、彼女はダマース公爵夫人を王太子妃役にして、儀式の稽古をしなければならなかった。一二月二三日、ついに試練は見事に乗り切った、と彼女は告げている。「私はひどく神経質になっていて、王太子妃が待っておられたのに、私からの敬意の挨拶を忘れてしまいました。でも私は恥をかいたとは全然思いませんし、これを済ませた今の無上の喜びは表現のしようもありません」。

この「礼遇《トレートマン》」の儀式が、彼女をこれほどまでに不安にさせたのは、評判を左右するパリ社交界の女性たちが彼女を評価しようと待ち構えていたからである。彼女は、自分がこれらの女性たちの意のままになっているのを感じて悔しく思っている。つまり、彼女たちが浅薄で尊大であることに気づくからである。「彼女らは社交界で自分たちこそ一番優れていると考えています。彼女らの会話は、すべてドレスやオペラやタルマ〔シェイクスピア劇などを演じた有名な悲劇俳優〕（…）などに関するものです。彼女らの階級への気づかいは常軌を逸していて、知ったかぶりのつまらない人たちです。彼女らは、自分たちだけの特別な集団からはずれたイギリス人などに対しては、男性であれ女性であれ、ほとんど振り向こうとせず、流行に取り残されたフランス人も認めようとはしません」[64]。レディ・グランヴィルは、これら上品な女性たちの間で「あのレディはいいわね、イギリス人とは疑われないでしょうから」、と絶えず言われるのを聞いて激怒する。同じ見地から、彼女の娘のメアリーは、その姉ジョージアナよりはずっと称賛されている。つまり姉に対して「美しい人ね」と言う者があっても、メアリーの方が「フランス女性らしい」[65]という意味で優れているのである。しかし、大使夫人はこれら社交界のパリ女性たちに厳しい判断を下しておきながら、彼女らの自信が羨ましくて仕方がない。「彼女らには、落ち着きと言葉と礼儀に適ったドレスがあります。これらは私には到底及ばないものです。彼女らのうちのただ一人として、思慮深く感性豊かなイギリス女性のように五分と沈思黙考できる人はいない、というのと同じ程度にです」[66]。彼女は、自分の宮廷用ドレス、髪形、ダイヤモンドに対する彼女らの視線を恐れていた。ダイヤモンドの数が十分でないと言われると、彼女はそれをゴントー夫人から借用するのであった。

しかし、ひとたび拝謁式の試練を終え、彼女の劣等感が薄らぐと、レディ・グランヴィルは、「とても親切で、礼儀正しくて、思いやりがある」[67]とフランス人の完璧な教育を高く評価し、パリで水を得た魚のようになるのだった。彼女は人から好かれ、自分にも自信が出てくる。そして、そのついでに拝謁式を控えた不幸なスペイン大使夫人と自分とを比較している。この人は、二三歳ですでに子供が七人もいる小柄な女性で、極度に臆病であるばかりか、とりわけ〈フランス語〉を話すこともできないという大変な欠点がある[68]。彼女こそまさしく、パリ社交界の中でささやかな場所さえ見つけられない女性なのだった。レディ・グランヴィルは、そうとはっきり言ってはいないが、自分に向けられた歓迎をそれほど誇らしく思わないわけではないのだった。

一八二五年の春、シャロ館にいくつかの工事を施したのち、彼女は屋敷の中で一番気に入っていた温室と庭園を使って、本式のレセプションを開き始めた。彼女は一八二五年六月にこう書き送っている。「明日、非常に盛大な夕食会を開きます。次第はかくの通り。屋敷はすべて開け放ち、花でいっぱいにします。八時に夕食会から出てくると、テラスと階段部分に椅子が並べてあるのが目に入るでしょう。そして神々しい音楽を聴かせてくれるグラモン公爵の楽団が、満開のオレンジの木の向こうで演奏を始めます。九時にコーヒー。すべての部屋に明かりが入り、オレンジの木の間には一二個の丸ランプが、そして塀と各散歩道の入口にはケンケ灯〔発明者A・カンケの名に由来するオイル・ランプ〕が灯ります。前に一度試みたことがありますが、これは考えうる限りのもっとも美しい庭園の照明方法です。私は一〇日後には舞踏夕食会を開くことを夢見ています。その時にはパリの人影はまばらになってしまうことでしょう」。

　レディ・グランヴィルは、一八二六年一月に大舞踏会を開いて成功を収め、これはその後の大使館における社交行事の企画に大きな影響を与えることになる。彼女は一一五〇枚の招待状を送ったが、参加者はこれより少なかった。とくにロシア人たちが、ロシア皇帝アレクサンドルの死への服喪のために欠席したからである。しかしながら、多人数の人を迎えるということは並大抵の仕事ではなく、大使夫人は姉にどのようにしてこれに取り組んでいるかを説明する。「一階を開放します。温室には緋色の布のカーペットを二枚に折って敷き、そこにランプを使った一八個のシャンデリアと六台のディヴァン〔壁にくっつけて置かれる肘と背のないソファー〕を据え、舞踏の間と客間はすべての扉と窓を取りはずして、部屋の温度はどこも同じです。二階には三つのサロンがあり、緑色のサロンには五台のホイスト・テーブル〔四人でするカード遊びホイスト用のテーブル〕が離して置かれています。国の色である麦藁色の寝室には新聞と印刷本があります。階下の第一食堂には夜食時まで立食用テーブルが出されます。一時になると、熱い夜食や冷たい夜食を用意して大食堂が開きます」。

　この舞踏会の結果、大使館には金曜日ごとに、大挙して人が押しかけて来ることになる。事実、金曜日になるとレディ・グランヴィルは、招待状なしに客を迎えている。まもなく彼女はこう自問する。夜会のたびに別々の招待状を送っているアポニイ伯爵夫人のやり方を採用すべきなのだろうか、と。ところでこのような予防策を講じても、人びとは常にオーストリア大使館のレセプションに、招待状なしで入り込む手段を見つけるものだ。レディ・グランヴィルは、ついに招待状による夜会を始める決心をする。「私が金曜日をいつものレセプションではなく招待夜会にしたのは、まったく正しかったわ。この方が夜会に箔がつくし、人びとは私が皆の意のままにはなっていないことを知るでしょうから」[69]。

レディ・グランヴィルが一八三一年一月にパリに戻ってきた時には、社交界の状況が一変していた。二大大使館が政治的色合いを分け合っているかのようであった。つまりオーストリア大使館には正統王朝派が、イギリス大使館には新体制同調者たちが、といった具合に。確かに一八三〇年八月、イギリスは新しい〈フランス人の王〉を承認した最初の国となり、チャールズ・スチュアートはルイ＝フィリップの宮殿で最初に拝謁を行なった大使だった。ロドルフ・アポニイが、「上流階級」はオーストリア大使館を支持してイギリス大使館を見限った、と主張するのはもちろん間違いではない。レディ・グランヴィルの舞踏会はもはやエレガントとはいえず、「オディロン・バロー〔王朝左派（運動派）といわれる野党リベラルのリーダー〕家やラ・ファイエット家など、あらゆる毛色の人びと」[70]が出入りしている。レディ・グランヴィルは明らかに正統王朝派の反応を楽しんでいる。「あなたもご存じのはずの仏頂面をした女性たち、なかでもアルフレッドやジュミヤックやジラルダンを頭に頂いている人たちは、ここから出ても行かずに、乞食のような格好です」[71]。

彼女の手紙の中で、パーティーの記述が最初のパリ大使館時代より詳しくないのは、会が前よりうまくいかなかったからでも、成功を収めなかったからでもない。それはおそらく彼女にとって、新鮮な魅力が失われていたからである。もはやパリ社交界には、大使夫人が見出すべき大事なものはなくなっている。だから、姉に語るべき重要なものもないのである。

一八三七年、若きヴィクトリアが即位する。レディ・グランヴィルは新しい女王を崇拝する。一八三九年五月二四日、彼女はこの君主に敬意を表して、華麗な「薔薇舞踏会」を開く。二〇〇〇名の招待客が集まり、男性は白い服を着て襟のボタンホールに薔薇の花束を付け、若い女性はバラ色や白のドレスを着ていた。また、老婦人たちは白いドレスに薔薇の花束をもっていた。これらの群衆が、薔薇の花と葉飾りでできた幕やアーチの下で、夜明けまで踊ったのであった[72]。

先に述べたように、一八三五年初頭の数カ月間は、カウリ卿がパリ大使の地位にいた。したがって、レディ・グランヴィルはイギリスに帰国した。「イギリス社交界にとってもく中道派〉社交界にとっても大きな損失」、とアポニイは意地悪く批評している。[73] レディ・グランヴィルの任務の継承は、レディ・カウリには難しい。彼女は「同じ程度に気が利くというわけにはは」いかない。またディノ公爵夫人は、イギリスは客をもてなす義務のない独身大使をパリに送った方がよほどいい、と考える。というのは、七月王政下のパリの社交界では大使夫人は束縛を受けていて、シャルル一〇世派を招待できなかったからである。もしそんなことをすれば〈中道派〉が許さないというわけである。レディ・カウリはこのとげとげしい状況に立ち向かわなければならなかったが、外交手腕があるとはいえなかった。彼女は頑固すぎる「礼儀作法の手本」[74] のような人であったため、一つの規則を立てると言い張っていた。大使館の招待客名簿を再検討して、「道楽者」と「策士」を削除し、もはやフランス宮廷に拝謁を許されたイギリス女性だけしか招待しないことに決めたのである。レディ・グランヴィルは上席権に干渉してはいなかった。彼女は絶対に自ら人を宮廷に紹介しない主義だったし、拝謁を済ませた女性でなくても人前に出せる女性でありさえすれば、同国人を区別なく大使館に招待していた。[75]

一八三五年、レディ・カウリは自分の基本方針を表明しただけで、他のことをする時間はもはやなかった。なぜなら、六月にはグランヴィル夫妻がまた新たにパリのポストについたからである。しかし、レディ・カウリは一八四一年に再びパリに戻って来る。つまりその年の四月に、一八四〇年の仏英危機の際に体を張って活躍したグランヴィル卿が中風の発作に襲われ、妻が療養のために夫をイタリアへ連れて行ったからだった。そして一八四一年の秋には、トーリー党が選挙に大勝し、彼は辞職を余儀なくされたのである。カウリ卿が再びその地位に任命された。カウリ卿はその前はウィーン大使だったが、その夫人はどうしてもパリ風にはなれなかった。「彼女はロンドンやウィーンの習慣のままである。前のものがすべてまだ残っているのだ。このため彼女のパーティーには恐ろしい闇が立ち込めていた。もし私が自分の家で夕食をたっぷりとり、大いに飲んでから来るのでなければ、そこでは飢えと渇きのために死んでしまっただろう」、と一八四二年一一月二六日にアポニイは書いている。大使夫人は贅沢の意識も美意識もまったくもち合わせていない。しかも、大使館の社交メンバーは、すべて「多かれ少なかれ奇妙な服装をした」イギリス女性たちで構成されていた。フォブール・サン＝ジェルマンは、当時この大使館にあまり出入りしなかったし、一八四三年の終わりになるとこの黙殺は以前にもまして顕著になっていた。その理由は、ヴィクトリア女王が当時ロンドンに滞在中だったボルドー公爵の招待を拒絶したからである。

ホイッグ党が一八四六年に再び権力の座に帰り咲くと、カウリ卿はなかなか腰を上げずに頑張ったが、結局その地位を離れなければならなかった。リエヴェン大公妃によれば、彼は自分をこのままパリのポストに置いてくれるようパーマストンに頼み、大臣から却下されても、しばらくはその望みをもち続けていたらしい。実は、彼は砂糖問題で内閣が総辞職するだろうと考えていたのだった[76]〔イギリス国内の砂糖消費量の急増の結果、輸入砂糖への関税率が奴隷労働との関係で社会問題化した〕。しかし結局、彼はノーマンビー卿にその地位を譲らねばならなかった。いずれにしても、カウリ卿は疲れており——彼は翌年死ぬ——、スペイン結婚問題[訳註]によって生じたフランスとイギリスの緊張関係を緩和できそうにはなかったのである。

社交生活に関していえば、ノーマンビー家のパリ滞在はカウリ家の時よりうまくいったわけではない。事実ノーマンビー家は、とりわけカウリ家の犯した不手際の痕跡をそのままにしておくだろう。まず一八四七年二月一九日の舞踏会の事件。ギゾー〔この時は外務大臣だったが七年来事実上の政府の首班、九月に首相となる〕は、まだ社交界デビューもしていない自分の娘たちがすでに招待を受けているというのに、自分に招待状が来るのを今か今かと待っていた。結局彼は二月一四日に招待状を受け取ったが、それと同じ頃パリでレディ・ノーマンビーが、大臣のもとに届いた招待状は部屋係による間違いだったと語ったのだ。この不可解な態度はフランスに対する侮辱と受け取られた。何人かの反対派（ティエールに従う者たち）を除き、すべての人がイギリス大使館から離れてしまった。皆は、パーマストン卿は大使を本国に呼び戻すべきだったと考えていたのである。

ロドルフ・アポニイは別の不手際を指摘している。それは前述のものほど広がったわけではないが、非常に悪い結果をもたらした。ノーマンビー卿が赤いカーテンで二つに仕切られた部屋で舞踏会を開いたのである。舞踏会場の一端には立食用テーブルが置いてあり、その前で招待客たちが立ったまま、しみったれた飲み物や料理を取り分けてもらっていた。赤いカーテンで隠されたもう一方の端には、たっぷりと料理がのったテーブルがあり、特権的な何人かの人たちがゆったりと座ってご馳走を楽しんでいた。この差別は最悪の趣味と映ったのである。

パリで大きな大使館を社交的に成功させるには、大使の人柄と、おそらくそれ以上に大使夫人の人柄が、決定的な役割を果たしていたのは確かである。ロドルフ・アポニイは、レディ・グランヴィルを「優雅で陽気だ」[77]と褒めていた。彼女と頻繁に会っていたリエヴェン大公妃は、彼女についてこう語っていた。「彼女は観察眼鋭く、とてもおどけた、並外れたエスプリの持ち主で、彼女の仲間以上に私を楽しませてくれるものはありません」[78]。

［訳注］スペイン結婚問題——英仏間は、ルイ一三世とアンヌ・ドートリッシュの結婚などに始まるフランス王家とスペイン王家の婚姻による関係の強化をめぐって、たびたび衝突を繰り返してきており、それらすべてを普通はスペイン結婚問題という。しかしここでは、女王イザベル二世とナポリ＝ブルボン家のカディス公爵（イザベル二世の母マリー＝クリスティーヌの姉の子）の結婚、およびルイ＝フィリップの末子モンパンシエ公爵アントワーヌとイザベル二世の妹の結婚を同時に強行して起きた一八四六年の外交事件をいう。なお付言すればルイ＝フィリップの妃マリー＝アメリーは、イザベル二世の前王フェルディナン七世に嫁したマリー＝クリスティーヌの叔母にあたる。この問題にはフェルディナン七世の死後内戦状態にあったスペインに、英仏両国はさまざまな形で干渉してきた経過があり、またギゾーとイギリスの前首相アバディーンの間のこの結婚をめぐる約束事を、パーマストンの代になってギゾーが破棄して強行したという違背の問題があり、したがって本文のようにギゾーへのしっぺ返しが現実味を帯びるのである。いずれにせよこの件を契機に両国間は一気に緊張を高め、南太平洋での英仏協商の冷却化、スイスでのプロテスタント地域を支持するイギリスと、カトリック地域を応援するフランスとの対立、メッテルニヒの抱き込み政策の結果のクラクフ共和国併合の黙認など、その影響が全ヨーロッパに拡大したのだった。

博愛と社交生活

一九世紀前半を通して、社交界の人びとによる慈善活動が重要性を増してくる。これは博愛をめぐるライバル意識という言葉で表すことができる。この活動は公的な（教会・劇場）、あるいは私的な（サロン）、さまざまな空間で繰り広げられ、募金、コンサート、舞踏会、競売などという多様な形態で行われていた。博愛は、一種の浪費誇示に属するものであり、ブルジョワ階級が我がものにしようとする貴族の伝統の一つである。つまり、博愛を実践することは、支配階級の一員として正式に認められることなのである。

慈善活動には三つの機能があった。もちろん公式の機能は貧者の救済であり、一時的な必要（冬の寒波襲来、自然災害）とか、もっと恒常的な必要（孤児の世話など）に応えるものであった。二番目の機能は諸国民を救済すること、つまりギリシャ人やポーランド人など圧制に苦しむ民族に対して、フランスおよびヨーロッパのエリートとしての政治的道徳的責任を宣言することであった。第三の決して無視できない機能は、エリートの社会的有用性を証明することであった。

七月王政下では、社交界の慈善活動が拡大し多様化した。舞踏会、コンサート、バザー、宝くじ、説教、慈善集会などの行事も増えた。この時代に広まった方式は、寄付金付きのパーティーであり、これは貴婦人たちが主催していた。この種のもっとも重要な行事は、〈旧王室費〔内帑金（本書四六頁の訳注を参照）〕の舞踏会〉で、一八三四年から四八年まで毎年開かれた。

旧王室費の舞踏会

正統王朝派によって企画されたこの舞踏会は、ルイ一八世とシャルル一〇世から年金を受け、その後窮乏していた貴族たちへの援助資金を集めることを目的としていた。たとえば一八一九年にルイ一八世は「政治情勢によって破産していた」[79]三三二七名に二〇八万三二二六フランを与え、一八三〇年にシャルル一〇世は一万一九五三名に五〇〇万フラン以上の補助金を支給していたのだったが[80]、もちろん表向きには誰も、（ここで言っているのは七月王政下のことであるので）王室費からの年金の旧受給者が被った損失を補償することを主張しているわけではなかった。しかしこの舞踏会は、何よりもまず新王政〔七月王政〕に対して、旧王政の支持者が常に存在していることを誇示するための象徴的な行事だったのである。フォブール・サン＝ジェルマンは、この舞踏会をシーズン中でももっとも美しい社交パーティーにすることによって、自分たちが依然として優雅《エレガンス》と良質の贅沢の保有者であることを証明してみせたかったのである。

もっとも、舞踏会は憎悪や復讐の雰囲気の中で行われたわけではなかった。これを機に〈中道派《ジュスト・ミリユー》〉と〈フォブール〉が上品な作法や寛容な態度を競い出した、とロドルフ・アポニイも書いている（一八三四年四月二日）ように、その前日の舞踏会は大変な成功を収めていたのであった。これはドラマール氏〔本書四二一頁にフランス銀行理事とある〕の館で催され、主人は館の一階部分と広い回廊の間、そして客間を貸し出していたのである。「中道派はこの時は非常に上品だった。政府はこの舞踏会のために、長椅子、軍隊、必要とあらば市の警備隊など、あらゆるものを提供した。セーヌ県知事ランビュトー氏や他の中道派の人間が、この舞踏会に姿を見せていた」。舞踏会役員たちは一方で、いかなる正統王朝派の者も秩序を乱させぬ、と監視を怠らなかった。たとえば午前三時の夜食の真っ最中に、エナン大公の周りにいた若者たちがアンリ五世〔ボルドー公爵。シャルル一〇世の孫〕のために祝杯をあげようとすると、コンタード子爵が彼らを静粛にさせたのだった。

一八三四年の時は、新聞はまだこの舞踏会について触れていない。ところが一八三五年以降はそれを伝え広め、予告し、詳述し、その最終結果を報告している。一八三五年は、一月二九日にラフィット館の客間で舞踏会が開かれた。七月革命とともに財産を失ったこの銀行家が、自分の館の一階部分を公共舞踏会の主催者たちに貸したのである。『ラ・モード』紙はそこに、まさに運命の急変を見ずにはいられない。なぜなら、〈栄光の三日間〉のあと〈偉大な市民〉と呼ばれていたこの人物は、自分の館の一階、つまり自ら革命を扇動した客間で革命の犠牲者追悼舞踏会〔つまり旧王政支持者のための舞踏会〕が開催されている間は、館の上階部分に避難していなければならなかったからである。[81]『コティディエンヌ』紙によれば、慈善婦人《パトロネス》たちが二五〇〇枚の切符を売りさばき、四万フラン近くの収益を上げたという。この正統王朝派の日刊紙は、「中道派のほとんど全員の欠席」[82]に注意を促している。反対に『ラ・モード』紙は、前年のロドルフ・アポニイと同じように、舞踏会は排他的なものではなかったこと、中道派や共和主義者たちまで、「育ちのよいエリート」に属する者なら誰でもそこに集まっていたことを強調している。

『ラ・モード』紙の一八三五年第一二号には、ある新聞記者とD夫人を登場させた『旧王室費受給者の窮乏者たちのための舞踏会の、以前と最中とその後』、と題された寸劇が掲載されている。この夫人は貴族ではなく、ルイ＝フィリップの宮廷に通う中道派ブルジョワ女性である。彼女の夫は知事になりたいと考えている。これらすべての理由から、彼女は正統王朝派主催の舞踏会に出向くのをためらっていた。彼女は、記者に勧められて結局そこに行き、大いに満足する。舞踏会は非の打ちどころのないほど優雅であり、そこで受けたもてなしはすばらしいと思ったのだった。舞踏会は、「あらゆる党派の誠実な人たち」[83]の意見を変えさせるための、正統王朝派がなしうる最良の宣伝活動である、と記者は結論づけている。

一八三五年、この舞踏会は大成功を収めて、三月二四日の第二回目を予告し、こちらの方は第一回目よりも豪華であったらしい[84]。一八三六年以降は、旧王室費による年金受給者援助パーティーの多様化が確認される。舞踏会に加えて、春だったのでティヴォリ庭園でいくつかの行事も企画された。一八三六年四月二六日には舞踏会、コンサート、芝居の上演が行われた[85]。一八四〇年六月二日には見世物、コンサート、宴会付きの子供舞踏会が開かれたが、嵐で水浸しになり、台なしだった[86]。

舞踏会は何千という人を引き寄せていた。一八三六年一月二六日のヴァンタドゥール講堂（オペラ・コミック座のために一八二九年に建てられた）には、四〇〇〇名の人が集まった。この群衆は、主催者が主張するエリート主義の原則と矛盾しているように見える。パトロネスの女性たち（ゴントー公爵夫人、ロアン公爵夫人、クリヨン公爵夫人、ボーフルモン大公妃、パストレ伯爵夫人、シャトリュ伯爵夫人、ボーモン伯爵夫人ら）が、二〇フラン寄付した個人にだけ切符を交付するという予防策をとっていたにもかかわらず、公衆はきわめて雑多なものになってしまった。「そこでは侯爵と門衛に、公爵と国民軍の将校に、ヴァンデのふくろう党員とヌイイの宮廷人たちに会うことができよう」[87]。この年（一八三九年）には、リシュリュー通りとイタリア座大通りの角にある〈両世界〉クラブで一月二五日に舞踏会が行われ、新しい豪華に飾り立てたサロンが貸し出されたのだった。これには三〇〇〇名が出席したが、正統王朝派はいかなる参加者も拒絶しないとしていたにもかかわらず、それでもやはり彼らはうまく別に小集団を作っていた。つまり群衆が一階と二階を占領したのに対して、彼らは三階で内輪だけで固まっていたのである。

新聞各紙は、それぞれの政治的感性に従って、この社交界の出来事に異なった評価を下している。デルフィーヌ・ド・ジラルダンは、この「大使の舞踏会の雰囲気のある寄付金付き舞踏会」[88]の完璧なスタイルをやはり強調している。『シエークル』紙の時評担当のウジェーヌ・ギノーは、正統王朝派に対して彼女ほどは優しくない。彼は、ある時は無駄に誇示された奢侈について、またある時は彼らが受け入れる下品な大衆について非難している。しかし、群衆がもっとまばらな場合には、彼はただちに舞踏会は輝きを失っていると書くのである。[89]

一八四二年には、舞踏会が中止されそうだという噂が流れた。しかし翌年は、例年通りに開催された。旧王室費名簿に載っている五〇〇名のメンバーそれぞれに支払われたのが、結局五四フランという滑稽なほどわずかな額だったにせよ、全体としては儲かる事業だったからである。（一八三九年には諸経費を差し引いても二万七〇〇〇フラン）。[90]『ルヴュ・デュ・グラン・モンド』誌は、一八三七年三月二五日に六万フラン以上の受領額と言い立てているが、間違いだらけのパトロネスのリストを載せているのを考慮する時、果してこれが信用できるだろうか。いずれにせよ、一八四三年になってもこの伝統を引き継ぐとすれば、それは集められた金のためでも、この一〇年間で切れ味が鈍った政治的象徴のためでもないことははっきりしている。（ただし一八四四年に例外が一つある。この時女性たちは、ベルグレイヴ・スクエア[訳註]のボルドー公爵のもとに赴いたとして下院議会から〈厳しく糾弾する（フレットリ）〉〔花などをしおれさせるの意の同字同音の語がある〕と宣告された正統王朝派の代議士たちへの連帯感から、しおれた花束をこれ見よがしに身につけていた）。[91]それは、むしろ旧王室費の舞踏会は社交界的制度なのだから廃止するのは筋違いだ、ということである。年の始めにあっては、この舞踏会は祝祭日カレンダーの重要な時間表示なのである。

一方〈中道派〉も、こうした慈善目的の社交界行事を後援していた。したがって〈コロニー・ド・プチ＝ブール〉（孤児たちの受け入れ・教育施設）のために、例年の舞踏会が王家の女性たちの後援を受けて開かれ、王室費で広間が飾られていた。[92]

「慈善ダンスパーティー」への一種の熱狂が生まれていたのである。一八四四年一月二五日、『シエークル』紙は向こう数週間にわたる一五の寄付金付き舞踏会を予告している。たとえば、旧王室費の舞踏会以外にも、ランベール館でチャルトリスカ大公妃〔本書二〇五頁を参照〕がフランスに亡命したポーランド人のために開く舞踏会、カルメル会修道僧のための舞踏会、パリの一二の区で行われる貧者のための一二の舞踏会などである。

[訳注] ベルグレイヴ・スクエアの……——ボルドー公爵（シャンボール伯爵ともいう。一八二〇—八三）は、ベリー公爵の息子でシャルル一

〇世の孫にあたり、一八三〇年七月革命のあとすぐに、シャルル一〇世と伯父のアングレーム公爵から長子系ブルボン家（正統王朝）の最後の代表者としてアンリ五世の名で国王に任ぜられたが、フランスからは受け入れられず亡命していた。そしてシャルル一〇世の死（一八三六）後は国内の正統王朝派の長として象徴的存在にまつり上げられていた。一八四三年に彼がロンドンに滞在してベルグレイヴ・スクエアに居を構えていた時、フォブール・サン＝ジェルマンの貴族たちを中心に表敬巡礼団が組織され、老シャトーブリアンを先頭に代議士も含めて約一〇〇〇名の者が海を渡り、大デモンストレーションを繰り広げて物議をかもしたのであった。その結果、首相のギゾーは下院議会に建白書の草案を提出、その中に「公共の良識はかかる犯罪的な示威行為を不名誉刑に処す（フレットリ）」の字句があり、この過激な言葉をめぐって議事は紛糾したのだったが、結局議案は採択され、以後正統王朝派の退潮ぶりは著しいものとなった。なお動詞フレットリールは、市民権剥奪などの不名誉刑に処すという具体的な意味であるが、実際にはどのように処分されたか不明である。

ギリシャ人の救援、慈善募金と集会

慈悲心は、もちろんコンサート、競売、募金、夕食会など、舞踏会と違う形もとりうる。どんな小さな惨事も、博愛の競争心をかき立てる。洪水、地震、火事、海難事故が善意を結集する。一八四〇年の秋に、ローヌ川が氾濫する。被災者のためにコンサート、舞踏会、夜会が続く。ルネッサンス座（アンテノール・ジョリが借りた）では、ルイ・ヴィアルドと『フランス・ミュジカル』紙の社長エスキュディエ兄弟によってコンサートが企画され、その中でポリーヌ・ガルシア・ヴィアルド〔イタリア座のオペラ歌手で、マリブランの妹。トゥルゲーネフとの親交で有名〕が歌った。[93] オペラ座の舞踏会は入場料二〇フランで、三〇〇〇名が集まった。[94] レカミエ夫人の館で行われた夜会には、ラブラッシュ〔ヨーロッパ中で賞賛されたバスの歌手。本書一六六頁にテノール歌手とあるのは間違い〕、ルビーニとともにポリーヌ・ガルシア・ヴィアルドが再び登場し、午前一時にはラシェルがやって来て『アタリー』の第二幕を朗唱した。[95]

一八四三年にカリブ海のフランス領グアドループ島で地震が起こった。（一八三九年には同じくマルティニーク島で起きていた）。スパール伯爵夫人は、トルン氏と一緒にコンサートを企画し、一万二〇〇〇をフラン集めた。[96] 劇場はコンサートを開いても、これほどの成功は収めなかった。[97] ラヴィニャン神父〔本書三二八―三三〇頁を参照〕はサン＝ロック教会で説教し、その入場券は二〇フランだった。[98] 貴婦人たちは相変わらずサン＝ロック教会で募金をし、王妃は五万フラン、デュシャテル夫人は二万二〇〇〇フラン、ヴァトリー夫人は一万五〇〇〇フランを集めた。[99] あらゆるサロンで募金が行われていた。ついにパレ＝ロワイヤルも、四日間バザー会場に改装され、そこでは上流社会の女性たちが売り子になった。新聞各紙は、五フランのペン拭きに一〇〇〇フランを支払ったなどという、気前のよい紳士たちのさまざまなエピソードを伝えた。バザーでは、モレ〔一八三六―三九まで首相を務める〕の姪であるアルブーヴィル夫人の未発表の中編小説が、印刷までされて売り出され、早くも二日目には三〇〇部が売り切れた。このバザーの売上げ総額は一五万フランに達した。[100]

虐げられた諸国民の経済的援助のために博愛の心が結集する時も、社交界人士のやり方は同じである。一八二六年のギリシャ人のための運動がこのケースである。一八二一年にオスマントルコ帝国に反逆したギリシャ人たちは、一八二二年に独立宣言をしていた。しかし、スルタンがエジプトの援助を要請し、メフメット・アリーが艦隊を送り込んだので、ギリシャ人は惨敗した。トルコ人は一八二六年にミソロンギ〔ギリシャの都市〕を、一八二七年にはアテネを奪い返した。フランス政府は介入を望まなかったが、ギリシャ人への同情の力強い流れに抗することができず、ヴィレール〔復古王政期の保守反動内閣の中心人物。一八二二―二八年まで首相〕は一八二七年に見解の修正を余儀なくされた。（シャルル一〇世は個人的にはギリシャの味方だった）。同情はあらゆる政治派閥から生じていた。自由主義者が民族自決主義を擁護すれば、右翼の出版物はキリスト教徒を守る必要性を振りかざしていた。文学（カジミール・ドラヴィーニュの『メッセニアの女たち』〔一八一五年の敗北から想を得た一連の悲歌（一八一八―二二）〕）と絵画（ドラクロワの『キオス島の虐殺』）が、世論を喚起するのに一役買った。シャトーブリアンが議長を務めるギリシャ独立支援委員会は、蜂起した人びとに金銭と救援物資を送った。

社交界の人びとは遅れをとりたくなかったので、ダルベルグ公爵夫人の提案で、一八二六年四月二八日にヴォクサール〔ロンドンの施設を真似て作ったダンスや音楽のできる公園〕でのコンサートを企画した。政府はソステーヌ・ド・ラ・ロシュフーコー〔本書五三―五五頁を参照。王室長官は芸術活動も監督していた〕を通じて計画に反対した。あえて入場券を買おうとする役人など一人もいなかった。しかし過激王党派の貴婦人たちは、寄付協力者リストの筆頭に名を連ねて事の流れを変えてしまった。「翌日からコンサートに寄付をすることが大流行となった」[101]。ソステーヌ・ド・ラ・ロシュフーコーは、自分の入場券二枚に五〇〇フラン支払う羽目になった。券は当初一〇フランと二〇フランだったが、八〇フラン、一〇〇フラン、そして二二〇フランでさえ売れた。[102] 一枚につき二五〇フラン払ったのだから、ソステーヌがもっとも気前がよかったわけだ。上流社会は金を出すだけでなく口もはさんだ。イタリア座の歌手を伴奏する合唱隊に、参加することの名誉が議論された。政府がオーケストラの指揮を禁じていたロッシーニが、それでもあえて合唱隊に稽古をつけたのだった。[103]

オーギュスト・ド・スタール男爵は、委員会の一二名のメンバーとともに夜会の責任者であった。青と白、つまりギリシャの国旗の色の腕章を付けた若者が女性たちを迎え入れ、席に誘導した。女性たちの多くも青や白のドレスを身に着けていた。聴衆の中には若きシャルトル公爵を伴ったオルレアン公爵夫妻、ブロイー公爵夫妻、ラ・ファイエット将軍とその家族が見かけられた。上演は激しい感動の瞬間から始まった。それはロッシーニの『モーセの祈り』で、この中で予言者はその民族に外国人の圧政から自らを解放するよう呼びかけるのである。合唱は二四声からなり、「そこには家柄や才能で名高い数名の女性の声があった」。[104] 次にメルラン伯爵夫人とデュビニョン夫人が独唱した。(これが彼女たちの得意の分野だった)。後者はニコリーニの曲を歌った。「祖国の愛よ、私はそなたに忠実でいよう。そなたはそれ以外のいかなる愛も忘れさせてしまう」。[105]

この行事と平行して、社交界の婦人たちはギリシャ人のための募金を組織した。まずサロンからだった。一八二六年三月二八日の『コンスティテュショネル』紙は次のように書く。「おそらく喜んで聞いてもらえるだろうが、パリではトルコ人や政府支持者がいないあらゆる上流社会、つまり二〇のサロンのうちの一九のサロンで、その家の女主人がギリシャ人のための募金をしている」。[106] 新聞各紙はときどき受領額の報告をしている。D夫人の家でのコンサートで集まった募金は四二五フラン九〇、あるいはまたレディ・グランヴィルの兄のデヴォンシャー公爵は一〇〇〇フランの寄付をした、[107] などと。

さて、何ものにも後込みしない婦人たちは戸別訪問まで行う。パリの町を駆けめぐる彼女たちは、四〇名である。ダルベルグ公爵夫人とマルミエ侯爵夫人は、「サン＝トノレ通りの人けの多い商業地区の店から店へ、ドアからドアへと懇願して回り、負傷したギリシャ人への寄付と、ミソロンギの英雄のための救援物資集めを」[108] 行なったのだった。彼女たちは至るところですばらしいもてなしを受けた。『コンスティテュショネル』紙は四月七日号で、別の二人のパトロネスの場合を引用している。彼女たちはブルドネ地区で募金をしていたのだが、卸売商人のミシェル氏にずっと案内され続けだった。彼は、二人を助けるために仕事をほっぽり出していたのである。

上流社会の慈善のエネルギーを喚起するのは、ギリシャ人しかなかった。一方、一八三〇年以降はパリに逃れた外国の貴婦人たちが、フランスに亡命した同邦人を救うために定期的に基金を集めていた。先に、アンナ・チャルトリスカ大公妃の場合を引用した。ロシアによるポーランド暴動の鎮圧後、一八三一年に夫とともにパリにやって来て、彼女はこの時以来ポーランド人亡命者のために、全身全霊を傾けていた。そして自分自身でサン＝ルイ島のランブイエ館に、亡命者の娘たちのための〈若きポーランド女性の家〉を経営していた。

ベルジョヨーゾ大公妃も、オーストリアの抑圧で国を追われたイタリア人のために同じ役割を演じていた。彼女は、一人につき四〇フランのコンサート付き晩餐会[109]と競売を企画していた。一八三七年三月二五日には、彼女の館で出店付きの慈善の昼の集いが開かれ、とくに王妃と王家の女性たちから送られた針仕事の品々が売られていた。大公妃の二人の友人リストとタールベルク〔ピアニストで作曲家。リストのライヴァルだった。一八一二―七一〕がピアノを演奏し、メイエルベール〔ドイツのオペラ作曲家。一八二六年以来パリに定住。マイエルベーア〕は彼女に未発表のロマンスを贈った。この昼の集いは二万フランの収益をもたらした[110]。一方イギリス大使夫人は、パリのイギリス人貧窮者たちのために舞踏会を開いていた。（これは善意の協力関係だった。つまりロンドンでは、フランス人の貧窮者のための活動をオルセー伯爵が指揮していたからである）。

新聞は定期的に、教会での慈善事業として、人気の高い説教師の説教付きの「慈善集会」を予告していた。たとえばクール神父は、一八四〇年にサン＝ラザール監獄の少女たちの更生事業として、サン＝ロック教会で説教を行なった[111]。一八四〇年三月には、彼はブローニュ＝シュール＝メールの教会再建のためにサン＝ジェルマン＝デ＝プレ教会で説教をした。募金はボーフルモン大公妃、クラオン大公妃、ボールペール伯爵夫人、ベテューヌ＝シュリー伯爵夫人などが引き受けた。

慈善の旗のもとに加わる場合には、あらゆる口実がよしとされた。政論家《ビュプリシスト》たちは、ときとしてこの博愛の熱狂を笑いの種にしている。『ソシエテ・パリジエンヌ』紙の一八四二年の素描の一つは、『募金婦人たち《ケトゥーズ》』と題されている。「もっとも優雅にして、もっとも低俗でさえある社交界の女性が、絶えず貧者のために働いている。彼女たちは刺繍し、デッサンし、絵を描き、文字をしたため、ものを売り、歌い、喜劇を演じ、彼らのためならダンスもする。彼女たちの周りでは宝くじ券が作られ、売られ、配られている。加えて募金や舞踏会・コンサートの招待状、その他何やかやである。書くべき手紙は、ある定められた日のしかるべきパーティー、あるいはしかじかの教会での、慈悲心や公衆の寛大さに訴えるためのもの、これこそ彼女たちの敬虔な仕事であり、模範的な生業なのだ」。ネストール・ロクプラン〔本書四六四頁以下を参照〕については、ユーモアを発揮する機会を逃すまいとして、良家の二人の女性の間のけんか話を思いつく。「そのわけは、一方の婦人が大変時宜を得た募金のアイデアを、つまり斜視の手術を受けた貧者のための募金という着想を、他方から盗んでしまったからである[112]」。（ボーダン博士が一八四〇年にこの手術をはやらせていた）。

募金はすべてうまくいっていたので、慈悲心をかき立てようと犠牲者に変装した詐欺師も出現し、一八四三年にはその地下組織が壊滅させられたほどであった。彼らはフォブール・サン＝ジェルマンの境界地に巣くっていた。それぞれの順路があって、自分の役柄を知ると、それにふさわしい変装をして募金に出かけて行くのだった。その変装とは、追放されたスペイン人、ポーランド人、七月革命で破産した正統王朝派、グアドループ島の地震の被災者などだった。夜になると、彼らは収入をひとまとめにし、月の終わりに正直に分け合っていたのである[113]。

社交界の慈善は、貴族たちの専有物であったが、他の社会階級もこれを欲しがっていた。復古王政期では募金婦人《ケトゥーズ》に任命されることは、アングレーム公爵夫人とベリー公爵夫人から直々に授けられる名誉だった。さらにパトロネスや募金婦人になることは、輝かしい地位を約束するものでもあった。これはバルザックの小説の中にも出てくることである。ユロ男爵の金のかかる愛人ヴァレリー・マルネフ〔『従姉ベッド』の登場人物〕は、恋人の一人が彼女をヴァノー通り〔フォブール・サン＝ジェルマン地区内にある〕に住まわせたので、その後将来のことを考えて慈善婦人《ダーム・ド・シャリテ》になろうとする。一方、ディナ・ド・ラ・ボードレー〔『田舎のミューズ』の登場人物〕については、彼女の社交界復帰の第一段階はグアドループの地震罹災者のための募金婦人に任命されることである。[114] 舞台芸術家たちも救援資金を集めるために例年舞踏会を開いているが、その際はもっとも名高い女優たちが、舞踏会の〈ダーム・パトロネス〉[115]委員会〔舞踏会の実行委員会。本書序章を参照。〕を結成するのである。他方、富裕なブルジョワ女性たちは、フォブール・サン＝ジェルマンが四旬節の募金婦人を任命する際に、「宗教心からではなく、この募金婦人の任務が一種の貴族階級の特権であることから、司祭たちのもとに駆けつけようと策を弄するのである」[116]。アルフォンス・カール〔ジャーナリストで通俗作家。一八三九年より『すずめ蜂』の表題で毎月風刺的パンフレットを一〇年間にわたって出した〕はその愉快な例をあげている。「ティエール・ドーヌ商会は、ティエール夫人が教区で募金できるようにと策動している。しかし彼女の中道派のご立派な女友達たちが、嫉妬にかられて、彼女が初聖体を済ませていないことを暴いてしまった。だから許可は下りないだろう」[117]。

一八四八年に革命が起きた時、古い形式に新しい内容が入り込んでくる。二年前からシャン＝ゼリゼの〈温室庭園〉（それは一八四六年一月に落成した）は、あらゆる慈善行事の出会いの場となっていた。《子供の友協会》[118]のための花の販売、旧王室費の舞踏会、プティ・ブール〔本書二〇一頁を参照〕の舞踏会、《託児所協会》による子供舞踏会。新体制になるとすぐに、〈温室庭園〉で《国民軍と軍隊と学校連合》〔二月革命のさ中に結成された〕の栄誉を顕彰して舞踏会が企画され、その収益は失業者にあてられることとなった。新しくなったのはたった一つのこと、パトロネスの名簿である。二二名の真新しい名前が載っている、と一八四八年三月二二日の『シエークル』紙は強調する。三月二二日に〈温室庭園〉での慈善舞踏会に出席したジョゼフ・エストゥールメル伯爵は、共和政府のメンバーの妻であるパトロネスたちのエレガンスの質には改善の余地があると感じている。「……ともかく認めなければならないのは、秋の花々が篭に目立っていたことだ」。彼には通り過ぎる人たちのささやきが聞こえた。「これは臨時の美だ」[119]〔臨時政府とのかけ言葉〕。

カトリック自由主義者でスヴェッチーヌ夫人の友人アルマン・ド・ムラン子爵は、弁護士の仕事はせずに、《子供の友協会》から《慈善経済協会》に至るまで、博愛活動に献身した。彼は、自分の事業に社交界がどれほど役立っていたかを説明している。サロンは慈善活動の鎖の必要不可欠の環としてあったのである。「私はサロンの人びとに自分の抱いている考えを伝えて、彼らを私の事業の協力者にした。私が、募金婦人や、コンサートで歌ってくれる善意の女性を募ったのはそこでだった。また、私の事業に有用な人と知り合いになり、一見取るに足らぬように見える会話の中でも翌日には貧者のために役立つ意見を交換したのもそこでだった。私が通ったサロンの婦人の保護下にある孤児のために推薦状が読み上げられたり、子供や老人の施設への収容、困窮から救うべき家族、貧者に渡すべき贈り物、設立すべき財団などについて、さまざまな助言を与え合ったりして、幾晩となく長い夜会が過ぎていった」[120]。そして彼は、軽薄と思われがちな社交界の交流の真剣で有益な側面を強調しながら、こう結論づけた。「サロンというサロンは、私の慈善事務所の支店のようになっていた。だから、社交界に行ったからといって、決して私の時間は無駄にならなかった。つまり私が支援者や財源を見つけていたのはそこでだったからである」。

　慈善事務所の支店としての社交界……。われわれはこのような自己満足を前にして微笑を禁じえないが、おそらく間違っても「踊る慈善活動」を冷笑したりしない同時代人もいたのだった。博愛の実践による社交生活の正当化といったことは、たとえそれを滑稽だとしておどしてみても、社交界のエリートたちが自認する真面目さを決して裏切るようなものではなかったのだ。慈善行為は、エリートたちの地位が華麗さや豪華さだけでなく美徳の実践によっても保たれていたことを証明していたし、彼ら自身の目にもそれは明らかであった。かくして有閑階級は、自分たちの身分は軽薄な閑職ではないと見なし、自分たちは善行への配慮に責任があるのだと、多かれ少なかれ虚栄心をもって考え、自足できたのであった。貴族は身分にふさわしくあるべし（ノブレス・オブリージュ）。

第五章

会話と社交界の利点

アベイ＝オ＝ボワのレカミエ夫人の部屋

「会話の成否は次の三点にかかっている。すなわち話し手の資質、才知の調和、そしてサロンの家具の並べ方に」、とデルフィーヌ・ド・ジラルダンは一八四四年に書いている。彼女は延々と舞台装置の重要性を強調する。サロンはイギリス庭園のようであるべきだ。一見無秩序だが、この無秩序は「偶然の産物どころか、反対に技巧の極致なのだ」[1]。

楽しい会話というものは、「家具が左右対称に並べられているサロンでは」決して生まれない。無秩序が腰を据えて、会話が弾むようになるまでには三時間はかかるだろう。その家の女主人は、訪問客が立ち去ったあとで、とくに椅子を整理し直さないこと。そして会話をするためにどのように席が動かされているかをよく観察し、以後この配列を維持するように心がけること。

円陣《セルクル》の終焉

すでにその八年前に、デルフィーヌは座席の問題を提起していた。彼女は「パテ」が流行遅れになったことを喜んでいた。二つずつ背を向け合う四つの長椅子が同じ一つの背もたれでつなげられたパテは、会話をするためにはいくつもの不都合が生じていた。話し手が二人だけになって独立することもできなかったし、かといって全員が同じ会話に加わることもできなかった。彼らは無理矢理に体をねじ曲げねばならなかったからである。そのうえ、このかさばる家具は人の流れを邪魔していた。「壁に沿って並べられたソファー」の場合なら、他の椅子を、つまり女性のためには肘掛け椅子を、男性のためならば肘掛けのない椅子を近づけてきて、グループを作ることもできた。また、会話を交わしている人の邪魔にならぬよう、一つのグループから他のグループへとすんなり移動することもできる。こういったことのすべてが会話術に役立っていた[2]。

話上手の人は、体の位置を自在に変えて、身振り手振りもできねばならない。こうした理由から、デルフィーヌ・ド・ジラルダンは、小物置きの飾り棚「プティ・ダンケルク」〔一八世紀のパリで〈オ・プティ・ダンケルク〉の看板を掲げた小間物屋があったので、小物の飾り棚もそう呼ぶようになった〕はサロンの場所ふさぎになるからといって反対する。その代わりに彼女は、話しながら無意識につかんでみたり、もてあそんでみたりする小物は、手の届く範囲に置くことが重要だと強調する。「もしあなたが、卓上にそっと巧みに小刀や折り畳みナイフ、鋏を置いていたなら、今やもっとも忙しい政治家といえども、魅力的に話し、笑い、打ち解けて、あなたの家で長時間を過ごしてくれることだろう」[3]。

それゆえ、セルクルという古い伝統には見切りをつけなければいけない。はるか昔から、女性の訪問客たちは円形に座り、一家の女主人が中心に身を置いて万事を取り仕切っていた。そしてこの習慣が確かに問題を投げかけていた。つまり新しくやって来た客はどうやってこの円陣《セルクル》の中に入ったらよいのか。またどうやってここから抜け出たらよいのか。ジャンリス夫人〔一七七〇年頃からオルレアン家の子供たちの教育をまかされていた。小説も書いた。一七四六―一八三〇〕は、ナポレオンの要請で『昔の宮廷のエチケット集』を書いた時、アンシャン・レジーム下にあったこのようなセルクルを擁護した。しかし彼女は、現代の若い女性は慎みを欠いている、彼女たちは是が非でもとその家の女主人に挨拶しようとするが、それによってセルクルの調和が乱される、と注意を促していた。ルイ一五世、ルイ一六世治下では、人びとはできる限り動かなかった。だからその家の女主人は、新しく入ってきた人には遠くの方から合図を送っていた[4]。復古王政下でも、セルクルは相変わらず機能していた。レディ・グランヴィルは一八二五年一月二六日に書いている。「私は平均一晩に二つの夜会に行きます。夜会は早く始まり早く終わります。どの夜会もまったく同じで、およそ五〇名の選ばれた人びとが円陣を組んで会話をしています」。

セルクル、とりわけ権威ある女主人宅でのセルクルは、初めての接見という楽しみを台なしにしてしまうような結果を招きかねなかった。そこでオトナン・ドーソンヴィルは、一八二九年（彼はその時二〇歳だった）のモンカルム夫人宅への訪問を次のように語るのである。「彼女は入ってきた人物に対して、一瞬の身振りで肘掛け椅子か、普通の椅子を勧めるのであったが、その座席は一種の玉座の周囲に、あるいはむしろ親裁座〔本来は国王が高等法院法廷を開く時に座る天蓋付きのベッド〕のようなものの周囲に、扇形に並べられた座席であって、それぞれの客に特定されていたものであり、彼女はといえば、玉座の上に無頓着におさまっていた。もしも《セルクルを維持する》という表現を使って、女主人が常連客の上に振りかざす一種の覇権というものを示そうとするならば、この表現はM夫人のサロンにまさにぴったり適用されるものであった。つまり彼女は大変厳密に《セルクルを維持していた》のである」[5]。あなたは気に入ったところに座る自由もないし、隣席の人と話す自由もない、というわけだ。モンカルム夫人はあなたに静粛を命じているのだから。そこでオトナンは用心深く一言も喋らず、ただ耳を傾けることだけで満足したのである。

「古いセルクルの厳粛さをいまだに残しているもの」に対して、それを消滅させるべきだと感じていた一流の女性たちもいる。その一人が復古王政下のカテラン夫人である。彼女は、自分のサロンが「型にはまった、気取った雰囲気」になるのを恐れて、二日続けて同じ席に座るようなことはしなかった。また、「家具を雑然と置く」[6]やり方を流行させたのも彼女である。アベイ＝オ＝ボワ〔本書一三三頁の訳注を参照〕のジュリエット・レカミエも、椅子の並べ方に大変気を配っていた。会話をするのか、それとも朗読（または朗誦）を聴くのかによって、椅子は違ったやり方で配置された。会話のための椅子は五、六カ所に小さな円陣を作るように置かれ、そこに女性たちが席を占めた。円陣と円陣の間は、通路になるように案配された。男性やその家の女主人が自由に歩き回れるためにである。（彼女は到着したばかりの客を、彼らの気に入りそうな人たちの方へと急いで連れていくことができた）。朗読の時には女性たちの座席は円陣に、あるいは中心点の周囲に何重かになった円陣に並べられた。一方、男性たちは板張りの内壁を背に立っていた。[7]

このような措置はすべて、まさに会話の成功の鍵である自発性を助長させるために講じられたものである。「それぞれの口からは自分の言葉が、つまり、あらかじめ言おうと考えていたのではない幸運な言葉が発せられた。意見が飛び交い、皆は自分の知らない逸話[8]や興味深い私的なことを知り、某氏の滑稽な考えや、あの若い女性のチャーミングな純情さや、この老学者の精神的な頑固さを笑ったりするのだった。そして前もって考えたり、ああ言おうこう言おうと計画したりしなくても話が弾んだのである」。

無駄話、お喋り

ファルー伯爵〔二月革命後に議員に選ばれその保守化を推進、公教育大臣（一八四八―四九）として〈ファルー法〉を成立させ宗教教育を擁護した〕の回想によれば、彼のサロンでのシャトーブリアンは、自ら独創的であろうと努めたりすることはほとんどなかった。（レカミエ夫人のところではなおさらそんなことはしなかった）。「会話のテーマは彼にとっては何でもよかった。パリのいろいろな菓子屋やさまざまな種類の菓子について、彼がたっぷりと三〇分は話すのを聞いたことがある。それはこの分野に大変知識のある話し相手を喜ばせるためだった」[9]。

サント＝ブーヴは、パリの社交界は一度にたった一つの主題についてしか会話をしないと断言する。すなわち「大きいか小さいかについて、彗星でなければ革命について、地震でなければチャリティー・バザーについて、あるいは東洋問題、あるいは『コロンバ』〔プロスペル・メリメの小説（一八四〇）〕、あるいは『ルクレチア』[10]〔ユゴーの散文劇（一八三三）〕というように、これらのテーマを社交界は二週間もかけて論じ尽くすと言っている。ディノ公爵夫人もこの印象を確認しているが、しかしサント＝ブーヴとは対照的に、その日の出来事すらなおざりにすることなくあらゆることが話題になったある夜会についても言及している。一八四三年四月二日、彼女はリエヴェン大公妃の晩餐会から帰宅する。「この晩餐会では、あらゆることが活発に、熱心に話され、皆気持ちのよい人たちでした。グアドループの災害（地震でポワンタ・ピットル〔小アンティル諸島の一つ、グアドループ島の町〕が破壊されたばかりだった）や、彗星（フランス人M・ファイが周期的な彗星を発見していた）については、他所のようには夢中になりませんでした。でもこれらのことも話題にはのぼり、パリ天文台所長のアラゴ氏が彗星を〈観察する者〉ではなく、彗星から〈観察される者〉として描いた、素敵な漫画についても話されました」。

時事に対するサロンの関心は、けっこう三面記事で満足している。その筆頭は、当時のもっとも有名な犯罪事件、つまり砒素で夫を殺害したとして起訴されていたマリー・ラファルジュに下された、一八四〇年九月のテュールでの判決についてである。新聞は審問の全報告を載せ、フランス全土がラファルジュ事件で持ちきりであったが、社交界も同様だった。クルタランの城館のモンモランシー家に滞在していたディノ公爵夫人は、九月一四日にこう記している。「昨夜サロンで話題になったのはラファルジュ事件でした。どこでも同じですが、ここでも彼女に関して意見が大きく分かれました」。社交界人士たちは、非常によい家柄に生まれたこのマリー・ラファルジュと、パリのあちこちのサロンで会ったことがあるのを何人かが覚えていたので、ますますこの事件に夢中になっていた。オペラ座の星といわれたノブレ姉妹が教えたらしい〈スティリアン・ステップ〉で彼女が踊るのを見た、という人もいたようである。[11]ラファルジュ派と反ラファルジュ派（被告の無実を信じる者と被告の有罪を主張する者）の間で起こるかもしれない衝突を避けるために、女主人たちは予防措置を講じていて、『シエークル』紙が述べるところによれば、別荘への招待状の下欄には「ラファルジュ訴訟については話さないこと」と書かれていたという。[12]

社交界人士は、自分たちの仲間が係争中の時には、とりわけ裁判あるいは犯罪に熱中した。一八三七年一〇月、コレフ博士がリンカーン卿とその父ハミルトン公爵に対して起こした訴訟の場合もそうだった。くだんの医師はリンカーン卿の妻を五カ月間治療したのだったが、彼女は歩くこともできなくなり、カタレプシー（強硬症）に陥ってしまった。医師は四〇万フランの報酬を請求したが、支払われたのは二万五〇〇〇フランだった。医師の莫大な要求には二つの理由があった。一つは年収八〇〇万フランのハミルトン公爵がイギリスでもっとも裕福な男であったこと、もう一つはコレフ博士が社交界では引っ張りだこの医師であり、評判がよかったということである。評判にはそれ相応の報いがなければならない。コレフは輝かしい過去の持ち主だった。デルフィーヌ・ド・キュスティーヌ〔本書三四七頁を参照〕の愛人であり、プロシア王の私的顧問であり、外交官と医師を同時に兼ねていた彼は、医師団から死を宣告されたルイ一八世治下の大臣の妻の命を助けてからは、奇病や不治の病の専門家とされ、紋章を付けた供回りたちがその家の門前で行列を作っていた。[13]彼は卓越した談話家でもあって、フォブール・サン＝ジェルマンに迎えられて高く評価されていた。だがしかし、正統王朝派の偉大な弁護士ベリエがハミルトン公爵のために弁護を買って出て、その結果コレフには医師としての活動停止の判決が下されたのである。

一八四四年五月、フォブール・サン＝ジェルマンのサロンはどこもびっくり仰天していた。それは「ジャンヌ伯爵夫人」と呼ばれていた女性が、八九歳で亡くなったばかりの頃のことだった。名家と親しく交際して暮らしていたこの老婦人は、誰あろう王妃の〈首飾り事件〉〔訳注〕での役割ゆえに鞭打ちの刑に処せられ、焼きごてを刻印された、かのラモット伯爵夫人その人だったということが、この時になって判明したのだった。[14]

さらに一八四七年八月、公爵でありフランス貴族院議員である夫が妻を殺し自殺したという、ショワズール＝プララン夫人殺害事件が投げかけたさまざまな解釈については、何と表現したらよいのだろうか。われわれはサロンや城館における衝撃の様子だけは語ることができるだろう。犯罪の全容が明らかになるにつれて、茫然自失、当惑、憤慨、恐怖といった感情の波が押し寄せ、それがいったん通り過ぎると、各人が説明を探し始め、この夫婦について、彼らの厄介な関係について、子供の家庭教師を務めた女性たちに対する公爵の好みについて、公爵夫人の暴力についてなど、知っていることすべてを語り始めたのである。リエヴェン大公妃は、プララン夫妻をよく知っていた社交界人士の中でも、とくに公爵の叔母を最初の妻としていたシャルル・ド・ボヴォー大公の言っていることを聞いて、トルーヴィル〔ノルマンディーの海岸の避暑地〕からギゾーに宛てて、次のような手紙を書いている。「彼〔シャルル・ド・ボヴォー大公〕は、その家庭の実に興味深い細部を私に話してくれました。夫にとって彼女は、大変に厄介な性格をしていました。夫に対する支離滅裂な愛、誰かまわない嫉妬。というのも、彼女はオルレアン公爵夫人にさえ嫉妬していたのです。（夫である公爵はオルレアン公爵夫人の名誉騎士〔従者の職名〕だった）。彼女は娘たちのために、次々と八人の女性家庭教師を雇ったのですが、夫と親密な仲になっているのではないかと邪推しては、全員首にしていました。九人目の家庭教師がやって来た時、公爵はこれまでのようなことはまったくうんざりだ、この人にはずっといてもらいたいものだ（…）と言っていました」[15]。公爵夫人がボヴォー大公に頼んでいたのは、もう自分と一緒に生活したくないというのなら、愛人を作ってやると言っていたと、夫をおどしてほしいということだった。ボヴォー大公がそれを公爵に告げると、彼は願ってもないことだ、私を静かにしておいてくれるのですねと答え、「私はバリケードを作って、部屋に閉じこもらざるをえないのでしょうね」とつけ加えたという。

会話や新聞の文化欄を面白くする、あまりドラマティックではない、いくつかの不倫の話もある。ジャーナリストの才能はすべて――おそらく会話でも同じだろう――見え透いたほのめかしで事件を喚起し、これをさらに刺激的にすることにある。一八四三年五月に、あるスキャンダルが起こった。すばらしいテノールの声と放蕩生活によってパリでは評判だったベルジョヨーゾ大公が、ベルティエ元帥の娘プレザンス伯爵夫人と駆け落ちをしたのだ。五月四日の『シエークル』紙は、B大公（絶対にイニシャルしか示さない）は、ついにこの事件で自分を話題にさせる方法を見つけたようだ、と当てこすっている。つまり彼は、『カトリックの教義の形成についての試論』という匿名本を出版していた彼の妻の栄光に、本当は嫉妬していたのだというわけである。六月二日にこの記者は、ヘレナの略奪に一章をつけ加えるという口実で、さりげなくこの事件をまた取り上げている。パリス〔『イリアード』で語られるトロイ戦争の主人公たちに擬している〕は思っていたほど情熱的な愛人ではなくて、攫《さら》われたいと望んだのはヘレナの方だったのだ。彼の情熱はほとんど示されず、国境へと向かう途中で自分の本性をあらわにしてしまった。つまり旅籠の食卓のご馳走でしたたか酔っぱらい、泥酔した彼は、麗しのヘレナが待っている馬車に運び込まれるはめになったのである。半年後、この二人の駆け落ちの結末は音楽にされた。つまり新聞は〈コモ湖〉（大公と美女はそこに居所を定めた）[16]という七節の叙情詩を載せ、この叙情詩歌はいくつかの夜会の終わりに歌われたのだった。だが、こんな「お喋り」[17]はもうやめにしよう。

［訳注］〈首飾り事件〉――王室を舞台として大革命の前に起きた有名な首飾り詐欺事件。これにはさまざまな尾ひれがついていて複雑怪奇であるが、要約するとおよそ次のようなことになるらしい。ルイ一五世はその死（一七七四）の直前に愛妾のデュ・バリー夫人のために一六〇万リーヴルもするダイヤモンドの首飾りを注文していたが、その完成前に死んでしまった。王冠職人のベメールとバサンジュはそれをダイヤモンド好きで知られたマリー＝アントワネットに売りつけようとしたが、彼女はそのお金で軍艦でも買った方がよいと言ってルイ一六世に断りの返事をする。ここで登場するのが宮廷司祭長のロアン枢機卿とラ・モット伯爵夫人。ロアン枢機卿はウィーン大使を務めていたが、アントワネットの母であるマリア＝テレジアの不興を買って追い返されており、宮廷で今は冷遇されてはいるが、カリオストロの後押しもあって首相の地位を狙っている。一方でヴァロア王家の血を引くラ・モット・ヴァロア夫人は破産寸前の状態で、一世一代の知恵をめぐらし、首飾り詐取の計画

を立てる。「アントワネットは実は首飾りを欲しがっている。仲介の労をとって宮廷での信任をよくしなさい」と枢機卿をそそのかす一方で、宝石職人の二人には「王妃は直接取引は望まれない。高官が間に入って買い取りをする」と伝えてロアンを赴かせ、四〇万フランを四カ月ごとに四回で支払うという契約書を作成させる。そして王妃の署名入りの手紙を示して安心させ、首飾りを持参させてしまった（一七八四）。事件が表面化したのは支払いの遅滞に不安になった宝石職人が、ロアンの政敵のパリ警視総監ブルトゥイユに訴えて出たことによる。裁判でさまざまなことが明らかになった。たとえば、深夜ヴェルサイユ宮殿の繁みの中でロアンと王妃を会わせたこと（このこと自体がスキャンダルであり、しかもこの王妃はラ・モット夫人が仕立てた偽の女性オリヴァ――ヴァロワのアナグラム――だった）、夫ラ・モット伯爵の果した役割（オリヴァの手引き、首飾りをばらばらにしてロンドンで売り払う）など無数にあり、事件は高等法院で扱われ、大革命前夜の政情不安も手伝って、弁護の趣意書や記録は何千部も印刷され、フランスはもとよりヨーロッパ中がこれに注目していた。

　判決は一七八六年五月。ラ・モット伯爵夫人ジャンヌ・ド・ヴァロワは有罪、裸体に鞭打ち刑および焼きごてによるV字（盗人の頭文字）の刻印、財産没収のうえ終身禁固。ラ・モット伯爵は漕役刑。夫人の片腕だったレトーは国外追放。オリヴァとカリオストロは無罪。枢機卿については判事の間で王権反対派と支持派の対立があったが、結論は共犯関係は認められないとされた。しかし国王の命令により国外追放、カリオストロも流罪の命令を受け、途中イギリスに逃れた。

　ラ・モット伯爵夫人は一七八七年に脱獄、ロンドンの居室で強盗に襲われ窓から飛び降りて自殺（一七九一）とされているので、本書の記述の真偽のほどは不明である。なお付言すれば二人の宝石職人は、首飾りを手渡したロアン大公家に対して賠償請求を続け、請求権は売却されて、双方の相続人は一八六三年の時点でも争っているとのこと。

政治論議

下院議会やアカデミー、また裁判所において有名人たちが公式に行なった演説のすべても、私的な批評の対象になっていた。育ちのよい人たちは、その言いたい放題の演説に不快感を抱いていた。たとえば一八三三年三月二三日の下院でのヴィエネ〔王政復古期末は左派、七月王政が始まると〈抵抗派〉といわれる保守派に属した。その激烈な演説は有名。文学者で詩作品もある〕の演説に、皆は驚愕する。「彼はわが国の無政府状態を好き勝手に誇張し、ばかげた文句で国を辱め、《われわれの息の根を止める合法性》から脱出しようと提案して、まるで凶暴性の狂人のように誰かれなしに攻撃し始めた。これは半ば気が触れた詩人の演説だ」[18]。あるいはまた一八四七年二月には、連載小説の遅延をめぐりエミール・ド・ジラルダンとヴェロンがアレクサンドル・デュマに対して起こした訴訟の中では、デュマが行なった口頭弁論の激しさが非難される。「もし外国人がこれを読んだならと思うと私は鳥肌が立ちます」[19]と、カステラーヌ夫人はヴィクトール・バラビーヌに語っている。

社交界の夜会では、《アカデミー・フランセーズ》の入会式に関しても反響があり、話題に取り上げられていた。一八四六年にヴィニーは、モレの歓迎演説を受けて〈ラ・クポール〉〔丸屋根、アカデミー・フランセーズの象徴〕のもとに迎えられた。ロマン主義の指導者であるヴィニーが凡庸で退屈な演説をしたのに対し、古典主義を奉じていたモレは機智をもって彼に応じた。この時、ロマン派の同志たちは落胆したが、モレの優越は認めたのだった。その夜クールボンヌ夫人のサロンで、バラビーヌはこの対決の続きに立ち会うことになる。ヴィクトール・ユゴー夫人はモレのことを悪く言い、デルフィーヌ・ド・ジラルダンは「左にも右にもげんこつをお見舞いした」。ある新聞記者の言葉によればその場には「モレ派もイモレ派〔生贄にされた者たち〕も」[20]いたのだった。

いくつかの政治事件も、活発な論議の対象となった。たとえば一八四三年の終わりの〈ベルグレイヴ・スクウェア〉事件がそうである〔本書二〇一頁の訳注を参照〕。正統王朝派の面々が代表団を作ってロンドンのボルドー公爵のもとへ出かけていった。そして彼らが帰国した時、議会はこの遠征に参加していたベリエ〔有名な弁護士で政治家、カトリックで正統王朝派〕を筆頭とする議員団に対して、「不名誉刑」を宣告したのである。アルマイエ伯爵夫人はこの時、父親のフィリップ・ド・セギュールが「不名誉刑」に賛成投票をしたことにより、結果として激しい反発を受けたと回想している。「私たちに対する仕打ちがあまりにひどいものだったので、妹は多くの親戚や友人とのつきあいをやめなければならないほどでした。父は激怒していて、話すことといえば上流社会の人びとの間に発生した品のない態度や無礼さ、とげとげしい言葉のことばかりでした」[21]。

一八四〇年には、パリ社交界にパリの城壁建設の問題が長い論争を巻き起こしていた。この建設には有名人たちが激しく反対して、火に油を注いでいた。たとえばデルフィーヌ・ド・ジラルダンは、「城壁に囲まれた（フォルティフィエされた）パリ、それは愚かな（ベティフィエされた）パリである」[22]と、計画の支持者たちを一刀両断した。下院で城壁建設に反対したラマルティーヌは、それは「専制の記念建造物」であり、人間性と自由に対する野蛮の勝利であると、厳しい演説を行なった。しかし社交界での会話は、こうした議会の雄弁な演説についてなされたわけではなくて、城壁建設というテーマ自体を気の利いた言葉遊びの材料としていたのである。ある優雅なサロンの席で一人の将軍はこう言ったものだ。「もし二、三の要人の不興を蒙るのが怖くなかったら、蜜の詰まった蜜蜂の巣箱を使ってパリの城壁を建設するようにと私は提案していたことだろう」[23]。彼によれば、これには有利な点が二つあった。すなわち平和な時には蜂蜜と蜜蝋が手に入り、戦争の時には侵略軍に対して蜜蜂の群れを放てばよいというのである。

このように社交界では、三面記事、ゴシップ、《アカデミー・フランセーズ》の会議、あるいは政治的事件、これらすべてが語られていたし、またパリからサン＝ジェルマン（あるいはパリからヴェルサイユ）への鉄道旅行、演劇、書物、芸術などの新奇な話題も取り上げられていた。テーマの多様性や会話のトーンを理解するためには、新聞の社交界欄を読む必要がある。もちろんあらゆる主題、きわめてきわどい主題でさえもが取り上げられていた。要するに、どんなテーマであっても礼儀を守って物和らかく扱い、それに才知《エスプリ》が添えられれば十分だったのである。

才知《エスプリ》をひけらかすこと、または才知《エスプリ》のあること

才知《エスプリ》ある女性の比類なきモデルはスタール夫人だった。彼女の不愉快な態度や「太った赤ら顔」、そして露出すぎの肩も、才知が忘れさせてくれるのだった。リヨンで初めてスタール夫人に出会ったボワーニュ伯爵夫人は、そのおかげでこの町を見物してみたいとも思わなくなった。このコペ〔ジュネーヴ近くの小村でここにスタール家の城があった〕の亡命者〔スタール夫人〕は、タルマの声を聞きにリヨンに来ていたのだ。「彼女は午前中ずっと私の部屋にいて訪問客を迎えていたのでしたが、私はそのすばらしい会話の虜になりました」[24]。

会話術というものは、教養とも本で得た知識とも無関係である。すべてが才知のなせる技なのである。アブランテス公爵夫人は、自分の母親は一生にたった一冊の本しか読んだことがなかったが、誰にもまして「さいころ（〈会話のさいころ〉という風に使われていた表現の簡略化）」は手放さなかった〔会話をリード・独占するの意〕と言っている[25]。会話を楽し

くするためにはペダンティスムも排斥しなければならない。マイエ夫人によれば、デュラース公爵夫人は「あまりに学問的な調子に」乗りすぎるせいで、最高の知識人たちさえをもうんざりさせていた。彼女はまるで会話のために準備していたかのように、朝に読んだものを夜の話題にしていたのだ。ところが彼女のサロンに出入りしていた人たちは、できることなら「お喋りにはもっと気楽であること」[26]を望んでいたのである。

ところで才知とはいったい何だろうか。デルフィーヌ・ド・ジラルダンの二つの文章を対比してみよう。「なぜ私たちが優れた人たちに好感を抱くかといえば、彼らには有り余る才知があるので、それを強いてひけらかしたりはしないからです」[27]。また「彼女にはほとんど才知がない、それなのに才知があるように見せかける。このように才知をひけらかすことは、とても気にさわる振舞いだ」[28]。レミュザがカステラーヌ伯爵夫人について行なったいささか手厳しすぎる人物描写が、この意見の仕上げとなるだろう。しかしこの女性は、七月王政下のもっとも輝かしい女主人の一人として引き合いに出されていた人物である。レミュザは一八三六年の終わり頃彼女のサロンへ出入りし始めた。「私にも会話に加わる暇ぐらいはあった。カステラーヌ夫人の会話は取り立てて注目するほどのものではなく、知的というよりもむしろ辛辣だった。彼女にはまた、たとえば政治といった理解できない事柄が山ほどあった。しかし想像力が欠けていたというわけではなく、彼女には独特の陽気さがあり、時には大仰な話し方さえした」[29]。

したがって「才知がある」という表現における「才知」には、今日われわれがそれに付与しているような意味はないだろう。われわれが理解しているような才知、ユーモアと当意即妙の感覚は、むしろ「才知をひけらかす」という表現の方に求めるべきであろう。それは会話を「辛辣な」ものにし、「耳障り」なものにし、あるいは「騒々しく」さえする。「才知がある」ということは、知的であること、「高度な」あるいは「精神的な《スピリテュエル》」会話を繰り広げることができるということなのである。レミュザはスタール夫人の娘についてこう書いている。皆から精神的と見なされている彼女の会話については逸話ができていたが、若い娘にそんな会話ができるはずはないとされていた。しかし、彼女はブロイー伯爵に求婚された時、塩の税金について彼と論争していたと言い張る人もいたのである[30]。

「才知のひけらし」は、悪ふざけや嫌らしくさえある語呂合わせという言葉遊びを盛況にし、七月王政下で流行して、新聞の学芸欄にもしばしば登場している。キュヴィリエ・フルリーは、新体制の到来がユーモアを解放したのだと主張している。一八三一年四月六日、彼はセールベール家の夜会に立ち寄った。（セールベール兄弟はシャルル一〇世と対立する自由主義野党に加わっていて、ルイ＝フィリップに好意的であった）。紳士たちは語呂合わせに興じていた。「今やどこでも使われているが、〈中道《ジュスト・ミリュー》〉という言葉は素敵な発明だ。というのも、ある新聞記者が大胆にもこの言葉を使って以来、フランス的才知はもうとどまるところを知らない。もはや《共和主義的な諸制度（アンスティテュシオン・レピュブリケーヌ）によって取り巻かれた民衆的な玉座》とは言わないで、《共和主義者の解任（デスティテュシオン・レピュブリケーヌ）で囲まれた正理論派の玉座》と言っている」〔訳注一〕。

どんなことでも駄洒落のきっかけとなっていた。たとえば模造ダイヤモンドを付けていることで知られていたある社交界の婦人が、アレクサンドル・デュマの『モンテ＝クリスト』の公演を見てきたところ、誰かがこう言った。あの芝居は彼女にまさにぴったりだ、なぜなら彼女のダイヤモンドは〈クリストー・モンテ[31]〔はめ込まれたクリスタルガラス〕〉なのだから、と。また、公教育大臣のサルヴァンディの場合は、一八四六年に新任のモロッコ大使が収めた成功を次のような文句で寸評したという。「財布をもっている男たちなら大臣のふところ〔モロッコ皮の財布、折り鞄、転じて大臣の職をさす〕にも敬意を表すのが当然ではなかろうか[32]」。

一方、いささか突飛であったり、重苦しかったりする駄洒落の語呂合わせに比べて、言葉遊びの方は個人的悪意、たとえばある人物の過去の有名な、しかしあまり名誉ではない些事への当てこすりを含むことがあった。一八四〇年一月に政権が危機の様相を呈していた時、いくつかの閣僚名簿が流布していて、そのすべてにギゾーの名が載っていたことがある。ロッチルド男爵のサロンで、ある政治家が、「あのギゾー氏という奴は絶えず水面に浮かび上がってくる、いつも沈没せずに生き延びている」と評した。すると、さる貴婦人が、「私はギゾー氏がガンの人だということは知っていましたが、リエージュ〔ベルギーの都市名、普通名詞ではコルクの意味をもつ。つまり絶えず浮かび上がるコルクのような意〕の人でもあるとは知りませんでした[33]」と応じた。これはガンに亡命していたルイ一八世のもとへギゾーが一八一五年に旅をして、それ以来この件でたびたび非難されていたことを思い出させた〔訳注二〕。

パタケス〔リエゾン（連音）の誤りなどによる言い間違いのこと〕も流行した。人びとはそれを収集し、自然発生的なパタケスがない場合は、それを考案した。しばしばパタケスをしでかしたとされる人は、ルイ＝フィリップとともに権力の座についた社交界《ソシエテ》の側に属していた。彼らのパタケスを吹聴して回ることは、すなわち自分たちと一線を画すために彼らを笑いものにすることを意味した。ディノ公爵夫人は、メゾン元帥夫人の家の夕食会で聞いた会話を報告している。「私たちは多人数の舞踏会について、そして実際そこにやって来た人の正確な数を知ることの難しさについて話していました。元帥夫人は絶対確実な方法があると言いました。《私はドアの後ろに女中を配置し、そばにいんげん豆の袋を置きます。そして小間使いにこう言うのです。〝マリエット、入って来た人ごとに大袋からいんげん豆を取り出し、お前の手提げ（リディキュール）の中へ入れなさい〟[34]》。いんげん豆で数を数えるやり方についてはすでに愉快な大衆性があったが、手提げ（レティキュール）の代わりに滑稽な（リディキュール）という言葉を使ったのは最高だった。ディノ公爵夫人とリエヴェン大公妃はひどく笑いころげた。デルフィーヌ・ド・ジラルダンの場合は、パタケスをしでかす専門の女性を架空に文中に創造し、時評欄にときどき登場させていたが、その人物は「七つの小さい椅子の貴婦人」（ダーム・オ・セット・プティト・シェーズ）といい、「障害物競馬」（スティープル・チェーズ）のことをこのように〔セット・プティト・シェーズと〕発音するのであった。ゴーティエとバルザックは、デルフィーヌに与してこの貴婦人のしでかす滑稽な間違いを考案しては、ひどく面白がっていたと伝えられている。

上流社会の仲間たちは、多少とも手間のかかる気の利いた言葉を作っては楽しみ、倦むことがなかった。社交界の会話では、安直で浮薄でわざとらしい手垢のついた常套句が絶えず繰り返され、許容されていた。しかしデルフィーヌ・ド・ジラルダンはこの一般に認められている考え方に反逆するのである。「サロンの知的悲惨さ、社交界の人間の無能さ、その考えのくだらなさ、その感情の卑小さについては、絶えず語られているところである。私たちが社交界やサロンで耳を傾けなければならないのは、ラマルティーヌとヴィクトール・ユゴーの間、あるいはベリエとオディロン・バローの間に座り、そこで交わされるあの言い回しの世界である。彼らは他の場所では全フランスにとって雄弁な詩人であり、崇高な演説家であるわけだが、同様に社交界やサロンにいる私たちにとっても、精神的で優雅な座談家なのである」[35]。
この抗議の弁において、デルフィーヌ・ド・ジラルダンはさらに遠くにまで論を進める。そこでは、会話は文学の一ジャンルとなり、美学的に正当化される。なぜならば文学は真摯な事柄であり、会話は一般的には精神《エスプリ》の、特殊的にはフランス精神の、最良の表現だからである。

かくして会話は、詩、演劇、あるいは歴史と同様に、才能ある人間にとっては《アカデミー・フランセーズ》の門を開けることができるのである。一八四二年にデルフィーヌ・ド・ジラルダンは、大法官パキエ〔貴族院議長を務める〕がアカデミー会員に選ばれたことを次のように正当化する。「もしパキエ男爵が選ばれたのが事実だとしたら、それは彼が現代におけるもっとも才知に富んだ（スピリテュエルな）人間の一人だからです。彼の才知《エスプリ》は一つの典型であり、彼の会話は一つの模範であり、よき趣味の理想だからです。そして散文、韻文、書物、劇作、演説、会話というように、才知がどんな形をとって表れるにしろ、かくも高度に洗練され、当然有名にもなっている才知というものならば、それは常にすぐれて文学的であるでしょう」[36]。デルフィーヌにとっては、優れた会話とは才知の選良《エリート》を示すものなのである。個人的にも集団的にも選良なのである。あれこれの話し上手な人、たとえばデュパンとかモレについて彼女が言っていることは、彼らが他者と一緒になって自己を表現する場であるサロンにとっても価値があるということである。いわば会話は才知の公現祭《エピファニー》となり、社交界の人びとはその祭務を執行する者たちであり、そのために選ばれた者たちだということである。

時評欄において、デルフィーヌが完全に会話だけにあてられた夜会について書いたのは一回しかない。それは自分の家で開いた夜会のことである。例外的な夜会ではあるが、おそらく理想的な模範を示す夜会であった。それは一八四一年六月六日のことだった。ジラルダン家のサロンには、テオフィル・ゴーティエ、バルザック、メヌシェ、ミュッセといった「詩の職人たち」が集まっていた。デルフィーヌの偉大な友人ラマルティーヌも彼らとともにいてもよかったのだが、そこでは『ルヴュ・デ・ドゥ・モンド』誌に発表したばかりの彼の詩だけが紹介された。これはベッカーの好戦的な祖国賛歌『ドイツ・ライン』〔この詩には多くの作曲がある〕への返詩であった。一八四〇年七月に、列強諸国がオリエント問題をフランス抜きで取り決めてからというもの、ヨーロッパの世論は危機を経験していた。フランスによる侮辱に刺激されたプロシャは攻撃的になっており、フランスでは全面戦争への考えとライン国境を取り戻そうという願望が一般化していた〔これを背景にパリの城壁建設が問題になった〕。それゆえデルフィーヌの家では、次のようなラマルティーヌの平和主義の詩〔題名は『平和のラ・マルセイエーズ』〕が読まれ、コメントされ、褒めそやされたのである。それは「思考するいかなる魂もわが同胞、真実、それがわが祖国」と宣言していた。しかしこのサロンの女主人は、もっと愛国的な詩句が欲しかったと主張した。そしてこの意見に共感したミュッセが、それを即興で作るようにと頼まれた。彼は葉巻をくゆらせながら、テラスで一五分ほど一人きりになった。彼の詩句はこうだった。「確かに受け取りました、あなたの詩『ドイツ・ライン』を。それはわれらのグラスの中に収まってしまいました、云々」〔ベッカーの詩は正確には『ライン賛歌』、それに対するミュッセの返詩が『ドイツ・ライン』〕。

戯れ事として通すこともできたはずのその夜会は、時評欄担当のこの女性にしてみれば、実はもっと多くのものを表現している場だったのである。つまりそれは、フランスのために役立てられた創造的才知の顕在化なのである。互いに争うことはあるかもしれないが、いっそ自分の才能と言葉でもって戦う方がよい。「おお、ビール好きの紳士たちよ、あなた方は下手糞なバラードを私たちに作ってよこすのですね。私たちの方は本物の歌でお返ししましょう。これは戦争宣言でしょうか。いいえ、これは詩の戦いであり、さしあたり勝利は私たちの側にあります」[37]。

〔訳注一〕……と言っている――七月革命とは、復古王政期末のリベラル派の議員や言論人が共和主義者たちと共闘したことによって、シャルル一〇世の王政が倒されたという革命だった。一八三〇年七月三一日午後の三時頃、市庁舎のバルコニーの二本の三色旗の下で、ルイ＝フィリップがラ・ファイエット将軍と握手をし、それをパリの民衆が拍手喝采して革命が成就したが、この時の場景はまさに〈共和主義的な諸制度によって取り巻かれた民主的な玉座〉の出現を意味していた。しかし、革命の成果を収穫したのは〈抵抗派〉といわれる人たちだった。革命のさらなる徹底をめざしたラフィットを首班とする〈運動派〉主体の内閣は瓦解し、国民衛兵総司令官ラ・ファイエットは職を辞し、共和主義者の蜂起はことごとく弾圧された。七月の事件は革命ではなく合法的な王朝の交替だったと論じる、革命運動の進展に抵抗する人たち、つまりギゾーを主導者とする正理論派がルイ＝フィリップの王政を支える主体となる。かつて復古王政下の正理論派《ドクトリネール》（ロワイエ＝コラール、ギゾー、バラント、ヴィクトール・ブロイーら）は右の正統王朝派と左のリベラル派を批判して〈中道路線《ジュスト・ミリュー》〉を提唱していた。しかし、今やオルレアン体制下では最右翼の正統王朝主義はスキャンダルにまみれて失墜する。したがって〈中道派〉が右に横すべりして『ギゾーの時代』が到来するのである。
［訳注二］……思い出させた――ベルグレイヴ・スクエアのボルドー公爵（シャルル一〇世の孫）のもとへ巡礼に行った代議士たちが議会で問題になった時、「ギゾー自身もベルギーのガンまでルイ一八世に会いに出かけたではないか」というのが、首班ギゾーへの反論の一つだった。

シャルル・ド・レミュザの言う会話とは

会話を文学的尊厳の域にまで高めながら、デルフィーヌ・ド・ジラルダンは、それを洗練された文化から生まれた良質の気晴らしとしている。装飾的で表面的な楽しみの術も問題になりうるという考え方を、この時代はやっとのことで受け入れるのである。シャルル・ド・レミュザは、その『回想録』の中で人物紹介をする時には常に、人物描写に欠かすことのできない要素として、その人の会話についての判定をもち込んでいる。

したがって、バラント夫人に関してはこのようになる。「彼女の虚栄心は会話に向けられていなかった。そして刺激的であるための計算された言葉作りとはどういうものなのかが、彼女には分からなかった（…）。真面目なことのすべてをあくまで真面目に考え、それを進んで快活に話したとはいえ、威厳を装ったり、厳しい感情を表すことはできなかったが、本能的に悪と嘘の敵であった。しかし、心から心へと語りかければ、彼女は決して冷淡でも、空疎でも、退屈でも、月並みでもなかった。そしてその友情は、巧みで多彩な優雅さの内にそれと示されていた。彼女は洗練された会話を聞くのが好きだった[38]」。

パキエについて。「彼の会話には、彼の演説の欠点が全部揃っており、しかもその効用はといえば何もない。この人は平凡な思想の大即興演説家で、新しい概念や鋭い言い回し、すばらしい表現も決して欠けてはいない（…）。だがその賛辞は通俗的で、批評は時代遅れ、要するに彼の話は退屈なのである。彼は見たことを物語るのに想像力よりも知性をもってし、それがうんざりする会話となって表れるのだから、彼の述べていることから彼という男を引き離したまえ。彼はその会話よりもはるかに高所にいるのだ[39]」。

ジョルジュ・サンド。「……彼女が授かった卓越した才能の中には会話は含まれていない。この驚くべき、おそらく今日でも並ぶもののない才能《タラン》には才知《エスプリ》が少しばかり欠けていると言っても、それは許されるだろう。これが天才的な二人の女性、スタール夫人とデュドヴァン夫人〔訳注二〕の違いなのだ。一方にはより多くの才知があり、他方にはより多くの才能があるということである」[40]。

ラムフォルド夫人。「……概して彼女には会話が欠けていた。自分の周囲を不毛な居丈高さで幾分圧迫しているのが、その不幸であった。奇妙なことにラムフォルド夫人の家にはあまり会話がなかった。力強く多様な精神の持ち主たち、ときには優れた天才たちがそこで出会っていたが、彼らはその潜在能力のすべてをそこで見せることはせず、自由気ままに振舞うこともなかった。これはご立派なラムフォルド夫人のせいであると、私はためらわず非難する。彼女は、自分は正しく力があり、真面目すぎるので、愛想よくできないと思い込んでいた。思慮深く、学識豊かなヨーロッパ中の人としばしば会っていたのに、そこから彼女は何の思想も得ることがなかった」[41]。

バラント〔スタール夫人を知り（一八〇二）、レカミエ夫人の忠実な友となる（〇七）。帝政期、復古王政期の行政官、ロシア大使（三五）。歴史家としては『ブルゴーニュ公爵家とヴァロワ家の歴史』（一二巻）がある〕。「バラントの会話はもっとも見事なものの一つである。豊穣な思想と的確な洞察力によって、確実さも自然さも損なわない豊かな表現力によって、また稀に見る公平な精神になぜか結合している辛辣な皮肉によって、おそらく私が出会った会話の中でもっとも傑出したものであった。彼はスタール夫人のサロンで育ったのだと私は感じている」[42]。

この〈華の列伝〉に目を通してまず気がつくのは、才知をひけらかすこととか、「刺激的な作文《レダクション》」を繰り返すことだけを狙った会話に対する、これは予想通りの糾弾だということである。考慮すべき唯一のものは、豊かな思想によって注目される真面目な会話なのである。レミュザがブロイー公爵に適用する表現を取り出してみると、「一つの目的があるように見える会話であれば、また共同して企てられる分析的作業のような会話であれば」、その会話を彼は愛するかのようである。しかしこの厳しい定義はただちに同じ文章の中で、次のように和らげられる。つまりブロイー公爵は、「もしも彼の精神の少しばかり張り詰めた固さが、真剣な議論の中で使われるある種の優雅な言葉と、きびきびとした親しげな冗談の趣味によって穏やかなものにされていなかったならば、彼はペダンティックだと思われたことだろう」[43]。

レミュザが「正理論派神学校《セミネール・ドクトリネール》」と呼ぶ人びと、つまりその核を形成していた友人たちの小グループが、一八二〇年頃に集まっていたのは他ならぬブロイーのサロンである。「原理を再発見し、結果を示し、応用例を見つけ出そうと、皆先を争って努めていた（…）。哲学的精神と社交界の精神とを結合させ、一つの党派のクラブ（セナークル）となり、えり抜きのサロンたろうと、われわれは野心を抱いていた」[44]。さらにレミュザは「ランブイエ館とポール＝ロワイヤルの混合」[45][訳注二]として、この正理論派の仲間を定義づけている。

社交精神《エスプリ・モンダン》――ランブイエ館精神――には、退廃によって作為と軽薄に向かう危険が常にある。しかしながら、この精神を捨てることは問題外だ。社交精神が欠ければ、言葉は知ったかぶりの、重苦しい、結局は何も生み出さないものになる。ラムフォルド夫人の家で起きていたことはまさにこのことなのである。ヨーロッパの偉大な精神をすべて自分のサロンに集めていながら、それが空しく誰の利益にもならなかったのは、ひとえに彼女が一人前の社交界女性として会話に活気を与えることができなかったからである。この対極にスタール夫人のサロンがあった。そこでは精神《エスプリ》は社交的であると同時に豊かであった。しかしレミュザは噂でしか、あるいはそこに出入りした人物たち（ブロイー家の人びと、バラント）を通してしか、そのサロンを知らなかった[46]。しかしそれゆえに彼は、その世界を容易に理想化できたのである。

レミュザのテキストの背後に透けて見えるものは、より高い価値が付与された社交界のイメージである。つまり時代の政治的・哲学的分析を進歩させ、発展させることのできる優れた精神の持ち主たちの集いのことである。これらの人たちがサロンの中で獲得した言葉づかいや省察の仕方が、彼ら自身の知性を刺激するのである。おそらくこのことは、生き生きとして正確なあらゆる思考には不可欠の条件である。レミュザははっきりとは述べていないが、これらのすべてが彼の『回想録』の中では、知性では否認され、感情では守り続けられた青春時代の確信の名残として、顔を覗かせているのである。

仮に知的な思索が社交界の会話によって助長され促進されることはあっても、逆に「会話によって政務を取り扱う」意図以上に危険なものはないということを、レミュザは経験によって学んだのだった。タレーランがまさにその見本であり、風刺画にまで描かれることになったのだった。一八三二年にカジミール・ペリエが死んだ時、レミュザはロンドンに出かけて大使館のタレーランに会い、彼に組閣の意思があるかどうかを知ろうとした。レミュザは、その外交官に問いただそうと考えていた質問のリストを作製し、次のごとく詳しく説明している。「しかしこれらの質問はすべて順を追って取り扱われたわけではなかった。私はこれら質問項目に番号を付けていたのだから、これは会話のやり方ではなく訴訟手続きのやり方である。会話によって政務を処理するのが彼の好みであり、意図であった。その他のいかなる方法も彼にはペダンティックで、官吏好みに思われていたのだろう」。

タレーランが会話の丁々発止をいかに利用したかは以下の通りであり、それはまさに真の戦略となっていた。「彼は関係のない人たちと話をしていても、午前中に自分が耳にしたことをほのめかしたり、二人掛けのソファーで喋っていた時には断ったかに見えた返事も、すれ違いざまに目配せで送ったりした。彼は一二人もの夕食会の席で、その中の一人だけが理解できる言葉を好んで投げたがった」。明らかにレミュザはこの演出を評価していない。「大事件をいかに楽しみながら扱っているか、タレーランはいつも見せたがる様子であった。言ってみれば、私には彼が子供っぽく思われた」。

同様にヴィレールルは、ルイ一八世は政治的議論を避けていると非難していた。老いた王は、協力者たちと友好的に話す方を好んだというわけである。実はこの君主と外交官（タレーラン）は、権力者というものは会話を通して統治するものだという同じ信念をもっていたのである。もっともルイ一八世は談笑しながら重要事を決めるようなことはしないが、タレーランにはこのやり方で政治的事柄を処理するという文句なしの才能があったのである。（そしてレミュザも、たとえこの方法が自分の気に入るものではないにしても、この才能を認めることにやぶさかではなかったのである）。

これに反して、レミュザは、ギゾーの家での同じような意図を暴く時、それは効果がないと言ってギゾーを非難する。つまりタレーランの家では時代遅れで、時代錯誤のやり方であったものが、ギゾーの家では真の行動とは無関係な、単なる模擬行為となるのだった。事実タレーランは旧宮廷出身の大貴族であり、ギゾーはニーム出身のブルジョワだった。一八一九年にドカーズがギゾーを県および市町村行政局の局長に任命した時、レミュザはギゾーの政治文書作成係の一人だった。彼はギゾーに毎日会い、その仕事のやり方にびっくりしていた。局長は一日に二時間だけ、一三時から一五時までの間しか執務室にいなかった。毎朝、局長は家族と食事をしている間でさえ、訪問客を自宅で受け入れていた。彼の心を占めていたのは行政のことではまったくなく、「大臣たちとの対話、内密の打ち明け話、与えるべき忠告、すべてを知りたいという欲求……」だった。そしてレミュザの結論はこうである。「彼は誰かれとなく会話をして、政府の活動の模擬行為に耽ることが好きだった」[47]。同じく座談の名手であったモレについては、レミュザはさらに手厳しい。「彼こそが、あのいかようにも解釈できる曖昧政策の化身であった。抵抗でも譲歩でもないその政策は、下院にあっては決して堂々と対決せずに、可能な限りすべてをかすめ取る政策であり、演壇で議論する開かれた政府の代わりに、会話による隠微な政府を使う政策であった」[48]。

　政務を会話で扱うこととは手続きを省くこと、つまり一件書類の正確な検討や秩序立った審議、組織的な交渉、果ては議会法に則った公的論争を省いてしまおうということである。レミュザがここで告発しているのは、一つの党派だけに政務の処理を任せようとする傾向に対してなのである。リエヴェン大公妃がギゾーに及ぼした悪影響を説明して、彼は書く。「彼女は、ギゾーが期待していた助力をそのまま与えたことで、彼を駄目にしたのである（…）。彼女は、ギゾーが取りつかれていた野心、つまりブルジョワであり、学者であり、雄弁家であり、清教徒であり続けながらも、あらゆる国のメッテルニヒのごとき輩の中に自分を加えたいという子供っぽい野心を、全面的に満足させたのだった。旧派の政治家たちからその師とは言われないまでも、その同輩として数えられたいというこの妄想によって、彼は徐々にその前歴から、本来の意見から、昔の人間関係から遠ざかり、狭量で旧弊な政治の中にますます引き込まれて、偉大なことのために育てたその心と才能の春を、かかる政治のために売り渡してしまったのである」[49]。

　この「旧派」の流儀、そのもっとも完成された例がタレーランなのだが、そこには一つの偏見が露呈している。すなわちエリートたちの会話や優れた人間たちの対話は、それ自体が「遂行的《ペルフォマティヴ》な」〔必ず何かを実現する、の意〕価値をもっており、十分に政務を方向づけて諸国民を統治できる、という偏見である。この思想、いやむしろ宮廷精神の遺物であるこの感情（それが社交界人士の社交活動《ソシアビリテ・モンデーヌ》に指導者的役割を認知する）は、「社会」のあらゆる領域《セクトゥール》の中に、漠然と暗黙の形で拡がっていたことには疑問の余地がない。

偏見は強固である。実質的というよりも、むしろしばしば明らかに浅薄な社交界人士の会話に対しては批判があるにもかかわらずである。そしてまた、政治的な仕事——熟慮と決断を必要とする——は、サロンとはかけ離れたものであるという事実にもかかわらずである。一八二〇年頃に生まれた社交界の若者たちが、政治上の役割を担おうと野心を抱き、その準備をするにあたり、社交界の会話では満足していないということは意味深いことである。つまり彼らは、議会討論の練習のためにさまざまな種類の討論クラブ（ディベイティング・ソサエティーズ）、あるいは「雄弁会《コンフェランス》」を創設したのだった。一八四一年の《オルセー雄弁会》〔本書二九七頁以下を参照〕はアルベール・ド・ブロイーが主宰したが、彼は復古王政のもとでスタール夫人の流れをくむサロンを開いて名声を馳せたあのブロイーの息子であった。[50]

〔訳注一〕デュドヴァン夫人——ジョルジュ・サンド（一八〇四—七六）は一八二二年にデュドヴァン男爵と愛のない結婚をし二子をもうけたが、一八三一年から別居し、一八三六年に正式に離婚した。

〔訳注二〕「ランブイエ館とポール＝ロワイヤルの混合」——ランブイエ館はテュイルリーの近くにあったランブイエ侯爵夫人の館のこと。この有名な〈アルテニスの青のサロン〉で、一六二〇年から一六五〇年にかけてコンデ、リシュリューその他の大物政治家や、マレルブ、スカロン、デカルト、コルネイユなどの文人、スキュデリー嬢、セヴィニエ夫人、ラ・ファイエット夫人などの貴婦人たちが会話の花を咲かせ、その技を磨き、フランス語の純化に努めたのだった。一方ポール＝ロワイヤルの修道院では同じ頃に、オランダの神学者ジャンセニウスと思想を共有したサン・シランを中心に、一種のキリスト教純化の運動があり、学校を開いてさまざまな階層の弟子たちを集め、パスカルやラシーヌもその教義に深く共鳴していた。なおポール＝ロワイヤルはイエズス会の教唆によって弾圧され、一七〇九年に破壊されることになる。

共存

第一帝政の崩壊以来、どんな意見も誰憚ることなく声高に主張されていたので、会話もその大部分は政治的論議で占められていた。社交界の人びとはすべてが同じ党派に属しているというわけではなかったから、会話によって危険な緊張関係が生じることもあり、それを乗り越えるのはよき仲間としての倫理《エティック》だった。招待客同士の政治的衝突をあらかじめ避けるため、その家の女主人がこの種のいかなる会話も排除したいという気になることは大いにありえた。一八一六年に、マイエ公爵夫人が自分の「城」でしたのがそれである。「城」と呼んでいたのは、発起人の女性たちが田舎に行けないことの埋め合わせに、パリで「城の生活」を送ろうと言っていたからである。「城」には毎日約三〇名の、「内輪の親密さの魅力を大事にして社交に加わる」[51]人びとが集まっていた。彼女たちの中にはジュミヤック夫人、ノアイユ子爵夫人、クリヨン侯爵夫人、オードナルド伯爵夫人、ジラルダン伯爵夫人、グレッフュール伯爵夫人などがいた。この小さな集まりでは、政治については話さないという鉄則があった。この規則によって、「そこはあらゆる党派の紳士たちが自由に話したり、笑ったり、楽しんだりできる」唯一の場所となった。そしてこのことは、復古王政の初期において活発であった政治的決着なるものよりも上位に、社交界の人間関係を置くことを意味した。この女性たちは入会許可については大変厳しい態度をとったので、この社交界の小さな港は大流行となり、その評判は国境さえも越えた。だが、実のところこれは短い間の成功で、「城」は翌年には消えてしまったのだった。

　第二の解決法をとるならば、争いは完全に避けることができた。つまり、あくまで自分と同じ意見の持ち主だけを迎え入れるのである。しかし、これは常連の数を制限することであった。たとえば復古王政期に、オーベルノン夫人は自由主義者だけのサロンを開いていた。彼女は代議士のマニュエル、アリ・シェフェール、ヴィクトール・クザン、スタンダール、ベランジェ、ティエール、ミニェ、デュヴェルジエ・ド・オーランヌなどを受け入れていた。このサロンにしょっちゅう出入りしていた『ジュルナール・デ・デバ』紙の新聞記者ドレクリューズは、皆同じ意見の持ち主なので議論は平板で退屈であり、結局は二義的な問題の方に話が行ってしまったと述べている。同じような政治的立場からは平凡な話題しか生まれてこなかったのである。[52]

　したがってサロンの会話の理想は、まさに多様な意見があるということであって、その家の女主人の手腕は客の多彩さで評価された。マイエ公爵夫人は、一八三〇年一月に共存《コアビタシオン》の断固たる方針を採用する。ボナパルティスト、自由主義者、立憲派、過激王党派《ウルトラ》、失脚した大臣、現職の大臣というように、その意見や地位が何であろうと、彼女は自宅にエリートの人士たちを受け入れようとする。最初は彼らも狼狽する。しかし、少しの間ぎこちなくためらったあとで、「政治家たちを共に語り合わせずにはおかない互いの魅力から」[53]、彼らはどちらからともなく接近する。結局、このやり方に不満なのは宮廷だけだった。つまり過激王党派はマイエ公爵夫人に対し、あまりに雑多な社交仲間《ソシエテ》を受け入れすぎるといって非難するのである。だが反対にマイエ夫人は、党派の違いを取り除き、いかなる立場の人びとも互いに出会えるようにすることで政体の安定に貢献でき、さらに王家公認という「思想の狭いクラブ《セルクル》」に閉じこもるのを防止できると考えるのであった。

七月王政下では、政治的傾向が一層ばらばらになるにつれて、意見の違う人びとが一緒にいることはますます微妙になってくる。ディノ公爵夫人は、ティエールが新しい内閣を組織した二日後の一八三六年二月二四日に、次のように書いている。「社交界《ソシエテ》を分けている王家の二大分裂の他にも、今や裏切られた野心が生み出したあらゆる党派が存在しています。モレ派、ブロイー派、キゾー派、デュパン派、そして最後にティエール派といった具合に。そして正統王朝派が少なくとも〈中道派〉に敵対しているのと同様に、それらすべてが相手に対して鋭く敵対しているのです」。

政治的帰属が非常に異なる人びとをサロンの中で向かい合わせたということで、もっとも有名だった女性はレカミエ夫人である。彼女はそこである種の色気を振りまいていた。かくして復古王政下での夫人は、マテュー・ド・モンモランシーやラ・ロシュフーコー＝ドゥドーヴィル公爵のようなきわめて保守的な人物と、バンジャマン・コンスタンやラリー＝トランダル、あるいはカテラン氏といった自由主義者を一緒にもてなしていた。皆は「少なくとも表面上は冷静に」議論していた[54]。これは紳士たちにとっては洗練された礼節の証だったし、女主人にとっては外交的手腕を発揮するよい機会だった。サント＝ブーヴはこの調停の努力を真に文明化を促すための行為と考え、「エウリュディケーはオルフェウスの役割を彼女自身の流儀で行うのだ。オルフェウスは野性の生を飼い馴らしたが、エウリュディケーは文明化した生の仕上げをし、それに栄冠を与えるのだ」[55]と言っている［訳注］。一八三六年に『ルヴュ・ド・パリ』誌が翻訳掲載したドイツ人ジャーナリストの証言は、アベイ＝オ＝ボワのサロンで立ち働くレカミエ夫人の「親切ぶり」を教えてくれている。「彼女は、周囲で何が話されているかと耳を傾け、聞き集め、聞こえてくる議論の対立に気づくとこれを横取りし、サロンで繰り広げられている新しい質の高い思想は何でも取り込んで自らを豊かにする、という類い稀な才能を最高度にもっている」[56]。このドイツ人ジャーナリストは死の苦しみについての論争に居合わせたことがある。そこでは何人かの人たちが激しく対立していたが、「彼らは如才なく才気ある男として、隣り合っても気を悪くしたりはしなかった」。終始縫い物や刺繍に忙しかったレカミエ夫人は、黙って、しかし最大の注意を払って会話を聞き、決定的瞬間には話し手に「思いやりのこもった視線」を向けるのだった。いったん会話が終わると、彼女は「それぞれの話し手の議論の巧みさとしっかりした論拠について」各人を褒め、話し合われていたことをまとめ、自らの見解を示し、「社交界で必要とされているあの感じのよい態度」を決して逸脱することはなかった。

確かにジュリエット・レカミエには長い実践経験があった。帝政下では、彼女は非常な金持ちで大舞踏会を開いており、「ミュラやウジェーヌ・ボーアルネといった元帥たちのような新しい帝政の名士とか、多数の旧貴族や戻ってきた亡命者、また財界のトップや多くの外国人などによって形成されていた」[57]上流社会をもてなしていた。

共存が成功するには一つの前提条件がある。つまり出席している人びとが礼儀正しいということである。一八四一年五月一九日、弁護士のシェ・デス＝タンジュは、政治家、聖職者、歌手など、さまざまな人びとが混じり合った社交の集まりを開いていた。その中には、前の年にケラン猊下の後任となったパリの新しい大司教アッフル猊下がいた。ケラン猊下が完璧な社交界人士であり、フォブール・サン＝ジェルマンから高く評価されていたのに反し、アッフル猊下は前任者とは逆に「上流社会の出」[58]ではなかった。案の定、ラグランジュ嬢とポール・バロワレがベッリーニのオペラ『ピューリタン』のデュエットを歌い出したところ、アッフル猊下はそれをドイツ語で歌うようにと大声で要求し始めた。ジュール・ジャナンはこれについて次のように評した。「彼はルアンやリヨン、ボルドーの優れた大司教になることはできるだろうが、アルレー〔ルイ一四世治下のパリ大司教〕やジュイニェ〔一七八一年にパリ大司教となる〕、デュ・ベレー〔おそらく一六世紀の枢機卿ジャン・デュ・ベレー〕などの後継者になるには、別の作法が必要だろう」。また別の言い方で、パリの聖職者の偉大な伝統に列なるためには、自分の世界をもっとよく知ることが要求される、と。

政治的なさまざまな傾向をうまく調和させるには、七月王政下でいわれたような「融合の」サロンを維持しようとするだけでは十分でなかった。ロドルフ・アポニイは、ポール・ド・セギュール伯爵夫人の夜会にしばしば出入りしていた。彼女は、家族全員打ち揃ってルイ＝フィリップに同調していたにもかかわらず、正統王朝派との友情も保っており、長子系〔正統ブルボン家〕の支持者も次子系〔オルレアン家〕の支持者も一緒に受け入れようとした。その結果は惨憺たるものだった。「したがってこのサロンでは、《ノアイユ子爵夫人とその娘のムシー公爵夫人、ジュミヤック夫人、ポワ夫人、シェランクール夫人》といったご婦人方とオルレアン家の王子たちとが鼻と鼻を突き合わせているし、さらに悪いことには、政府に反対して熱くなっている若者たちが勢揃いしていた（…）。こうしたことのすべてが、この夜会を恐ろしく冷やかなものにしている[59]」。

緊張で重苦しくなっているサロンでは、上品な人たちの最良の武器はユーモアであり、それが雰囲気を和らげる唯一の手段である。正統王朝派のソステーヌ・ド・ラ・ロシュフーコーは、一八三九年五月三日、ウディノ侯爵夫人の家を訪問中だった。そこへ名門の出だが「しかし七月王政にすべてを捧げている」男、セルセー子爵がやって来た。互いに攻撃し合う代わりに、二人の男は自分たちの意見の相違を揶揄する方を選んだので、その集まりは陽気になった。その場面を語っているのはソステーヌである。「《私たちはあなたのオルレアン公爵〔ルイ・フィリップの長男、フェルディナンのこと〕にはもう会いませんよ。これについては彼の取り巻きは不満を漏らすに違いありません。なぜなら彼は常に礼儀正しい態度をとっているのですから。お分かりでしょう、私は全員に公平なのです》と、私は彼に言ったのです。すると彼は、《公爵は内輪で生活していて、ほとんどオルレアン公爵夫人から離れません》と答えました。《それでは結局二人は何をしているのですか、チェスをしているのですか》。《かもしれません》。《分かった、王様遊びをしているのでしょう。まもなく〝王手〟とくるのでしょう》。皆がどっと笑い出し、彼自身も笑わずにはいられなかった[60]」。

文明《シビリザシオン》、それがパリ社交界である。そこでは社交上の人間関係の好みが、政治的党派の憎しみに打ち勝っており、政治家はまず何よりも社交界の人間であり、談論家であって、彼らは社交界の軽薄さや魅力を犠牲にしてまでは真面目なことを特別視しようとはしないのだ。一八三五年、あるジャーナリストが書いている。「地方では、政治的意見の違いが非常に激しい憎しみを生み、社交上の人間関係をすべて破壊してしまっている。ところが大変驚いたことに、パリのサロンでは、もっとも対立している党派の男たちが好意的に、気さくに、とげとげしないで、政治に触れることを避けながら、互いに打ち解け合って話しているのが見られる」[61]。さらに彼は、デルフィーヌ・ド・ジラルダン邸でのレセプションについてこう語っている。「デュパン氏はドレスの布地について、きわめて才気煥発に、かつ事情によく通じた人らしく論じていた。またオディロン・バロー氏はヴァトゥー氏〔ルイ＝フィリップの王室図書室長。一八四八年のあと亡命に同行〕と一緒になって、スパール夫人にロマンスを歌ってもらおうとして、彼が演壇で力いっぱい示してみせるあの如才なさと優雅さを振りまいていた」。

〔訳注〕…と言っている。――オルフェウスは麦の精（地下に播かれる穀物）ペルセフォネを音楽の力で動かし、冥界の妻エウリュディケーを連れ戻そうとした。おそらくこのサロンのもう一人の主役シャトーブリアンをオルフェウスに、エウリュディケーをレカミエ夫人に見立てている。

影響力を行使することと推挙すること

したがって理想的には、社交界の交際は利害を越えた行為であり、そこでは文明の精華が構築されるのである。上流社会は優れて美と善の顕現の場であり、同時に洗練された風習《ムルス》のコンセルヴァトワール〔音楽、美術などの伝統を保存・継承する学校〕なのであるという信念は、会話の他に朗読や音楽のような別の文化的、芸術的活動によっても表明されている。この見地からすると、社交界の中にいるということは一つの特権であり、それ自体で一つの褒賞なのである。

しかし、デルフィーヌ・ド・ジラルダンが奨励し、レミュザがついに捨て去ることができなかったこの牧歌的なヴィジョンには、どう見ても現実《レアリスム》が欠落している。また、社交界人士というものは、まさしくどんな村の共同体にも引けをとらないほどに、情熱に取りつかれやすく、性や金銭や権力の誘惑のしもべなのである。社交界が野心的な若い狼ばかりであふれている限り、権力や成功を狙う野心家にとって時代の先端をゆく《ア・ラ・モードな》女性たちのサロンや閨房は、必須の道程の中に位置づけられる、ということを信ずるべきではなかろうか。バルザックがラスティニャック〔『人間喜劇』の多数の小説に登場する野心家の青年〕に言わせている演説は、文字通りにとるべきではなかろうか。いわく「政治家の妻は統治機械であって、美しいお世辞と挨拶を述べる装置なのだ。彼女らは野心家の使用する道具のうちでも第一の、そしてもっとも忠実な道具である。結局、彼女らは何の心配もなく巻き添えにできる友人であり、前言を取り消しても、結果を気にしなくて済む友人なのだ。マホメットが一九世紀のパリにいると仮定したまえ。彼の妻は大使夫人のように細かく気を配り、お世辞を言い、フィガロのように抜け目ないロアン家〔訳注一〕の女のようになってしまうだろう」[62]。

　こうしてシャトーブリアンも、彼の魅力に惹かれた女性たちを通して、いつでも自分の利益になるよう取り計らわせることができたのだった。彼がいくつかの大使の地位を獲得したのもこのようにしてである。ルイ一八世によって国務大臣を解任されたシャトーブリアンは、ドカーズに反対したことで王の怒りを買ったが、ジュリエット・レカミエ、デュラース公爵夫人、モンカルム侯爵夫人らの支援を同時に受けて、一八二一年にベルリン大使に任命された。ヴィレール政府誕生の時（一八二二年）、この作家は外務大臣になれなかったことで非常に落胆していた。彼よりもマテュー・ド・モンモランシーの方が好ましいと見なされたのだ。マテューはジュリエット・レカミエに恋していたので、彼女は直接この大臣に働きかけることができ、愛している男〔シャトーブリアン〕のために大使館の中でももっともすばらしいロンドン大使の地位を、次いでヴェロナ会議〔訳注二〕（一八二二年）でのフランス全権大使の地位を手に入れてやった。一八二八年にはついに、レカミエ夫人は微妙な画策をやってのけた。シャトーブリアンは、ヴィレールの失墜に大きく寄与したにもかかわらず、新しい内閣にその姿がなかった。その代わりとしてローマ大使の地位の申し出がなされた。しかし、マテューの従兄弟のアドリアン・ド・モンモランシーがローマでその職についており、彼を追い払うのは不可能だった。ところが幸運にも、彼もまたジュリエットに恋していたので、彼女はアドリアンに対しウィーンに行くよう説得した。かくしてシャトーブリアンは、シモネッティの宮殿〔ローマの大使館所在地〕に身を落ちつけることができたのである。

レカミエ夫人は、彼女の姪（そして養女）のアメリー・シヴォクの夫である考古学者シャルル・ルノルマンの仕事を確保しようとした。そこでサロンの常連の一人、ドゥドーヴィル公爵に助力を求めた。彼は息子のソステーヌ・ド・ラ・ロシュフーコーと一緒に、アベイ＝オ＝ボワにしばしば出入りしていたのである。このようなわけで一八二八年八月、シャルル・ルノルマンはシャンポリヨンの指揮のもとエジプトに派遣されることになった。ジュリエットはまた、進んで若者たちを大使館に「送り込んでいた」。アドリアン・ド・モンモランシーがウィーンでその職務にあった時、彼女はアブランテス公爵夫人の息子、若いジュノを彼の館員の中に加えてくれるように頼んだ。アドリアンはこれに同意したが、その若者は幸運をあまり役立てなかった。というのは、彼は大変な不行跡を働き、借金をこしらえてしまったのだった。それにもかかわらずレカミエ夫人は、アドリアンが一八二九年秋にロンドン行きを命じられた時、再び口を出し、メリメを彼に推薦した。アドリアンはメリメを館員として連れていくことを承知したが、事は最初の時と同じでうまくは進まなかった。今度の場合は、辞職したばかりのシャトーブリアンに影響されて、若きメリメはもはや外交官などにはなりたくなくなっていたのである。[63]

レカミエ夫人の立場は例外的だった。なぜならばその影響力をもっぱら自分の魅力だけに負っていたのだから。その魅力が彼女のサロンを首都の最上等の場にしていたのである。モンカルム夫人とデュラース夫人の場合は、高位の役職にある男たちの姉妹あるいは妻という、さらに古典的な立場にあって、この男たちがその地位を利用して恩恵を願い出るのであった。かくしてデュラース公爵夫人は王にとりなすことに成功して、自分の娘婿にローザン公爵の称号を、またドヌーにもしかるべき地位を手に入れてやったのである。彼女はこの学者が一八一五年に国立古文書館の館長を解任されたことに怒り、一八一七年には《コレージュ・ド・フランス》の歴史学・倫理学の教授職を彼のために獲得してやったのである。[64]

社交界の一女性が、一人の男の経歴にどれだけの影響力を及ぼしうるのか、正確に計量することは非常に難しい。実際、あれこれの利益を手に入れるためにめぐらされた策謀の痕跡は何も残っていないし、その恩恵に浴した者は自分の回想録の中ではそのことに触れないよう気をつけている。しかしながら、いくつかの伝記の中から若干の細部を拾い集めることはできるのである。たとえば、デルフィーヌ・ド・ジラルダンは自分が保護していた人たちをどんな風に援助していたのか調べてみよう。一八三九年、彼女が画家のテオドール・シャセリオーを庇護しようとした時、彼は二〇歳だった。そして、サロンの常連だった彼を「うちの子」[65]扱いにして、社交界に連れ出し、親しい人たち（たとえばキュスティーヌ侯爵）の家での夕食会に同伴した。彼女はまた、《テアトル＝フランセ》での自分の最初の悲劇『ユディット』のための衣装の注文を、彼に回してやって仕事の世話をした。夫の古い友人であり協力者でもあるサン＝シャルル・ロトゥール＝メズレーのためには、彼女の姉妹エリザ・オドネルの仲介によって、アルジェの知事職を手に入れてやった。その際エリザ・オドネルは、ルイ＝フィリップの図書係ヴァトゥーにその影響力を振るい、ヴァトゥーは王との間をとりなしたのである。デルフィーヌはその人脈を活用して、文人たちに名誉や金銭上の恩恵を得させてやった。ずっと以前から彼女のサロンと彼女の母のサロンに通ってきていたヴィルマンが文部大臣になった時には、彼女は自分の「詩の生徒」エリザ・モローを彼に推薦したし、さらにジュール・サンドーにはレジオン・ドヌール勲章を与えるようにと頼んだのだった。次に彼女が訴えをしたのは、ヴィルマンの後継者サルヴァンディにである。というのも、ルイ＝フィリップが小説も小説家も好きではないことを口実に、レオン・ゴズラン〔当時小バルザックといわれた小説家〕への叙勲を拒否していたからである。結局サルヴァンディはデルフィーヌの懇願に負けて、受勲者リストにゴズランの名前を加えた。この件については、たとえ作り話だとしても面白い場面が語られている。大臣に呼び出されたゴズランが戸口で待っていた時、新聞小説作家ロジェ・ド・ボーヴォワールが通りかかった。驚いた後者は、「そこで何をしているのか」と聞いた。するとゴズランは答えて、「君、分かるだろう、〈十字架の道行の留〉だよ」〔〈十字架の道行の留〉とは、キリストが十字架を背負ってカルヴァリオの丘を登った時に休んだ所。レジオン・ドヌール勲章は十字勲章であって、今それを待っているの意〕と言ったという。[66]

確かに第一級の地位につくには、社交界の人間関係とは別の何かが必要だった。少なくとも才能と（あるいは）社会文化的遺産のごときものが、輝かしい経歴の根源にはあった。一方、社交界で結ばれた人間関係は、行政府に入るには非常に有効でありえた。たとえばジュール・ド・ルセギエ〔伯爵。復古王政期の行政官、ルイ＝フィリップに加担、詩作品もある〕は、バニエール・ド・ビゴールの温泉場でシャルル・ド・ペロネ伯爵と結んだ友人関係のおかげで、復古王政期に国務院《コンセイユ・デタ》の聴取官《オーディトゥール》になった。ペロネは法務大臣に任命された時、トゥルーズに住んでいたルセギエをパリに呼び寄せて、聴取官の資格で国務院に入れ、次いですぐにその上の調査官《メートル・デ・ルケート》に任命した[67]。この場合その手続は単純だった。大臣が直接関与し、任命には仲介者は必要ではなかったのだ。

　仲介者の介在は、状況を複雑にした。ギゾーは、一八一〇年にレミュザ夫人が画策して自分を国務院の聴取官に任命させようとした件が、推薦の駆け引きの中でいかにして立ち消えてしまったかをユーモアをこめて語っている。レミュザ夫人は、当時警視総監だったパキエに頼んだ。パキエはこの若者のことを、外務大臣だったバッサーノ公爵と国立古文書館長のオートリーヴ伯爵に話した。この二人の帝政の高官はギゾーに面接し、皇帝を悩ませていた問題、すなわちイギリスに拘禁されているフランス人の囚人とフランスに留置されているイギリス人囚人の交換について、意見書を提出するように指示した。ギゾーは意見書を書き、提出したが、以後それについての話を聞かなかったし、任命の話もなかった。しかしギゾーは、一八一二年にフォンターヌからパリ大学文学部の現代史教授のポストを提供されたが、その頃にはもはや先の一件を気にかけることはなかった[68]。

　七月王政下では、行政官の職を得るための争いがとくに熾烈をきわめていただけに、人間関係はますます重要になっていた。フランスの法学部は、空きのポストをはるかに上回る学生を作り出していた。毎年九〇〇から一〇〇〇名、そのうちパリ大学だけでも五〇〇から六〇〇名の法学士が生まれるのに対し、中央の行政府と上級の公職は六〇〇〇名分にすぎなかった[69]。多くの若者が定員外職員の地位に甘んじていて、給料ももらえず、いつの日か報酬付きの地位を得ることを夢見ていた。〈行政官修習〉[70]というこの形式は家族には非常に高くついた。なぜなら確実な未来もない若者を養い続けなければならなかったのだから。だがそれでも皆この地位を非常に求めていたのである。推薦か保護がなければ、定員外職員にさえもなれなかったのだ。

　実際のところ、募集に関しては完全に大臣の自由裁量だった。一九〇〇年代までは、各省庁に入るのにどんな資格も、どんな免状も、どんな試験も要求されなかった。個人的に大臣を知らない場合は、大臣に圧力をかけることのできる議員の庇護を取りつけるのがもっとも有効な作戦だった。とりわけ、野党議員の後ろ楯をもっているのが有効だった。定員外職員は入局後半年がたつと、それまでの行動、精勤ぶり、態度についての特別の報告書が作られたので、一生懸命働かなければならなかった。そして二、三年後に有給の仕事が得られなかった場合は、彼らは行政府を去っていった。一八二七年に定員外職員としてヴェルサイユ裁判所付検事代理に任命されたアレクシ・ド・トクヴィル〔『アメリカの民主主義について』（一八三五―四〇）などその著書は政治的リベラリズムの聖典だった。伯爵、第二共和政の議員。一八〇五―五九〕は、このように定職を待つのにうんざりして、一八三二年にはその職を辞めてしまった一人である。[71]

有給の仕事を得るには、ややもすると大変な時間を要した。アルフレッド・モリーの経歴を通してこのことを検証してみよう。彼の経歴は第二帝政下では光り輝くこととなったが（コレージュ・ド・フランスの歴史学と倫理学の教授、一八六八年には帝国古文書館の館長になった）、七月王政下での出発は厳しいものだった。理工科学校出の土木局技師の子として一八一七年に生まれたモリーは、理工科学校の入学に数回失敗したのち、文学、考古学、歴史学への道に身を投じた。そして一八三六年には、王立図書館に入ろうとして支援者を探すことになる。彼は館長ルトローヌ氏に宛てた推薦状を得るという幸運に恵まれ、手稿部部長のシルヴェストル・ド・サシの支援を確保した。その結果一八三六年五月に印刷書部の定員外職員に任命されたが、状況は進展しなかったので、一八三八年四月に辞職した。その後生計の糧を得るために私立学校アリックスの復習教師〔自習室監督者〕となり、個人教授もした。一八四〇年代の初めはおそらく経済的な配慮から、彼は母と弟イヤサントと一緒に暮らしていた。弟は伯母の推薦のおかげで、間接税の税務署に定員外職員として入っていた。アルフレッドはフランス学士院の第二副司書に選ばれるのに、一八四四年まで待たねばならなかった。彼はすでに二七歳になっていた。[72]

社交界の人たちの推薦によって親戚や関係者や被保護者に手に入れさせることのできる特典は、たいていの場合副次的なものだったり、名誉だけのものだった。せいぜいうまくいっても、たとえばオトナン・ドーソンヴィルのような名家の生まれでさえ、若くしてローマのシャトーブリアンのそばで大使館職員として働くことができるぐらいのものだった。そして、政治権力を握っている者たちが社交界の一員であるからといっても、社交界人士（女性だったらなおのこと）が権力を勝手に使うとか、自分たちの気まぐれや恣意で権力の内部に誰かを送り込めるということにはならないのだった。

〔訳注一〕ロアン家の女——ロアン家の女には、たとえばラ・ガルナッシュ嬢と称されたフランソワーズ・ド・ロアン（一五三六—九一）などがいる。彼女はカトリーヌ・ド・メディシスの侍女となり、ヌムール公爵ジャック・ド・サヴォアの子を産んで、アンリ三世から自領のルーダンを公爵領に格上げしてもらい、ルーダン公爵夫人と名乗った。

〔訳注二〕ヴェロナ会議——神聖同盟の最後の会議で、イタリアのヴェロナで開かれた。全ヨーロッパで勢力をもち始めた政治的リベラリズムへの対応が神聖同盟の重要な課題であり、ドイツ、イタリア、フランスなどではカルボナリ運動の弾圧などによって一応成功していたが、スペインではフェルディナンド七世がリエゴの蜂起のあと一八二一年に、憲法と穏健自由派への権力の委譲を約束させられていた。したがってこの会議ではスペイン干渉問題が最大のテーマとなり、頑固な干渉論者シャトーブリアンの主張に基づいてフランスによるスペイン干渉が決議され、一八二三年に国境を越えたフランス軍がトロカデロの砦を奪取した。この結果、復位したフェルディナンド七世による激しい自由派弾圧が実行されるのである。なおフランスでは干渉に強く反対した自由派の議員マニュエルは下院議会から排除され、フランスの自由主義者たちの中にはスペイン立憲派の軍隊に参加した者もいたが、首相ヴィレールは議会を解散して一八二四年の選挙に勝利し、ここに過激王党派一色の政治が到来したのである。

ティエールとレミュザ、二人の経歴

ティエールとレミュザは二人とも一七九七年の生まれである。レミュザは一八七五年に、ティエールは一八七七年に死んだ。二人の経歴は一八三〇年に飛躍的に輝き始める。この年、彼らは新しい政体の支持において手を握るのである。社交界出身のレミュザと、社交界に自分の価値を認めさせに出向いたティエールの、社交界と結んだ異なった関係を比較するのは興味深いことである。

生い立ちと青春時代

シャルル・ド・レミュザはパリの貴族の家に生まれた。この家族はずっと以前から母方の方が権力に近かった。ヴェルジェンヌ家出身の彼の母クラリー・ド・レミュザは、恐怖政治下で斬首されたブルゴーニュ高等法院判事と、ルイ一六世治下の大臣の甥の娘の間に生まれた女性であった。レミュザ家の方はマルセイユの卸売商だった。シャルルの父オーギュスタン・ド・レミュザは大革命前に次席検事の職を買っていた。彼は大革命によってヴェルジェンヌ家と知り合いになり、一七九六年にクラリーと結婚したのである。

　第一帝政〔一八〇四―一八一四〕が夫婦の財産を作った。ジョゼフィーヌ・ド・ボーアルネ〔ナポレオンの最初の妻。当時パリのサロンの花だった〕を知っていたヴェルジェンヌ伯爵夫人は、娘のクラリーをテュイルリー宮殿に紹介した。第一執政官ナポレオンの妻は、クラリーを貴婦人として扱い、一八〇二年にオーギュスタンを宮殿長官《プレフェ・デュ・パレ》に任命させた。シャルルの子供時代は、このように政治的で貴族的な世界と同一平面上にあった。第一帝政下では、劇場の管理は宮殿長官の所管であった。したがって六、七歳の頃から、幼い少年は芝居を見に劇場へ定期的に通い、やがて生涯舞台芸術への熱烈な趣味をもち続けることになった。彼は劇場に通うだけでは満足しなかった。彼は優れたアマチュアの俳優でもあったし、戯曲も書いていた。

　一八〇七年一〇月、シャルルはリセ・ナポレオン（アンリ四世校）に入学した。彼は学業を終えたあかつきには、国務院《コンセイユ・デタ》の聴取官に任命されたいと願っていた。しかしそこで問題になったのは、従事する職業と両立できる身分よりも、社交生活と両立できる身分を選ぶことだった。なぜなら、彼が勉学に興味をもっていたとしても、生活の主要な部分は、あくまで彼の目には、パリの母の家や保養地のウードト夫人やラ・ブリッシュ夫人の家で送るサロン生活だったからである。

　非常に教養ある女性だったクラリー・ド・レミュザは、ナポレオンにしてみれば文化部門の一種の工作員だった。ナポレオンは彼女に、文人や芸術家なら誰でも分けへだてなく迎えるようにと頼んで、彼女の趣味や生来の才能を利用していた。彼女は自宅で朗読や演劇、音楽の夜会を催し、そこには最高の芸術家たちが参加していた。タルマと彼の妻が悲劇を演じ、ガラ〔国立音楽院教授、ヌーリを育てた。一七六四―一八二三〕が歌い、ケルビーニやスポンティーニ、パエールが演奏していた。したがって若きシャルルが頻繁に接触していたのは、こうした芸術的エリートたちであり、また同時に政治的エリートたちであった。彼の両親はタレーラン、モレ、パキエなどと緊密に結びついていたからである。このような政治的、文化的エリート以外の場所に、どうして自分の未来を予測できよう。彼にとって、政治活動と社交活動との間には完全な連続性があった。「私は、朝は国務院で皇帝の言葉に耳を傾け、夕方はオルタンス王妃〔ナポレオンの先妻ジョゼフィーヌの娘。ナポレオンの弟ルイ＝ボナパルトと結婚して、オランダ王妃となった（一八〇六）〕のサロンで単語当てクイズに興じていた。そしてもし頼まれることでもあれば王妃の歌う叙情歌のための歌詞も持参したことだろう」[73]。彼は権力の輪から決して外に出ず、君主のそば近くで宮廷生活を送るよう運命づけられていたのである。

彼は、ラ・ブリッシュ夫人の田園の家で過ごした学生時代の休暇の印象を、次のように書いている。「私は社交界に入るのだと思った。美しい場所、活気のある集まり、田園、そして演劇《コメディ》、すべてが私の趣味に適っていた」。さらにつけ加えて、「私は、この集団の中で自らがしかるべき場所を占める時の来るのを夢見ていた」[74]。それゆえ彼の前には、その眼下には、楽園のような世界が広がっていた。そこには舞台装置と登場人物の調和に依って立つ完璧さがあり、一つの席が待っていた。その席を占めるには、彼はただ成長するだけで十分だった。地位を得るために強くなる必要もなければ、戦う必要もなかった。社交界の調和に自ら加わるには、ただ自分の好みに従っていればよかったのである。さらにパリのリセにいた頃、寄宿生の厳しい生活を抜け出て母の華やかなサロンに出かける時、彼は自分を名づけ親の妖精の魔法の力で、素敵な王子様の舞踏会に連れてこられたシンデレラにたとえたりした。しかしながら、違いは非常に大きく、彼はすでに宮廷の一員であったし、結局そこに入るのにどんなシベリアりす製の室内履きも必要としなかったのだ。学業の終わりには、すでに一つの地位が彼には用意されていたのである。

さて、第一帝政の瓦解とブルボン家の復帰にもかかわらず、事態はまさに次のように推移していった。これが証明することは、政治の激変は結局は付帯現象にしかすぎないのであって、〈社交界〉というものはわれわれが考えている以上に強く結ばれた堅固な組織であるということである。レミュザの両親は、自分たちの華々しい立場がやがて失われることを察知していたので、一八一二年以降はもはやその未来が信じられない第一帝政と手を切っていた。そしてレミュザによれば、フォブール・サン＝トノレの貴族たちの間ではブルボン家復帰のための合意ができていたのである。シャルルが一八一四年から一八一五年のシーズンに社交界へデビューした時、彼は本来の自分の社会に復帰したのだった。それは彼の両親が第一帝政の失墜の向こうに見ていたものであり、「私がなおも時代の最良の仲間と見なしていたもの」、と彼が書くもののことである。さらにこの社会の人間関係が生涯にわたって持続していたことについて、こう述べている。「リセを出てすぐに接近を試み、入り込んだのはそこだった。他の多くの若者と同じように、私にとっても教室とサロンとの間に猶予期間はなかった」[75]。もしこの若者が、ルイ一八世の復帰後ただちに、タレーランが彼のために用意しておいた外国大使の先導者という宮廷職を利用することを知っていたならば、その連続性はさらに一層大きかっただろう。しかし彼は、自らの思想の進展によってブルボン家の宮廷から遠ざかり、この職務を何にもまして気詰まりなものと思い始めたのである。

復古王政の初期、シャルルは法学をやり、さらに自然科学の学部の講座に出ていた。大学はくだらなくて退屈だと思いながらも、形通りに試験に合格した。すでに両親はもうパリに住んでいなかったので（父はトゥルーズとリールの県知事に相次いで任命されていた）、彼は毎晩伯母のナンズーティ伯爵夫人のところで食事をし、彼女の社交の集まりに出入りしていた。このサロンの筆頭にはパキエとモレがいた。彼は「学生であると同時に社交界の人」であった。しかし決して「粋な若者たち《ジュネス・エレガント》」の一員には加わらなかった。彼は自分の出入りしていた社交界と「ダンディのグループ」（この言葉を使ってはいないが、彼がそこで問題にしているのはまさに彼らである）との間に、明確な区別を立てている。「彼らの習慣、意見、贅沢は私には関わりなかった。私は決して上流社会の若い同時代人とはつきあわなかった。彼らのことはほとんど知らなかった。彼らの真似をするには若すぎたし、貧しすぎたし、真面目すぎた。私は、快楽と虚栄のために彼らに引き寄せられるということもなく、青春時代を通してずっとサン＝ジャック通りの学生として、簡素な生活という基盤に優雅《エレガン》で凝った社交界の趣味を結合させていたことを、大きな幸せだったと考えている」[76]。「エレガント」という形容詞は、「ジュネス・エレガント〔粋な若者たち〕」と「モンド・エレガン〔優雅な世界〕」という二つの表現においては同じ意味では使われていない。前者は贅沢な生活スタイルを思い起こさせ、後者は社交界の知的エリート、すなわち贅沢や富とは無縁な洗練を想起させる。レミュザの目には、完璧に「モンド・エレガン」を体現していると見えた両親にはお金が欠けていた。第一帝政下では皇帝の命令により、暮らし向きは豪勢だったが、彼らはその豪勢さのせいで借金をしていた。この若者がダンディにならなかったとしたならば、それは確かに彼が金持ちではなかったということであり、また社交界に自分を認知させ、自分のアイデンティティを手に入れるために、ダンディになる必要もなかったということである。

シャルルの将来はずっと以前から道が引かれていた。彼は「国事」に、すなわち政治生活に入ることになっていた。しかし、この登場には二通りのやり方が可能だった。一つは宮廷に職を得ること――ところがタレーランが彼のために用意しておいた仕事は避けようとした――、もう一つは彼を大臣に託すこと。二番目の方法が彼に合っていたので、両親が口を出して援助した。彼の母はモレが海軍大臣となったことを利用して、一八一七年一〇月に個人的にパリのモレを訪ね、息子のことを頼んだ。モレはシャルルを植民地局に入れた。一八一八年の末、ドカーズを内務大臣に据えたデソール内閣が形成された。すると今度は、ドカーズのそばに息子を置こうとパリにやって来たのは父親だった。そこでシャルルはギゾーの権限下で働くことになった。しかし一八二〇年二月のベリー公爵暗殺事件の結果、ドカーズが失脚した。そしてシャルル・ド・レミュザの政治的経歴は、過激王党派が政権にとどまっていた間は中断したのだった。彼の父は、一八二二年にヴィレールによって免職となった。

レミュザは両親の交友関係がもたらす切り札の恩恵を享受した。ナポレオンの失脚後にある程度の不幸には見舞われたものの、両親は権力の座にあった者たちとの間に強固なつながりをもち続け、十分に息子の後押しをすることができたのである。

ティエールは反対に、家族ゆえにという点ではどんな人間関係ももたなかった。そのうえ彼にはまともな家族さえもいなかった。彼は田舎者で、マルセイユで生まれた。父方の祖父はエクスの弁護士会の弁護士のあと、古文書保管所の管財人となった。彼の父親はぺてん師で、最初の妻と子供たちをすでに捨てていたが、またしてもやがて妻と息子を捨てた。母と祖母（アンドレ・シェニエの母の姉妹）がティエールを育て、勉学を注意深く見守った。一八〇八年、彼は給費生としてマルセイユのリセに入学し、すべての科目で優等賞をとって中等教育を終えた。一八一五年から一八一八年までエクスで法学を修め、そこでフランソワ・ミニェと出会った。ミニェは一七九六年生まれで、その後六〇年近くの間ティエールの相棒となった。ティエールはまず最初エクスで三年間弁護士の仕事をした。

　政界に入るためにはパリに行かなければならなかったし、また人脈も必要だった。家族の網の目が存在しない時には、別の原動力がそれに取って代わる。この場合ティエールとミニェの友情が、二人の若者の生活と前途の変転に基本的な役割を演じたのだった。一八二一年、二人の若者は異なったコンクールにおいてそれぞれ賞金を得た。ミニェは『サン・ルイの制度』についての研究報告で、《碑文・文芸アカデミー》から一五〇〇フランの賞金を獲得した。ティエールは『ヴォーヴナルグ讃歌』でエクスのアカデミーから五〇〇フランを授与された。この二〇〇〇フランで彼らのパリ出発は可能になったのだ。ミニェは七月にパリに着いた。ティエールは九月、パレ＝ロワイヤルのモンテスキュー通りにある家具付きの小さなアパートで、ミニェに合流した。彼らはエクスで交際のあったアルノー医師が、自由主義者の議員マニュエルに宛てて書いてくれた紹介状をポケットにもっていた。マニュエルはこの若者たちを自由主義者のサロンに、とくにジャック・ラフィットの家に案内した。

　ジャーナリズムに道を見つける前に、ティエールは別の試みをしたが失敗した。彼は有名な自由主義的人道主義者ラ・ロシュフーコー＝リアンクール公爵のもとに身を寄せた。一八二一年一〇月から一二月までは公爵の秘書をしたが、まもなく辞めてしまった。自由でありたいと思ったからだ。そこでマニュエルが『コンスティテュショネル』紙の三人の社長の一人、エティエンヌに彼を推薦した。ミニェの方は、『クーリエ・フランセ』紙に入った。[77]

一八二〇年代

ティエールは一八二二年から一八二八年の間に、政治についてと同様、芸術、文学に関しても五〇〇以上の記事を『コンスティテュショネル』紙に書いた。彼はときには驚くべき洞察力のあるところを示している。一八二二年に絵画の新作美術展《ル・サロン》の批評をした時、ただ一人ドラクロワの『地獄のダンテとウェルギリウス』を正当に評価した。彼は一八二三年にテルノーの主催したパーティーで、レミュザに出会った。二人はそこで『タブレット・ユニヴェルセル』紙の政治編集部を共同で担当することにし、レミュザは文学と演劇の批評も受けもった。

レミュザはジャーナリストの活動と平行して、社交界人士としての生活を相変わらず送っていた。彼がいつも出入りしていたのはフォブール・サン＝トノレのサロン（ラ・ブリッシュ夫人、パストレ夫人、ラムフォルド夫人）と、比較的最近彼を迎え入れるようになった自由主義者のサロン（カテラン夫人、ブロイー公爵夫人）だった。彼は劇作品を書き、それらは社交の集まりで、たとえばドレクリューズの家でメリメの作品と交代で朗読されていた。彼はまたシャンソンも作っていた。ジャン＝ジャック・アンペールは一八二五年に、レカミエ夫人に宛てて次のように書いている。「今日私はあるものを聞いたのですが、それは大変私を楽しませてくれました。レミュザがドレクリューズ家で、自分の作ったシャンソンをいくつか歌ってくれたのです。それらはおそらくベランジェの歌と同じくらい才気のあるものでしたし、そのうえ若々しい雰囲気があり、陽気さと優雅さと理性とが混交し、魅力的でした。きっとあなたにもとても気に入ると思います[78]」。

ティエールもこの同じ時期に、社交界上の遅れを取り戻し、そして人間関係を作り上げている。彼はショセ＝ダンタンのショワズール通り四番に居を構える。一八二三年にスペイン遠征のことでタレーランに出会う。同じ自由主義者の友人たちとは違って、彼はタレーランには敵意をもたなかった。この外交官は、ティエールを「情熱のある若者だ」と思い、強い関心を示して彼の話に耳を傾ける。そしてタレーランとディノ公爵夫人は、ヴァランセーの城館にしばしばティエールを迎えるようになる。

この頃ティエールは財産の基礎を築いている。一八二三年から全一〇巻におよぶ『フランス革命史』〔一八二三―一八二七〕を書き始め、それが栄光と五万フランを彼にもたらすことになる[79]。彼はジェラール男爵や、クラルク家の女性たちのサロン、あるいはオーベルノン夫人、ポマレ夫人、そしてピエール・ルブランのサロンに出入りする。ベランジェを通してオルタンス・アラールに出会い、彼女にシャトーブリアンを紹介してくれるようにと頼み込む。また、彼と同様『コンスティテュショネル』紙に記事を書いていたビュションがソフィー・ゲーの家に連れていってくれるが、ティエールはこのロマン派好みの文学サロンをほとんど評価していない。

同時に彼は、少しばかりのダンディスムを体験する。彼は第一帝政の元士官カレガから乗馬のレッスンを受け、ブローニュの森を散歩するために一頭の馬イブラヒムを購入する。そしてイブラヒムに続いて二頭の馬ザタとヴァンドームを所有することになる。エレガンスのきわみと言うべきか、結婚を約束していたエクス出身の娘エミリー・ボンヌフーの父親と、彼は決闘することにもなるのだ[80]。

この数年間にレミュザとティエールは、彼らのそれぞれの個人史にほとんど論理的すぎるほど照応している感情を経験した。両親との相次ぐ死別によって悲しみに沈んでいたレミュザは、一八二五年にカジミール〔一八三一年にラフィットのあとを継いだ首相カジミール・ペリエ。翌年コレラで死亡〕の姪のファニー・ペリエと結婚した。ファニーは翌年死んだので、一八二八年にラ・ファイエット将軍の孫娘ポリーヌ・ラステリーと再婚した。ティエールについていえば、彼は生涯を通して決定的な影響を受けることになる女性ドーヌ夫人と出会う。彼女は四歳年上で、元株式仲買人で不動産の投機師の妻であったが、自分の娘とティエールを結婚させる前は、おそらくティエールの愛人であった。（バルザックはラスティニャックという人物を創造した時、ティエールを思い浮かべていたといわれている。ラスティニャックはデルフィーヌ・ド・ニュシンゲンの愛人であったが、その後、彼女の娘と結婚した）。だが、ドーヌ夫人はとりわけティエールの成功と幸運にすべてを捧げた、彼の「守護天使」だった。

一八三〇年とその後

「ある時のこと、それは当時しばしば出かけていた快適な家、ラギューズ公爵夫人の夜会の席であったが、私は自分を取り巻く、念入りに選ばれた優れた人たちの社交の集まりを見て、参会者全員と自分を比較してみた。すると自分には優れたところが少しもないし、あえていえば、同等のところさえもまったくないという思いに取りつかれた[81]」。シャルル・ド・レミュザが抱いていた自分の未来への確信は、エリートの真っ只中にいて単に自分は優れているといった感覚だけに基礎を置くものではなかった。それは政治的確信、つまり同世代の若者たちと共有していた自由主義の未来という政治的確信の上に基礎があったのである。「私たちは皆、フランスとその未来から聞こえてくるコンサートにその一員として参加しようと考えていた[82]」。

一八三〇年がやってきた時、レミュザとティエールはどこまで進んでいたのか。レミュザは、若いリベラルな高等師範学校の出身者たち（ノルマリアン）が一八二四年に創刊した新聞『グローブ』に、数年前から記事を書いていた。ティエールは一八三〇年にミニェと共同で、反対派の新聞『ナシオナル』を発行した。これはタレーランが秘密裏に主宰し、アルマン・カレル、スタップフェール、アンペール、メリメ、フィエヴェ、スタンダールなどが協力した新聞である。七月二六日、ティエールは勅令〔選挙の無効、新選挙法、出版の自由の制限などの四つの勅令（七月二五日）〕に反対するジャーナリストたちの抗議文をレミュザと二人で起草し、次いで二九日、オルレアン公爵の王位継承を提起した短い檄文を出す。公爵は「フランス人の王」と宣言され、ティエールは新体制の高官となる。つまり彼はエクス選出の下院議員、大蔵省の次官、一八三二年には内務大臣、一八三三年には商務および公共事業省の大臣、そして外務大臣、一八三六年と一八四〇年にはついに首相となる。レミュザもまた、政治家の道をたどった。オート＝ガロンヌ選出の下院議員に選ばれ、さまざまな省庁に関係し、一八四〇年三月一日から一〇月二九日まで、ティエール政権下の内務大臣に任命された。これが彼の生涯の絶頂期だった。もっとも、ずっとのちの一八七一年には再びティエール内閣で大臣となるのではあるが。

二人とも著作を発表しているが、ティエールはこの分野でもまた、レミュザよりもはるかに目覚ましい成功を収めた。歴史家として有名になっていた彼は、早くも一八三三年六月二〇日には《アカデミー・フランセーズ》の会員に選出された。（入会式は一八三四年一二月一三日）。レミュザの方はこの栄誉を一八四六年まで待った。ティエールは一八三九年六月六日に、ポーラン・エ・セルフベール社と一九世紀における最高の出版契約（ヴィクトール・ユゴーが『レ・ミゼラブル』の時に交わした契約と並んで）に署名した。『執政政府と第一帝政の歴史』一〇巻に対する五〇万フランの著作権料、および研究費・作品買い上げ料一万フランというのがその内容だった。この作品は一八四五年から六二年にかけて出版され、予定されていた一〇巻では済まず、最終的には二〇巻となった。

しかしながらティエールほどの輝かしい〈小男〉でも、レミュザより劣っていた分野がある。それは社交界での交友関係《ソシアビリテ・モンデーヌ》という点である。これは一八三三年のエリザ・ドーヌとの結婚が原因だった。その時までのティエールは若く、未来は洋々とし、サロンの扉は彼に対して開かれていた。ところが、たとえばリエヴェン大公妃のように、彼の才知、活力、そして政治的成功に魅了されて彼を受け入れた貴族たちにとっては、ブルジョワ女でぶすっとしていて、むしろ不愉快ですらあるその若い妻を迎え入れる気にはなれなかった。[83] フラオー夫人に至っては、マダム・アデライードからサン＝ロック教会の募金の〈コンビを組む相手〉としてティエール夫人を指名されたことに、激怒さえした。ティエールは貴婦人たちのこうしたためらいによく気づいていたので、アカデミーの入会式の時には、ディノ公爵夫人が妻のそばに座らないよう気を配ったのだった。ティエールは自分の才能で作り上げた社交界での人間関係を、妻の凡庸さのせいで強化することができなかったのである。

それゆえ彼は、三人のドーヌ家の女性、すなわち義母とその二人の娘（エリザの妹は終生結婚することなく、義兄の崇拝に身を捧げた）からなる家族的グループの中に閉じこもってしまった。彼は、エリザの持参金の一部でサン＝ジョルジュ広場三番に大邸宅を買った。その大邸宅には贅沢な庭が付いており、ガゼルや蜂鳥、そして珍しい植物などがあふれていた。しかし、そのサロンはエレガンスの評判を少しも獲得しえなかった。なぜなら妻と義母には、客をもてなす才能が全然なかったからである。「ティエール夫人は尊大に無関心を装い、ドーヌ夫人は困惑してどぎまぎしており、そこでは少しも全体の会話が成立しなかった。多数の上流紳士がいたが、誰もくつろいでいなかったし、美点を発揮することもなかった。つまり、止めどないモノローグを相手に押しつけ、他人の話は聞くすべを知らず、対話もできないその家の主人ティエール以外の人は、である」[84]。このサン＝ジョルジュ広場のサロンは、ティエールの魅力のもとに存在しているということを除けば（当のティエールはしばしばソファーの中で眠ってしまうのだ）、何の利益も、何の楽しみも提供しなかった。ドーヌ家の女性たちは各々部屋の隅を占領し、常連の誰かをつかまえては非常に品のない悪口を耳打ちしていた。ティエール夫人が口を開くのは、いつでも不平を言うためだった。アルベール・ド・ブロイーはこう書いている。「彼女は、いつでもどこでも自分はふさわしい迎えられ方をしていないと言いたいらしく、私が彼女から聞くことといえば、いつも非常にとげとげしい口調で語る社交界の中傷話だけだった」[85]。

リエヴェン大公妃のサロンでのギゾーとは違って、ティエールは自分の政治的成功を社交界の成功に転化しえなかった。才能という財産以外何ももっていなかったこの田舎者は、ジャーナリストとして、歴史家として、そして政治家としては華々しく認められていた。しかし彼が結んだ姻戚関係は、経済的、心理的支えをもたらしはしたが、社交の点では有害だった。彼を育て、彼を守ってくれた女性の小部屋、すなわち彼の母親と祖母の部屋を、おそらく彼は三人のドーヌ家の女性とともに再構築したということではないだろうか。

ティエールとは反対に、レミュザは跡取り息子である。彼のたどったコースは典型的に、復古王政下に二〇歳だった指導者階級出身の若者のものである。そして彼の論理的帰結としての運命（政治と社交界の）は、やがて流れを変え、あえて志願して入ったジャーナリズムを経由する。レミュザは自由主義の新聞や、《キリスト教道徳協会》の集会、あるいはブロイーのサロンで奮闘した。確かに彼の政治参加は、社交界での人間関係を少しは変えた。なぜなら、慣れ親しんでいたサロンに加えて、リベラルな環境にも出入りを始めたのだから。だが、彼は心底から教養ある貴族であり、上流階級の人であり続けるのである。

彼はパリの社交生活に生じた変化を詳しく分析した。青春時代にしばしば出入りをし、今や政治的情熱の貧血した古きよき社会が死んでゆくのを彼は見た。しかし新しい社会には社交界を活性化する力はなかった。すなわちその時間も、趣味も、能力ももっていなかった。「大使館や県庁に空席ができると、公職を有効に補充する、賢くて有能な教養あるあのブルジョワジーの一部分が、圧倒的な力でそれを埋めてしまっていた。彼らは議会において優勢であり、そこには才能はあっても才知《エスプリ》は滅多に見られない。彼らには会話の能力よりもむしろ演壇における能力があるということらしい[86]」。このように、公務についている男たちが発揮していた能力は、必ずしも社交界の対話に不可欠な才知をともなっているものではなかった。それどころか、「私がいつも驚きとともに気づいたのは、パリの弁護士や公証人、大商人の社交界には、有能な男たちがあれほどたくさんいるのに、彼らには才知などはめったになく、いかなる教養も皆無、会話は無味乾燥ということだった[87]」。

しかし紛れもない欠陥は、おそらくこれらブルジョワの妻たちの側にあり、彼女たちは一家の真の女主人になることも、サロンを維持していくことも、会話の調和を図ることもできなかったのである。統治行為の領域では、ティエールとレミュザがそうであったように、異種の男たちが研究や知的・政治的活動によって同一平面に置かれていたが、妻たちの間には奇妙な不釣り合いがあった。「大臣たちは見事に意見が一致していたのに、彼らの妻たちは同じ種類の言葉を喋らなかった。ティエールはブロイーによく似ていたが、ティエール夫人はブロイー夫人に似ていなかったし、ギゾーはペルシとよく理解し合っていたが、ギゾー夫人はペルシ夫人と理解し合えるとは思えなかった」[88]。

レミュザの目からすると、青春時代に彼を育ててくれた上流階級の才知は、一八四〇年頃には最終的に消えてしまっていた。彼は郷愁をこめていつもこのことを語っているが（この才知には確かに魅力があった）、彼には未練はない。なぜなら、彼が共に歩んできたと自負する歴史の流れが、ブルジョワ階級に由来する別の能力、才知よりもむしろ才能を社会の第一線に押し上げていたからである。しかし、彼の内にはやはり、最良の言葉で育てられたという満足感、そこから余裕あるゆるぎない態度を獲得したという確信、そしてその長所と優越性を身につけているという多少とも公然たる自信が、絶えず感じられるのである。

現実には〈才知〉は完全に消えたわけではなかった。それは文学的色どりをもつサロンの中に避難していた。ティエールは歴史家ではあったが、才知ある南仏人の饒舌を操り、それを使って人を魅惑できたにもかかわらず、彼には繊細な文人を気取る気はおそらくなかった。彼は妻や義母の気分がサロンの雰囲気を決定づけるのを、そのままにしておいた。彼のサロンは時代の証人たちから全員一致でけなされてはいたが、広範囲に人の出入りがあったことにもまた注目しておこう。このサロンは、レミュザが語るところの七月王政から「風を送られた」社会の、まるで風刺画《カリカテュール》のようだった。ティエールは、美点があるところにその美点を認めるのに十分繊細であったが、自分のサロンの有様をくよくよと心配している風には見えないのである。

サロンをもっていること、社交生活の形式を維持すること、換言すれば貴族に起源をもつ社交性《ソシアビリテ》の形式を維持しているというただ一つの事実だけで、彼には十分だったらしい。つまり、それは彼が到達した高位の地位のしるしだったのである。サロンに洗練が少しばかり欠けていても大したことではない。要するに彼にとっては、政治的重みをもたないエレガンスの心配などは他人に任せておいて、自分が獲得した力を示すことがまず何よりも必要だったのである。

第六章 優越の感情

フランソワ・ギゾー

一八三七年六月一五日のヴィクトール・ド・ブロイー公爵邸での晩餐会の席で、そして数日後のボワーニュ伯爵夫人宅での夜会の時に、ギゾーとリエヴェン大公妃は親交を結び、その親交は一八五七年の大公妃の死まで続くことになる。二〇年間にわたって取り交わされた五〇〇〇通以上の手紙と短信《ビエ》からなる膨大な量の書簡は[1]、外国の貴族の一女性がこの中産階級の擁護者に対してどんな魅力を発揮したのか、またこの立憲ブルジョワ王政の推進者が貴族の概念にどのような価値を与えていたのか、そのような問いを立て検討することのできる貴重な資料となっている[2]。

ギゾーとリエヴェン大公妃

一八三七年、ギゾーは五〇歳である。復古王政以来、彼は重要な役割を演じてきた。一八一四年から一八二〇年まででは、国務院《コンセイユ・デタ》と内閣（内務省と法務省）において政治活動をしていた。そしてそのあと野党側の重要人物となった。また、パリ大学の文学部での彼の近代史の講座は、一八二二年から一八二八年までは停職処分にされたが、復古王政の終わりにはヴィルマンとクザンの講座とともに自由主義者の集合場所だった。彼はジャーナリストでもあり、《キリスト教道徳協会》の熱心なメンバーでもあって、のちにその会長となり、さらに一八二七年には選挙準備のためのグループ《天は自ら助くる者を助く》の設立者となった。一八三〇年一月にはリジウー〔ノルマンディーの都市〕選出の下院議員となり、一八四八年までこの地位は変わらない。

彼は七月王政を演出した主役の一人だったので、まず数カ月間は内務大臣に任命され、さらに一八三二年一〇月には公教育大臣になった。一八三六年の二月から九月までは中断したものの、彼はこのポストを一八三七年四月一五日まで務めることになる。非常に活動的なこの大臣は、一八三三年に《人文・社会科学アカデミー》を再建し、小学校の維持義務を各市町村（コミューヌ）に割り当てる〈一八三三年の法律〉を可決させ、フランス史に関する遠大な出版計画を打ち出している。そして一八四〇年一〇月二九日には、再び外務大臣および政府の真の首班として国事に復帰している。

一八一一年にギゾーは、一四歳年上のポリーヌ・ド・ムーランと結婚した。知的な自由主義者の彼女がペンで生きていたこともあり、二人はさまざまな雑誌のために一緒に仕事をした。彼女は一八二九年に肺結核で死亡した。そして一八一五年生まれの一人息子フランソワがギゾーに残され、また姪のエリザ・ディロンが彼に託された。翌一八三〇年、ギゾーはエリザと結婚した。エリザは彼よりも一七歳年下で三人の子供をもうけたが、やがて彼女も一八三五年に他界した。

一八三七年六月には、ギゾーはもはや大臣ではない。彼はモレが率いる新内閣に入ることを拒絶したのである。だが彼のことは絶えず人の口の端にのぼっている。五月三日の下院議会で、ギゾーは自分の政治行為についての考えを説明して、次のように発言した。「そうだ。私は一八一七年の時も、一八二〇年の時も、一八三〇年にもそうであったように、今日においてもあらゆる努力を傾けてフランス中産階級の政治的優越性を望み、要求し、そのために働くのである。一七八九年から一八三〇年の間に中産階級が特権と絶対権力から勝ち取った、あの偉大な勝利の決定的かつ合法的な組織化のために」[3]。この演説は彼の政敵の側にさえ非常に大きな反響があった。議員たちはこれを印刷させようと金を出し合い、三万部がフランス中に配布されたのだった。

ドロテ・ド・リエヴェンは旧姓をベンケンドルフといい、ギゾーより二歳年上である。彼女は、プロシャ系男爵でロシアの将軍だった人物の娘として生まれ、皇帝パーヴェル一世の妃〔原文では母とあるが妃の間違い〕マリア・フェオドロヴナ皇后のお気に入りであった。一八〇〇年、一五歳の時に、彼女はのちに大公《プランス》となるリエヴェン伯爵と結婚した。伯爵は二六歳で陸軍大臣となり、続いて一八一〇年から一二年まではベルリンで、一八一二年から三四年まではロンドンで外交官を務めた。この最後の時点で彼は、ロシアとイギリス間の紛争の結果、皇帝ニコライ一世によって本国に呼び戻された。彼の妻はロシアでの生活を望まなかったが、ロンドンに再び居を構えることもできず、結局一八三五年九月にパリを居住地に選び、リヴォリ通りのテラス館に住むこととなる。

大公妃は外交上の地位を失ったことを苦にしていた。ロンドンでの彼女は、常に国王ジョージ四世のそば近くにいた。彼女には一八一八年一〇月にエクス＝ラ＝シャペル〔ドイツ中西部の都市、アーヘンのフランス語名〕の会議で出会った有名な愛人、メッテルニヒがいた。二人はあまり会うことはなかったが、手紙のやりとりはずっとしていて、それは一八二七年のメッテルニヒの再婚まで続いていた。「私は宰相たちがとても好きです」[4]と、ドロテはいつも無邪気に語っていた。パリに着くや、彼女は自分のサロンに「政府の首脳たちと、野党のシャルル一〇世党（カルリスト）に属する主だった人たち」[5]を迎えている。ギゾー、モレ、ティエール、ベリエらが定期的にそこで出会っている。また、タレーランは毎晩彼女のサロンにやって来ては、「この者たちはツァーの手先だ」と悪口を言い、ロンドンでの大使時代にすでに彼女を知っていたシャトーブリアンも、彼女は「平凡で、退屈で、味気なかった」、話題といえば「低劣な政治」のことだけだった、無知な彼女は「思想の欠如をあふれ出る言葉の陰に隠していて」、「密かな悪口」を吹聴することだけがお好みだ、と意地悪く書いている。[6]

ギゾーと大公妃の関係をどのように説明したらよいのだろうか。彼ら自身はその始まりを、二人を悲しませた近親者の死に見ている。一八三五年三月、ドロテ・ド・リエヴェンはしょうこう熱の流行で、下の二人の息子をロシアで亡くした。一八三七年二月一五日、ギゾーとポリーヌ・ド・ムーランの間に生まれた息子フランソワは、突然二二歳で死んでしまった。フランソワの死を知ると大公妃はすぐにギゾーに手紙を書き、これに感動した彼は返事をしたためる。その後二人はこの出会いを、自分たちの共有した不幸の星が導いたものとしたのだった。「マダム、私たちの運命のこの悲しい相似と、互いの苦しみの完全な理解が、私たちの間の強い絆なのです」（一八三七年七月一四日）。それ以来ギゾーはリエヴェン夫人の子供たちの命日には、欠かさず彼女に手紙を書くことを忘れはしないだろう。

外側から見れば、この関係には違った説明がなされている。レミュザによれば、ギゾーは大公妃のサロンの「大事な新兵」なのであって、「彼女がもはやその年齢では手に入れられない最高の地位を、しかもかつて一度も手にしたことのないパリという場所で」彼女のために作ってやった人物だった。[7]ギゾーは彼女に威信と後ろ楯を与える。彼女の方は彼にパリの社交界地図にその名を残す場所を提供して、このサロンを彼の意のままにさせる。まもなく彼は議員や委員会との会見も彼女の家でするようになり、自分の家でもときどきは義妹のムーラン夫人の手を借りながら客をもてなしていた。しかし、正確に言うところのサロンを、男だけで維持することはできないのだった。

リエヴェン大公妃の言う政治とは

政治はリエヴェン大公妃の唯一の情熱であった。そして彼女はあらゆる形式のニュースと論評、つまり会話、公用文書、手紙、新聞などに飢えていた。一八二四年、彼女はメッテルニヒがちっとも会いに来ず、手紙も新聞も送ってこないことに怒り、ローマから彼に宛てて次のように書く。「私は太陽よりもはるかに政治が好きなのです」[8]。

情報源と権力の中枢から遠ざかっている時の彼女は、退屈で打ちひしがれるのだった。友人のディノ公爵夫人は、「本来」の環境からはずれた時のリエヴェン夫人について、面白い描写を残している。一八三六年六月のこと、大公妃はヴァランセーの城への招待を不用意にも受諾したのだった。森へ散歩に行っても、彼女は「欠伸ばかり漏らしていた」。初日から二度部屋を変え、暴君のように振舞い、退屈をぼやくだけの何通かの手紙をパリに送っている。七月二一日に彼女が発った時、ディノ夫人は「皆ほっとした」と日記に書くのだった。

リエヴェン夫人が世の中で一番恐れるのは孤独と退屈であり、彼女の気を紛らすことのできるのは政治だけである。彼女は文芸や芸術にまったく興味を示さない。ロドルフ・アポニイが言うところによれば、オーストリア大使館の日曜日の音楽マチネには、彼女もせっせと通っていたが、それは音楽に趣味があるからではなく、一人で残っていたくないためで、つまり彼女は絶えずお喋りをしていたかったからである。[9]社交界で政治家よりも文学者に上席権が与えられる場合には、彼女は非常にショックを受ける。一八四〇年七月、彼女はギゾーに宛ててこう記している。「(カステラーヌ伯爵夫人のサロンに）小説家のシュー氏という男がいました。カステラーヌ夫人は大使（パリのロシア皇帝大使パーレン氏）をまったく脇に放っておいて、その小説家にばかり夢中になっていました」。彼女は同時代の作家たちを知らないようだ。ウジェーヌ・シュー〔当時もっとも人気のあった連載小説の作家。一八〇四―五七〕も、ましてやサント＝ブーヴ〔この時代の高名な文芸評論家。一八〇四―六九〕も知らないらしく、ボワーニュ伯爵夫人が自宅で彼らを主役として遇するのは、非常に不作法だと批判するのである。「サント＝ブーヴ氏（間違っていなければ）という名の男がいました。最初の二分間、彼はロッシ氏と小さな声で話をしていました。大法官のパキエが入ってきた時、ボワーニュ夫人は〝こんにちは〟も〝こんばんは〟も言わないで、いきなり彼にサント＝ブーヴ氏を紹介し、サント＝ブーヴはジャンセニストの擁護者だと言いました。この瞬間から私の耳には、パスカル、アルノー、ニコル（…）〔ともにジャンセニスト運動の指導者〕の名前しか入ってきませんでした」（一八三九年一一月五日）。

彼女にとっては政治が男たちとの真の接点であり、心をときめかせるものであった。ギゾーとの書簡の中でのもっとも激しい高揚の瞬間は、一八四〇年一〇月二三日に訪れる。この時ギゾーはロンドン大使の職を辞して、ほぼ首相になりかけている。この手紙は彼女が恋人にテュ〔親しみの表現〕を使って長々と話しかけている唯一のものである。（通常彼女は恋人にヴー〔丁寧な表現〕を用いている。たまたまテュという言葉が漏れたことがあったとしても、それは偶発的なものである）。そしてこの手紙の中で、彼女は燃えるような恋の告白をするのである。「私のいとしい人、私が感じている愛と同じくらい生き生きとした優しい愛の言葉を、あなたに送ります……」。彼がパリに戻って来たので幸せだったが、それ以上に権力が急接近していることで、彼女は恍惚状態になっていたのだ。彼女は一五年前に書いていたように、明らかに宰相たちが好きなのである。

リエヴェン夫人は政治を威信の項として考える。つまり威信プラス権力は一にしかならないのである。この威信はさまざまな形式をとる。素朴ではあるが、重要でないわけではない形式は、国王の間近にいるということである。彼女自身この間近にいるという経験をしており、それを思い出すのが好きだった。彼女はイギリス国王ジョージ四世と家族同様の生活をしていた。ギゾーとの関係が始まった初期に、彼女はそのことを彼に教えようとして手筈を整える。

一八三七年九月、ギゾーはオルレアン公爵からコンピエーニュ城〔パリの北東八〇キロ、九世紀にシャルル禿頭王が宮殿を造って以来の王家の城〕に招待された。大公妃はコンピエーニュを思い描こうとして、もう一つ別の城を想起する。「私は少しばかりウィンザー城のことを思い出していました。その壮麗さ、その優美さといったら。朝、部屋を整えにいらした国王は、私の好きな花を活けてくださり、そうしたのは自分だと、夫が聞いていない時に私に告げるようにと部屋係に頼むのです。それから国王のサロンへ行くのに横切ったあの美しい回廊、国王は私が通る時にいつもそこに居るよう気を配られ、公式の挨拶の前の親密な挨拶を私にしてくださいました。また食卓でのあの小粋な言葉、あらゆる種類のあの洗練、晩餐のあとのすばらしい音楽、私が愛したあのすべての歌曲」（一八三七年九月六日）。

彼女はまた、ロシアにおいてもツァーの家族の一員だった。フランスの新聞がこの正理論派《ドクトリネール》の指導者との彼女の関係を無遠慮にも話題にしたのにいら立って、彼女はギゾーに宛てて一八三七年九月二五日に書いている。「私の国では私はとびきりの貴婦人です。宮殿での私の席順と家柄によっても、最高の貴婦人ですし、さらに皇帝や皇后と家族づきあいをしていると見なされた帝国中でただ一人の女性、という点から言ってもそうなのです。私はその家族の一員なのです」。リエヴェン夫人が社会について抱いている表象は、アンシャン・レジーム期の宮廷に照合している。そこでは主権者の人格との遠近においてしか人は存在しないし、主権者が示す興味の多少によってのみ、人は位置づけられるのである。[10] しかしながらフランスの七月王政下では、政治権力は国王の膝下の宮廷にあるのではなく（彼女はテュイルリーに出入りはしたが熱意はなかった）、政府にあるということを彼女は理解していたのだった。

彼女の見方《ヴィジョン》は、フォブール・サン＝ジェルマンの貴族の見方とはまるで違っている。彼女は、招待客を生まれや高貴な血によってではなく、もっぱら政治上の重みによって選別する。確かに彼女はノアイユ公爵を高く評価はする。だが輝かしい祖先をもたずとも政治家としての真の資質のあるティエールの方を、それ以上に評価するのである。一八三七年に彼女は、兄弟のアレクサンドルにこう書いている。「ティエール氏はまるで絶え間なく上がる花火のようで、私が出会った中でももっとも才気あふれた人です。躍動的な印象、原則の柔軟性が彼特有の性格を形成しています」[11]。

政治家の威信の基礎となるもの、それは下院の演壇での雄弁である。たとえばティエールにおいては、自分の考えを表すのに「軽妙さもエレガンスもほとんど示さない」[12]にもかかわらず、聴衆を魅了する能力が備わっているのだ。一八四〇年三月二四日、大公妃はティエールが演説する議会にいた。彼女はギゾーに宛てて、「一八三七年五月五日のあなたの演説以来、私はこれほど美しく、雄弁で、力強い言葉を聞いたことはありません……」と書くのである。一方彼女にとって、演壇上で擁護される命題などはどうでもよいのだった。その二日後、ベリエはギゾーが擁護したイギリスとの同盟には反対する立場をとっていた。ところが彼女は、「彼はすばらしかった。彼が与えた感銘は比類がない」と書くのである。逆にレミュザは、ギゾーの同志ではあったけれど「とても退屈」に思えた。リエヴェン夫人は、「このベリエという〈喜劇役者《コメディアン》〉」に対する下院の熱狂について非難したブロイー公爵の反応に憤慨している。「ああ、たとえコメディアンでも、コメディアンがあれほど上手に演じた時には、拍手喝采するのがごく自然なことです」(一八四〇年三月二八日)。

議会での雄弁は威信を得るためのもっとも確実な手段だったので、重要な会議の前日のギゾー自身に劣らず、大公妃はギゾーの声のこと、風邪のことが絶えず心配である。そして彼の演説が成功した時には、即座に賛辞を送ることを欠かさない。たとえば一八四二年五月二〇日にギゾーは、「ためらわずに言いますが、今までに出席した会議の中でももっとも偉大な、もっとも栄光ある会議に行ってきたところです。やはり臨検権〔奴隷貿易監視のための海軍による外国商船の臨検に関するもの〕についての会議で、ベリエやサルヴァンディ、デュパンに反対してきました」と書く。すると翌朝、リエヴェン夫人は一通の短い手紙を彼に送る。「私は全部読みました〔演説は即座に印刷された〕。あなたがこれほどすばらしかったことはありません。人の目に触れるところでは、このもっとも高貴な思想、もっとも高貴な言葉に人びとは必ずや感嘆するだろうと思い、楽しみにしています。私は完全にその魅力の虜です」。

一八四八年の一月と二月に交わされた文通の内容は、結果を知る者にとっては驚くべきものである〔この頃のギゾー内閣は労働勢力と反対党を弾圧し、結果として二月革命が勃発。ギゾーはイギリスに亡命した〕。二人の主要な関心事はギゾーの風邪であって、つまり風邪によって衰弱すれば、議会での演説の出来栄えが悪くなるかもしれないということである。大公妃は、審議のあとにはいつも賛辞を送って彼を安心させているのである。一月一三日に彼女は、「昨日の私のサロンでは、あなたの演説と外交文書について、皆が感心していたのをご存じないでしょう」と書いている。さらに二月五日には、「昨晩もまた、レールベット〔ソワッソン選出の議員。激しい政府攻撃の演説で有名だった〕へのあなたの見事な返答が私をどんなに喜ばせているか、あなたに伝えたくてうずうずしていました。モルニー〔ルイ＝ナポレオンのクーデター（一八五一）の影の演出者。本書一四〇頁を参照〕はそのことで熱くなっていました」と書く。

リエヴェン夫人にとっての政治とは、何よりも外交問題であり、国際関係なのである。彼女は「知ること」が好きである。つまり外交文書や外国の宮廷の反応を知ること、またヨーロッパの首都で言われていること、考えられていること、企まれていることを知りたがるのである。ヴィクトリア女王がルイ＝フィリップと会うために一八四三年にフランスへやって来た時、彼女はまずヨーロッパで起きるこの訪問の効果を考え、「私はウィーンとベルリンとサン＝ペテルスブルクに三〇分でいいから行ってみたい」と書く。次にこの旅行を演壇で利用することを考える。それに言及すれば、「両院の開会演説でどれほど美しい一節の文が準備できることでしょう」（一八四三年九月三日）、と書き添えるのである。

内政や党派の問題については、彼女はこれを二流の者たちの興味にふさわしい二次的な事柄として軽蔑する。首相が不在の間、ギゾーの代わりに大公妃を訪問していた秘書のジェニーは、リールなどの騒擾だけが気がかりだった。すると彼女はギゾーに宛てて、「あなたのご出発以来、秘書のジェニーは外国のごくわずかのニュースさえ私に伝えてくれません。だから私はまったく蚊帳《かや》の外にいます」と嘆くのである（一八四一年八月二二日）。彼女の気晴らしであり、喜びである外国の政治が奪われているのである。一八四〇年五月一八日の手紙では、「私にもニュースを教えてください」と彼女は要求している。「東洋の問題は一歩前進しているのか、それとも後退しているのか。メッテルニヒは何をしているのだろう。私は気晴らしのためにときどきこれらのことに思いを馳せます……」。彼女は愛人とまさにこれから再会するという時にはいつも、彼の伴侶として政治批評を再開することになるので、大喜びである。「訪問の成果〔ヴィクトリア女王の訪問〕についての報告は、私たちの気晴らしになることでしょう」（一八四三年九月三日）。彼らの関係が織りなすものは、当初から〈お喋り〉、すなわち政治批評だった。「あなたと一緒に口に出して考える習慣が、さらに言えばその欲求が、なぜこんなにも早く私のものになってしまったのだろう」（一八三七年七月一七日）とギゾーは尋ねている。

しかし彼女の政治世界は、もっぱらヨーロッパの宮廷のそれだった。彼女がアメリカ合衆国に関心を示さないのを嘆いているギゾーに、彼女はこのような返事を書く。「私をめくらませる何か、輝き、華麗さ、偉大さといったものが欲しいのです。〈共和国〉は全然気に入りません」（一八三八年一〇月二三日）。ここには、今なお諸王国間の政治的関係を、王家と王家の間の縁組の問題として受け取るアンシャン・レジーム期の精神構造がある。彼女がスペインの結婚問題に寄せる情熱的な関心は、ここからきている。一八三八年のタレーランの死後、リエヴェン夫人がこの外交官の住んでいたサン＝フロランタン通りのアパルトマンに居を構えたとしても、それは偶然ではない。（新聞がその関連性を強調していることに、ギゾー自身も注目する）。つまり彼女はタレーランの真の後継者なのである。ティエールも彼女のサロンについて、そこは「ヨーロッパの監視所」[13]だと言っていたのだった。

彼女にとって政治は外交関係に限られていたので、この大公妃が礼儀《ボンヌ・マニエール》の作法や規範に強く執着するのは至極もっともである。礼儀を心得るとは、なれなれしさを軽蔑することであり、適当な距離の保ち方を知ることである。彼女はこれらの規則を尊重しない人たち、たとえばカステラーヌ伯爵夫人とその愛人のモレ伯爵に、不快感を覚えるのである。ある晩彼女がサルジニア大使と一緒にカステラーヌ夫人を訪問すると、夫人は寝そべったまま彼らを迎える。「するとモレ氏が出てきて、まるで自分の家にでもいるかのようにお茶を入れました。それで私はすっと立ち上がって帰ってきました。あの家の内部はひどい悪趣味からなっています。あんなものを見せられては腹が立ってたまりません。私は自分がまったく場違いだと感じました……」（一八三七年九月一九日）。たとえギゾーが毎晩リエヴェン夫人の家で過ごしていたとしても、彼は自宅にいるかのごとくに振舞うことのないよう心がけていたらしい。彼は一八四一年四月二四日付の手紙の中で、こう書いている。「昨日私は、自分の家にでもいるかのようにいつも最後までの居残りを決め込んでいると思われたくないため、大変辛かったが勇気を出して帰りました」。

適当な距離を保つには、まず自分に与えられているはずの位置を知り、それを人に尊重させねばならない。大公妃は礼儀《エチケット》に対するどんな違反にも耐えられない。彼女はテュイルリーでの晩餐の際に、オーストリアとロシアの大使がコーブルクの大公たち〔バヴァリアのザクセン＝コーブルク＝ゴータ大公国の王子たち〕よりも席順が上でなかったことに憤慨する。アポニイ〔オーストリア大使〕が抗議すべきだったのだ。[14] 一八四〇年にギゾーがロンドンで大使だった数カ月間は、彼女は彼の人間関係、晩餐、食卓の席についての助言を惜しまず、彼女が完璧に知り尽くしていたイギリス社交界の入会儀礼を伝授する。ところでその年の四月の初め、ギゾーはメイバリー大佐の家で食事をしたと彼女に書く。彼女の返事は怒り狂ったものだった。「あなたは私の忠告にもかかわらず、招待されればその招待のすべてに飛びついている。メイバリー氏の家の夕食に行こうなどと、いったい誰が今まで考えたでしょうか。彼の妻はロンドンで一番ふしだらな女性です。私が見るところお客は彼女に相応の人たちです」。さらに続けて、彼女は気の利かない比較をしている。「私の夫はあの人たちのところで食事をするぐらいなら、本気でテームズ川を泳いで渡ったことでしょう」（一八四〇年四月四日）。彼女は数日後にもまたその主題に戻っている。「もう一度。あまり顔を出しすぎないでください（…）。私はこういうお勧めには通じています。庶　民《プティ・ジャン》はだめ（…）。イギリスには社会的にも政治的にも大物がたくさんいます。その人たちだけにしておいてください」（一八四〇年四月七日）。

ヴァル＝リシェとサン＝フロランタン通りを行き来するギゾー

パリでのギゾーは、カピュシーヌ通りとリュクサンブール通り（今日のカンボン通り）の角にある外務省（彼はそこに住んでいた）と、彼が一日に二度通っていたサン＝フロランタン通りのリエヴェン夫人の住まいの間で、大した差し障りもなく再び生活を開始した。その代わりに、状況は夏になるといつも微妙になるのだった。実のところ彼は、一八三六年にカルヴァドスの自分の選挙区に土地を買っていた。その目的は選挙民のできるだけ近くにいるためと、子供たちを緑に触れさせるためだった。ヴァル＝リシェ〔ノルマンディーのバイユーの近く〕には荒れ果てた古いシトー派の修道院が付いていて、手を加えなければならないような土地だった。彼は息子のフランソワにそこの管理を任せようと思っていたが、その息子は一八三七年に死んだ。ギゾーはヴァル＝リシェに大変愛着をもっていて、ポリーヌ・ド・ムーランにまでさかのぼるサン＝フロランタン通り以前の生活に関係するすべてのものが、そこに置いてあった。ジャン・シュランベルジェ〔『フランソワ・ギゾーとリエヴェン大公妃の手紙』（一九六三、三巻）の編者〕は、アリ・シェフェールが描いた亡きポリーヌの小さい肖像画について言及している。その肖像画は、ギゾーのベッドの裾の「マホガニーでできた華奢な一種の戸棚のようなものの中」[15]にあって、そこから動かされることはなかった。ヴァル＝リシェはこの政治家のひたすらブルジョワ的で、家族的なサンクチュアリ〔聖域〕だった。毎夏彼は、年老いた母親と二人の娘と息子をそこに連れていき、本や樹木や子供たちに囲まれて楽しむのであった。

　ドロテ・ド・リエヴェンは、彼女の最高の話し相手を奪うヴァル＝リシェに嫉妬している。彼女は自分が見捨てられたと感じている。関係が始まった最初の頃、一八三七年の夏の間、ギゾーは自分の生活について何でも知っておいてもらおうと、その田舎や家族や関心事について彼女に説明している。しかしヴァル＝リシェが、彼らの関係にあっては微妙な点だということが分かってくると、その後の年月では徐々に口が固くなってゆく。パリに帰るのが遅れるはずだと彼から知らされると、大公妃は何度か激しく反発する。三、四日帰りが遅れることを知らせた一八三九年一〇月三一日の手紙に対しては、彼女の返事はない。だが、彼がこの件でしている次のような説明から判断すると、彼女は非常に不愉快だったのに違いない。「私は〈卑劣なこと《シャビィ》〉は受け入れられません。私は一家の主婦のようなもので、人や物すべてに心配りをしていることはご存じと思います（…）。年老いた善良な母を急かすことはできません」（一八三九年一一月二日）。

　ギゾーはリエヴェン夫人の怒りを宥めるために、ありとあらゆる外交手腕を発揮する。一八四三年八月、この政治的に微妙な時期に、彼が母親を慰めるために出かけて行くのを、彼女は恨みに思っている。おまけにいつも彼は母親の気まぐれに服従しているのだ。ギゾーはけっして腹を立てたりせずに、リエヴェン夫人の武装を解除する。「息子が母親にとってあるべき姿をしていない光景を目にする時には、私はいつもつらいのです。だから母親の願いが私自身の願いに変わってしまったのです」（一八四三年八月一四日）と、彼は率直に返事をしている。これは不誠実でない限りは、大公妃に有無を言わせないやり方だった。というのも大公妃は、大きくなった自分の息子たちの行為を非常に嘆いていたからである。（一八三五年の父親の死後、息子たちは遺産について母親と争った）。

リエヴェン夫人は、ときどき嫉妬から、とくにギゾーの長女で彼のお気に入りのアンリエットに対して、公正を欠いてしまう。一八四六年七月にアンリエットは、ヴァル＝リシェからリエヴェン夫人に宛てて、父が風邪をひいたとの手紙を出した。彼女は即座に彼に返事を書く。「私はどんなに腹を立てていることか。あなたがしていることを言ってあげます。アンリエットを喜ばせるために、夜彼女を散歩に連れていったのでしょう、だからあなたは風邪をひいたのです。気をつけてください、あなたの娘さんを少しも好きになれません。そしてあなたの弱さがとても滑稽に思えます」。彼女は脅迫で手紙を結んでいる。「聞いてください。夜は散歩することを断固として禁じます。もしそんなことをするなら、あなたに心配をかけるように、私の方が病気になってみせます」（一八四六年七月二四日）。翌日、ギゾーは三段階で彼女の怒りを骨抜きにする。アンリエットに責任があるどころか、反対に彼が夜出かけるのを心配してこぼしていたこと、これからは日没後は誓って外出しないこと、「これほど私のために怒ってくれるなんて、あなたは可愛い人です……」（一八四六年七月二五日）と、結局、彼女の非難の中に愛情の表現しか見ようとしないのであった。

ヴァル＝リシェ、それは田園、家族、読書であって、大公妃にはまったく縁のない世界である。したがって[16]一八四三年一二月六日にギゾーが次のように打ち明けるのは、彼女にではなく、彼女の友達のロール・ド・ガスパランの方にである。「家族、それは私の人生の根底です。私の使命はそこに閉じこもることではないが、私の好みは人が思っている以上にそこにあるのです。オリンピック競技の闘争の場に再び帰って行く代わりに、私がこの夏ヴァル＝リシェにずっと留まっていられたらどんなに嬉しいか、誰も知らないし、これからも決して分かってもらえないでしょう」。

ヴァル＝リシェはギゾーのブルジョワ的理想の実践を表現しているのである。つまり彼は、公的生活における自分の思想と行動に一致した生活をそこで送っているのである。たとえば、彼が子供たちの教育に払った配慮にそれが見てとれる。心底彼は教養ある人間で、本が好きだった。七月王政の政治的エリートたちが皆そうであったように、個人と国家の進歩は、読書、教養、教育によってなされると、彼は信じている。だから彼はテキストを注意深く選択して、休暇の間は子供たちに毎日本を読んでやっている。ウォルター・スコットの小説に子供たちがすっかり興奮したのにびっくりして、古代の話、とくにプルタルコスの物語の助けを借りて、彼らの若い想像力の平衡を保たせるようにと気を配っている。[17] 彼は長女について言う、「アンリエットは本がとても好きだ。私はそれが嬉しい。勉強の趣味は女性にとって大きな財産です」（一八三八年一〇月六日）。ところでこの教育的見地は、本が嫌いで、「勉強の趣味」の全然ないリエヴェン夫人をいらいらさせるだけだった。もっとも最初の数年間は、彼は自分の好きな歴史家たちに興味をもたせようと努めてみたが、徒労だった。結局、彼女にはもう政治に関することしか話さなくなり、読書についての助言はロール・ド・ガスパランの方にするようになるのである。

ヴァル＝リシェに象徴されている家族的、ブルジョワ的空間は、サン＝フロランタン通りの大公妃の空間と矛盾しているように見える。が、ギゾーはそのようには感じないで、ただ調整という実際上の問題だけがあると思っている。事実、彼の政治的位置が、ヴァル＝リシェで実践しているブルジョワ的美徳の発現なのである。それゆえ彼の目には、ヴァル＝リシェと、彼のような大物政治家になった者を迎えるサロンとの間には、連続性があるのである。だが、ある世界から別の世界へと結ぶ線を引くのは彼のみである。それらを一つに結び合わせて、大公妃を家族の仲間に加えることは、おそらく思っても見ないことだった。

なぜ彼らは結婚しなかったのか。一八三九年にリエヴェン夫人が未亡人になった時、彼らが一緒になることには原則として何の障害もなかった。ギゾーは大公妃の死後にアバーディーン卿に宛てて書いた手紙の中で、それはもっぱら彼女のせいだったとほのめかしているように思える。「私は私の名を与えないでは誰とも決して結婚しなかったでしょう。ところが彼女は彼女自身の名前にこだわっていました」。フランス人のブルジョワと結婚するために自分の名前と称号を捨てることは、たとえ相手が首相だとしても、それは彼女の国際的側面を捨てることだった。結婚するつもりかどうか、と質問してきた友達のネセルロード伯爵夫人に対して彼女は、「まあ、あなたは私がギゾー夫人と呼ばれるのを見たいのですか」[18]と返事をしたらしい。

しかしギゾーも同様、この結婚で得るものは何もなかった。まず私的な面でどうかといえば、彼は家族にリエヴェン夫人を紹介し、そしてリエヴェン夫人もときどき老ギゾー夫人を訪ねたり、トルーヴィルで休暇中のアンリエットと散歩したりしたが、この家族集団と大公妃との間にある生活様式の違いを考えると、同居は難しかったに違いない。次に公的な面ではどうかというと、立憲君主国のもっとも影響力のある大臣がロシア皇帝の臣下と結婚すれば、スキャンダルであると判断されたことだろう。彼らの関係は、すでに十分ジャーナリズムによって批判されていた。「フランス人の大臣が、外国人のエジェリー〔ローマ神話の守護ニンフ〕を見せびらかすとは、大変不作法なことである」[19]といった具合に。

ギゾーとリエヴェン夫人の関係は、毎日会ってはいるが共同生活はしないという、サロンの社交性《ソシアビリテ》の非常に厳密なコンテキストの中に組み込まれているのである。彼らの親密な関係は社交生活を共有することの内にあったのである。この関係は一八世紀から継承されたモデルに倣って作られたものである。つまり貴婦人がサロンを開き、恋人である貴人がその中心で活躍するというものである。七月王政下では著名な他の幾人かの男女が、このモデルを体現している。すでに言及したカステラーヌ伯爵夫人とモレ、ボワーニュ伯爵夫人とパキエ、そしてもっとも有名なのがレカミエ夫人とシャトーブリアンである。正式な結婚をしていないこれらの男女は、正式な夫婦のように名前と世襲財産の譲渡を課せられてはいない。にもかかわらず、彼らは重要な社会的機能を果たしている。すなわち政治と芸術の保護によって精神《エスプリ》の優位性を維持し、君臨させ、後世に伝えるという機能である。

何がギゾーをリエヴェン夫人のもとに引き寄せていたのか。ギゾーは彼女に感じた魅力をどんな言葉で説明しているのか。外国人の貴族の女性はニームのブルジョワの密かな夢の体現であると主張する人もいるだろう。だがこれでは単純すぎる。大公妃という貴族性はギゾーにとって大変重要であったが、彼は彼の政治思想の中心にあった概念、つまり優越性、才能、能力という用語で、彼女を表現するのである。

彼はリエヴェン夫人の中に優越性の具現そのものを見ようとしている。このテーマは書簡の中でしばしば繰り返されている。大公妃は、《テート・ギャラリー》にある肖像画から判断すると、背はすらりと高く、首はほっそりとしていて、それが彼女に気品を与えていた。「あなたに初めてお会いした時（…）、あなたは高みからじっと見つめ、まるで思想と人物を鑑定しているかのようでした」（一八三七年八月一二日）。一八三七年六月一五日、ブロイー公爵家における夕食の最中に続けて起きた彼女の相反する二つの仕種によって、ギゾーは幻惑されてしまったのである。彼女はあたかも助けを求めにやって来たかのように彼に向かって身をかがめたが、次の瞬間には本来の高飛車な態度を取り戻して、すぐに立ち上がり、横を向いてしまったのだった。

「私がどんなにあなたの歩き方が気に入っているか、あなたには分かっていません」と、彼は一八三八年八月一九日に書く。ときには比喩を用いて、そのことを彼女に繰り返し言う。すでに一八三七年一〇月二四日に、彼はヴァル＝リシェで、「丈高く、真っ直ぐで、もっとも優雅で、繊細な」カラマツと、これを植えている労働者たちを眺めている。と突然その木が女性に入れ代わる。「木が私の方へ歩いてくるのが見えました。私が見ていたのはあなたでした（…）。その木は、あなたの立居振舞い、あなたの様子、あなたのしなやかさと高貴さを備えていたのでした」。

逆説的にいえば、大公妃の文学への関心の絶対的欠如を正当化するのも、この場合は心《モラル》の優越性によってだった。文学に関心がないのを無能であると解釈するのではなく、むしろそれは精神《エスプリ》の高さの結果であるとしか、彼は見ようとしない。「未完成、不十分、退屈があなたを不快にさせるので、あなたは軽蔑して顔を背ける。あたかも優れていないもの、完成されていないものすべてとは関わりをもつ必要がないかのように」（一八三八年六月二〇日）。

この優越性という固定観念は、彼の政治分析との関連においてとらえるべきものである。ギゾーは、生まれにではなく、功績と能力に基礎を置いた新しい貴族政を出現させようと努力していた。そのためには中産階級の政治能力を発展させる必要がある、と彼は判断した。周知の通り、正理論派によれば、能力《カパシテ》は専門的知識と混同してはならず、能力とは文明を発展させる生まれつきの素質であり、それを賦与された者が政治的地位についた時に表面化し、有効となる一種の精神の純粋な優越性のことなのである。[20] 大公妃がその「社交界における地位」から放射させている先験的優越性も、ギゾーの目には同じ性質のものなのである。

七月王政の最初の数年の混乱がおさまった時、ギゾーは正理論派の成功を感じとっていたかもしれない。つまりブルジョワジーが政務を引き受け、エリートが国の運営を確実なものにしていたからである。この時から、彼にとってはもはや内政問題は存在していない。外交問題とヨーロッパの運命に専念するのである。この領域では、リエヴェン夫人と完全に一致している。彼らはヨーロッパの政治に共通の関心を寄せていた。さらに加えて、大公妃はヨーロッパに地位があるのである。ギゾーが何と言おうと、彼はこのことにとても敏感である。新聞が彼らの親密な関係をあてこすったので、大公妃はロシア皇帝と全ヨーロッパの前で自分の評判が傷つけられていると彼を非難したが、この時彼は次のように答えている。「あなたはその立場を、あちらとヨーロッパで維持しなければならないのです。あえて言う必要はないと思いますが、私をあなたに引き寄せ、あなたに結びつけたのはこのあなたの立場ではありません。でもあなたがその立場をもっていることが嬉しい。それが大きいこと、非常に大きいことが、私の気に入っているところです。あなたにとって大きすぎるというものは何もありません。あなたの生来のものと私の心をもってすれば、大きすぎるものは何もないのです」（一八三七年九月二六日）。

ギゾーが貴族生まれの女性の生来の優越性を弁別するのは、リエヴェン夫人が外国籍であるということによって可能なのである。フォブール・サン＝ジェルマンで生まれたフランス人女性を相手にしていたならば、同じやり方でその認識に達していたかどうかは確かではない。果たして彼は、アンシャン・レジームの匂いの染みついた貴族の女性の代わりに、正統王朝派《レジティミスト》の女性の中に「優れた女性」を首尾よく見出していたのだろうか。生まれや称号や社交界の地位に事実上起因している資質を、同様の仕方で彼女たちにもにうまく付与することができただろうか。

この置換の操作、イデオロギー上の手品が、われわれにとっては最終的にギゾーとリエヴェン大公妃の関係における本質的なポイントなのである。というのは、彼女は二人が属している世紀全体の文化に何が起こっているかを示す見本だからである。彼女にはそこから切り離すことのできない具体的な枠組みがある。つまり、権力の中枢に近いサロンでの、社交生活《ソシアビリテ》の実践という枠組みである。そしてこの選ばれた空間において、貴族の概念は手直しされるのである。輝かしい芸術家や知識人や政治家が、そこでは「優越した地位」に昇格する。と同時に、特権的な社会出自によってその地位に到達する人びとには、一つの先験的優越性、つまり社交界の男性あるいは女性という、あの定義し難い資格が授けられるのである。

精神的優越者《エスプリ・シュペリユール》によって構成される社会的最高天の輪郭は、必然的に不確定であり、それを根拠づける基準も同様に曖昧である。このことから、それを信じる者にとっては、この空間は大雑把に想像上のものなのだと見なす危険と、それを若干の特権的人間に限定したいという誘惑が生じてくる。ギゾーは、七月王政が老いるにつれて、自分がそのチャンピオンであったところのブルジョワ階級が、文明を完成させることよりも金持ちになることに腐心しているのを、多少ともはっきりと確認する。宰相はいくらか幻滅し、自分がリエヴェン夫人と織り上げる関係がこの幻滅の埋め合わせとなる。つまり彼らは二人して、彼が夢見た、言葉の理想的な意味での「貴族《アリストクラティック》的な」社会を形成しようとしたのである。

第七章 政治、議会、雄弁

ルイ＝フィリップの下院議会での宣誓（1830. 8 . 9）

下院議会において

立憲王政下では、下院議会は人気のある場所だった。討論は公開され、人の出入りが激しかった。復古王政期の間、公衆に対して閉ざされていた貴族院の討論は、一八三〇年以降になって公開されたが、ほとんど興味を引かなかった。貴族院の会議は回数が少なかったし、討論もあまり発展せず、雰囲気は少し無気力だった。アルトン＝シェー伯爵〔本章五一頁を参照〕は、「ぐらついてきたギゾーがモレ伯爵によって攻撃されるだろうと皆が知っていた[1]」日の大聴衆を、異例のことだったと指摘している。

復古王政の第一回議会の議員に選ばれたヴィレールは、トゥルーズに残してきた家族に、下院議会の会議の模様を細かく報告している。一八一六年一一月四日、国王は会期の開催演説をした。「会場はとても美しかった。というのも多くの貴婦人がいて……[2]」。しかし、貴婦人たちは儀式張った会議に満足していたのではなかった。彼女たちはもっと地味な討論にも押し合いへし合いで集まってきた。たとえば、一八一七年一月末に予算案が審議された時のことを、一月二八日にヴィレールは、「昨日は大変すばらしい会議だった。パリの名士たち（トゥ＝パリ）、とりわけ美しい貴婦人たちがそこにはいた[3]」と伝えている。一八二〇年に議会の議長になった彼は、妻にこう書く。「わが妻よ、あなたは議長夫人の資格で会期中はよい席にも座れるし、それから議長席にいる私の疲れを回復させる手助けもできるのに、なぜここにいないのか。体面を保ちつつ三、四時間もこんな風にたった一人でいることが、どんなにわびしく退屈か、あなたには想像できないでしょう。せめて傍聴席にあなたの顔でも見えれば、いくらか慰めにはなるだろうに」[4]。

議会の会議を傍聴する大勢の人びとを迎えるために、会議場は王族、外交団、貴族院議員、元議員、ジャーナリスト、一般大衆という区分で割り振られた傍聴席によって取り囲まれていた[5]。入場のために行列を作っている一般大衆用の空間——「特権者たちに有利なように四方八方から侵略されている」[6]空間——を除いて、残りの傍聴席には、国会事務局財務官の発行する入場券か証明書を提示しなければ、入場は許可されないのである。重要な会議が人気を博すと、一八二六年二月二八日に『コンスティテュショネル』紙が伝え広めたような、異議申立てが起きるのであった。その新聞が嘆くところによると、会期の終わり頃にはいつも、元議員のためのボックス席が見知らぬ人たちによって占領されていたので、元議員たちは席に入ることができなかったのだ。「そんなわけで今後私たちは、とりわけ毎水曜日の会議では、このような悪習慣を再び繰り返させないよう、議長と事務局財務官には整理を命じていただきたいと願うものである」。

議員ピエール・ベローは、なぜ多くの招待券が利用されていないかを、自分の立場から説明している。各議員は八日か九日ごとに一枚の券を受け取っていた。もしそれを一人の貴婦人に贈れば、その券は無駄になってしまう。なぜなら婦人たちが一人だけで会議を見に行くことはありえなかったから、と。一度に数枚の券を手に入れてグループで出かけるのなら、それはそれで楽しかった。ラ・ファイエットの孫娘のルイ・ド・ラステリー伯爵夫人が事務局財務官に送った、年号の記入のない八月八日付の手紙がその証拠である。「ぶしつけですが、娘たちと私のために明日の議会の券を三枚お願い致したく一筆いたします。私の厚かましさをどうかお許しください、云々」[7]。

ブロイー公爵夫人は一八一九年から一八二三年の間の『日記』の中で、彼女が議会にしばしば出かけたことに触れて、議会はいつも「大きな感動」を与えてくれると書いている。一八二〇年一月一五日、彼女はルイ一八世の亡命中の愛妾だったバルビ老伯爵夫人の傍らに座っていた。アルベルティーヌ・ブロイーはアンシャン・レジーム期のこの貴族の無遠慮な態度に不快感を味わった。老伯爵夫人は議会でも自宅にいるかのように思って、身振り手振りで暑さに不平を言ったり、絶えず帽子やボンネットやショールを脱いだりはずしたりしていたのである。さらにこの老婦人は、意見を述べている議員たちについて、大声で不愉快な寸評をしていたのである。彼女がフザンサック氏の方を振り向いて「あの人は横柄な態度をしているわ」と言ったのは、クールヴォワジエ氏の発言の時だった。ダルジャンソン氏については、「彼は地面を耕している方がずっといい」と言っていた。バルビ老伯爵夫人は「かつての貴婦人たちのあのあつかましいなれなれしさで」[8]、ハンカチーフや嗅ぎ煙草を要求しては、周りの人びとを煩わせていたのだった。

この若い女性は、一八二三年一月二六日に国王が出席して、スペインへの宣戦布告を公表した日の大騒ぎについても、同じく目撃者だった。「女性たちは完全に無政府状態になっていました。守衛は下りるように命じていたのですが、彼女たちは長椅子の上に総立ちになっていました」。王がスペインについて話した時だけは静かになったが、彼女たちは叫び通しだった。

ブロイー公爵夫人が議会を傍聴するのは、風変わりな趣味からではなく、リベラルな新しい世代の他の女性たちと同様、政治に興味があったからである。たとえば旧姓をポリーヌ・ド・ムーランという最初のギゾー夫人や、フラオー伯爵夫人がそうだった。七月王政下では、リエヴェン大公妃（当時ロンドン大使だったギゾーに最新の情報を知らせようと一八四〇年にはとりわけ熱心だった）のような「政治女性」だけでなく、当代流行《ア・ラ・モード》の女性たちにとっても、下院議会は大変な人気であった。一八三八年以来もっとも話題を呼んでいた女優ラシェルは、一八四〇年三月に参集者全員の注目の的となって入場した。その日のお目当てはまず傍聴席にあった。「たちまちのうちにすべての目とオペラグラス（議員たちのほぼ全員が芝居見物用のオペラグラスを議場に持参していた）が彼女の方を向き、彼女の知人たちはすべて、いそいそと愛想よく彼女に挨拶を送ったのだった」[9]。

デルフィーヌ・ド・ジラルダンは、なぜ女性たちは六時間もの間、座り心地の悪いベンチでじっと我慢しているのかと意地悪く自問している。それは友人に拍手したり、敵を冷やかしたりするためなのだろうか、と。イタリア座やオペラ座でのように、彼女たちは見るためと同時に、見られるためにやって来ていた。彼女たちはまた、バグラシオヌ大公妃〔おそらくナポレオンと戦って死んだロシアのピョートル・バグラシオヌ将軍（大公）の妃〕のように、政治家に対して個人的な興味を表明することさえもやりかねなかった。大公妃は一八二八年、「その分かりやすい雄弁を愛し、贔屓にしていた[10]」総理大臣マルティニャックを応援するため、議会にせっせと通い詰めていたのである。彼女はロシア人だったので、ロシア皇帝のスパイだとか、聞いたことのすべてを書き留めているのは皇帝に報告するためだ、などと非難されていた。

しかし女性たちは、とりわけ大物の話を聞くためにやって来るのだった。ラマルティーヌとベリエが発言する日には、傍聴席には怒濤のごとく人が集まってきて、傍聴席がそれぞれ三列の女性たちで埋まってしまっていた。デルフィーヌ・ド・ジラルダン自身も、この詩人が演説する時には欠かさず出席した。一八四一年一月二四日、この日ラマルティーヌは、デルフィーヌの大事なテーマ、つまり彼女自身も激しく反対しているパリの城壁建設について自説を述べたところであった。彼はこの計画を文明に対する攻撃だとしてその計画を告発したのだ。彼女は感動のあまり学芸欄に次のように書く。「彼の声がこれ以上に朗々とし、彼の態度がこれ以上に誇らしげに見えたことは、今までになかったことである……[11]」。

悲劇的な事件あるいは劇的な事件は、いつも議会に見物人を引き寄せる。ジュミヤック夫人はワーテルローの敗戦を知った時、「会議が面白いだろうと考えて[12]」議会に出かけることにした。また、一八四四年の初めの建白書をめぐる討議の際には、キュヴィリエ＝フルリーが伝えるところによれば、ベルグレイヴ・スクエアのボルドー公爵に会いに行った正統王朝派の議員たちが「不名誉刑に処される（フレットリ）」かどうかをこの目で確かめようとする人たちで、議場は満員になった。彼は一月二三日にこのように記している。「私はコンコルド橋の上でリアディエール夫人に出会い、彼女をフェルム＝デ＝マテュラン通りまで送っていった。彼女は四日前から議会に熱心に通っていて、今その帰りだった。昔なら、ある年齢に達した女性たちの心をとらえるものといえば、信心だった。ところが今日では政治なのである。ロワーヌ夫人ももはや議会を離れられない。ヴァトリー夫人はしょっちゅうやって来る」。結局議会では、ティエールとサルヴァンディが反対の発言をしたにもかかわらず、「不名誉刑に処す（フレットリ）」という字句が採択された〔〈市民権剥奪などの不名誉刑に処す（フレットリ）〉の字句を、〈非難する（レプルーヴ）〉と和らかい表現にせよという修正案が否決された〕。サルヴァンディの態度は〈中道派〉から激しい怒りを買うことになり、三日後彼はトリノ大使のポストを辞任しなければならない羽目になった。正統王朝派と連帯したサルヴァンディの投票は、「この反逆者ニュマ」[13]〔訳注〕が会議を傍聴していた彼のエジェリー〔守護妖精〕、ヴォギュエ夫人に約束していたものであった。

スタンダールは一八二六年、下院議会がもっている社交上の重要性を強調し、その理由を二つあげている。まず第一に、「もっとも優れた」若者たちは「フランスにまもなく現れるはずの変化への大きな手段」を議会の内に見ているということ。次に、議会は才能の一種のバロメーターであるということ、つまり大革命前であれば才知のある人間は詩か文章を書いていればよかったが、復古王政下では議員になって、半円形の議場で毎年「一つないし二つのまあまあの演説」[14]をすべきだということである。

レミュザの証言は、復古王政の開始と同時にエリートの若者たちがいかに下院議会を夢見ていたかということについて、よく伝えている。一八一七年、レミュザの父はルイ一八世によって任命された貴族院議員のリストに自分の名が載っていなかったため落胆していたが、レミュザの方は無関心のままだった。とはいえ、貴族院議員は世襲職だから、個人的には無関係だったわけではない。だが彼は、政治上の友人たちと同じように別のことを熱望していた。「その時以来〔復古王政以来〕、高貴な野心はすべて、選挙によって選ばれる議会に向けられるべきだと強く思っていたので、私たちは友人の何人かがもっていた貴族院議員の肩書に困惑していたのである」[15]。さらに、彼らは一八三一年にロワイエ＝コラールを筆頭として、貴族院の世襲制を支持したのだったが、それはあくまで原則としてであって、その威厳を決して真面目に考えてのことではなかったとレミュザは主張するのである。

若者たちが「雄弁会《コンフェランス》」の中で議会生活のトレーニングをいかに行なっていたかはいずれ明らかになるが、少なくともここでは、勉強に熱心であろうとダンディであろうと、議会の論戦への趣味が上流社会の若者たちの文化の一部となっていたということを書き留めておくことはできるのである。「今日、世界を動かしている事件にあえて無関心を装ったり、また貴族院議員職や下院議員職について無頓着に話そうとする当世流行の人間とは、いったい何者なのか」、と一八二九年末の『ラ・モード』紙には書かれている。その記事はさらにこんな風に続いている。「かつて若者の会話の普通の話題はオペラ座の舞姫だったが、今日ではそれは演壇での演説である」[16]、と。

［訳注］「この反逆者ニュマ」――ヌマ・ポンピリウス（在位紀元前七一四―六七一）、ローマ第二代の王。彼だけに見えるニンフ、エジェリーの霊感によって政治を行なったという。ロマン派の絵画の主題として多用された。ここでは政府支持者と見なされていた副議長サルヴァンディのこと。

政治的人間の社交性《ソシアビリテ》

たとえ下院議会に人気があったとしても、同じように議員に人気があったというわけではなかった。社交界人士は、社交界での自分の地位に悪い影響を及ぼさずに国会議員になることはできた。だが、社交界の人間であるためには、下院議員であるだけでは十分ではなかった。

公的レセプション以外のパリの夜会を知らなくても、下院議員であることはできた。ピエール・ベローの場合がこれである。先に触れたように、彼はシャルル一〇世の遊びに招待されたり、またアルファベットの順番によって常に大臣たちの家にも招かれていた。彼は、外務省でのシャトーブリアンが、やって来る人にしぶしぶ自動人形のような挨拶を繰り返している姿を思い出している。ところが、突然この自動人形の挨拶が魔法にかかったように優雅な微笑に変わり、シャトーブリアンは慇懃を尽くしたのだった。ロッチルド男爵がやって来たからである[17]。

つまり、ピエール・ベローは国王の忠実な党派員だったが、議会では決して注目されるほどの人物ではなかったのである。一方ヴィレールは、ベローとは違ってパリのサロンから迎えられるために、議会での自分の行動がいかに役立っていたかを述べている。「一八一五年の会期を特徴づけた主要な討議において、コルビエール氏と私が演じた重要な役割のおかげで、一般の関心はただちに私たちに向けられていた。王党派の面々は皆熱心に私たちを追い回し、熱烈な共感と熱い敬意を表明していた。晩餐会であれ何らかの政治的会合であれ、フォブール・サン＝ジェルマンで私たちが招待されずに終わった夜会はほとんどなかった[18]」。

したがって、議員といっても有象無象の者とそれ以外の者、つまり列から脱け出た者とがいるのである。その無名性によって公的なレセプションを非常につまらなくするのは前者である。彼らと、もっと広くいえば政治的小者や商業ブルジョワジー、七月王政の〈食料品屋〉たちがそれにあたる。復古王政の間、これらの人びとを出入り差し止めと宣言したのは、宮廷と〈フォブール〉である。一八三〇年以後になると、もはや宮廷はそうではなくなるが――なぜなら成り上がり者がそこに出入りしている――、フォブール・サン＝ジェルマンだけは変わらない。それにジャーナリズムがこれに加担することとなる。実際、新聞記者たちは公的パーティーの信用を傷つけることに大いに貢献した。正統王朝派（『コティディエンヌ』紙）も、〈中道派〉により近い者たち（『シエークル』紙）も。

一八二九年一月二五日、大蔵大臣ロワ伯爵は舞踏会を開いていた。彼の莫大な財産――四〇〇万フラン――は最近できたものだった。彼は貴族と結婚させた娘たち、タルーエ夫人とラリボワジエール夫人とともに客を迎えていた。彼は二〇〇〇枚の招待状を出していた。だが、目立ったのは宮廷と〈フォブール〉がリヴォリ通りに現れないということだった。これに反して、「パリでもっとも尊敬すべき人たちが皆大挙してやって来ていた。行政官、下院議員、フランス貴族院議員、大商人」とキュヴィリエ＝フルリーは書いている[19]。全貴族社会からはただ一人、「遠い国の習慣と風俗を研究しにやって来た外国人」であるかのように、ポリニャック氏だけが出席していた。

〈フォブール〉の常連ロドルフ・アポニイが、新体制の公的レセプションには何かが失われている、と感じたのはしごくもっともなことだと思われる。彼は一八三二年、首相邸と警視総監宅で行われた二つの舞踏会に行く。彼はいずれに対しても周囲の美しさと夜会の構成の価値は認めるが、自分が慣れ親しんだ上流社会をそこに見出すことはない。彼女たちがいることに驚いた彼と同様、彼がいることに驚いていた幾人かの貴婦人を除いては。首相カジミール・ペリエ邸では、着飾った一群の女性たちが「見渡す限りの広い回廊を経て大きな居室へと続く、洗練された趣味の木組みの大広間」の中で動き回っていたが、シャンテラック夫人は光の波の中で彼に打ち明けて言う。「私は、男性を計算に入れなくても二〇〇〇名のパリの社交界の女性と知り合いですが、それにもかかわらずあなたと同様、ここにいる人たちの顔は誰も知りません」[20]。警視総監ジスケ氏の家では、退出の時ショワズール公爵の娘のマルミエ侯爵夫人とアポニイはすれ違ったが、彼女はこのような場所にいることの場違いをすぐに言いわけして、この「見知らぬ人の群れ」[21]の中で会うことを指示したのは父なのです、とつけ加えるのだった。

セーヌ県知事、ランビュトー

さらに驚くことは、ジャーナリズムが何人かの公的パーティーの主催者たちを攻撃的に追及したことである。その槍玉の筆頭はセーヌ県知事ランビュトー氏、それに下院議会議長デュパン氏である。一七八二年生まれのランビュトー伯爵は、一八三三年から一八四八年にかけてセーヌ県知事を務めたが、それ以前はナポレオンの侍従であり、次いでサンプロン県の知事であった。その後は自分の領地に引っ込み、セーヌ県知事職に再就任してくれるようにとの大統領〔プランス・プレジダンと呼ばれたルイ・ナポレオン〕の申し出を断ることになる。国務院の評定官であり、一八三五年にはフランス貴族院議員にも任命されたランビュトー氏は、たった一つだけ過ちを犯している。それは七月王政の象徴になってしまったという過ちである。彼の出自に疑わしいところはまったくない。彼の妻についても同様である。彼はブルゴーニュ地方の貴族の出で、スタール夫人の如才のない友人ルイ・ド・ナルボンヌ伯爵の娘と結婚した。彼は尊敬すべきやり方で行政上の職務を果たしていた。すなわち数多くの記念建造物の建設または修復や、不健康な地区を風通しよくすること、彼の名を冠した道路の貫通工事、これらすべてを上手に予算を執行しつつ成就した。ところが一方で彼は、毎週市庁舎のサロンで客をもてなしていたのだが、その社交活動がもの笑いの種になるのだった。

彼は豪華すぎるサロンで俗っぽい群衆を貧弱にもてなしている、と新聞は書き立てる。彼の住居《アパルトマン》は、一八四一年に納税者の費用で装飾され、銀の縫い取りのある黄色い絹地を張りめぐらした、コーヒーを飲むための特別サロンさえあるのだった。当時、パリの通りは清掃する者さえいなかったというのに。[22]彼は一度に六〇〇〇名にも及ぶ客をもてなしたが、それは成り上がりのブルジョワ、公務員——下院議員や市の官吏——、宮廷人や外国人で構成されていて、「ランビュトーの騒々しい奴ら」と呼ばれた者たちだった。[23]ランビュトー氏の夜会は「公共の舞踏会」に似ていて、そこでは食事のためには何もなく（とにかく群衆に押しまくられていては、ビュッフェに近づくことなどどうしてできよう）、そのうえ行儀の悪いことが横行するのである。ある紳士方は拍車を付けて歩き回るので、他の人の舞踏衣装は引き裂かれ、飾りはむしり取られてしまうことになるのである。[24] そしてあまりに大勢の人間が押し寄せるので、到着前に「列をなした」馬車の中で数時間待たなければならなかったほどなのだ。一八三七年のオルレアン公爵の結婚の際には、市庁舎で開かれた舞踏会のために一万通の招待状が出されたので、冗談好きの新聞記者のネストール・ロクプランは、担架で運ばれて行こうかと考えたほどだった。このやり方ならば午前三時前に入場できるのは確実だというわけである。

ランビュトー氏のところを支配するのは粋《シック》の偽物である。多用されたせいで通俗的になってしまった表現が、そこでは必ず聞かれたりする。かくして一八四〇年のサロンで流行した「よくお似合いだこと」という表現は、翌年にはもうブティックと市庁舎でしか使われていない。[25] 一八四二年五月、舞踏会の最中に紛失した見事なネックレスが、ランビュトー氏の家で展示された。驚いたことに誰もそのダイヤモンドを請求に来ないのである。つまりそれは偽物だったというわけである。『シエークル』紙は説明する。もしある弁護士がある期間大臣になったとして、彼が公的機関において妻を紹介しなければならないとしても、彼は本物の宝石を買ってやることはない。政治的名誉など束の間のものだから、と。[26] セーヌ県知事の社交生活はこの贋ネックレスに象徴されている。すなわち、その社交生活は通俗性と一時性の中に、つまり民衆から選ばれた代表者たちの側に位置づけられる。本物の粋はその反対として定義される。つまり本物のダイヤモンドと貴族階級、それらは結合し持続するものなのである。

下院議会議長、デュパン

たとえ新聞と回想録作者が「ランビュトーの騒々しい奴ら」を嘲笑したとしても、伯爵の人物自体は尊敬されていた。しかし下院議会議長（一八三二年から一八三九年まで）デュパンの場合は、事情が違っていて、彼の「優越性」を認めたデルフィーヌ・ド・ジラルダンを除いては、四方八方から嘲弄されていた。

デュパン兄といわれたアンドレ・デュパンは、一七八三年にニエーヴルで生まれた。彼の父は一八〇〇年に立法議会に選ばれた弁護士だった。そしてデュパンもまた、勉学期間を優秀な成績で終えたのち弁護士になった。一八二七年に下院議員に選ばれ、一八二九年には弁護士会の会長となり、その一年後には破棄院の検事総長となる。オルレアン家の莫大な財産を再建してやったのは、実務弁護士としての彼であった。彼は〈亡命者一〇億フラン法〉により、一七〇〇万フラン〔本書一四四頁の訳注の一二五〇万フランはJ・C・カロン『一八一五年から一八四八年までのフランス』の中の数字による〕を彼らのために獲得してやり、ルイ＝フイリップの母の遺産も取り戻してやったのである。（その母は旧姓をパンティエーヴルといい、フランスではもっとも金持ちの遺産相続人だった。平等公フイリップの寡婦だった彼女はフォルモン〈伯爵〉と一緒に暮らし、子供たちとの間にはさまざまなもめごとが絶えなかった）。それゆえルイ＝フイリップとしてはデュパンに非常な恩義があったので、彼の行儀の悪さをばかにしつつも、彼を許容していたのだった。

上流社会はデュパンの公的職務のゆえに、先天的に俗悪な彼のお祭り騒ぎを我慢していた。一八三三年一月二〇日にアポニイは次のように書いている。「下院議長は、近いうちに妻や子連れの騒々しい下院議員の集まりをもとうとしている。もっと悪いのは貧者のための舞踏会である。なぜならば二〇フランの入場料のせいで多くの人びとが貧者たちに近づけないでいるのだから。しかし今日この頃の下院議員のための無料舞踏会は、絶対に街頭でやるべきものなのだ」。キュヴィリエ＝フルリーによれば、結果は予期した通りである。「大勢の人たちが集まっていたが、広間の照明は悪く、夜食も茶菓もなかった」[27]。弁護士ラヴォーがこの同業者に「君の舞踏会は美しくないね」と言うと、デュパンは「それはよかった。あの連中は、自分たちの議長に十分尽くしていないことを知る必要があるんだ」[28]と答えたらしい。

デュパンの不作法は伝説的だった。『シエークル』紙は一八三八年に、パリに流布していた小話を報告している。ある日下院議長は、一団の招待客を前にして貴族を激しく非難していた。「侯爵とは何か」と最後に彼は叫んだ。するとその一団の中にいたL侯爵が、「侯爵とは、自分の家で、侯爵でない男とは何かと決して尋ねない男のことだ[29]……」と答えたという。下院議会の議長職を引き継ぐソゼ氏もまた、あまり褒められたものでない舞踏会を催すことになる。しかし前任者ほど挑発的ではなかったので、個人的な攻撃を受けることはなかった。

成功はしたもののブルジョワたちとは絶対に一線を画さねばならない。デュパンはそういうブルジョワを体現しているのである。「彼は、もっとも平凡な、もっとも俗悪な、もっとも虚栄心の強い、もっとも野卑な醜さをもったブルジョワの典型」、とシャルル一〇世の大臣だったオッセ男爵が書いている。オッセ男爵は彼の内に「知性と雄弁と才知」を認めてはいる。しかし同時に、「ごつい短靴を履いてのそのそと歩いている」[30]彼には、剥き出しの野心と傲慢さがあからさまなのである。貴族階級への共感を誇りにしているジュール・ジャナンは、一八四三年にデュパンについて辛辣な人物描写をしている。「彼は品のない野卑な様子をしていて、顔には至るところ天然痘の跡がある。ダニューブの百姓といえどこれ以上に下手な服の着方はしなかったが、この破棄院の検事総長殿はがっしりした体にそんな恰好の服装をして、昂然と頭を上げている。そして、アゲッソー氏〔一七世紀以来の有名なパリ高等法院の法服貴族の一族〕は自分と同じくらい立派な風采をしているだろうかと、小さな声で一度ならず自問するのだった」[31]。ジャナンはまた、次のような話を引用して、デュパンの行儀の悪さを例証する。ある日、この弁護士はわれを忘れて国王の肩をたたいたので、王は激怒して「出ていけ」と叫んだ。デュパンは出ていったが、翌日の朝にはまたそこにやって来て、「恭しく〈陛下のご機嫌〉を伺っていた」[32]。ユゴーによれば、ルイ＝フィリップは、マダム・アデライードを「わが麗しの姫君」[33]と呼んで自分は洗練されていると信じているこの人物〔デュパン〕の俗物性を面白がっていたという。

　公的責任を担った男たちが社交生活に介入した時には、彼らはいともたやすく凡庸の烙印を押されるのだった。ギゾーはそれを知っていて、一線を画すためにあらゆることを行なった。彼が夜会を開く時には、リエヴェン大公妃の内輪の仲間から抜擢された女性たちの小委員会が、招待客のリストを作成していた。国家第一の代表者の夜会が、「ランビュトーの騒々しい奴ら」に似ていては話にもならなかった。正統王朝派の新聞でさえそのことは認めている。つまり、「パリに住んでいるヨーロッパの上流貴族たちに、われらが公職にある平民と、われらが平民のごとき貴族の見せ物を提供しないように」[34]、ギゾーは注意していると書いている。この大臣に対してレセプションの簡素さを非難することはできたとしても——オーケストラが入っていなかった——、けちだと非難することはできなかった。夜食は一〇〇〇人以上の招待客のために小テーブルに用意されており、しめて二万三〇〇〇フランの費用だった。そのうえギゾーはエリートの男と見なされていたのであって、単なる政治家ではなかった。つまり彼のパーティーは称賛に価したのだった。

　国家や公的領域に関することのすべてには、社交界の社交性をそっくり真似した社交性《ソシアビリテ》があった。ただし、値切った形で。つまり下院議員や大臣、貴族院議員さえもが、公式の代表職についた時にはけちになった。大臣たちは、下院議員を毎火曜日に招待してもてなしていた。そこで下院議員たちは訪問先を一夜にまとめることができ、たった一組の手袋、たった一本の白いネクタイ、たった一枚のワイシャツ用胸飾りしか使う必要がなかった、と断言するのは『シエークル』紙である。一方、大臣たちの側は懇親の努力など少しもしなかった。つまり、冷たい飲み物はまったく用意されていなかったし、気の毒な下院議員たちは立ったまま放っておかれたので、二〇分後には週一回の義務的な訪問から解放され、立ち去るのだった[35]。

　公的なレセプションに招待された人たちには、倹約を心がける意識が常にある。まるで彼らはこの機会を利用して自己紹介することに、いささかの重要性も認めていないかのようだったし、またそこには真の社交生活《モンダニテ》がないかのようだった。一八四六年に行われた宮廷の最初の舞踏会の時には、大勢の人が自分の馬車を使う代わりに徒歩か辻馬車で出かけた。そしてさらに、リヴォリ通りで二九スーで手袋を買うのだった。「貴族院議員も一人ならず、礼服こそ着ていたものの、質素な辻馬車かキャブリオレ・マイロード（幌付き二輪馬車）から降りて、安く手袋の買えるある種の店に入ることをいとわなかった[36]」。そのうえ彼らは、手袋を片方しかはめず、もう片方は別の機会に使おうと触れないままで仕舞い込むのである。おそらくここで問題にされているのは、七月王政に貢献した褒美としてルイ＝フィリップによって任命された貴族院議員たちのことである。世襲制だった時代の貴族院議員として成長したあの紳士たち、真の社交界人士であったあの男たちは、公的な催しには軽蔑しか抱いていなかったのだから。

　一八四〇年、レミュザはデュシャテルのあとを継いで内務大臣になった。レミュザの妻はグルネル通りのシャロレ館で、毎木曜日の大晩餐会と正式の夜会、そしてこれとは別の週一、二回の晩餐会などのレセプションを主催していた。レミュザ伯爵夫人は、夫によればその新しい役割を完璧にこなしていた。下院議員たちはデュシャテルを懐かしんでいたが、レミュザには一つ有利な点があることを認めていた。それは彼の妻である。しかし、レミュザ夫妻は社交界人士であって、公式の政治的職務の威光を保っていたわけではなかった。これが他の大臣夫妻の場合とは違っていたのである。「国会での栄達のおかげで、ときには滑稽詩人たちの嘲りの的になることがあった夫婦たちにも、大臣のサロンが任されていた。ペルシ夫人〔法務大臣（一八三四、三六）の妻〕、バルト夫人〔法務大臣（一八三七―三九）の妻〕、モンタリヴェ夫人〔夫は何度も内務大臣などを務めた〕などが注目されていたが、いずれは優れた、良識のある、洗練された女性にならねばならないデュシャテル夫人は、まだ俗っぽく育てられたほんの子供にすぎなかった」[37]。

レミュザは数カ月間しか大臣の椅子にいなかった。そのあとデュシャテルがまたその職についた。そこでデュシャテル夫人は再び女主人の立場を取り戻し、もの笑いの種をばらまくこととなる。一八四三年一月二九日、キュヴィリエ＝フルリーは次のように書く。「自分の小さいサロンに新しいカーテンを付けたデュシャテル夫人は、そこに取り巻きの人びとを詰め込んだ。客のそれぞれがなぜ夫人は回廊に入らないのかと首をひねっていると、《見てください、私のカーテンを》、と答えるのだった」。旧姓をエグレ・ポレというデュシャテル夫人は、ドゥエの宿屋の給仕係の孫だった。このボーイ〔ポレ〕は料理女と結婚し、働いていたホテルの人間関係のおかげで第一帝政下の軍隊の出入り商人となった。国有財産を買っていたので、復古王政の初期にはポレは五〇万フランの金利収入をもっていた。共同出資者にヴァンレルベルグがいた。その娘とポレの息子は結婚した。これがエグレの両親だった。

デュシャテル夫人は、部屋のインテリアを見せびらかすような成り上がりの女として振舞ったばかりでなく、レミュザによれば、その俗物性によって夫の名を台なしにした。「彼女の存在のせいで、デュシャテルはもっぱら彼が生活していた上流社会から遠ざかっていった（…）。彼は次第にパリ国民軍の保守的な部分に、つまり芸術家たちが食料品屋呼ばわりするあの世界にはまり込んでしまった。そしてその世界に主な支持者を求めようと努めたので、彼らをばかにしながらも満足させるために、まず彼らの前ででまかせに喋り散らしていた世帯じみた政治的常套句を、自分の行動規範として使うことに少しずつ慣れねばならなかったのである」[38]。

政治集会《レユニオン》とサロン

復古王政の当初から、下院議員たちは政治的な共感に従って結集した。これらの結集したグループはやがて《レユニオン》と呼ばれ、彼らのリーダーの名がつけられた。すなわち《ピエ・レユニオン》、《テルノー・レユニオン》、《ラフィット・レユニオン》。下院議会で議論される問題の準備を任務とする議会の諸委員会と違い、これらのレユニオンは作業グループとサロンの集まりとの中間に位置していた。

一八一五年の会期の開始にあたって、ヴィレールは家族に自分の行動についての詳しい説明を書き送っている。「ほとんど毎晩のように一一時、ときには一二時まで、下院議員のレユニオンに残っていなければなりません。そこで議会にかけられるべき事項の準備をしているのです。私たちの仕事の中ではこの部分が一番面白いのです。ヴォワイエ・ダルジャンソン氏〔トゥレーヌの古い貴族の名家の出身で侯爵。一八一五年以来下院議員として常に最左翼にいて、七月王制下では平等派の共和主義者。大革命期のラ・ファイエット将軍の副官、一七七一―一八四二〕のを勘定に入れなくても、すでにこの種類のレユニオンがおそらく一〇から一二存在しています。ダルジャンソン氏のレユニオンには、ボナパルトの議会のかつての代表者たちと、それ以外の似たような意見の持ち主たちがもっぱら出かけています。ご存じのように私はこのレユニオンには行っていません。しかし全員が王党派の感覚をもっている他のレユニオンには、絶えず招かれているのです」[39]。

一八一五年一二月八日、ヴィレールは父に宛て、リシュリュー公爵率いる内閣の党派である自由主義的王党派グループの結成を知らせている。このグループはサン＝トノレ通りのロワ氏の家に集合した。「アレクシ・ド・ノアイユ、パキエ、ルイ、ブーニョ、ロワイエ＝コラール、そして国王から認可されていると自称さえしていた内閣のその他の支持者たちで、彼らはこのレユニオンに多数の下院議員を引き寄せてしまった」[40]。そしてヴィレールの方は、やがてリシュリュー公爵の政策に反対して、「過激王党派《ウルトラロワイヤリスト》」と呼ばれ始めたグループのリーダーとして注目されることとなる。

翌年、つまり〈またと見出し難い議会〉〔一八一五年八月の百日天下後の議会のこと〕の解散と一〇月の選挙の結果、ヴィレールはオート＝ガロンヌ県の下院議員として再選されるが、この議会の会期中に、彼は過激王党派の議員を結集した《ピエ・レユニオン》の設立について語っている。そして、一八一六年一一月四日の会期の初日に妻に書き送る。「私は今日ピエ氏の家で夕食をします。そこでは昨日非常に大勢の集会があり、今晩も別の集会が開かれることになっているのです」[41]。一八一七年一月、彼は自分には瞬時の暇もないと残念がっている。彼の夜はすべて、自分の議会グループを組織するためのレユニオンで占められていたのである。

元弁護士でル・マン市の代議士ピエは、ヴァンタドゥール通りの角にあたるテレーズ通りの自宅で週に一、二度あるいは会期の始めにはもっと頻繁に、彼の同僚を夕食のために、あるいはサロンで「彼自身の司会のもとに議会を開く」ために招待していた。一八二一年にピエ邸でのこれら一連のレユニオンに参加していたフレニイ男爵は説明する。「この法律屋連の中で、事項はあらかじめ討議され、議事日程が調整され、可決され、役割が振りあてられていた。そして一致団結した断固たる投票が党全体の合言葉となっていた」[42]。

《ピエ・レユニオン》に出入りしていた人たちは、その行動については意見が一致していたとしても、夕食の資金提供に関してはそうではなかったようだ。一八二〇年一一月にピエ邸に紹介されたミュッセ＝パテによれば、招待客の間で募金が行われていたのだった。「最初は私も、ピエは大変な金持ちだと聞いていたので、木曜日の夕食と私たちの集会のためのサロンの提供は、王党主義ゆえの自分に課した責務として心得ているものと思っていた。だがすぐに私は、友人ピエは尊敬すべき彼の同僚たちを〈ただで〉もてなしたり、迎え入れたりするどころではないことを、私の財布をはたくことによって知ったのだった。したがって、彼の出費を補償するための募金に応じた私の二〇フランは、私が彼の家で食べた三、四回の夕食代には十分だったと思う」[43]。フレニイは逆に、ピエは一方では彼に送られた現物の贈り物（狩猟の獲物や家禽）で、他方では「神秘の財布」から提供される援助金で、同僚たちの食事を賄っていたことをほのめかしている。この財布は秘密結社から届けられていたのだろうか。彼の家での夕食のおりには、そのメンバーが過激王党派の議員たちと合流していたのであろうか。

料金受取人払

新宿北局承認

3294

差出有効期限
平成14年4月
9日まで

有効期限が
切れましたら
切手をはって
お出し下さい

169-8790

165

東京都新宿区
西早稲田三—一六—二八

株式会社
新評論

読者アンケート係行

読者アンケートハガキ

お名前	SBC会員番号 L　　　番	年齢
ご住所 （〒　　　　）　TEL		
ご職業（または学校・学年、できるだけくわしくお書き下さい） E-mail		
所属グループ・団体名	連絡先	
本書をお買い求めの書店名 市区郡町　　　書店	■新刊案内のご希望　□ある　□ない ■図書目録のご希望　□ある　□ない	

● このたびは新評論の出版物をお買上げ頂き、ありがとうございました。今後の編集の参考にするために、以下の設問にお答えいただければ幸いです。ご協力を宜しくお願い致します。

本のタイトル

● この本を何でお知りになりましたか

1.新聞の広告で・新聞名（　　　　　　）2.雑誌の広告で・雑誌名（　　　　　　）3.書店で実物を見て
4.人（　　　　　　）にすすめられて　5.雑誌、新聞の紹介記事で（その雑誌、新聞名　　　　　　）　6.単行本の折込みチラシ（近刊案内『新評論』で）7.その他（　　　　　　）

● お買い求めの動機をお聞かせ下さい

1.著者に関心がある　2.作品のジャンルに興味がある　3.装丁が良かったので　4.タイトルが良かったので　5.その他（　　　　　　）

● この本をお読みになったご意見・ご感想、小社の出版物に対するご意見があればお聞かせ下さい（小社、PR誌「新評論」に掲載させて頂く場合もございます。予めご了承下さい）

書店にはひと月にどのくらい行かれますか

（　　　）回くらい　　　書店名（　　　　　　）

入申込書（小社刊行物のご注文にご利用下さい。その際書店名を必ずご記入下さい）

名　　　冊　書名　　　冊

指定の書店名

店名　　　都道府県　　　市区郡町

その一方で、反対派は一八一七年と一八一九年の選挙で議席を獲得し、独立の党派を形成して、主なリーダーの周りには同じように《レユニオン》が組織される。一八一九年一〇月二六日、ヴィレールは明確に述べている。「わが下院議会においては、テルノーのレユニオンが五〇人、ラフィットのレユニオンが五四人しかいない。ところでこれら二つのレユニオンの一一〇人（原文のまま）のメンバーがわが議会の自由主義派《リベロー》の全部なのである」[44]。反対派のこれらの《レユニオン》は、社交界でもまたサロンとして機能している。そしてレミュザはそれら両方に、つまりレユニオンとしてもサロンとしても頻繁に出入りしたのだった。一八二二年一月にオーギュスト・ド・スタールは、織物業界の大実業家のテルノー邸にレミュザを紹介した。「彼は、ヴィクトワール広場の館で大晩餐会を、毎木曜日には夜会を催し、そこには政治家がやって来ていた。そして若者たちはダンスをしていた」[45]。

さらに同じように舞踏会を開いていたジャック・ラフィット邸では、むしろ「普通の夜会」、すなわち毎夜の夜会に人びとは集まっていた。彼はほとんど外出しなかったからである。だがそこでは、女性といえばラフィット夫人、つまり「何を言ったらいいのか分からない太った家政婦」と、両親が結婚させようとやっきになっている少し変わり者の娘のアルビーヌがいるだけだった。だから訪問者を引きつけるのは女性ではなく、その家の主人の政治的立場だった。「そこではニュースが伝えられ、検討され、朝の会議について話されていた。反対派の論調は非常に生き生きとしていたが、公然と革命的というわけではなかった」[46]。レミュザはそこで常連たちと出会っていた。つまりラフィット兄弟、ラ・ファイエットの義理の兄弟のグラモン侯爵、セバスチアーニ将軍などで、彼らはこの銀行家ラフィットとトランプのピケをやっていた。それに左派の下院議員たち、弁護士、自由主義派のジャーナリストたちがいた。

かくして、すべてのサロンが政治的であるというわけではなかったが、議員たちの《レユニオン》は、もっと広げていえば政治的共感を同じくする男たちの集団は、すべて社交的空間へと道が通じていた。レミュザが、七月王政の初めに関係をもった若手の下院議員のグループについて指摘しているのはこのことである。彼らには共通点があった。復古王政下では共にジャーナリストであったということ、そして互いに血気に満ちていたという点である。このグループにはティエール、デュヴェルジエ・ド・オーランヌ、デュモン、ジョベール、マユール、ルヌワール、デュシャテル、ヴィテ、ピスカトリー、ギザール、ジャンヴィエ、ドジャンなどが含まれ、自分たちを〈旅団〉という名で呼んでいた。「当時私たちはかなり手ごわい党派を形成していた。私たちの立場と話題の独自性、精神の習性、仲間関係、私たちの信念や経歴を攻撃することが不可能なこと、これらのことがこの〈旅団〉を、愛することはできなくても軽視できない、〈レギオン〉〔古代ローマの軍団〕という名の一種の〈悪魔〉にしていた」[47]。

七月王政の偉大なリーダーたちは皆サロンをもっていて、そこで政治家を接待していた。ギゾーはすでに見たようにリエヴェン大公妃のサロンを自分のものにしており、大公妃はそこを二つに区分けしていた。一方では長椅子の上で自分の社交仲間に囲まれた大公妃が「彼女のサロンの大きな中心」を体現しており、他方では、外交官や下院議員が暖炉に向かい合って五、六人からなる「小さい輪」を形成していた。ギゾーは「大きな中心」から「小さい輪」へ行ったり来たりしていた[48]。だが、これをもって政治がサロンで行われていたというべきだろうか。むしろ政治的仕事や下院での論争と、政界の大立者の周囲に作られるサロンの間には、境界は存在しなかったと言っておこう。実際〈政治サロン〉と呼ばれたものは、昼間に行われた政治的駆け引きの夜間への延長にすぎなかったのである。つまり下院議会でのその日の会議がそのままサロンでも議論され、情報と解説が流布してゆくのだった。一八四五年一月四日、ヴィクトール・バラビーヌはボワーニュ夫人の家でロンドン大使の息子のサン＝トレール侯爵に出会った。侯爵はその日の朝の新聞で、「外交上の大方向転換が準備されていた。彼の父はロンドン大使館を去るだろう」という記事を読んだのだった。社交界でこの情報を確かめようとして、彼は「その晩、噂の出所を突き止めるためにサロンに探りを入れていたのである」[49]。

雄弁

弁舌の成功の導くところ

一八三五年六月、アルトン゠シェーは二五歳である。彼は貴族院の議席に座ることができる。最初の会期では、彼は発言しない。だが、一八三六年から三七年の会期の時には、自分を売り込もうと決意する。そこで彼は、一八三七年の奉答〔議会開会式での国王の勅語に対するもの〕の演説者として登録してもらった。彼は演説を暗記した。発言の朝、彼は妹のジョベール夫人のサロンで知り合った《学士院》のヴィルマンのところに行く。彼は口ごもりながら演説を暗唱する。しかし演壇では何とかうまく切り抜ける。「賞賛のささやきが議場に流れ、私の〈処女演説〉は名誉なことに内閣総理大臣モレ伯爵の好意的な言葉を得た」[50]。

それから六年後、若き伯爵は鍛えられていた。一八四一年三月二三日、パリの城壁建設の法案の論議の過程で、彼は目立つことになる。彼はその法律に反対演説をして、真の弁舌の成功を勝ち取ったのである[51]。演壇から下りる時には、当然のこととして同僚議員の祝福を受ける。会議の終わった更衣室では、ギゾー（その法案を擁護していたのだったが）が「予期せぬほどの心地よい」褒め言葉を彼に浴びせかける。ベリエは彼を抱擁する。「ベリエの抱擁で私は雄弁家の地位にまで引き上げられたように思われた」のだった。翌日、アルトン゠シェーは下院議会でその法律に激しく反対していたラマルティーヌから一通の手紙を受け取る。「私があなたの演説に感心したのは、非常に立派な立場をそこに認めたからというだけではありません。議会の円天井の下でかつて聞かれたものの中でももっとも美しく、生き生きと力強い、議会の礼法に適った雄弁な演説として感じ入ったからなのです」。

これらの賛辞から新しい関係が生まれる。というのも、ギゾーとラマルティーヌが彼に会いたがったからである。そして意外にも、彼は詩人に失望し、大臣に魅了される。ラマルティーヌの方は崇拝者の真ん中でふんぞり返っている。「皆は彼の言葉を拝聴するばかり。お喋りもなければ、平等もない。あのサロンには、彼を頂点とした一種のヒエラルキーのようなものがあった」。逆に、ギゾーは公衆の前では堅苦しく権威主義的だが、この若き伯爵に対しては率直に語り、冗談すら言うのだった。

アルトン゠シェーの演説は、その私的な生活にさえ大きな影響を与えることになる。彼は先の三月二三日に父親に連れられて傍聴席にいた一人の若い娘に、結婚したい旨を表明した。父と娘は彼に好印象を抱いていたので、娘の家族は彼に会ってもよいと伝えた。彼も承知した。ところがたまたま、二週間後の出会いが妨げられたことで、彼は情熱を失い、別の娘に言い寄ってしまったのだ。彼がこれほど移り気でなかったならば、そのすばらしい演説のおかげで結婚にまでこぎつけることもできたであろうに。何はともあれ、その弁舌の成功の結果、彼は第一級の政治家たちと親交を結ぶことができたのだった。

下院議会の雄弁家たち

ハインリッヒ・ハイネは、フランスではもっとも優れた俳優《コメディアン》は議会にいる、議会が劇場から才能ある芸術家を奪ってしまっている、と主張する。逆に、すばらしい女優がいるとしたならば、それは女性が「ブルボン宮〔下院〕でもリュクサンブール宮〔貴族院〕でも才能を発揮することができないからである」[52]。これは、一八四〇年に人びとが議会という見せ物に対して示した関心を強調する警句である。さらに、人びとは雄弁家に魅了されたいという思いにかられて、まるで劇場にでも行くかのように議会に行くのだった。そして、それはときには思いがけない喜びになることもあるのだった。つまり凡庸さの只中にあって突然魅力がほとばしり出るのである。俳優のエドモン・ゴーは一八四五年五月一日に書いている。「先週の火曜日、私は好奇心から一時間ほどを下院で過ごそうと出かけて行った。傍聴席は半分眠っていた。地方の利益に関する二、三の法律の投票が終わったところだった。私は出て行く準備をしていた。その時、フランソワ・アラゴ氏が電信に関する報告を読み上げるために発言した」。ゴーは座り直し、初めは次第に熱気を帯びるその朗読者の声に、次いでアラゴ氏が説明する時の「完全に人の心をとらえる雄弁」につかまってしまった。《テアトル＝フランセ》の正座員であるゴーは、雄弁家の才能を評価できたのである。

〈パリ生活時評〉の執筆者たちは、両議会を決して忘れていないし、そこで繰り広げられる雄弁を称賛している。したがってその中の一人ジュール・ジャナンは、一八四三年[53]に自著『パリの冬』の長い二章をブルボン宮にあてている。彼は下院を、「テュイルリー宮殿の高貴な釣り合いの分銅」として称揚する。大革命の貴重な戦利品である議会の雄弁は、政治的自由と対になって進む。ジャナンが認める雄弁家の第一人者は、父なる創始者と見なされるミラボーのあとでは、復古王政時代の共和主義者の下院議員フォワ将軍である。彼は一八二五年に没したのちも、依然として政治的独立のシンボルであった。

議会の雄弁家は、まず何よりも即興で対応できねばならない。「それは会話であり、同時に演説である。発語の明瞭さと正確さによって会話であり、言葉の配列と気品に満ちた表現によって演説である」[54]。生き生きと即興で行うということは、適切な時機に敵の滑稽さを強調し、それによって敵を打ち倒しさえするといったやり方で、フランス的エスプリの最良の切り札であるイロニー（皮肉）の使い方を心得ているということである。たとえば「検閲を〈正義と愛の法律〉と呼んだために解散させられた内閣があった」（一八二七年）というように。

即席のための練習を怠らないと心がけるのは、雄弁家の経歴に不可欠な一つの行程である。作家オーギュスト・バルビエ〔一八三〇年秋に激烈な風刺詩『ラ・キュレ』でデビューした〕は、一八三一年にティエールが、ドカーズ公爵邸での夕食の終わりにそのことについて述べたことを伝えてくれている。この時メリメは、議会で演説の成功を収めたばかりのティエールにお祝いを言い、最初の頃は失敗ばかりだったのに、どうしてうまくできるようになったのかと尋ねた。ティエールが答えて言うには、最初は演説を暗記して失敗した、というのも暗記したことでかえって些細な妨害が入ると演説の流れを見失ってしまう、というのである。「政治的演説は、もっぱら諸問題についてのお喋りであるべきで、議場でもサロンの場合と同じように話さねばならないと確信した時から、言いたいことを楽に表現できるのに気づき、私自身とても驚いたのです。今では自分の演説について深く考えはするけれど、もはや暗記はしないし、とりわけ雄弁を狙ったりはしないのです」[55]。

ジャナンは、議会のもっとも才能ある雄弁家たちを一人ひとり検討している。筆頭はベリエ、彼は「マルス嬢の声のようによく通る鋭い」声をもち、ネズミと戯れるネコのように聴衆と戯れている。「彼は熱心な会衆を、千もの飾り立てた迂遠な言い方で引っ張り回す（…）。議会は戦意を失って身を任せる（…）。だが突然、この男は話をやめ、言いかけた話を打ち切ってしまう。あたかもおのれの義務を忘れ、快楽に身をゆだねていた自分に気づいたかのように、その後はもと来た方へと引き返す。そしてたった今までぽかんと口を開けて聞いていた大臣に向かって釈明を要求する（…）。この雄弁家は獲物を捕らえたのだ。美しい歯でそれを引き裂き、じっと聞いていた議員たちにその切れ端を投げつけてやるのだ。これほどの雄弁に引きつけられ、これほどの大胆さに魅了されていた同じ下院議員たちは、自分たちが多数派で大臣の友人であるということを一度ならず忘れてしまっていたのだ。そして彼らは、七月革命のこの仮借なき敵に拍手を送っていたのだった」[56]。

しかしジャナンは、七月体制の真のシンボルである『ジュルナール・デ・デバ』紙の批評家であったにもかかわらず、正統王朝派の雄弁にだけ心をとらえられていて、〈中道派〉の雄弁家を軽視している。したがって、フィッツ＝ジャム公爵の価値の方を評価するのである。フィッツ＝ジャム公爵は、「誰かに迷惑をかけることもかけられることも望まない育ちのよい人間として」下院議会に議席を占めている。公爵は「屈託なく優雅に」話す。雄弁家として評判になることはむしろ最悪の趣味だと思っているし、求めなくても雄弁であるすべを彼は知っているのである。

これらの優雅な人たちを前にすると、デュパンとソゼは言葉の下請け業者にすぎない。われわれはジャナンがデュパンについて言っている悪口、「ぶっきらぼうで頑固で粗野なブルジョワ」という悪口をすでに知っている。ソゼについては、これは田舎弁護士のタイプであり、すなわち弁護士席での雄弁と、ソゼには不可能な、個人的な積極的関与が要求される議会の演壇での雄弁との間には、無限のへだたりがあることを証拠立てている見本なのである。

しかし真の雄弁がいつも正統王朝派的とは限らない。そんなわけでジャナンは、中道左派の党首オディロン・バローの才能をも全面的に認めるのである。また、議会での成功は、雄弁家が擁護する意見とは無関係である。サント＝ブーヴは、一八四五年五月五日にその週の「大事件」であったイエズス会士についての下院議会での討論を、時評欄で取り上げている。ベリエは、「彼だけがもっている豊かな雄弁術、彼の意見からすれば全然賛成できない問題においても聞く者の耳を傾けさせ、拍手喝采させてしまうあの豊かな雄弁を使って」、宗教結社《コングレガシオン》にははっきりと好意的な唯一の演説者だった、と。

レミュザは、人物描写においてそれぞれの会話の特徴を描き分けているが、まったく同様に政治家たちの雄弁に対してもそれぞれの特徴を指摘している。ブロイー公爵について彼は書く。「その体格と生来の資質のせいで、騒々しい議場では演壇での彼の大成功はほとんど望めなかった。彼の選ぶ表現、彼の節度、そして彼のきっちりとした正確かつ微妙な推論が聴衆に要求するものは、過度の注意深さ、過度の繊細さであった[57]。逆に、完璧な雄弁家にもっともふさわしい男としてあげるのは、ルイ一八世の大臣だったセール伯爵である。「彼はあらゆることを自家薬籠中のものとしていた。そして既定の、あるいは自然発生的なすべての概念を秩序立て、連結し、動機づけを選択して提示したので、これにより彼は第一級の論者となった。彼は立論することもできたし、反論することもできた。そしてこの才能の前提となる理性の力が、真の雄弁という天賦の才、つまり威厳と情熱、荘重さと激しさに結合していた[58]」。

レミュザにとって雄弁は厳粛な事柄であって、それは政治の労働用具であり成功の手段なのである。彼は七月王政下での議会の友人たちについてこう語る。「われわれのうちで、演壇で十分に成功したといえる者は誰もいなかった。われわれは皆演壇を恐れていたし、大部分は恐れすぎさえしていた。ジョベールの成功は、しっかり準備し、苦労して考え出し、うまく喋ったいくつかの表現のおかげだった。デュモンは最善を尽くして話すのに、効果の上がらない男だった。デュヴェルジエの演説にはその力以上の反響があった。論陣は非常に堅固だったが、下書きされたものであって、のちの即興演説のような思い切りのよさはまだなかった[59]」。

これらの人びとがいかに演壇を重視したかは、第一帝政下で受けた教育との関連でおそらく説明できるだろう。彼らは文章の中からは修辞学《レトリック》しか学ばず、「先生はわれわれに言葉については話したが、思想については語らなかった[60]」、とレミュザは書いている。こういった人々は、キケロとセネカの道徳《モラル》についての見解の相違を見つけることはできなかった。彼らはただ文体《スティル》にだけ興味をもっていた。「この冷たくかわいた教育から生まれたのは、鋭い知性をもち、好みが気難しく、細部の批判に巧みな、誘惑と熱情には警戒心をもち、疑り深く、冷淡で、難癖をつけたがり、気取った言い回しに精通し、万事を気取った言葉で表せると信じたがる、そういう若者たちだったのだ[61]」。

弁論会と雄弁会

レトリックを操り、自分の雄弁術を作り上げ、政治的論争に備えることを学ぶために、復古王政期以来組織されたのは、「弁論会《パルロット》」あるいは雄弁会《コンフェランス》と呼ばれるものだった。[62] レミュザは順を追って二つの「有益な若者のクラブ」に出入りした。一八二二年に彼は、オディロン・バローが設立した弁護士の集会《レユニオン》で週に一晩を過ごしている。ここでは、やがて一八三〇年後に行政界あるいは政界に職を得ることになる自由主義的感性の若者たちと一緒だった。すなわちベルヴィル、バルト、パルタリュー＝ラフォス、メリユー、オーギュスト・ポルタリス、シェ・デス＝タンジュ、デュモン、シャルル・ルヌワールなどである。しかし、この最初の弁論会は「いつのまにか解消してしまった」ので、一八二五年に彼は『グローブ』紙の周囲に作られた新しい小さなサークルに加わった。この仲間は法律や文学の素養をもった若者たちが結集したものである。すなわちデュヴェルジエ・ド・オーランヌ、デュシャテル、ヴィテ、レルミニエ、バンジャマン・ドジャン、ディットメール、カヴェ、そしてサント＝ブーヴである。[63]

弁論会あるいは雄弁会は、法律の勉強と平行した実習として機能していた。というのも、加わっていた若者の中には、大学の法学の講義を受けながら口頭弁論の練習を望む者がいたからである。復古王政期のもっとも有名な法学の雄弁会は《善き勉学の協会》が主催しているものだった。一八二〇年に設立されたこの《協会》は、《コングレガシオン》[訳注] のメンバーと王国の高官たちの、威信ある庇護の恩恵に浴していた。つまりマテュー・ド・モンモランシー、ソステーヌ・ド・ラ・ロシュフーコー、リヴィエール公爵およびロアン公爵の庇護である。ベリエと、この時期にはベリエよりももっと有名だったアントワーヌ・エヌカンのような大物の弁護士たちが、そこで法学と雄弁術についての講演をしていた。これらの「雄弁会」は最初は講義にすぎなかったが、エマニュエル・バイイが一八二五年に《善き勉学の協会》の教育監督を引き受けた時に、本物の実習となるのである。

バイイ・ド・シュルシーといわれたエマニュエル・バイイは一七九三年生まれの、教育家であり、非常に人望のある戦闘的カトリックだった。復古王政期に、若者の世代全体をカトリック信仰と王党派の信念で育成しようとしたのが彼である。彼は一八一九年にカセット通りで寄宿舎を開き、次いで《文学研究協会》を創設したのち、最後には法学と歴史の雄弁会を設立した。そして一八二三年に彼の法学雄弁会は、法学部に通う彼の寄宿舎の学生たちに実践練習を許可することになる。エマニュエル・バイイは、自分がそこの学生だったサン＝タシュール〔アミアン市郊外のサン＝タシュールにはイエズス会経営の有名なコレージュがあった〕でイエズス会士の組織していた口頭弁論会をモデルにし、本物そっくりの法廷に作り変えた彼のサロンで、新たな口頭弁論会を設立した。[64] こうして一八二五年、彼の法学雄弁会と《善き勉学の協会》の雄弁会とが合併したのである。

バイイの寄宿舎と《善き勉学の協会》を支配していたのは、教会と国王への忠誠という共通の精神である。一八二二年、二〇歳のラコルデール〔のちにカトリック自由派の有名な説教師となる〕がディジョンで法学の勉強を終え、彼の庇護者で弁護士だったギユマンのもとで研修するためパリにやって来た時、ギユマンはラコルデールに《善き勉学の協会》を勧め、そこに出入りさせた。ギユマンはラコルデールの不信心と自由主義をこのようにして抑え込もうとしたのだった。[65]《善き勉学の協会》の影響なのかどうか、この若者は一八二四年に突然改宗して神学校に入学することとなる。

バイイは闘士であると同時に現実感覚のある教育者でもあった。彼の考えでは、若者の育成には一つの基本的な要素があった。すなわち雄弁である。弁舌のテクニックを獲得することが、時代に受け入れられるためには必要だった。いかなる学生も、「新制度が導入したあの議会の風習、つまり早くから訓練した場合にだけ自分のものにできる即席演説によって育てられる」べきであった。「この即席演説ができなければ、弁論の才能は、わが国のような政府にあっては成熟し切れずにいる単なる能力でしかないのである」[66]。

七月革命後、《善き勉学の協会》は、その過激王党派的儀礼によってあまりにも目立ちすぎ、姿を消した。しかし、エマニュエル・バイイは寄宿舎を再開し、雄弁会を徐々に再組織した。一八歳だったフレデリック・オザナム〔作家で歴史家、またカトリック共和派の指導者となる〕は、一八三一年に法学の勉強のためにパリに出て、バイイ氏の法学と歴史の雄弁会に登録した。友人エルネスト・ファルコネに宛てた手紙の中で、彼はその活動状態を次のように描写している。法学雄弁会は週に二回開かれ、論争の課題とされた問題が口頭で弁論された。各事例ごとに二人の学生弁護士がいて、三人目の学生は検察官の役割りを演じた。他の若者たちは、それらの口頭弁論を評価し、判定した。基本的には即席で演説することを学び、討論への参加準備のためには一時間が使えた。オザナムは「テスト」されたその日の夜、「私は弱々しくためらいがちだった……」[67]と書いて、自分にほとんど満足していない。大勢の法学部の学生が《バイイ雄弁会》に通っていた。彼らはエストラパード通りのバイイ寄宿舎に住んでいる者もいれば、そこに住む友人をもつ者もいた。ボードレールは後者の例だった。彼はバイイ寄宿舎に、友人の法学部の学生や詩人のギュスターブ・ル・ヴァヴァスール、あるいはエルネスト・プラロンに会いに来ていた。「いつもお喋りの友情に飢えて部屋から部屋を走り回る」[68]彼の姿が見られた。

一八四二年、バイイ寄宿舎はマダム通りの旧クレルモン＝トネール館に引っ越した。寄宿舎は少しずつ衰退し、一八四八年の革命によって最終的にこの場所で消滅した。しかしバイイ雄弁会は、一八三三年に一つの組織を誕生させている。それはそのあと絶えず発展し続ける《サン・ヴァンサン・ド・ポール協会》である。実はこの発足の時点で、雄弁会はカトリック教徒と非カトリック教徒との間の対立を経験していたのだった。フレデリック・オザナムを含む六人の若者が、キリスト教はもう役に立たないと主張している彼らの同窓生のサン＝シモン主義者たちに、具体例を示していかに対抗できるかとバイイに聞きに行った。エマニュエル・バイイは、復古王政下に、《善き行為の協会》の活動の一環として慈善運動を実践していたことがあったので、貧者の自宅訪問を組織するように彼らに勧めた。かくして聖《サン・》ヴァンサン・ド・ポールの名をとった《慈善の雄弁会》が生まれたのである。それは急速に発展し、一八三三年八月に一五名の会員だったのが、エマニュエル・バイイが会長を辞任した一八四四年には七〇〇〇名になっていた。

他の雄弁会——純粋に宗教色のない《ライック》もの——が七月王政下で創設された。一八三二年の《モレ雄弁会》と一八三九年の《弁論会《バルロット》》と呼ばれた《オルセー雄弁会》である。もともとオルセー河岸で会合を開いていた《オルセー雄弁会》は、一八四一年にポワティエ通り八番の《医学アカデミー》の建物の中にあるモレの部屋を会場にした。やがて一八四五年に《モレ雄弁会》は、機能も聴衆も同じこの《オルセー雄弁会》を吸収合併することになる。さらにいえば何人かのメンバーは、同時にあるいは順々に、両方に登録していたのである。[69]

これらの雄弁会の新会員は現会員による指名によって、入会を認められていた。正式の会員は一五〇名にすぎなかった。（一八四四年まで《モレ雄弁会》のそれは八〇名に制限されていた）。候補者は少なくとも三名の会員が書いた申告書によって支持され、そのうちの一名によって入会の動機が詳しく説明されねばならなかった。入会金は一〇フラン、会費は各会期で二四フラン、つまり一年につき四八フランであった。正式会員は、入会許可の翌年に、理由書付きの法案を各自起草することが義務づけられていた。これをもとに指導部の会議が取り上げるべき法案を決め、それを委員会に検討させ、委員会が報告者を任命した。そして週一回の会合の際にこの報告書が読まれ、雄弁会のメンバーたちは当該の問題について〈反対〉意見か〈賛成〉意見、あるいは単なる感想を述べるために自分の名前を登録した。討論には必ず最後に票決があった。

入会の三年後には、指導部の会議に加わったことがあるとか、法案の作成者か報告者になったことがあるという条件で、〈自由会員〉になることができた。自由会員の数は制限されていた。さらに一八四六年には、一〇年以上雄弁会に所属していた人たちのために〈名誉会員〉という枠ができた。

一八四四年から一八四六年の《モレ雄弁会》の二六五名の会員を調べてみると、五〇%を少し越える会員が司法職についていたことが確認される。[70] メンバーの四分の一から五分の一の会員は議員であり、同じく六分の一が確固とした社会的地位を占める者たち、つまり法曹、議員、政治家、あるいは実業家と姻戚関係にあった。会員の中で著名な名前をあげてみると、パリ天文台の主任天文学者の息子エマニュエル・アラゴや、グリュックスベール公爵でルイ一八世の大臣の息子ルイ・ドカーズ、帝政時代の伯爵にして将軍〔マクシミリアン＝セバスティアン・フォア。本書二九一頁を参照〕の息子ティビュルス・フォワ子爵、《善き勉学の協会》で法学を教えていた正統王朝派の弁護士〔アントワーヌ・エヌカン〕の息子アメデ・エヌカン、将軍の孫のエドモンとオスカール・ド・ラ・ファイエット、そして将軍のもう一人の孫ジュール・ド・ラステリー（ラステリーの姉妹のポリーヌはレミュザの妻だった）、カジミール・ペリエの息子ポール・ペリエ、カジミールの兄弟で銀行家ジョゼフ・ペリエの娘婿ルラスール＝ペリエ、ポール・ド・セギュール伯爵などである。

《オルセー雄弁会》については、ヴィクトール公爵の息子アルベール・ド・ブロイー大公が、一八四一年から一八四二年まで会長を務めていた。一八四三年の会の議事録には貴族たちの名前が署名されている。マン伯爵、マイエ公爵（マイエ公爵夫人の長男ジャクラン）、レオン大公〔ロアン（シャルル＝ルイ＝ジョスラン・ド・ロアン＝シャボ）〕、エリー・ド・ゴントー＝ビロン子爵とその兄弟のサン＝ブランカール侯爵ルイ、ディノ公爵、ブルボン＝ビュセ伯爵。一八四三年二月二三日の『シエークル』紙は、グラモン公爵の息子にしてオルセー伯爵の甥ギッシュ公爵が《オルセー雄弁会》の会長に任命されたと報じている。

雄弁会での法案が取り組んだテーマは現実的で、しばしば議会で扱われることになる問題と照応していた。すなわち一八三九年には著作権あるいは郵便税、一八四〇年には砂糖問題である。世論の関心を集めているテーマも数年間にわたって何度も取り上げられている。たとえばアルジェリアの植民地開発、教育、牢獄、孤児、売春、そして教会に関係する一切合切（司祭の独身あるいは結婚について、隠修修道会の復興、司教座への任命の問題）。しかし純粋に政治的な論争や憲法に関する問題には、ほとんど手をつけなかった。なぜなら雄弁会のメンバーは正統王朝派であったり、自由主義的王政主義者であったり、あるいは共和主義者であったけれども、[71]大多数は七月体制に忠実であり、政体に関してはコンセンサスが出来上がっていたからだ。一八四八年にも、普通選挙に関する法案を提案する者は誰もいなかった。

したがって、《モレおよびオルセー雄弁会》の会合は議会の仕事の実習そのものだった。彼らは法律のテキストを提案し、修正し、論議することを学んでいた。ブロイーの家族と一緒に暮らしていたグジメネス・ドゥーダン〔本書三七一頁を参照〕の言葉を信ずるならば、エリートの若者たちは非常に真面目に、情熱さえもってこの実習に没頭していた。彼は一八四一年にこう書いている。「皆が演説者になったので、私はもはやほとんど議論していない。私の周囲には弁舌の技術を稽古する雄弁会熱のようなものがある。アルベール（ド・ブロイー）はある雄弁会に所属している。一八三六年にルイーズ・ド・ブロイーと結婚したオトナン（ドーソンヴィル）も、ある雄弁会の会員である。ローラン（ブロイー家の親友）も雄弁会に入っている。皆はこれらの雄弁会で下院議会を気取っているのだ。皆が城壁建設について、工場の子供たちについて議論しているのだ」。彼は不愉快そうに続ける。「これらの紳士たちは、自分たちの議論が成功を博したように見えたか、それとも失敗に見えたかによって一喜一憂し、帰宅する。オトナンは雄弁会に所属すると同時に、予備雄弁会の一員でもあった。予備雄弁会では雄弁会でうまく話すための準備をし、したがって雄弁会では下院議会でうまく話す準備をするのだ。皆暇つぶしが必要なのだ」[72]。

デルフィーヌ・ド・ジラルダンの皮肉は、これら雄弁会がサロンにおいて占めていた位置を明らかにする。すなわち人びとはまるで議会の審議について話すかのように雄弁会の会合について話した、と彼女は言う。デリカシーの欠如が感じやすい心をどれだけ苦しめるかを示すために、彼女はいくつかの例の中から、「下院でギゾーが勝利した晩に、《オルセー雄弁会》の会合の模様をギゾーに向かって語っているお喋りな見知らぬ人[73]」の例を引用している（一八四四年一二月）〔雄弁会は議会の模擬討論会である。実際の下院で議論を乗り切ってきたギゾーに向かって模擬討論の模様を語って何になろう、の意〕。

これらの雄弁会には、政治上の所属や社会的出自を越えて、永続的な人間関係を作り出す可能性もあった。アルフレッド・モリーは、一八四一年から一八四二年まで、〈弁論会《パルロット》〉でアルベール・ド・ブロイー大公と同級生だった。一八四三年の終わりに大公は、マドリードの大使館員のポストにつくため、《オルセー雄弁会》を去り、同時にパリを離れた。彼は別れを告げようと、当時モリーが働いていた王立図書館にわざわざ出かけて行った。モリーは、ブロイー家に一度も足を踏み入れたこともなければ、彼らの社交界に出入りしたこともなかっただけに、大公の「この礼儀正しい行為」に非常に感激した。そのうえモリーは、〈弁論会〉では大公の政敵だったのだ。しかし同じ雄弁会に所属していたという事実は、彼らの間に一種の共犯関係を生じさせていた。「ずっとあとになってやっと再会したが、彼〔大公〕はいつも私を決して忘れたことのない男として歓迎してくれた。そして《アカデミー・フランセーズ》でも大臣室でも、常に私を昔の仲間として、しばしば《オルセー雄弁会》での反論者として認めてくれた[74]」。

議会政治のもとでは、たとえ制限選挙であっても〈世論〉が支配する。『国王への報告書』の中で公教育大臣のサルヴァンディは次のように書く。「世論によって自由、秩序、進歩が保証されるためには、世論はできる限り完璧にわれわれの制度の根底にある思想を意識していることが必要である[75]」。

この〈世論〉、それを教化することが重要であり、そのためには多数の市民に、公法と社会経済学や政治経済学についての手ほどきをすることが大切である。サルヴァンディの主な気がかりの一つは、定員数が飛躍的に増大していた法学部の改革だった。一八三〇年に学生数三五〇〇名だったのが、みるみるうちに五〇〇〇名を越えてしまっていた。[76] そしてギゾーが、一八三二年に《人文・社会科学アカデミー》を再組織したあとで、一八三四年には憲法の講座をパリに作ろうと強く望み、それをペレグリーノ・ロッシ〔ミラノで法学教授、フランスに帰化してコレージュ・ド・フランス教授（一八三三）。ローマ大使（四五）〕に任せたことは周知のことである。

もし〈世論〉が制度の根底にある思想を自覚していなければならないとしたら、エリートたちの方は法律を制定することで、この思想を現実の中に移すのだ、ということを学ぶ必要があった。学生たちの雄弁会はこれを実習するための手段であり、場であった。つまり、そこでの会合は議会のモデルを模倣していたので、その形態によってもそうであり、また扱われたテーマが下院で討議されたものと結局は同じ性質のものだったので、勉強の中身によってもそうであった。かくして雄弁会は体制の幹部を養成するものなのだった。そして同時に、雄弁会はエリートたち、つまり銀行や鉄道会社を経由して、やがて下院からアカデミーに至るまでの政治的、経済的、知的指導者となっていく若者たちが、互いに親しくつきあうクラブとしても機能していた。

たとえ会話に才知があっても、社交界に出入りできなければ、良家の若者たちの未来を保証するには十分でなかった。フレデリック・オザナムは、雄弁会とサロンが若者の教育において演じた補完的役割をうまく説明している。自分には果たすべき三つの使命がある。それは法律家になること、文学者になること、社交界の人間になることだ、と彼はエルネスト・ファルコネに書いている。目的を達成するためには、法解釈と人文科学《シアンス・モラル》に通じ、キリスト教的見地の社交界から知遇を得なければならない。彼は、法解釈は法学の雄弁会で学び、人文科学は歴史の雄弁会で学ぶつもりである。そして社交界からの知遇は、それをモンタランベール〔カトリック自由派の一人、貴族院議員、伯爵〕のサロンで得ることになる。モンタランベールは毎日曜日に若者たちのための夜会を開いていた。「そこでは談論風発、皆大いに語る。ポンチを飲み、ちょっとしたお菓子をつまみ、四、五人が一隊となりすっかり陽気になって帰るのである」。何を話していたのか。「文学について、歴史について、貧しい階級の利害について、文明の進歩について[77]」であった。

〔訳注〕《コングレガシオン》——本来は特定の（たとえばマリアへの）敬愛の実践とか、ある種の事業の成就とか、一定の美徳の実行などを

目的とした規律のある信仰団体のことで、修道会とまでは認められないもののこと。しかしここでは、帝政期から復古王政期にかけて、大革命の原理の完全否定と時代のリベラルな風潮に対抗して活発な組織活動を行なった秘密結社的なカトリック・グループをさす。最初は総裁政府の末期のまだ教会が再開されていない時期に《外国伝道協会》の神学校で集会を開いていたが、ナポレオンと教皇ピオ七世により禁止された。つまり教皇権の侵害を宗教弾圧だとして熱心なカトリック信者を煽動し、王党派が反ナポレオン活動にこれを利用したからである。一八一四年のブルボン家の復帰後は、ルグリ・デュヴァル司祭やイエズス会のロンサン氏に指導され、マテュー・ド・モンモランシー子爵（のちに公爵）、ジュール・ド・ポリニャック大公、リヴィエール侯爵らが首脳部を形成し、末弟でのちにシャルル一〇世となるアルトワ伯爵を統領として、次第に政治的傾向を強めてゆき、〈玉座と祭壇〉の完全な再建のための出版物の発行、下部組織の《善き文芸の協会》や《善き行為の協会》での公開講座、地方での宣教活動等を行なった。ルイ一八世の時期にはすでに多数の下院議員や貴族院議員を勢力下に収めて、穏健なリシュリュー内閣とドカーズ内閣に対して過激な野党となり、極右のヴィレール内閣（一八二一）を誕生させた。シャルル一〇世のもとでは瀆聖法や長子権法を施行させ、ついに右翼的なポリニャック内閣（一八二九）では何名かの大臣を送り込むほどの力があった。《コングレガシオン》の力は議会の他にも行政部門、軍隊、学校、工場などにも浸透していた。そしてそのすべてが秘密指導部の指揮下にあり、資金提供を受けていたという。一八三〇年の革命によるポリニャックの辞職、シャルル一〇世の退位の結果、この《コングレガシオン》も運命を共にして消滅した。

第八章

大学、《アカデミー》、説教壇、文学

学士院大ホールでの詩の朗読（1843）

上流社会にとって、議会は一番の呼び物だった。しかし、この社会は他の機関とも頻繁に交流していた。復古王政期には精神の事象に対する本物の趣味が現れており、知識が与えられる場所にはすべて社交界が現出している。一八二九年と一八三〇年にパリで暮らしたイギリス女性のレディ・モーガン〔アイルランドの愛国的カトリック作家。パリ滞在中は王党派のサロンで歓待された。『フランス』（四巻）は当時の上流社会の興味深い記録である。一七八六―一八五九〕は、自らの活動を次のように思い起こしている。「パリでの私たちの昼間《マチネ》ほど、甘美で、教育的で、楽しかったものはありません。私たちは、文学、科学、芸術、政治、哲学、それにモードの講座に〈駆け足で〉出席し、ソファーの上に横になったまま、笑ったり、議論したり、中傷したり、あるいは公共記念建造物を次々と見て歩いたり、また個人コレクションや美術館をはしごしたり、文学、教育、農業、産業、宗教の集会に、また慈善《シャリテ》の宣揚のための協会の集会に、フランス人の言うところの〈参加《アシスタン》〉をしたり、合法的権威によって設置された王立学士院の会議や、男女の〈真の善き文芸《ボヌ・レットル》の子ら〉で構成され、それ自身の権威で設立された《技芸振興協会》の会合とか、ロッシーニやパエールさえもこれに加わることを少しもいとわない素人のコンサートにも出かけたものでした」[1]。この真面目さと気晴らしの、素人と専門家の混合こそは、あらゆるところに知的活動が存在するパリ特有のものだろう。

世論を形成する目的で作られたこれらのさまざまな組織は、大部分は必ずしも優先的に社交界人士を対象とするといったものではなかったが、しかし著名な人物がしばしば聴衆の中にも、さらには責任者の側にも加わっていた。「パリには、芸術と科学の種々の分野における定期的な毎日の講義以外に、純粋に学問的なものであれ、実用性と慈善が半々のものであれ、他の公的な集会が存在しており、そこを通じて知識が広がり、次いで民衆の中へと伝播してゆくのです。このような見地で設立された協会は、フランスの中流階級が進んで受け入れている楽しみの一つであって、その公開の会合はいつも多数の男女の聴衆を引きつけています。これらの協会の中では、《地理学協会》、《技芸振興協会》、《キリスト教道徳協会》がもっとも有名です」[2]。レディ・モーガンはエドワール・タイエに会うために《キリスト教道徳協会》の集会に出席する。彼女は一八二六年に、アイルランドのノットランド卿の館の仮面舞踏会で彼を袖にしたのだったが、一八二九年には「黒人売買と奴隷制度の廃止に関する公募論文の審査結果の報告書を読み上げている」彼に再会したのだった。

「定期的な」講座は、ソルボンヌ大学と《コレージュ・ド・フランス》によって保証されていた。「他の会合」については、復古王政期には、思想的《イデオロジック》で戦闘的な目的をもつ、今日では文化的とでも呼ばれるようなタイプのいくつかの協会が存在していた。正統王朝派のカトリック陣営では《善き勉学の協会》、自由主義派《リベラル》の側では反教権主義的《アンティクレリカル》な《アテネ》と大多数の新教徒を結集する《キリスト教道徳協会》がそれである。

大学――クザン、ギゾー、ヴィルマン

復古王政期では、哲学者のクザン、歴史家のギゾー、文学史家のヴィルマンという有名な〈トリオ〉のおかげで、ソルボンヌは知的かつ社交的活動の中心となった。大勢の人びとを集めていた彼らの講義は、一八二〇年一一月（クザン）と一八二二年一〇月（ギゾーとヴィルマン）に中断したが、一八二七年一月にはヴィルマンの、一八二八年四月にはクザンとギゾーの講義が再開し、彼らの講義はその時自由主義者の集いというシンボルの意味を担ったのだった。つまり、シャルル一〇世の政治に対する反対派を糾合していたからである。三人の教授はその頃働き盛り（三四歳から四〇歳の間）であり、理論家の任務を果たしたあとで、七月王政下に重要な政治的地位を占めることになる。ギゾーは政府の首班となる前に何度か大臣を務め、ヴィルマンとクザンは前後して公教育大臣を引き受けるのである。

彼らは急速な輝かしい経歴を体験していた。ヴィルマンは一八一一年に二一歳で、師範学校《エコール・ノルマル》のフランス文学とラ

テン詩法の助教授だったし、ギゾーは一八一二年に二六歳で、フォンターヌによってソルボンヌの近代史の講座の正教授に任命されており、クザンは一八一七年から一八一九年にかけて（彼は一七九二年の生まれだった）、すでに「雄弁な講義」[3]を行なっていた。

ギゾーは、一八二二年に彼の講義を停止させられた時、代議制政府の起源の歴史を講じていた。この一時停止は、事前許可制を導入した出版法や、議会の会期と会期の間における単なる行政命令による検閲、および秩序紊乱の言論罪とともに、ヴィレール政府の過激王党派的示威行為の一つだった。マルティニャック内閣が登場して、やっとクザンとギゾーは自分たちの授業を取り戻すことができたのである。

スタンダールは、一八二八年の時評の中で、三人の教授の同時講演が社会に与えた「異常な知的衝撃」のことに言及している。一一時にはもうソルボンヌの校庭には群衆がいた。正午に扉が開くと、皆がほんのわずかの席を求めてなだれ込むのだった。聴衆は金持ち階級、文学界、そして「上流社会の平均部分」[4]の個人からなっていた。そこには、これらの講義を聞くことは有益であると同時に流行なのだから有意義だと考える若者と、若者に気に入られたいと願う大人と、憂愁の慰みを求める教養人がいた。

若者たちの中には、熱心に聞き入る一八歳のシャルトル公爵の姿が見られた。彼はアンリ四世校での学業を終えていたが、文学や科学の講義に出席し続けていた。フランソワ・アラゴの天文学の講義にも同様に足繁く通い、そこでロドルフ・アポニイと席を並べていた。[5]これはオルレアン家にとっては、知識人たちから稼いだ非常にすばらしい得点であった。それは知的思弁にほとんど興味を示さない本家筋（長子系）の行動と、著しい対照をなしていた。スタンダールは解説する。「ヴィルマンの講義にやって来て、たまたま見つけた最前列の空席に甘んじているこの男系の王子〔家名は男子によって継承される。オルレアン家はルイ一四世の弟という男子から発している〕は、間抜けでもなければイエズス会士でもないということを、皆が感じていた」[6]。「たまたま見つけた最前列の空席に甘んじている」という説明は、いささか言いすぎである。というのは、もしこの若き公爵が「ヴィルマンの講壇から三歩のところ」に座っていたのであれば、それは彼が個人切符を受け取っていたからだった。演壇を取り巻く三〇の席には、講演者が与える切符によってしか近づけないことになっていたのである。

ソルボンヌの三人のスターが語るのを聞いたスタンダールは、ギゾーは退屈、クザンは明快でないと判定する。彼はヴィルマンにだけ魅了され、それはジュール・ジャナンの判定でも同様だった。ドレクリューズの意見はまた違っていた。彼はフランス的雄弁を振るうヴィルマンの講義を、支離滅裂で凝りすぎだと思っている。「フランスでは公衆の前で行われたり、ぺらぺら出まかせに喋られることの中にはすべて、常套的で、大げさで、高貴に見えはするが、実はまやかしの何かがある」[7]。さらに、ソルボンヌの大講堂に集まった一〇〇〇人もの聴衆は、ヴィルマンの長広舌に納得しているようには思えない。彼らはヴィルマンに対して「ひどい冷やかさ」を表明しているからだ。しかし、フランスにドイツ哲学を紹介したクザンは、エリートの若者たちの間に熱烈な信奉者がいる。「ナポレオンの失墜以来もはややるべきことのない青年たちは、倦怠の状態に陥り、それが彼らをドイツ神秘主義とプラトン風の夢想に向かわせているのだ」[8]、とスタンダールは書く。

これらの講義は成功して、一八二八年にフランスで初めての速記にとられ、出版されたほどであった。それまでは、速記は政治演説を文字化するためにだけ利用されていた。ある版元は、講義ごとに二五〇フランを速記者に渡し、次に教授にも同額（ドレクリューズは四〇〇フランと語る）を渡して、その「即興講義」を印刷できるようにしていた。群衆を好まないドレクリューズは、自宅で一人静かに講義録を読めるようにと、本屋に予約申し込みをする方を選んでいた。サント＝ブーヴは、ソルボンヌの三人男のことを一五年後にまた語ることになる。「この二五年来三人の傑出した男が、フランスにおける精神《エスプリ》と学問《エテュード》の方向づけに最大の影響を及ぼしてきた。彼らは真にこの時代の教師《レジャン》であったと言うことができる」[9]。そして、「最初に彼らを特徴づけた教授という性格は、今なお三人のそれぞれに刻印されて残っている」と付言している。

七月王政下では、一八四三年のある論争が、コレージュ・ド・フランスでのミシュレ（民主主義的立場からのフランス国民国家史の講義・著作で有名）とキネ（聖職者至上主義を厳しく批判、一八四八年に議員に選ばれ国家と教会の分離を主張、その後国外に追放された）の講義を有名にした。二人の教授は、司教座聖堂参事会員デガレ（実はイエズス会士）の著書『宗教と法の破壊者、大学《ユニヴェルシテ》の独占体制』によって争いに巻き込まれ、ただちに投げられた手袋を拾ったのだった。サント＝ブーヴは一八四三年五月一八日に書いている。パリの名士連（トゥ＝パリ）のこの二週間の出来事といえば、それはコレージュ・ド・フランスとソルボンヌを対立させている神学的論争である、と。キネはイグナティウス・デ・ロヨラ〔軍隊的規律を重んじ、教育事業を活動の中心に据えたイエズス会の創立者。一四九一—一五五六〕を攻撃し、ミシュレはイエズス会士を攻撃する。ソルボンヌの講壇では、クール神父がロヨラ礼賛によって彼らに答えようと準備する。そしてミシュレとキネは……、とサント＝ブーヴはつけ加える。「人気がまんざら嫌いではない。騒ぎは講義を活気づけるからだ」。この論争は新聞記事や社交界の会話に話題を提供した。おそらくは好奇心にかられて、コレージュ・ド・フランスでのイエズス会士に関する講義に出かけていった人もいたことだろう。しかしそれもたまの話題程度であって、上流社会でキネとミシュレの講義が実際にもてはやされたようには思えないのである。

《アテネ》

公開講座は、最初は《ミュゼ》〔ギリシャ語のムセイオン。プトレマイオス一世がアレクサンドリアに建てた学問研究所〕の名で、次いで《リセ》〔ギリシャ語のリュケイオン。アリストテレスの哲学学校〕の名で、一七八一年以来存在していた。一八〇三年にそれは《アテネ》〔思想、学問、芸術の女神アテネの神殿〕と名を変えた。「社交界人士が自然科学と数学に興味を抱くように[10]」と、ピラートル・ド・ロジエが設立し、一七八六年にラ・アルプを擁して文学に門戸を開き、華やかな聴衆が集まった。（レカミエ夫人が彼の講座に出席していた）。帝政下では、《アテネ》は教授たちの講義の他に、作家が自作を発表する文学の集いを催した。悲劇作家で当時有名だった詩人ガブリエル・ルグーヴェは、そこで自分の詩を朗読した。

復古王政の時代には、《アテネ》は自由主義《リベラリスム》と反教権主義《アンティクレリカリスム》〔公共の事柄への聖職者の影響力に反対する政治的態度〕の火元であった。正理論派《ドクトリネール》〔自由主義の政治理論を主張、一八一四年の憲章の適用を求めた。ロワイエ＝コラールとギゾーがその代表〕の人たちがそこで自説を主張しており、バンジャマン・コンスタンが政治討論の口火を切ったのだった。かつての革命家たち、つまり『コンスティテュショネル』〔訳注〕紙を創刊した人びと（ジェー、ジューイ、ティソ）も、国王たちでさえ尊重しなければならない基本的自由について、あるいは寛容や道徳について語っていた。彼らは、一八二五年の瀆聖に関する立法計画や一八二七年の国民軍解体を大胆に議論した。一八二二年から一八二四年まで講師を務めたフランソワ・ミニェは、サン＝バルテルミーの虐殺に言及して成功を収め、欠席した人たちが次の週に再講義を懇願するほどであった。[11]

しかし、復古王政の末期には、《アテネ》はいくつかの理由で衰退していた。まず、ソルボンヌの講義の目覚ましい成功によって厳しい競争が課されていた。次に、《アテネ》の精神が時代遅れになっていた。一八世紀哲学に与して、それはロマン主義に敵対していたのである。アルマン・マラスト〔共和主義的傾向の新聞『ラ・トリビューヌ』の編集者（一八三〇―三五）、第二共和政の議員〕は、ロマン主義とクザンの「折衷主義」に反対する哲学講義を行なっていた。オーギュスト・コントは一八二九年から一八三〇年にかけて実証主義を教えていたが、流れを逆転することができなかった。「生まれつつある実証主義は古くさい感覚論に大変よく似ていた」[12]。結局、《アテネ》の存在を長引かせていたものはその科学の講義の輝かしさ（シュヴルール〔有機化学者。脂肪酸を研究〕、オルフィラ〔有名な毒物学者〕、ブランヴィル〔生理学者。コントに影響を与えた〕、フレネル〔物理学者。光の波動を研究〕、ロビケ〔化学・薬物学者。植物色素の研究〕、デュマ〔一般化学の基礎理論を研究〕、トレラ〔医師、共和主義の地下運動の指導者、第二共和政の公共事業相〕がそこで教えていた）であったのに、科学者の身分そのものが変化し、専門化してきたのである。《アテネ》は、もはや科学者が自分の最新の発見を提示できるセンターではなくなり、大学とも対抗できず、有名な教授が少しずつ見捨ててゆく趣味本位の愛好者の集会にすぎなくなっていたのである。[13]

一八三〇年以後は、《アテネ》は公衆を引きつけるために演奏会を復活し、宗教音楽の合唱練習や朗読法の会を設け、文学と哲学の討論会を開いたが、成功はしなかった。そして第二共和政とともに最終的に消滅した。

〔訳注〕『コンスティテュショネル』紙――リベラルな独立諸派の政治家たちの機関紙。一八一五年に『アンデパンダン』の名で創刊され、『商業新聞』、『ミネルヴァ』等、発刊停止のたびに名前を変えたが、この名称が代表的である。

《善き文芸の協会》

一八二一年一月、フォンターヌ、シャトーブリアンおよびベリエの後押しで、約一〇〇名の王党派の人たちが《善き文芸の王立協会》を結成したが、それは《アテネ》の自由主義と戦うためであった。《協会》がその目的として掲げたのは、「宗教と王権と文芸の友のために集会場所と研究センターを提供すること、文学の魅力と教育および善き感情の力によって青年層を引きつけ離さないこと」[14]であった。

定期会員の加入費は年一〇〇フランだったが、若者の間での《アテネ》の大好評を妨害しようとして、《協会》は法学と医学の学生に対して五〇%の割引を図っていた。《アテネ》では、定期会員の加入費は男性が一二〇フラン、女性が六〇フランだった[15]。集会《セアンス》と講義《クール》と作品朗読《レクテュール》が週に二回（ヴェロンは三回と言っている）、まず最初はヌーヴ＝サン＝トギュスタン通り二七番で、次いでグラモン通り一七番で、最後はショワズール通りで行われた。授業《ルソン》と作品朗読は有料で、それぞれ一〇〇フランだった[16]。

《善き文芸の協会》の財産管理をしていたのは、一八一四年にこの陣営に加わった第一帝政の元知事トルーヴェ男爵である。その公開集会は一八二一年から一八二二年にかけて大いに受けて、パリの主だった者（政治家ではブラカース、ヴィレール、ポリニャック、作家・思想家ではヴィルマン、ラムネー〔初期は王党派で教皇権至上主義者、のちに民主主義的人道主義をめざすようになる〕、メーストル〔教皇権至上主義者で大革命に激しく敵対した哲学者ジョゼフ・ド・メーストルか、その弟で作家のグザヴィエ〕、ボナルド〔民主主義思想と無神論の仮借なき糾弾者、カトリック教会と王権の擁護者〕、それに貴婦人や社交界人士）がすべて、これにせっせと通っていた。

《善き文芸の協会》は、創立以来作家たちに呼びかけを行なっていた。ヴィクトール・ユゴーは、これに応えて登録した最初の一人だった[17]。彼は一八二二年二月に『キブロン頌歌』を、五月四日には『ボルドー公爵受洗についての頌歌』（この王位継承者は五月一日に洗礼を受けていた）を朗読した。一八二二年一二月一〇日には自作の『ルイ一七世』を読み上げたが、そのエピグラフは「カペよ、目覚めよ」〔九八七年に始まるフランス第三王朝の創始者ユーグにつけられたあだ名がカペ。カペ王朝の子孫として目覚めよ、の意〕というものだった。散文作家たちも（その中には大勢のアカデミー会員あるいは未来のアカデミー会員がいたが）、それぞれの作品を朗読した。ブリフォー、カンプノン、ミショー、ロジェ、スメ、シャルル・ノディエ、オジェ、メヌシェ、パタンなどである。『ジュルナール・デ・デバ』紙の学芸欄の編集者デュヴィケは、大変な反ロマン主義者であったが、フランス文学を教え、アベル・ユゴー〔ユゴー三兄弟の長兄。ヴィクトールは三男〕はスペイン文学を、リオとアベル・ド・レミュザ（シャルルの伯父）は歴史を講じた。ベリエはそこでアンリ四世について即興の話をし、一八二四年三月には「議会の雄弁術についてのすばらしい講演」[18]をした。ヴェロン博士は感覚器官の機能に関する生理学講義を、二年にわたって行なった。

ボナルドは、《善き文芸の協会》は「あらゆるミューズ〔詩の女神〕を王党派にする」[19]に違いないと言明していた。しかし《善き文芸》は、あの政治的戦闘主義から新しい文学傾向の断罪へと急速に移行し、すっかり気の抜けている古典主義の防衛にかかりきりになってしまった。一八二二年一二月四日に、アカデミー会員のラクルテル弟が行なった開会演説によって、どうかその攻撃の激しさのほどを判断していただきたい。彼は次のようにラマルティーヌを非難する。「何たる恥辱だ。狂気の沙汰だ。わが古典主義作家に反対するに際して、趣味の確かさによってというよりも、精神の力と輝きによってはるかに高名な一女性の権威を援用するのみならず、あのロマン主義のクインティリアヌス〔ローマの修辞家〕たるシュレーゲルの権威を引き合いに出すとは。文学世界におけるもっとも偉大な、もっとも純粋な名声を生贄《ホロコースト》として要求する異国の神々に、われわれは迎合しようというのだろうか。この異国の神々の足元にフランスでもっとも美しい冠を供えようというのだろうか」。一二月一八日にノディエは、「私はヴィルマンに出会ったが、彼はラクルテルに対して怒り狂っており、当分は《善き文芸の協会》には顔を出さないつもりだと私に言っていた」[20]、とユゴーに書き送っている。

多くの作家が《善き文芸》から離れ、ロマン派に対するこの《協会》のセクト的態度に愛想をつかした。ユゴーは彼の王党派的信念にもかかわらず、その筆頭だった。《善き文芸》は保守主義の場となった。ブリフォーは《アカデミー》への入会を望んで、この《協会》で『フォンターヌとバイロンの対話』という毒のある反ロマン主義の朗読をした。一八二九年一一月に、トルーヴェ男爵は《善き文芸》の管財人であると同時に内務省における《善き文芸》の支部責任者であったが、『エルナニ』〔ユゴーのこの戯曲の初演（一八三〇年二月二五日）は古典派に対するロマン派の闘争宣言だった〕の朗読をして、そのテキストに加えるべき修正箇所のリストを作成した。彼はユゴーの離反と自由主義思想への心変わりを決して許さなかったのだ。[21]

《善き文芸の王立協会》は、一八三〇年の革命でやっと消滅した。しかしこの時すでに、その栄光の時代は久しい以前から過去のものとなっていた。《善き文芸》は青年の育成を保証するという野心的な企てで始まったが、せいぜい社交上の、それもきわめて束の間の成功しか見出せなかった。《善き文芸》を持続させ、真摯なものにしようとする真の教育者、ちょうどエマニュエル・バイイが《善き勉学の協会》のために果したような教育者が、そこには欠けていたのだった。

《キリスト教道徳協会》

《キリスト教道徳協会》のメンバーの一人だったレミュザは書いている。この会は「一つの集合場所、平和なクラブだった。自由主義的色彩をもち、隠然たる反対派であり続け、委員会や宣伝センターを作り、出版物を出したり出させたり、進歩と独立という現代思想のために参加を呼びかけていた。結局その例会は興味ある討論会となり、公開集会は示威集会となり、一定の反響を呼んでいた[22]……」。

一八二一年九月に設立された思索と労働のこのグループは、ラ・ロシュフーコー＝リアンクール公爵を議長として一二月二〇日に第一回の会合を開いた。そして、「キリスト教の教えの社会関係への適用」[23]をめざし、次の三つの目標を定めた。（一）さまざまな国にあって、人間の物質的かつ精神的状態の改善を目的としている施設、作業およびその成果に関する情報を収集すること。（二）諸民族の制度、文明および繁栄に対するキリスト教の教えの有益な影響力を強調するために、定期刊行物を発行すること。（三）福音書の教えの遵守にしか持続的な幸福はありえないということを人びとに納得させるために、その他の文書を刊行すること。

正規会員の数は定められていなかった。まず会員候補者は二人の正会員から推薦されなければならなかった。次に《協会》において無記名投票が行われ、承認されるには出席会員の三分の二の票を獲得し、二五フランの年会費を支払う必要があった。一八二二年年頭の《協会》の会員数はおよそ一〇〇名だったが、この数字は復古王政の終わりには四倍になっていた。レミュザによれば、その栄光の時期は一八二三年から一八二八年までで、「一八三〇年の革命後は、名前だけの存在でしかなかった」。

集会は、最初は毎月第二月曜日二〇時にタランヌ通りで行われていた。しかし時を措かずにいくつかの専門委員会が作られ、それぞれの委員会独自の集会日があった。一八二二年には、〈黒人売買廃止のための委員会〉（四月）、〈賭博場と富くじ廃止のための委員会〉（八月）、〈人類《ユマニテ》の事業とその施設への若者の協同《コオペラシオン》のための委員会〉（一一月）、〈精神病院と留置場の検査および監視のための委員会〉（一一月）。一八二三年には、〈死刑廃止のための委員会〉、〈ギリシャ人のための募金委員会〉（三月）――これは一八二五年六月にギリシャ人に本と教師、農業用具、機械等を送るため再組織されることになる――、〈孤児の無償収容の委員会〉（六月）、〈慈善と善行の委員会〉（一一月）。一八二四年には〈信仰の自由のための委員会〉。一八二六年には、貧窮者の被告と留置人に無償で弁護人を提供することを引き受け、囚人の運命の改善手段を探る〈牢獄委員会〉。一八二七年には、〈アイルランドのカトリック教徒解放の研究委員会〉。一八二八年には〈婦人委員会〉。

《協会》は月刊新聞を発行して、すべての会員に発送し、その責任者にはギゾーが任命された。この新聞は小型版約六〇頁からなり、さまざまな委員会に関する問題をすべて記事にして掲載し（道徳的見地から考察した福音書、若年犯罪者、平和協会……）、さらに外国の情報も伝えていた（《イギリスとスペインの牢獄協会》、フライ夫人の博愛事業など）。警視総監は、《キリスト教道徳協会》の精神の発露である〈道徳科学協会〉の計画に関する二通の報告書を一八二四年に内務大臣に送っているが、その中でこの報道活動を告発している。事実、「首都と県の主だった自由主義者」を結集する《キリスト教道徳協会》は危険だった。あたかも合法的で認可を受けたもののごとくに、その仕事を公表しつつ行動していたからだった。[24]

一八二八年の年次総会の報告書によれば、《協会》は外国の通信会員も含めて四二四名の会員（女性は若干名）を擁していた。職業や社名がときには名前の脇に記してあるが、これらの断片的な説明からは結論を引き出すことはできない。そこには多数の弁護士と「家主《プロプリエテール》」、たくさんの責任ある新教徒や牧師や宗務局のメンバーがいる。リベラルな反対派の著名人やアンシャン・レジームあるいは帝政の貴族たちもいる。公爵ではショワズールとモンテベッロ、伯爵はガエタン・ド・ラ・ロシュフーコー、アレクサンドル・ド・ラボルド、ラステリー、ティアール、ラメット、ランジュイネ、ラス・カーズ、カッファレッリ、モリアン、セバスチアーニ、それにカテラン侯爵。ラ・ファイエット将軍は一族の四人の女性から推薦されている。銀行家とリベラルな実業家の側では、ダヴィリエとコティエ（個人名はない）の名前が見える。マレ男爵、バンジャマンおよびフランソワ・ドレセール、アンリ・オッタンゲール、テルノー家の三人、アンドレ家の三人、それにアントワーヌとエドワール・オディエの名もある。《協会》にはまたジャーナリストと文学者も加入している。ギゾーとレミュザの他にバンジャマン・コンスタン、プロスペール・ド・バラント、フェリックス・ボダン、エティエンヌ、ジェー、アンリ・モニエ、ヴィルナーヴ。

《協会》には、未来の国王を筆頭として、とりわけ七月王政の担い手たちがほとんどすべて集まっている。オルレアン公爵は一八二三年に長男とともにこれに入会した。バルト、アルグー、ユマン、デュフォール、ガスパラン、ピスカトリー、デュシャテル、デュモン、デュパン、ヴィヴィアン、サルヴァンディ、プレ・ド・ラ・ロゼール、カジミール・ペリエ、ブロイー公爵の名が書き留められている。

《キリスト教道徳協会》が未来の多数派の仕事を準備したのは明らかである。モンタリヴェ伯爵は一八二二年に二一歳で《協会》に入会を許された。彼は、パリの産業における徒弟奉公の諸条件の調査を任務とする部門に参加していた。彼は一通のレポートを作成し、孤児の徒弟の後援委員会の設立を報告していた。モンタリヴェはその立法者としての生涯において、《協会》[25]での自分の仕事を忘れることはなかった。つまり議会では初等教育、監獄改革および賭博廃止に専念したのである。

《学士院》

社交上のつきあいと党派活動の典型的な場である《学士院《アンスティテュ》》は、五つのアカデミーに分かれていた。ギゾーが一八三二年に復活させた《人文・社会科学アカデミー》が、《科学アカデミー》、《芸術アカデミー》、《碑文・文芸アカデミー》、《アカデミー・フランセーズ》に加わったからである。《アカデミー・フランセーズ》はもちろんこの五つの中でもっとも有名であった。新聞の社交界時評欄は、入会式の模様を解説し、傍聴席の有名人の出席を特記し、演説を批評していた。（日刊紙は一八四二年以降学芸欄にその演説の全文を掲載した）。《学士院》の他の部門については、「芸術部門の賞の授与式でわれらが女優の一人がカンタータを歌って興を添えた時でさえも、また春に《学士院》の全知性が束となって集まり、四つの部門が一丸となって（これは一八三二年以前のことである）、華やかな全体会議を開いた時でさえも、《アカデミー・フランセーズ》の成功に匹敵するには至らなかった」[26]。

しかしながら、一八三二年の再建の時に人びとの好奇心を刺激していた《人文・社会科学アカデミー》は、冗談で言われたのだが、その「ハンサムな終身書記官」フランソワ・ミニェのおかげで、貴婦人たちを常に引きつけていた。マザラン宮の円形建物で開かれるこの《アカデミー》の厳粛な会議に毎年出席していたハインリッヒ・ハイネは、ミニェが話す予定となれば、社交界婦人たちがおそらく「聞くためよりも見るために[27]」、いつも以上に大挙して押しかけて来ると冷かしている。

《人文・科学アカデミー》のある会議が、いつまでも語り草になっていた。それは一八三八年三月三日土曜日の会議で、八四歳のタレーラン（彼はこのすぐあとの五月一七日に死去）が、友人レナルト（ラインハルト）〔一七八七年に来仏、その後タレーランのもとで大革命から七月王政に至るまでフランスの外交官として働いた。一八一四年に伯爵。一七六一―一八三七〕の追悼演説をしにやって来たのだった。一七六一年生まれのこのドイツ人は、一七八七年にフランスに来て、まず外交官としての生涯を開始した。彼はその後復古王政政府によって爵位を授けられ、七月王政によって貴族院議員に抜擢されていた。会議にはタレーランを含めて三〇名中の二六人という、ほとんどすべての会員が出席していた。トクヴィル、ヴィクトール・クザン、ギゾー、デュパン、ロッシ、ポルタリス、ブルセーなど。またタレーラン館の馴染みの人びとでは、ロワイエ＝コラール、大法官パキエ、ノアイユ公爵、ティエール、ヴィルマン、サン＝トレール、バラント、モンタリヴェ、モレ、チャルトリスキー大公。

老人は二人の従僕に支えられて階段を昇ってきた。上でミニェが待っていて、彼の腕をとった。守衛が大公の登場を告げ、会場の人たちは全員立ち上がって彼を迎えた。会長のドロが開会を宣言した。著作物保管所の記録を採択したのち、読会に移り、タレーランが発言した。彼は三〇分の間、眼鏡もかけずに、よく響く声で〈追悼文《エロージュ》〉を読み上げた。『ジュルナール・デ・デバ』紙は翌日次のように書いていた。「眼鏡は《学士院》では当たり前のものである。ところが、一九世紀に生まれたわが学者たちも一人ならず眼鏡が必要不可欠であるのに、一七五四年二月に初めて開いたタレーラン氏の目は、いまだにこの補助器具を必要としていないのだ」[28]。タレーランはレナルトの生涯の諸段階を喚起し、政治家に必要な資質を検討し、最後にはその義務への信仰を賛美して結んだ。彼は拍手喝采を受け、皆は彼が退出するのを見ようと人垣を作った。ヴィクトール・クザンは叫んでいた。「これはヴォルテールだ！　最良のヴォルテールだ！」。

さて、今や《学士院》の至宝である《アカデミー・フランセーズ》の方に移ろう。『復古王政下での贅沢』の著者〔アンリ・ブショ〕は、優雅の士たちが自分の義務と心得てせっせと通っていたロンシャン競馬場やカフェのトルトーニと並んで、この《アカデミー》を「屋外のアトラクション」の中に分類している。彼は流行の先端をゆく女性たちのために「学士院での身だしなみ」さえも再現してみせる。一八二五年までは、婦人たちは自分自身で《アカデミー》の入口に並んでいた。というのも、代わりに行列を請け負ってくれる「並び屋」をまだ見つけていなかったからである[29]。入会式が心底好きな愛好家がいた。ヴェロン博士は、一八一七年から一八四〇年までにただの一度も入会式を欠席したことはなかったと断言している。彼は待っている列の中で、ときどき有名人と隣り合わせたことがあった。たとえばティエールの入会式の時には、タレーランとモレのそばに立って門が開くのを待っていた[30]。

入会式は、アカデミーの新会員が名家の縁者なのか、あるいはすでに文学上の栄光を享受している者なのかによって、大いに人気が出たり、出なかったりした。一八二六年二月一〇日のマテュー・ド・モンモランシーの入会式は壮観だった。会場は「歴史的な名前」でいっぱいだった。[31]「ほとんど全員がその美しさと優雅な衣装によって目立っているような」最上流社交界の約二〇〇名の婦人たちが、普段はアカデミー会員が座るはずの席を占領していた。また出席者の中にはその才能によって有名な女性たち――マルス嬢、デルフィーヌ・ゲー、バイロンに関する著作のあるベロック夫人――や、さらには「フランスの全司教の中でもっとも霊的で、もっとも洗練された」フートリエ師のような、教会の高位聖職者たちも数えられた。スタンダールが強調するように、この入会式を世界に比類のない「精神的祭典」にしたエリートたちのこの大集合は、上流社交界のメンバーであり、政治的・宗教的権力の近くにいたマテュー・ド・モンモランシーの地位に多くを負っていた。彼は大革命の初期にはリベラルとして、スタール夫人のサークルに入っていた。次いで熱狂的な信仰心を取り戻して超王党派に改心した。彼は《信仰の騎士団》の設立者の一人であり、何度か《コングレガシオン》（本書三〇〇頁の訳注を参照）の長官を務めていた。一八二一年から一八二二年まではヴィレール内閣の外務大臣だったし、またすでに見たように、彼はジュリエット・レカミエの親密な友人だった。

　政治の立役者の貴族たちは、とくに選りすぐりの聴衆を引き寄せていた。一八四〇年一二月三一日の元首相モレ伯爵の入会式では、フォブール・サン＝ジェルマンとフォブール・サン＝トノレを広く代表したのは、モンモランシー家、ヴァンティミイユ家、グリヨン家、クラオン家、コーモン家、グラモン家、オスモン家、ラ・ギッシュ家、タレーラン家、ノアイユ家であった。検事総長デュパンは、この輝かしい列席者を前にしてこの政治家を歓迎し、世紀の始めから次々に変わったすべての政府に忠誠を尽くした人たち（たとえばモレのように）への賛辞を述べた。つまり七月王政のこの高官デュパンは、この入会式を利用して、意見の違ったエリートたちの和解を主張しようとしたのである。新会員の傍らにシャトーブリアンが現れたので、この会の輝きはさらに増した。（彼らは古くからの友人であり、二人は相次いでコルデリア・ド・カステラーヌの愛顧を受けていた）。大物の出現が貴婦人たちの間に常軌を逸した騒ぎを引き起こした。それぞれがシャトーブリアンを見ようとして、今にも隣りの人を踏みつけんばかりだった。[32]サン＝トレール伯爵の場合は、七月王政の大使になる以前は、かつてナポレオンに、次いで復古王政政府に仕えたのだったが、その彼の入会式の時には、「一群の金色青年〔元は反ロベスピエール派に加担した富豪の子弟たちをさす。転じて金持ちの遊民的若者〕」[33]が《アカデミー》に集まってきた。

最大の成功を収めたのは、当然のことながら一八四一年六月三日のヴィクトール・ユゴーの入会式である。会場の収容可能人数の三倍の入場券を出してしまったので、《学士院》の中庭はほとんど暴動のようだった。入場を確実にするためには、あらかじめ三、四時間も前から行動を起こす必要があった。席を手に入れることのできなかった社交界の女性たちは、〈彼女の〉アカデミー会員の注意を引きつけようと必死だった。「ジューイさま、私はここに……、――サルヴァンディさま、後生ですから」。しかし無駄だった。「彼らは皆つれなく通り過ぎて行った。この恩知らずの有名人たちは……」。オルレアン公爵自身でさえ、ヴィクトール・ユゴーの大の賛美者である公爵夫人と王女たちのために、自分の席を譲ってやっていた。調子が狂ったのは、ただアカデミー会員たちばかりだった。彼らはパルム勲章〔大学とアカデミー会員に与えられた教育功労勲章〕の付いた制服を着ることさえしなかった。「彼らは皆燕尾服《フラック》を着ていて、それがひどく不格好で下院議員のようだった」[34]。

入会の式典は、場合によっては大荒れとなった。一八四六年一月二九日の、モレが歓迎したヴィニーの入会式のように。まず委員会で読まれたスピーチは何らの注意も引かなかった。ヴィニーの演説はあまりに長すぎたし、しかも重々しくゆっくりとそれを読んだので、退屈させてしまった。モレ伯爵の方は文句なくヴィニーよりも光っていた。彼は、ヴィニーが『サン・マール』〔ヴィニーの歴史小説の傑作（一八二六）〕の中で厳しく扱ったリシュリュー枢機卿を弁護し、歴史的真実を歪曲したとしてこの作家を非難し、「軍隊の服従」〔同じくヴィニーの小説『軍隊の服従と偉大』（一八三五）の題名を皮肉ったもの〕をからかった。ヴィニーはひどく傷ついた。すべてはモレの演説の〈調子〉にあった。というのも、演説の文章は、いつも通りに演説前にヴィニーに渡されていたのだったが、彼がそこに読みとったのはモレの熱意だけだったからだ。彼はモレがしてくれるはずの挨拶について、その演説文の作者に感謝さえしていたのである[35]。

フォブール・サン＝ジェルマンの医師プミエース・ド・ラ・シブシー博士は、この会に出席していた。彼は、モレが「ヴィニーの作品とその誇張されたロマンティスムについて、繊細で才気のある少し情熱的な」批評をするたびに、その話が絶えず中断してしまうほどの拍手喝采が湧き起こったことを思い出している。ヴィニーが「聞こえにくい、精彩のない声で」演説をしたのに対して、モレは荘重であると同時に「機転の利いた、適切な」気品あるやり方で自分の考えを表明した。聴衆を魅了したのは、彼がそんな風に個人的な才能を証明してみせたからだった。すなわち「彼は〈アカデミー会員である〉ことの名誉に価するのに、名前と地位以外のものをもっていたのである」[36]。

結局、重要なのは話す内容よりもその話し方である。それは声であり、説得する調子である。プミエース・ド・ラ・シブシーは、サルヴァンディが一八三六年のアカデミー入会式の時に会衆に与えた惨憺たる印象を回想している。彼は震える声で、大仰で空疎な演説をした。するとこの医師の隣りにいた人が「あの可哀相なサルヴァンディは相変わらずですな。中等学校の頃、私たちは彼のことをアイオロス〔ギリシャ神話のオデュッセイアの中の風神〕と呼んでいましたよ」と言ったのだった[37]。

復古王政下での入会演説は、演説をする者にとってもそれを聞く者にとっても、それぞれが公共の場で話題になっている事柄を読みとることに慣れていたので、ときには検閲をおもちゃにして茶化す機会となることがあった。スタンダールは、一八二五年七月七日のカジミール・ドラヴィーニュの入会式に出席していた。「ドラヴィーニュ氏は、彼の言っていることをそのままの意味に取れば、嘘でないような言葉は一言も言っていなかった。しかしながら、もっともなことに、人びとは彼の勇気に拍手喝采した。つまりおそらく二、三の不幸な田舎者を除いては、社交界の〈エリート〉で構成されていたこの集会にあっては、彼の言葉を完全に理解していないような精神の持ち主は一人としていなかったのである」[38]。

一八三〇年以後は、もはや「ほのめかしの雄弁」を使わざるをえないという状況ではなかったので、おそらく演説の内容にも以前ほどの注意は払われなくなっていた。ただし、どんな発言でもそれが態度表明と見なされる第一線のスターについては話は別である。ところがそんな場合にヴィクトール・ユゴーが、一八四五年一月一六日のサン＝マルク・ジラルダン〔ソルボンヌの文学の教授（一八三四）、下院議員（三四—四八）〕に対する歓迎演説で、女性は「思想によって男性と〈ほぼ《プレスク》〉同等である」と遠回しに言ったのだから大変だった。デルフィーヌ・ド・ジラルダンは、その夜のサロンは婦人たちがこの

〈ほぼ〉について苦々しく話していたと述べている。[39] しかし、その〈ほぼ〉にまずショックを受けたのはおそらく彼女自身ではなかっただろうか。

入会式の雰囲気は、ブロイー公爵夫人が娘にした話によって再現することができる。ギゾーは、一八三六年一二月二二日に《アカデミー》に迎えられた。「数え切れないほどの群衆と全社交界がいました。シャルル一〇世の喪に服して、黒いドレスを着た多くの女性たちがいました。（一〇月六日に逝去、宮廷は喪服を着けずスキャンダルになっていた。これに対して、会衆の黒のドレスは正統王朝派とフォブールの貴族たちがそこにいることを意味していた）。女性たちが圧倒的に多数で、あらゆる場所にあふれていました。この会衆は非常に好奇心が強く、大変注意深かったのですが、しかし冷やかでした。ギゾー氏個人に対して冷やかでした。問題になっているすべてのテーマに対しては、もっと冷やかでした」[40]と公爵夫人は書いている。

ギゾーが述べた一八世紀への賛辞は誰の興味も引かなかったし、七月革命の喚起を通して取り上げた精神的、政治的テーマや、復古王政に対する攻撃も同様だった。ナポレオンの名前だけが「その無関心な会衆を少しばかり引きつけただけでした」。おそらく公衆の冷やかさは演説者の文体に起因している。ギゾーは非常に公平だった。「同じ話の中でも公平です。つまり、賛辞が終わる前に〈しかし〉、とあなた方に言って別の評価をするからです」。このことがいかなる熱狂も不可能にしているのである。しかし聴衆が彼の演説を冷やかに聞いたとしても、演説を高く評価することの妨げにはならなかったらしい。「終わると、人びとはとても熱っぽく拍手しました。そしてすばらしかったと皆が言っていました」。

これら《アカデミー》での公開の儀式が歓迎されたということは、下院議会での才能ある演説者の成功と同じように、この機関が当時〈才知《エスプリ》〉が表明される生きた場と考えられていたことを示している。しかしこれらの入会式はまた、会員選挙に際して行われた私的戦略に賞を授与するということでもあったのだ。《アカデミー》の候補者を庇護し、その成功のために画策することが、社交界の貴婦人たちのいわば伝統的活動なのだった。そんなわけで、ダランベールが一七五四年一一月二九日に《アカデミー》に選ばれた時に彼を祝福したのはデュ・デファン夫人であり、それはまるで個人的勝利であるかのようだった。[41]『シエークル』紙は一八四〇年に、時代の先端をゆく（ア・ラ・モードな）女性たちのこの偏執ぶりを冷かしている。《学士院》の会議に飽き飽きしている若き〈雌ライオン〉〔第二章の小章「ライオンたち」を参照〕は、まもなく報われるだろうという希望をもってストイックにその倦怠に耐えている、と同紙は語る。つまり「次の選挙では、候補者を見つけてさっさとアカデミーの椅子に座らせてあげよう。私にはアカデミー会員を作るという夢があるのです」[42]、と。

デルフィーヌ・ド・ジラルダンは、一八四一年一月七日のヴィクトール・ユゴーの選挙の時までに、それは五回目の挑戦だったが、彼のために猛烈なキャンペーンを繰り広げたのだった。彼が破れた時には、彼女は憤慨していた。「今週の大スキャンダルは、《アカデミー》がヴィクトール・ユゴーではなくミニェを選択したことだ。次のことによく注意してもらいたい。スキャンダルはミニェ氏を指名したということではない。ユゴー氏と比べて彼を選んだということなのだ。ミニェ氏がそのことに満足しているならば、私たちは彼を哀れに思う。ミニェ氏にはおそらく才能がおありであろう、だがユゴー氏は天才なのだ。《アカデミー・フランセーズ》が肝に命じなければならないのはこのことなのだ」[43]。ヴィクトール・ユゴーがひとたび選ばれると（一八四一年の最初の学芸欄は、「ついに、……ヴィクトール・ユゴーが《アカデミー・フランセーズ》の会員になった！」という勝利の叫びで始まる）、デルフィーヌ・ド・ジラルダンは今度はあらゆる機会をとらえて、バルザックもデュマもまだ選ばれていないことに注意を促すのである。

一八二五年のマテュー・ド・モンモランシーの選挙から一八四七年のジャン・ジャック・アンペールの選挙に至るまで、勝ち選挙のチャンピオンがレカミエ夫人であることに異論の余地はない。決心のついていない選挙人を「目と耳で、精神と心で」魅了し、彼らの票を獲得するために、アベイ＝オ＝ボワではコンサートと朗読会が大々的に開かれていた、と主張するのは『シエークル』紙である。[44]だが裏工作は、影響力のある女性たちの間ではどこも同じように行われていた。一八四〇年秋に《アカデミー》には二つの空席があった。ジュリエット・レカミエはバランシュを考えていたが、彼はヴィクトール・ユゴーのためを思って辞退することになる。ボワーニュ伯爵夫人の側ではモレを考えていた。モレは若い時シャトーブリアンと親交があったので、伯爵夫人はレカミエ夫人に手紙を書いた。「奥様、私たちがいつもどのような細心さをもって互いに協議し合ってきたかをあなたはご存じです（…）。まだはっきりしていないのですが、モレ伯爵がレネ氏の後任として《アカデミー》に立候補する場合、シャトーブリアン氏は彼に投票する気になるでしょうか」[45]。モレは選ばれ、二人の夫人は次の選挙でも引き続き協議を行なった。一八四二年二月に二つの椅子がまた空席になった。バランシュが立候補した。ボワーニュ夫人は、モレはバランシュに投票するつもりだし、「彼のために別に五票を見つけるだろう」、とレカミエ夫人に告げた。バランシュとトクヴィルが選ばれた。一八四二年四月二一日、今度選ばれたのはボワーニュ伯爵夫人の友人、大法官のパキエだった。つまり二人の女性のアカデミー協力が実を結んだのだった。

《アカデミー》のピュグマリオン〔キプロス島の王〕としてのジュリエット・レカミエは、政治的圧力を受けていた。一八四四年には三つの椅子を埋めなければならなかった。「宮廷《シャトー》」は「B伯爵夫人（またもボワーニュ？）」の企てによって国王の司書であるヴァトゥーを、アベイ＝オ＝ボワの候補者に採用させようとした[46]。もしヴァトゥーがレカミエ夫人に支持されたならば、彼が選ばれるチャンスはいくらでもあっただろう。ところが裏取引は失敗し、まずサン＝マルク・ジラルダンが選ばれ、その次にレカミエ夫人の二人の候補者サント＝ブーヴとメリメが選ばれてアカデミー会員となり、ヴァトゥーは一八四八年まで待たなければならなかった。

教会

かくして、人びとは《アカデミー》の盛大な入会式に、あたかも荘厳ミサに出席するかのように出かけて行くわけであるが、教会への出入りについては事情はどうだろうか。復古王政期では、国家は宗教信仰の復興に努力している。とりわけシャルル一〇世のてこ入れのもとでは、慈善活動は人びとをいささか面食らわせるようなこれ見よがしの性格を帯びている。一八二六年に、王は徒歩で全贖宥《ジュビレ》〔本来は有限の罰のすべてを赦す儀式。一般には五〇年目の祝祭〕の行列に従う。新聞は、立派なお仕着せを着た二人の従僕と小間使いの女を一人連れて、パリの一番汚い道を素足で歩き回った信心深い侯爵夫人の時ならぬ熱意を冷かすことになる。しかし、スルト元帥〔ナポレオンに抜擢された帝政貴族の典型的人物。また七月王政では復古王政に加担〕のお追従はさらにばかにされることになるだろう。少し前に彼はたくさんの縄をこれ見よがしに身に着け、八人の従僕を連れて賑々しく聖体拝領をしに行った。「これほどの見せびらかしが許されるには、男の名前がモンモランシーか、あるいは少なくともラ・トレムイユ〔いずれも中世以来の貴族の名家〕でなければならない」とスタンダールは書く。調子にのった元帥は、この「薄着で」手には大ろうそくをもち、全贖宥の行列に従いたいと言い張って、士官や野次馬の失笑を買ったのだった。[47]

反教権主義者のスタンダールが、こうした信仰のこれ見よがしの擁護を、一族が十字軍に参加したことにまでさかのぼれるような家系の人たちの行為としてはさほど滑稽でもなく、ありうることだと見なしていたとすれば、これは注目に価する。貴族は、そこでは自分の伝統的な役割を引き受けているのである。このことはしかし、社交界の全成員が熱狂的な信仰に身を投じたことを意味しているわけではない。すべての人が、シャルル一〇世やリヴィエール公爵あるいはマテュー・ド・モンモランシーの例に倣って改宗したわけではない。多くの者たちは、アンシャン・レジームの貴族階級がもつヴォルテール風精神の痕跡を残し続けていた。[48]ボワーニュ伯爵夫人は、宮廷に出入りしていたとはいえ、過激王党派の聖職者至上主義に対して故意の沈黙を守っている風である。つまり彼女によれば、ひとり王太子のみが分別のある発言をしていたのだった。

伝統ゆえに、という口実のない場合は、信心家は日和見主義者《オポルテュニスト》と見なされているのだ。周知のごとく、スタンダールがこの見解を『赤と黒』の中で展開したのだった。つまり、帝政下の人びとは軍隊によって華々しく出世したが、復古王政期になると野心家は偽善的にも教会を選ぶというのである。教会の中の策謀で成功すること、これがブレ＝ル＝オーでの儀式の時にジュリアン〔・ソレル〕が突然見抜いたアグド枢機卿のように、非常に若くして高位聖職者に成り上がる道だったのである。反教権主義の急進派によれば、それはまた軍隊においてさえ地位と昇進を手に入れさせる道であった。「聖トマス・アキナス教会、サン＝シュルピス教会、あるいは当節人気のどんな教会でも、そこに定期的に出入りすること以上に、若き中尉の出世に役立つものはない」[49]。

一〇年後のデルフィーヌ・ド・ジラルダンもまた、これら信心の疑似行為について回想している。「オペラ座と同じように、ノートル＝ダムにも群衆があふれている。喜ばしきことには、かつては目に見えない異端糾問所に震え上がっていた忘我の役人や、宮廷の改悛者、あるいは聖職のパリサイびと〔表面は律法を厳しく守るふりをして、実は偽善的生活をしているユダヤ教徒　内〕しか見出せなかった同じ祭壇の足元に、自立した高潔なフランスの若者たちが教えを求め、信仰を示しに自ら進んでやって来る光景である。しかしこの慎ましい野心家たちの人におもねる信仰心は、天に向けられたものではない。彼らは私欲から県知事や大使の地位だけを願っているのだ。ああ、今こそ私たちには真の信教の自由があるのだ……」（一八三七年三月一五日付の学芸欄）。

一八三〇年以後、王権と教会の結びつきはゆるみ、エリートとカトリック教会の関係は解放されて、個人的参加《アンガージュマン》の問題となる。そして人びとは、ロマン主義と相ともなって進行するカトリック再生の運動、すなわちラムネーの影響〔三二〇頁を参照〕、教皇権至上主義の進展、慈善活動の展開に立ち会うこととなる。このカトリック再生はまた、ある者にとっては反教権主義的な権力に対する野党の立場、あるいは少なくとも精神の独立性の立場を鮮明にする方法ともなりうるものである。

カトリック教会がこうしてますます成功を収めてゆくについては、疑うべくもなく真摯な社交界人士がいて、教会に対してはパリ名士集団（トゥ＝パリ）の中でも第一級の何人かの女性たちが端役以上のことをしたのだった。ベルジョヨーゾ大公妃は『カトリック教義の形成についての試論』を書き、スヴェッチーヌ夫人はラコルデールやモンタランベールと同様、カトリック自由派にとっては真の精神的な母であった。

しかし、敬信はまた流行現象でもあった。ユゴーは一八四二年五月に、「神様が目下社交界の若い女性たちの間で流行である」と書き、さらに「敬信は彼女たちのベッドのマットレスの一つである」[50]という常套句を続けている。一八三八年の『シエークル』紙は、次の場面を想像しながら同じ視座《トポス》でもっと軽い表現をしている。聖トマス＝アキナス教会で一人の男が、美しい貴族の女性が差し出したビロードの財布の中に二〇フランを滑らせながら、彼女に頼んだ。「今晩……伯爵邸での最初のギャロップを一緒に踊ってくださる名誉を、わたくしにお与えくださいますか」、と。

これに対してくだんの女性は、「喜んで」と、恭しく答えたのだった。[51]

反教権主義の論説は、軽薄さが黙想に取って代わっている社交界的信心会《コングレガシオン》の場としての教会を告発するのがならわしとなる。『シエークル』紙の才気煥発な記者は、一八三六年末に完成して礼拝に供せられたノートル＝ダム＝ド＝ロレット教会に、とりわけ苛立っている。「教会の内部はワックスで磨かれ、金めっきされ、ぴかぴかに光り、まるで銀行家のサロンのように絨毯が敷かれ、ブロンズのシャンデリアが飾りつけられ、あらゆる種類の流行の小さな家具が備えられ、お仕着せを着た従僕たちが手入れをしている」[52]。

このジャーナリストは、ノートル＝ダム＝ド＝ロレット教会を支配している公的空間と私的空間の、その聖と俗の混同を面白がって誇張している。以下は彼が絵画について行なった叙述である。「主題だけが宗教的。顔触れはすべて社交界人士、つまりオペラ座のコーラスガールたちが聖女としてポーズをとり、殉教者たちは顎髭、口髭をたくわえたハンサムな若者たち。要するに株価の下落と繰り越し取引の殉教者たる株式取引所のダンディたちだ」[53]。登場人物の衣装は流行に従って手直しされることすらある。こうしてジゴ〔袖付けがふくらんで袖口が狭い〕の袖の聖女たちが、以後は平袖の衣装を身に着けることになる。[54]

反教権主義の『シエークル』紙〔オディロン・バローの率いる王朝左派の機関紙だった〕は戯画化をしている。だがその無宗教の視線には、宗教的実践の中に存在する世俗的部分をすばやく見抜くという利点がある。だから、流行の音楽と大もての説教師がいくつかの教会を社交界人士の足繁く通う場所にしている、と同紙はその不信仰にもかかわらず証言するのである。ノートル＝ダム＝ド＝ロレット教会は、オーケストラと歌手の加わった儀式によって、また、五月に毎晩そこで行われたコンサートによって有名だった。一八三八年、パリ大司教ケラン猊下が「彼の司教区の教会からオペラ曲と大オーケストラの伴奏を追放した」、という噂が流れた。[55] しかし、彼はこれを否認し、ショセ＝ダンタンのこの教会は五月の八時から一〇時の間、相変わらずすばらしい音楽の夕べを社交界人士に提供し続けることができるだろう。なにしろノートル＝ダム＝ド＝ロレット教会は、春は快適な場所なのだ。その頃は劇場に行くには暑すぎて、ティヴォリ庭園で夜を過ごすには寒すぎるのである。[56]

フロトー氏は一八三八年春に、カステラーヌ氏の家で自分の音楽を聞かせることができなかったので、「この社交界劇場から上流社会の教会へ移った。そしてこの若い作曲家の『聖体降福式《サリュ》』は《外国伝道協会》[訳注]において大成功を収めた」[57]。成功という劇場用語は実体のない言葉ではない。この同じ時期に、熱烈なカトリック教徒のエクスタン男爵は、ヴァレリー・ド・マントンに宛てた手紙の中で、サン＝ロック教会では人込みの中でもみくちゃにされてしまったと嘆いている。そこでは世俗の音楽に引きつけられ、音楽家たちを見ようと肘で他人を押し退けている「不愉快な輩」が、信者に混じっていたのだった。「私たちは見せ物興行に来ているのではない」、と男爵は大声で叫ばねばならなかった[58]。オーギュスト・リュシェは、サン＝ロック教会の八月一五日のミサについてまったく違った思い出をもっている。彼はそこで音楽狂としてのすばらしい感動を味わったのだった。オルガンとトロンボーンとコントラバスの伴奏による五〇名の男性の声は、聖歌隊員と子供のコーラスを交えて、「わが人生で聞いたもっとも甘美な音楽」を生み出していたのであった[59]。

[訳注]《外国伝道協会》――在俗司祭の団体で、主としてインド、中国、日本、朝鮮などを対象とした宣教と、その地の信者の組織化を目的としていた。宣教師養成の神学校を併せもち、起源はルイ一四世の時代にさかのぼり、助成金も受けていた。フォブール・サン＝ジェルマンのバック通りとバビローヌ通りの角に広大な敷地と建物があったが、その神学校は大革命の初期に閉鎖され、一八〇五年に再開され、また一八〇九年に閉鎖された。やはり在俗信徒組織の《コングレガシオン》がここを週一回の集会場としていたため、それへの対応によって閉鎖と再開が繰り返されたのである。一八一五年で約三〇名、一八四〇年で七八名のメンバーが五カ所の宣教地に派遣されていたという。

説教師たち

教会は経済的必要に立ち向かわざるをえない企業であった。ノートル＝ダム＝ド＝ロレットのような教会の贅沢三昧――暖房、花、音楽――は、座席の予約料と募金によって賄われねばならなかった。ところで、説教師が引き寄せる群衆が多ければ多いほど席料は上がった。一八四四年一月七日の日曜日は、一時間のミサで座席の値段は三倍になり、その典礼の間に一四回も募金があった。説教師を誰にするか、これは、劇場の俳優やオペラ歌手と同じように、説教師自身がかき集められる収入によって、つまり「一〇〇〇エキュになる」[60]ということで決められていた。教会の座席は入札にかけられて、皆われ先にと奪い合ったのだから、こうした席の活用が営利的であったことは信じざるをえない。かくして一八四四年には、サン＝シュルピス教会の椅子全体の賃貸借料は二万二〇〇〇フランに設定され、競売でそれが三倍になることが期待されていた。四旬節の説教は、しかるべき出費をカヴァーし、落札者に利益を得させるためには必要だったのである。[61]

したがって説教師は、演劇や音楽のスターとまったく同様、それぞれの教会が発揮する魅力の点で重要な役割を果していた。さらに広告を利用して芝居を打つように、説教もまた売り込まれるものであった。説教は、新聞に説教師や募金婦人たちの名前を載せるという手段によって広く知らされていた。ときには、新聞は説教師に関するさらに細かい情報をすっぱ抜いていた。たとえば、ある説教師は《テアトル＝フランセ》の俳優から演説の仕方のレッスンを受けていたとか、別の者は説教壇で話すのに「聖ルイ王の時代の助祭が着ていた衣装」を身に着けようと準備していたとか、あるいは、《サロン展《ル・サロン》》のために描かせ出品してもらった時の自分の肖像画と同じ恰好の「純血のドミニコ会士」の礼服を着ていた、などといった風にである。[62]また、宗教界においてさえ感じられていた〈宣伝〉の必要に応えるため、『教会新聞』の発行が問題になったことがあった。しかしこれは、結局は大司教がその認可を拒否したのである。[63]

一八四四年から出現する『説教師の新聞』は、〈人気番付〉については何も書いていない。「説教壇の噂話《エコー》」をめざすこの新聞は、あれこれの説教の質を裁くのではなく、「仕事中の職人であれ城の中の貴婦人であれ、彼らの瞑想の時間に読むことができるように」、説教を文章化して掲載することで満足している。これらの説教には、説教師たちの伝記や説教の歴史がつけ加えられている。この新聞の予約購読者には『フランスの説教師、大司教、司教の一覧《ガルリー》』が無料で送られていたが、別に一フラン五〇で贔屓の個人伝《ポルトレ》も買うことができた。

デルフィーヌ・ド・ジラルダンが、ジャーナリストたちは「議場の演説を褒めるように」説教を褒めたと書いて、この不快な言動に遺憾の意を表明したのは四旬節の時である。[64]一八四二年にパリに来て、サン＝トゥスタッシュ教会の四旬節の説教でデビューした南フランスの司祭マルスラン神父には、一八四三年四月になると惜しみない賛辞が与えられている。一八四三年にサン＝ロック教会で説教をした彼は、「激しくはあってもその激しさを抑制するすべを心得た雄弁のゆえに」[65]、ラヴィニャン神父と最大限に比較されている。『シエークル』紙の学芸欄担当者は、説教師たちの雄弁についての解説をある「信仰新聞」で読んだとしているが、一八三八年の四旬節に《外国伝道協会》で説教をしたドルー＝ブレゼ神父には、「優雅で純粋な言い回し、しんみりとさせる語調、穏やかで説得力のある弁舌」[66]が認められると断言している。ただし下院の演説と同じように、講話が完全に失敗してしまう場合もありうるのだった。ネストール・ロクプランは、一八四一年に聖トマス＝アキナス教会で四旬節の説教をしたジュヌード氏を、その言葉は「重苦しく粘っこい」、その言葉づかいは「ねちねちしていて平板なイメージで飾られている」[67]と非難している。

七月王政のもっとも有名な説教師は、ラヴィニャン神父（一七九五―一八五八）とラコルデール（一八〇二―六一）だった。二人は同じようにまず法学の勉強をし、《善き勉学の協会》の雄弁会に通い、やがて改心してサン＝シュルピス神学校に入ることになる前は、復古王政下で法律の仕事（前者は司法官、後者は弁護士）に携わっていた[68]。彼らの経歴が分かれるのはそこからである。ラヴィニャンは《イエズス会》に入り、ラコルデールはラムネー、モンタランベールとともに一八三〇年に『アヴニール』紙を創刊する。そして後者は《聖ドミニコ修道会》を再建し、一八四八年には共和派の議員として選出され、ドミニコ会士の僧服を着て議席に座ることになるのである。

ラコルデールとラヴィニャンは前後して《ノートル＝ダム講話会》を務めるという栄誉に浴した。この四旬節の説教は、フレデリック・オザナムと、一八三三年に設立された《サン＝ヴァンサン＝ド＝ポール慈善講話会》のオザナムの仲間たちの要求に応じて、一八三四年にパリ大司教ケラン猊下が創設したものだった。学生たちはケラン猊下に、《ノートル＝ダム講話会》をラコルデールに任せるようにと懇願した。しかし最初の年は、大司教は七人の説教師にそれをゆだね、その中にはデュパンルー神父がいた。まとまりに欠けており、この会の成功はぱっとしなかった[69]。

これに反して一八三四年では、〈コレージュ・スタニスラス〉の礼拝堂のラコルデール神父のもとに人びとは押しかけ、そこで彼は一二回の講話をした。スヴェッチーヌ夫人の館でラコルデールと親しくつきあっていたアルマン・

ド・ムランは、「私はぎゅうぎゅう詰めのこの聴衆の中で、ベリエが窓をよじ登ってくるのを助けようと手を差し出した。講話が終わってベリエが外に出た時には、他の場所で聞くのとは比較にならないその雄弁に彼も皆と同じように魅了されていた」[70]と語っている。スヴェッチーヌ夫人のサロンの常連たちは、この電撃的な成功に驚いた。というのも、彼らは一八三三年にラコルデールがサン＝ロック教会で最初の慈善説教をするというので出かけて行き、「彼は説教師以外の職業を選ぶ方がいい」[71]とまで断言していたのだったから。このような成功の結果、彼は「一部の若者の精神を動転させかねない一種の熱狂的な共和主義者として」政府に対して告発され、ケラン猊下に対しては「変革の説教師」[72]として通告されていた。しかしアッフル猊下が彼を弁護し、スヴェッチーヌ夫人がケラン猊下を安心させたので、結局ケラン猊下は〈スタニスラス〉で勝利を収めていたくだんの説教家に、《ノートル＝ダム講話会》を任せることにしたのである。

一八三五年三月八日、ラコルデール神父は初めてノートル＝ダムの説教壇に上がった。フレデリック・オザナムは三月一五日に父親に宛てて書いている。「講話はすばらしいものでした。首都でもっとも優れた人たち、ラマルティーヌ氏、ベリエ氏など一群の文学者や学者、そして大変な数の学生たちが出席していました。中央の身廊〔教会堂の中央部分の広間〕全部が男性席にあてられました。五、六〇〇〇名はいたでしょうか（…）。これ以上に雄弁な講話は他のどんな場所でも聞けはしません」。

一八三五年と一八三六年にそれぞれ一連の講話をしたあと、ラコルデールはローマに向けて出発した。ケラン大司教は一八三七年にラヴィニャン神父を《ノートル＝ダム講話会》の正講師に任命した。彼は四旬節の講話を一八四七年まで受けもった。ラヴィニャンはよく響く声と激しい口調、内容の峻厳さで群衆を引きつけ、「教義についての非常な一徹さ」[73]をその態度で示していた。彼は風紀の紊乱を戒める説教をしたが、言葉が激しいからといって婦人連に嫌われるどころか、むしろ彼女たちはサロンでその講話の批評をし合ったのだった。サント＝ブーヴは一八四三年に、ラヴィニャンの講話を聞くためノートル＝ダムに集まってきた「おびただしい」群衆について語っている。一八四四年四月一一日の『シエークル』紙は、その数を一万人以上と書いている。ラヴィニャンはその頃、労働者のためには朝の六時、社交界の女性のためには一三時、社交界の男性のためには二〇時と、一日に三回の講話をしていた。彼の巧妙なところは、集まった聴衆によって話の内容を変えたことだった。つまり、「社交界の女性たちに対しては、社交界を知る者、かつてその一員だった者として話をしていた」[74]。〈ノートル＝ダムの四旬節の彼の講話を聞きに行く〉と言う代わりに、「ラヴィニャンに行く」という表現が流行していたようである[75]。

その後、ラコルデールの方は《聖ドミニコ修道会》の再建のためにフランスに戻ってきて、一八四三年からはノートル＝ダムで〈待降節〉の説教をしたが、他方ラヴィニャンは四旬節の連続説教を続けていた。ラコルデールの説教を聞きにやって来た「大群衆」の中の一人サント＝ブーヴは、次のように書く。「彼は才気は煥発であるが、真のキリスト教の重厚さに欠ける。聴衆におもねり、現代を賛美し、自らをすべての人の〈同市民《コンシトワイヤン》〉と称し、説教壇で詩を引用し、面と向かってシャトーブリアン（〈教会委員席〉に座っていた）を褒める。一言でいえば、ラコルデールはドミニコ会士であるがゆえにますます社交界人士を気取るのだ」[76]。

サロンにおいて

宗教

たとえ社交界が、《ソルボンヌ》の講座や《アカデミー》の会議、あるいは四旬節の説教に出かけて、その居場所を変えることがあったとしても、やはり社交界はサロンというプライベートな枠組みの中で行う知的、精神的活動が気に入っていたのだった。

サロンで行われる説教というものを想像するのは難しい。しかしながらスタンダールは、一八二六年に次のような場面を描いて、イエズス会士が至るところにいたことを証明している。「最近とても奇妙なやり方でいくつかの舞踏会が始まった。客人は夜の九時頃に到着した。みんな優雅に着飾り、花束をもった若いご婦人たちは、目を伏せて一言もいわずに部屋の周囲に整列した。全員が揃うと、お河童頭をした（これは丈の短い僧服姿のイエズス会士たちの身体的特徴である）参加者の一人が本を取り出し、広げ、音を立ててただちに閉じた。すると、これを合図に司祭が隣室から現れ、非常に重々しい調子で敬虔な短い説教を始めた。このイエズス会士はいつも美しい若者であって、女性的な声と、とても物静かなメランコリックな様子の説教をして、四五分後には引っ込んだ。するとご婦人たちは目を上げて、その時まで隠していた花束を取り出し、ヴァイオリンが鳴り出すとすぐにダンスを始めるのだった」[77]。場面の想起は克明ではあるが、おそらくこれはイエズス会士への嫌悪に増幅された、想像の産物なのだろう。

一方、ベルジョヨーゾ大公妃邸で行われたのは、少なくとも語りによる説教ではなくて、クール神父が読み上げた説教の例である。一八三七年、クール神父はスターだった。（フレデリック・オザナムは一八三五年にサン＝ロック教会での彼の連続講話の成功を伝えている）。そこでこのイタリア人の大公妃は、自分のサロンで説教を読んでくれるようにと彼を招待したのだった。ところがこれは完全な失敗だった。「皆、彼の説教を重苦しく冗長に思った。彼の弁舌には人を喜ばす術も、人を感動させる力もない。まるで田舎のへぼ弁護士たちが弁論をする時のように、説教をしていた」[78]。だから翌年には追い払われ、噂では彼は四旬節の説教をしにナントへ行ったということだった。

しかしめったに行われないこのような宗教的行為とは別に、社交界にも真の宗教的な活動があった。それは教化的な会話のことである。フレデリック・オザナムは、毎日曜日に集会があったカセット通りのシャルル・ド・モンタランベールのサロンに、一八三二年から一八三三年にかけて出入りしていた。彼の手紙によれば、「そこではもっとも有名なカトリック派の旗手たちが、彼らの談話の宝庫を私たちに開いており、また自らの確信の領域を剣で守り、血で擁護した他の者たちもやって来る。さらにはベルギーやポーランドの若い士官、著名な外交官、さらには別世界からの巡礼者のように、敵手らを支配している団結や喜びの精神をしばしじっくり観察しようと、他派の人たちもやって来る。そこにはバランシュやサント＝ブーヴ、小サヴィニー、ボーフォール、アンペール・フィス〔文学史家のジャン＝ジャック・アンペールは著名な物理学者アンドレ＝マリー・アンペールの息子（フィス）〕、アルフレッド・ド・ヴィニー、メロード、エクスタンといった諸氏が入れかわり立ちかわりやって来ていた」[79]。また別の手紙では、「ユゴーが来ることになっている」[80]と知らせている。われわれはオザナムが一八三三年三月一九日に書いているものによって、そこでの会話がどんなものであったかを把握することができる。「先週の日曜日（…）、彼（レルミニエ）とモンタランベール氏との間で非常に興味深い会話が交わされ、私たちは真夜中まで残ってその話を聞いた。ヴィクトール・コンシデラン〔フーリエ主義の指導者〕もいた。彼らは民衆の現在の悲惨さについて大いに語り、そこから未来についての不吉な予兆を引き出した（…）。皆は活気づき、心を奮い立たせた。そして静かな満足と純粋な喜び、あるいは誰にも支配されない魂、そして未来に対する決意と勇気をもち帰ったのだった」[81]。

スヴェッチーヌ夫人はフォブール・サン＝ジェルマンのど真ん中に、自分のサロンと隣接した礼拝堂をもっていた。一七八二年生まれのこのロシア人ソフィー・ソイモノフは、ツァーの宮廷で育ち、スヴェッチーヌ将軍と結婚した。夫が皇帝の寵を失ったので、一八一七年に亡命しなければならなくなり、結局一八二六年にパリのサン＝ドミニック通り五番に居を定め、そこで一八五七年に死を迎えている。一八一五年にカトリックに改宗した彼女は、自分のサロンを「キリスト教徒の家」[82]とした。彼女は自分のアパルトマンに礼拝堂を建てる例外的な許可を、ケラン猊下から得た。一八三三年五月二〇日、大司教自らこの礼拝堂を聖別し、聖体の秘蹟を執り行なった。スヴェッチーヌ夫人は聖トマス・アキナス教会の教区所属の熱心な信者ではあったが、さらに加えて「友人たちの都合のよい日と時間に自分の礼拝堂でミサを挙げさせ、彼らの辛いあるいは幸せな誕生日を祝ってやっていた」[83]。

スヴェッチーヌ夫人は、自分の聖なる場所での説教をたびたび計画し、「狭い室内に入れるだけの人を皆」集めて、「慈善事業や新しい基金の主唱者の言葉を聞かせていた」。このようにして、ベネディクト派修道会の再建とソレーム大修道院の復興の時期には、ドン・ゲランジェ〔ドンはヴェネディクト派修道士の称号。熱烈な教皇権至上主義者〕やラコルデール、ラヴィニャンがそこで説教をしたのだった。ファルー伯爵（彼はスヴェッチーヌ夫人のサロンに頻繁に出入りし、彼女の伝記を書いた）は、このサロンでは社交界行事と宗教的行為の間に混同はない、と明言する配慮をしている。ときどき会話の最中に女性が立ち上がり、黙想しに行くためにその家の女主人に小礼拝堂の鍵を求めたりしていた。なぜ女性だけなのか。男性は敬虔な黙想よりもむしろ真面目な会話に耽っていたのだろうか。

科学

スタンダールは一八二六年三月一四日に、この主題を扱ったある著作の発売に関連して、「いつでも軽はずみに信じやすい上流社会は動物磁気《マニエティスム》〔人間には意志の伝達を可能にする磁気があり、一定の手の振り方（パス）によってそれを放射できるとする説〕に大変夢中になっている」[84]と書いている。ロマン主義の流行とともに、人びとは死について、その現実性について、その境界について、距離と眠りを飛び越える精神の交流について次第に心配するようになる。七月王政下の新聞は、ドイツやイギリスで語られていた生きたままで埋葬された人たちの話を伝え広めていた。彼らは見たところでは数日間は死体だった。ところが実は、仮死状態に陥っていたのであって、地下埋葬所の中で、あるいは葬儀の間に目を覚ますのである。これは暗黒小説《ロマン・ノワール》の古典的なテーマだった。

死をめぐる実験が、選抜された人たちによる委員会の形で社交界人士を集めていた。ラファルジュ事件〔本書二一四頁を参照〕のあとでは、砒素についての実験が行われた。いずれにせよ、大量の毒を犬に飲ませて、どのくらいの時間で犬が死ぬかを研究したりした。また死体発掘もあった。死体防腐処置人で化学者のガナルは、遺体の保存状態が良好であることを証明するために、数年前に自分が防腐処置をした死者を発掘するよう上流社会の人に勧めて、自己宣伝の方法を見出していた。シャティヨンの墓地とかペール＝ラシェーズ墓地におけるこれらの死体発掘の昼の集いが、一八四七年には大流行した。[85]

サロンでは解剖の夜の集いが企画された。オズー医師はモデルとなる死体の修復をしていたが、死体はその完成度に応じて一〇〇〇フランから三〇〇〇フランの値段がついていた。この「死体」はまずテーブルの上に運ばれ、手術者が解剖を始める。彼は順次「首を切ります、筋肉を剥き出しにします、胃を空にします（…）と解説をする」。「解剖学的催し」の終わりにはもはや骸骨しか残っていないのだった。この夕べがあまり厳粛になりすぎないようにと、ときどき解剖を中断して音楽を入れ、冷たい飲み物が回された。「貴婦人たちは手術に立ち会いながら、アイスクリームを食べ、アーモンドシロップを飲み、お菓子をつまんでいた」[86]。ある女性は突然神経の発作を起こしたが、そのことがかえって場面に興趣を添えるのだった。[87]

しかしとりわけ、意識の境界が熱心に探究され、動物磁気の会がサロンで企画実行されたりする。「各社交グループごとに、動物磁気を施す自分たちの催眠術師《マニエティズゥール》と可愛らしい女性の被催眠者を抱えている」、とデルフィーヌ・ド・ジラルダンは一八四一年五月一七日に書いている。「これを専門とする」医者たちが、動物磁気について講演し、社交界に顔を出し、自分を売り出す恰好の手段にしていた。こんなわけでデュポテ博士は、公開講座を担当していた《アテネ》だけでなく、〈トゥ＝パリ〉の夜会にも姿を現すのであった。

もし自分にその才能があることを知れば、誰でも催眠術師になれるのだった。一八四四年の「四旬節の内輪の集まりにおいて奪い合いになった」[88]マルシイエ氏は、その職業についていえば運送の取次業である。デルフィーヌ・ド・ジラルダンは、「もしも彼が小包に動物磁気を伝えたなら、運送料を支払わないで世界の四方に小包を送れるだろう」と、目を丸くして驚いている。一八四五年七月にヴィクトール・ユゴーは、いつの間にか人気によって〈ド〉・マルシイエとなっていたマルシイエ〔〈ド〉は貴族の姓の前につく〕についてのニュースを伝えてくれている。それによれば、ド・マルシイエは彼の被催眠者のアレクシスとともに、ノルマンディーにあるランヴィルの城に招待された。その城には、一八三〇年に断罪され一八三八年に赦免されたシャルル一〇世の四人の大臣の一人、ゲルノン＝ランヴィル氏が「深い隠遁のうちに」[89]暮らしていたのだった。ソステーヌ・ド・ラ・ロシュフーコーもまた、機会あるごとに動物磁気に没頭している。彼は、ある若い女性からその夫の治療のために自分を眠らせてくれるように頼まれると（ある人たちは眠りの中に沈むと、自分自身の病気や近親者の病気を診断することができた）、一言も言葉をかけないで全力で彼女に思念を集中した。すると四分後には彼女は手仕事を離して、居合わせた人びとの非常な恐怖のうちに、一声叫んでテーブルについていた両手の上にガクンと頭を落としたのだった。ソステーヌは結論づける。彼女は今や「完全な催眠状態」にある。これから二回の補足的催眠術を施せば、「すっかり意識が戻る」[90]ことを彼女自身も知っている、と。

あらゆるロマン主義者たちが、この詩的かつ神秘的なショーに熱中していた。晩年に神秘科学に傾いたデルフィーヌ・ド・ジラルダンを筆頭にして。つまり一八五三年に亡命先のユゴーを訪ねて小型円卓をもち込み、〈こっくりさん〉を教えたのが彼女だったことを思い出そう。[91] 一八四七年九月には彼女は、友人のゴーティエやシャセリオー、サンドー、プラディエと一緒にラ・フォンテーヌ夫人の夜会に出席していた。その夜会の最中に被催眠者のルイーズが姿を見せ、「神がかりのようなダンスを踊ったのだ」[92]。デルフィーヌはおそらくこの家の女主人と交際があったのだろう。というのは、医者の妻であるラ・フォンテーヌ夫人が、一八四八年の革命前夜に行われたジラルダン家の最後の夜会で催眠術をするのをまた見かけるのだから。夫人は、ピアノと大変若い名演奏家によって奏でられたヴァイオリンの音に合わせて、ごくありふれた物腰の娘を眠らせた。すると眠りに落ちた途端に、その娘の振舞いは優雅になったのだった。[93] ミュッセは、ジョベール夫人宅の会に積極的に参加したと語っている。彼はラシェルの名を黙ってじっと念じた。すると、被催眠者のジュリー嬢はこの名前の綴りを言い当てたという。[94] アレクサンドル・デュマの場合は、アンジュー＝サン＝トノレ通りの下院議員宅の夜会の最中に、自分の意志の力だけで、マレ＝デュ＝タンプル通りで眠っていたある女性を呼びつけたのだった。[95]

　催眠術とテレパシーの催しには、招待客を驚かせたり、楽しませたりすると同時に、彼らの容易にものを信じない心に打撃を与えようという狙いがあった。眠る人は普通魅力的な若い女性だったが、モントーバン〔パリの南六三〇キロにあるタルン＝エ＝ガロンヌ県の県都〕の「大天使」のような、美貌ゆえにその地方の夫人連を魅惑していた若者もいた。[96] 催眠術師は被催眠者を眠らせて、腕に針を突き立て（目覚めている時だけ痛みを感ずる）、彼女が本当に眠っていることを観客に証明し、次に被催眠者に質問をしたり実験したりした。ある日、催眠術師はぐっすり眠っている若い娘にスミレの花束を差し出した。すると、「スミレのかおりがします」と彼女は言った。ある疑い深い人が文字で書いて、「この花束に磁気をかけてお香の匂いをつけてください」とその催眠術師に頼んだ。再び花束が被催眠者に渡されると、彼女は「私はこのかおりは嫌いです、お香の匂いがします」とはっきり言った。すると、集まっていた人びとの間には驚きの声が走ったのだった。[97]

催眠術師が発した質問の内容は、ポケットの中の手紙、サン＝ペテルスブルクの出来事、あるいは出席している人に関することなどであった。ごまかしが入り込みうるのはそこである。被催眠者による暴露は、往々にして他人のプライベートな生活についてであり、ただ観客の好奇心を刺激するためだけの「無遠慮な遊戯」にすぎなかった。この暴露は、その節度と限度をわきまえて遊ばれていた。一八四三年六月のアンジュー通りの夜会の最中では、被催眠者の女性は二〇名ほどの作家や芸術家、ダンディたちにずけずけと本当のことを言ったが、その中にはユゴーやゴーティエもいた。ときには危うく軽喜劇《ヴォードヴィル》かドラマになるところだったが、暴露が厄介なことになる寸前にショーをやめさせることに面白さがあったのである。[98]だが一年後にショセ＝ダンタンのサロンで行われた別の催しでは、ある被催眠者の女性が出席者の一番隠したがっていること、つまり誰それの年齢、誰それの財産、誰それの愛人等、内密の些事をすべて明らかにしてしまったのだが、彼女は透視力と見せかけて、その実それらを暴露しようと暗記していたのに違いなかった。これが、面倒な状況を作り出しては面白がる誰社交界人士のやり方なのである。[99]

文学

実のところ、サロンの大好きなものは科学ではなくて、むしろ芸術であり文学であった。画家や彫刻家が社交界の集まりで実演するのはほとんど不可能だった。だが、このことがジェラール男爵やアリ・シェフェール、ドラクロワ、オラース・ヴェルネ、ポール・ドラロッシュなどの画家を、社交界に加える妨げにはならなかった。一八四七年三月二七日にヴィクトール・バラビーヌは、テオドール・ギュダン〔ロマン主義の海洋画家。一八〇二―八〇〕の家で貴族階級の人びとに会って驚いている。ギッシュ家、ノアイユ家、リヴィエール家の人たちが夕食の席にいたのだった。

文学に関していえば、文学は書かれたものとしてではなく朗読されるものと考えられていて、話す言葉《パロール》からも会話からも切り離されてはいなかった。「上流社会の男性や人気女性が避けて通ることのできない不幸は、サロンの朗読に立ち会うことである」、とバルザックは一八三〇年一一月二〇日の『ラ・モード』紙に書き、次いで我慢してそれらに賛辞を述べるやり方について助言をしている。復古王政下でのサロンの朗読はきつい仕事だった。人びとはどんなテキストを前にしても、たとえそれがどんなに長かろうとも後込みしなかった。アンスロ夫人は、パルスヴァル＝グランメゾンの二万四〇〇〇行の詩句からなる長い叙事詩『フィリップ・オーギュスト』の朗読に居合わせたことを思い出している[100]。

作家でもあり朗読者でもある者たちは、上流社会の人間ばかりというわけではなかった。貴族の家柄でない人たちもサロンに近づくことができた。体制的《ビヤン・パンサン》な文学を発表すれば十分だったのである。画家ドーミエの父でありガラス職人だったジャン＝バティスト・ドーミエは、王への忠誠をオード〔頌歌、賛歌。同一行数の数個の詩節からなる抒情詩〕で表明したので、貴族階級のサロンで自作の詩を読むことを許された。彼はロアン＝ロシュフォール大公妃や、アヴレ公爵、コンセイユ・デタ評定官のバランヴィリエ男爵、ヘッセン＝ダルムシュタット大公などに紹介された[101]。

聴衆の反応は感情のおもむくままで、熱狂から冷淡な沈黙まで非常に多様だった。ブロイー公爵は一八一七年に、バンジャマン・コンスタンが一五名ほどの人びとの前で『アドルフ』を読むのを聞いていた。作家は三時間たつと緊張して疲れ、突然涙にくれてしまった。聴衆も皆、彼に倣ってしまった。この涙の発作に引きつったような笑いの爆発が続いた[102]。聴衆の厄介なもう一つの別の反応は、いびきをかくことである。七月王政下に『悪魔の回想録』〔ルサージュの『びっこの悪魔』から想をえた作品、八巻、一八三七―三八年出版。大いに売れた〕の成功で小説家となったフレデリック・スーリエは、一八三〇年以前は詩を書いて奮闘していた。ある晩、彼はアンスロ夫人の家で自作の詩句を読んだ。するとすぐにロシュフォール伯爵がいびきをかき始めた。気の毒な作者が朗読を中断した時、伯爵は目を覚まし、朗読が再び始まるやまた眠ってしまったのである[103]。

朗読の成功は、テクストの価値以上に作家の個性、朗読者の才能、聴衆の質にかかっている。作家が有名だとすべてが大目に見られることもある。シャトーブリアンが一八二九年六月一七日にアベイ＝オ＝ボワで『モーセ』〔古典主義の法則によった悲劇作品（一八二八）〕を朗読した時、バランシュがレカミエ夫人の姪に書き送ったのはその辺の事情である。「ラフォン（俳優）は大変下手糞に読みました。というのは原稿の出来が悪かったからです。そこでシャトーブリアン自身が読み始めました。すると朗読はまずかったかもしれませんが、彼への興味が十分にそれを埋め合わせました[104]。でも、あなたの伯母上はもどかしがっていました……」。偉大な人物の魅力や、それがかき立てる好奇心が美的判断を、とくにご婦人方のそれを左右していた。一八二三年、オクターヴ・ド・セギュール夫人宅における『モーセ』の最初の朗読に招かれたことで非常に自尊心を満足させていたマイエ公爵夫人は、「彼（シャトーブリアン）が自ら選別して出席を許されたごく少数の人たちのリストの中」に自分が入れてもらえるとは想像もしていなかったので、この朗読を聞いて今までにない強烈な感激に浸っていたが、この気持ちも彼女がより冷静にテキストを判断した時には冷めてしまったのだった。[105]

朗読者の才能が聴衆に非常に影響していた。ヴィクトール・ユゴーは一八二九年七月九日に自宅で、『マリオン・ド・ロルム』（その時には『リシュリュー治下での決闘』という題だった）の朗読をした。「ヴィクトール・ユゴーは自ら読み、しかも巧みに読んだ。その蒼白なすばらしい顔、とりわけ動かない少し空ろな目は見た者にしか分からない。激した瞬間のその目は稲妻のように輝いていた……」[106]。列席者は完全なロマン主義かぶれだったので、賛嘆の気持ちを誇張法で表現した。大男のアレクサンドル・デュマは「限りなく興奮して巨大な腕を振り回し」、お菓子を詰め込んだ口を開けて「すばらしい、すばらしい」を連発していた。

別の朗読者、別のタイプの聴衆、別の反応もある。一八二九年、アルフレッド・ド・ヴィニーはマリー・ダグーの家で、貴族階級の女性たちを前にして自作の詩『フリゲート艦』を読んだ。朗読のあとに冷たい沈黙が続いた。ヴィニーは伯爵夫人に、「私のフリゲート艦はあなたのサロンで沈没しました」[107]と言った。ヴィニーは、すでに《アカデミー》の入会演説のところで見たように読み方が下手だった。とはいっても拍手をするのは不作法だった。したがって、聴衆の女性たちが黙ったままだったというのは、おそらく彼女たちがテキストにあまり魅了されなかったからであり、朗読者の語調が彼女たちの心を奪わなかったからでもあり、またおそらく自分たちの感じたことを説明するのに慣れていなかったからなのである。さらにいえば、若きラマルティーヌが一八一八年にサン＝トレール夫人のサロンに現れて、最初の『瞑想詩集』〔ジュリー・シャルル夫人との出会い（一八一六）から想を得た〈魂の詩〉、二〇年出版。若きロマン派に多大な影響を与えた〕を朗読した時に、ブロイー公爵が語っているいわゆるあの「めまい」というものを、皆どのように説明したらいいのか分からなかったのである。[108]

復古王政下では、延々と続くテキストにも、度重なる朗読にも、人びとは後込みなどしなかった。エティエンヌ・

ドレクリューズは、彼の日記によると一八二五年と一八二六年には自宅や他の人の家で、メリメとレミュザの劇作品を聞いて過ごしている。一八二五年二月二二日、彼は『グローブ』紙の社長デュボワの家で、シャルル・ド・レミュザの五幕からなる散文の悲劇『黒人たち、またはサン＝ドマング島の反乱』を聞いている。三月一四日には自宅にメリメが、五幕の散文劇『デンマークのスペイン人たち』と、一幕の『女は悪魔、あるいは聖アントワーヌの誘惑』を読みに来ている。三月二七日にメリメの三つの戯曲『フィオニー島のスペイン人』、『天界と地獄』、『アフリカの愛』を読んだのは、ジャン＝ジャック・アンペールだった。復活祭の日にはまたもドレクリューズの家で、メリメは『天界と地獄』を読んでいる。二日後には『プロデュクトゥール』紙の編集長セルクレの家で新たな朗読。五月二九日に『アフリカの愛』と『イネス・メンド』の第一部が朗読されたのは、ヴァラントン〔パリの南東一〇キロの小村〕の田舎のドレクリューズの母親の家でだった。ドレクリューズは女性たちの反響を次のように報告している。ご婦人方には『アフリカの愛』はぜんぜん理解できなかった。というのも女奴隷に対して感じる激しい愛は、フランス女性の管轄外だったのだから。しかし二番目の戯曲、スペイン人の死刑執行人の娘の物語『イネス・メンド』には涙を流した、と。

　一八二六年三月四日、レミュザはドレクリューズの家で自分の新作戯曲『封建制度』を読んだ。「五幕からなる非常に長いものだったが、朗読はとても短く感じられた」[109]。これに関しドレクリューズは、サロンでの劇作品の朗読と劇場での上演とを比較している。彼は「才気あるエリート」による朗読を好んでいるが、だがそこには感動が欠如している。つまり感動は舞台の上でしか伝えられないものであり、それは役者のおかげであって、役者はその存在と才能によって舞台での動きを信じられるものにする、というのである。

　一八三〇年が過ぎると、台頭してきた音楽の成功とは対照的に、朗読の夕べはむしろ急速に衰退する。人びとは根気がなくなってきたのだろうか。ともあれ流行は変化する。ディノ公爵夫人は一八三六年四月、カステラーヌ伯爵夫人の家で行われたレミュザ作のサン＝バルテルミーの虐殺〔一五七二年八月二四日の新教徒虐殺〕に関する歴史物の朗読に出席した。「才知があり熱気があり、作者が言うところによれば多くの歴史研究もありました。でも第二部を聞くのに火曜日まで待たなければならないなんて、あまりに長すぎます。朗読に出席するのは疲れることです」[110]。

しかしながら、フォブール・サン＝ジェルマンのサロンには、二人の魅力的な作家アルランクール子爵とソステーヌ・ド・ラ・ロシュフーコーがいた。一七八八年に生まれたアルランクールは、徴税請負人だった祖父と父をギロチンで失った。彼らは一七九二年八月一〇日の少し前に、王家に四〇〇万フランを貸していた[111]。アルランクールはナポレオンに仕え、次いでブルボン家に与し、一八三〇年以後もこの王家への忠誠を変えていない。彼は一八二一年に書いた小説『孤高の人』によって名声を獲得した。この小説はあらゆる言語に翻訳され脚色されて、外国のすべての舞台で上演された。七月王政下でも彼は自作の断章を朗読し続け、それは「パリの隅々にまで」及んだ。一八四二年の四旬節の期間、彼は小説『巡礼者』を暗唱した。これは『シエークル』紙が「四旬節は苦行の時である、したがって何にもましてこの作品がふさわしい[112]」と評したものである。ソステーヌ・ド・ラ・ロシュフーコーについては、一八四四年に『素描と肖像』と題した数巻からなる社交界女性たちの、一種の人物描写集を発表した。この出版前に、彼はサロンで自分が描くところの肖像ものを読み上げ、数カ月の間あちこちの夜会でポートレート遊びを引き起こしていた。たとえば一八四三年一月に、ワルシュ子爵の家でラシェルのポートレートを朗読した。

デルフィーヌ・ド・ジラルダンは、復古王政と七月王政の間の伝統の連続性をかなりよく体現している。若い娘の頃から、彼女は上流社会のサロンで自作の詩を発表していた。同時代の人びとの記憶に一番残っている夜会は、シャストネー伯爵夫人宅で一二の歌からなる『マドレーヌ』という詩を朗唱した晩だった。（スタンダールは『赤と黒』の中のブザンソンの知事公邸の晩餐会の場面にこれを移し替えて、この朗唱を不滅のものにした[113]）。その夜会は初めから皆好奇心でいっぱいだった。というのは、デルフィーヌとラ・グランジュ伯爵との間で整えられていた結婚が壊れたばかりだったからである。詩の主題は大胆だった。マリー＝マドレーヌを誘惑するために、悪魔は聖ヨゼフの姿を装っていた。不安になった母親たちは自分の娘を連れて帰らんばかりになった[114]。

デルフィーヌは結婚するや、さっそく自分のサロンでの朗読と朗吟を企画した。そして何よりもまず自分の劇作品を朗読した。一八三九年には『ジャーナリストたちの学校』、一八四一年には『ユディット』だった。ロドルフ・アポニイは、一八三六年に二人のオーストリアの大公妃をデルフィーヌの家へ連れて行き、彼女たちがパリの夜会の精髄を発見したことを伝えている。そこには知的エリートたちがいた。すなわちミュッセ、ラマルティーヌ、バルザック、ユゴー、ジュール・ジャナン、エミール・デシャン、ルセギエ、デュマ、そしてもちろんソフィー・ゲーも。デルフィーヌは自作の詩句を朗唱し、ラマルティーヌは未発表の詩を吟じた。朗吟は、作者たちの目前で作曲家が自分で曲をつけて歌うロマンス〔甘美な旋律の短くて素朴な声楽〕と交代で行われた。[115]デルフィーヌの家には外国語で朗唱する人さえやって来ていた。アルフレッド・ド・ミュッセは弟のポールに宛てて、「ドイツの第一級の悲劇女優である」ハーン嬢の声を聞きにジラルダン夫妻のところに行く、と一八四三年五月二二日に書いている。そして「おかしなことになるだろう。誰も一語も理解できないだろうから」[116]とつけ加えている。

エドワール・メヌシェ〔復古王政下で王家の寝室・図書室事務長。一七九四—一八四五〕は一八四一年一月に、社交界の若い娘たちに朗読の練習をさせる講座を開いた。『フランスのプルタルコス』〔正式の書名は『フランスのプルタルコス、あるいはフランスの著名男女の伝記』〕の監修者で『フランス史』の著者メヌシェは、朗読術の役割を完全に自覚していた。彼はルイ一八世とシャルル一〇世の朗読係だったし、さらに評判の高いアマチュア俳優でもあった。（彼が講義を始めたのはジュール・ド・カステラーヌ伯爵の館で『ミザントロープ』〔モリエールの喜劇の名作〕を演じ終えた頃だった）。彼の〈文学マチネ〉は、デュフォ通りにあるオガーシー調馬場の、「自宅にいるかのように快適なサロンで」行われていた。これらの講座はもっぱら内輪の性格を保とうとした。しかし令嬢に付き添ってきた社交界婦人たちが贅沢に優美に着飾って座っている部屋であってみれば、それが本物の劇場のようになってしまうのは避けられないことだろう。メヌシェ氏の他に、二人の教育職の人物が若い娘たちの育成に参加していた。つまりコレージュ・シャルルマーニュの教授アシール・コントが自然科学を教え、サン＝シール〔陸軍士官学校〕の教授ミイエ氏が一八四〇年七月の危機以来時事問題となっていた東洋史を扱っていた。[117]

朗読は明らかに宣伝の働きをしていた。適切に企画された朗読の会は、作品の成功を確かなものにすることできた。ポンサールの『ルクレティア』の場合がそうだった。一方一八四三年三月二七日、偉大な俳優ボカージュは詳しい事前説明をしないで「夜会」を開いたが、招待された人たちは舞踏会があるのだろうと思っていた。ところが、九時半に彼はこの悲劇を読み始め、真夜中まで続けた。社交界の女性、下院議員、アカデミーの会員（ティソとヴィエネ）、新聞記者、劇評家（シャルル・レーボー、ロール、アルマン・マラスト、イポリット・リュカ、アルタロッシュ、フレデリック・スーリエ、テオフィル・ゴーティエ、ウジェーヌ・ギノー）がそこに出席していた。その時までポンサールは若干の人びとによって「演劇の救世主」と見なされてはいたが、これを認めない人びとを納得させることがまだ残っていた。これがボカージュの意表をついた朗読の目的だった。第一幕が終わると、問題は解決した。「サロンの通常の成功以上に意味深長なこの最初の成功は、ほとんど初演の成功と見なすことができる」[118]。四月二二日土曜日がオデオン座の初日だった。つまりその前夜の二一日の金曜日に、カステラーヌ夫人の家で大夜会が開かれ、その途中でこの悲劇が読まれた。これは要するに翌日の拍手を確実にするための、一種の社交界のプレミアショーだった[119]。ポンサールは束の間のパリの栄光を知った。つまり彼は時の「寵児《ライオン》」となり、一家の女主人たちは自分のサロンに彼を呼ぼうと懸命になった。

ジュリエット・レカミエにもまた栄誉が戻ってくる。それは、シャトーブリアンが執筆中の『墓の彼方からの回想』の朗読を、一八四三年からアベイ＝オ＝ボワで企画実行した時である。この作家は金を必要としていた。そこでレカミエ夫人は、作品を書き終える前にこの『回想』を売り、定期収入を得られるようにしたらどうかと勧めたのだった。そのためには出版人たちを引き寄せ、この作品をめぐって好奇心をかき立てる必要があった。契約は一八三六年に結ばれた。『回想』は一八四八年の作家の死後になってやっと出版されるが、ジュリエット・レカミエは「事件を作り出す」ためにしかるべき一節の朗読会を開き続け、この偉大な人の影像を宝石で飾ることに貢献した。

デルフィーヌ・ド・ジラルダンがこの顕彰事業に一役買った。彼女は一八三八年一二月七日に次のように書く。「先週の日曜日の朝のことだった。R夫人〔レカミエ夫人〕が住み、ジェラールの『コリーヌ』〔スタール夫人の小説『コリーヌ』に想を得て、ジェラールが一八一九年に描いた有名な画。プロシャの王子に買い取られ、想を示唆したレカミエ夫人に贈られた〕が飾ってある大きなサロンに、パリの最先端《ファッション》のエリートたちが集まったのだ。聴衆は有名な学者や、才知もあり美人でもある公爵夫人たちからなっていた（…）。シャトーブリアン氏が『回想』のいくつかの断章を読み上げた。それはアンギャン公爵の死の話であり、イギリス旅行後のパリへの帰還のことであり、作者がフォンターヌ氏からの批評に落胆して火に投げ込もうとしたところ、キジバトが救ったという『アタラ』の原稿の話だった（…）。もっとも偉大なことともっとも些細なことについてのすばらしい話と、力強くて単純、知的で崇高、高雅で素朴なその文体を、あなた方に伝えることなど、私たちにはとても不可能だ」。

　七月王政下では、シャトーブリアンはレカミエ夫人の家にしか姿を見せていなかったので、彼女のサロンは彼と彼の栄光をめぐって組織されていた。しかし、人びとはシャトーブリアンのような人物こそできる限り迎えたがるものである。そこで『シエークル』紙の学芸欄担当者は、一家の女主人たちが最低でも一人のアカデミー会員を獲得すべくやっきになっているのをからかうこととなる。この記者は、フルラーンスがヴィクトール・ユゴーの向こうを張ってアカデミー・フランセーズ会員に立候補し選ばれたのは不当であるとして、皮肉をこめて責め立てたあと、続けて次のような言葉が添えられた招待状を読んだと主張している。「アカデミー・フランセーズのフルラーンス氏は、このアカデミー会員が今までに作った唯一の作品『野鴨とアヒルの親密な生活』を、数章朗読する予定」[120]。

第九章

デルフィーヌ・ド・ジラルダンの経歴と『パリだより』

デルフィーヌ・ゲー（左）とその母ソフィー・ゲー

マイエ公爵夫人は一八三六年二月に次のように書いている。「私はエミール・ド・ジラルダン夫人の家に何度も夜を過ごしに出かけて行きます。彼女は自分の周囲に現代文学のエリートを集めています。それに、詩人としての彼女の名声は別にしても、その人柄がとても気に入っています。彼女は辛辣になろうとするのですが、善良で、たくさんの友人がいます。ゲー嬢の名で知られていた時には魅力的な詩を作っていました。ところが社交界だけで生活するようになってからは、その詩的才能は低下したといわざるをえません」[1]。

一八三六年二月には、デルフィーヌ・ド・ジラルダンは詩の世界では有名人であり、同時に有名な社交界夫人でもあった。詩的名声は復古王政の時代からであり、社交界での名声はソフィーの娘デルフィーヌ・ゲーの時からだったが、一八三一年にエミール・ド・ジラルダンと結婚してますますそれは高まっていた。そして、それ以来彼女は自分自身の名前でサロンを開いている。この年の九月、デルフィーヌはエミールが七月に発刊した新聞に時評を書き始め、後世の人びとにとってはこの時評欄によって彼女は《パリ通信》〔《クーリエ・ド・パリ》、あとの記述参照〕の筆者ロネー子爵となるのである。ときに彼女は三二歳だった。

ソフィー、デルフィーヌ、エミール

デルフィーヌは一八〇四年にエクス＝ラ＝シャペル〔ドイツ中西部の都市。アーヘンのフランス語名〕で生まれた。父はそこで総収税吏をしていた。母のソフィー・ゲーは一七七六年の生まれで、大革命によって没落した財務官〔のちのルイ一八世となる王弟家付き〕ニショー・

ド・ラ・ヴァレットの娘だった。ソフィーはよい教育を受け、その教育の結果、彼女は数ある才能のうちでもとりわけすばらしかったピアニストになった。寮の仲間は、未来のデュラース公爵夫人となるクレール・ド・ケルサンのように、大変生まれのよい娘たちだった。ソフィーは最初二〇歳年長の株式仲買人ガスパール・リオティエと結婚し、三人の娘アグラエ、ウーフェミー、そして非常に若くして死んだエンマ＝ソフィーをもうけた。[2] 一七九九年に離婚し、それから八歳年上の金融家ジャン＝シジスモン・ゲーと再婚した。この結婚で一人息子のエドモンと二人の娘デルフィーヌとイゾールが生まれた。さらに彼女は、結婚以前に夫がもうけていた娘エリザを養女にして育てた。

デルフィーヌは、代母デルフィーヌ・ド・キュスティーヌ（アストルフの母であり、シャトーブリアンの数ある〈マダム〉の一人）[3] から名前をもらっている。デルフィーヌ・ド・キュスティーヌはまた、一八〇二年のスタール夫人の小説にもその名を提供していた。[4] ソフィー・ゲーは子供たちと一緒に、夏はエクス＝ラ＝シャペルで、冬はパリで過ごしていた。夏であれ冬であれ、彼女は毎晩客をもてなしていた。この人は生き生きと知的で、当意即妙の才で知られた社交界女性だった。かくしてナポレオンがエクスを訪問した際、突然彼女に声をかけたことがある。「私の妹があなたに、私のことを才知ある女性を好まない人間だと言ってはいませんでしたか」。すると彼女は、「はい、陛下、でも私はそんなことは全然信じませんでした」と答えたのだった。ナポレオンはまた質問した。「あなたはものを書いていらっしゃるのですか。ここに来てから何を作りましたか」。――「陛下、三人の子を」とソフィーはやり返し、この女流文学者を前にした皇帝のいら立ちを骨抜きにしてしまったのである。

実際に、ソフィーは小説を書いていた。彼女は一八〇二年に『ロール・デステル』を発表していた。一八一五年の『アナトール』は、この名を男の子の名前として流行させていた。ナポレオンがマルメゾンを発ってセント＝ヘレナへ向かった朝、彼はファン男爵に『アナトール』を渡して、「昨晩私を慰めてくれた本だ」と言ったという。復古王政下では、ソフィー・ゲーは『幸せな愛人の不幸』（一八一八年および一八二三年）で新たな成功を収めていた。さらに、彼女はいくつかのロマンスも作詩作曲していた。

一八一一年三月、夫ゲー氏は総収税吏の職を一時取り上げられたが、エクス＝ラ＝シャペルでの銀行業は続けていた。ソフィーは娘のうち三人を結婚させた。一八一三年にはアグラエをカンクロー伯爵に、一八一七年にはウーフェミーとエリザをそれぞれモントルイユ゠シュール゠メールの裁判所長フランソワ゠モーリス・アンラールとオドネル伯爵に嫁がせた。そしてその後、詩作に並々ならぬ才能を見せ始めていた一番お気に入りのデルフィーヌのために献身したのである。

デルフィーヌは、父の亡くなった年の一八二二年に社交界にデビューした。彼女は一八歳で、あちこちの夜会で自分の最初の詩句を朗唱した。ソフィーは娘を世に出し、この同じ機会に自分自身の社交界での立場を強化するために、二つの切り札、つまり自らの貴族階級との交友関係と文学上の交友関係を使った。彼女はデルフィーヌを伴ってフォブール・サン゠ジェルマンのサロンにしばしば出かけ、デュラース公爵夫人やナルボンヌ公爵夫人、マイエ公爵夫人やキュスティーヌ侯爵夫人との古くからの友人関係を大事にしようと心を配った。文学の側については、彼女はデルフィーヌのために古典派と《アカデミー》の後援を求めたが、だからといって若きロマン派の詩を無視することはなかった。彼女は『ミューズ・フランセーズ』誌を支援しており、そこでは才能ある者たちが作品を発表していたが、彼らはやがてノディエとユゴーの周囲に集結してゆくことになる。一八二四年にこの雑誌はデルフィーヌ・ゲーの作品『エッセー・ポエティック』を称賛していた。

デルフィーヌは一種の公用女流詩人となっていた。彼女はすべての特筆すべき事件について詩を作った。シャルル一〇世の戴冠式、サント゠ジュヌヴィエーヴ教会の丸天井に描かれたグロの絵の除幕式、フォワ将軍とマテュー・ド・モンモランシーの逝去など。ときにはこうした場における国王やオルレアン公爵の臨席を願って、彼らに詩集を献呈したり、詩を朗読したりした。すると新聞はこれら臨席者の名を報じるのだった。[5]デュラース公爵夫人は彼女をシャルル一〇世の寵妃にしようとしたが、この画策は失敗した。結局、国王は王室費の目録にこの若い娘の名を記載して、八〇〇フランの年金を与えることに同意しただけだった。

デルフィーヌはその頃大作家と肩を並べて盛名を馳せていた。一八三〇年四月一日、デルフィーヌは《アカデミー》に迎え入れられたばかりのラマルティーヌの腕を借りて学士院を出てくる時、この詩人とまったく同じ程度に街頭から歓呼の声で迎えられたのだった。彼女の栄光は国境を越えて、一八二七年四月一六日にはカピトリウムの丘〔ローマの七つの丘の一つ〕で《テベレ川のローマのアカデミー》会員として宣せられた。一八二七年一月二一日にエッカーマンは、「ゲーテはゲー嬢のフランス語の詩の新本を私に見せて、非常な賛辞をこめてその本のことを話した」[6]と書いている。

しかし若い女流詩人の立場は社交界にあっては微妙である。〈新しきコリーヌ〉〔スタール夫人の小説『コリーヌ、またはイタリア』（一八〇七）は天才的な女流詩人コリーヌの悲劇的恋愛を扱い、大成功していた〕である彼女は、「公的な」（自作を公表している）女性であると同時に、結婚を考えるべき娘だった——しかし領域の混同はただでは済まされない。ドレクリューズは、デルフィーヌに対する上流社会の故意の黙殺をその『日記』の中で巧みに説明している。一八二五年六月二四日、彼はレカミエ夫人の夜会に出席すると、デルフィーヌ・ゲーとタルマが続けて登場した。二人が続けて朗読をしたということは、デルフィーヌが明らかに社交界の若い女性としてではなく、俳優の中に位置づけられているということである。彼女はシャルル一〇世の戴冠式を主題にした自作の『幻景《ヴィジョン》』という、およそ一〇〇行の詩句を朗唱した。そこでは祖国の英雄ジャンヌ・ダルクが、祖国の詩人デルフィーヌにこの出来事を祝うように命じる。これにより彼女は何度も拍手喝采を受けたのだった。とうとう彼女は両手を広げて立ち上がり、顔にハンケチをあてた。この仕草は、「自分は全会衆の目には道化師と映らねばならない」との表明なのだった。これについてドレクリューズは、「誠実と詩と女優の風俗のこの混合飼料」を突きつけられて不快だったと告白している。[7]

デルフィーヌは結婚すべきである。だが彼女には持参金がない——スタール夫人の〈コリーヌ〉とは反対に。彼女がアルフレッド・ド・ヴィニーと恋に落ちた時、若い伯爵の母は息子に告げられてこの愛を知ってはいたが、結婚には反対する。両方ともにお金がなかったからである。[8]ソフィーとデルフィーヌ・ゲーは、ガイヨン通りの中二階の二部屋でつましく暮らしていた。デルフィーヌが朗読しているサロンでは、ソフィーが自分の娘をひけらかしては婿になる人を網の中に捕らえようと、まるで淫売屋の女将のように振るまっていたらしい。

ゲー夫人は娘の宣伝係とプロンプターの役を演じている。マテュー・ド・モンモランシーが亡くなった時、彼女はデルフィーヌをジェラール男爵に紹介して、「ねえあなた、〈私たちは〉明日の新聞に載せる詩を作りましたの。それで、あなたから皆様にその詩をお知らせしていただきたいのですが」[9]と言ったのだった。そして二度繰り返して詩句の出だしを娘に小声で教えている。この非常に厄介な「人目を引こうとする母親」が常に一緒にいるのである。彼女はデルフィーヌの代わりに喋るのであり、それはほとんど滑稽なくらいだった。一八二六年にゲー母娘は、マリー・ダグーがヴァンドーム広場の母の家でピアノを演奏するというので聞きに行った。演奏が終わるとソフィーは、「デルフィーヌがあなたの演奏を理解しましたよ」とマリーに申し出たりするのだった。[10]

　喋りすぎのソフィーが介添えをするこのデルフィーヌとは、いったいどんな人物なのだろうか。イタリアのテルニ〔人工のマルモラの滝で有名〕で、一八二五年に彼女と知り合ったラマルティーヌは、彼女をあたかもロマン派のヒロインのように描いている。「その場の光景に感動して蒼白になった頬、早熟な思想のせいで少し落ちくぼんだ頬」[11]をした彼女は、うっとりと滝を眺めている様子だった。彼女が話し始めると、その声が彼女の魅力を完全なものにした。彼女は「若い娘の慎みとともに詩人の語調」をもっていた。ドレクリューズは彼女を待ち受けている未来を心配していた。「今は若くて美しく才能にも恵まれており、その才能に感嘆することがとりわけ今の時流でもあるのだが、一年後、二年後に何かの病気で魅力が褪せたり、何かの文学上の失敗を経験したりすると、生まれや、とくに財産に恵まれないせいで、彼女はもともと置かれていた社会の中に無情にも転落してゆくかもしれない」（一八二五年六月二五日）。

　デルフィーヌは当時二〇歳を過ぎていて、自分のイメージを変える必要に迫られていた。いつまでも霊感を受けた処女を演じているわけにはいかないのだった。この役割にしがみついていては滑稽になる危険があったし、彼女が出入りしていた社交界からはじき出される危険もあった。なぜなら、彼女はロマン派の詩人たちの友人ではあったが（ゴーティエは一八三〇年二月二五日の『エルナニ』の初演の時に初めて彼女に会った。そして彼女の魅力が騒ぎ〔『エルナニ』の初演は若きロマン派の軍団の示威行動の場であった〕を中断させ、若者の拍手を引き起こしたといった具合に、あたかも幻の出現のように彼女を描写した[12]）、そのぱっとしない社会的地位にもかかわらず、モンモランシー家、シャトーブリアン家、レカミエ夫人など「フランスとヨーロッパの中でももっとも美しい名前」[13]の家に出入りしていたからである。パリの社交界で持ちこたえるためのこの若い娘の幸運の神は、エミール・ド・ジラルダンという男だった。彼女は一八三一年六月一日に二七歳で結婚した。（相手は二五歳だった）。エミールは、一八二八年にデルフィーヌについて書いた称賛の記事のお礼として、ソフィー・ゲーのサロンに迎え入れられていたのである。

アルマン・ド・ポンマルタンは、エミールとデルフィーヌが構成するカップルは情熱など全然なく、「二束の羽ペンによって助け合う二つの知性の協同体《アソシアシオン》」[14]だと意地悪く書いた。その通りだったが、しかし事はまったく違っていた。つまりこれは社交界に対する深謀遠慮な共犯関係であって、彼らは互いに助け合いつつ一緒になってこの社交界を征服したのだった。エミールには満たされるべき大きな欲求不満があった。それはアレクサンドル・ド・ジラルダン伯爵の非嫡出子であるということだった。したがって、この欲求不満は父の名を公然と名乗る時まで消えることはなかった。[15]彼にはアイデアがあり、野心があり、決然と未来に立ち向かう精神力があった。一方では成功のためには広範な大衆に訴えることが必要だと信じており、他方では進歩の夢を追い求め、社会の改良は最大多数の人間に対する教育を通して行われると確信していた。どちらの場合にあっても、ジャーナリズムは一役買っていた。エミール・ド・ジラルダンにとって新聞は、個人的野心と社会的ユートピアを同時に満足させる手段なのであった。

結婚した時、エミールはすでに二つの新聞を創刊していた。一八二八年に出した一種の新聞記事の要約紹介紙（最初は他紙からの剽窃記事しか載せなかった）『ヴォルール（泥棒）』と、一八二九年の『ラ・モード』である。『ラ・モード』ではアレクサンドル・デュマ、アルフォンス・カール、ウジェーヌ・シュー、バルザック、ジョルジュ・サンドなど才能ある若者すべてに記事を書かせ、挿絵のためには二五歳のガヴァルニと契約した。エミールはガヴァルニのリトグラフに注目していたのだった。しかし彼は、大望を抱いてもっと真面目な行動をしようと考え、まもなくこれらの新聞を売りに出した。一八三一年一〇月、彼は「各人に義務と権利と利益を教える」『ジュルナール・デ・コネッサンス・ユティル（実用知識ジャーナル）』を発刊した。年間購読料を四フランに定めたこの新聞は爆発的な成功を収め、一八三二年一二月三一日での予約購読者は一三万二〇〇〇人を数えた。さらに『アルマナ・ド・フランス（フランス年鑑）』を作り一三〇万部を売った。また、『アトラス・ポルタティフ・ド・ラ・フランス（携帯版フランス地図）』（値段は一フラン）と、一八三三年には『ミュゼ・ド・ファミーユ（家庭美術館）』を出したが、後者はその年の終わりには予約購読者が四万人にのぼった。[16]

一八三四年には、エミールは金持ちになっていた。彼は公務に関係したいと考え、必要な年齢（新しいシャルト〔一八三〇年にルイ＝フィリップが発布した基本憲章〕によれば三〇歳）には達していなかったが、下院議員に立候補する。彼はまた通常の半値の日刊紙を創刊するという大きな企てを実行に移しつつあった。「私の目的は定期刊行物を社会制度の域にまで高めることだ」、と出版の自由を制限した一八三五年九月の法律に反対票を投じて宣言している。彼はデュタックと手を結ぼうと考えていた。デュタック自身も新聞の所有者だった。ところが、二人とも新しい日刊紙の編集長の座を相手に譲りたくなかったので、それぞれが割引価格の日刊紙を一八三六年七月一日に発刊した。エミールの『プレス』紙とデュタックの『シエークル』紙がそれである。年間購読料は通常の八〇フランではなくて四〇フランとし、差額は広告料で賄ったのである。

エミールは、相変わらず才能のある人間を使うのがうまかった。妻は有名な女流詩人である。そこで彼女を人気ジャーナリストに仕立てようと考える。一八三六年九月、彼女に学芸欄の週一回の《パリ通信》（クーリエ・ド・パリ）を任せ、かくして彼女は社交界人士ロネー子爵という男性の偽名をそこに署名することになる。そして、詩では開花できなかった天賦の才能、友人テオフィル・ゴーティエによれば非常に生き生きとした「喜劇役者と道化の感覚」を彼女は活用し始めるのである。

一八二九年にすでに『ラ・モード』紙には《社交界閑話》欄があった。『ヴォルール』紙では、エミールはバルザックに時代の空気についての時評《パリの手紙》（レットル・シュール・パリ）を依頼していた。そしてこれは一八三〇年九月三〇日から一八三一年八月三一日まで、一〇日ごとに掲載されていた。このジャンルの伝統は、スティールとアディソンがイギリスで一七一〇年頃に出していた『タトラー』〔二人が週三回ずつ編集発行した雑誌（一七〇九―一一）〕と『スペクテイター』〔二人が共同で発行した新聞（一七一一―一二）〕から派生していたが、その後フランスで模倣されて、エティエンヌ・ド・ジューイの『レルミット・ド・ラ・ショセ・ダンタン（ショセ・ダンタンの陰者）』（一八一三年）、N・バリソン・ド・ルージュモンの『ロドゥール・フランセ（フランスの徘徊者）』（一八一六年）、C・G・エティエンヌの『パリの手紙』（一八二〇年）などを経たのであった。

『プレス』紙の《パリ通信》はただちに成功を収め、模倣が増えていった。『プレス』紙から転籍したウジェーヌ・ブリフォーの『タン』紙の《首都通信》（クーリエ・ド・ラ・ヴィル）、ウジェーヌ・ギノーの偽名であるピエール・デュランの署名による『シエークル』紙の《パリ評論》[17]、『コティディエンヌ』紙の《パリ閑話》、『シルフィード』紙のロジェ・ド・ボーヴォワールによる《パリだより》等々である。一八三九年から一八四九年までアルフォンス・カールが出した『ゲープ』紙でさえつまらない真似事をやっていた。

《パリ通信》の中でのロネー子爵は、コンコルド広場のオベリスク〔エジプトから移された〕の設置やパリ＝サン＝ジェルマン間の鉄道開通の報告のために、自ら進んでルポルタージュを引き受ける。彼は女性の読者に対しては帽子について、あるいは袖はふくらんでいるのかそれともピッタリしているのか、胴衣はナポリ風にゆったりしているのか、レースは付いているのか、プリーツなのか、フリルは付いているのかなど、最新のモード情報を詳しく提供する。彼はあらゆるところに姿を見せる。まず劇場では、オペラ座とイタリア座にオペラを聞きに行き、《テアトル＝フランセ》ではラシェルに拍手を送り、ポルト＝サン＝マルタン座の「くだらない作品」の前では身を震わせ、ヴォードヴィル座やヴァリエテ座では笑ったりする。また、ロンシャン競馬場の縦列行進に見とれ、《トルトーニ》では煙草の煙を呪いながらアイスクリームを食べ、《アカデミー・フランセーズ》の定例会にも参列する。絵画の《ル・サロン》〔定期美術展〕や工業製品の展示会にも出かけている。《ソルボンヌ》では労働者のコーラス隊が歌うのを聞いている。オーストリア大使の舞踏会や〈旧王室費の舞踏会〉の服装も細かく描写する。要するに彼は、テュイルリー宮殿を除いてどこにでもいるのである。それというのもルイ＝フィリップの宮廷は流行遅れだったからである。

デルフィーヌは意地になっていた。そして不平を鳴らすふりをしながら、途中中断はあったものの一八四八年九月まで《パリ通信》を書き続けた。この連載欄は一八四三年から一冊の本にして出版されるほどの人気だった。一八三六年から一八三九年までの最初の撰集は『パリだより』（レットル・パリジェンヌ）という表題で出た。次いで一八五三年の『コレスポンダンス・パリジェンヌ』という題名の第二巻は、一八四〇年から一八四八年までの時評を集めていた。第一巻の出版後にデルフィーヌは、「記録係」としての役割、あるいはもっと陽気に「歴史のへぼコック」としての自分の役割を想起し、そして半ば誇らしげに、半ば憂鬱そうにこうつけ加えている。「私たちのすべての著作の中で私たちを越えて生き延びる幸運をもつ唯一のものは、私たちがまさに一番軽視しているものである。しかしこれ以上単純なことはない。私たちの詩句……、これは私たちでしかない。だが私たちの噂話……、それはあなた方の時代、人が何と言おうとかくも偉大で、かくも異常で、かくもすばらしいあなた方の時代だ。そしてこの時代の一番ちっぽけな話、一番意味のない思い出が、いつの日か強い関心と計り知れない価値をもつことになるだろう」[18]。

この学芸欄担当者は、自分のペンをもっと崇高な企てに捧げるのをあきらめていたわけではなかった。しかし女優ラシェルの全才能をもってしても、彼女の韻文の悲劇『ユディット』(一八四三年)と『クレオパトラ』(一八四七年)の半ばの失敗を助けるわけにはいかなかった。とはいえ、《パリ通信》を通してデルフィーヌは、おそらく自分の喜劇感覚の表現を学習したのだった。やがて、彼女は散文による喜劇で劇場での成功を知ることになる。一八五三年にラシェルは『レディ・タルチュフ』を演じ、一八五四年には『喜びはぞっとさせ』が《テアトル゠フランセ》で成功し、『時計屋の帽子』がジムナーズ座で勝利を収めた。そしてデルフィーヌは一八五五年に死んだのだった[19]。

ジラルダン夫人のサロン

パリの社交界の一員であり観察者でもある〈ロネー子爵〉は、サロンの、とりわけデルフィーヌのサロンの会話の題材と調子を再現してみせる。

デルフィーヌ・ド・ジラルダンのサロンは、エミールの成功とともに大きくなった。いやむしろ成長していった。参加者の質は上げる必要はない。なぜなら、前にも述べたように復古王政期の最後の数年間、ソフィーとデルフィーヌ・ゲーは上流社会の人びとを招待していたので、彼らはごく自然にジラルダン家のサロンにも出入りするようになっていたからである。一八三一年には、エミールとデルフィーヌはルイ゠ル゠グラン通りの小さなアパルトマンに住んでいた。その後サン＝ジョルジュ通り一一番の『プレス』社の向かいに引っ越し、次にラフィット通り四一番に移って、そこでその家の女主人は水のように澄んだ緑色の織物を壁に張った有名な居間を作り、その色が彼女の明るい顔色を映えさせていた。最後は一八四二年がその生涯の頂点で、彼らはシャン＝ゼリゼのマルブッフ館を購入した。この建物はその三〇年前にショワズール＝グーフィエ伯爵によってアテネのエレクテイオン［訳注］をモデルとして建てられたものだった。[20]

デルフィーヌは、他の上流社会の夫人たちと同様、私的な集まりと社交の集まりという、二つのスタイルの人間関係をもっていた。彼女は親しい友人たちは毎晩迎え入れ、詩や音楽を楽しむ大きなレセプションの夜会は毎水曜日だった。デルフィーヌの親しい友人たちというのは、当時のもっとも偉大な作家たちだった。毎日彼女を訪問していたテオフィル・ゴーティエ（二〇年間『プレス』紙の演劇批評を担当した）がその証人である。彼女が愛情こめて「私の象さん」と呼んだ彼、「夜会の目的はアイスクリームを食べ、キリンをデッサンすること」[21]と書かれた招待状で招かれた彼は、この女友達の寝室で過ごした時のことなどを思い出している。「オペラ座とブッフ座のあとで、あるいは社交界に出かけていく前、一一時から夜中の一二時の間にやって来るのは、ラマルティーヌ、ヴィクトール・ユゴー、バルザック、ロトゥール＝メズレー、ウジェーヌ・シュー、アルフォンス・カール、カバリュ、シャセリオーで、全員同時というわけではないが毎晩誰かが確実に来ていたし、アルフレッド・ド・ミュッセもたまには現れていた。エミール・ド・ジラルダン夫人は彼女の友人たちを非常に自慢していた。これが彼女のお洒落であり、優雅《エレガンス》であり、贅沢だった」[22]。

一八四〇年まで『プレス』紙で仕事をしていた政治ジャーナリストのグラニエ・ド・カサニャックは、一八七八年八月二一日の『フィガロ』紙で、デルフィーヌのところでラマルティーヌと知り合い、ギゾーと食事をし、ある晩はレカミエ夫人と一緒に過ごしたと回想している。ジャーナリストのギュスターヴ・クローダンは自分の『回想録』の中で、青年期にジラルダン夫人のサロンを発見していかに驚嘆したか、ということを述べている。それは一八四〇年頃のことだった。彼は法律の勉強をしていたが、父の友人を通して演劇界と交友関係を結んでいた。女優のエステール・ド・ボンガールは、彼を愛人のトリスタン・ド・ロヴィゴ伯爵に紹介し、その兄弟のルネ・ド・ロヴィゴが彼をエミール・ド・ジラルダンに紹介してくれたという。クローダンはサン＝ジョルジュ通りのショワズール＝グフィエ館でジラルダン夫妻に迎え入れられたと言っているので、彼はいくらか記憶を混同しているが、その感激に疑いを差しはさむ余地はない。「その場所で私はわれを忘れた。見るためには私の目では十分でなかったし、聞くためには私の耳では十分でなかった。私など何者でもないのが恥ずかしかった」[23]。

彼はそこで、政府首班のギゾーを始めとする政治家たちに会うことになる。大法官のパキエ、警視総監のガブリエル・ドレセール、フランス貴族院議員のボワシー侯爵とモンタランベール伯爵、下院の副議長ドベレーム、外交官フェルディナン・ド・レセップスとその義理の兄弟、エミール・ド・ジラルダンの幼友達にして当時流行のホメオパシー療法〔生体の病的反応と同様の反応を起こす薬物の使用によって病気を治療する方法。同毒療法のこと〕論者のカバリュ博士、有名なアンファンタン師、それにパリに一時滞在中のオルセー伯爵。

しかしそのサロンは、とりわけ作家やジャーナリストや画家たちの、しかも最高の者たちの真の花束の感があった。クローダンはそこで、ユゴー、ラマルティーヌ、デュマ、バルザック、ミュッセ、ゴーティエ、ヴィニー、メリー、メリメ、ゴズラン、アルフォンス・カール、ジョルジュ・サンド、ジュール・サンドー、ミシュレ、ラムネー、ジュヌード、ルールドゥエ、スクリーブ、ヴェロン博士、画家ではドラクロワやオラース・ヴェルネ、ポール・ドラロッシュ、作曲家ではロッシーニやメイエルベールに出会ったと述べている。演劇の世界はラシェルとテロール男爵が代表していた。後者はシャルル一〇世の時代の《テアトル＝フランセ》の国王派遣監督官で、ロマン派が世に出るのを援助してきた。そしてルイ＝フィリップの治世下では芸術普及の仕事を任されていた。

この有名人の大集合に圧倒された若きクローダンは、エミール・ジラルダンに自分の臆病な気持ちを打ち明けると、ジラルダンは返事の代わりに『プレス』紙のさまざまな仕事に協力するようにもちかけ、彼の成功への第一歩を踏み出させてやったのだった。だがデルフィーヌのサロンは、社会に出て来たばかりのいわば初心者にだけ印象深かったというわけではない。ロドルフ・アポニイにエスコートされてジラルダン夫妻邸にやって来たオーストリアの皇女たちは、一八三六年三月に詩と音楽の夜会に出席し、大喜びだった。それまで彼女たちはこれに類する集いを見たことがなかったからである。

ロシア大使の秘書官ヴィクトール・バラビーヌもまた、しばしばジラルダンのサロンに通っていた。一八四六年の二月二六日には、彼はマリオやダモロー夫人とともにチェロ奏者のバッタが出演した音楽夜会にいたし、同年三月一日にはラシェルとデルフィーヌ自身が『フェードル』の一場面を朗読した夜会にもいた。彼がそこで出会ったのは、ベルギー大使夫人リーニュ大公妃、サルジニアの大使ブリニョール＝サル侯爵の娘でジェノヴァの銀行家の妻ガリエラ公爵夫人、シェリダンの孫娘で詩作品を発表していたレディ・デュフラン、社交界人士にして作家でもあるサン＝プリ伯爵とキュスティーヌ侯爵、最後に一群の文学者たちである。彼はアンファンタン〔一八三〇年代の初めにサン＝シモン主義を新宗教に仕立てようとして有名だった〕に少しもカリスマ性を見出せずに非常にがっかりしている。「今日ではアンファンタンは他の人と同じようなただの紳士だ。彼は鉄道に夢中で、見たところ誰とも変わらない」。

何がデルフィーヌのサロンの魅力を作り出していたのか。ジラルダン夫妻は魅力、才能、権力を一手にしていた。エミールはジャーナリズムの世界と政治の世界に影響力のある男だった。デルフィーヌの詩人としての名声にはもはや何もつけ加える必要はなかったが、彼女は知性とユーモアも兼ね備えていた。ゴーティエによれば、彼女の才知は伝染性のあるものだった。「自分の才知に疑いをもつと、彼女が霊感を送ってくれた。衰弱し、枯渇し、アイデアがなくなったと思うと、彼女は千ものアイデアを生み出させてくれた」[24]。

さらにデルフィーヌは、招待客の選定に非常な気難しさを示していた。彼女は凡庸さに耐えられず、三級品の才能は締め出していた。彼女のサロンに出入りを認められるには、出自によって、あるいは現実の才能によって抜きん出ていることが必要だった。かくして彼女は、エリートたる者のヴィジョンを自らのサロンを通して例証し、それを自分の学芸欄で展開していたのである。しかしながら付言しておかなければならないのは、ジラルダン夫人の招待客の中には長きにわたって誠実な関係を守り続けた多くの友人たちがいたのではあったが、そこにはまた文学の、芸術の、あるいは政治の同時代性の炎によって一時的に脚光を浴びた、という理由だけで同席していた者が少なからずいたということである。

［訳注］エレクテイオン――アクロポリスにあるアテナとポセイドンの神殿。イオニア式建造物の傑作で、とくに南側の女像柱が有名。

ロネー子爵の言う社交界の資質とは

デルフィーヌ・ド・ジラルダンの連載欄が、社交界とサロンについての《通信》（クーリエ）または《ニュース》ではなく、《パリ通信》（クーリエ・ド・パリ）あるいは『パリだより』（レットル・パリジェンヌ）という表題をもっているのは意味深長である。この表題は、貴族的ではあるが「パリ風」に強く色づけされた社交界を想起させる。この意味での〈パリ〉は一つの都市ではなくて、現象の総体をさし示しており（衣服の優雅さと礼儀作法の上品さの質から始まり、あらゆる分野の傑出した人物の存在に至るまで）、それらの現象はフランスが到達した文明の高さを証言していると見なされているのである。今日の言葉で表現すると、パリとパリ社交界はフランス的資質の豪華な「ショーウィンドー」なのである。

連載欄の最初の数年間、テュイルリー宮殿のレセプションにほこ先を向けた〈子爵〉の批評の根底にあるのは、この考え方である。そこでは、国王が無名の外国人をあまりに多く招待しすぎていて、「王の饗宴はいつも定食用の食卓の雰囲気である」[25]といった風に。デルフィーヌの目にはこれは思慮の欠如を証拠立てるものである。つまりその外国人たちは、「ヨーロッパのあちこちですでに出会ったことのある古い旅行者の顔をそこでまた認めても」、少しも満足はしないからである。外国人を喜ばせるものとは、宮廷でフランスのエリートたちに、つまり「歴史的名前をもったわれらが大貴族、われらが美しき女性、われらがすばらしき才人、われらが大政治家、われらが高名な芸術家、国の名誉となっているこれらすべての人びと、王冠を金色にするこれらすべての人びと」に引き合わせてもらえることなのである。宮廷は真に優れた者たちに出演の機会を与えるべきで、国王はその者たちに取り囲まれ、紋章のようにして彼らを身に帯びているべきなのである。さすれば、彼らは王の偉大さをさらに高めることになるだろう。

このような批判はやがて時とともに薄れてゆくことになる。国王がヴィクトール・ユゴーのような人間を宮廷に呼ぶことを知り、オルレアン公爵とエレーヌ大公女が芸術家や文学者に好意的な関心を示すようになるからである。いずれにせよエリートをスターにする役割を広範囲に引き受けたのは、宮廷よりもパリ市《ラ・ヴィル》であったということである。

この観点からすると、一八四一年三月のラマルティーヌ夫人の夜会は好例として引用されるだけの価値がある。そこには「卓越した者たちのコレクション」[26]があったのだ。さらにいえば、政治家における政治は自分の卓越性の適用の一点にしかすぎないのだから、政治家が政治家であるというだけでは自分を顕示することはできないのだった。ギゾーは「偉大な雄弁家」と命名され、スルトは「偉大な将軍」、農商務大臣キュナン＝グリデーヌは「偉大な産業家」、アレクサンドル・ド・ジラルダン伯爵は「偉大な統率者」と呼ばれる。政治家と並んで作家と芸術家が姿を見せている。「偉大な詩人」の称号はヴィクトール・ユゴーに与えられたので、ラマルティーヌには別の呼び方を見つけなければならなかった。そこで彼は「偉大な農民」と命名された。バルザックは「偉大な小説家」、ダヴィッド・ダンジェは「偉大な彫刻家」、オラース・ヴェルネは「偉大な画家」と呼ばれた。次は音楽家の番で、テノールのデュプレは「偉大な悲劇歌手」、マダム・ダモローは「偉大な歌姫」、ヴァイオリニストのアルトは「偉大な芸術家」と呼ばれた。デュパン兄の弟、数学者シャルル・デュパンは「偉大な科学者」と名づけられた。そして最後にアンドリヤーヌ氏は「偉大な犠牲者」と呼ばれたのだった。これは一八二二年から一八三二年の間、シュピールベルク〔モラヴィアの砦。ハプスブルグ家が国事犯の牢獄として使った〕に幽閉されていたアンドリヤーヌが、一八三七年から一八三八年にかけて『国事犯の回想録』を発表していたからである。「まず好奇心から、次には誇り——エリートの一員であるという誇りから言っても」、あらゆるジャンルの非の打ち所のない人物たちが集まっているこの夜会には、絶対に欠席するわけにはいかないだろう、とロネー子爵は断言している。

見ての通り、このように理解された社交界は、あらゆる種類の卓越性を民主的に受け入れるのである。しかしながら、この社交界は貴族階級と政治と文学と芸術に属する卓越性をとくに好んでいるということも明確にしておこう。さらに加えて、この多様な優秀さの集合体の主たる関心は、自分の専門とは関係なく自己を示したり、内在する素質を表現したりする機会を互いに提供することにある。これらの集いは、言葉を巧みに操ることと会話の質とによってそれを行おうとする。つまり、われわれが見てきたようにその会話は、デルフィーヌ・ド・ジラルダンにとっては文学の一つのジャンルなのであり、したがって文学精神が、結局資質についての特権的な判断基準なのである。

　平均的な下院議員と違って、第一級の政治家には単なる政治とは異なる別の能力がある。「あなたが重要人物であるためには大臣でいる必要などありません。あなたには目的達成の手段として栄光が一つならずあります」[27]、と一八三九年にロネー子爵はギゾーに言っている。ギゾーはとりわけ優れた歴史家なのだった。ティエールもまた同じケースである。これらの男たちには、権力の行使が彼らに何もつけ加えはしないほどの「閃く才知」、「恵まれた話術」などの有り余る才能があるのだ。「ティエール氏には彼を追いかける二つの栄光がある。彼は深遠な歴史家なのだから、節操のない一大臣であってもくよくよしないでいることができるのである」[28]。彼らに優越性を与えているものとは、彼らの存在が政界での公的ポストに依存しているのではないということである。つまり、彼らは巧みな談話者であり、著作家であるという個人的な才能によって存在しているのである。通俗性は、「自分の値打ちとして手に財布〔「大臣の職」の意もある〕しかもたない」他の政治家たちが代表しているのである。

　さらに反転して、デルフィーヌ・ド・ジラルダンは、卓越性という単純な意味づけを乗り越えて社交界の役割を正当化しようとする時に、社交界を偉大な精神と偉大な作家を生み出す語法《スタイル》の芸術学院とするのである。「社交界は何も生み出さない、才能ある一人の男も、天才的な一人の女も、と常に人は言うだろう。そしてバイロンとメッテルニヒ大公とシャトーブリアン氏、あるいはスタール夫人とジョルジュ・サンドが社交界人士であったことに気がつかないでいるだろう。そうだ、ジョルジュ・サンド。礼儀正しくきちんとした人に対する彼女の嫌悪にもかかわらず、彼女の文体《スタイル》には一ページごとに育ちのよい人たちの作風が現れている」[29]。

　語法《スタイル》は会話術だけでなく行動の全体に関連する。優雅は何よりも礼儀作法《コンヴナンス》の感覚に依存している。誰もが今ある環境と地位に自然と自分の言葉と行為を一致させようとするのは、一種の本能の命じるところである。かくしてデルフィーヌは、上流社会がしばしば出入りしているいくつかの公共の場所の贅沢さと、そこで出くわす若者たちのわざとらしい粗野な無遠慮さとの間の不調和に憤慨する。「カフェ、劇場、サロンはクリスタルガラスと塗料と金めっきで輝いている。だがこれらのご立派な場所の常連は、門番のような服を着て、馬車の御者のように喋っている。彼らは皆、頭に帽子をのせている。だが何という帽子だろう。彼らは挨拶を交わしながら、怒ってもいないのにののしっている。彼らは言うべきでないとよくわきまえていながらそのことを聞かせようとして、声高に喋り、粗悪なワインを騒々しく飲み、粗悪な煙草を勿体ぶって吸い、醜い女たちを得意になって連れ回している……」[30]。

同様に下院の議員たちの振舞いも彼らの職務の尊厳と対照をなしている。「悲しかったこと（…）、それはコレージュの反抗的な学生のようにあの行政官たちがベンチの上に飛び上がる光景、『唖の娘』〔オベール作曲、スクリーブとジェルマン・ドラヴィーニュ台本のオペラ（一八二八年初演）〕の第三幕におけるナポリの賤民のように帽子を空中に投げ、雇われたさくらのようにブラヴォーと叫び、《酒を飲んで優しくなった》客のように夢中になって抱き合っているあの立法者たちの光景である」[31]。彼らは市民から責任を任された者のようにではなく、行儀の悪い子供のように振舞っている。「これらの議員たちは、自分の家族だけを代表している社交界にあっては大変行儀よく、また誰も彼らに注意を払わないサロンでは申し分なく振舞うのに、国の代表者として権力をもつ議会の一員となった途端、あるいは彼らが統治するフランスや、彼らを判断するヨーロッパの前に出頭しなければならなくなった途端に、突然騒々しく、不作法に、無礼になり、自らの尊厳の感情も、受けた教育の思い出も忘れ去ってしまうのはどうしたことだろう」[32]。

王家自身が礼儀作法の問題で叱責されることもありうる。デルフィーヌ・ド・ジラルダンは、一八三六年のシャルル一〇世逝去の際に、ルイ＝フィリップの宮廷が喪服を着なかったことにショックを受けている。「君主政思想へのこの譲歩をブルジョワ階級が悪い目で見るだろうから、と言うかもしれない。だが紳士諸君、ブルジョワ階級は親戚の喪に服すのだ。この階級に気に入られようとして不作法なことをするのは、少しも彼らの琴線には触れないばかげたへつらいである」[33]。逆に、ルイ＝フィリップの娘の一人マリー王女が一八三九年一月に亡くなった時、ゴリッツ〔ゴリッツィア。イタリアとイリリア（現スロヴェニア領）の国境の町で当時はオーストリア領〕にあった亡命宮廷の方は喪に服し、死者のためのお勤めをしている。「万人のために何という教訓だろう。シャルル一〇世の喪には決して服さなかった男たちにとって、そしてフランス中が泣いていたつい先日に薔薇色のドレスを選んで着ていた女性たちにとって」[34]。

オルレアン公爵と結婚したばかりのエレーヌ大公女が一八三七年六月四日にパリに入って来た時、デルフィーヌは大公女の優雅な衣装と王妃の馬車に騎馬で付き添っている夫君の堂々たる風采に言及し、これを、彼らに付き従っているみっともない行列と対比している。「お供の馬車の女性たちは、皆何という恰好をしているのだろう。古ぼけた何という帽子。色褪せた何というドレス。パリに凱旋入場するというのに、もう少しましな身なりができないのだろうか。グレーのドレスに薔薇色の帽子ほど凡庸なものがあるだろうか。行列は大変貧相で、馬車は非常に醜く、あまりに詰め込みすぎている。これではまるで、ばねが十分頑丈かどうか知るために職人や友人を全部詰め込んで、馬車の製造業者が試乗しているカレーシュ〔折り畳み式幌の付いた四輪馬車〕の〈お披露目〉のようだ」[35]。群衆は何時間も前から本物の王様の見せ物を期待していたのに、演出はしみったれていて、期待外れで、出来事にふさわしくない。これもまた作法に適わぬものである。

　とはいえ、礼儀作法の感覚とは、エチケットの文字通りの適用ということではない。そんなことをすればかえって無器用と見なされるだろう。「ヌムール公爵は大変高貴で気品のある態度をとる方で、それは衆目の認めるところである（…）。そしておそらくそれは大いなる美点でもあるだろう。しかしだからといって、その美点を宮廷中に押しつけて苦しめる必要があるのだろうか。かつての大貴族の優雅さを身につけているからといって、今日の共和主義者以上に風俗とは両立しないエチケットを、未熟な宮廷人に要求する必要があるのだろうか。軍服を非常に上手に着こなすからといって、勤労者やブルジョワの習慣が苦々しくもの笑いの種にしているあの厳めしい服装とか、勿体ぶった装身具を穏和な招待客に押しつける権利があるだろうか」[36]。

「不作法な行為」にはいつでもどこでも、社交生活のあらゆる細部で出くわすものである。一八四四年の時評は全部それにあてられている。育ちのよい人は、その繊細さがいつも傷つけられてしまうので、社交界では一番不幸な人である。たとえば王妃の部屋で長椅子に寝そべっている若い女性によって。たとえばコーヒーに「角砂糖を浸したがる」女性によって。たとえば「誰かれとなく、女性にさえモン・シェールと言うなれなれしいばか者」によって。たとえば結婚の翌日にブルヴァールを散歩する花嫁によって。たとえば「自分の困惑を隠すために騒ぎ立てて、横柄な振舞いをするびくびくした厚かましい人によって。そういう人にはR夫人がこの種のいかさま勇敢人に言ったことを繰り返したくなる。「無理をしないでください。是非遠慮がちであってください。さすればあなたは大変礼儀正しくなることでしょう」[37]。

風俗の退廃についての挽歌は大昔からのテーマであったことを思い起こしつつロネー子爵の考察を読む時、七月王政の間に礼節は絶滅の危機にあったのだということを、つい信じたくなる気持ちにさせられる。しかしながら注意しなければならないのは、デルフィーヌ・ド・ジラルダンは、彼女のノスタルジーをくどくど繰り返しているとはいっても、社交界に道徳的威厳だけではなくて社会的威厳をも授けようと努力していることである。

社交界に出入りを許されている人びとは、社交界がその威光に価し続けるために、自分たちの特権の高みにとどまっているべきなのである。礼儀正しくあるということは、あまりに厳しすぎるエチケットとあまりに不遜な無遠慮とを、同時に拒否することである。正しい線は過度の規制と行きすぎた乱脈の間に通っている。優雅な振舞いとは二つの態度の統合なのである。つまり謹厳と軽薄の。

『パリだより《レットル・パリジェンヌ》』はすべての頁にわたって、謹厳と軽薄、伝統と流行の二分法は人工的なものだということを証明している。社交界は両方の結合と相互浸透であるべきだし、そうあるのだということである。それは復古王政期と昔の宮廷から受け継ぎ、常に流行によって活気づけられた貴族的な組織であって、つまらない安物だけは奨励せずに、思想を、詩人を、芸術家を、そしてあらゆる種類の新しい卓越性を推奨するのである。

謹厳と軽薄のこの統合は、社交界の特殊言語の中に文体論的に示されている。それは暗号化された言語というよりも、むしろある種のトーンに刻印されたディスクールである。もちろんロネー子爵が使っているのもそれと同じである。次から次へと身のこなしも軽く話題をとばす巧妙さに加えて、このトーンは評価を上げんとする茶化しのレトリックとでもいうべきもので特徴づけられている。つまり褒めようとすることをわざとからかう振りをするということ、しかもからかうことで相手の価値を減じたりはまったくしないということである。

ここにその簡潔にして完璧な例がある。「そして火曜日、私たちは結婚式場にいた。セギュール嬢とレスパール公爵の華麗な結婚式に参列していたのだ。ああ、すばらしい結婚式だった。列席者のすべてが何とうまく選ばれていたことか。花嫁は美しく、花婿もハンサム、母上は奇麗で、父上は美丈夫、姉妹は美人で、兄も美男子、従姉妹たちは花のごとく、伯父上たちも立派だった。これ以上〈好ましい〉親戚をもつことは不可能だ。立派な伯父さんがいる、こんなことはめったにない。結婚式は伯父さんによって台なしになるのが普通だが、この結婚式には素敵な伯父さんたちの効果があったのだ。そのうえすばらしい太陽の効果もあったのだった[38]」。

結局、マドレーヌ教会で行われたこの結婚式が本当に美しかったということが理解されるだろう。そのうえ、つまるところ社交界においてはすべてが常に美しいのだから。必然的に。さもなければそれは何の役に立つのだろう。

第一〇章

演劇、音楽

オペラ座の楽屋

一八一六年の夏は雨が非常に多く、穀物の不作もあって、飢饉による暴動が続発した。「モレ夫人の楽しみも被害を蒙りかねなかった。人びとがふっと心配したのは、農夫たちの苦難のさなかに田園で華やかな集会を催すなど、軽率で不穏当ではないかということだった。解決策を求めて多くの話し合いがもたれ、何度も意見が変わった。そして最終的に上演は二回だけにしよう、また一座に参加することになっていた役人の出演者はあきらめよう、と決められた。そこで私は叔母とともに八月七日マレーに赴き、一カ月以上滞在したのだった」[1]。こう語っているのは、シャルル・ド・レミュザである。彼は当時一九歳で、一八一〇年以来マレーの常連だった。

城館での演劇

ラ・ブリッシュ夫人は一七五五年生まれで、すでに老年ではあったが精力にあふれていた。社交界演劇《コメディ・ド・ソシエテ》は彼女の一人娘で、夫にかえりみられなくなっていたカロリーヌ・モレにとっては、唯一の憂さ晴らしだった。夫のマテュー・モレは、この一八一六年六月にはコルデリア・ド・カステラーヌとともにヴィシー温泉に行っていた。モレ夫妻は互いにまったく意見が合わなかったので、カロリーヌは演劇に代償を見出していた。パリでの彼女は、夏の終わりにセーヌ・エ・オワーズ〔一九六四年までのパリ盆地の旧県名。パリの西部と南部〕の所有地マレーで上演される予定の出し物のことに、ほとんど一年中かかりきりだった。彼女は母親と一緒に六月の初めには田舎へ移住していたが、そこに「一座」が到着したのはやっと八月になってからだった。「三、四〇名の人で城館は満員だった。そして日曜日になると二、三週間連続して、近隣の人たちやパリからわざわざやって来た見物人の前で、コメディやオペラ・コミック〔科白の加わるオペラ〕が演じられた」[2]。

モレ夫人は、冬の間に台本を選び、役者を募り、配役を割り振っていた。若きレミュザは、ありとあらゆる「うら若き恋人」役として「目いっぱいこき使われ」ていた。「劇場に入り浸りで、毎年この時期には諺劇〔プロヴェルブ。諺を外題とした小芝居〕やゼスチャー劇、コメディを演じていた私は、一人で何役もこなす舞台に、いわば慣れっこになっていた」[3]。

一八一六年に一座が上演したのは、『いやいやながら医者にされ』〔モリエールの喜劇。一六六六年初演〕、スクリーブとドラヴィーニュの共作『ライヴァルの従僕』、デゾジエとジャンティの共作『家具付ホテル』、ボール夫人の『ある仮面舞踏会の結末』、コッツェブーの『二人兄弟』、そしてニコロの音楽によるホフマンの軽喜歌劇《オペラ・ブーフ》『ブルジョワ風の逢引』だった。

マレーでは一八二六年まで、ひと夏に二、三回の割合でコメディが演じられた。一八一八年には、七月の一二日、一九日、二六日に公演があり、観客はパリ市内から来た者がとくに多かった。実は夫マテュー・モレが、一八一七年九月以来、海軍大臣になっていたからである。ラ・ブリッシュ夫人は客の質の高さを少なからず誇りにしていた。一八二六年七月に、彼女は書いている。「月曜日の朝に貴族院議員が〈五人〉もやって来て、帰ったのは夜中でした」[4]。夜の集いが時として非常に遅く終わった模様は、レディ・グランヴィルが一八二五年一〇月に語っている通りである。「軽いディナー（…）、月光を浴びての九時までの散歩。そのあとで『知らず知らずに哲学者』〔スデーヌの作品〕と『女相続人』〔スクリーブの作品〕が演じられました。やがて夕食となり、その次のデルフィーヌ・ゲー夫人の『朗唱』は、実に美しいものでした。こんなわけで、私は朝の五時にエックミュール館に引き上げて、翌日はほとんど一日中眠っていました」。

芝居の上演前の雰囲気は、素人の場合も玄人の場合も、レミュザに言わせればほとんど違わない。「誰も彼も役者気取りで、気質まで変わる。いわば怒りっぽく、神経質になり、自尊心は傷つきやすくなるのである。この現象はマレーでも見られたが、このようなちょっとした試練でいざこざや口論や厄介なもめ事が生じるのは、どこにあっても避けられないのではないかと思われる」。このことについて彼は、この館の女主人の慎み深さを正当に評価する。つまりモレ夫人は「芝居の成功を求めるというよりも、楽しみの方を多く求めていたのだ」[5]と。

ラ・ブリッシュ夫人のとは別の〈社交界《ソシエテ》〉も、美しい季節《ベル・セゾン》（晩春から夏の時期）にはお城の演劇集団へと変身するのだった。マイエ公爵夫人はその『思い出の記』の中に、ロルモワの彼女の城館で夏ごとに自ら組織した社交界演劇について、興味深いこまごまとしたことを書き残している。そこには彼女がどんな脚本を取り上げ、どんな役者を使い、何回稽古をして、どんな観客の前で、何回上演したかが記録されている。彼女はまた、自分の企ての中で出会った困難と、そこから勝ちえた喜びについても語っている。これらすべてを彼女はまるで専門家のような口ぶりで語っているが、それは彼女が金儲けのために芝居を上演したのでは決してなく、非常に真摯に芝居に身を捧げていたということであり、彼女が自分の成功や悩みについて述べているのは、芝居の真の責任者としての立場からなのである。

彼女が演劇に没頭したのはロルモワにおいてだけではなかった。『思い出の記』一八二八年二月の個所では、彼女のパリの邸宅で社交界人士たちが演じた自作の諺劇が、大成功を収めたことを記している。だが、ロルモワでの演出のことをそれ以上に長々と述べているのは、たぶんその全体の編成がもっと複雑だったからだろう。

ロルモワの「シーズン」は六月から一〇月までだった。ここでは毎年二、三回の上演が行われ、中間に一週間の休みが置かれ、さらに上演前に一、二週間の稽古があった。この稽古にマイエ公爵夫人がひどく固執していたのは、一八二四年六月末にボワボンドランのグレッフュール夫人の家で彼女自身が目撃したようなことが起こるのを避けたかったからである。そこで演じられたスクリーブの『女相続人』と『床屋とかつら屋』〔スクリーブ、マゼール、サン・ローランの共作。一八二四年一月初演〕は、「恐るべきドンチャン騒ぎ」で、役者は台本を覚えてもおらず、稽古は一度しただけという代物だった。[6] もう一つの理由は、準備の期間もまた楽しみだったからで、つまり当時の素人役者たちは、まるで本職の旅回りの一座よろしく四六時中一緒に暮らし、自分の出番でない時には喋ったり笑ったり歌ったりと、陽気に過ごしていたのである。

こうしたことのすべてが、素人役者たちを「どっぷりと芝居漬け」にし、彼らの方も自分で一本書いてみたくなり、作品のテーマを探すのだった。一八二五年七月、彼らは『クレーヴの奥方』〔ラ・ファイエット夫人が一六七八年に出した古典期小説の傑作〕をドラマに書き直すことを思いついたが、あきらめざるをえなかった。この作品の設定が演劇的な筋立ての基盤として弱かったからである。ラ・ファイエット夫人の小説の代わりに、彼らは『クレルモン嬢』〔ジャンリス夫人の小説、一八〇二年に出版〕を選び、アレクシ・

ド・サン＝プリ伯爵が、これを「いとも悲しきドラマ」[7]に仕立て上げる役目を引き受けた。

招待客はおびただしい数だった。三〇〇名から四〇〇名のうち、その多くはパリから、一八二五年七月の猛暑さえものともせずにやって来た。客の中には名門の人たちも数えられた。筆頭はベリー公爵夫人で、そのご機嫌を取り結ぶために上演のあとで舞踏会を催したところ、夫人は深夜までロルモワを離れなかった（一八二七年六月）。また一八二五年七月二五日には、夫人はオルレアン公爵夫妻と公爵の妹君、およびマリー＝アメリー〔オルレアン公爵（のちのルイ＝フィリップ）夫人、ベリー公爵夫人の叔母、ナポリ・ブルボン家の出身〕の弟のサレルノ大公〔ナポリ・ブルボン家の末子。一七九〇―一八五一〕を同伴してやって来た。

招待状はマイエ夫人の名簿に基づき、秘書の手で発送された。それがときには愉快な人違いのもとになった。一八二四年、公爵夫人はヴィブレーという姓の三人の従兄弟を招待しようと思った。秘書は間違ってその三通の招待状を、上演の当夜パリに着任したばかりのバイエルン大使ブレー氏に送ったのである。午後六時に氏は入場券を手にした。未知の公爵夫人から招待を受けたことに感動した彼は、着替えもそこそこに一時間後にはロルモワに向けてまた出発したわけである。ブレー氏は嬉しさいっぱいでマイエ夫人に感謝の言葉を述べ、夫人はついに真相を明かさなかったという。

社交界演劇を組織するにあたって、真の悩みの種は役者たちであった。彼らは本職同様台本を覚え、稽古することはできたが、彼らの職業意識はそこまでであって、上演が至上命令ではなかった。もしも家族の一員が病気にでもなろうものなら、何もかも捨ててしまうのだ。さらに世の礼儀作法がそれを要求したので、身内の者の看病にも行かずに芝居を演ずるなどもっての他だった。そんなわけでマイエ夫人の言っているように、上演当日にこぎつけるまで、すべての努力が水の泡になる危険が常につきまとっていたのである。一八二三年一〇月、『懲らしめられた浮気女』〔ラ・ヌーの喜劇。一七五六年初演〕と『嘘の打ち明け話』〔マリヴォーの喜劇。一七三七年初演〕の稽古中に、ロジェ・ド・ダマース伯爵臨終の報が届いた。おしまいだ。なぜならば伯爵は最良の女優の一人シャトリュ夫人の伯父上だったから。緊急に代役を見つけなければならない。彼女は両方の芝居に一つずつ役をもっていたのである。マイエ公爵夫人はノアイユ子爵夫人に『嘘の打ち明け話』のマルトン役を頼んだ。『懲らしめられた浮気女』のオルフィーズ役には、芝居をするのが好きで素人芝居の経験もあるヴォルコンスキー大公妃を思い浮かべた。が、ここでもまた礼儀の問題がもち上がった。マイエ夫人は大公妃にボワーニュ伯爵夫人のところでたった一度会っただけだったので、直接に交渉するわけにはいかないのだ。そこで大公妃の友人のラ・ロシュフーコー子爵にかけ合って、要望を伝えてもらうことになった。ヴォルコンスキー大公妃は承諾し、公爵夫人は大公妃に会いに行ってお礼を述べ、やっと公演の日取りを決めることができたのである。

一八二七年六月二七日、ロルモワのシーズン中二番目の公演が終わったあとの舞踏会は、大成功だったにもかかわらず、マイエ公爵夫人は心から楽しむ気にはなれなかった。というのは、次の公演に関係する突発事を緊急に処理しなければならなかったからである。二つの役を演ずるはずのモンガルデ氏が、四日間の欠場を余儀なくされていた。さらにモンリヴォー氏については、これまた二つの芝居に出演していたが、母親が病気だから辞めると伝えてきていた。ダンスをし、女主人役を務めながら、マイエ公爵夫人は事態を収拾する手段を探していた。そしてやっとのことで結論を下し、公演を四日遅らせようと決心したのだった。

素人役者たちは、ともすれば役をすっぽかして穴を開けたり、自分の演ずる役の重大さを皆が等しく痛感していないこともありえた。一八二四年のことだが、アルセスト役に挑戦しようという者が誰もいないので、公爵夫人は《テアトル＝フランセ》の俳優ラフォンを連れてきたが、その最終結果は期待外れだった。ラフォンは練習の時にはまだよかったが、公演の日には《テアトル＝フランセ》でやるのと同様に声を張り上げてしまったのである。ロルモワのサロンは彼には小さすぎたのだった。

アマチュアとプロの役者の混合は、おそらく全体のまとまりを危うくすることなしには実現困難だったが、このまとまりということにマイエ公爵夫人は大いに固執していた。よい一座かどうかは全体のまとまりで判断される。「ロルモワの一座は、ついでにいえば、社交界劇団としては最高であると評価されています。事実、真の才能ある人が何人かいますし、全員が努力しているので大いに統一がとれているのです」（一八二三年一〇月二六日）。また、一八二四年の夏の間、マイエ夫人はシュレーヌ〔パリの西の郊外〕のヴォーデモン大公妃の館でオペラ・コミック『植木鉢』を見物し、すばらしい歌いぶりだったと感じ入っている。ちなみにこの歌劇団は二〇年前に結成されたもので、声には清新さが欠けていたかもしれないが、コーラスは完璧だった。

公爵夫人は単刀直入に役者たちを批評していた。たとえば、ノアイユ子爵夫人は「優雅で、科白もうまいが、演技は冷たい」とか、テルム氏は発声法はよいが所作にこだわりすぎるので、「演技が損なわれ、冷たく、ぎくしゃくしてしまう」などと。さらに彼女は世評と現実の違いも調停していた。トゥロール氏は社交界の観客にはあまり認められていない役者で、「一本調子で、わざとらしい」と見なされていたが、彼女によれば、「彼は演劇の伝統をよく守っています。常に舞台の上にいることを忘れず、自分の役柄を注意深く務めています」となるのである（一八二三年一〇月二六日）。彼女自身も一座の座長であると同時に、女優だった。一八二三年に彼女は、『懲らしめられた浮気女』と『嘘の打ち明け話』において、マルス嬢が本物の舞台で演じていた二つの役をこなしている。一八二四年にはセリメーヌ〔モリエールの『人間嫌い』の登場人物〕を、翌年には『タルテュフ』〔モリエールの喜劇。一六六九年に公演を許された〕のドリーヌを演じていた。モリエールのヒロインの一人から一転して別のヒロインになり変わることが、彼女にはとても面白かったのである。このようにして、まったく違った複数の人物に彼女自身も化身できることを証明したのだった。

ロドルフ・アポニイは一八二七年に、マイエ夫人もクリヨン夫人もオードナルド夫人もすばらしい出来だったと評価した。それに比べて、シャルル・ド・モルネーは木偶坊《でくのぼう》に近く、マイエ公爵は科白を忘れていたのだった。アポニイは、一座の役者たちの演技の質と観衆の要求の高さに驚嘆している。「私など、とてもここの舞台に出る勇気はない。きっと口笛で野次りとばされてしまうと思う……。このアマチュアの人たちと比べたら、私たちの演技などは最低だ。それにしても、ここの社交界劇団は厳しいものだ。貴婦人や紳士たちを、まるで本職の役者に対するように批評している。声の抑揚一つ、科白の一語一語について、冷酷無比な通人や批評家が、寄ってたかって批判しているのだ[8]」。

グジメネス・ドゥーダンは、かつてアルベール・ド・ブロイーの家庭教師を務めたことがあった。のちに、この若き大公アルベールがマドリッドの大使館員に任命された時、ドゥーダンは彼に近況報告を書いている。それによれば、アルベールの姉ルイーズとその夫オトナン・ドーソンヴィル伯爵は、一八四四年夏にギュルシー〔パリの南西約六〇キロの小村〕の城館で演じられる予定のコメディの準備をしていた。オーソンヴィル夫妻は真剣だった。六月の初演をめざして、三月からスデーヌの『知らず知らずに哲学者』の稽古に入っていた。三月一六日土曜日、伯爵は午後五時に議会から帰宅し、図書室に場所を作った。「まるでそれだけが習慣になった男のように伯爵は芝居を始め、夫人はといえば、ポケットからハンカチを取り出し、本当にヴィクトリーヌの泣くように涙を流していました。議会の情報が聞けるものと期待していた私に分かったことは、『知らず知らずに哲学者』の息子がこれから決闘をするということだけでした」[9]、とドゥーダンは知らせている。五月三一日金曜日と六月一日土曜日は、二回のリハーサルが行われ、ドゥーダンはその様子を、何と「鍵穴から」覗いたのだった。そうやって眺めることを許された数人の観客の一人、警視総監ガブリエル・ドレセールが「泣いていました。いいですか、あの『知らず知らずに哲学者』を見て彼が泣いていたのです」[10]。一番注目されていた役者はシャルル・ド・レミュザで、彼はルイーズ・ドーソンヴィルが『マリアンヌの気まぐれ』〔ミュッセが一八三三年に『ルヴュ・デ・ドゥ・モンド』紙に発表した喜劇。劇場初演は一八五一年〕の稽古をする時、科白の相手役を務めていた。

六月一〇日月曜日、ドゥーダンは、アルベールとルイーズの父ヴィクトール・ド・ブロイ公爵のお供をして道を急いだ。彼らは『人間嫌い』と『マリアンヌの気まぐれ』の開演時間ぴったりに、ギュルシーに到着した。しかし公爵は、植民地法委員会に出席するために夜の道をとんぼ帰りして、火曜日の早朝にはパリにいなければならなかった。公爵は、役者の一人であるサユーヌ氏を連れて帰ったが、それはこの男もまた議会の別の委員会のメンバーだったからである。サユーヌ氏は、『マリアンヌの気まぐれ』の中の道化ティビアの役を演じ終わったところだったが、金曜日には再びギュルシーに舞い戻って『才女気取り』〔モリエールの一幕喜劇。一六五九年初演〕のジョドレ子爵を演ずる手筈になっていた。ところが、まずいことになってしまった。公演の前日には当然顔を見せていなければならないのに、サユーヌ氏の所属する委員会が金曜日までに委員会報告者を任命できそうもないので、氏はパリを離れることができなくなったのだ。そこで、ルイ・ド・サン・トレールが飛び入りでジョドレの役を引き受けた。一座は頭を抱えてしまう。「喜んで引き受けてくれていますが、二四時間ででっち上げられるような役ではないのです」[11]。パリやプロヴァン〔パリの西約八〇キロの小都市〕や、近隣の城館から来るはずの観客の中には、ヴァランセー公爵、タラリュ氏、グレフュール氏、カジミール＝ペリエ氏などがいた。ドゥーダンはすべてが終わった六月一九日に、ほっとしてアルベールにこの椿事の顛末を書き送っている。万事が立派に片づいたばかりか、『プレス』紙までがこの夕べについて、「好意的な」時評を書いてくれたのである。「びっくり仰天、誰もが唖然として口にしているのは、《あの正理論派の社交界の中にも、エスプリと気品と礼節が存在することが判明した》ということである」。

　新聞の伝えるところによると、レミュザは一八四五年の夏の間に、ギュルシーで『人間嫌い』のアルセストを演じて大成功を収めたので、その結果一八四六年の春にはシャン＝ゼリゼのある館で彼が再びその役を演じることになったのである。[12]『シエークル』紙は、美しい季節《ベル・セゾン》の間の、社交界演劇の「田園狂い」のことを繰り返し報じている。そしてやや皮肉めいた調子で、あるアマチュア役者の「受難」物語を載せている。[13]一人の若い伊達者《ダンディ》がトゥレーヌ地方の城から招待を受け、のんびりと一夏を過ごすつもりで出かけて行った。けれども城の女主人はただちに彼に宣告した。「私は恋人役が欲しかったのです。お待ちしておりましたわ」。そして若者は劇場に改造された広い三部屋のサロンを見せられる。そこでは週に二回の喜劇の上演が行われていた。不幸な若者は仕事に追いまくられる。一日二回の通し稽古。残りの時間は科白の暗記。ちょっとでも暇があれば、衣裳のデザインや書き割りを描くのにかり出される。束の間の散歩に抜け出すこともままならず、若者はこの過酷な境遇と縁を切る日を夢に見る。が、もし若者が出て行けば、女主人を窮地に陥れることになるのである。代役は即座には見つけられない。多数の観客が近隣の城から詰めかけてくる以上、公演日程に穴を開けることもできない。一カ月間、哀れな若者は田舎役者のへとへと生活を送ったのであった。

　しかし、誰もが自分の城館に芝居用のホールをもっていたわけではなかった。だから、ある利口な商人がこの欠乏を補い、どんなサロンでも劇場に改造できる方法を考案したのだった。ショワズール横丁《パッサージュ》のプローは、壁飾りや絨毯やカーテンを少しも損なわずに即座に設置できる、軽い衝立で構成された舞台を考え出していた。上演のあとで舞踏会を開きたい場合、舞台は設置の時と同様に簡単に撤去されて、荷箱に収納されてしまうのである。プローは、この舞台を一年、一カ月、一週間、あるいは一夜いくらでパリや地方に貸し出していた。一八四二年七月には彼の倉庫は空っぽだったが、それほど需要が多かったのである。[14]

サロンでの演劇

エティエンヌ・ドレクリューズは、一八二四年二月五日木曜日、ローマのオーストリア大使館における演劇の夕べに出席した。アポニイ伯爵夫人はパリに来る前でさえ、まさにパリ的な夜会をここで開いていたのである。夫人が準備した二つの作品は、スデーヌの『予期せぬ賭け』とスクリーブの『新豚男』〔おそらくモリエールの『豚紳士（ムッシュー・ド・プルソーニャック）』のパロディ〕だった。役者たちはイギリス人、ポーランド人、イタリア人、ハンガリー人で、フランス語で演技した。レカミエ夫人の姪のアメリーは二番目の作品に出演した。幕間の余興に、《フランス・アカデミー》〔美術学校・高等音楽院卒業の優等生は公費でこのローマの学校に受け入れられた。一六六六年にコルベールが創設〕の校長で画家のゲランの構成演出による〈活人画《タブロー》〉が演じられた。ドレクリューズが〈活人画〉と呼んだのは、一般には〈ゼスチャーゲーム〉と呼ばれるものである。この晩、ゲームで当てさせたものは〈熱狂《デリール》〉という語だった。ゲランが考案したのは三場の舞台で、この二音節の単語の各音節のための二場と、単語全体のための一場であった。第一場では、一七世紀のオランダ兵が〈賽子《さいころ》（デ）〉遊びをしているところが演じられたが、その時、賽の一擲《いってき》は賭け手にとっても取り巻きにとっても歓喜か絶望かの表情を生じさせる。第二場の舞台は、レスボス島〔エーゲ海東部の島。当時トルコ領で、現ギリシャ領〕の娘たちに囲まれたサフォーが〈竪琴（リール）〉を弾きつつ歌う光景で、そのあまりの美しさに、観客はカーテンコールを三度要求したほどだった。第三場は〈熱狂（デリール）〉の語を絵画的に表現していたが、演技過剰になったために、これが一番出来が悪かった。[15]

普通の〈活人画〉はもっとずっと静的で、文字当てなどはなかった。ある社交界の紳士が、一夜デュラース公爵夫人のサロンで、生きた人間による名画の再現を眺めて言ったものである。「このように、芸術家が思わず表現したくなるような情熱的な顔立ちの人物を選んで、ポーズをさせ、古今の名画を再現するというのは独創的なアイデアですね。けれども、すべてが正確であるべきこれらの画面には、長い支度が必要ですから、夜会にはずいぶんと冷気が入り込むでしょうね……」[16]。ところでまさにその晩、こう述べたジェラール男爵その人が、自分の有名な『コリーヌ』

の絵を、舞台に再現する役目を引き受けていたのだった。

〈活人画〉は復古王政の終わりとともに廃れ、同時に長ったらしい朗読の流行も消えてしまった。つまり七月王政下では、人びとは確実に気が短かくなっていたからである。文字当てについていえば、これは一九世紀を通してずっと愛好家があとを断たなかった。

しかしながら、本来の意味での演劇も相変わらずサロンの中に位置を占め続ける。一八三六年六月二〇日月曜日、ギゾーは怒ってロール・ド・ガスパランに手紙を書いている。「私は土曜の晩、ベルジョヨーゾ大公妃の館におりました。館ではわれわれをもてなすために、その場に居合わせた往年の役者ラフォンを引っ張り出し、科白を言わせようと考えたわけです。彼はアルフレッド・ド・ミュッセ氏と一緒になって、『人間嫌い』の第一幕を演じました。考えてもみてください。アルセストがロンバール街の人のよい商人になっているなんて。おとなしくて、道徳家で、不平屋で、ちょっぴり涙脆くて、それも生まれつきというより本を読みすぎたせいだというのです。フィラントは皮肉屋の懐疑主義者ですが、その懐疑主義も空しく、サンド夫人の崇拝者の列の最後列、はるか最後尾にかすんでしまっており、オロントは、ミュッセ氏自身ではないにしても、ミュッセ氏の弟子といったところでした」[17]〔一八世紀以来『人間嫌い』はさまざまに解釈されてきた。たとえばアルセストは先駆的な急進共和主義者といったように〕。この上演の状況については、正確なことをわれわれは知ることができない。ラフォンとミュッセは即興で演じたのか。あるいは前もって稽古をしておいて、即興と見せかけただけなのか。他の配役は誰だったのか。その晩の大公妃の館の招待客は誰と誰なのか……。けれどもこの文章を読んで気づくことは、七月王政時代の他のサロンでも見られる同じ慣行、つまりプロとアマチュアの役者の混成ということである。ギゾーの怒りについて興味深いのは、社交界演劇の場合にしばしばそうであるように、彼の批判が役者の才能を対象とせずに、台本の解釈の誤りに腹を立てているということである。つまり登場人物をブルジョワ化し、モリエールを裏切っているというわけである。たぶん、このような場合が多くあり、偉大な古典をサロンで取り上げる時には、時代の趣向にそれを合わせようとする傾向があったのではないだろうか。

ジュール・ド・カステラーヌ

七月王政期にパリで数々の芸術活動を受け入れていた場所の一つは、フォブール・サン＝トノレ通り一〇六番のジュール・ド・カステラーヌ伯爵（一七八二―一八六二）の館である。館は正面が人物像の石膏鋳型で飾られていたので、「鋳物師の館」と呼ばれていた。一階には「フォワイエ」と称する広大な金ぴかの回廊があり、大理石の円柱が立ち並んでいた。初めはそこで芝居が演じられていたが、のちには庭園内にシセリの内装による劇場が建設され、そこへ行くにはエジプト古美術品でいっぱいの、ステンドグラスのある別の回廊を通るのであった。二階には、いくつかの応接間と一〇〇名の客に食事を出せる食堂、三階には、玉突台とソファーを備えた複数の読書室があった。庭園内には、貴婦人方の利用に備えて一揃いのアスレチックの設備があり、綱登りや梯子登りなどの練習もできるのだった。[18]

ジュール・ド・カステラーヌ伯爵は、一八三五年に自邸内に劇場を建設した時、五〇歳台だった。古い貴族の出身である伯爵は、コルデリアの夫カステラーヌ元師の従兄で、かつてナポレオンに仕えたことを誇りにしていたので、館には近衛騎兵連隊大隊長の制服と、かつてライヒシュタット公爵〔ナポレオン二世のこと〕のものであった帽子を飾っていた。[19]大富豪の彼は、社交界の組織活動に力を注ぎながらも、波乱万丈の独身生活を送っていた。こうして一八三三年五月に、彼はケルカド夫人に招待状を作成させ、夜会を催したのである。二〇〇名に招待状が送られたが、出席したのはたったの四五名だった。この惨めな結果は、果たして彼の従弟が言ったように、伯爵が「いかがわしい場所」[20]に出入りしていたせいだったのだろうか。数年後には、ジュール伯爵は自分の社交界を厳選する努力をして、それに成功したようである。「今、彼の館に集まるのはほとんどが品のよい連中だ」と、一八三九年四月一五日に元師は書いている。

カステラーヌ館はまさにパリの名所であった。なぜならこの館は、多様な状況の中で、あるジャーナリストの言によれば「ほとんど家主に相談することなく」[21]、政治交渉の目的で利用されていたからである。人びとは困難な紛争の調停をしなければならない時には、まるで中立地帯に入るように館に逗留していた。一八四〇年二月には、死んだケラン猊下の後継者としてパリ大司教の地位を継ぐべき人物が求められていた。裏工作がカステラーヌ館で、トゥール・ドーヴェルニュの枢機卿でもあるアラスの司教に対して行われ、彼をここに泊まらせていた。また、喧嘩していた上流社会の貴婦人二人が和解を望んだ時にも、立会人たちは彼女らをカステラーヌ館へ連れて行くのだった。集会を開くとか、芸術か博愛活動のデモンストレーションを組織するために大会場が必要となれば、これもまたカステラーヌ館があてられた。慈善婦人《ダーム・パトロネス》は館でチャリティー・バザーを開いていたし、社交界人士は自分のサロンより広い会場で音楽家の演奏が聴きたいと言っては、館に友人知人を招いたものだった。

また、つまるところ、カステラーヌ館は結婚のための戦略センターでもあったのだ。そこには、〈フォブール・サン＝ジェルマン〉や〈フォブール・サン＝トノレ〉の金持ちの花嫁たちの結納の花篭が、思わず欲しくなるほどの豪奢の限りを尽くして並んでいた。またとくに、外国の貴公子たちを「つまんできて」、財産のない貴族の娘たちを持参金なしで輿入れさせることに力が注がれていた。「若い娘たちはありったけの魅力を見せなければなりません。それにはカステラーヌ館の芝居が役立つでしょう。さっそく挿話劇にご出演というわけで、伯爵夫人か子爵夫人の令嬢が一人七役を演じて、歌ったり、踊ったり、甘い顔、陽気な顔、憂い顔と、変幻自在の顔を見せます」。次から次と八回も衣装を替えて登場し、フィナーレは「ふっくらした短い上着と細身のズボンというフランソワ一世時代の小姓の装いです」。貴公子は幻惑され、「値切りもしないで結婚するのです」[22]。

『シエークル』紙は、確かにこのシナリオを誇張して描いている。が、カステラーヌ館がパリ社交界の中で別格の存在だったことは事実である。ジュール伯爵の富裕な独身者という身分が、おそらくその理由であった。伯爵は管理ということをしなかったので、館はさまざまな女性たちの影響下に任せられていた。館には上流階級のサロンとしての慣例がなかったし、同じ基準で管理されてもいなかったのだ。だからこそこの場所は、即自的に劇場であり、想像力が自由に駆けめぐりうる空間であり、多くの異例のことが起こりうる場所だったのである。

ジュール・ド・カステラーヌ伯爵が、一八三五年に自邸に劇場を開設したこと自体は、だからとくに驚くほどのことではない。新聞は、このフォブール・サン＝トノレ通り一〇六番における公演、リハーサル、競争意識についての情報を載せ、それがパリ社交界の注目の的となっていた。

ジャーナリズムが伯爵という人物にこれほど興味をもったのは、この男の周囲にスキャンダルとアヴァンチュールの匂いが漂い、いわば行くところ常に女あり、したがって事件あり、という風だったからである。一八四〇年の春、彼が催したポーランド国民救援のための演劇の夕べでは、伊達男六〇名と貴婦人六〇名がギーズ公爵の宮廷を再現していた。とうとう亭主連中が妻たちを迎えにやって来たが、伯爵は彼女らに夜食を振舞っていた。亭主たちは招待されていなかったので、門は開けてもらえず、自分の女優妻に再会するのに朝の七時を待たなければならなかったのである。[23]ジュール・ド・カステラーヌは婦人たちの機嫌をとるのが好きだった。あまり深入りしすぎて抜き差しならなくなりそうだと感じた時には、逃げ出して独身の自由を守っていた。だがついにある日、悪い噂を立てられた若い娘の従兄弟がやって来て、このような辱めの償いを求めた。決闘をするよりましということで、カステラーヌ氏は結婚を選び、かくして一八四二年五月、レオニー・ド・ヴィルートレーを妻にしたのである。[24]さらに伯爵は申し分ない社交界人士として振舞い、花嫁の女友達連中に一〇万フランを与えて結納の花籠をこしらえさせた。一八四三年、カステラーヌ新伯爵夫人はダイヤモンドをきらめかせてサロンに登場することになる。

しかし、ジュール伯爵がもっとも厄介な出来事を経験したのは、おそらく女流作家たちとの間にである。カステラーヌ館の劇場には、アマチュア役者や社交界人士や文筆家を集めた二つの大きな劇団があり、一方はソフィー・ゲーが、もう一方はアブランテス公爵夫人が取り仕切っていた。これに加えて、ときどき「臨時の劇団が特別作品を一、二度上演するために結成される。それは大抵オペラのためで、たとえばフロトー〔ドイツのオペラ作曲家。一八一二―八三〕の『ロブ・ロイ』と『アリス』を上演した時の劇団のような場合だった」[25]。この二つのグループの女監督は、当初から凄まじい勢力争いで対立していた。二人とも、これまでの長い人生を社交界の貴婦人として、作家として、また悲惨を知った女として生き抜いてきたのだった。争うことに馴れた彼女らに、相手を容赦する余裕などはなかったのである。

ゲーとアブランテス両夫人は、それぞれ〈自作の〉脚本が選ばれて、〈自分の〉グループで上演できるようにしようと一生懸命になっていた。この敵対関係は、一八三八年の春の公爵夫人の死まで終わらない。公爵夫人は一八三六年の五月に、カステラーヌ氏の館で輝かしい成功を勝ち取った。たとえば一八日と一九日、彼女はその日の公演第一部で、『愛と偶然の戯れ』〔マリヴォーの喜劇。一七三〇年に初演〕のシルヴィア役を演じたし（三〇年前にもマルメゾンでその役を演じたことがある）、また第二部では自作の新作喜劇『ジョフラン夫人邸の夜会』の中心的な役柄を務めていた。（一八三六年には公爵夫人は自著『パリのサロン史』の執筆を始めていたので、この本での主題を最大限利用しているのが分かる）。ロドルフ・アポニイは、アブランテス夫人の魅力にはほとんど幻惑されることがなかったようだ。彼は一八三五年五月二日にこう記している。「アブランテス夫人は才知にあふれてはいますが、そのことが彼女の大変な肥満、赤ら顔、大きな低い鼻、かなり大きい口を妨げるわけではありません。さらに加えて、彼女の様子は品がなく、科白も十分に言えず、記憶力も悪いのです」。かたやソフィー・ゲーの方は、一八三七年四月に自作の三幕の喜劇『なめし皮商の未亡人』で主役を引き受けていた。

女流作家たちはジュール・ド・カステラーヌ伯爵に対して、ときにはあまりに強い圧力を加えることがあり、不運な伯爵のただ一つの解決策は、そこでもまた、逃亡することだった。一八三八年一月二七日、貴婦人たちの書いた三つの新作が読み上げられ、喝采を浴びた。けれども二月一七日に予定された初公演は、ついに幕を開けることがなかった。どの作家も、自分の作品が他人の作品のあとで演じられることを嫌がったからである。ところがジュール伯爵はきっぱりとした解決をしようとせずに、この紛争に別の逃げ道を求めたのだ。つまり二つの劇団から最良の役者を選び出して第三の劇団を結成し、他の二つのように「仲間うちの」作品を演じさせるのではなく、《テアトル＝フランセ》とジムナーズ座の喜劇を演じさせようとしたのである。女流作家たちはそんなことでは収まらず、伯爵の「喉元に原稿を突きつけて」、自分たちのものの中から選択するようにと強く迫ってきた。そして伯爵の判定を待つ間、三つの劇団は屋敷内で同時に、一つは演劇ホールで、もう一つは食堂で、残りは庭園で稽古を始めたのだった。その結末は、ある晩に伯爵が突然マルセイユに近いエガラードの城へと旅立って行ったことである。（伯爵はここにも劇場を作っていた)[26]。

カステラーヌ氏の館のレパートリーは、古典も現代も、そして上演済みの作品も新作もあり、朗読委員会によって選択されていた。委員会は一八四一年の末に未発表の応募作品を多数（三、四〇本）審査したが、選んだのはそこからではなくて、古典作品から二本だった。コルネイユの『アラゴンのドン・サンチェ』と『愛と偶然の戯れ』がそれで、一八四二年一月に上演された。二月には現代もののヴォードヴィルが三本、うち二本はスクリーブの『宿屋の女将』と『熊とパシャ』、あとの一本は『コティディエンヌ』紙の記者で、マリー・ドルヴァルの夫ジャン＝トゥーサン・メルルの『勘定書き』だった。三月には、古典からの再演『アラゴンのドン・サンチェ』とスデーヌの『予期せぬ賭け』を現代ものと混ぜたが、この場合の現代ものとは、クリュドネール夫人の小説を種にした『ヴァレリー』であった。

選択一つで激しい対立がもち上がっていた。一八四一年一月のカステラーヌ館では、ソフィー・ゲーの『シャトルー侯爵夫人』と同時併行で『真夜中を過ぎて』の稽古が行われていたが、これはかなり際どい客寄せ芝居で、かつては俳優アルナルの当たり作だった。ジュール伯爵は、しかしこのきわものを自分の館で上演することに二回も反対した。また、社交界の人びとは、ときにはカステラーヌ劇場のために特別の芝居を書き下ろすこともあった。たとえば一八四三年二月に稽古が行われたナンズーティ伯爵夫人の喜劇とか、一八三七年四月八日に一幕物の歌劇《オペラ・リリック》の『アリス』でデビューしたフロトー氏の場合がそれである。ドイツ生まれのフロトー伯爵は一八二九年にパリにやって来たが、一八三〇年の革命のせいで音楽学校の課程を修了できず、オペラ劇場の支配人たちは彼の作曲したオペラの上演を拒んでいたのである。

ジュール・ド・カステラーヌ伯爵は、私的な劇場を主宰していたにもかかわらず、公的な劇場と同じ問題、とくに著作権問題にぶつかっていた。一八三九年一月に伯爵は、彼の劇場で上演されたとして金銭を要求するイギリスのヴォードヴィル作家に追い回されていた。一八四二年三月には、劇作家委員会が、彼の館で上演された作品に対して一二％の税金を適用しようとした。しかし、いかなる収益も得ていない伯爵にどうして著作権や税金が支払えようか。

古典作品を選ぶことは、だから二つの意味でより平和的な解決策だった。つまり日頃馴染みの現代作家の間で選択を決断する必要もなく、著作権問題も起きないからである。

　カステラーヌ氏は組織の才覚はほとんどなかったし、おそらく会計も得意ではなかったと思われる。実際のところ最初の年は、芝居の公演のために発送された招待状の数が、収容可能な四〇〇席を上回ったりしていた。一八三六年には、そのために夜の公演を二度に分けて、同じ出し物を二晩連続で上演し、第一夜は名前の頭文字がAからKまでの、第二夜はLからZまでの観客のためとした。毎晩三〇〇名から四〇〇名の客が入っていた。[27] 公演の晩は、パリ市の騎馬衛兵が二名でカステラーヌ館の前の交通整理をして、群衆を誘導しなければならなかった。しかしまもなく、本来なら売買できない入場券のまぎれもない裏取引が発覚し、それが理髪店で公然と売られていたことが分かった。[28] ジュール伯爵は観衆を厳選し、名簿を作り直そうと試みたが、これはどう見ても困難なことだった。伯爵は、古い常連客の苦情や既得権の主張や要求の標的となっていた。[29] 観客は、ベリエからヴィクトール・ユゴーまで、すなわち、こちこちの正統王朝派からロマン派の芸術家たちまで、セーヌ県知事ランビュトー氏のような現職の政治家さえもしぶしぶ受け入れて、全員が顔を揃えていた。つまり排除される者はほとんどなく、カステラーヌ氏の館には貴族も文学も、行政も財界も、意見の相違に関わりなく顔を出していたのである。[30]

　役者は、観客と同じように社交界人士と文筆家たちだった。その顔触れを取り出せば、一八三六年にはアデマール伯爵、グラボウスキー氏、パネル氏、アンドレ・デルリュー氏、フォルジュ男爵夫人[31]、一八四一年にはシャルル・ド・レミュザと同じく〈人間嫌い《ル・ミザントロープ》〉役専門のメヌシェ氏、ヴォルドマール・テルノー氏、ギユー夫人、ベリー公爵夫人の元侍臣キュシュテ氏などである。[32]「代役」というシステムはなかったのである。だから俳優が一人欠けた時には、「《コメディ＝フランセーズ》の俳優が都合よくすぐに引き受けてくれぬ限り」[33]、上演は延期しなければならなかった。アマチュア役者たちは自分の価値を自覚していて、いわゆる代役としては「第一級の人物しか」認めなかったらしい。《テアトル＝フランセ》のミシュロが一八四一年四月に『偽の不忠義』〔バルトの一幕韻文喜劇。一七六八年初演〕を演じた時、果たして彼はアマチュアの代役だったのだろうか。

しかしながらジュール伯爵は、代役を見つけるのとは別の目的でプロの役者の助けを求めていたと思われる。『シエークル』紙の言葉を借りれば、おそらくそれは各サロン内に「才能が不足」していたからではないだろうか。[34] またおそらくプロに声をかけることで、女流作家の場合と同じように、アマチュア間のライヴァル関係の決着をつけなくて済むという理由からではなかっただろうか。一八四二年一二月には、「八人の青踏派《バ ブ ル ー》女性が伯爵を取り囲み、最高に魅力的な女の役を与えてほしいと迫っている」。[35] 一八四三年四月には、どの俳優も自分の出演する作品はプログラムの最初にしないでほしいと言っている。[36] 彼らの希望は、劇作家の誰もが最初に上演してほしいと望んでいたのとは正反対なのである。プロとアマチュアの比較に関しては、ジャーナリストたちの評価は一致していない。『プレス』紙は、「社交界演劇を見事にやってのけるのは、いうまでもなく劇場の役者だけだ」と書いている（一八四一年四月二六日）。『シエークル』紙は反対に、「サロン役者が本物の劇場で受けをとる以上に、本職の役者が社交界劇場で受けているわけではない」と断言している（一八四三年二月九日）。

一八四二年一月に二〇歳で《テアトル＝フランセ》の正規の座員に迎えられたエドモン・ゴーは、翌月カステラーヌ氏の館に出演を要請された。二月二七日、彼は『日記』にこの経験について感想を記している。[37] エドモンは怒り心頭である。出演料はくれない。衣装一着が支給されたのがせいぜいで、上演のあとにありついた夜食は、「台所での得体の知れない最低の食い物」。だから彼は二度とあんなところでは食うものかと誓いを立てている。しかしながら、大多数が女性からなる観客の高度な感受性は、自分を「最良のやり方でたちまちのうちに鍛え上げてくれるだろう」と評価したのだった。彼が少し前に出演したばかりのシャントレーヌ講堂の観客と比較してみれば、それは得心できることだった。（あれは「学芸会」か「宴会の余興」で、専属の劇団もいないし、定期的な公演もしていない）。教養ある洗練された観衆ならば自分を進歩させてくれるだろうということを、彼は十分に自覚している。「信頼できないような凡庸な判断力や悪趣味の相手ばかりをしていると、悪い癖がついて、ついには法外な受けを狙ったり、その場しのぎのでたらめを言ったりしかねない。これはただのごまかしで、卑しく厚かましい偽物だ」。

カステラーヌ伯爵の劇場は、才能ある若者の登竜門だった。ミシュロが一八四一年に『人間嫌い』でデビューさせた生徒プラナ嬢は、この時一五歳で、セリメーヌ役を演じている。もしある一人の若い娘が〈フォブール・サン゠トノレ〉のこの私的な舞台で成功したならば、それは彼女が観衆の支持を得たことであり、正式の舞台にデビューできることなのである。しかし「社交界の」名女優が、必ずしも本職の名女優になるとは限らない。たとえばアヴネー嬢はジュール伯爵邸で大きな賞賛を勝ちえたが、一八三七年五月のジムナーズ座でのデビューは惨憺たるものだった。ジュール・ジャナンが『ジュルナール・デ・デバ』紙できわめて辛辣に書いたところによれば、支援に駆けつけた「立派な貴婦人」の庇護者たちの意に反して、彼女はひどく平凡だったという。[38] 新聞記者のウジェーヌ・ブリフォーは、このテーマに基づき、一八四三年に『大都会、パリの新情景』〔複数の筆者がそれぞれの〈情景〉を担当して一冊の本にし、パリの現代風俗が通観できるようにしたもの〕の中の〈情景〉の一つを執筆した。[39] アンナは一七歳で、代母の伯爵夫人の後見を受け、カステラーヌ劇場の冬の舞台で二年連続人気をさらっている。そこで《テアトル゠フランセ》でデビューさせることが決まる。彼女は成功を収めた時の役を再演したのだったが、声も身振りもポーズも、もはやまったくだめ。小さな舞台に合わせていたので、さらに研究を重ねて改良すべきだったのだ。三度試みたが、完全な失敗。哀れな娘は一年間の絶望の末についにあきらめて、とあるメリヤス業者に嫁いでゆくのである。栄光と転落（グランドゥール・エ・デカダンス）。

　文学と芸術の分野におけるカステラーヌ伯爵の活動は、演劇だけに限らなかった。一八四三年四月二一日に彼は、一八四二年に死んだ文芸庇護者《メセーヌ》の銀行家アグワド氏のあとを継いで、ヴァロワ通りの《アテネ》〔本書三〇八頁以下を参照〕の校長になった。彼は、〈女性のアカデミー〉を設立したいという年来の計画をこの時実現したのである。この着想は彼の独創ではなく、先例としては帝政時代にエリザ・ボナパルトとその女友達のデュフレノワ夫人による〈アカデミー〉があり、復古王政期には一八二二年の〈淑女のためのアテネ〉があった。[40] ジュール伯爵は、一八四〇年の末に最初の試みを行なっていた。しかし、第一回目の会合から癇にさわることがもち上がった。最年長の女性を会長に任命しようとすれば誰も賛同の意を表さず、逆に一番若い女性に頼んで秘書役を確保しようとすればその役を全員が求めたのである。[41] 二度目の例会は一八四一年一月二日に開かれたが、三度目は永久に開催されなかった。[42]

　一八四三年の春、〈アカデミー〉の計画は目鼻がついた。定員は四〇名（《アカデミー・フランセーズ》と同数[43]）

だが、当然のことながらそこにソフィー・ゲーを先頭にして六〇名の立候補者が現れた。そして、例会は二年前と同様に荒れ模様となった。まずアカデミー会員たちは、どんな服装を採用すべきかで議論した。若い女性たちは帽子なしで巻き毛を頬にたらす髪型で出席することを提案した。一方、年長の女性たちは縁なし帽《ボネ》の方がふさわしいだろうと反論した。仲裁に入った誰かがターバンのよさを主張し、これならどんな年齢にも似合うし、スタール夫人以来文筆に携わる女の象徴になっていると述べ、賛同を得た。ドレスについては、黒のサテンで各自好みのデコルテの服に、緑の棕櫚の葉飾りをあしらったフリルを付けることで落ち着いた。[44]翌週に婦人たちは《アカデミー・フランセーズ》と一線を画すために、会議中の居眠りは罰せられることを決定した。[45]

最初は、男の猿真似をする女性という刺激的な側面が好奇心をそそったが、それも下火になると、ジャーナリズムはもはや〈女性のアカデミー〉に興味を示さなかった。数カ月後に〈アカデミー〉はヴァロワ通りを立ち退き、ドラゴン通りに移ってそこに本拠を構えた。これは結局のところ、「サン＝シモン主義者とフーリエ主義者の女性の結社《セナークル》」[46]にすぎなかったのである。〈アカデミー〉はイギリスの偉大な女性旅行家トロロープ夫人を迎え、有史以来の女性の英雄や、女性社会活動家たちの肖像も展示した……。カステラーヌ氏は、〈アカデミー〉のどんな小さな会議でも頑として議長を務め続けていた。その五〇年後、「老いたるサン＝シモン主義者」と署名する一女性が、〈女性アカデミーの歴史〉をたどることを試みて、その失敗をデルフィーヌ・ド・ジラルダンのせいにしている。上昇指向《スノッブ》で野心家のデルフィーヌは、どんなにか会長になりたかったことであろう。そして、この地位を占めそうな者を妨害しようとして、ジョルジュ・サンドとベルジョヨーゾ大公妃をきっと強迫していたに違いない。[47]

一八四四年のカステラーヌ伯爵は、自分の劇場と《アテネ》と〈アカデミー〉の間に挟まれて、かつてない窮地に立たされていた。ジムナーズ座で上演されたことのあるフルニエのヴォードヴィル『ティリダート』と、ルージュモンの道化芝居《ブフォンヌリー》『残忍な兄弟たち』の稽古が、年の初めから始まって五回か六回目で放り出されたのである。一月から準備していた公演は、四月にやっと幕を開けたが、その場所はカステラーヌ館ではなく、二つの役を引き受けた女流作家アナイス・セガラースの家であった。[48]

一八四八年まで新聞は定期的にカステラーヌ劇場の再開を知らせていたが、これはメイエルベールがいつもオペラの新曲を約束しながら永遠に完成させないのと併せて、いわばパリの二つの大海蛇〔ネタに窮した新聞の埋め草〕であった。[49] カステラーヌ氏の館は、もはやほんの時たまの劇場としての役目を果たすだけであった。一八四八年初頭に『人間嫌い』を上演した時は、シャルル・ド・レミュザがアルセスト役で、カステラーヌ元師の娘コンタード伯爵夫人がセリメーヌ役を引き受けていた。二月革命により閉鎖された劇場は、一八五一年に再開することになるが、それはプロの俳優たちによるものである。[50] ジュール伯爵の館はサロンに改装されて、とにかく正常に復してはいた。そして、どこかの社交界のサロンと似たり寄ったりの夜会が開かれていた。一八四四年四月二七日にはアナイス・セガラースが詩を朗読し、ロジェ・ド・ボーヴォワールと結婚していた《テアトル＝フランセ》の女優ドーズ嬢は『タルチュフ』の一場を語り、その後に動物磁気《マニェティスム》による催眠術のショーがあり、それが済むと招待客たちはポルカを踊ったのだった。[51]

館の「正常化」の動きと並行して、カステラーヌ伯爵は芸術活動のために《アテネ》を開放し、通常の文学の講座（週に一度の公開講座）に、音楽の講座も加えることにした。一八四三年五月には、オペラ座の歌手たちが火曜日ごとにヴァロワ通りのサロンで歌っていた。

ジュール・ド・カステラーヌ氏について特記すべきことは、その積極的な文芸庇護《メセナ》の活動である。氏は常に個人としてこの活動に身を投じる……。そして、決まって窮地に追い込まれている。裕福な男なのだから、本来は他の多くの人たちと同じように消費者として芝居を見物して満足すればよかったのだ。一つだけ対比の例をあげるとすれば、それは銀行家のホープである。ホープが一八四二年四月二五日にサン＝ドミニック通りで落成式をした館には、二〇〇名を収容できる演劇用ホールがあった。しかし彼はアマチュア劇団は一つとして舞台に上げず、プロの役者にお金を払ってその私的な舞台で演じさせていたのだった。「これ以上に冷やかでこれ以上に魅力のないものはない」と、一八四三年二月九日に書いたのは、ホープ氏の館でヴァリエテ座とパレ＝ロワイヤル劇場の役者たちによる二つのヴォードヴィルの上演を見た『シエークル』紙の記者である。これをカステラーヌ伯爵の演劇の夕べと比べてみると、伯爵の方は単なる出資者とは違う存在だったことが分かる。伯爵は正真正銘の劇団の主宰者であり、その輝かしい威信にふさわしい人物だったのである。
ジュール・ド・カステラーヌ氏とその館が、その多彩な活動を通じてはっきりと見せてくれるものは、社交界人士たちが芸術的創造を我がものにしようとし、それを私的空間の中に取り入れようとして行なった企てなのである。

劇場と芝居小屋通い〔本書第一一章の地図を参照〕

「月曜日はフランス座〔〈ル・フランセ〉の訳語、《テアトル＝フランセ》のこと、〈コメディ・フランセーズ〉とのちに呼ぶ。イタリア座を〈レ・ジタリアン〉と呼ぶのにならって〈レ・フランセ〉ともいう〕に、金曜日はオペラ座に顔を見せるのが上品でしたが、楽しむためなら、皆はブルヴァールの小屋〔グラン・ブルヴァール（環状大通り）の西の端にあったゲテ座・フュナンビュール座などの劇場群のこと〕へ行くのでした」[52]。上流社会の人たちは、音楽を聴くのを優先させていたとはいえ、劇場をおろそかにしていたわけではなかった。そこで、まずは《テアトル＝フランセ》の定期会員に加入するのであった。

人びとが《テアトル＝フランセ》に出かけるのは、万人の認める栄光のスター、タルマとマルス嬢とジョルジュ嬢、そして〈明けの明星〉のラシェルに拍手を送るためであった。タルマは一七六三年に生まれ、ナポレオンに寵愛されたという栄光に包まれて、一八二六年に死んだ。彼よりもずっと若い二人、喜劇女優のマルス嬢と悲劇女優のジョルジュ嬢は、古典を演じて大成功を収めたのち、揃ってロマン派演劇のスターとなった。一七七九年生まれで一八四七年に没したマルス嬢は、一八四〇年になってもまだ当たりを取っていた。一八三六年に《テアトル＝フランセ》でマルス嬢が演じた喜劇『マリー、あるいは三つの時代』の作者のヴィルジニー・アンスロは、この女優について次のように語っている。「彼女の才能は大変な力量で、老齢さえも克服することができました。私の書いたマリーの役を演じた時、彼女は六〇歳を過ぎていました（原文のまま）が、二〇歳の娘と紛うばかりにたおやかに演技したものでした」[53]。一七八七年生まれのジョルジュ嬢については、桁外れの巨体になっていたが（彼女の肥満は伝説的だった）、一八五三年一二月一七日に《テアトル＝フランセ》で『ロドギューヌ』〔コルネイユの悲劇。一六四四年初演〕のクレオパトラを演じて、最後の喝采を浴びていた。

しかし、七月王政下の一八三八年夏、《テアトル＝フランセ》に彗星のごとく現れたのは、まぎれもなくラシェルである。ヴェロンは、一八三八年六月一二日に観客が五人しかいない一階の椅子席に座って、『ホラティウス』〔コルネイユの悲劇。一六四〇年初演〕のカミーユを演じるラシェルの声を初めて聞いた時、魅了されたと語っている。[54] ラシェルは八月までは大した人気も出ずに演じ続けた。八月一八日にジュール・ジャナンは《テアトル＝フランセ》に行き、ラシェルに捧げる熱烈な賞賛記事を二つ書いた。これは『ジュルナール・デ・デバ』紙に九月一〇日と二四日に掲載された。ジャナンが同紙に書く文芸批評欄は非常によく読まれ、事実上世論を支配していた。彼がこの「早熟の才能」[55]について語り、ラシェルこそ「今の世代が舞台に眺めうるもっとも驚くべき少女」[56]と断言するや、大衆は殺到してきたのである。さて、《テアトル＝フランセ》の売上げは、六月一二日から九月一五日までは一晩四〇〇フランから一〇〇〇フランの間を揺れ動いていたが、突然一〇月には四〇〇〇フランに達し、さらにその後六〇〇〇フランにもなった。一〇〇回足らずの公演で、ラシェルは《テアトル＝フランセ》に五〇万フランをもたらし、かくしてこの一七歳の少女は〈トゥ＝パリ〉の中に登場したのである。ヴェロンもこれに一役買って、テトブー通りの自宅の庭付き平家で、彼女のお披露目の舞踏会を主催した。舞台でのこの並外れた成功は、社交界での大成功をもともなっていた。「自分のサロンに野性のエルミオーヌ〔ラシーヌの『アンドロマク』中の登場人物〕を迎えるのは、流行でもあり、とびきりの贅沢だった」[57]。マルス嬢やジョルジュ嬢がサロンに迎えられず、芸能界に封じ込められていたのに反して、ラシェルは女優も社交界に地位を占めうると見なされた初めての例なのである。

上流社会の成員たちは、ロマン派演劇に興味を抱き、一八三〇年から一八三五年にかけて《テアトル＝フランセ》あるいはポルト＝サン＝マルタン座に通い、それに拍手喝采を惜しまなかった。当時、ポルト＝サン＝マルタン座の支配人は、ジョルジュ嬢の男友達のアレルで、以前はオデオン座の支配人を務めていた。上演されたものは、アレクサンドル・デュマの作品では『アンリ三世とその宮廷』、『クリスティーヌ』、『アントニー』、『ネール塔』、ユゴーの作品では一八三〇年二月二五日の初演が例の騒動を巻き起こした『エルナニ』〔ただし初演は《テアトル・フランセ》〕、そして『マリオン・ド・ロルム』、『パドヴァの暴君、アンジェロ』、ヴィニーの作品では『チャタートン』である。ポルト＝サン＝マルタン座で喝采を浴びていたのは、マリー・ドルヴァル、ボカージュ、フレデリック・ルメートルだった。ルメートルは、一〇年前にフュナンビュール座で初演した『アドレの宿屋』〔バンジャマン・アンティエ、サン・タマン、ポーリアントの共作のメロドラマ。一八二三年初演〕のロベール・マケールの役を、一八三三年にもフォリー＝ドラマティック座で再演していた。

しばしば一晩の公演の一部分しか見ない人たちがいたのは、プログラムがあまりに盛りだくさんなせいだった。《テアトル＝フランセ》は、普段は五幕の悲劇と、同じく五幕の喜劇を一つずつ上演していた。ポスターに一つの作品名しか載せない時には、大流行作家のものか、成功が期待される作品でなければならなかった。『エルナニ』も『リュイ・ブラース』〔ユゴーの作品。一八三八年初演〕も単独で上演されたのは初演の時だけである。[58]

社交界の人たちはブルヴァールの劇場へも足繁く通ったが、これらの劇場の一つに、一八二〇年に幕開けして格別の成功を見たジムナーズ＝ドラマティック座がある。実は、一八二四年にベリー公爵夫人がこの劇場の後援者になることに同意し、この時にこれは〈テアトル・ド・マダム〉と改名したのだった。そして一八三〇年までは公爵夫人が定期的に上演に立ち会い、そのことによって〈自分の〉劇場をはやらせたのである。ジムナーズ座の専属作家はスクリーブで、そこのスター女優は七三種類の役を演じたヴィルジニー・デジャゼだった。彼女は小柄できびきびしており、蓮っ葉で小粋な小間使いや男役を演じていた。一八三一年から一八四二年までは、ブッフェがここで輝かしい名声を得ていた。

ブルヴァールの劇場では、滑稽もの（ヴォードヴィル座の三文笑劇《ファルス》のエティエンヌ・アルナル）や、パロディ劇〔改作のもの〕が人気だった。一つの作品の成功は、それがどれだけの数のパロディを生むかで評価されていた。ヴァリエテ座はこの種の芝居が専門で、ポティエ、ヴェルネ、オドリーという役者を抱えていた。すでに言及した『小さなダナイスたち』〔本書一六五頁を参照〕は、一八二〇年の二月にパリ中を笑いの渦に巻き込んでいた。しかし他にも評判になったパロディ劇がある。一八三二年二月にヴェルネとオドリーが演じたのは、アンリ・モニエ作『女門番の家での物語』（一八三〇年）のパロディで、『ジブー夫人とポシェ夫人、あるいはお喋り女の家でのお茶』であった。モニエの作品では、「リヨン生まれの女」がやけにいろいろブレンドした「お茶」を夫に飲ませるが、デュメルサンのこの笑劇の中ではジプー夫人が支度する「お茶」には、酢、油、胡椒、塩、にんにく、卵、小麦粉、いんげん豆などが入るのだった。「ジプー夫人のお茶」といえば、いかがわしい料理を意味する流行語となったのである。アルフォンス・カールは、正理論派と共和主義者と正統王朝派がモレ政権打倒のために一八三九年初頭に結成した同盟について語り、「あれはジプー政策だ」と言っている。

〈オリンピック・サーカス〉〔これもブルヴァールの劇場群の小屋の一つ〕は非常に大衆的な演芸場であったが、同時に上流社会からももてはやされていた。たぶんそれは、それぞれの出し物の見せる芸のすばらしさとか、伊達者たちに馬の趣味があったせいだろう。〈オリンピック・サーカス〉とは、フランコーニ一家のことであった。アントニオ・フランコーニはヴェネツィア生まれで、パリで一五年前から馬術の見世物をやっていたイギリス人アシュレーと、一七八六年に手を組んだのだった。[59] 一八〇三年にこの協力関係は解消したが、フランコーニは座長としてとどまっていた。一八〇五年にアントニオは、この事業を二人の息子、つまり馬の調教師ローランとパントマイム役者のアンリ、通称ミネットに譲った。息子たちは二人とも女馬術師と結婚していた。帝政時代には、彼らはナポレオンの武勲詩を演じていた。『エジプトのフランス軍』、『ローディの橋』〔一七九六年に戦場となった有名なミラノ近郊の橋〕……。復古王政時代には『怒れるロラン』、『襲撃された乗合馬車』、そしてスペイン戦争後は『トロカデロの攻略』。この最後の出し物は、ルイ一八世が全軍の兵士に見せたものである。ローラン・フランコーニは自分の息子たちに馬術の稽古をつけていたので、オルレアン公爵もその子供たちを進んで〈オリンピック・サーカス〉に連れてきていた。[60] 一八二六年に、フォブール・デュ・タンプルの小屋は火災で失われてしまった。フランコーニ一家は、パリ全区に募金を呼びかけ、二カ月で集めた一五万フランを使って、ブルヴァール・デュ・タンプルにホールを再建した。

広大で新しいその演技場では、歩兵と騎馬兵を混成にした五〇〇名から六〇〇名の隊列を繰り出して、合戦を演じさせることが可能であった。このホールは馬術の訓練用トラックと隣接していた。一八二七年には、ミネットの息子アドルフが、この興業団の座長となった。彼は軍隊のエピソードを上演し続けた。一八三〇年以後は、『ポーランド兵』（一八三一年）と『コンスタンティーヌの攻囲戦』（一八三七年）〔コンスタンティーヌはフランス軍が一八三七年に攻略したアルジェリアの都市の名〕を創作し、その後、皇帝の遺灰帰還が引き起こしたナポレオン旋風を利用して、皇帝の武勲詩の偉大なる場面を再現してみせた。これらの出し物のフィナーレは、活人画『フォンテーヌブローの別れ』、あるいは『ナポレオンの最期』で最高潮に達するのであった。[61]

オペラ座とイタリア座

社交界人士が音楽を聴きに行くのはオペラ座とイタリア座〔レ・ジタリアンの訳語、テアトル＝イタリアンともいう〕で、後者は社交界ではブーフ〔喜歌劇〕座と呼ばれていた。オペラ座は毎週月、水、金、日の曜日にフランス語のオペラを上演していたが、金曜日に行くのが一番の流行だった。イタリア座は一八一七年の配分に基づいて、火、木、土の曜日にイタリア語で上演していた。ブーフ座のシーズンは一〇月一日から三月三一日までで、オペラ座の方はもう少し長かった。さらに、四月と五月がオペラ座通いに好都合なのは、この時期パリでは私的な舞踏会がほとんどないのと、イタリア座が閉まっているせいなのだった。

オペラ座は前後して二カ所に劇場を構えた。一八二〇年まではリシュリュー通り、続いてベリー公爵暗殺のあとはル・ペルティエ通りにである。ルイ一八世は、出口で犯罪が起こった劇場の取り壊しを厳命し、すぐ近くに新しい劇場を建てさせたのである。イタリア座については、これは何度も場所替えをした。一八一五年から一八一八年まではファヴァール劇場、一八一九年から一八二五年まではルーヴォワ劇場、その後再びファヴァール劇場へと戻ったが、このホールは一八三八年に焼失した。（一七八三年の建築だった）。そこでブーフ座はヴァンタドゥール劇場をあてがわれ、次いでオデオン座に、さらにまたヴァンタドゥール劇場つまり当時のルネッサンス劇場の所在地に移動した。ファヴァール劇場の方は火災のあと再建され、一八四〇年にオペラ＝コミック座に割り当てられた。[62]

ル・ペルティエ通りのオペラ座には一〇五四の座席があった。ボックス内の一座席の一晩の値段は、パリでもっとも高価な劇場のイタリア座の一〇フランに対して、《テアトル＝フランセ》と同じ九フランだった。[63] しかし復古王政下での上流社会は、自分たちは席料を払う必要はないと考えていた。美術学校長ソステーヌ・ド・ラ・ロシュフーコー〔王室長官で、ナポレオン一世以来帝室・王室長官は芸術部門の大臣を兼ねていた〕は、シャルル一〇世に宛てて、「宮廷に仕える者は誰も彼も無料でオペラ座へ行こうとします」と書き、王室の財政を破綻させるこの悪弊に抗議していた。彼は特権に対して闘おうとしていたのである。「私はオルレアン公爵には年間通しでボックスを一つ予約していただくことにしました。その方が公爵にふさわしいことですし、われわれにとっても好都合なのです」[64]。

七月王政は特別優待の入場を制限した。国王でさえも、無料席の恩恵に浴することはできなかった。彼の名前は定期会員の名簿に載っており、二階の特別ボックス席三室に一万八三〇〇フランを支払っている[65]。手本は上からというわけである。社交界人士たちはたいていの場合、ルイ＝フィリップのように年間契約でボックス席一つを借りていた。予約の値段が非常に高かったことから、ヴェロン博士が述べている投機の理由もおそらく明らかである。「あの『悪魔のロベール』〔スクリーブとドラヴィーニュの歌詞、メイエルベールの作曲で一八三一年一一月二一日に初演された五幕のオペラ。主人公は中世の詩にしばしば登場した伝説上の人物〕が大成功を博していた時のこと、社交界の一貴婦人が、夕方の五時と六時の間に馬車でオペラ座の近辺にやって来ては、自分の二階正面六席分のボックス席を競り売りで売っていた。私はダフ屋が二〇〇フランから三〇〇フランも出して、一度ならずこのボックスを彼女から買っていたのは確かだと思っている。これは切符売場の値段の三倍以上だった」[66]。

イタリア座はオペラ座よりもエレガントな場所だった。衣装がエレガントだったのではない。貴婦人たちはいずれにせよ舞踏会用の装いと、ダイヤモンドで身を飾っていたのだから[67]。そうではなくて、イタリア座には内輪の感じ、いわば上流社会の本物の音楽愛好家の集いの感じがあり、オペラ座とは違って沈黙と秩序が支配していた。遅れて着いたり、二幕目にやっと駆けつけたり、騒々しく着席するとか、大声で笑ったりお喋りするなど、オペラ座では当たり前の勝手気ままは、イタリア座ではすべて通用しなかったのだ。ボックス席では拍手することも無作法であり、一階後部席の客だけが手をたたけるのだったから、その雰囲気は歌い手たちにとっては少々冷ややかなものであった[68]。

確かにブーフ座は公共の場ではあったが、ジャーナリズムはしばしばこの劇場を、ノートル＝ダム＝ド＝ロレット〔モンマルトルのこの教会の周辺には優雅で気さくな若い女性たちが多数住みついており、彼女たちをロレットと呼んでいた。バルザックも何度も言及している〕そっくりに、私的なサロンのように描写していた。テオフィル・ゴーティエは明確に書いている。「小鳥について語る前には、この上なく豪奢にきらびやかに作られた鳥籠について、二言、三言述べようではありませんか。なぜならブーフ座は劇場であると同時にサロンなのだから」[69]。さらに、一八四一年当時のヴァンタドゥール劇場の居心地のよさについて述べてみれば、そこのボックス席の縁はふっくらと柔らかく、座席は弾力性に富み、絨毯は厚く、ロビーや廊下には多数のソファーが置いてあった。また実際に、劇場施設には個人注文の部分があり、それはボックス席に付属したサロンであって、話し合いのうえで賃貸され、使用者が自分で処置して家具や装飾を施していたのであった。また二階と三階の特別ボックス席の数は増やされ、その分だけギャラリー席や一階後部席は犠牲にされていたのである。

　これらのサロンのいくつかは、劇場内よりもさらに豪華だった。アグワド夫人のサロンは、銀行家の夫が劇場の財政に関与していることもあって、「天井と壁に黄色と白の絹紋織物《ブロケード》を張り詰め、深紅の絹のカーテンに同じ色調の絨毯や敷物、マホガニーの椅子と肘掛け椅子、ビロードの長椅子、紫檀のテーブル、鏡や高価な置き物が揃っていました」[70]。これらの私的な部屋へは特別な階段が通じ、それぞれにトイレも備えられていた。

　ブーフ座では、一八一七年（『アルジェのイタリア女』）から、ヴェルディが『ナブッコ』で成功した一八四五年までに、もっとも多く上演されたのはロッシーニの作品である。ロッシーニは、ほとんど三〇年の間ベルカント〔一八世紀に成立したイタリアオペラの歌唱法〕の巨匠の地位を守り抜いた。（一八二五年から一八二七年までブーフ座の支配人を務めたが、作曲家としての才能と反対に、支配人としてはお粗末だったことを暴露した）。一八三八年から三九年のシーズン中に上演されたのは、ロッシーニが二五回、ベッリーニが二三回、ドニツェッティが二二回、これに対してモーツァルトはたったの一八回であった[71]。この歌劇団のスターは有名な男性トリオで、トップ・テノールのルビーニ、バリトンのタンブリーニ、バスのラブラッシュである。女性の側では、まず一八二八年にマリブランが現れた。彼女は一八三六年に事故死（二八歳）するまで、ロンドン、パリ、ローマ、ナポリを駆けめぐって歌った。ジュリア・グリージは、一八三二年にデビューした。彼女は一八三五年に、ルビーニ、タンブリーニ、ラブラッシュとともに、ベッリーニの『清教徒』に出演した。マリブランの妹ポリーヌ・ガルシアは、その後ほどなくしてルイ・ヴィアルドと結婚したが、デビューしたのは一八三九年である。

オペラ座でもいくつかの作品が大成功を博した。オベールの『ポルティーチの唖娘』は、一八二八年に作られて世紀末までに五〇〇回上演されることになる。メイエルベールの『悪魔のロベール』は一八三一年に初演されて、その三年後に一〇〇回目の上演を迎えていた。このオペラに一人二役で主演したのは、ロール＝チンティ・ダモロー〔イタリア座の歌姫となってチンティというイタリア名で呼ばれた〕であり、コルネリー・ファルコンも一八三二年にこの作品でデビューした。一八三五年にはアレヴィの『ユダヤ女』が、一八三六年にはメイエルベールの第二作『ユグノー』（マルグリット・ド・ヴァロワ役はジュリー・ドリュス＝グラ）が、同じように成功を勝ちえた。これらのどの初演でも、テナーはアドルフ・ヌーリが歌っていた。彼は一八二六年に二三歳で歌い始め、一〇年間の輝かしい舞台を誇ったが、それももう一人の偉大なテノール、ジルベール＝デュプレがパリに帰還し、一八三七年にロッシーニの『ウィリアム・テル』で途方もない成功をつかむまでのことだった。ヌーリはそこでパリを離れてイタリアへ行き、一八三九年に自殺した。

復古王政の末期から、観客の間に一種の分離が起きてきた。つまり、貴族たちはイタリア座を好み、ブルジョワたちはどちらかといえばオペラ座へ行きたがったのである。そして、一八三一年から一八三五年までオペラ座の支配人を務めたヴェロン博士が、ブルジョワ階級にオペラ座を開放することを自分の目標としただけに、この動きに拍車がかかった。彼はこの劇場への定期会員加入を、優雅な社会に所属していることの基準の一つにしたいと思っていた。[72] 定期会員の数はわずかの間に三倍に増え、会員になるには予約待ちの名簿に登録しなければならなかった。最後に注目しておきたいのは、フランスの作品だけに限って上演していたオペラ＝コミック座（一八三六年にアダン作『ロンジュモーの駅者』で大当たりをした）が、ほとんど上流社会を惹きつけなくなり、むしろ外国音楽への趣味は上流ぶる《スノッブ》ことだと批判する中流ブルジョワたちがここの常連となっていたことである。[73]

パリでは、音楽の催しは一八三五年以来驚異的な当たりをとっていた。一八三八年の四旬節の期間には、コンサートは八八四回開かれた。[74] 一八四〇年四月には、一日平均三五回のコンサートがあった。[75] もちろん、そのすべてが私的な催しだったわけではない。公共のホールでは、エルツ、プレイエル、エラール〔いずれも有名なピアノ製作家で、工場をもっていた〕の、そして『フランス・ミュジカル』紙〔一八三七年に創刊された音楽専門の週刊紙〕主催の演奏会が、定期的に企画されていた。

しかしこの時代には、私的なコンサートが等しく音楽の発展に重要な役割を果たしていたのである。いくつかのサロンは、とくにこの分野の登竜門として評判が高かった。その筆頭は、三人の外国人女性で才能もある音楽家メルラン伯爵夫人、アポニイ伯爵夫人、ベルジョヨーゾ大公妃のサロンである。

マリア・デ・ラス・メルセデス・デ・ハルコ（一七八六―一八五二）は、キューバに広大な領地をもつスペイン貴族の娘で、幼時をハバナで過ごしたのちマドリッドの母親の家に戻り、そこでジョゼフ・ボナパルトのもとでスペイン勤務をしていたメルラン将軍に嫁いだのだった。彼女は一八三六年に出版された『回想録』の中で、こうした自分の半生のすべて、つまりスペインを去るナポレオン軍の残党の後ろに付いてフランスに到着するまでの前半生を語っている。[76] 一八四八年までメルラン伯爵夫人は、ボンディ通りの館をラリボワジエール伯爵夫人と共有し、自分のサロンでたびたびコンサートを催していた。そして、有名な芸術家（ルビーニ、ラブラッシュ、マリオなど）の声も、優秀なアマチュアたちの歌もこの同じ夜会で聴くことができた。第一級のアマチュアには、まず彼女自身とその娘、次にスパール伯爵夫人（旧姓ナルディ、結婚前はプロの歌手であった）、デュビニョン夫人、ジュルヴェクール夫人、オルフィラ夫人、ベルジョヨーゾ夫妻がいた。[77] このサロンは、才能があり、音楽に野心をもつ者たちの是が非でも通過しなければならない、いわば関門であった。

メルラン伯爵夫人は、マリア・マリブランに捧げた著書の中で、少女時代のマリアが一八二五年にロンドンの《キングズ・シアター》の舞台にデビューする以前に、自分のサロンの聴衆を前にして初めて歌った時の様子を語っている。伯爵夫人は、マリアの父親マニュエル・ガルシアとともに音楽のレッスンを受けていた。ロッシーニはイタリアを離れる前に、伯爵夫人の親戚ペナルヴェール氏の結婚式に際してカンタータを作曲していた。パリにいたペナルヴェール氏は、その曲を従姉の家で聴いてみたいと願った。ロッシーニはメルラン夫人とは初対面であったが、完全無欠なオーケストラを入れるならという条件で承諾した。すべての楽器を中へ入れるには、ドアをはずさなければならなかった。ボルドーニはテノールのパートを、ペッレグリーニはバスを歌い、彼女自身はソプラノのパートを受けもった。が、彼女のサロンには女声アルトの歌手がいなかった。ついにガルシアは、手塩にかけて育ててきたが、まだ大事にして公衆には隠しておいた秘蔵っ子のマリアを貸し出すことに同意したのだった。[78]

一八二七年一二月、マリブランがアメリカ合衆国の旅を終えてパリに帰った時、メルラン伯爵夫人は彼女の職探しを援助した。「その朝、私が自宅に集めたのは、うるさ型も交えた、いわば音楽の〈審査委員会〉でした。彼らは、彼女に会って歌を聴くと私の期待通り驚嘆し、魅了されました。マリアは舞台でも見事に才能を発揮しましたが、本当に大喝采を浴びたのは内輪で即興に歌う時でした」[79]。マリブランは、一夜オペラ座に出演する機会を得て、その後イタリア座に入ったのだった。メルラン伯爵夫人の後援は、一芸術家にとっては宣伝文の代わりであった。「一週間前にM伯爵夫人の家でロザーノ嬢に拍手喝采した〈愛好家たち《ディレッタンティ》〉は、ロザーノ嬢がついに公衆の前で歌う決心をしたことを知って喜ぶだろう。M伯爵夫人の好意はすでに成功のしるしなのである。M夫人は優秀な者しか絶対に受け入れてこなかったのだから……」[80]。

アポニイ伯爵夫人と、オーストリア大使館における彼女のレセプションについては、われわれはもうすでに多くを語ってきた。この「女神のテレーズ」は、外交上のパーティーの他にも、音楽の夕べを毎週催していた。そしてその準備として、大使館では毎週日曜日午後三時に昼の音楽会を開き、そこに音楽愛好家の社交界人士が参加していた。彼らは楽譜持参でやって来て、初見で読譜し、練習をするのだった。一八三五年にカルクブレンナーがピアノを引き受けた時、「アマチュアたちは震え上がりました」[81]。女性歌手は、カラマン侯爵夫人とガブリアック侯爵夫人、ヴァッロンブローザ公爵夫人、ポトッツカ伯爵夫人、それにコマール嬢だった。彼女らのパートナーはフラオー伯爵、ブラシエ・ド・サン＝シモン氏、グレヴィル氏で、テノールを歌い、バスはヴォルコンスキー大公、アレクサンドル・ド・ペリゴール、そしてトルストイ氏だった。音楽が好きでないのに出席していた唯一の客は、リエヴェン大公妃である。彼女は、このような日の午後は独りで家にいたくないばかりに出席するのであって、よほど退屈がこわいらしく、すでに見たようにいつも誰かからお喋りをやめるよう注意されなければならなかった。

一八三〇年以来パリに亡命していたイタリア人のベルジョヨーゾ大公妃についていえば、一八三七年三月三一日に自宅でリスト対タールベルクの試合を開催しようと思いついたのが、まさに彼女であった。評判を残したこの試合の結果は、「タールベルクは世界一のピアニストで、リストは比類ないピアニスト」[82]ということだった。大公妃自身もまた優れたピアニストとして、たとえば一八三八年四月一四日の場合のように、ハイドンの『六つの歌詞』のコーラスの伴奏を務めることができた。また、一家の完璧な女主人として、彼女は自分のコンサートの成功は聴衆の配置いかんによることを知っていた。そんなわけで彼女は集まりの中心に、つまり彼女のピアノの両側に、「美しい音楽の熱狂的な愛好家を数人」配置したが、その中にエクスタン男爵がいた。男爵は他のサロンに約束があったが、どうしても逃げ出すことができなかった。午後一〇時三〇分頃、貴婦人の客がどっと到着したのに紛れて立ち上がったところ、たちまち大公妃の声が飛んできた。「エクスタン男爵、そこにお座りください。そこがあなたのお席です」。これには座らざるをえなかったが、三〇分後の休憩時間に男爵は、「大公妃の怒りの視線をはねのけて」[83]脱出したのだった。

ベルジョヨーゾ大公妃は歌もよくでき、夫のデュエットで、あるいはまた一八四〇年五月一一日のオーストリア大使館でのように、スパール伯爵夫人を加えてトリオでも歌った[84]。社交界の交際は、いうまでもなく政治的亀裂を越えて優先されていた。ベルジョヨーゾ家は、実はオーストリアと敵対するミラノからの亡命者だったのである。

もう一組の有名な声の持ち主はオルフィラ夫妻だった。マイエ公爵夫人は一八二四年に早くもそのことを語っている。この時代すでに毒物についての著作で知られていたオルフィラ博士は、彼のアマチュア歌手としての天職について、このような活動は「その職業にも、地位の重要さにもふさわしからぬこと」[85]と判断する大学医学部によって妨害されていた。このような対審判決を挑発しながらも、彼は結局音楽の魔力には抗し切れなかったようである。ハインリッヒ・ハイネは一八四一年一月六日に書いている。「オルフィラ氏は、またしても甘い声音で非情なロマンスを、つまりネコイラズを歌っている」[86]。誰にでも分かる冗談だ。オルフィラは前年の夏の間に、ラファルジュ事件における砒素化合物についての意見陳述のため、専門家の一人として裁判所に召喚されていたのだった。ジュール・ジャナンは反対に、オルフィラ家はパリで最良の音楽一家であると断言する。最高の音楽家たちさえもオルフィラ夫妻の才能を高く評価し、夫妻のために、たとえばメイエルベールはオーケストラを指揮し、ロッシーニはピアノを受けもち、アレヴィは楽譜のページをめくるのである。[87]同じように名高いプロの一団が、カピュシーヌ大通りの有名な代訴人グランダース氏の館に集まっていた。この法曹界のブルジョワのエリートのところには、オベール、ロッシーニとその妻、歌手のマリオとその妻、女性歌手のジュリア・グリージなどが出入りしていた。[88]

社交界の音楽については、ベリッサン侯爵を無視しては語れない。侯爵は七月王政時代の音楽にすばらしい環境を与えてくれていた。ロワイヨーモン修道院である。一八三四年に侯爵は、ある破産した実業家からこの荒れ果てた修道院を買い取ったが、復古王政期にその実業家は、元の内庭回廊《クロワトル》に木綿の製糸工場を作っていたのである。ベリッサン氏は、この場所を以前の姿に戻し、ここで音楽の上演を始めたのだった。[89]コンサートは晩餐会と舞踏会を組み合わせて行われた。ロドルフ・アポニイが一八三五年八月にそこに招かれた時には、午後五時三〇分に晩餐、そのあとは内庭回廊でのコンサートだった。館の主人はこの場のゴシック様式を保存しており、「いわゆる尖頭アーチ《オジーヴ》の魅力的な柱廊は、繊細な円柱と彫像で飾られており、これらの彫像は聖人や聖女の像なのだから、劇場ではほとんどお目にかかれない代物だった」[90]。上演されたのは『イラト』〔マルソリエの歌詞、メユール作曲の一幕のオペラ・コミック。一八〇一年初演〕と『ブルジョワ風の逢引』。「最良の音楽を聴き、これ以上にすばらしい演技を見ることは不可能だ。ラ・ブイユリーの三兄弟は歌も演技も完璧だったし、モンテギューも同様。彼の美声はこの古い円天井の下で感嘆すべき効果を上げていた」。

七月一日にすでにアポニイは、ロワイヨーモンにおけるオペラとコメディの「天も驚く《ピラミダルな》」成功のことを記しているが、実際はこの時は訪れる暇がなかったようだ。前年の秋にベリッサン侯爵は、二二人の貴婦人を舞台に上げるコーラス付きのバレー上演をアポニイに担当させていた。しかし彼が自由にできる日数は一〇日足らずだったので、カドリーユの準備は間に合わなかった。[91]そこで招待客たちは積極的に出し物に参加して、演技をしたり歌ったりしたばかりか、作曲までしたのである。一八三八年には、ロワイヨーモンでアレクサンドル・デュマの『アンリ三世』が上演されたが、これはフランソワ・ド・ラ・ブイユリー（シャルル一〇世の王室長官の息子で、のちに神学校に入り、カルカソンヌ司教となる）によって脚色されたオペラで、フロトー氏が曲をつけたものだった。[92]

　サロンが生み出していた音楽は、凡庸であったと考えてはならない。社交界人士たちは真の通人だった。「当世の耳は非常にうるさくなった」と、一八四三年一月一九日の『シエークル』紙は書き、「サロンを苛んでいるメロディへの渇望」について語っている。また私的なコンサートは、たいていはアマチュアとプロの歌手の混成だった。たとえば一八四六年の灰の水曜日〔四旬節の最初の日〕のフォルジュ氏邸における音楽の夕べでは、この家の女主人とパネル氏のようなアマチュアが、オペラ＝コミック座のユガルド＝ボーセ夫人やロジェ氏、エルマン＝レオン氏というプロと一緒に歌っているのである。彼らは、当時チェロから作曲への道に移ろうとしていたジャック・オッフェンバックのいくつかの作品も上演している。[93]

　アマチュアとして歌っていた社交界のメンバー（すでにあげた人たち以外に、ボルドズール氏、クロ氏、スーシー氏、シャンビュール夫人、クーシー夫人を加えることができる）は、ポンシャールおよびボルドーニの両教授に付いて声楽を学んでいた。あのマリブランのデビューの時にメルラン伯爵夫人邸で歌ったイタリア人ボルドーニは、今や著名な教授になっていたのだった。教授は、ドリュス＝グラ夫人、ジェニー・コロン夫人、コルネリー・ファルコン夫人、ロール＝チンティ・ダモロー夫人のような第一級のプロの女優や歌手たちにレッスンをしていた。彼のクラスは、「社交界の中でももっとも優雅でもっとも若い貴婦人たちのファッショナブルな集い」[94]であった。各人が彼に、とても貴重な時間でしょうが少しばかり自分のために割いていただけませんか、と懇願するのである。その結果、彼は朝の七時からレッスンを始めるのだった。

社交界の人びとが音楽の歌い手あるいは作曲家として秀逸の域に達していたことは、たとえば一八四〇年六月初旬に、個人の館で上演されたイタリアの軽歌劇《オペラ・ブーフ》のパロディによく示されている。デルフィーヌ・ド・ジラルダンが六月六日にその報告を書き、ジュール・ジャナンも『パリの夏』の中で、長々とこの『バビロニアの火事』というパロディ作品の解説をした。われわれが伏せ字を通して理解するところによれば、作者はフェルトル氏、主演はダモロー夫人である。

「バビロニアも火事も」そこには出てこないからこそこのような題名がつけられた『バビロニアの火事』には、オペラのいつもの登場人物たち、暴君（フェロシーノ）、騎士（オルランドー）、王女（クロリンダ）、そして変装したオルランドーに他ならぬ巡礼が登場し、外国語での言い回しは滑稽きわまりないと同時に詩的である。フェロシーノは森の中で、ゴンドラの船頭が歌う舟歌《バルカロール》「そよ風そよと《ジェンティーレ》吹きぬ」を耳にする。このバラードはロッシーニの『オテロ』の舟歌を思い出させる。クロリンダが巡礼をオルランドーと見破る時にも、同様の滑稽さと感動の混ざり合いがある。「彼女は、実に心にしみる美しい旋律を歌い上げるのだが、その歌詞は奇妙なイタリア語で、ひどくふざけたものである」。第二幕では、二人の消防夫がこの芝居を解説し（イタリア語だったかどうか）、これが終わってから次の演技が再開する。二人の恋敵はののしり合い、取っ組み合いをしようとする。王女は気が触れたようになるが、「千々に乱るるこの髪の」と歌ってみても、カールが乱れるのは片側だけなのだ……。最後の場面では、台本に指示された通り、「彼女は髪の乱れを直して正気に戻る」[95]のである。

この上演には満場一致の賛辞が寄せられた。コーラス隊（彼らは、「取引先のお客が、果たしてどこまで自分たちの音楽の才を認めてくれるかと不安におののいている金融業者や（…）、自分がすばらしい声の持ち主であることを部局の長が発見するかもしれないと思っておびえている行政官たち」[96]である）は、申し分のない素質をもっていた。この晩は、ジュール・ジャナンの結論によれば、「演劇の歴史の一頁を占める資格のある」夜だったのである。プロの批評家が見識豊かなアマチュアたちに脱帽したのだった。

この三年後に『シエークル』紙が報じるのは、一八四三年五月二七日土曜日に、バック通りのT氏の館で『バビロニアの火事』が再演された夜会のことである。歌い手は、再びダモロー夫人とポンシャールおよび館の主人だった。観客が割れんばかりの拍手をして作者の名前を尋ねた時、返ってきた答えはなんと「ダンテの未発表作品」というもの。その他については、「音楽はピラルディーニ氏、舞台装置はクルトニーニ氏、手直しはオルジャティーニ氏によるる」[97]とのこと。作る者と演ずる者たちの素養と才能を証拠立てるものは、成功したパロディをおいて他にないのである。

社交界における舞台《スペクタクル》の芸術家たち

メイエルベール、ロッシーニ、そしてアレヴィが、オルフィラ家のサロンで音楽に携わる時、それはジュール・ジャナンによれば友人としてである。「なぜならば、ヨーロッパのすべての音楽家は、このような音楽の交友でサロンの達人たちと結ばれていることを名誉としていたからである」[98]。しかし、たいていの場合、プロの芸術家たちは自分の仕事に対する報酬は得ていたのだった。

人気スターの中には、お金でなく現物の贈り物を求める者がいた。女優たちが喜んで受け取ったカシミヤのショールは、当時としては高価な品で、五〇〇フラン以上もした[99]。ラシェルの場合、一八三八年から一八三九年にかけての冬以降は「あらゆる当世風の集まりに欠かすことのできない花形」[100]だったが、報酬はブレスレットかビロードの服、あるいは銀の食器で支払われている。

芸術家が売れっ子であればあるほど、その謝礼は高くなる。ヴァイオリニストのパガニーニは、一晩の出演に三〇〇〇フランを要求していた[101]。イタリア座の歌手たちがもっとも評価が高く、また出演料も最高だった。「プログラムの各演目について五〇〇フランの切符を買い、そのうえで初めてラブラッシュの駄洒落を聞いたり、グリージ嬢の見事な容姿を眺めることができるのだ」[102]。したがって、一八四六年春にベルタン・ド・ヴォー夫人が元公証人の父親フーシェ氏のラ・ロシュフーコー通りの館で催したような音楽の夕べを聴きに行くなど、よほどの金持ちでなければできないことだった。ヴォー夫人は、ラブラッシュ、ジェラルディ、ガルドーニ、ヴェラ嬢、そしてダモロー夫人を呼び集めていたのである。[103] この貴婦人は、これ以前にもすでに謝肉の火曜日のためにお客を招いて、オペラ・コミックの『砂漠のカボチャ競技』を提供しているが、この作品はフェリシアン・ダヴィッド〔サン＝シモン主義者の作曲家。一八一〇―七六。東方旅行のあと、この作品など異国趣味の作品を作った。学士院のベルリオーズの席を継ぐ〕の『砂漠』をパロディ化したもので、翌月オペラ＝コミック座で再演された。さらにまた、銀行家のデルマール男爵は、自宅でモーツァルトの『レクイエム』を歌ってもらうために、かつてナポレオンの遺灰帰還の式典の際に、〈アンヴァリッド〉でこの曲を歌った音楽家たちに一万五〇〇〇フランを支払っていた。[104]

　人気スターへの報酬は、一晩でいくらとか、いくつの作品に出演したかという基準だけではなく、時間単位でも支払われていた。一八四五年の春、アンジュー通りの館で、一二場面からなる夢幻劇『月下のパリ』が上演された。館の女主人がこれに出演を依頼した小人の〈親指トム〉は、当時はパリの売れっ子で、以前はヴィクトリア女王のお気に入りだった。八時開演と予告されていた出し物は、九時半にやっと始まった。小人が出演する第三幕は、したがって夜の一一時の予定が一二時半になってしまった。ところで〈親指トム〉は、三〇分につき二五〇フランを要求していた。演目の遅れは一財産に相当する。「時は金なり。何とも高価な、現在という時間の価値を思い知らされたのだった……」。役者たちは「この経済に急かされた仕事」[105]をばかにしながらも、大急ぎで駆けつけていたのである。

　一般規則としては、サロンの関心が向かうのは正式に認められたスターたちに対してである。復古王政時代にオルレアン家は、すでにパレ＝ロワイヤルで人気の芸術家を育てていた。マリー＝アメリーは、彼女の『日記』の一八一九年二月一八日にこう記している。「私たちは、元大臣とその取り巻きの方々を晩餐に迎えましたが、夜会の間中、パエールは私たちのためにすばらしい音楽を奏でてくれました」。また一八二五年三月二九日には、「コーブルク大公を晩餐にお迎えし、夜会の間中、かの有名なフンメルが絶妙のピアノを演奏しました」と書いている。七月革命後もこのような夜会は続けられた。一八三一年三月一六日、パエールはパレ＝ロワイヤルにパガニーニを連れてきた。このヴァイオリニストは一週間前にオペラ座で初めてのコンサートを開き、絶大な成功を勝ちえたばかりであり、「魔術師」と呼ばれていた。この日彼は、王様の前で演奏するのにさんざん勿体ぶり、さらにキュヴィリエ＝フルリーにいわせれば、演奏はぱっとしなかった。二番目の曲目の前で、彼は国王夫妻を一五分間待たせたが、それはつまり、一息入れていたからだった。しかしながら王妃は書いている。「彼のヴァイオリンから紡ぎ出される楽の音に、私たちはまったく驚き、魅了されました」。マリア・マリブランは約束しておきながら、この晩は来なかった。三月二五日も彼女は再び宮廷をすっぽかした。キュヴィリエ゠フルリーは不快そうに言評している。「こうなると、七月革命は芸術家たちを解放しなかった、と言いふらさざるをえないだろう」[106]。

サロンでの評価が長く続いた人気スターたちもいる。ダモロー夫人とラシェル嬢はもちろん、喜劇役者のオドリーもそうだった。一八二八年一二月一〇日、マックス・セールベール邸の夜会に招かれたキュヴィリエ゠フルリーは語っている。「オドリーは才気と生来の気質でもって三場のばか芝居を演じ、さまざまなジャンルの劇のパロディで観客を笑いころげさせた。彼以上の物真似をする者はないし、彼以上に巧みな風刺家はいない。このような間抜け役にも価しない才人が何とたくさんいることか」。一八四四年四月になっても、オドリーは相変わらず舞台でもサロンでも同様の成功を享受していた。そして自分が劇場で流行させた道化芝居『熊とパシャ』を、ある下院議員宅で社交界人士たちを相棒に演じて見せている[107]。誰からも認められた人気スターがサロンに登場すれば、それが呼び物の役割をするので、館の女主人たちはそれゆえ劇場の監督として振舞うのである。そしてその招待状にはまるで公演のちらしのように、「皆様がお聴きになられるM氏は……」と、彼女たちはわざわざ出演者の名前を記載するのである[108]。

ずっと稀なことだが、これとは逆の動き、つまりサロンから才能を認知された者がやがて公式の舞台で再認されるということも生じていた。そのもっとも有名な例が、祖国を離れねばならなかったイタリアの貴族カンディア氏の場合である。彼はもって生まれたテノールの美声で、一八三六年から三七年の冬の間、もっぱらパリ社交界で自分の楽しみのために歌っていた。当時オペラ座の監督をしていたデュポンシェルはカンディアと契約し、カンディアはマリオの名で人気歌手になったのである[109]。ナタン嬢は一八三九年五月にオペラ座でデビューしたが、これは弁護士のアドルフ・クレミューの家で声を聞かせたあとである[110]。弁護士クレミューは演劇の愛好家で、自分も興に乗ればモリエールの全場面を暗唱するほどだった。ラシェルを迎え入れ、そのデビューを促したのも彼である。おそらくこの人物は、イスラエル共同体内部での自分の責任を痛感していたし（彼は一八三一年以来パリのユダヤ教長老会議のメンバーだった）、また演劇に対する自分の興味からしても、若い女優たちの境遇に特別に感じやすかったのである。

サロンで演じるのは、人気役者にとっては確かに有利なことだった。つまりそのことで多くの収入を得られると同時に、上流社交界と近づきになり、またおそらく社交界に自分も仲間入りしたような幻想が抱けるからである。男性歌手のラブラッシュが、アベイ＝オ＝ボワ〔本書一三三頁の訳注を参照〕での慈善パーティーのおりに、シャトーブリアンからこう言われた時の喜びは想像に難くない。「今まであなたの評判は伺っておりましたが、今日初めてすばらしいお声を聞かせていただきましたよ」。これに対するラブラッシュの答えは、「私はこんなに肥ってはおりますが、子爵様、あなたとお知り合いになれるならば、一〇里の道もなんのそのでございます」[111]。

しかし社交界で歓迎されたからといって、それだけでその一員になれるわけではない。テノール歌手のデュプレは、そのことで惨めな経験をしている。彼は一八三七年に、オペラ座でロッシーニの『ウィリアム・テル』のアーノルト役を演じて、大成功を収めた。確固たる名声を欲しいままにした彼は、社交界に自分の地位を確立したいと願っていた。一八四一年の四旬節中日〔第三週の木曜日〕に、彼は自らサロンを催した。彼は貴族や銀行家や芸術家たちが来てくれるのを待っていたが、「フォブール・サン＝ジェルマンは無関心を示した」[112]。たとえ舞台上の誰かに喝采をし、自分のサロンでその人を知人に紹介したからといって、それは招待を受けてもよいということを意味しはしないのだ。というのは、個人の館で人気役者を生み出すためにお金をかける財産家というものは、自分が芸術を認めるということを示しながらも、相変わらずどこかで（もはや旧体制《アンシャン・レジーム》とは状況は違うにせよ）王家の伝統を少しは受け継いでいて、役者や芸術家たちを従僕か御用商人の身分にしておきたいものだからである。

著名な芸術家や舞台興行師はどこででも歓迎されてはいたが、自分の方から上流社会の人を招待しても無駄で、どんな場合でも貴婦人たちは決して来てはくれなかった。一八四三年三月、ヴォードヴィル座の道化役者で、大変に評判が高く裕福なアルナル（パリで一番の高給取りの役者で、《テアトル＝フランセ》の役者の三倍も稼いでいた）が、〈ジョッキー・クラブ〉の上階にあった自宅で舞踏会を催したことがある。社交界の紳士と国会議員たちはこの招待に応じたが、女性客は女優たちだけだった。[113]

レオン・ピイエがオペラ座の支配人だった時、彼の舞踏会に出席した人びとの間には同じ断絶が明瞭に表れていた。それは一八四三年二月一八日のことで、そこには「高貴な身分の」男たちは全員顔を見せていたが、女たちはすべて舞台関係者だけだった。[114] 招待されながらも来なかった唯一の女優はラシェルで、招待に応じなかった理由は、もしもこれに応じたならば自分もお返しに人を招かねばならなかったからである。彼女は自分の家にいかなる女性も来てほしくはなかったのだ。一八四六年にレオン・ピイエは、シーズン中に四回の舞踏会を催した。『シエークル』紙によれば、それは「社交界人士のエリートたち（高級官吏、銀行家、大使、貴族院議員）が、女性芸術家の花形（喜劇女優、バレリーナ、歌手）と顔を合わせるという、まことに絵画的な集い」[115] だったという。

ラシェルは、上流社会の貴婦人は女優の家など訪問してはならないとする、社交界の法則が曲げられない以上、その法則に堪え忍ぶよりもむしろそれを課しているように見える方がよい、ということを知っていたのである。それゆえ彼女は自分のサロンに排他主義の戦術を打ち出し、女性客を招かないことを決心したのだった。男性に関しても、彼女は許容するにあたって厳しい態度を示していた。木曜日の晩のマラケー河岸における選ばれた者の会《セルクル》は、貴族、銀行家、外交官、アカデミー会員、そして批評家たちからなっていた。[116] 自分の男友達にさえ、彼女は新入会員の紹介を拒否していた。彼女にボワシー氏を推薦しようと粘っていたジュール・ド・カステラーヌに対して、彼女はこう言うのだった。否定的な返事をしながら社交辞令を弄して、もしも私がこの排他の決心を取り消すならば、おそらく人びとはどっと繰り出して自分のサロンをいっぱいにするだろうし、あなたにも会えなくなり、それでは多くのものが失われてしまいますから、と。[117] そして当然の幸せとして、選ばれた者たちは女優ラシェルが馬に乗る時にエスコートする光栄に浴していたし（かくして三人の学士院会員に護衛された彼女の姿が見られた）、また日曜日にも、ヴィクトワール通りにある芸術家の卵たちのための「試練劇場」に出かけて行って、生まれてくる彼女の門下生たちに拍手喝采を送ることもできたのである。[118]

ラシェルは、サロンから女性を締め出して、選り抜きの男性の崇拝者だけに取り巻かれている時でさえ、社交界にデビューした当時と同じ慎重さを示して、父母の付き添いなしでは外出もしなかった。それでもなお、彼女は際立ったスターであり、年に四万フラン（マルス嬢の二倍）も稼いでいた。一八三九年には、内務大臣から彼女の頭文字を各巻に刻り込んだ貴重な著作を送られるという栄誉にも浴している。しかし、こうしたことすべてをもってしても、彼女は上流社会の女性の側の保証を得ているとは確信していなかったので、あえて危険を冒そうとはしなかったのだった。

とはいえ、復古王政から七月王政の間に、人気スターたちの社会的地位に変革が起きたことは推測できる。しかし一八三〇年に、アベイ＝オ＝ボワで朗読をするようにとの招待を受けたマルス嬢が、ぎりぎりになってこれを断ったのは、列席する貴婦人たちから冷やかに見下されるのではないかと恐れたからだった。[119] そしてこの年の二月、オペラ座の慈善舞踏会の入場券が彼女に配られなかったことを思い出すならば、彼女の不安はもっともなことと思われた。ラシェルの方はといえば、レカミエ夫人の家でも、また他の大部分のサロンでも静かに君臨するだけだった。

第一一章

ブルヴァール、馬、クラブ(セルクル)

グラン・ブルヴァール(イタリア座大通り)のカフェのテラス(1867)

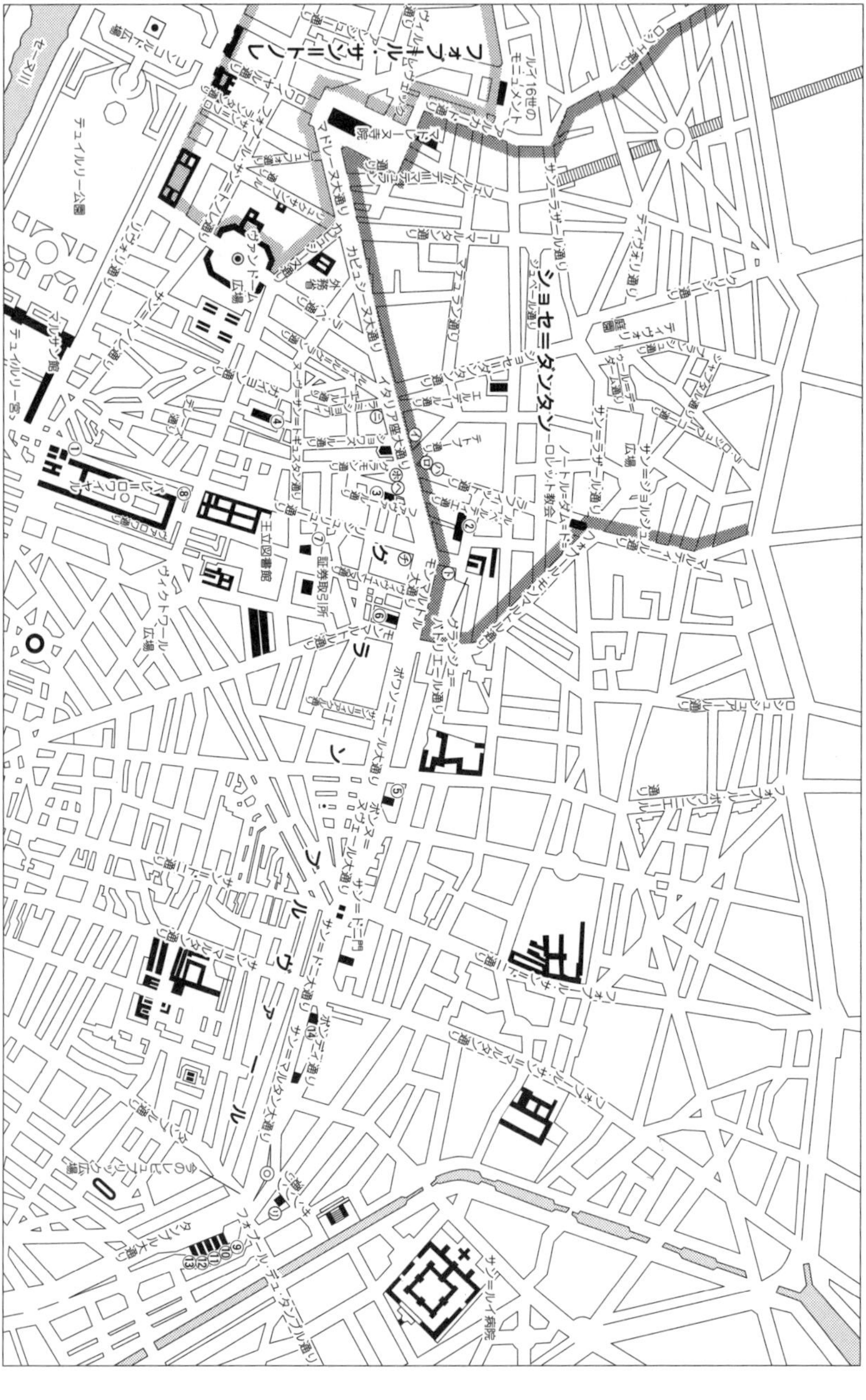

ショセ＝ダンタンとグラン・ブルヴァール

1843年現在。本書後見返し拡大図

【劇場】 ①テアトル＝フランセ②オペラ座③ファヴァール劇場（主としてイタリア座. 1840年よりオペラ＝コミック座）④ヴァンタドゥール劇場（1841年よりイタリア座）⑤ジムナーズ座⑥ヴァリエテ座⑦ヴォードヴィル座⑧パレ＝ロワイヤル劇場⑨アンビギュ・コミック座⑩オリンピック・サーカス⑪フォリー・ドラマティック座⑫ゲテ座⑬フュナンビュール座⑭ポルト＝サン＝マルタン座
【カフェ・クラブ・娯楽施設】 ㋑カフェ・ド・パリ㋺トルトーニ㋩メゾン・ドレ㊁＜中国風呂＞㋭＜ユニオン・クラブ＞㋬カフェ・アングレ㋣＜ジョッキー＝クラブ＞㋠フラスカティ㋷ディオラマ

かつて『ラ・シルフィード』紙〔タッリオーニのバレーの題名を紙名にした週刊モード新聞〕の新聞用紙に、ゲルラン〔リヴォリ通り四二番（のちにはラ・ペ通り）にあった香水店の名〕の香水で香りをつけることを思いついて有名になった新聞発行人イポリット・ド・ヴィルメッサン〔別名ジャン・カルティエ・ド・ヴィルメッサンのこと。のちに『フィガロ』紙を創刊した（一八五四）〕は、『回想録』にこう書いている。「一八四〇年頃には、英語の〈ハイ・ライフ〉という語句はまだ知られていなかった。一人の男がどんな社会階級に属しているかを知るには、彼が上流生活をしているかどうかを尋ねるのではなくて、ただ《社交界の人ですか》と言ったものだった。〈社交界人〉にあらざれば〈人にあらず〉、というところだった。ところで、およそパリで人と呼べる人の毎日の習慣は、夕方五時頃にはトルトーニ〔後出〕の前を通ることだった。それから二時間後に、所属のクラブ（セルクル）か自宅で夕食をとらない場合は、カフェ・ド・パリ〔後出〕のサロンで他の客たちと一緒に毎日違ったテーブルについたものである。結局、午前〇時から朝の一時半にかけて、エルデール通りとル・ペルティエ通りの間にまたがるブルヴァールの範囲を右往左往する一群の人びとは、ときには別の交友関係の人もいたが、同一の趣味をもち、皆顔見知りで、同じ言葉を話し、毎晩出会うという習慣によって一つに結ばれていたのである」[1]。

こうした七月王政下の社交界（トゥ＝パリ）の定義と、復古王政下のゴントー夫人による「宮廷に参内するすべての人[2]」という定義の間には、大変なへだたりがある。一八四〇年の宮廷は、もはやそれに基づいて上流社会《ボンヌ・ソシエテ》が定義される中心では全然ない。またこの時点では、もはや社交界《モンド》は正確には上流社会と限定されず、以来ブルヴァールを包摂して、トルトーニはその中でもっとも目立つ中心となっていたのである。

〈ブルヴァール〉とは何か。フォブール・サン＝ジェルマンやショセ＝ダンタンと同様に、この言葉には地理的なものと象徴的なものの二つの意味がある。〈ブルヴァール〉は、レピュブリック広場〔これは現在の呼称で、サン＝マルタン大通りとタンプル通りの交わる位置〕からマドレーヌ寺院に至るまでの繁華さで有名な幹線道路のことで、ボンヌ＝ヌヴェール、ポワソニエール、モンマルトル、イタリア座〔現在のオペラ＝コミック座の場所にファヴァール劇場のイタリア座があったことに由来する〕、カピュシーヌという名をもつ、いくつかのブルヴァール〔原義は都市を囲む防塁のこと。一八世紀にはそれを取り除き樹木を植えて大通りにした〕を包摂していた。このブルヴァール全体の建設は一七世紀にさかのぼるが、人気が出始めたのは一七五〇年頃のことである。

しかし、〈ブルヴァール〉といえば、一般には総裁政府時代〔一七九五年一〇月二六日—一七九九年一一月九日〕に優雅《エレガンス》さの評判が生まれたイタリア座大通り（ブルヴァール・デ・ジタリアン）だけをさしていた。この部分の道路は当時は「プティ・コブレンツ」と呼ばれたが、それはコブレンツ〔モーゼル川とライン川の合流地点にあるドイツの都市〕からフランスに帰国した亡命貴族の集まる場所だったからである。復古王政下には、テトブー通りとの交差点（この角にトルトーニとカフェ・ド・パリが向かい合っていた）からマドレーヌ寺院へと向かうイタリア座大通りの範囲は、ナポレオンの百日天下の間の一〇〇日間をルイ一八世が過ごした町〔亡命先のベルギーの都市ガン〕の名を暗示して、「ブルヴァール・ド・ガン」と名づけられた。洒落者につけられた〈ガンの人〉という綽名はここから来ている。そしてブルヴァールを散歩する時には、人はマドレーヌに向かって通りの右側だけを、つまり北側の部分を歩くのだった。[3]

象徴的な意味では、〈ブルヴァール〉とは社交界の男たちが参加する社交《ソシアビリテ》のスタイルを示していた。カフェとクラブ（セルクル）が何よりもその筆頭としてあった。夏場には、これらの紳士たちはブルヴァールそのものを「野外サロン」[4]として利用しており、冬にはトルトーニ、カフェ・ド・パリ、カフェ・アングレあるいはまた〈ユニオン〉、〈ジョッキー・クラブ〉、〈セルクル・アグリコール（農業クラブ）〉といったクラブ（セルクル）の、悪天候から守られたより安全な場所へと戻ってくるのだった。

カフェ、賭博場、パノラマ館

一八三二年一二月二四日、ロドルフ・アポニイはヴァランセー公爵夫人から、オペラ＝コミック座へ息抜きに行きましょうと誘われていた。出し物はエロルド〔作曲家。一七九一—一八三三。病をおして完成させた有名なこの作品は一八三二年一二月一五日初演〕の『神学生の牧場』〔現在のフォブール・サン＝ジェルマンあたりに広がっていた原っぱの名。学生たちの集会場所で決闘場でもあった。〈大学通り〉はこの大学所有地に由来する〕だったが、この夜の集まりの目的は音楽を聴くことでは全然なく、仲間と集まって陽気にクリスマス・イヴを過ごすことにあった。そこにいたのはサン＝プリ伯爵夫人、モシオン男爵、アルクール伯爵、アントナン・ド・ノアイユ、ヴァランセー公爵だったが、「われわれのボックス席では、喋ったり笑ったりして、平土間から苦情が出るほどだった[5]」。これら社交界人士たちは、まるでいま観劇中の出し物が興味にも注目にも価しないと言わんばかりに、育ちの悪い人間として行動しているのである。これはイタリア座では決して起きないことだろう。

オペラ＝コミック座がはねると、彼らは「ジルー、ルサージュ、ポルト・シノワーズなど、お年玉の店〔元旦の贈り物用の品を揃えている〕をはしごした」。（ジルーは置物の店、ルサージュは高級家具専門のバザールだった）。午前一時にカフェ・アングレで夜食をとっているところへ、シーモア卿が「遊び人」や「女の子」たちを引き連れてやって来て、アポニイ伯爵に、乱痴気騒ぎの仲間入りをしないかと提案するのだった。それは、「私たちの側のご婦人方もこの娘たちと同じ手合いと思い込んで」のことだった。

フォブール・サン＝ジェルマンの若い世代は、このように隊を組んでブルヴァールの流行の場所へ出向いていた。上流社会の一部の若い女性たちは復古王政以来解放されており、当時は、「王太子妃が、彼女たちのやや奔放な快活さにとっては目の上の瘤だった」。ロドルフ・アポニイは一八三一年に、彼女らの新しい行動についてこう書いている。「若い女性たちの小さな一派が形成されていて、それは新しがり屋の男たちにはとても嬉しいことだったが、他の男たちには少々近寄り難い存在であり、年上の女性や比較的地味な女性には我慢のならないものだった。たとえば、カラマン夫人、ヴァランセー公爵夫人、サン＝プリ伯爵夫人、クールヴァル侯爵夫人、ヴォードルイユ子爵夫人は、捕まえられる限りの若い男を捕まえて周りに従えているが、彼女たちはすごく美しく、とても妖艶で、そのうちの二人だけでも女性全部を合わせたほどの才気がある。この貴婦人たちはちょっとした出し物にも加わるし、サロンというサロンでは皆に言い寄られ、また軽い夜食の会のお膳立もしている」[6]。最初の三人は古い貴族の家柄（それぞれの旧姓は恐れ多くもベアルン、モンモランシー、ラ・ギッシュ）で、あとの二人は平民の出であった。「《彼女ら》とつきあうには革命が必要だった」と、アポニイは強調している。

ロドルフ伯爵とともにこの遊興を楽しむ「一派」に加わったのは、オルレアン公爵、ヴァランセー公爵、アントナン・ド・ノアイユ、アルクール伯爵、そしてリシュリュー公爵（先に述べたように、子供時代に仮装してカドリーユを踊ったオデ・ド・ジュミヤック）だ。ここでわれわれもこの若者たちの足どりを追って、イタリア座大通りをたどってみよう。彼らは一三番のカフェ・アングレによく出入りしていた。一七八三年に建築されたこの店は、アドルフ・デュグレレが料理長になってからやっと有名になってきた。一八一五年から一九一三年のカフェ・アングレ廃業まで、ここの料理は大変な評判を得ていたものである。二二番と二四番にはトルトーニとカフェ・ド・パリがあった。後者には隣りのトルトーニと比べて不都合な点が一つあった。それは賃貸契約により、四季を通じて夜の一〇時には閉店しなければならなかったことである。この店は、エルトフォルド侯爵夫人の所有するブランカース館の一階を占めていた。侯爵夫人は二階に住み、三階を息子のシーモア卿に任せていたので、彼はこの三階をフェンシング道場にした。カフェ・ド・パリ（一八二二―五六年）は大時代的なアパルトマンの外観を保ち、内部には見上げるような天井、大きな鏡、豪奢な絨毯、赤いビロードの背もたれの付いた長椅子があった[7]。七月王政時代のカフェ・ド・パリの料理人は、元はベリー侯爵夫人のコック長であった。

トルトーニは、ナポリ生まれのアイスクリーム屋ヴェッローニが一七九八年に創業し、一八〇四年にカフェとして店を引き継いだ使用人の一人が、自分の名前をとって看板にしたのだった。ここは一日の時間帯によってさまざまに変化していた。朝はレストランだが、夜はカフェになって劇場帰りの洒落者たちが殺到するのであった。「六〇〇人もの人間が座りにやって来る小さないくつかのサロンは、せいぜい六〇名も座れればいいところで、階段と称する螺旋の梯子が、さまざまな種類の煙草の香りのする快楽の部屋へと通じており、人びとが冷たい飲み物を出してもらえるのは、ガスの火と煙草の煙で暖められたこのかまどの中なのだった……」[8]。そして、トルトーニでは「ヴァニラと煙草入りのアイスクリーム」[9]が味わえると言っているのは、デルフィーヌ・ド・ジラルダンである。午前一一時から午後一時のマチネには、トルトーニで「肉料理のこってりした」昼食も食べられる。ただしその場合は、自分で立食用テーブルから、冷肉とか、冷やした若鶏の煮凝りやフリカッセ〔ホワイトソース煮込み〕を選ぶのだ。株式仲買人と実業家が玄関前の階段にあふれている。だから、伊達者たちは裏口からそんな「野蛮人ども」と一緒にされぬように入ってきて、ゆっくりと午後の二時までねばってゆく[10]。もちろん家族連れでトルトーニで昼食をとることも、十分に可能である。一八三五年七月二八日のフィエスキ〔訳注〕のテロ行為の日、レミュザが妻と二人の息子を連れてここで昼食をとっていたのは、国王が近衛隊を閲兵するところを子供たちに見せたいと思っていたからである。(ルイ＝フィリップはラ・ペ通りからバスティーユまでのブルヴァールを通過することになっていた)[11]。

ブルヴァールにはカフェの他にも、活気にあふれた別の施設があった。まず商業活動である。一八三〇年頃にはバザールが設立されていた。ブルヴァール・ポワソニエールの産業バザール、イタリア座大通りのバザール・ブフレール、また、パレ・ボンヌ＝ヌヴェールにはありとあらゆる商品の売り場の他に、コンサート・ホールや展覧会場やディオラマ〔透視画〕があった。七月王政下には、パレ＝ロワイヤル周辺に生まれた高級品店が、少しずつブルヴァールの方へと移動している[12]。お年玉の時期になると、エレガントな人びとはパノラマ横丁《パサージュ》のシュスの店に押しかけて、置物や金銀細工、焼き物とかデッサン、絵画などを買うのだった。ロドルフ・アポニイが話題にしているジルーは、ブルヴァール・デ・カピュシーヌとカピュシーヌ通りの角にあり、これまたあらゆる種類の贈り物の専門店で、玩具、美術品、ブロンズ製品、高級文房具、皮革製品等々が売られていた[13]。

次にくるのが余暇施設。イタリア座大通り二七番のラ・ミショディエール通りの角の〈中国風呂《バン・シノワ》〉で、人びとはのんびりと疲れを癒すのである。大革命の少し前に開店したこの浴場は、一八三六年から一八五三年までは贅沢なトルコ式浴場だった。入場料は二〇フランとか三〇フランと非常に高く、とくにショセ゠ダンタンの裕福な連中が通い詰めていた。[14]ここで提供されるのは、蒸し風呂と香り風呂とマッサージ、もちろん異国情緒もたっぷりで、建築と装飾は中国スタイル、屋根はパゴダ様式、それに中国や日本の陶人形、漢字の書、風鈴、提灯などがあった。

その他の娯楽場としては、リシュリュー通りとの角にあるブルヴァール・モンマルトルの賭博場フラスカティである。この賭博場は、ブロニャールが建てた美しい建物の中で開かれていて、一七九六年にこの館を買い取ったナポリのアイスクリーム屋ガルキがポンペイ風のスタイルで装飾し、壁には人物や花のフレスコ画が描かれていた。ガルキはこの館をカフェとダンスホールと賭博場のある、一種のカジノにしたのだった。賭博の部屋に入れるのは、パレ゠ロワイヤルのあやしげな賭事場とは違って、もっぱら社交界の洒落者に限られていた。賭博は午後四時に始まってひと晩中続いていた。朝の二時には客たちに冷たい夜食が出されていた。しかし、劇場がはねたあとにフラスカティで夜食をとるとか、単に一杯飲むだけということもできたのである。また、一八二七年からパリにおける賭博場閉鎖の日となる一八三六年一二月三一日まで、フラスカティは賭博場経営の認可権を国からゆだねられていた。館が解体されたのは一八三八年のことである。[15]

ブルヴァールには、結局あらゆる種類の見世物があったのだ。前章ですでにいくつかの劇場について語ったが、大多数の劇場はブルヴァール・デュ・タンプル（タンプル大通り）にあった。この通りは、殺人事件ならどんなものでもこの地区の大衆的な舞台にかけられていたことから、「犯罪大通り」と呼ばれていた。上流社会の人たちがせっせと通った〈パノラマ〉とは、円屋根の円形建物《ロトンド》の中に描かれた絵画のことで、自然の情景のように幻想させる仕掛けになっていた。最初のパノラマ館は一七九二年にロンドンに建築された。一七九九年にブルヴァール・モンマルトル（モンマルトル大通り）に建設されたパリで最初の二つの円形建物《ロトンド》は、双方を結んで屋根付き通路が作られ、これが〈パノラマ〉と呼ばれていた。これらには「パリとその近郊の眺め」と「一七九三年のイギリス軍トゥーロン撤退」が表現されていた。次に加わったのが一八〇七年、ブルヴァール・デ・カピュシーヌ（カピュシーヌ大通り）の円形建物《ロトンド》で、そこには「ティルシットの会見」と「ワグラムの戦い」と諸都市の景観が描かれていた。復古王政が始まると、ナポレオンの武勲史はブルボン家のものに取り替えられた。そんなわけで、一八一六年四月六日および一四日の『モニトゥール』紙は、次のように知らせているのである。「ルイ一八世陛下のカレー上陸を描いたパノラマは、毎日朝一〇時より夜六時までブルヴァール・デ・カピュシーヌの大ロトンドにて公開中」。

〈パノラマ〉の入場料は高く、二フラン三〇サンティームした。したがって、大衆向きの見世物ではなかったのである。社交界人士の手紙や日記をぱらぱらめくってみると、彼らがパノラマを訪れていたことがよく分かる。メーヌ・ド・ビランは一八一六年の聖金曜日にモンテスキュー神父と同行し、またベテューヌ大公妃は一八二二年八月にアルフレッド・ド・ヴィニーと一緒にそこに出かけている。[16]

一八二二年には、ダゲールの設計でサンソン通りの給水塔《シャトー＝ドー》の裏に、〈ディオラマ〉が作られた。これは一八三九年に焼けて、一八四三年にブルヴァール・ド・ボンヌ＝ヌヴェールに再建されたが、一八四九年に再び火災に遭った。このディオラマは、三、四面の絵画を展示するもので、たとえば、一八二八年は「コリゼー円形闘技場」、「サン＝ゴタール峠の通過」、「ローマのサン＝ピエトロ寺院内部」、そして「ヴェニスのサン＝マルコ広場」だった。[17] さらにまた、一八二五年に作られたブルヴァール・デ・カピュシーヌ七番の〈ジェオラマ〉もつけ加えておこう。これは非常に巨大な地球儀の内部に入ってバルコニーをめぐりながら世界各地を眺めるものであった。最後に、一八二七年にサン＝フィアクル通りに建設された〈ネオラマ〉は、「ローマのサン＝ピエトロ寺院」、「ウエストミンスター寺院」など、とくに歴史的建造物の内部を専門に見せていた。

[訳注] フィエスキ――Fieschi（ジュゼッペ＝フィエスキ）。一七九〇年、コルシカ生まれのテロリスト。この日七月革命の記念式典に向おうとしていたルイ＝フィリップの一行に銃弾を浴びせ、多数の死傷者が出た。この火器（マシーヌ・アンフェルナル）は二四本の銃身を一列に並べて溶接し、一度に発射できるようにしたもので、ブルヴァール・デュ・タンプル五〇番の建物に設置して国王の命を狙ったのだったが、死者は陸軍大臣のモルティエ元帥を筆頭に、警護の国民軍衛兵や観衆など一八名だった。貴族院の法廷で裁判が行われ、共犯のピエール・モレ、テオドール・ペパンとともに死刑宣告を受けて一八三六年二月一九日にギロチン刑が執行された。この事件は、一八三四年の蜂起の首謀者たちの裁判である〈四月訴訟〉の継続中に発生し、共犯のモレやペパンは過激共和主義者の結社である〈人権協会〉に関係しており、さらに共犯の疑いのあったヴィクトール・ボワロー、テル・ベシェはのちのロンドンの政治亡命者が作った〈民主協会〉というテロ組織に加わるのだから、この

ような意味からも明らかに「裏切られた一八三〇年の革命」の継承を狙った、共和主義者の側からのテロ行為なのである。なおこの事件の結果、暴力的共和主義者の一掃を目的に〈九月法〉が制定されることとなる。

社交界行事と〈パレード〉

人びとが好奇心にかられ、ブルジョワの家族に混じってパノラマに出かけて行ったのは、〈見るために〉であった。これとは別に、ただ〈見られるために〉だけ足繁く通った場所があった。一八二一年にアングレームの田舎から出てきたばかりのリュシアン・ド・リュバンプレ〔バルザックの小説の主人公〕は、テュイルリー公園を散歩しながら、パリの伊達男たち、つまり「豪華な止まり木に止まった小鳥たち」[18]の光景を目の当たりにする。流行を形成しているありとあらゆる細部を見せつけられて、リュシアンは自分の身なりと、目の前の若者たちの装いの違いを意識する。彼はあわてて仕立屋に走るが、あわてすぎて選択を誤る。その同じ晩、オペラ座で自分の誤りに気づいた彼は、翌日ストープの店〔リシュリュー通りにあったスイス人の仕立屋〕を訪ねる。数日後、新たに完璧な出で立ちでテュイルリーへと報復に赴く彼は、今度は見られる側なのである。

こうしてリュシアンは、テュイルリー公園を二度散歩することになったが、その間の日曜日に、彼はルイ一五世広場（コンコルド広場）から、当時建設中のシャン＝ゼリゼの凱旋門（ルイ＝フィリップが完成することになる）までを歩いてみた。「美しい馬車が絶えず目の前を通ってシャン＝ゼリゼの大通りへと向かっていた。散歩をする群衆のあとに付いて行って、その時彼が見たのは、この日曜日の上天気に誘われて、三、四〇〇〇台の馬車が街路にあふれ返っている様子だった。馬車は、ついでにロンシャン〔ブローニュの森の先〕まで一走りしようというのであった」[19]。

社交界の人びとは、テュイルリー公園ではそぞろ歩きの散策をし、シャン＝ゼリゼでは貴婦人方は四輪馬車、それをエスコートする若い洒落者たちは騎馬で、見せびらかしの行進《パレード》をするのだった。そしてシャン＝ゼリゼを越え、ブローニュの森までそれを続けていたのである。一八一二年にすでに〈森〉を散歩することは、素敵な女性やお洒落な若者にとって、毎日のほとんど義務的な行為であった。[20] 新しく植林をし、並木道を作ってブローニュの森を遊歩場にしたのは、ナポレオンである。

復活祭前の聖週間には、〈森〉をはるかに越えてロンシャンまで行ったものである。この散歩の伝統は、一八世紀にさかのぼり、有名なオペラ歌手のル・モール嬢がロンシャン修道院に隠遁した時に始まっている。オペラ座の常連は、四旬節の最後の三日間の聖なる水、木、金曜日のミサで、彼女が歌うのを聴きにやって来ていた。修道院は一七九〇年に廃止されたものの、〈縦列行進《デフィレ》〉は生き残り、以降ここは洒落者たちの出会いの場となっていた。この行進は社交シーズンの公式の終わりを告げるものであり、また新しいモードの大パレードともなっていた。一七九七年には、レカミエ夫人も初めてこのパレードに姿を見せている。そして野次馬たちは、ロンシャンへはとても遠くて歩いては行けないので、シャン＝ゼリゼで馬車隊と騎手たちを眺めて感嘆したのである。

〈縦列行進《デフィレ》〉の次第は、馬車が上り線と下り線の二列に分れて、道の低くなった両端を行進するというものだった。真ん中の舗装道路は、王族や外交官など特権階級の馬車隊の専用とされていた。ベリー公爵夫人も喜んでここに登場していた。キュヴィリエ＝フルリーは一八二九年四月一七日に、オルレアン公爵の子息たちのお供でこれに参加した。「私はドーモン式〔オーモン公爵のやっていた四頭立て二人御者の馬のつなぎ方〕の四輪馬車に、二人の若きプリンスと、つまり注目の的である方々と同乗していました」。[21] けれども、お金さえ支払えば、ブルジョワ階級が特権階級の真ん中に割り込む権利を獲得することもできたようである。聖金曜日が「晴れの日」と呼ばれたのは、散歩をする人がいつもより多く、いつもより派手な服装をしていたからである。「晴れの日」が雨や寒さのせいでだめになると、新聞はがっかりしてしまうのだった。[22]

七月王政下では、〈縦列行進《デフィレ》〉は大変な人気になり、一八三八年にシャン＝ゼリゼに集まった馬車の数は四〇〇〇台であったが、一八四二年には四〇〇〇台に達していた。[23] そして急激に俗化してしまったのである。洒落者《エレガン》たちは、最初はロンシャンの第一日の聖水曜日だけをあきらめていたが、やがてついに行進全部を放棄してしまった。[24] かつての高貴な馬車隊の代わりに、一八四〇年代に見られるのはもはや貸し馬車（家族用四輪馬車、特別仕立て馬車、辻馬車）と、広告の看板を掲げた宣伝馬車ばかりだった。[25] 一八四七年にはデルフィーヌ・ド・ジラルダンは、ロンシャンは流行遅れになったばかりではなくて、「そこへ行かないことが流行なのだ」[26]と断言するのである。

〈トゥ＝パリ〉の伝統的な散歩道としては、〈ティヴォリ〉の名もあげることができる。ブランシュ通りとクリシー通りの角に、この名前の鑑賞用庭園が三代続いていた。二代目の〈ティヴォリ〉は一八二六年に取り壊された。イギリス人ロバートソンはこの土地の借地人になって、それを遊園地に整備し直した。この遊園地には、人造石の洞窟、『ポールとヴィルジニー』やウォルター・スコットの歴史小説にヒントを得たペンキ塗りの小説舞台の情景、ジェット・コースター、マリオネット劇場などがあり、綱渡り芸人もいれば、ダンスフロアもあるのだった。入場料は高かったが（三フラン、特別祝祭日は六フラン）、園内の巨大な機械装置は非常にお金のかかるものだった。ロバートソンは一八三〇年に破産し、彼の後継者もまた、同じ目にあった（一八三三年）。その後〈ティヴォリ〉を引き継いだポンテは、遊戯施設を撤去し、経済性を考えて庭園を散歩場と舞踏場だけに縮小したが、このことで彼の破産も決定的となった。一八四一年、万人の無関心のうちに〈ティヴォリ〉は分譲地にされてしまったのである。[27]

馬と〈ジョッキー＝クラブ〉

パリでは、伊達者たちは馬でシャン＝ゼリゼやブローニュの森、ブルヴァールへと出かけていった。馬場で馬に乗ろうとすれば、デュフォ通りの馬場か、ショセ＝ダンタンの馬場だったが、後者は元ソミュール騎兵学校の教官長オール伯爵が、一八三〇年のあとに開設したものである。つまり、フランスで唯一の乗馬学校だったヴェルサイユの馬場が、七月革命以降は閉鎖されていたためである。

フランスで初めて定期的に開催されたイギリス式競馬は、アルトワ伯爵の発案で一七七五年に開かれ、数年間はサブロンの原っぱ〔ポルト・マイヨの先に広がっていた砂地で、練兵場だった〕に人びとを引き寄せていた。やがてこの競馬の成功も落ち目になり、その状態はアルトワ伯爵がシャルル一〇世として統治する時代がくる時までは続いたが、その後はシャン＝ド＝マルスで競馬が開かれるようになったのである。しかし実際に競馬が発展をとげるのは、一八三五年頃で、一八三三年の〈フランスにおける馬の品種改良奨励協会〉と、一八三四年の〈ジョッキー＝クラブ〉の創設後のことである。
復古王政末期にフランスに生じた馬への関心の高まりには、イギリスの影響が決定的だった。その影響力の大半は、フランス貴族のイギリスへの亡命と、その結果としてのイギリス熱によるものである。イギリスの〈ジョッキー＝クラブ〉は、一七五三年にニュー・マーケットで設立された。何人かのイギリス・マニアのアマチュアが馬への関心をフランスに導入するのに貢献したが、その筆頭はオルセー伯爵の義理の兄、ギッシュ公爵であった。公爵は一八一八年、アングレーム公爵のためにサン＝クルーに小規模な種馬飼育場を、また一八二一年にはムードンにもっと大きな施設を開設した。

一八二六年にパリに住んでいたイギリス人トーマス・ブライオンは、当世風の若者が馬に無知なのを見て、これを利用すべきだと考えた。彼はこの年〈競馬愛好者協会〉を創立し、翌年の一八二七年にはイギリス・ルールを収めた小さな手引書を作って、洒落者たちがこれを読めば流行のスポーツについて間違いをせずに語れるようにした。[28] 一八二八年には、彼はすべての名馬の血統図を載せたフランス版『純潔馬血統台帳』を作成した。一八三二年一月にブライオンがティヴォリ庭園に開設したクレーピジョン射撃場は、たちまち流行児《ファッショナブル》たちのたまり場となった。この射撃場内には、競馬愛好家のためのサロンが用意されていた。一八三三年一一月一一日に〈フランスにおける馬の品種改良奨励協会〉が誕生したのも、このサロンにおいてである。[29]

創立メンバーは、トーマス・ブライオンを加えて一五名だった。会長のシーモア卿は、おそらく「フランス競馬の父」と呼ぶにふさわしい。ヘンリ・シーモア（一八〇五―五九）は、タレーランの秘書で友人でもあったカジミール・ド・モンロン伯爵と富裕なイギリス女性エルトフォルド侯爵夫人との間に生まれた私生児であった。称号をつけて卿《ロード》と呼んだのは、ただの宮廷儀礼のようなものだった。おそらくイギリスには一度も行ったことがないにもかかわらず、シーモア卿にはボクシング、フェンシング、乗馬といった、あらゆるイギリス貴族の趣味があった。そしてサブロンヴィルの自分の厩舎と、グラティニーの種馬飼育場に、三〇頭以上の馬をもっていた。黒の縁なし帽でオレンジ色のジョッキー・ブラウスを着た彼の騎手は、一八三六年三月にジョッキー＝クラブ賞第一位を獲得した。シーモア卿（ロード・シーモア）は、人違いから、一八三一年より三六年までのカーニバルの王「アルスイユ〔ならず者〕閣下」（ミロード・アルスイユ）、本名シャルル・ド・ラ・バテュ〔本書四二八頁を参照〕という男と混同された時、激怒したものである。

〈奨励協会〉の二名の副会長は、リューセックとラ・モスコヴァ大公であった。一七七九年生まれのジョゼフ・ニコラ・リューセックは、イタリア方面軍の糧秣担当御用商人として財産を築いていた。彼は一八〇五年にビュックの種馬飼育場で、その後はヴィロフレーで、純潔馬を飼育することにその金を使っていた。そして一八三五年七月二八日のフィエスキの襲撃事件の時、国民軍の分遣隊の先頭にいて命を落としたのだった。ナポレオン＝ジョゼフ・ド・ラ・モスコヴァは、ネー元帥の長男で、士官だった。ラ・モスコヴァは、一八二八年にジャック・ラフィットの一人娘と結婚していた。彼は音楽の優れたアマチュアとして歌を歌い、オペラを作曲し、中世音楽の演奏会では指揮もしていた。また、弟で同じ士官のエドガール・ネーを〈ジョッキー＝クラブ〉に入会させている。

オルレアン公爵と弟のヌムール公爵、およびオルレアン公爵の厩舎係のカンビス伯爵も、この〈奨励協会〉の創立者の中に名を連ねていた。この王太子〔一八三〇年にオルレアン公爵の称号を継いだフェルディナン＝フィリップはプランス・ロワイヤルと称された〕は、厩舎係カンビとともにムードンに種馬飼育場を作っていたが、シャンティイ競馬場〔本書一一三頁を参照〕の設立と成功にも貢献した。その後カンビス伯爵は一八四二年の王太子の死に際し、その責任を問われることになるが、その理由は馬車にあまりにも気性の激しい二頭の馬をつないでいたからというものであった。伯爵は、哀れにも馬への変わらぬ情熱を燃やし続けたまま、シャンティイの厩舎の向かいのホテルの一室で、一八七五年に没している。その他の設立者の名前は次の通り。まず、銀行家の甥で、自らも実業家の偉大な乗馬選手だったシャルル・ラフィット。そしてマティルド王女〔ナポレオンの末弟でウェストファリア王となったジェロームの娘。いつまでも王女と呼ばれていた〕の未来の夫アナトール・デミドフ伯爵。後者は当時ロシア皇帝の命令によりサン＝シール〔陸軍幼年学校があった〕での勉強のためにフランスに派遣されていたが、そのままロシアには帰っていなかった。さらに、両替商のアンヌ＝エドワール・ドノルマンディー。この男はアルトワ伯爵〔シャルル一〇世〕の顧問の息子（英語があまりに達者なので、フランス語を知らないイギリス人になりすまして楽しんでいた）で、一八二九年にヴェリエールの森で行われたフランス最初の障害物競馬《スティープル・チェーズ》に勝利していた。またカジミール・ドラマール。彼はフランス銀行の理事で、〈協会〉の規約と経理を準備したのだった。

この他に、ヘンリ・シーモアの二人の外国人の友人にも言及しておかねばならない。その一人イタリア人マキシム・カッチアはミラノの銀行家の息子だった。もう一人のガマ・マチャド騎士は変わり者のポルトガル人で、二〇〇羽の鸚鵡《おうむ》に囲まれて暮らしていた。最後に、社交界とはまったく関係のない馬の専門家として、オワーズ県の農場経営者で競争馬を育てていたファスケル、および評判の目利きで比類なき調教師ル・ロワがいた。

〈奨励協会〉は、創立者たちが望んでいたような好結果を生み出すことはなかった。しかし彼らの発案で、協会と平行して一八三四年六月に設立されたクラブ（セルクル）の方は、すぐに目覚ましい成果を収めていた。これが〈ジョッキー＝クラブ〉である。このクラブは、最初はイタリア座大通りとの角にあるエルデール通り二番に置かれたが、一八三六年に同じ大通りと交わるグランジュ＝バトリエール通り二番（現在のドルーオ通り）に移り、一八五六年までそこにあった。クラブの創立時には、およそ六〇名のメンバーが数えられた。入会金は一五〇フランで、年会費は三〇〇フラン（二〇〇フランはクラブ、一〇〇フランは〈奨励協会〉のためで、クラブ会員になりたい者は〈協会〉に登録しなければならなかった）。入会許可は投票にゆだねられ、三人の保証人による紹介が必要だった。また入会の評決に際しては少なくとも六名のメンバーが意見を述べることとされ、六名のうち一人でも反対の黒玉を入れた時には候補者は落とされた。

一八四二年の『ライオンの生理学』という本には、ライオンあるいはダンディになるための条件の一つとして、〈ジョッキー＝クラブ〉に所属すること、およびクロスカントリー競馬で一本ないし数本の肋骨を折ること、と記されている。[30]実際には、クラブの多くのメンバーはどんな競馬にも参加せず、会話の中だけで馬に大きな部分を割くということで満足していた。そんなわけでシーモア卿は、〈ジョッキー＝クラブ〉の人びとが馬よりも夜食と賭博のことばかりに夢中になり、競馬に心を寄せるのは自分を含む少数者だけであることに気づき、早くも一八三五年には辞職して、あくまで自分の馬を競馬に出し続けていた。そして、会長の地位はドノルマンディー氏に譲ったのである。

〈ジョッキー＝クラブ〉の会員だったカブール〔イタリアの政治家、『リソルジメント』紙も創刊（一八四七）、伯爵〕（クラブでは大使館の外国人会員を喜んで受け入れていた）は、一八四二年に全会員二五〇名の中で毎日クラブに顔を見せる一〇〇名ほどの紳士たちを、四種類に分類している。[31] 筆頭はまず賭博師たちで、彼自身もその中の一人に数えている。賭博とは、ホイスト、トリックトラック〔西洋すごろくの一種〕、ピケット〔トランプの一種〕、ビリヤードであり、一八三六年一二月三一日の賭博場閉鎖の結果、入会者の数は急速に増えていて、一八三八年だけで九八名に達していた。その次が競馬の愛好者で、モルニー、ドノルマンディー、ラ・モスコヴァ、ヴォーブラン伯爵……。さらに艶っぽい趣向を凝らしたパーティーの愛好者、これはベルジョヨーゾ大公、フラオー伯爵、ジェルマン伯爵、ムシー公爵、ヴァレヴスキーである。最後は「いたずら者たち」で、その中でもっとも有名なのがオーギュスト・ロミュー、通称「ココ・ロミュー」だった。

帝政時代の将軍の息子で、一八〇〇年生まれのオーギュスト・ロミューは、復古王政下には文筆家でジャーナリスト、そしてヴォードヴィルと諺劇の作者だった。彼の仕事は何よりもまず、相棒のジャーナリストでシャンソン作家ジェームス・ルソーと連れ立って、飲んだりいたずらをすることであり、このいたずらについては、アレクサンドル・デュマがその『回想録』の中で長々と報告をしている。[32] 七月王政になってからカンペルレ〔フィニステール県の郡庁所在地〕の副知事に任命されたロミューは、ブルターニュ地方の風習についての著作を残した。一八三三年から一八四四年まではペリグー〔ドルドーニュ県の県庁所在地〕の、次いで一八四四年からはショーモン〔オート＝マルヌ県の県庁所在地〕の知事を務めた。一八四八年に解任されると、今度はルイ・ナポレオン・ボナパルトのために非常に活発な宣伝活動を行い、その報酬として一八五二年には美術学校長の地位を得た。そしてその数年後に、息子をクリミヤ戦争〔一八五四―五六〕で失い、その心痛によって死んでしまった、といわれている。

ロミューの一番有名ないたずらは、街路の真ん中で酔いつぶれて倒れたルソーの体の上に、馬車に轢かれないようにとカンテラをのせたことだった。副知事だった時でさえ、彼が真面目な処置を講じると、それが人びとの笑いを誘っていた。たとえば、コガネムシの殲滅に賞金を出すことを最初に考えついたのが彼である。あの「戯画《シャルジュ》」で有名な彫刻家のダンタン弟は、コガネムシになったロミューを描き、その羽根の一つにレジオン・ドヌール勲章を付けたのだった。この戯画は絶賛を博した。さらに嘆き節まで作曲されて、それが『シャリヴァリ』紙に掲載された[33]。

一八三五年に〈ジョッキー＝クラブ〉に迎えられ、一八四六年に脱会したアルトン＝シェー伯爵は、オーギュスト・ロミューについて、「社交界人としてではなく才人として」[34]入会を許された唯一のクラブ会員だった、と述べている。アルトン＝シェーはまた、ベルジョヨーゾ大公や幕僚のフラゼールと共同して、もう一人の作家アルフレッド・ド・ミュッセの推薦に力を入れたが駄目で、「これほどの反対にあってはあきらめざるをえなかった」。表向きの理由はミュッセが馬に乗れなかったことだが、アルトン＝シェーはむしろこの拒絶が〈ジョッキー＝クラブ〉のエリート主義の原則と、「育ちの悪い者たちの侵入に対して防壁を築こうとする願望」に関係があったことを示唆している。ミュッセはこの挫折をあきらめ切れなかったようである。つまり〈ジョッキー＝クラブ〉のメンバーになることこそ、ブルヴァール人士としての是認だったからである[35]。

文学者は「育ちの悪い人びと」に属するのだろうか。アルトン＝シェーは、一八三四年の創立以来のジョッキー＝クラブ会員、作家ウジェーヌ・シューについては何も語っていない。この失念は意味深長である。シューは作家としてではなく、とても富裕なダンディとして、また馬の愛好家としてクラブ（セルクル）に入ったのだった。彼は乗馬が非常に巧みであっただけではなくて、イギリスで買い入れてきた彼の競争馬が一八三五年度に賞を取ったこともあった。作家には違いなかったが、それも気の向いた時のことで、〈ジョッキー＝クラブ〉に入会を認められた頃の彼は、何よりもまず馬に夢中の新しがり屋の若者だったのである。

クラブの会員は社交界の人であって、文学者や政治家ではなかった。だから政治的な論議は禁じられていた。上流階級はあらゆる社会区分を越えて原則として共存していた。たとえば〈ジョッキー＝クラブ〉には、一八三二年にベリー公爵夫人の名誉のために決闘をしたラ・リフォディエール侯爵のような正統王朝派もいれば、ラ・モスコヴァ大公のようなナポレオン支持者も、また未来のモルニー公爵のようなオルレアン派もいた。

アルトン＝シェーはクラブ（セルクル）がもたらす恩恵を調査し、その筆頭に上流階級《ボンヌ・コンパニー》とだけしかつきあっていないということの保証をあげている。カフェ・ド・パリのような万人に開放された気晴らしと賭博の施設といったどこかの場所とは違って、ここではいかがわしい相手にぶつかる恐れなしに賭博ができるのだった。したがって〈ジョッキー＝クラブ〉では、遠慮なく友人を破産させることも可能だったのである。

他の恩恵は実用的な次元のものだった。贅沢や快適さを比較的安価に享受できたし（何よりも八つの化粧室と二つの浴槽が自由に使えた）、レストランよりも上等の食事もできた。夕食については、これから劇場や社交界《モンド》に出かけようという紳士たちには午後六時からサービスが始まるので、朝のうちに申し込んでおく必要があり、毎晩五〇名から六〇名の会員がクラブで夕食をとっていた。〈ジョッキー＝クラブ〉での生活は社交界のリズムに従っていた。サロンは正午までは閑散としていて、金利収入で生活している人びとは三時頃にやって来ていた。〈森〉から帰って来た者たちは、五時頃に群をなして登場した。クラブ内の夜は、夕食のあとだけ落ち着きを取り戻すが、やがて劇場がはねるとまたいっぱいになるのだった[36]。

〈ジョッキー＝クラブ〉はシャンティイの競馬と同様に、オペラ座とは切っても切れないつながりがあった。グランジュ＝バトリエール通りはオペラ座のあるル・ペルティエ通りのすぐ近くにあり、クラブの会員たちは芸人たちの通用口を借りて舞踏場へ直行していた。これらの紳士たちは、レオン・ピイエがオペラ座の支配人として着任するまで、わがもの顔に舞台裏をうろついていた。ピイエは、コーラス隊とバレー団を台本の呼び出しがない限り楽屋に閉じ込めておこうと決心し、〈ジョッキー＝クラブ〉の会員たちの方も「地獄の桟敷《ロージュ・アンフェルナル》」[37]だけに封じ込められることになった。一二人分の席のあるこの桟敷は、クラブが借り切った二階の特別ボックス席で、この異名の由来は、ダンディたちが音楽や踊り子に満足できない時、ひどい野次を飛ばしたことによっている。バルザックが一八三七年によくここに通っていたことを見ると、クラブ会員は会員外の友人もこの桟敷に連れて来ることができたのである。

〈奨励協会〉と〈ジョッキー＝クラブ〉は、当然のことながら馬術振興運動に貢献したのだった。第一回の障害物競馬は一八二九年に開かれ、第一回のクロスカントリーは一八三〇年三月に行われた。一八三〇年にはシャン＝ド＝マルスの広場が拡張されているが、当時の競馬は一回にただ一頭の馬を走らせるものだった。一八三三年になると、〈奨励協会〉はシャンティイの芝生を利用して競馬場を作る計画を立てた。城はオマール公爵〔ルイ＝フィリップの五男〕のものだったが、ルイ＝フィリップに相談したところ、彼はこの計画に賛意を示してくれた。シャンティイ競馬場は、かくして一八三四年に開設されたのである。一八三五年五月の競馬の成功はかなりのもので、「世にもすばらしい天気に誘われて繰り出した三万人もの物見高い観衆は、観覧席の下で、好むと好まざるとにかかわらず、ただ右往左往するばかりであった……」[38]。

この成功に自信を得た〈奨励協会〉は、エプソム〔ロンドンの南二四キロにある都市〕のダービーと同距離を走り、三歳馬に限定した総額五〇〇〇フランのジョッキー＝クラブ賞を設けることにした。こうしてシャンティイのダービーが誕生したのである。一八四一年五月にオルレアン公爵は、このコンデ家の旧領地に賑わいを取り戻そうと、ダービーの機会にシャンティイで三日間の祭典を開催した。それは森での狩猟と、芝生での花火、お城での舞踏会と芝居だった。（ヴォードヴィル座とジムナーズ座の俳優たちがパリからやって来て、二回の公演を行なった）[39]。かくしてシャンティイのダービーは社交界随一の顔見せの場となり、競馬ファンのパリっ子や衣装を見せびらかしたい貴婦人たちは、毎年決まって五月の三日間を、つまり木曜日の晩から日曜日までをシャンティイに移動するのが習慣となったのである[40]。

その他のクラブ（セルクル）

復古王政下では、社交界人士専用のいくつかのクラブがあった。しかし、まず最初の二つ、〈グラモン通りクラブ《セルクル・ド・ラ・リュ・グラモン》〉（一八一九年）と〈フランス・クラブ《セルクル・フランセ》〉（一八二四年）が苦い体験をした。というのは、法的な認可を得ることが難しかったからで、前者は幸いにも黙認ということだけで済んでいたが、両者とも一八二六年には禁止された。マルティニャック内閣は一八二八年にやっと状況を緩和して、許可を与えた。もっとも有名なクラブ〈ユニオン〉が設立されたのはこの時である。創立者のギッシュ公爵は、イギリス風俗に夢中になっていて、先の二つのクラブの幹事としてすでにその名を連ねていた[41]。

〈ユニオン〉はグラモン通りに作られた二番目のクラブだった。このクラブは、ブルヴァール・ド・ラ・マドレーヌ（マドレーヌ大通り）に移転する一八五七年まで、グラモン通り（三〇番）とイタリア座大通り（一五番）の角のレヴィス館を占有していた。会員の選抜条件はとても厳しかった。年会費二五〇フランに加えて、さらに同額の入会金二五〇フランが課せられていた。〈グラモン通りクラブ〉の時には、一年にたった一五〇フランを支払うだけでよかったのである。[42]どんな入会希望者も、クラブ会員二名の支持が必要だった。（〈グラモン通りクラブ〉の場合は一名でよかった）。入会許可は「第二次の全体投票」の結果発表されたが、第二次投票が有効となるには、少なくとも一二名の会員の出席がなければならなかった。一二票のうち一票でも反対票があれば、否決するには十分だった。（〈グラモン通りクラブ〉の三票に対して）。クラブは三〇〇名の永久会員（〈グラモン通りクラブ〉は定員五〇〇名）を擁したが、パリに一時滞在の外国人も、二〇〇フランの会費を払えば半年会員になることができた。[43]

〈ジョッキー＝クラブ〉よりもずっと粋《シック》な〈ユニオン〉は、貴族と外交団の成員を集めていた。一八三〇年以後これは正統王朝派の砦となり、近衛隊の退役士官や前の宮廷の高官たち、また新しい状勢に反抗するあらゆる貴族たちがこれに入会した。ショセ＝ダンタンの実業家たちの入会は認められなかった。たとえばジェームス・ド・ロッチルド男爵が会員に選ばれたのは、銀行家としてではなく外交官としてであった。〈ユニオン〉はおそらくパリのクラブの中でも、もっともエリート主義的なクラブだった。

〈農業クラブ《セルクル・アグリコール》〉、愛称「ジャガイモ」は、一八三三年に農学者のラ・ショヴィニエール氏によって設立された。このクラブは最初〈農業中央共進会〉と呼ばれ、次いで〈田園学館《アテネ・リュラール》〉、〈田園クラブ《セルクル・リュラール》〉、そして一八三五年の〈農業クラブ〉へと名称を変えた。その所在地はヴォルテール河岸とボーヌ通りの角のネール館だった。経済と社会思想に対する関心が、このクラブ設立の動機としてあった。会員の中には、有力な貴族や経済・農業分野の著名人、それに名門の生まれではないが「信望と知性によってその地位を得た」[44]人びとの立派な名前が見出せる。

〈農業クラブ〉がクラブとして実際に機能したのは、やっと一八三六年になってからであり、皆ここに集まっては賭博をしたり、新聞を読んだり、会話を楽しんでいた。クラブは当時正統王朝派であり、新体制に何らかの形で関係する者たちは断固として拒否していた。復古王政期の政治家の多くは、ダマース男爵からラ・ブイユリー氏、シャトリュ氏からブーニョ伯爵に至るまで〈農業クラブ〉の会員であった。
〈農業クラブ〉は、一八三三年以来まずラ・ショヴィニエール氏が、続いてメヌシェ氏が企画した講座によって、他のクラブとは異なっていた。講座は、「科学や経済や芸術上の大問題」を取り上げ、たとえば砂糖、鉄道、動物磁気学〔催眠術〕、馬の調教、監獄、ラシェルと悲劇、等々について論じていた。[45]

七月王制下の主要なクラブの中で、裏社交界《ドゥミ＝モンド》〔高級娼婦の世界。次節参照〕やブルヴァールへと向かう社交場の変遷過程をもっともよく示しているのが、〈ジョッキー＝クラブ〉である。このクラブはもっとも現代的で、当世風だった。おそらくそれは正統王朝派ではなかったからである。あるいはむしろ、それはより現代的であったので、馬を軸にして、つまり流行を中心に据えて活動していたがゆえに、正統王朝派ではなかったのである。〈ユニオン〉のように出自とか外交官であるという条件や、〈農業クラブ〉のように農業に対する関心が、〈ジョッキー＝クラブ〉への入会を保証したのではなくて、ダンディ特有の「立派な肩書と、輝かしい生き方と、馬や浪費の趣味」[46]がその入会保証なのであった。社交界は〈ジョッキー＝クラブ〉とともにブルヴァールに根を下ろしたのである。そしてこのクラブは、原則として馬と気晴らしで送る生活スタイルを推奨することで、社交界と芸能界の間の結合器の働きをしていたのである。

このような新しい社交生活《ソシアビリテ》は、あまり名門ではないクラブでさらに顕著に現れた。そこでは全面的にブルヴァールの気楽な生活が中心となり、馬その他の口実に対する興味さえも、もはや誇示されることはなかった。たとえばカフェ・ド・パリに基盤を置いていた〈プティ・クラブ《プティ・セルクル》〉の場合、これに加入していた金持ちで名家出身のイギリス人グロノウ大尉はウエリントンの配下に勤務したあとパリに居を構えていた。〈プティ・クラブ〉の会員には、すでに〈ユニオン〉や〈ジョッキー＝クラブ〉の会員であった者もいたが、同時にあらゆる階層の、あらゆる党派の人びともいた。「家柄は決して同等であるとは限らないが、同じ習慣、同じ趣味はもっていて、この自由主義の気風は、〈プティ・クラブ〉がなかなかどうして、独特の面白さを提供していることの証拠なのであった」[47]。

裏社交界《ドゥミ＝モンド》

〈ブルヴァール〉では、カーニバル〔公現祭から灰の水曜日までの期間に行われる謝肉の祭り。通常は最終の三日間に祝われる〕が数年の間、民衆的なお祭り好みを騒々しく繰り広げる機会となっていた。カーニバルの呼び物は、灰の水曜日〔四旬節の第一日で、信者の頭に灰をかける習慣がある〕早朝の〈クルティーユ下り〉が代表するグロテスクなパレードだった。クルティーユとはベルヴィル村〔パリの北東のフォブール・デュ・タンプル通りを東に行って市門を出た先の地域〕の一画をさし、一八世紀のパリっ子たちがそこに出かけて散歩をしたり、居酒屋で飲んだり食べたりしていた場所だった。クルティーユの盛況は大革命とともにいったんは消えたが、復古王政期になるとまた戻ってきた。

日曜日と、謝肉の月曜日《ランディ・グラ》および火曜日《マルディ・グラ》に、仮面をつけた群衆が丘を登り、クルティーユの酒場へ羽目をはずしに行き、水曜日の朝五時頃にはそこを下り、フォブール・デュ・タンプルを通って帰って来るのである。社交界人士は、舞踏会が終わるとフォブール・デュ・タンプルに足を運び、仮面を付けた酔っ払いたちが鈴なりに乗り込み淫らなことを叫んで通って行くこの馬車の行列を眺めるのだった。同様に社交界人士たちの姿は、最終日曜日と謝肉の火曜日に、屠殺場へと曳き回されるカーニバルの飾り牛《ブーフ・グラ》に付き従う野次馬の中にも見受けられた。[48] 飾り牛には、同時代の文学から取った、年ごとに違う名前がつけられていた。たとえば「ゴリオ爺さん」、「ダゴベール」（ウジェーヌ・シューの『さまよえるユダヤ人』にちなんで）、あるいは「モンテ・クリスト」というように。

〈クルティーユ下り〉の黄金時代は、七月王政の初期の何年かであった。そして、もっと全体的な視点から見るならば、この時期のカーニバルの祭りは町の中に存在していた。一八三七年以降になると、この祭りは、劇場やオペラ座やあらゆる芝居小屋が催す数知れぬ仮面舞踏会の中に逃げ込んでしまうのである。街路では、人びとはごちゃまぜになり、社交界の婦人たちの四輪馬車は「ぼろぼろの辻馬車」[49]とくつわを並べていた。〈クルティーユ下り〉には、時代の最先端をゆく道楽者たちも参加していた。アルトン＝シェー伯爵、ベルジョヨーゾ大公、オペラ座の支配人デュポンシェルは、六頭立ての山車に合い乗りして、玉座にふんぞり返る仮面の男を取り囲んでいた。「アルスイユ

〔ならず者〕閣下」としてはやし立てられたこの仮面の男は、群衆からシーモア卿と間違えられていたが、実はシャルル・ド・ラ・バテュであった。この富裕なイギリス人の不義の子は、ブルヴァール・デ・カピュシーヌの無頼の仲間と一緒に暮らし、カーニバルの間はダンディの世界に加わっていた。

裏社交界《ドゥミ＝モンド》〔高級娼婦たち〕という言葉そのものはまだなかったが、実際にはそれはすでに存在していた。（アレクサンドル・デュマ・フィスが戯曲にこの題名をつけて一八五五年に世に出した）。バルザックは『高級娼婦《クルティザンヌ》の栄華と悲惨（スプランドゥール・エ・ミゼール）』の中でこれを描写している。ネストール・ロクプラン〔本書四六四頁以下を参照〕は、ノートル＝ダム＝ド＝ロレット教会の周りの新しい地区に娼婦たちが多く集まっていたことから、一八四一年に「ロレット」という語を発明し、その娼婦たちの代名詞とした。これよりもっと話題になっていたのは、金のためであろうとなかろうと売春と舞台とをかけもちする「女優たち」の世界であった。裏社交界については、テュフィアキン大公の舞踏会を通じて、これがどういうものだったかを想像することができる。アポニイ伯爵は一八三四年四月八日、あたかもそれが男性だけの上流社交界であるかのように、そこへ招待された。大公はこの日、自分の愛人の一人デュラン夫人の家に客を招いたのだった。アポニイ伯爵がそこで出会った社交界の男たちは日ごろ見慣れた顔触れで、ノアイユ、ジュミヤック、リシュリュー、ラ・ロシュフーコーなど、すべてが外交官だった。それにひきかえ、社交界の貴婦人はもちろん一人もいなかった。しかしながら、裏社交界の女性たちは魅力的であった。「そこにいたのは実に奇麗で、とても愛らしい女性たちだった。身だしなみもよく、高貴な地区のもっとも高貴な、もっとも秀でた私どもの貴婦人方の作法や上品な口調を、すばらしく上手に真似ていた」。けれども、それ以上深入りして、社交界でいつもしていたコティヨン〔パーティーの最後に踊る四人または八人のフィギュア・ダンス〕のリードをする段になると、ロドルフ・アポニイはそっとその場をはずしたのである……。

　社交界の貴婦人たちが裏社交界に出入りしなかったからといって、彼女たちに羨望の気持ちがなかったわけではない。たとえばギヨーム氏の若い踊り子たちは、貴婦人らの好奇心を刺激していた。ギヨーム氏が組織した若い娘のグループは、原則としては将来国立音楽演劇学院《コンセルヴァトワール》のバレー団に入団予定の踊り子たちの集まりであった。彼は、自邸に社交界の紳士や、政界、経済界、財界での第一級の男たちを招待して、自分の若い踊り子たちが数人のオペラ座の準座員に指導されて稽古するところを見物させていた。同様に、彼は自分の「女性軍団」を社交界に貸し出すこともあった。[50] 一八四二年に、A侯爵邸でバレリーナたちは深夜に踊ったが、いかなる報酬も受けずに、ただ夜食を振舞われただけだった。

こうした自分をひけらかす若い踊り子たちは、身辺に少しばかり不良っぽい、刺激的な香りを漂わせていた。社交界の貴婦人たちはギヨーム氏に、本来は男性のために準備されたこの出し物を見せてくれるようにと懇願した。そこで氏は、貴婦人たちのために一八四六年二月二八日に仮面舞踏会を開催し、舞踏会の間中彼女たちに頭巾付きマント（ドミノ）と仮面で身を隠させ、自分の顔を見られずに踊り子たちを見物できるようにしてやった。彼女らのお忍びは細心に配慮され、この家の主人が招待客の顔を見破った時には、主人は自分がそれぞれに送った親展の招待状を焼き捨てる手筈になっていた。このようにして彼女らの好奇心は満たされて、礼儀作法も尊重されたのである。[51]

四半世紀の間、パリのお祭り騒ぎの第一人者だったテュフィアキン大公のことに話を戻そう。バルザックは彼を「ブルヴァールのわがドン・ファン」と呼んでいた。ロシア生まれで、ドルゴルーカ大公妃の甥にあたる彼は、以前はサン＝ペテルスブルクの帝国劇場の総経理局長の職にあった。大変な金持ちだが、自分の母国を嫌い、パリだけが気に入っていた。そして一八一五年に、アレクサンドル皇帝からパリに居住する許可を得たのである。彼は二重生活者だった。住居を二戸、セーヌ川の両岸に一戸ずつもち、ヴァレンヌ通りの家ではフォブール・サン＝ジェルマンのスタイルで暮らし、ラフィット通りの家ではショセ＝ダンタンを支配していた。彼は同時に二人の愛人をもち、すでに触れたデュラン夫人は愛情のための、女優のジョルジュ嬢は気まぐれのための愛人だった。ジョルジュ嬢は嫉妬深くて、バレーの夕べには彼にオペラ座へ行くことを禁止するとか、あるいは行ったとしてもオペラグラスの使用を許さなかった。オペラ座の踊り子たちへの彼の情熱は、最後まで続いていたといわねばならない。一八四四年の冬、彼は次のような末期の言葉を残して死んだのである。「今夜のバレーは誰が踊るのかね」[52]。

片足を社交界に、別の足を裏社交界に突っ込んだもう一人の〈トゥ＝パリ〉の人物は、銀行家アグワド氏ことラス・マリスマス侯爵である。彼の人生は三幕で展開した。まず、セヴィリアの貴族の息子としてスペイン軍の士官となり、フランス軍が一八〇八年にスペインに攻め込んだ時、フランス側につきスルト元帥の副官に任命された。そしてジョゼフ・ボナパルト軍の残党とともに、フランスにやって来たのである。第二幕では、一八一五年に商売に身を投じ、売ったものはオーデコロン、ワイン、布地、雨傘……。次いで銀行を設立し、一八二三年にはゲバール債券のおかげで財産を築いたのだった。ゲバールはスペイン王フェルディナンド七世に八〇〇〇万フランを提供する約束をしていたが、その半分の額はフランスの銀行から工面しなければならず、アグワドだけがこの要請に答えたので、こうして彼はスペイン政府の御用銀行家になったのである。そして一八二九年にスペイン王は、アグワドが一家の長男ではないにもかかわらず、彼に「ラス・マリスマス侯爵」の称号をもつことを認めたのだった。（スペイン貴族の場合、称号をもつ権利は長男だけにあった）。また一八三一年には、国王がお抱え銀行家の彼をスペインへの一種の公用旅行に招待したので、アグワドはロッシーニと一緒に出かけて大歓迎を受けた。第三幕では、銀行業を清算し、自らの二つの情熱、絵画の収集とオペラに専念した。彼は絵を買いあさり始めたが、その五八五点の絵画の大半は贋作だといわれ、死後に行われた一八四三年のコレクションの競売は不人気に終わった。[53]

一八三五年にデュポンシェルがヴェロン博士からオペラ座の営業特権一八カ月分を買い戻した時、アグワドはその半分を負担した。これは総額二四万四〇〇〇フランだったが、これにより二人は共同で非常な利益を得た。彼らは続いて一八三八年にイタリア座の権利を買い、その監督を音楽評論家ルイ・ヴィアルドに託した。ヴィアルドは一八四〇年に歌手ポリーヌ・ガルシアと結婚したが、アグワドはアグワドで、踊り子たちに情熱を注いでいた。彼女らに贈り物をして、夏にはバレー団をコルベイユ〔パリの南三〇キロの町〕の近くの自分のプティ＝ブールの城に連れて行き、バレリーナと一緒に財界人もそこに招待していた。彼は作家に対しても同じように文芸庇護者《メセナ》の役割を演じていた。バルザックは、グランジュ＝バトリエール通りの彼の館に親しく迎えられていた。（徴税請負人ドニーのために建てられた一八世紀のこの別邸《フォリー》は、復古王政下にアグワドに買い取られたが、今日ではパリ第九区の区役所となっている）。

アグワドは一八四二年のスペイン旅行中に死亡した。遺体はパリに運ばれ、盛大な葬儀ののちノートル＝ダム＝ド

＝ロレット教会に埋葬された。しかし教区の司祭は、オペラ座の歌手たちがレクイエムを歌うことを拒絶したのである。

ヴェロン博士

ルイ＝デジレ・ヴェロンはバック通りの文房具商を父に、一七九八年に生まれた。彼は中産階級の環境の中で、経済と仕事が第一と教えられて育った。リセ・アンペリアル（ルイ＝ル＝グランの帝政期の名）の通学生として学業を終えると、一八一六年に医学の勉強を開始した。『ラルース大事典』の略歴によれば、一八二一年に病院のインターン試験に首席で合格、さらに一八二三年にパリ大学の医学博士号を取得し、一八二四年には王立美術館付医師に任命されている。ヴェロンの『回想録』の注釈が明らかにしているところでは、彼は国王の武官団《メゾン・ミリテール》の病院に外科医として勤務していた。彼が新生児の鵞口瘡について書いた論文は、一時代を画したものだった。というのは、発表後一五年たっても、オルレアン公爵の質問に対してそれが参考図書として取り上げられているからである。

ヴェロンはコーマルタン通りに診療所を開いたが、一人の患者も現れなかった。さて、不運のどん底にあったある日、ついに診療を受けにやって来たのは、うまくいけば宣伝役になりそうな肥満症の社交界婦人であったが、彼はどうしてもうまく瀉血を施すことができなかった。結局彼女は呪いの言葉を吐きながら出て行くこととなり、顧客をつかむ彼の望みは完全に絶たれてしまった。そこで彼は医学を捨てた。しかしこのコーマルタン通りでは、咳止めの塗布薬を考案した薬剤師ルニョーと知り合うことができた。ルニョーの死後、ヴェロンは数人の仲間とともにこの考案に投資することを企画した。彼はこれに四万フランにのぼる親の遺産を投資し、商社の株主となった。彼の宣伝の才能のおかげで、この塗布薬はすばらしい財源であることが分かった……。しかしながら『回想録』の中で博士は、自分の財産を築いたこの投機については多くを語ってはいない。

その代わり彼が語るのは、一八一八年の三カ月間、勉学のさなかにいかにして「プロの賭博師」たりえたかである。

両親は毎月一日に彼に二〇フランを与えていた。彼は自分の主義として、すぐにすべてをレストランと劇場とカフェで使い尽くし、あげくの果てには一文なしになってしまうのだった。ある日、夕食代を稼ごうと、仲間を相手に賭博をした。これに勝ったことが契機となり、以後三カ月の間、彼は家に帰るなり毎日賭博場に通ったのである。稼いだ金は一〇〇フランを下ることはなく、しばしばそれ以上であった。この時期彼は、病院の通勤助手職の仕事についており、もはや本を開くことはなかった。面白おかしく生活を送り、熱心に足を運んだのはレストランと劇場の方だった。彼は都合九〇〇〇から一万フランを蓄財した。そして突然、すべてをまた賭けにつぎ込むことに決め、たった一日でパリの賭博場めぐりをし（すでに述べたリシュリュー通り一〇八番フラスカティだけでなく、パレ＝ロワイヤルの賭博場や、タンプル通り一一〇番パフォス、ドフィーヌ通り三六番ドフィーヌ館、そしてマリヴォー通り一三番のルーレット）、稼ぎのすべてを失った。翌日には、心安らかにまた勉学を再開したが、まだ賭博の病から癒えてはいなかったようだ。その証拠に、ある時三〇〇〇フランの借金をして、それを一日ですってしまっているのである。

ヴェロンは、医学を捨ててからのちは、咳止め塗布薬への投機の他に、ジャーナリズムと講演という二つの活動に身を投じた。彼は久しい以前から文壇に出入りしており、一八一五年か一六年にはアンシエンヌ・コメディ通りのレストランのエドンで、マリトゥルヌやユゴー三兄弟〔アベル、ウジェーヌ、ヴィクトールの三兄弟〕らと一緒に、最初の「文学の晩餐会」を設定している。また毎月曜日には『コティディエンヌ』紙に政治評論を書き、《善き文芸の協会》では生理学の講義を行なっていた。評論と講演は、毎月四〇〇から五〇〇フランの収入をもたらしていた。彼は他にもさまざまな野心を抱いていたが、それらの計画を進めようとするたびに、「でもあなたはお医者さんでしょう」と反論され、意気阻喪させられていた。がっかりして、ときには田舎医者になろうかと考えることさえあったのである。

一八二八年に、彼は父親の財産から自分の相続分を受け取り、『三つの地区』という作品で成功していた作家エドワール・マゼールとともに、スイスとイタリアへ六週間の旅に出た。シャルル・ノディエが彼らの旅程を決めてくれたのである。この旅行の結果、ヴェロンは講演と政治評論の仕事を同時に失ってしまった。そのため一八二九年には演劇評論家として、創刊して間もない『メサジェ・デ・シャンブル』紙に参加したが、それとは別に自分自身の文芸雑誌『ルヴュ・ド・パリ』を創刊した。資本金八万フランは、一〇〇〇フランずつ八〇株に配分され、彼は個人資金で二〇株を買い取った。『ルヴュ・ド・パリ』誌の目標は、天分を引き出すことよりも、現存する人材を「結集し、味方につける」ことだった。なぜならば、すでに若い作家たちが生簀《いけす》にあふれており、あとは取り放題という状態だったからである。「一八二四年から二九年にかけて、あらゆる方面で偉大な事業が成しとげられた。そして帝政の崩壊の時には、準備完了立ち上がるというにはまだあまりに若すぎた精神世代が、今こそ隊列に加わり、新しい影響に従いつつ、復古王政期の文学運動を利用しようと集まってきたのだ[54]」。

「結集し、味方につける」とは、何よりもまず記事を集め、原稿取りに四方八方パリ中を駆けめぐることだった。「私はぐずぐずしてはいなかった。アルスナル図書館内にあるノディエの家を出て、パレ・デ・ボ＝ザールのメリメ氏のところへ、またサン＝ジャック地区のサン＝マルク・ジラルダン氏の家へ、またそこからベルジェール通りのカジミール・ドラヴィーニュのもとへ、あるいはオリヴィエ通りのスクリーブ氏の家へと飛び回った[55]」。だから、二頭の馬をもっている必要があり、それはちょうど実業家に協力を願いに行くのと同じように、毎朝作家に原稿依頼に行くのにもっとも便利な手段だった。ヴェロンにとって、実業と文学の間に境界はなかったのだ。それはエミール・ド・ジラルダンや当時の偉大な出版界の企画者たちの場合とまったく同様である。『ルヴュ・ド・パリ』誌には、ユゴー、サント＝ブーヴ、ロエーヴ＝ヴェマール、ド・サシ、マリトゥルヌが記事を寄せていた。この雑誌の社長の人生は予想外のことでいっぱいだった。「決して出来上がらない原稿をしばしば何カ月も待つことがあったが、思いもかけぬ珠玉の傑作を渡されることも一度ならずあった。たとえばメリメの中編小説『エトルリアの壺』や、オーギュスト・バルビエの『獲物の奪い合い《ラ・キュレ》』〔七月革命直後に書かれた風刺詩。新しい権力に群がる者たちを痛烈に揶揄して大評判になった〕……[56]」。一八三一年、ヴェロンはオペラ座の経営を引き受けるために、『ルヴュ・ド・パリ』から離れていった。その後この雑誌は一八三四年に競売にかけられ、『ルヴュ・デ・ドゥ・モンド』誌の主幹ビュロに買い取られることになるが、競い合う二誌を発行する余地はなく、ほどなく廃刊に至っている。

一八三一年二月二八日、ヴェロンはオペラ座の契約規定書に署名した。彼は二五万フランの保証金を払い込んだあと、支配人として向こう六年間の契約を結んだのである。実際には契約期限まで待たずに、一八三五年八月にはティエールとの話し合いの結果、デュポンシェルがこれを引き継ぐことになるが[57]、いずれにせよオペラ座はヴェロンの「支配」下になって初めて採算の取れる事業となるのである。ヴェロンは、いかにも謙虚な口ぶりでロッシーニとソステーヌ・ド・ラ・ロシュフーコーを賞賛し、復古王政期にオペラ座の名声を高めてくれたのは彼らだと述べている。「とくに私のしたことをあげれば、一人の天才、そしてもう一人の偉大な知性の持ち主がこの豊かなオペラ座の土壌に播いたその種子の実りを収穫しただけなのだ」[58]と。シャルル一〇世時代の美術学校長〔ソステーヌ・ド・ラ・ロシュフーコーは一八二四年にこの地位につき、オペラ座もその管轄下にあった〕は不当に中傷されていたのだった。ソステーヌは、実際はこのイタリアの作曲家〔ロッシーニ〕の才能を真に理解し、オペラ一編につき一万フランの特別手当てを保証する契約で彼をフランスにつなぎ止め、また彼のためにヌーリ、ルヴァッスール、ダモロー夫人という偉大な歌手をあてがっていたのである。

ヴェロンがまず始めたことは、一八三一年六月にアルグー伯爵〔この時期フランス銀行総裁だった〕が認めた一〇万フランの割当金を使って、オペラ座の客席を改良することだった。（この前月に、劇場は内務大臣の管轄からすべて商業および公共事業大臣の管轄に移っていた）。彼はこの空間を新しい観客に適合させようとして、六人用ボックス席の数を減らして、反対に四人用ボックス席を増やしたのだ。「その割安料金は、第三身分の新しい実力者たち、つまりシャルル一〇世の宮廷に代ろうとする新たなブルジョワ宮廷の新貴族の財産や経済習慣によりよく適合しうるものであった」[59]。彼は一階の両側の特別ボックス席二つを大サロン付きで開設したが、これはクラブがこれらの広大なボックス席を借り切って、会員たちにそこを提供しようとする要求に応えたものであり、「人びとは協力精神に訴えて、贅沢と快楽を安価に得たいと思い始めていたからである」[60]。ヴェロンにとってこのオペラ座のボックス席は娼婦のようなもので、ただ一人の男の財産よりは、不特定の客の確実な収入の方がよかったのだった。

さらにオペラ座は、一八三一年から三二年にかけてのシーズンは非常に輝かしく、一八三一年一一月二一日にはメイエルベールの『悪魔のロベール』を、翌年三月一四日にはマリー・タッリオーニの別称になったバレー『ラ・シルフィッド』〔父フィリッポ・タッリオーニがバレリーナの娘のために作曲振付けをした〕を初演している。これらの成功のあと、一八三二年四月七日以来のコレラ流行による経営危機もあったが、オペラ座通いはその年の秋にはもう回復した。一八三四年にはヴェロンはロンドンにファニー・エルスレールの舞踊を観に行き、その妹テレーズも含めて彼女らと契約をしたので、二人のバレリーナは同年秋にパリでデビューした。

ヴェロンは、自分の成功は監視のおかげだと説明する。どの舞台稽古にも必ず立ち合い、オペラ座には毎日、公演のない日曜日にまで顔を出していた。人気スターが病気になれば、即座に代役を使えるようにと気を配っていたので、どんな時でも上演中止はありえないことだった。また彼は、自ら断言している通り、バレー団員の品行についても監視していた。もし仮に踊り子たちにふしだらな噂が立ったとしても、それはヴェロン自身の落ち度ではなく、後継者たちのせいであった。彼らが採用したのは、「オペラ座軍団にとっては外人部隊、つまりあちこちの貧民窟から寄せ集めた、まあ言ってみれば多少は美しいが品行は悪く、精進も練習も努力も不可能な部隊だったからである」[61]。

彼の言葉を信じるならば、その成功はしたがって彼の美徳に負っていたものなのである。しかしレミュザによれば事情は少し違っていて、「あの男はちょっとした才人で、悪いというよりは退廃的、そして退廃的なだけにうぬぼれの強い男だった」[62]。もっともレミュザはヴェロンの事業面における手腕は熟知していた。ヴェロンはまず、七月王政後の社会情勢を正確に分析することができていた。一部のサロンは閉鎖され、一部の資産家は財産を使い減らし、社交界は「サロンから身を引いて大衆的な場所へと移動し」、それでもなお社会が贅沢を望む以上「この贅沢を劇場の中に閉じ込めればよい」、とヴェロンは考えたのだ。計算はまったく適切だった。

さらにヴェロンは、「広告と宣伝の力、および商業演劇の興業的成功に新聞の目を向けさせる技術」を理解していた最初の人びとの一人だった。彼が新聞に及ぼす力は、必然的に〈七月〉の男たちへの追従と対になって行使されていた。「ヴェロンは内務省の周りをぐるぐる回るも結局カジミール・ペリエ〔一八三一年から三二年にかけて首相兼内務大臣〕には会えなかったが、しかし彼はわれわれ全員に礼儀を尽くし、オペラ座の入場券を配っていた」。ヴェロンはまさに政界と新聞界とを、また社交界と〈ブルヴァール〉とを結ぶ橋渡しの役割を務めていたのである。彼は「あの冗談好きで皮肉屋のジャーナリズム全体に、つまりベッケ、ロミュー、マリトゥルヌ、ボアン、ロクプランなどの輩に手本を示していた。彼らは新聞界においてここ数年来信用と保証を得ているが、それは文学のボヘミアンと呼ばれたことで知られている創始者たる彼らの同類がその時までに得た以上の信用と保証であった」[63]。

一八三五年末には、ヴェロンはすでにオペラ座支配人を引退していた。「彼は自分の築き上げた財産と、しかもまだ三七歳の若さだったので、何かに専念したいと思っていた。レミュザは書いている。「彼は自分の築き上げた財産と、自分が世に示したと信じている能力を駆使して、政治に近い地位を手に入れたいと望んでいた。彼は自分の成功にうぬぼれ切っていたが、一方ではまじめに受けとられてはいないのではないかと恐れていた。大物になる道を探し求めていたのだった。いずれにせよ彼は、奉仕を申し出て自分を目立たせようと努力していたが、その奉仕は、慎重に扱ったうえで受け入れなければならないものであった。つまり断ってはならず、一朝事あらば周りに累を及ぼしかねない奉仕だったから（…）。私は彼とは非常にうまくやっていたが、また同時にずいぶんと世話をやいていたのである」[64]。

一八三八年に「壊れかけた城」を買い取ってから、ヴェロンはブレスト市外で代議士に立候補したが落選した。彼はティエールの政策を支持していたので、ティエールは彼に『コンスティテュショネル』紙の再建を依頼した。ヴェロンはまず一八三八年に、総額二七万フランで二口の株を買った。（実際は一口分しか払わず、もう一口の半分はアグワドが、残り半分はその友人の一人が支払った）[65]。この日刊紙はティエールの御用新聞で、一八四〇年の彼の内閣の時には、「毎日記者の誰かがティエールに会いに来て指令を仰ぎ、ティエールはその男と相談して、論説の枠組みと内容を伝えていた」[66]。ヴェロンは一八四四年にこの新聞を買い取り、主幹になった。彼は予約購読料を八〇フランから四〇フランに値下げし、『さまよえるユダヤ人』の作者ウジェーヌ・シューからこの作品を一〇万フランで買って、それを連載小説として載せた。こうして読者数を三〇〇〇から二万に増やしたのである。第二帝政時代は、ヴェロンの代議士としての成功の時期（一八五二年にソー〔パリの南一〇キロの町〕で当選、一八五七年には公認候補として再選された）であったと同時に、ミレースが『コンスティテュショネル』紙を買い戻したことにより、ヴェロンが新聞所有者としての経歴を終えた時代でもあった。彼は引退し、『回想録』やその他いくつかの著書を書いたが、その中には一八六〇年に出した『一八〇六年から一八六〇年までのパリの演劇』がある。

ヴェロン博士は、鋭い実業の才覚と政治的野心を併せもった文化事業家である。彼はあくまでも「真面目に受けとめられ」たいと、つまり公的な承認を得たいと望んでいた。彼はレジオン・ドヌール勲章を授与してもらおうと奔走し、「自分が劇場支配人であることを世間に忘れさせるために、このリボンに期待したのだった」[67]。彼はそこでビュジョー将軍に働きかけた。将軍はギゾーに話し、今度はギゾーが美術学校長のカヴェに、ヴェロンを叙勲するよう指令したのである。

彼にとっては、政治と舞台芸術《スペクタクル》はまったく一つのものだった。彼は人気役者には心からの情熱を注いでいた。そして、ティエールもラシェルも同じように崇拝していた。彼がこの大臣と喜劇女優を、正真正銘の二匹の演技動物として比較していたとしても、それは偶然ではない。「それは同じ明晰な視点であり、是非とも手に入れたい目標への同じ情熱であり、同じ巧妙な術策であり、同じ計算された誘惑であり、同じ知謀の豊かさであり、復讐も憎しみも含まぬ同じ哲学的寛容さであるから、これはまた、敵意を丸め込み、怨恨を宥めて、有益となりうるあらゆる影響力や、あらゆる友情を手に入れることで自足する哲学的寛容さでもあるのだ」[68]。ヴェロンを惹きつけるものは、政治あるいは演劇における権力の威光と、威光の権力である。折衷主義の男、やり手実業家、投機家の彼は、広告宣伝を利用するすべを熟知していた。したがって、パリの舞台の正面を占めることに成功した人気スターたちに彼が魅せられていたとしても、それは驚くにはあたらないのである。

第一二章

ダンディたち

ダンディたち（1841）

〈ブルヴァール〉は、まるで流れ星のように通り過ぎるダンディたちを眺めてきた。彼らは束の間の光芒をきらめかせて、行く手に待ち受ける虚無の中へと消え去る。その消え去る姿が、モンタージュ写真の人物像を構成する一部分となっている。その人物は跡形もなく、名前さえ残さずに燃え尽きる。しかしながら、いくつかの例外的な事実があり、それがダンディスムをその固有の神話とは別の光のもとに位置づけようとするわれわれの試みを助けてくれるだろう。つまり、この主題の難しさは、ダンディスムが産み落とした神話からダンディスムの現実を識別することに他ならない。

一八二〇年にフランスに現れたダンディという語の意味は、「自分の身なりや態度において最高の優雅《エレガンス》さを求め、それを誇りにしている男」ということで、この呼び方には軽蔑的なものがあった。[1] そして、この呼称の意図するところは、浅薄で、非常識で、自己中心的で、あまり男らしくない人間を指弾することであった。スタンダールにとって、初版の『恋愛論』の中のダンディは、「ネクタイをうまく結ぶことと、ブローニュの森で優雅に決闘することしかできない、間抜けの類い[2]」である。ウジェーヌ・ロンテーは、一八二九年に出版した『流行の先端《ファッショナブル》をゆく若者の手引き』の中で、次のように息巻いている。「縦長か、横広か、細いか、短いかの、この自惚れの固まりをご覧なさい。男か女かもよく分からないこの化け物に、とびきり珍妙な服を着せ、まるで《角が生えたみたいに高々と》逆毛を立てておやりなさい。ばかでかいネクタイに、間の抜けた表情、むくんだようなその顔の上に巨大な片眼鏡をおかしな向きにのっけている、これが〈ダンディ〉、つまりイギリスぼけというものです[3]」。また、バルザックはその翌年に『優雅な生活論』の中で明言している。「ダンディになるということは、一人の男が閨房の家具の一つになること、あのきわめて精巧なマネキン人形になるということだ。そうなれば馬の背中やソファーの上でポーズをとることもできれば、ステッキの頭をかじったりしゃぶったり自由自在にやってのけられるのだが、果たしてダンディは考える人になれるだろうか……絶対に無理だ」[4]。

　こうした批判は、ダンディスムにのめり込んだ作家たちの文章からさえも見出される。ミュッセの場合はどうだろう。彼は一八三一年に次のような定義を示している。「世界全体に無関心でいることを覚えた若者。趣味は、犬と馬と雄鶏と飲み物のポンチ」[5]。しかしミュッセはあくまで〈イギリスの〉ダンディのことを話しているのである。彼の話法は、もちろんフランスの洒落者《エレガン》たちをもっと擁護しようとして、イギリスのダンディを槍玉にあげ、ああはなりたくないといった類いの若者を戯画化しているのである。

　反対に、一八四〇年代にダンディスムが流行遅れになってからは、バルベー・ドールヴィイがダンディを英雄に変えようとし、続いてボードレールがやって来る。かくして、今日なお繰り返される文学的場《トポス》が出現し、そこではダンディスムは実存的反抗にまで価値が高められる。そしてこの時以来この用語は、自分の特異性あるいは特異性への意図をひけらかし、それを誇りとする個人たちによって、周期的にその権利が主張されることとなるのである。

　復古王政下から一八四〇年までは、ダンディスムは流行現象だった。それはいわばダンディスムが一つの渇望、つまり家系からも功績からも独立した人格の優越性を強く主張したいという欲望を表明していたということである。神学用語でいえば、ダンディスムは天国や神の力によってではなく、自分の意志だけによって与えられる恩寵にしか依存しないのである。この恩寵あるいはこの内的な力は、彼の気取りを善かれ悪しかれ神聖なものとし（そしてこの時、この気取りは各自が真似ようと努めても真似のできないモデルとして幅を利かす）、救済すなわち社交上の名声を彼に与えるのである。このような幻想《ファンタスム》が、自分の野心以外に何物ももたぬ若者たちに影響を与えたということは理解できることである。

　この言葉の用法は、しかし決して厳密なものではなかった。結局、流行現象を自分で体現する人は稀であり、全身全霊ひたすらダンディという人は、おそらくあまり多くはいなかった。その代わり、ダンディスムは貴族の出もブルジョワの出も変わりなく、多くの若者たちを誘惑した。若者たちはダンディスムから、あれこれと服装や行動の趣味を取り入れた。しかしそれはダンディの役割と同化するためとは限らなかった。一八三〇年前後の若者の重要性についてはすでに述べた。われわれは、彼らがソルボンヌやコレージュ・ド・フランスの講義に出席し、《アテネ》や《善き勉学の協会》やバイイ氏の講演を聴いていたことを知っている。また彼らが《キリスト教道徳協会》とか《サン・ヴァンサン・ド・ポール協会》を創始したことも知っている。一八三五年にトロロープ夫人が書き記したように、パリは若者であふれていた。彼らは復古王政末期には自由主義に惹かれ、一八三〇年には革命を起こし、さらに七月王政の政治家たちを任命した。そして、その世代は新体制とともに年老いるのである。

一つの地位を前にして待機しているこの青年たちのすべてが、ダンディだけで構成されていたわけでは全然なく、彼らの中からダンディが選ばれたのである。さらにまた、少々流行に敏感な若者たちの行動は、どれと限らずにすべてダンディスムとして非難されえたがために、ダンディスムは、本来の意味のダンディのグループよりも広範囲の年齢層に色合いを与える現象となっていたのである。

浪費と虚栄

ダンディとその運命についての二つの随想を考察してみよう。一つはヴェロン博士によって書かれ（この人物が〈ブルヴァール〉にどのような位置を占めていたかはすでに見てきた）、もう一つは『ジュルナール・デ・デバ』紙の学芸欄担当のジュール・ジャナンが書いたものである。ヴェロンは、「こんな例にどれほど出会ったか数知れない」と嘆声を上げ次のように続ける。「あの金持ちの暇人たちは、親から受け継いだ一切の家屋敷と財産を湯水のように使って、上等の夜食や劇場の特別ボックス席、見事な名馬や豪華な四輪馬車に贅沢の限りを尽くし、不実な女の愛の巣に潜り込んでは互いに白昼から裏切り合っている。こんな気の触れた若者にとってのわくわくする五分間の快楽とは、おそらく最高の馬に曳かせた馬車のステップにエナメルの乗馬靴の爪先をのせる時だろう。私はどれほど多くのこうした若い浪費家と知り合ったことだろうか。彼らは一年で、また時には三カ月で、親の代に三〇年かかって稼いだ財産を蕩尽し、そしてこの束の間の虚栄の陶酔のあげくには、ある日ひっそりと独りで夕食をとり、あなたの手を握って別れの言葉を述べ、家に帰って首をくくり、そこで一巻の終わりとなってしまうのである」[6]。

一方ジュール・ジャナンは、カフェ・アングレの店に貼り出された一頭立二輪馬車、馬、中古銃などの競売広告を前にして、一八四三年に比較的地味なスタイルの小説を構想するが、この小説のダンディはもっと哀れな結末に導かれている。「歴史のどん底にはいつも同じ主人公がいて、いつも同じ破局がある。まだ一八歳にもならぬうら若い青年が、祖母から与えられたわずかの現金を手に、優雅な生活《ラ・ヴィ・エレガント》の最初の運試しをしようとやって来る。到着するや否や、お人好しの青年はどこへ行っても人に取り巻かれる。高利貸しはこの青年の〈将来〉がどうなるか知りたがり、そんな先のことは見ない遊び女は彼が少なくとも六週間は豊かな暮らしをするだろうと考え、馬商人はとにもかくにも自分が馬丁を世話してやろうと一生懸命になり、やがて彼の周りにいるのはもう室内装飾業者と、仕立屋と、宝石商と、いかさま周旋屋と、そんな連中ばかり。わずかの現金はたちまち消えて、お金がなくなると現れるのは金貸し。かくして半年もたたぬうちに、青年は滑りやすい坂道を一気に転げ落ち、ついにはある日、この掲示板に自分で自分の贅沢の過去と、破産した現在を告示する破目になるのである」[7]。

二つの随想には共通の特徴がある。それはどちらの場合も、金銭は青春よりずっと早く尽きるという理由で、ダンディスムをはかないものとして描写する。ダンディの浪費ぶりは、この時代の新聞のありふれたテーマで、半分はスキャンダル、半分はへつらいの調子で書かれている。一八三九年一月一〇日の『アントラクト』紙〔一八三一年に創刊された演劇関係の日刊紙。幕間の意〕は、ダンディ一人の年間予算を九万四五〇〇フランと見積もっている。一万四〇〇〇フランは流行の界隈（リヴォリ通り、モン＝タボール通り、モンドヴィ通り）に厩舎、馬車置き場、その他付属の土地や施設付きのアパルトマンを借りる費用である。二万フランは馬のために支払われ、朝用に褐色の鹿毛馬三頭と夜用に二人乗り箱馬車を曳く一頭、それに付随する馬具一式、干し草、藁、燕麦代が含まれる。一万八〇〇〇フランは宝石商に時計、鎖、カメオ、指輪、煙草入れ、カフスボタン代として支払われ、五〇〇〇フランは仕立屋用の代金で、燕尾服やフロックコート、マントの他、乗馬や狩猟用の衣装も忘れずに仕立てられ、五〇〇〇フランは靴屋に、乗馬靴、短靴、ワックス、磨き代として支払われる。同じく四〇〇〇フランがシャツ屋、三〇〇〇フランが帽子屋、一五〇〇フランが手袋屋（一日に二組の手袋として）、八〇〇フランが香水屋、最後の一〇〇〇フランがステッキと乗馬鞭を買ったり、劇場やコンサートホールのクロークに物を預ける代金に使われる。使用人の給料は合計七五〇〇フランで、三〇〇〇フランは髭剃りと髪の手入れをする部屋係に、二五〇〇フランは猟師の役目も勤める御者に、二〇〇〇フランは町へ使い走りをする馬丁の少年に、というわけである。若きダンディは食事に四〇〇〇フラン、劇場に三〇〇〇フラン、花束に一二〇〇フランを費やす。この男が賭博で失う金は賭け金とチップで六〇〇〇フランにのぼる。そのうえさらに、文房具の五〇〇フランと、片眼鏡やオペラグラスのような「パリで絶対必要な、くだらない小間物」の二〇〇フランをつけ加えなければならない。

一九三〇年にこの予算に解説をつけたポール・ダリストは、出費の配分の間違いを指摘している。つまり馬と宝石は毎年買い替えるものではないからという[8]。しかし、このようにして浮いた金額は、洒落者が愛人に贈り物をする費用に注ぎ込まれるので、総額に変わりはない。彼は同様に、この予算のどの項目にも健康に対する用意がないことに注意している。おそらくそれは、ダンディは健康であるべきであり、これがダンディの本質そのものの一部をなしているということである。その代わりに、不節制の当然の報いとしてダンディは早く年老い、過酷な老年を送るとされるのだ。

ノルベルト・エリアスは、名前と地位の威信を支えるこの虚栄の浪費の中に、旧体制《アンシャン・レジーム》の貴族固有の特徴を見ている[9]。この点については、少なくとも一九世紀前半のジャーナリストの中にその特徴を指摘していた先駆者がいる。一八三二年一月の『ラ・モード』紙は、のちにエリアスによって引用された逸話を記載しているが、その中で貴族や高官たちが金銭に対していかに鷹揚な態度をとらねばならなかったかを説明している。一七八六年一二月三一日、リシュリュー元帥はコレージュ・デュ・プレシ〔一三一七年創立のパリの高等教育機関〕にいる孫息子を訪れた。青年は祖父に向かって誇らしげに、三カ月前自分の霊名の祝日〔洗礼名の聖人の日。一年のすべての日にはそれぞれの聖人が決められている〕でもらった五〇ルイ入りの財布にはまだ手をつけていないと告げた。元帥は、問題の財布を窓から校内掃除夫に投げ与えてしまったあと、孫の学生に向かって次のような説教をしたという。「お前の年齢でリシュリューの名を継ぐべき立場にある者は、机の中などにお金をしまっておいてはいけないし、ましてや必要もなくポケットに五〇ルイを所持し続けては絶対にいけない」[10]。『ラ・モード』紙の紙面に紹介されたこの逸話は、ダンディの浪費癖を正当化するために使われたわけではなかった。この逸話には、自分の長男への手当金支給を要求するルイ＝フィリップが襲撃された直後のこともあって、ありとあらゆる種類の異質な注釈がつけられているが、ただ単にお金に無欲な旧体制貴族へのへつらいのイメージをばらまいているだけなのだ。浪費癖のあるダンディの鷹揚さも、これと同じ偏見の性質を帯びているのである。

リシュリュー元帥の話のような逸話は、フォブール・サン＝ジェルマンの威信を支える「旧社交界」を参考にすることが万事重要であると教えているのである。ダンディスムが、こうした実例に影響され、戯画化といわぬまでも単純化された貴族のモデルの模倣を部分的に含んでいることは疑う余地がない。大貴族の傲慢さのある種の観念を模倣する横柄な気取りなどもその証拠である。けれども、ノルベルト・エリアスの言う宮廷人の浪費とダンディの虚栄の浪費とは区別する必要がある。

旧社交界の宮廷人にとっては、浪費は彼の家柄が押しつける義務であり、同時にまたこの浪費に励むことを許すのも家柄であった。これにひきかえダンディは、いかなる家柄、いかなる称号、さらにはいかなる私的な財産もそれを許さないのに、浪費する自由を主張する人間である。この点でダンディは、贅沢をすることで富と財政力に価値を付与する成り上がり者とは相違している。それゆえにまた、ダンディは自由になる資産が底をつくと、負債を背負う破目になるのである。

このことは虚栄の示威行為そのものにも見出される。古い制度のもとでは、贅沢の指標《シーニュ》は理論的には量においても商品価値においても、その指標が際立たせ支持する家柄の威信と重要性に対して釣り合いを保っている。しかしダンディは、違った仕方で自分を目立たせる。たとえば、「目立たない」[11]ことによって目立とうとしたブランメルの場合は、指標を希薄化し、おおっぴらな指標に依存しない無形の奇抜さをひけらかす。あるいはまた、もっと大雑把にいえば、彼は常軌を逸した指標を積み重ねるのだが、そこでは奇抜さは独創性によって鮮明になり、誇張は比較を回避するための試みとなる。（ここでは、ダンディな個人とその同類との比較というよりも、個人が見せびらかす富の指標と彼が自由にできる資金との間の比較のことである）。その指標は彼がもっているもの（資本、称号、家柄）を証言せず、彼が何者であるかさえも表さない。これらの指標こそ、ダンディそのものなのである。

ダンディスムはこのように、優雅《エレガンス》さの新しい美学を極限にまで押し進める。この美学は、財産が与えうる威信、つまり権力とか役職を、派手な仕方で例証することにあるのではない。（たとえばロッチルド家の場合のような贅沢の誇示は批判的に取り沙汰されることになる）。優雅《エレガンス》さは美学的な資質となり、この資質は優雅《エレガンス》さの手段を得るための物質的優位性を忘れさせ、ときにはまた、これらの優位性と手段をもち合わせていないことをも忘れさせる。さらにまた、自分があらゆる定義から独立していることを望むこの資質は、個人の倫理的資質あるいは知的資質との関係の外で自分を顕現したいとまで考えるのである。この観点からするとダンディスムは、社会的素姓と威信との間、あるいは功績と威信との間の因果関係を混乱させる（あるいは無視する）試みとして現れる。[12] ドイツの神秘主義者アンゲルス・シレシウス〔医師、宗教詩人。一六二四—七七。薔薇十字団の影響を受けた〕の薔薇のように、ダンディは「理由なしに」花開く。彼は即自的に一つの目的であり、手段ではない。彼は優雅な生活《ラ・ヴィ・エレガント》に組み込まれることを望まない。そうではなくて、さまざまな成功を収めつつ優雅《エレガンス》さの模範として、ポーズをするのである。

ダンディスムは、正理論派《ドクトリネール》の人びとが定義したような新しい貴族の観念、およびギゾーの言う法的能力《カパシテ》の理論との関連で把握される必要がある。復古王政下の正理論派は、彼らの目には社会の調整原理と思われる選良主義を新たに定義づけようとやっきになっていた。自然の不平等は、真の優越性の出現を可能にするがゆえに、消し去るべきではないのだった。これらの優越性はひとたび正当化されると、つまり認められ受容されると、国家の政治的選良《エリート》を形成することになるだろう。[13] 正理論派はこのようにして、中産階級の素質を引き出して政治権力を行使させようとしていたのである。

法的能力のある市民は理性への素質が備わっていて、その基準は決められないにせよ、それが彼の権力への参加を予定させるのと同じように、ダンディにも優雅さ《エレガンス》への素質が備わっていて、その基準は決められないが、これが彼に価値を与え社交界で光り輝くことを予定させているのである。彼はいかなる仕事とも同一視されることを望まず、政治、経済、芸術を問わずどんな役職にも自分の威信に借りができることを欲しない。ダンディが芸術活動を実践することはあっても、その名声を享受すべきは彼の作品であって、その逆ではない。ダンディスムはだから「法的能力」の概念の社交界的用法であって、七月王政の間にダンディスムが平凡化したことも、そして同時に法的能力の概念が通俗化したことも、おそらく驚くにはあたらないのである。

「ライオン」たち

七月王政下には、流行の先端をゆく若者をさして、ダンディの同義語として「ライオン」という言葉が普通に使われていた。一八四二年に出た『ライオンの生理学』の著者〔第一二章の原注30を参照〕は、「生まれつき奇抜な趣味と破壊的な性格をもち、流行の服を着て、馬と犬と愛人のことだけを話題にし、債権者がいて、ポケットには一〇〇〇フラン紙幣数枚を入れている男」を、無頓着にライオンあるいはダンディと名づけている。[14] ここで問題になっているのはダンディの紋切り型であって、語源的な意味のライオンではない。

ライオンは、公衆の好奇心をそそり、多くの詮索好きな人びとが探し求める人物であり、リトレ辞典がその語源と主張するロンドン塔のライオン〔旅行者が必ず訪れる〕のようなものなのだ。ロベール辞典はこの用語を一八三五年に始まるとしている。もっとも、「ライオン」の語は復古王政下にも使われていたが、それはおそらく洒落者が引用する英語として当時は理解されていたのだろう。マイエ公爵夫人が一八二九年六月に書いた数行の文は、そのことを示唆するものである。「このごろのパリの最新ニュースは、ラマルティーヌ氏の到着です。皆大急ぎで会いに行き、氏と同席したいばかりに夕食に招待するのです。あの方はまったく、レディ・モーガンがおっしゃるように社交界の〈ライオン〉です」[15]。公爵夫人がイギリスからやって来た女性を引き合いに出す必要を感じたということは、「ライオン」の語がまだフランス語の普通名詞になっていなかったということではなかろうか。

それから一〇年後、純粋主義者たらんとするデルフィーヌ・ド・ジラルダンは、「ライオン」の意味がどれほど退廃したかを強調し、突飛な身なりで目立とうとする新しがり屋なら誰でも〈ライオン〉と呼ばれるが、本当は〈ダンディ〉か〈ファッショナブル〉あるいは〈素敵な人《メルヴェイユー》〉と言うべきだろうにと述べている。[16] ライオンは、しばしばまったく月並みな挙動によって、社会全体の好奇心と興味を一時的にわが身に引きつけることがある。また、人はさまざまな理由でライオンになりうる。つまりスターにまつり上げられることがある。たとえば次のようなことによってである。一八二八年にカイエ氏は、アラビア語を習得したのち、イスラム教徒になりすましてアフリカを横断し、トムブクトゥーまで行った。[17] 一八三八年にアンジュヴィル嬢はモンブランを登攀《とうはん》した。[18] 一八三九年にアバディー氏は、二年間のエチオピア滞在後一人の少年を連れて帰ったが、この子はパリの劇場の出し物を見ると鋭い奇声を発するのだった。[19] 一八四〇年にセルセー氏は、ペルシャ国王のもとに派遣された使節団の団長を務めた[20]〔デルフィーヌ・ド・ジラルダンの原文では「この冬ペルシャという言葉が大流行で、各地区はそれぞれペルシャのライオンをもっており、(…)たとえばフォーブール・サン=トノレはセルセー氏(…)」とある〕。これらすべての〈ライオンたち〉は、異国趣味あるいは異例の成功によって会ってみる価値のある人物である。けれどもパリという舞台では、もっとずっと平凡な理由で誰でも突然スターになることができるのだ。つまり議会で雄弁を振るうか、売れ行きのよい本を出版すればよいのである。

ライオンは常にその功績としての特異性をもつが、それが単に偶然の事実であることもある。一八四三年、あるイギリスの貴族がインドから帰国するなりロンドンでライオンになったのは、一人の美しい女性がダンスの最中に彼の腕の中で死んだからである。[21] また大衆の病的な興味は、本物の殺人者をライオンにしてしまうこともある。フィエスキは一八三六年の裁判の際、ライオンと見なされてサインを求められ、皆が彼と握手をしたがった。[22] 一方、外国人はただ自国の習慣に従うということだけで、ライオンの称号を得る強力な切り札をもっている。一八三七年のチュニジア総督の大使の場合がそれである。彼は株式仲買人の家に家族ともども招待された時、八人の妻を連れて現れたところ、翌日はショセ=ダンタンのあらゆる貴婦人たちが、心ならずもライオンになったこの大使を招待しようとやっきになったのだった。[23]

ライオンとなるのは一時の事件であり、その時だけのことである。流行というものはライオンを他のライオンと交代させる傾向があるのだ。音楽のライオンはシーズンごとに新しく現れる。ドイツから新たにやって来たドライショックは、一八四三年の冬の間の「ピアノのライオン」。一八四六年にはカミーユ・プレイエル夫人の番、等々。ライオンというのはスターになった人間のことで、スターであった期間の長さはどうでもよい。それゆえ、あらゆるスターは初めはライオンである。これらのライオンが自らのはかない栄光を利用して、政治の分野であれ、文学や芸術の分野であれ、それを長続きさせて名声に変えるすべを心得ていたならば、彼らはスターになるのである。

ライオンはその一瞬、目の前に上流社会の扉が開くのを見る。前夜までは無名だったが、その後は大衆が後ろ盾である。彼には今やこの大衆を利用し、その一瞬のチャンスを自分に有利なように活用することが問題である。このような立場に置かれたのは、クリストファー・コロンブスの同行者の末裔にあたる女性、アメリカ・ヴェスプッチである。彼女は、自分の一族の財産を取り戻すためのアメリカ遠征に際し、これを実行に移す前に、パリとロンドンで（絵を描いて暮らしを立てながら）イタリア独立の大義を説いていた。彼女は、イギリスへの推薦状を取りつけてくれたソステーヌ・ド・ラ・ロシュフーコーに、一八四〇年七月二日に次のような手紙を書いた。「私はこうして今ではロンドンの雌ライオンです。あらゆる有名人が私に会いに来て敬意を表してくれます（…）。私は今をときめく売れっ子なので、もはや推薦状も要りません」[24]。

したがってライオンは、ダンディとはまったく別者たりうるのである。二つの用語の混同は、ダンディがどうしてもライオンになりたいと願い、もしなれないならばダンディ失格だと思っていた事実に起因している。

さらに、もしもダンディが「理由なき」存在だとすれば、ライオンにこのような王座を与える理由はまったく無意味で偶発的なものだということになる。ダンディもライオンも〈流行《モード》〉によってそれと承認され、共に自らの力と、とりわけ自由意志を示すのである。

この自由意志の部分は、ライオンとダンディに存在を許すだけでなく、世評を作り名声を承認する社交界という集団にも、その選択におけるある種の自立性を与えている。この集団は確かに、専門の分野（政治、財政、芸術など……）で傑出した人間を認めて流行児にしようと常に待ち構えているが、同時に、誰でもかまわず流行児にさせる可能性も引き受けている。このようにして社交界集団は固有の権威を主張するのである。

　ライオンは男性と同じように女性に対する形容語でもある。では「雌ライオン」とは何か。[25]第二帝政下で高級娼婦《ドゥミ・モンデーヌ》に対して適用されることになるこの用語は、元来は伊達男《エレガン》たちの風俗を取り入れて目立ちたがる社交界の若い娘をさしていた。彼女たちはスポーツに熱中し、競馬に参加する。そして一八四一年一二月には、こうした一〇名の「上流社交界の女騎手たち」が、堀と非常に高い障害のある五キロの障害物競馬を走っている。彼女たちはピストルを撃ち、狩猟をする。その一人が婚約者から結納の花篭に入れて贈られたプレゼントとは、「お洒落な小型の金銀象眼の銃で、分解されたその部品がそっくり、幅広の一二折本のような分厚いモロッコ皮の箱に入っていた」[26]。彼女たちは水泳もやり、パリではオルセー河岸のプールで、夏はディエップかル・アーヴルで泳ぎ、水から上がると「疲れ直しにラム酒やオランダ・ジンの小さなグラスを傾けるのだった」[27]。ブローニュの森やシャン＝ゼリゼで、四輪馬車に乗ったまま彼女たちがくゆらす本物のハバナ産の葉巻は、もっとも高価な密輸品で、しばしば警官が自宅まで押収に行ったものである。[28]雌ライオンは本質的に女性のダンディなのである。

　また、これらスポーツでの壮挙が新聞で派手に書き立てられようとも、雌ライオンたちには賭事への情熱や夫婦間の放任主義といったような、あまり公言できない別の習性もある。彼女らは亭主たちのアヴァンテュールには口が堅く、共犯者にさえなりかねない……。ここにはもうすでに、本来社交界の女性であった雌ライオンを高級娼婦《ドゥミ・モンデーヌ》の方へと移行させるいかがわしい道徳の匂いがある。ダンディたちが一頭の雌ライオンに寄ってたかって狂乱の限りを尽くすこともあり、かくしてある夫が妻の赤い靴を火に投ずれば（ゲルマント公爵はオリアーヌに靴を脱げと命じただけだったが）、若者たちは火傷を恐れずにその靴を拾い出し、ティーポットに入れてお茶の代わりにするのである。[29]

ダンディスムの例、オルセー伯爵

アルフレッド・ドルセー（オルセー伯爵）は、一八世紀中に財をなして貴族と姻戚関係を結んだ徴税請負人の子孫であった。彼の曾祖父のグリモ・デュ・フォールがオルセーの土地を買っていたので、祖父はオルセー伯爵の称号を得た。祖父はショーヌ侯爵からヴァレンヌ通りの館を買い、そこに見事な美術品のコレクションを集めたが、大革命の間に没収された。彼はクロイ家〔ピカルディー地方の旧家〕の娘と結婚し、二人の間には一七七二年に一人の息子が生まれた。これがナポレオン軍の将軍アルベール・ドルセーで、アルフレッドの父である。[30]

アルベールは一七九三年にエレオノール・ド・フランクモン女男爵《バロンヌ》と結婚したが、彼女はシャルル＝ウジェーヌ・ド・ヴュルタンベール公爵とイタリア人の踊り子のアンヌ・フランキとの間の私生児で、嫡出子とされ持参金付きだった。アルフレッドの祖母のこのイタリア女性は、彼の生涯に重要な役割を果たした。まばゆいばかりの美しさで彼女が次々と誘惑した有力者や富豪は、ヴュルタンベール公爵のあとはウィーンでは皇帝ヨーゼフ二世、パリではアイルランド人のサリヴァンで、後者は東インド会社の重要なポストについていた。彼はインドにこの愛人と子供たちを連れて行った。この地で「麗しのサリヴァン夫人」と呼ばれるようになった彼女は、途方もない富豪のスコットランド貴族クインティン・クロゥファードに出会った。この二人は一緒に一七八〇年頃パリに帰り、クロゥファードが借りて家具を入れたマティニョン館で豪奢な生活を送った。彼らは宮廷に紹介され、「クロゥファード夫人」は女王の側近の中に出入りを許された。彼らは、こちらもクロゥファード夫人と愛人関係にあったアクセル・ド・フェルセンを助けて、ルイ一六世一家のヴァレンヌへの逃亡を準備し、その後はウィーンへ亡命した。[31]

クロゥファードたちがいつフランスに帰ったかは知られていない。しかし、一七九七年にオーストリアに加担してフランスに陰謀を企てていたアルベール・ドルセーは、当時タレーラン、バラス、そしてボナパルト自身とも親密だった義理の母のおかげで、命を救われた。彼女は「レディ・クロゥファード」と呼ばれていたが、ついにこの相手と正式に結婚した。一八〇〇年代にはこの夫婦はサン＝トノレ＝ダンジュー通りの新しい館で豪勢に暮らしていた。レディ・クロゥファードは、一八〇一年に生まれた孫のアルフレッドに対していとも寛大な愛情を抱いていたので、彼が駐屯地に旅発つ時には、男二人で担がねばならぬほどの重い黄金製の旅行ケースを贈ったものである。

ワーテルローの戦いのあとオルセー将軍はブルボン家に帰順し、一八一七年に息子を王の身辺警護隊に入れることに成功した。息子アルフレッドは一八二〇年までここに勤務して、その後ドルドーニュの猟騎兵連隊に配属された。しかしこの若者には部下は一人もいなかった。彼の功績表には、とくに休暇願いの記入が多い。彼は賭博をし、負債を負った。彼は家族の皆も納得のうえで、何よりも資産家の跡取り娘を結婚相手として探さなければならないと思っていた。[32]

アルフレッドには一八〇二年生まれのイダという妹がいて、彼女は一八一八年にグラモン公爵の長男アントワーヌ・アジェノール・ド・ギッシュに嫁いでいた。一八二一年七月に、ロンドンでジョージ四世の戴冠式が行われたが、ルイ一八世は自分の代理として、〈王の寝室付筆頭貴族〉であるグラモン公爵を派遣した。公爵は一緒に自分の長男と、義理の娘の兄であるアルフレッド・ドルセーを連れて行った。ギッシュ公爵は亡命時代にイギリスで暮らし、イギリス軍に勤務したことさえあり、また姉妹の一人はイギリス貴族と結婚していた。(コリザンド・ド・グラモンは一八〇〇年にタンカーヴィル卿の長男チャールズ・ベネットことオッサルトン卿に嫁いでいた)。

アルフレッドはただちに最上流社交界に迎えられ、注目を浴びた。シャトーブリアンは『墓の彼方からの回想』〔死後に部分的に『プレス』紙(一八四六―五〇)に発表される。完全なテキストの刊本は一九四八年〕の中で彼の思い出を語っている。「ロンドンでは厚かましく傲慢でなければ成功しなかった。その証拠はギッシュ公爵夫人の兄オルセーで、彼はハイド・パークで馬をギャロップで走らせ、公園の柵は飛び越す、賭博はする、ダンディたちを遠慮なく君づけで呼ぶやらで、比類のない成功を収めていたが、あげくの果てにはとうとう一家族まるごと、父も母も子供たちも夢中にさせてしまったのだった」[33]。オルセーは、実際はロンドンで資産家の跡取り娘を見つけることはなかったが、ブレシントン夫妻と出会ったおかげで贅沢な暮らしを共有できることとなる。そして、もはやこの夫妻と離れて暮らす未来など彼にはないのであった。

この三人の関係がどんなものだったかはあまりよく分かっていない。アルフレッドより一二歳年上のマーガレット・ブレシントンは、彼の愛人だったのだろうか。ブレシントン卿がこの若者の同性の恋人だったのだろうか。いずれにしても卿は彼と固く結びついていたので、一八二六年に娘のハリエットを与えて結婚させ、すべての財産を譲ってしまったのである。一八二二年から二八年まで、アルフレッドとブレシントン家の人びとはイタリアを旅行して、そこに滞在した。この一行には、八人の使用人と何匹かの猿や犬、それに何羽かの孔雀、また家具や絵画を満載した三台の荷馬車が付き従い、これはまさにキャラバン隊そのものだった。彼らはバイロンを訪問した。オルセー伯爵は社交界の貴婦人たちを悩ませた。ナポリでは、彼女たちが日課のように早朝から彼の乗馬姿を一目見ようとやって来たが、その時の彼は、ハシバミ色のぴったりした乗馬ズボンに、折り返し付きのブーツを履き、森のスミレ色をしたトルコ・ラシャのフロックコートを着て、赤黄色の犬の革の手袋をはめていた。[34]

一八二八年六月末に、ブレシントンの大家族はブルボン通り七四番のネー館に居を構え、社交界での勝利を味わった。ギッシュ公爵とオルセー伯爵はこの年〈ユニオン〉というクラブ（セルクル）を創設し、競馬を組織した。アルフレッドは二五頭の馬のいる厩舎をもっていた。一八三〇年三月四日に、彼は最初のクロスカントリー・レースに参加した。一八二九年から三〇年にかけての厳冬の期間に、彼とその義弟〔ギッシュ公爵はオルセーより一二歳年長ではあったが〕は打ち揃って、雪の積もったパリの街々を橇《そり》で駆け抜け、拍手喝采を浴びたが、この橇は一台が竜の形、もう一台が白鳥の形だった。[35] 貴婦人たちは、自分こそオルセー伯爵の一番のお気に入りと思われたくてお互いにやきもきしていた。伯爵が、選ばれた一人のためにロンドンへ羽根飾りを買いに出かけていたという噂が流れたある日、彼女たちのうちの〈三人〉がダイヤモンドをちりばめたオオハシの羽根飾りを付けて舞踏会に現れた。いったいどの女があのダンディの本当の奥方《ダーム》だったのか。この時イダ・ド・ギッシュが、彼女のトレード・マークである非常にシンプルなモスリンの服を着て姿を見せた。彼女がただ一つ胴着に付けていた蘭の花は、かの兄上が妹の霊名の祝日のためにわざわざ摘み取ってきたものであった。[36]

しかし一八二九年にブレシントン卿は死んだ。彼の妻はその翌年、財政状況の打開のためにイギリスへ帰らねばならなかった。彼女は一緒にオルセーとその若妻を連れて行った。ギッシュ家についていえば、七月革命後は公爵が王太子の亡命に付き従った。つまり彼は王太子の近侍で腹心の部下だったからである。

オルセー伯爵夫人はロンドンにそんなに長くは滞在しなかった。夫になおざりにされた彼女は、パリでシャルトル公爵を相手に寂しさを紛らせていた。一八三一年に彼女は公然と家を出て、離婚と財産の分割に成功した。一八三六年になって彼女は最終的にパリに居を定めた。この離婚はアルフレッドの立場をすっかり変えてしまい、彼の自由になるのはもはや一年に五〇〇リーヴルの年金のみとなった。とはいえ彼は一九年間ロンドンでレディ・ブレシントンとともに豪奢に暮らした。二〇人の使用人と絶え間ないパーティー、そして仕立屋、馬車製造業者、その他贅沢を売る商人たちが、凄まじい浪費をあおり立てていた。

一八三六年から彼らはケンジントン地区〔ロンドン西部の自治区〕のゴア・ハウスに住み、自邸のサロンにあらゆる種類の人びとを迎え入れたが、その中には政治家、作家、芸術家（ブルワー・リットン、ディズレイリー、ディケンズ……）、それにあらゆる著名な外国人（ルイ・ナポレオン・ボナパルト、ラシェル、リスト……）がいた。女主人の評判があまり芳しくなかったことから、ここへの出入りは女性より男性の方が多かったとはいえ、二人は上流社交界をモデルにしたサロンの維持に成功した。ブレシントンと結婚する以前のマーガレットは、嫌いな先夫から逃れるために、キャプテン・ジェンキンズという男と一〇年間同棲したことがあり、夫の方は賢明にも一八一七年に死んでくれた。彼女が一八一八年にブレシントンと正式に再婚することができたのは、おそらくブレシントンがまずジェンキンズから彼女を「買い取った」からのようである。[37] 彼女と義理の娘の夫（オルセー）とのこの奇妙な関係は、過去の素行についてのスキャンダルをさらに助長していた。

オルセーはロンドンでも相変わらず洒落者として、次々に流行を生み出していた。奇抜な生地で仕立てたズボンとかフロックコートを彼が身に着けただけで、翌日はもう皆が同じものを手に入れようとする。こうして彼に最高の宣伝をしてもらった仕立屋たちは、ときには彼の借金を忘れてくれるのだった。彼は、あの顔を縁取る髭を流行させ（イギリス人は伝統的に髭を剃っていた）、また「ドルセー」というツー・ドア四輪の箱馬車をはやらせた。

マーガレットとアルフレッドはお金を工面しなければならなかった。まずは賭博ということになったのは、アルフレッドが依然として賭博の常習者だったからである。次は著作ということで、レディ・ブレシントンは『美の書』シリーズを世に問い、この本は一〇年間大い売れ続けた。これは〈記念贈答本《キープセイク》〉〔年間の詩文集の装飾本。この時代に大流行した〕で、小説と詩の選集であり、小口〔本の背を除く三方〕は金装で挿絵入り、布装（ときには絹布装）の表紙は各自のサロンの色に合わせることができた[38]。オルセー伯爵の方は絵を描いた。きわめて定期的にロイヤル・アカデミーで展覧会を開き、上流階級の人びとの肖像画を描いて大いに金を稼いでいた。二人はジャーナリストでもあり、『デイリー・ニューズ』紙の〈ファッション〉欄を担当していた。

彼らの稼いだ総額はばかにならないものではあったが、それでも一八四九年四月時点での一〇万七〇〇〇リーヴルという負債に比べると、雀の涙にすぎなかった。債権者たちに追い回され、アルフレッドは大急ぎでロンドンを離れた。マーガレットはすべてを売り払い、パリで合流した。二人はつつましく暮らし、彼女の方はシャン＝ゼリゼに近い二部屋を、彼の方はヴィル＝レヴェック通り三八番のアトリエを住居とした。レディ・ブレシントンはこの時六〇歳で、生活の変化に耐え切れず、一八四九年六月三日に死んだ。

アルフレッドは反対に、さらにもう一度社交界を驚かせることに成功した。自分の財政的窮乏の結果を流行に変え、芸術家の仕事場を居住環境として世に問い、自分のたったひと間のアトリエでパリのお歴々（トゥ＝パリ）をもてなしたのである[39]。彼は彫刻に専念し、アレクサンドル・デュマ、アルセーヌ・ウッセー、ワルシュ子爵、ジェローム王など、有名人たちの胸像を作った。ラマルティーヌだけには代金を払わせなかったが、それはこの詩人も借金で首が回らなかったからである。一八五二年春、ついに大統領ルイ・ナポレオンは、かつてハムの砦逃亡後にロンドンでオルセー伯爵が自分を迎え入れてくれたことを思い出し、彼を美術学校長に任命した。しかしアルフレッドは脊髄の病に冒されており、一八五二年八月に死んだ。彼の葬式は社交界の一大行事となった。葬列の先頭を歩むのは、一八三六年に義父の死によってグラモンの名を継いだギッシュ公爵夫人であった。

イギリスにはブランメル、フランスにはオルセーがいた。なぜオルセーが、フランスで伝説の中に組み入れられるべき唯一のダンディなのだろうか。彼の美貌と衣服の独創性が、いくらかはその理由である。一八二〇年から五二年という活動期間の長さと、行動範囲の広さ（ロンドン―ナポリ―パリ―ロンドン―パリ）が、また贅沢の誇示を極限にまで高めたことがさらにその大きな理由である。しかしそれ以上の理由は、とりわけ彼の生涯が、ダンディスムの重要な次の三つの相《アスペクト》をすべて統合していたからである。

性的反道徳主義――ダンディとは、性が社会的禁止事項を無視するものであることを垣間見せてくれる存在である。(通常はオルセー伯爵ほど鷹揚かつ磊落《らいらく》ではないが)。多くの場合この問題は、上流社会の貴婦人たちとも女優たちとも同時に関係を続ける社交界の男性だけに限られている。シャルトル公爵、ヴァレヴスキー伯爵、シャルル・ド・モルネー伯爵は、こうした人物像をよく例証している。一八二九年から三〇年にかけて貴族たちに大変好かれていたシャルトル公爵は、女優のレオンティーヌ・フェーともアヴァンテュールを楽しんでいたので、『レオンティーヌに会ったかい……』というシャンソンが作られていた。

シャルル・ド・モルネーはといえば、一八二五年以来時評欄に話の種を提供していた。〈王の寝室付貴族〉の彼は、一八二五年に二二歳で、すでに年季を積んだ誘惑者だった。スタドレール寄宿学校の同窓生だったムラン子爵によれば、彼は一二歳にしてすでに「ネクタイを結ぶ天才」で、夜は無断外出をしていた[40]。彼はマルス嬢が四六歳の時に彼女と出会い、この時点で始まった関係は一八四七年のこの喜劇女優の死まで続くことになる。これと同じ時期に二人の貴婦人、ディノ公爵夫人とラギューズ公爵夫人が「彼に死ぬほど恋い焦がれ」(アー・ダイイング・フォー・ヒム)ていたと、レディ・グランヴィルは言い、そんな彼のことを「運命の寵児[41]」(アンファン・ガテ・ド・ラ・フォルテューヌ)と断言している(原文フランス語)。一八二八年二月にマイエ公爵夫人が報告している軽口の裏の意味については、どうか判断していただきたい。「噂によれば、彼が〈世紀の落とし子〉であるのは、彼の二人の愛人がともに五〇歳だからです。(ラギューズ公爵夫人の方が年齢では勝っていた?)。新しい服と古い女を一番たくさんもっているのが社交界の男、というのは本当のことなのです[42]」。

貴族社会への参加――オルセー伯爵は、卑しからぬ家柄の出にもかかわらず旧貴族の名前はもっていない。しかし妹のおかげで、たとえばギッシュ公爵の例のような貴族のダンディスムと結びついているのである。

アルフレッドはこの義理の弟に、イギリス社交界への紹介者以上のものを確かに負うていた。一二歳年上のギッシュ公爵が彼に与えた影響には、おそらく無視できないものがある。大変古い貴族の生まれである公爵は、父親と同じく宮廷の職務と軍の指揮権をもっていた。非常に美男で、復古王政の初期にはすでに宮廷ではもてもての男だった。その頃は口髭を貯えていた——ただしルイ一八世がそのような装飾は我慢できないと言って、貴婦人方全員の抗議を押さえて髭を剃れと要求した日までは。[43]

亡命中に知ったイギリスの流行の影響を受けて、公爵は馬に夢中であった。そして、この主題に関して彼はいくつかの著書を出版した。『フランスにおける馬の改良について』は日付がないが、一八三〇年以前のものに違いない。理由は、『フランスにおける馬の改良についての新たな所見』の日付が一八三〇年だからである。一八四三年の最後の著作は『馬術学校およびフランスにおける馬の品種を改良普及せしめる方法についての考察』である。彼は一八二八年に〈ユニオン〉を創設した時、ロンドンのクラブを手本にしていた。

その結婚が示すように、彼はあらゆる形態の優雅さ《エレガンス》に参画しようとするあの貴族たちをかなりよく体現している。イダ・ドルセーには家柄も財産もなかったが、美貌の評判が高く、彼女もそのことに執着していた。だから、何人かの子供を妊娠したあとに肥ってしまった彼女は、一八二六年に酢をもとにした過酷な食餌療法を自らに課し、危うく死にかけたことがあった。[44] さらに彼女は非常に品位があり、服の着こなしが上手だった。

もちろんギッシュ公爵だけがこうした貴族のダンディスムの唯一の代表者ではなかった。レオン大公、ラ・モスコヴァ大公、あるいはアンリ・ド・ノアイユもいた。[45] オルセーがそのパリの時期（一八二八—三〇年）に動き回ったのは、これらの人びとの間であり、彼らの中に溶け込みながらであった。彼らの輝かしさは、〈ブルヴァール〉で、そしてペン一本で、熱っぽく名声への道を求める野心的で恵まれぬ若者たちに夢を見させていたのである。

社交界に地位を保持しスターとして振舞うための、芸術と流行《モード》の利用——レディ・ブレシントンとオルセー伯爵は、恐るべき負債を背負いつつ、ロンドンで二〇年間近くも彼らの地位を維持することができた。アルフレッドとハリエットの離婚の結果二人〔レディ・ブレシントンとオルセー伯爵〕の収入が減少したにもかかわらず、彼らは客を迎え、著作をし、アルフレッドは社交界の肖像画家をこなして、自分たちの生活のペースと優雅さの評判を支え続けた。すべてに逆らいつつ、ペンと芸術によって地位を保とうとするこの態度は、七月王政下のブルヴァールのダンディスムと関係がないわけではない。この生活態度は一部の人びとの内に、けばけばしい贅沢の誇示はたとえそれが月賦で買われたものであっても、一種の力を与えるに十分たりうるという幻想を抱かせたはずである。

〈ブルヴァール〉の社交性《ソシアビリテ》

しかしながら、アルフレッド・ドルセーにおけるようにダンディスムが密度高く持続的であることは稀であった。たいていの場合には、ダンディスムは社交界の若者のための通過儀礼にすぎず、また次第に時間が経過すると、そのように思えることになるのであった。

第二帝政下にジェローム王〔ナポレオン一世の一番下の弟、ウェストファリア王。一七八四―一八六〇〕の馬術教師だったプランシー男爵は、ダンディとしての青春時代を経験したが、これを微笑の哲学《フィロソフィー・スーリアント》をもって回想している。一八一五年生まれの彼は、少しばかり法学をかじっていた。「私は仲間と同じように名ばかりの学生だったが、法学教授の優しいポンスレ先生は、夜はオペラ座の楽屋で講義を続けたものだった」[46]。彼は踊り子たちとつきあい、賭博場にもせっせと通い、試験に落第し、母親にくっついてバーデンの温泉へ行き、ある王女に思いを寄せ、そして結婚をし、晩年は議会に出たのだった。

とはいえ、ダンディであることは、積極的に将来に備えることの妨げには少しもならなかった。ボシェとテルノーの兄弟にとって〈ブルヴァール〉で享楽的な生活を送るのは、議員の資格を取得することと両立していた。彼らは一八三二年の《モレ雄弁会》〔若い法律家を訓練して政治討論に習熟させる集会。モレが主宰した。本書第七章を参照〕の創始者メンバーに加わっていた[47]。この金融家の息子たちがダンディの評判を得たのは、散財することによってではなくて、〈ブルヴァール〉の大物たちと交際することによってなのである。

アルフレッド・タッテとその友人たち

一八三一年に二二歳のアルフレッド・タッテは、「男住まいの自分のアパルトマンに、将来有名になることを約束された若者たちを集めていた」。シャルル・ボシェはその八〇年後に（彼は一〇〇年近くを生きた）、これらの人びとのリストを作っている。「そこにいたのはタッテの親友のアルフレッド・ド・ミュッセ、彼は自分の詩の一篇をタッテに献じた。（もう一篇は、アンリ四世校でとても仲のいい学友だった私の兄のエドワールに贈られた）。ヴィクトール・ユゴー。詩人で劇作家のアルヴェール。エマニュエル・アラゴとアルフレッド・アラゴ。ジャーナリストで将来オペラ座支配人になるロクプラン。サロンで大変評価されていた文学者でありロマン主義の理想の熱烈な信奉者でもあった詩人のギュタンゲール。エミール・ド・ジラルダン。その才能を評価されてドルドーニュ県の知事になったジャーナリストのロミュー。サント＝ブーヴ。卓越した政論家《ピュブリシスト》のペルタン、彼は学士院と科学アカデミー会員でシャルル一〇世の侍医の騎士章受勲者ペルタンの息子であったが、この父子が一九〇五年の海軍大臣〔急進派の議員（一八八一―一九一二）だったカミーユ・ペルタンのこと。コンブ内閣に加わって政教分離法の成立に貢献した〕の祖父と父になるとは、当時の彼らの感情からすれば信じられないことだろう。ジェルマン伯爵、彼はフランス貴族院の若き世襲議員で、この小さな結社《セナークル》に女友達のヴィルジニー・デジャゼを連れて来ていた。アルトン＝シェー伯爵、彼もまた二五歳のフランス貴族院議員で、ルイ＝フィリップ治世の末期に上院で超民主主義的な意見を開陳し、同僚議員たちの間で物議をかもしたものである（…）。これらの集まりの文学的魅力には、さらに美しい声の魅力も加わっていた。ここでは何よりもベルジョヨーゾ大公の美声が聴かれたものであった」[48]。

アルフレッド・タッテは、父も祖父も株式仲買人で、復古王政下に父がグランジュ＝バトリエール通り一五番に買った館に住んでいた。彼の生まれた環境は実業の世界で、友人にはテルノー兄弟、ボシェ兄弟、モッセルマン兄弟、そしてサランドルーズがいた。しかしまもなく、この本来の環境に芸術や文学に携わる人びとが混ざり合った。マサン塾で彼の同級生だったフェリックス・アルヴェールは、コメディとヴォードヴィルの作家であり、かの名高い一四行詩で後世に名を残した。アルヴェールはタッテをミュッセに紹介し、今度はミュッセがタッテをユルリック・ギュタンゲールとロジェ・ド・ボーヴォワールに結びつけた。タッテは続いて、一八三〇年頃に〈ブルヴァール〉で有名だった若者たちと知り合いになった。たとえばネストール・ロクプラン、エミール・ド・ジラルダン、ロミュー、アルトン＝シェー伯爵、ジェルマン伯爵といった政論家たちである――この最後の男は、タッテのイタリア旅行に自分の愛人の女優ヴィルジニー・デジャゼを貸したりした。

タッテは自分の時間を、文学と女性関係という二つの活動に分けていた。彼は、既婚女性が夢中になるような本が出ると、そのすべてを読んでいた――これは彼が実践したいわばスポーツで、一八四三年についに戦利品の一人と結婚して身を固めるまで一二年間続けられた。初めは嫉妬する夫を恐れて彼女と一緒にフォンテーヌブローの森に隠れ住んでいたが、やがて円くおさまると結婚式を挙げ子供をもうけた。タッテは痛風で身体が不随となり、一八五六年に死んだ。[49]

アルフレッド・タッテが親しくつきあった若者たちのリストを調べてみると、フランス貴族院議員からジャーナリスト、高名な資産家の息子からペン一本で暮らしを立てざるをえない者まで、彼らの家柄が一様ではないことが確認できる。どのようにしてこのグループは形成されたのか。最初は家族と隣人関係からである。ボシェ家とタッテ家はグランジュ＝バトリエール通りで隣り同士に住んでいたのだった。

ボシェ家は、パリの金融関係の古いブルジョワ階級に属していた。シャルル・ボシェの父方の祖父はショワズール公爵の大臣在職期間〔一七五八年から七〇年まで外務担当国務卿で陸軍・海軍大佐だった〕にその下で財務筆頭官だった。父は復古王政下の国民軍参謀本部大佐に任命され、大将に特別に目をかけられて、この未来のシャルル一〇世が一八一六年に生まれたシャルルの名づけ親になっている。

ボシェ家には五人の子供、つまり四人の息子と一人の娘がいた。シャルルの二人の兄、ガブリエルとエドワールはアンリ四世校の学生で、末っ子のアルフレッドはシャルルと同じようにサン＝ルイ校に通っていたが、次いでロラン校へ移った。ミュッセと同級生のエドワールは一八三三年に二二歳で国務院《コンセイユ・デタ》に入り、やがて義父のアレクサンドル・ド・ラボルド伯爵のおかげで知事になった。王政の瓦解の時、彼はルイ＝フィリップによってオルレアン家の財産管理人に指名された。シャルルとアルフレッドは揃ってサン＝シール士官学校に入学し、軍人の経歴を歩み始めた。ボシェ家の娘は一八二八年にトリニー氏と結婚し、宮廷に出入りを許された。（アルフレッド・タッテの妹の方は、未来の大臣で第二帝政下の立法院議長のル・ルー氏の妻になった）。一八三〇年のボシェ夫人の死は、この二家族をさらに近づけ、タッテ夫人はモンモランシーの谷にある彼女の所領にボシェ兄弟を招待したりした。[50]

アルフレッド・タッテは産業界と金融界に、シャルル・ボシェが先のリストには加えなかった他の友人たちをもっていたが、彼らもまた〈ブルヴァール〉で幾年かの人生を送ったのだった。テルノー兄弟とモッセルマン兄弟、ジャン・サランドルーズとエルネスト・フレーがそれである。

テルノー兄弟とは、アンリ、エドワール、ヴォルドマール、そしてモルティメールの四兄弟である。彼らの父親は、カシミヤ製造の大工場主と兄弟であり出資者だった。一八〇七年生まれのアンリは、一八二八年から三二年までの短期間は外交官への道を歩んだが、その後タッテとともに一二年間を放蕩生活に費やした末、一八四四年に代議士に選ばれた。彼が自分の姓に妻の姓を加えてテルノー＝コンパンと呼ばせたのは、同じ年に国会に入った弟のモルティメールと間違われないためであった。彼らの兄弟のエドワールは、司法官職に一生を捧げ、パリ裁判所の検事総長としてこの世を去った。しかし、四人の中ではヴォルドマールが一番の道楽者として知られていた。一八四四年に彼は、カルヴァドスの居城で暮らしていたラモルリー嬢と、お金目当ての結婚をした。彼は勝手に「ラモルリー子爵」の称号を名乗り、〈ブルヴァール〉ではフレンチ・カンカンの踊り子、ポマレ女王を大っぴらに連れ歩いた。我慢し切れなくなった妻は、彼と別れた。

イポリットおよびアルフレッド・モッセルマンは、ベルギーの大使夫人で不倫の情事を重ねていたファニー・ル・オンの兄弟だった。ブリュッセルの著名な銀行家の息子としてパリで生活していた二人だが、アルフレッドはベルギー公使館に配属され、イポリットは「競馬場通い」の他に仕事もなく、馬狂いと同様女狂いでも名を知られていた。

シャルル＝ジャン・サランドルーズとエルネスト・フレーは二人とも工場主の息子だった。前者は一八〇八年生まれで、父親が専業とした絨毯の製造を継承した。初めはリシュリュー通りに住んだが、一八三四年にはポワソニエール大通り二三番のモントロン館に引き移った。彼は一八六七年に死ぬまでクルーズ県の代議士を務めた。フレーの方は一八〇四年生まれで、理工科学校を出て砲兵隊の勤務を終え、グランジュ＝バトリエール通りのタッテとともにしばし遊興の時代を謳歌したのち、父親のジューイ織〔ヴェルサイユの南西の町ジューイ＝アン＝ジョザースには一八世紀以来オベルカンプフ家が創設した有名な織物（インド更紗）のマニュファクチュアがあった〕の製糸工場を引き継いだ。そこで彼は素行を改め、オベルカンプフ家の娘と結婚して、事業に専心した。[51]

ブルヴァールのジャーナリズム

上流社会のサロンに出入りしたこれらすべての若者たちは、サロン内の交際と平行して、その外側に〈ブルヴァール〉や劇場や新聞社の周辺をめぐる社交《ソシアビリテ》の世界を作り上げた。彼らは皆、女性とシャンパンと文学と舞台芸術の愛好家だった。書くことは、クラブへ行ったり議会で演説するのと同格で、彼らの活動の一つだった。テルノー兄弟のうち三人は、政治あるいは歴史に関する研究を出版している。エドワールは、口答弁論や報告書や演説集を発表する以前にも、一八三〇年の『ルヴュ・ド・パリ』誌上に「過去一五年間における代議制政府の影響力」に関する研究を載せたことがある。アンリは、一六世紀に出た旅行記二〇巻を『アメリカ史に役立つために』と副題して、一八三七年から四〇年にかけて刊行した。モルティメールは『恐怖政治の歴史』八巻を書いた。ヴォルドマールはといえば、もっぱら放蕩に身を投じ、活字は何も残さなかった。

しかしながら、〈ブルヴァール〉の若き洒落者《エレガン》たちが、文学とくにジャーナリズムと享楽的怠惰とを一緒に実践することは珍しくなかった。一八三〇年代には、アマチュアとプロフェッショナルの間にはっきりした境界線はなかった。もっぱら財産を消費することで人生を始めた者たちは、ジャック＝ジェルマン・ショードゼーグのように、新聞にものを書くことで人生を終えることもありえた。一八一四年にピエモンテ〔イタリア北西部の州〕に生まれたジャックは、相続した財産をポケットにロマン主義闘争たけなわのパリに到着した。彼は「優雅な生活を送り《ラ・ヴィ・エレガント》」[52]、若い文学者仲間と交際し、一つの小説と数篇の詩を出版していたが、賭博と、ある社交界の女性のせいで破産した。もはや一スーもなくなった彼は、友人のギュスターヴ・プランシュに頼んで、『アルティスト』誌、『ルヴュ・ド・パリ』誌、『クーリエ・フランセ』紙といったジャーナリズムに紹介してもらい、演劇評論を書いた。彼は卒中により三三歳で死んだ。
このようにジャーナリストとしての活動のおかげで、たとえ細々とでも〈ブルヴァール〉の生活を続けつつ生き延びることができたが、そういった極端な場合に至らぬまでも、他のいくつかの例もペンと享楽との混合をよく示している。ブドウ酒卸売商の息子、金持ちで美貌のフェリクス・アルヴェールは、彼を有名にした詩の撰集『わが失われし時』を一八三三年に刊行した時、二七歳だった。彼はマサン塾とシャルルマーニュ校で古典の学習を終えると、一八二五年から法律を学び、やがて一八三〇年には公証人ギュイエ＝デフォンテーヌのもとに書生として弟子入りした。彼はそこに一八三六年までいて、その間せっせと先端《ア・ラ・モード》的な若者たちとつきあい、詩を書いた。彼の一四行詩「わが心には秘め事ありて、わが生命には神秘あり……」は、サント＝ブーヴの批評によって注目を集めた。この詩の出版のあと、彼はとくに舞台のための台本を書き始めたが、楽屋通いに有り金を使い果たし、一八五〇年に四四歳でぼろぼろになって死んだ。[53]

あらゆる差異を考慮に入れるとして、さらに天才の閃きを加えれば、友人ミュッセの生涯もアルヴェールのそれに似た道をたどっている。血筋からいえばミュッセの方がよい家柄の出身だった。（富裕の点ではるかに劣るが）。ミュッセは事実、法服《ローブ》からしても剣《エペ》からしても旧貴族に属していた。エドワール・ボシェやシャルトル公爵と席を並べたアンリ四世校での学業を終えると、彼は高等教育として法律を、続いて医学を修めかけたが、すぐにそれを放り出してタッテとその仲間に加わった。レストラン、カフェ、賭博、そして女遊びは高くつく。そこでミュッセの父親は彼に固定収入を得させようと試み、一八二九年に軍隊関係の暖房会社に入れた。青年ミュッセはここに長くはいなかった。というのは、一八三〇年初めの『スペインとイタリアの短編集』出版のあと、父親は彼の退職を許したからである。[54]アルフレッドは二〇歳だった。彼はこの時以来、詩と女と飲酒とをごちゃまぜにすることとなる。皆はミュッセのことを、〈ブルヴァール〉上に優雅な放蕩生活を引きずっているダンディとして語っていた。そしてそれは、やがて歳月が流れ、このダンディが老いぼれの遊び人に成り果てる時代まで続くのだった。

このように〈ブルヴァール〉と文学（あるいはジャーナリズム）は、ダンディとして生きる社交界の若者にとっても、また無一物から出発してダンディの生活様式を取り入れ、ときには社交界にうまく侵入することに成功した若者にとっても、共通の空間を表していた。ダンディによって創造されたこの空間は、社会的出自は違うが同じ生活形態を採用した男たちを接近させていたのである。

ロジェ・ド・ボーヴォワールとネストール・ロクプラン

イポリット・ド・ヴィルメッサンは、一八四〇年頃、『シルフィード』紙への執筆依頼をするために初めてロジェ・ド・ボーヴォワールに会った時のことを語り、会おうとしたのは「彼の協力なしにファッショナブルな新聞を作るなど想像もできなかった」からだと言っている。ヴィルメッサンを迎え入れたボーヴォワールは、シャツのボタンをはずし、大きなひだのある赤いカシミアの幅広のパンタロンと、金の縁取りのある緑色の絹地のゆったりとした部屋着を着ていた。その巻き毛の豊かな黒い髪と、「どこかしら誇りと不敵さをたたえた視線」に逢って、ヴィルメッサンは彼を美しいと思った。彼は洒落者《エレガン》にふさわしい超然たる態度で自己を表明していた。けれども訪問者を魅了したのはロジェ・ド・ボーヴォワールのアパルトマンであった。まさに宝石のような住居。ヌーヴ＝サン＝トギュスタン通りの角の、ラ・ペ通り一二番の館の三階にあるその住居には、図書室があり、彫刻を施した樫材の書斎にはステンドグラスと古いファイアンス陶器があって、金色のルイ一五世風サロンには天井とドアに絵が描かれていた。さらにローズ・ウッドの家具、当世風の絵画、天然水晶、磁器の類いが飾られ、寝室は黒のビロード張りだった。[55]

ロジェ・ド・ボーヴォワールには、その優雅さと趣味のよさに加えて、名門の名前と三万リーヴルの金利収入があった。エーヌ県の総収入役を父として一八〇八年に生まれた彼は、ジュイイーのオラトリオ会で、次いでサン＝タシュールのイエズズ会で教育を受けた。ポリニャック大公の女友達だった母親は、一八二六年に当時ロンドンの駐英フランス大使だった大公のもとに息子を送った。そしてロジェは、彼の庇護者が内閣に召還された一八二九年に帰国した。以後彼は、自分の時間を〈ブルヴァール〉と文学とに二分することになる。彼の最初の著書『クリュニーの神学生』は一八三二年に出版された。彼は全部で一二冊ほどの小説と、いくつかの戯曲を書き、その中の『サン＝ジョルジュの騎士』はヴァリエテ座で上演され、成功を収めた。彼は『ラ・シルフィード』紙ばかりでなく、『ラ・モード』紙、『ルヴュ・ド・パリ』誌、『シエークル』紙の時評欄も担当していた。

しかし時代の先端的な若者としてとくに彼が有名だったのは、その夕食と胴着《ジレ》であり、アヴァンテュールの華やかさは「彼の周囲で生まれる噂と、彼が自分で作り上げた噂」のゆえにことさら評判になっていた。[56]

ラ・ペ通りで暮らしたあと、彼はサン＝ルイ島の、ボードレールが一時住んだあのピモダン館に住んだ。彼はそのアパルトマンに家具を置かなかったので、サロンにあったものといえば馬と騎士用の武具一式だけだった。もちろんロジェが友人たちに椅子を出さなかったからといって、夜食を振舞わなかったわけではなかった。その後また、彼はサン＝フロランタン通りに引っ越した。彼の会食の仲間は、連載学芸欄担当者のウジェーヌ・ブリフォーとヴォードヴィル座の支配人ブッフェだった。

一八四三年にロジェ・ド・ボーヴォワールが思い切って決めた結婚は、悲劇に変わった。彼は自分の愛人の一人で、一八三九年以来《テアトル＝フランセ》の女優だったドーズ嬢と結婚したのだった。その後の年月は、妻の裏切り、離婚、訴訟、執行官の訴追という場面が続いた。妻は彼を何度も法廷に引き出して、ウイかノンかと問い詰めた。彼自身は嫉妬に狂った虎のようになり、彼女のために何度も決闘をした。こうした地獄の夫婦関係は、彼から生きる喜びをすべて奪い去り、「砂を噛むような毎日の生活であった」[57]。ロジェ・ド・ボーヴォワール夫人は肺結核で一八五九年に死んだ。ロジェの方は、バティニョール地区で、狂気の発作に苦しみつつ哀れな人生の幕を閉じた。とはいえ、彼は破産していたわけではなく、生きてゆくのに十分なだけの年金、七〇〇〇から八〇〇〇リーヴルが残されていたのである。

一八〇四年にブーシュ・デュ・ローヌに生まれたネストール・ロクプランは、とても質素な家柄の出だった。マルセイユのコレージュで勉学を終えた彼は、一八二五年にパリに出た。彼はその全生涯にわたって、演劇とジャーナリズムを兼業していた。彼が『フィガロ』紙に入ったのは、友人のヴィクトール・ボアンが一八二七年にこの新聞を買い取った時である。彼は絵画展の〈ル・サロン〉についての記事を書き、イタリア座の出し物についての論評を担当した。一八三〇年には王令に反対する抗議書に署名し、これにより新政体から勲章を獲得した。一八三一年には、ボアンおよびボサンジュとともにヌヴォテ劇場（ブルス広場の）の支配人となり、また新聞『シャルジュ』の編集者になった。一八三五年にはアンテノール・ジョリと一緒にポルト・サン゠タントワーヌ座を設立した。一八四一年にはヴァリエテ座の支配人となり、それと並行して一八四〇年から四四年までは、ほとんど一人で『ヌヴェール・ア・ラ・マン』紙の原稿を書いていた。

彼が自分の造語である「ロレット」〔四二九頁を参照〕についての特殊論文を発表したのは、この新聞紙上である。「そもそもあの古くさい、下品な、不適当な《囲い女》などという言葉は、他の言葉に置き換える必要があると皆感じていた。つまりもうそんな娘はいなかったし、当世は代訴人の四家族が集まって週に一日イタリア座のボックス席を借りるご時世なのだ。またこの時代は貪欲と吝嗇が公共の美徳で、誰であろうとその者の幸せを独り占めしようとするのは大変みっともないと皆思っているのだ。つまり、もはやロレットしかいないわけなのである」[58]。ロクプランは『ヌヴェール・ア・ラ・マン』紙に、パリ社交界についてのゴシップや逸話や所見を載せていた。彼にはティエールとセーヌ県知事ランビュトー伯爵という二人の〈トルコ人の頭〉〔力試し台のこと。縁日でその頭の絵を殴りつけて腕力をはかる台〕があり、「知事さんの書く綴字ときたら、でたらめもいいところだ……」、という伝説を作り上げたのも彼だった。

一八四七年にロクプランはヴァリエテ座を三〇万フランで売り、デュポンシェルと共同でオペラ座の経営に加わった。彼は一八四八年の革命で手を引いたが、また復職して、一八四九年から五四年にかけて今度は単独で経営した。彼がオペラ座を引き受けた時八〇万フランだった負債は、手放す時には九〇万フランになっていた。しかしこれは、彼が一八五七年にオペラ゠コミック座の経営権を手に入れ、さらにその後にシャトレ劇場の支配人を引き受けるうえでの妨げにはならなかった。彼は管理者としての自分の素質にいささかの幻想も抱いてはいなかった。ある人が彼に、「そんなことをすれば一年に四〇万フランの赤字が出るでしょう」と忠告すると、彼は、「いや違います。三〇万フランだけですよ。私の夢は借金を背負ったまま流行児として死ぬことなのです」と答えたという。実際に彼は数々の流行を世に送った。「ロレット」の呼び名の他に、彼が考案した〈女性向けの〉上演台本は、「楽屋では《鶴》という愛称で通っている若いおぼこ娘たちが気楽に舞台に上がれるようにするために、舞台ではまったく一言も喋らず、流行歌の一節も歌う必要がないようにできていた」[59]。彼はまた、第二帝政下に紳士用のあまり丈の高くない帽子を最初にかぶった人物でもあった。「背の低かったロクプランは、もし自分があのひょろ長いシルクハットをかぶろうものなら（…）、体の真ん中に頭があるように見えかねないということをよく知っていたのだ」。ある日、劇場に現れた彼がかぶっていた帽子は、「縁がそり返り、筒の部分は人の帽子のせいぜい半分の高さだった」[60]。

彼は夜行型の不健康な生活を送っていた。テトブー通りに住んでいて、毎晩一一時半から一時半まで、グランジュ＝バトリエール通りの角とテトブー通りの間のイタリア座大通りに姿を見せていた。独身者の彼はレストランに頼って暮らしていた。しかし、彼は多くのブルヴァール人種のように若くして老いさらばえることもなく、あらゆる能力を存分に発揮しつつ一八七〇年に世を去った。おそらくその理由は、何事が起ころうとも午後四時から六時までは自宅で「十字路の一休み」と称して昼寝をし、また〈鉄道クラブ〉〔〈農業クラブ〉などとともに有名だったセルクル〕でも眠っていたからである。そしておそらく、彼はパリの生活をこよなく愛し、出身地の田舎を恐れ、社会的地位の上昇に大満足していたからである。いつも新しい衣服を前に感激し、自分のパンタロンや胴着のコレクションをうっとりと眺め、骨董屋あさりに出かけて行った[61]。つまるところ、おそらく彼は大変に反俗的で奇抜な人だったから、すべての支し障りを回避し、自分の真面目な仕事からさえも逃避していたのである。たとえば劇場支配人であったにもかかわらず、提出された脚本に目を通すことも、読んで聞かされることも彼は嫌っていたし、手紙も開封しなかった。ある日、三年もたってから一通の手紙を開封し、翌日の面会を要請するその内容に返事を書いたといわれている。一八四〇年に《テアトル＝フランセ》の支配人になることを断ったレミュザは、彼のことを『回想録』の中で次のように述べている。「聡明で、良識ある、感じのよい男だったが、軽率で、無頓着でほとんど自分が楽しむことしか考えていなかった（…）。いずれにしてもヴェロンの仲間としては一番ましな方だった」[62]。

ロトゥール＝メズレー

一八〇一年生まれのサン＝シャルル・ロトゥール＝メズレーは、オルヌ県アルジャンタンの公証人の息子であった。コレージュではエミール・ド・ジラルダンと同級生だったので、法律の課程を終えるとすぐに、エミールを追ってパリにやって来た。彼らは一緒に一八二八年に『ヴォルール』紙を、一八二九年には『ラ・モード』紙を創刊し、後者についてはロトゥール＝メズレーの案でベリー公爵夫人に後援を依頼したのだった。また彼は園芸に熱中していたことから、一八三一年に『園芸アカデミー新聞』も創刊した。そして一八三二年に企画した『子供の新聞』が当たり、彼はこれで一財産を作ったのである。この新聞は予約購読者六万名を数えるまでになり、社長には年間一〇万フランの収入をもたらしてくれた。こうしてロトゥール＝メズレーはカフェ・アングレに通い、四輪馬車を乗り回し、オペラ座にボックスを借り切り、バルザックに強い印象を与えたので、バルザックは彼のイメージを利用して、ラスティニャック、ド・マルセー〔この二人については四七〇頁以下を参照〕、ラ・パルフェリーヌ〔『ボヘミアの王子』などの登場人物〕などのダンディの人物像を作り上げたのであった。[63]

このブルヴァール人種は四〇歳の時に安定を求めるようになり、ベルタン・ド・ヴォーの支持を得て一八四一年にベラックの副知事に任命された。けれども彼は一つのスキャンダルがもとでそれを解任された。ある娘が副知事からうつされた梅毒で死んだことでその父親が絶望的になり、彼を殺すと脅迫していたのである。ロトゥール＝メズレーは一八四六年から四八年にかけてジョワニーへ、続いてトゥーロンへと転勤させられた。その後共和国は彼を解職したが、大統領殿下〔ルイ・ナポレオンのこと〕に味方したことで、彼は殿下からアルジェの知事の地位を与えられることとなった。こうして煙草と木綿の畑の開拓を進め、大変人気のある夜会を催しては、今度は国務院に席を得ようと画策した。しかし彼の政治家としての生涯は、耄碌によって挫折した。一八五七年にフランスに送還され、晩年は「穏やかで無害な脳軟化症患者として」、アルジャンタンの公証人である兄のそばで暮らし、一八六一年に死亡した。

ロトゥール＝メズレーが襟のボタンホールに椿の花を挿すことをはやらせ、まもなく「椿の君」と呼ばれるようになったのは一八三〇年頃のことである。『パリのイギリス人』という表題で回想録を書いたイギリス人は、この花が五フランするとして、一日に二回花を取り替えることもあるから、このダンディはすでに五万フランの椿を消費したことになると計算した。[64] 一七三九年にイエズズ会の宣教師によって日本からヨーロッパに運ばれた椿は、帝政時代までは植物園内に植えられていたが、ジョゼフィーヌ皇妃が初めて私的な楽しみのためにこれを栽培させたのである。一八四四年から四五年にかけて、テオフィル・ゴーティエがこの椿とパルマ〔イタリア北部の都市、スミレの名産地〕のスミレを「流行《ファッショナブル》の花」と宣言していた。こうして、祝福したいと思う芸術家への賛辞としてこれらの花束が劇場の舞台に投げられた。一八四四年のリストや、一八四五年三月のポルト＝サン＝マルタン座におけるローラ・モンテスのデビューがその例である。しかし一八四八年になると、ロトゥール＝メズレーの「椿の君」の称号は、アレクサンドル・デュマ・フィスの出世作『椿姫』に奪われてしまった。運命とは過酷なもので、一人の男が資産を傾けて自分のイメージを育て上げ、それを自分の標章にしていたものが、後世はそれを小説の女主人公に与えてしまうのである。

ロトゥール＝メズレーの生涯は、良家の若者が流行児に変身し、〈ブルヴァール〉とジャーナリズムが同時に提供する公開性（宣伝）の空間を利用して、いかにしてダンディとなったのかという過程をよく示している。

ロジェ・ド・ボーヴォワールは『ラ・シルフィード』紙に、上流社会のパーティーと娯楽についての報告記事を書いていた。また、ネストール・ロクプランは『ヌヴェール・ア・ラ・マン』紙に、パリ社交界のゴシップを書きまくっていた。そしてロトゥール＝メズレーは一八二九年の『ラ・モード』紙の〈鉛筆〉というコラムを担当し、そこでサロンの生活を語っていた。バルザックがエティエンヌ・ルストー〔『田舎のミューズ』などに広く登場〕やエミール・ブロンデ〔〈私生活の情景〉の諸作品や『あら皮』などに登場〕の個性を借りて描写したこれらのダンディ・ジャーナリストたちは、社交界欄と文化欄を通じて新しい空間を開拓することに貢献した。彼らは必ずしも上流社会の仲間という意味での「社交界」に属していたのではなく、むしろジャーナリズムを通して社交界のイメージに影響を与えたのである。連載の学芸欄や時評によって、彼らはサロンとは別の社交の世界、〈ブルヴァール〉の社交生活の境界を定めた。この世界は、イメージを喚起する場として、やがては情報媒体《メディア》の空間として、文化生活に重要な役割をもつことになるだろう。これらダンディにして連載学芸欄担当者の最良の例は、フィクションだった。時流のすべてに通じた社交界人、上流社会のメンバーであると同時に観察者でもあるロネー子爵、つまりデルフィーヌ・ド・ジラルダンが創造した人物のことである。

社交界のイメージは、当時〈ブルヴァール〉に腰を据えた作家たちによって丹念に描かれた。連載の学芸欄や時評は、公爵夫人と女優を、そして権力者とジャーナリストを、同じ筋書き（同じテキスト）の中に置いていた。こうした公開性（宣伝）は社交生活の一般的な様相を変えてゆく。復古王政下には、社交生活は依然として宮廷社会の規範につきまとわれていたが、七月王政下には、やがてオッフェンバックが「パリの生活」〔彼が作曲した有名なオペレッタ（一八六八）の題名でもある〕と呼ぶことになるようなものの方へと向きを変えてゆくのである。社交界はもはや単に宮廷に出入りを許された人とか、知的選良をさすのではなくなり、その主要な特徴は贅沢の享受と同一視される優雅《エレガンス》さということになるのである。

ダンディスムと文学

バルザック

バルザックは、とくにアンリ・ド・マルセーという人物を創造したことで、ダンディの神話化に少なからず貢献した。以下は一八一四年末の二二歳の彼である。「女にとっては、彼を見ることは狂気になることであった（…）。アンリは溌剌とした生気の下に、澄んだ水のようなそのまなざしからは想像もつかぬ獅子の勇気と猿の狡猾さを秘めていた。彼は一〇歩手前から短剣を投げてボールを割り、ケンタウロスの神話もかくやと思わせる姿で馬に乗り、全速力でしかも優雅に馬車を操り、智天使ケルビム〔背に翼をもち子供の顔をした第二位の天使〕のように敏捷で、羊のようにおとなしく、そうかと思うと場末の男たちを凄まじい蹴り合いや昆棒の試合でたたきのめすこともできた。また、落ちぶれた時には本物の演奏家としても通じるほどにピアノを弾いたし、声の方も一シーズンで五万フランをバルバジャ〔バルバリャ（一七七八―一八四一）ともいう。ロッシーニの興業主だった〕から稼げるくらいの美声だった。だが何ということか。これらすべての見事な資質と愛すべき欠点も、ある恐るべき悪徳によって損なわれていたのだ。つまりこの男は、男も女も、神も悪魔も信じていないのであった」[65]。

バルザックのペンが描き出すマルセーは、まるで人格の星座図のごときものを想起させる。彼の名前は、スポーツマンの肉体に女性の身のこなしを併せもったオルセー伯爵の名前と同じ韻を踏んでいるので、女性たちは、「彼女らの中の最高の美女の肉体と並んでもむさ苦しくない、あの甘美な姿を思い出の中に刻み込み、あとで時宜を得て思い浮かべようとするのだった」[66]。彼マルセーもまた、オルセーと同じように芸術的才能に恵まれ、造形芸術は音楽に移し替えられている。――この点ではベルジョヨーゾ大公とカンディア氏、別名マリオが思い出される。また、マルセーの肉体的な力と裏町の賭博場での手腕、そして出生が私生児でイギリス人との混血という点も、アルスイユ閣下とシーモア卿を連想させる。そしてさらに、マルセーはイギリス人の父のおかげで莫大な財産を自由にするが、それはちょうどシーモア卿が裕福なイギリス人の母親の恩恵を、あるいはオルセーが義父ブレシントンの恩恵を受けたのと同じである。

神話化はしかし、人格の設定においてというよりはこの人物の生涯の遍歴の方で行われる。一八二〇年代のアンリは一四頭の馬を所有し、女たちを手玉に取る「ダンディの王」だ。当世風の若者の伝統となっていた東洋への旅を終えると、彼は一八二七年に政治に近づき、リベラルな野党側に立つ。その翌年にはダイナ・スティーヴンズと結婚し、彼女は一〇〇万の持参金をもってくる。一八三一年には彼はついに首相になる。そして病を得て一八三四年に死ぬ。

バルザックの描いたすべてのダンディが、このような輝かしい成功を収めたわけではないし、彼らすべてが政治権力の頂点にのし上がったわけでもない。『人間喜劇』の大群像の中には、ヴィクテュルニアン・デスグリニョンもいるが、この男は復古王政下に自分の出生にふさわしい地位を見つけることができなくて、ダンディスムに身を投じ破産している。そして彼は三〇〇万の持参金付きのブルジョワ娘と結婚することでようやく救われる[67]。また、ゴドフロワ・ド・ボードノールは、このような幸運も反世間主義《シニスム》ももたなかった。持参金のない娘と恋愛結婚をする決心をした時の彼は、年金で暮らす若い洒落者である。まもなく彼は、子供たちと妻、それに愚痴をこぼす義母を養わなければならない立場となる。この不幸な男は惨めな生活を余儀なくされ、人並み以下の給料の職を求めて役所に泣きつかねばならなくなるのだ[68]。

バルザックのダンディたちがあらゆる面でいつも成功しているわけではないとしても、彼らはやはり権力を獲得する者たちである。旧貴族出身のマクシム・ド・トライユ〔『ゴリオ爺さん』『ベアトリックス』など多数の作品の登場〕は、一八一六年に二五歳で、デルフィーヌ・ド・ニュシンゲンの姉であるレストー伯爵夫人の恋人になる。賭博の魔力の虜になった彼は、恋人を破産させ、イギリスへ逃げる。一八二二年には再びパリの流行児である。一八三三年、マルセーは彼を諜報員として使う。その後一〇年足らずのうちに、トライユの社交界での地位は抜群となり、ジョッキー＝クラブ会員としてベアトリクス・ド・ロシュフィードと結婚し、その後は下院議員に選ばれ、まもなく大使に任命される。

ウジェーヌ・ド・ラスティニャックはアンリ・ド・マルセーの政治的後継者である。フォブール・サン＝ジェルマンの最高の家と縁続きとはいえ、すでに破産した南西部の名家出身のウジェーヌは、一八一九年にパリへ法律を学びにやって来た。年齢は二〇歳。貧しい学生の彼は下宿屋ヴォクールに住んでいる。やがて銀行家の妻デルフィーヌ・ド・ニュシンゲンと出会ってその生活は変わり、彼女のおかげで金融界への扉が開かれることになる。一八二〇年代には、ラスティニャックは社交界人としての、そして遊び人としての人生を送っている。彼は財産を手に入れ、姉妹たちに持参金をつけてやり、アンリ・ド・マルセーのあとを追って一八三〇年七月以降は政界に入る。彼はデルフィーヌと縁を切ってその娘と結婚し、義父の贈り物であるブルボン通りの壮麗な館に新居を構える。一八四五年には三〇万リーヴルの金利収入を自由に使い、伯爵で、司法大臣で、フランス貴族院議員である。

ダンディスムから出発したこのような政治的成功には驚かされる。[69] 歴史もこうした例を提示してはいない。ディズレイリーの政治的生涯は、イギリスにおける類似のケースである。フランスでは、一八三〇年の七月革命の恩恵で権力を得た人びとは、ほとんどダンディスムに染まってはいなかった。すでに見たようにティエールは確かに馬をもっていたが、そのことは長い間嘲笑の的になっていた。ヴェロンは、ティエールは政権の座にあってさえ乗馬家としての自負を示していたと主張している。「大臣在職中の一八四〇年に東洋の問題が討議されていた時、彼は一頭の灰色の馬を買って《イブラヒム》と名づけ、東洋問題についても《愛馬イブラヒム》についてもほとんど同じ情熱を傾けて話していたので、この東洋風の名前は一度ならず取り違えを引き起こしたものだった」[70]。不幸にしてこの逸話は間違いで、イブラヒムというのは、一八三〇年以前のティエールが野党のジャーナリストだった時代にもった最初の馬であった。しかもこの乗馬家は、乗馬姿のよさのおかげで結婚したわけではないし、ましてやそのせいで政治的地位を得たわけでもないのである。

バルザックの錯誤〔ダンディのラスティニャックが七月革命後に政界に入るということ〕は何に起因しているのか。彼はダンディスムと政治の間の相互作用よりも、むしろ金銭の変動を観察することに適した目をもっていたようである。彼の夢見がちな《ロマネスクな》虚構に影響を及ぼしている文学的でバイロン的な文意の研究に立ち入らなくても、すぐに気がつくことは、バルザックは書くことの発熱状態の中で一種の融合に耽っているということである。つまり彼は自分の創作した人物を通して、自分自身の栄光と権力への夢を幻覚の中で実現しつつ、正理論派の政治的成功と、復古王政期のもっともきらびやかなダンディたちの社交的栄華の思い出とを同一視しているのである。

軍隊の食糧官の父と、マレー地区のブルジョワ出身の母の息子であるオノレ（・ド・）バルザックは、一八一六年から一九年にかけて法律を勉強し、同時に代訴人および公証人のもとで徒弟修業をした。しかし、彼は文学的栄光しか夢見ていなかったのである。家族は理解があって、二年間彼に少額の年金を与え、その間に彼は自分の力量のほどを示した。そこで（一八二〇年代の初めだが）彼は、ものを書いてお金を得るルートを発見した。彼が交際していた仲間は、「いつも恐喝と風刺との中間にあるゴシップや警句を欲しがっていた小新聞（『ピロット』、『コルセール』）に筆を売る」オーギュスト・ルポワトヴァン、エティエンヌ・アラゴ、オラース・レッソンといったシニックな若いジャーナリストたちであった。[71]

バルザックはこれらの政論家の生き方を知ることで、やがて作中にこれらブルヴァールの一文なしの無頼の生活を描くことになる。彼は流行小説、暗黒小説、あるいは感傷小説を模倣しながら、シリーズ物の小説を製造した。劇作家との共作で演劇のための仕事もし、メロドラマやヴォードヴィルを矢継ぎ早に書きまくった。とりわけ彼は、オラース・レッソンやロミューと一緒に、流行のジャンルである〈法典もの〉の編集という実益の多い企画に参加し、『民法典』、『正直者法典』、『セールスマン法典』、『文筆家とジャーナリスト法典』等々を編纂した。

こうした環境にあっては、一八二〇年代が進むにつれて次第に注目され出したオルセー流の先取性《プレグナンツ》のある上流ダンディの姿が、彼にとって成功のモデルとなっていたのは確かだと思われる。文学的成功を先取りして、成功にともなう贅沢をあらかじめ手に入れたいという誘惑は大きかった。バルザックはまず手っ取り早く金銭を得ようとして、一八二五年に出版と印刷という実業の世界に身を投じた。しかし三年後には破産し、一八二八年には彼の失敗の決済に最善を尽くした家族に対して、四万五〇〇〇フランの負債を負っていた。

この挫折のあと、バルザックは無一文で借金に頼った贅沢をする決心をした。彼は義弟が貸してくれた《天文台》の近くのカッシーニ通りのアパルトマンを豪華に改装し、浴室は白の化粧漆喰《スタッコ》、寝室は白と薔薇色と金色、仕事部屋は分厚い絨毯を敷いて徹底的に黒と青で統一し、図書室には赤いモロッコ皮装の蔵書をあふれさせた――豪華装丁本の誘惑は彼の一番の弱みであった。彼はまた、リシュリュー通り一〇八番の仕立屋ビュイッソンでも贅沢の限りを尽くした。「四月二九日、黒の礼装用ズボン四五フラン、白い刺し子の胴着一五フラン。五月二三日、ルーヴィエ産極上ラシャの青いフロックコート一二〇フラン、マレンゴのかつらぎ織〔イタリアのマレンゴの霜降りのラシャ〕のズボン二八フラン、シャモア〔野生ヤギ〕皮の刺し子胴着二〇フラン」……。ビュイッソンは支払いなしでも引き受けてくれた。というのは、この男はバルザックの大ファンで、お得意様の未来を信じ切っていたからである[72]。

一八二九年にバルザックは二つの作品を発表した。そしてついに成功と文学サロンへの扉が開かれた。『ふくろう党』と『結婚の生理学』である。『私生活情景』の諸作品と、一八三一年の『あら皮』がこの新たな栄光を保証した。この数年間で書いた無数の記事も、すぐに納金されて手元に入り、一八三一年には一万四〇〇〇フラン以上を稼いだのだった。ところが、負債は減るどころか六〇〇〇フラン増えて一万五〇〇〇フランに達し、そのうえ母親に対する負債もあった。なぜだろうか。「それは、誘惑に抵抗することのまったくできない人間だったからだ」と、アンドレ・モロワは説明する[73]。シャンパンと仕出屋の請求書（彼はカッシーニ通りで晩餐の大盤振舞いをしている）、新しい衣服（たとえば彼の仕事着であるベルトに金の房飾りを付けた白い部屋着三着）、贅沢すぎる手袋（一編の中編小説で買えたのは、一ダースの黄色い光沢仕上げの手袋と一組のトナカイ革のもの）、本と製本の代金、そして秋になれば二頭の馬と幌付き二輪馬車《カブリオレ》の購入費。彼は馬丁の少年を雇い、そのためのお仕着せをビュイッソンの店に注文している。しかし金銭の窮乏に迫られた彼は、これらダンディの象徴を長くは維持しえないだろう。早くも一八三二年には母親に手紙を書いている。「馬が売れるようなら、売ってください。ルクレルク（馬丁の名）を解雇したいのなら、支払いをしてから帰してやってください」。

　バルザックは、一八五〇年の死に至るまで負債に取り巻かれて暮らし、債権者に追われて、ついには偽名を使ってパッシーに住むことを余儀なくされたほどであった。彼は怪しげな儲け仕事に足を突っ込んでは、近親者や自分自身に対して、今度の儲け話は今までの中で一番理に適っていると言い聞かせていた。そして同時に彼は、ほとんど自分で勝手に複雑にしている状況の困難さに責め立てられ、絶え間なくものを書くのであった。

　ダンディとしての彼は、美術品や家具、装飾品、贅沢品の趣味をもっていた。彼はペン一本で稼いだ多額の金を蕩尽し、一八四〇年には九年間の仕事と成功にもかかわらず、二六万二〇〇〇フランの負債を抱えていた。（この負債の中には「友人の」債務一一万五〇〇〇フランと、「回収不能の」不渡り手形三万七〇〇〇フランが含まれる）[74]。彼はいつも装丁本や象眼の箪笥、丸い握りに宝石を嵌め込んだステッキ（七本もっていた……）などの誘惑に負けていた。

　しかし、この時代には負債と高価な品々が今や一種の習慣なのである。そのことでとくに笑い者にされるようなダンディスムは、もはやバルザックの狙うところではない。真の成功に価した自分の作品、意識している自分の才能こそが、結局他の何物よりも彼の心を占めているのである。さらに文芸時評の傾向からすれば、文学の人気はへつらいの招待状の数によってではなく、本の発行部数によって計られるものと思われ始めている。栄光というものが膨大な無名の大衆に依存する場合には、上流社会の中で幅を利かせることなど無駄なのである。

　バルザックは、正真正銘の社交界人の生活というよりは、むしろ金策の曲芸に満ちた〈ブルヴァール〉の生活を送ってきた。しかもそれは、彼の貴婦人好みにもかかわらずそうなのであった。マリー・アントワネットの寝室付女官の娘、ロール・ド・ベルニー〔バルザックから『ルイ・ランベール』の献辞を受けた。一七七七―一八三六〕は、ヴェルサイユで生まれ、代父はルイ一六世、代母は王妃でありながら、社交界には出入りはしていなかった。アブランテス公爵夫人は皇帝の宮廷では重要な役割を演じていたが、もはや破産したジュノ〔ナポレオンの副官だったジュノ将軍。アブランテス公爵となった〕未亡人にすぎず、自分の『回想録』作成にバルザックを利用しようと考えていた。彼女には、破産したとはいえそれでも知人関係が残っていたので、バルザックは彼女のおかげでレカミエ夫人のもとに出入りを許された。カストリー侯爵夫人は、メッテルニヒの息子の子供を産んで評判を落としたが、生粋の〈フォブール・サン＝ジェルマン〉育ちであった。しかしさんざんこの作家の気を惹いておいて、決して身を任せないというあだし女であった。ギドボーニ＝ヴィスコンティ伯爵夫人（旧姓フランス・サラ・ロヴェール）については、バルザックは彼女を伴ってイタリア座に現れたが、彼女にしてみれば自分のお金を節約したかったわけでも、自分の魅力を出し惜しんだわけでもなく、単に自分の交際範囲がとくに外国人の多いヴェルサイユ社交界に限られていたため、知人がいなかったからであった。

バルザックは主に文学と芸術のサロンに顔を出したが、そこでの彼はいつもあの「薬草売りの風采」と「肉屋の身なり」[75]で人を驚かせていた。一八二九年にはジェラール男爵、ソフィー・ゲー、メルラン伯爵夫人の家に、次いでその後の何年かはデルフィーヌ・ド・ジラルダンのもとに出入りしていた。たとえ彼がハンスカ夫人との関係から外国人の知り合いができ、それを通じてオーストリア大使館のアポニイ伯爵夫人のもとへ行くことがあったとしても、彼の栄光、あの激しさ、あの精神は、社交界の生活に必要な虚飾をうまく自分の身に施すことはできなかったであろう。フィッツ＝ジャム公爵とデュラース公爵については、バルザックがこの両人に出会ったのは、当時ウジェーヌ・シューの愛人だったオランプ・ペリシエの家においてだった。

ウジェーヌ・シュー

ウジェーヌ・シューは三代続いた高名な外科医の家系に、一八〇四年に生まれた。彼の非宗教の洗礼式では、ジョゼフィーヌ・ド・ボーアルネ〔一八〇四年にナポレオンの皇妃となった。一七六三―一八一四〕と、その息子のウジェーヌ〔連れ子として皇子となりイタリア副王（一八〇五）〕が署名していた。この上流社会の大物たちは彼の父親の診療を受けていて、そのため父親は莫大な財産を築いたのだった。父親は遊ぶことしか考えない息子を医学とブルジョワの名士連の中に引き留めておこうとしたが、ウジェーヌ・シューの青春は、その父親に対する派手な闘争であった。シュー博士は、嘆かわしい勉強ぶりの息子をブルボン（コンドルセ）校から退学させて、実践と現場で医学を習わせるため、二度に及んで息子をパリから遠ざけるのがよいと判断した。最初は外科医補佐官の資格で軍隊に入れたが、その結果ウジェーヌはスペイン遠征に参加することになった。彼は辞職し、数カ月後に今度は海軍に入隊した。そのためナヴァランの戦闘に加わり、続いてアンティル諸島を旅することとなる。そして一八三〇年の父の死によって、ようやく彼は海軍をやめることができたのである。[76]

帰休期間中のウジェーヌは、パリで楽しい生活を送っていた。非常に早くからロミュー、ヴェロン、アダン、アレクサンドル・デュマを知っており、デュマは彼のでたらめぶりを『回想録』の中で語っている。初めは学生の脱線行為だったものが、次には世間知らずの危険な金銭のやり繰り、負債、馬と馬丁と二人乗り二輪馬車になり、息子が借金で支払いをしたこの馬車は、まかり間違えばシャン＝ゼリゼで父親さえも轢き殺しかねなかった……。そこでシュー博士は息子を「禁治産者」にして、もはや借金ができないように手配した。ウジェーヌはいささか金に困り始めた。彼はテオドール・ギュダンのアトリエに通い、絵画の講義を受ける見返りに乗馬の手ほどきをしようと提案した。彼はたいてい〈ブルヴァール〉にいて、いくつかのヴォードヴィルにどっちつかずの協力をし、雑多な泡沫小新聞に匿名の記事を発表していた。こうした経路から、彼は次第に『ラ・モード』紙へ（つまりジラルダン、ソフィーおよびデルフィーヌ・ゲーへ）、そして一八二九年末には社交界の記念贈呈本《キープセイク》の『ラ・プシケ』シリーズへと近づいていったのである。

〈ブルヴァール〉の若い多くの遊び人と同様に、ウジェーヌ・シューもまだ気楽な立場にあって、片手に絵筆を、またペンを、もう一方の手にはステッキを握っていた。しかし、このステッキは彼にとっては単なる気取りなどではなかった。彼にはスポーツマンの気質と本物の馬の趣味があり、そのおかげでトルトーニやその他の場所に出入りする大物のダンディ、とくに当時ナポリから帰ったばかりのオルセーと結ばれることになる。

ウジェーヌは、母方の祖父の死で得た八万フランですでにいくらかの贅沢の輝きを身につけていたが、そこにさらに一八三〇年四月の父の死による七〇万フランという遺産を立て続けに相続することとなった。さっそく一〇万フランを投じて、フェルム＝デ＝マテュラン通り（現在のヴィニョン通り）の二階を改装して豪華に飾り立てた。そして今をときめく高級娼婦オランプ・ペリシエの寵愛を苦もなく獲得し、彼女の家で小新聞社の人びとや芸術家たち（オラース・ヴェルネ、プラディエ）、貴族たち（デュラース公爵やフィッツ＝ジャム公爵に加え、アレクシ・ド・ラ・ロシュフーコー伯爵、トレモン男爵、アレクサンドル・ド・ジラルダン伯爵、ローリストン元帥）と交際した。これらの人びとが構成するサロンには、社交界の女性は一人も足を踏み入れるはずもなかったが、しかしこのサロンは『ラ・シルフィード』紙に書かれるという栄誉に浴していた。

ウジェーヌ・シューは父親の遺産のおかげで、「たくさんの人間関係に囲まれた、バルザックがかくありたかったような」人間になることができた。[77] さらにこの当時、シューとバルザックは友情によって結ばれていた。安楽な環境に身を置いたからといって、シューは文学を捨てなかった。（ギュダンがアルジェリアに公職を得てパリを離れると、絵筆の方は捨てた）。それどころか彼は、以前にもまして旺盛にものを書き、発表し始めていた。『海賊ケルノック』『ジプシー』『プリックとプロック』『アタール・ギュル』『火蜥蜴《とかげ》』『ナルシス・ジュラン』『クロード・ベリッサン』『ラ・クカラチャ』『コート＝ヴァンの海上監視人』、そして大冊『フランス海軍の歴史』もこれに加えておこう。このことは、贅沢と馬についての名声が著しく高まっていたとはいえ（シューは野ウサギ用とノロ用の二つの狩猟隊を抱えていた）、それで社交界のすべての門戸が開かれたわけではなかったことを示している。〈ジョッキー＝クラブ〉には入れたが、〈ブルヴァール〉の境界は越えられなかった。社交界の貴婦人のサロンに入り込むためには、これでは（まだ？）十分ではなかった。それ以上の何か、つまり文学的成功とか文学者の称号が与えてくれる何かが必要だったのである。厳格なクラブに入ることは望めなかったが、文学や芸術の庇護を誇りにする若い貴族たちのもとには出入りが認められていた。たとえば、自分の生まれ育った〈フォブール〉の名をまだ完全には卑しめていなかったシューの友人のマリー・ダグー、あるいは母親（デュラース公爵夫人）のサロンの青鞜派の伝統を受け継いでシューを恋人にしていたローザン公爵夫人など。ただし、ローザン公爵夫人の家では、彼は夜の軽薄な集いにしか迎えてもらえず、真面目な人たちと一緒の午後の集まりはだめだったのである。[78]

一八三七年にウジェーヌは破産し、一万五〇〇〇フランのこげつき資産と一三万フランの負債が残った。彼が悲惨のどん底に陥らなかったのは、ペンの器用さと会計管理を引き受けてくれた友人たち（ルグヴェ、グボー、カミーユ・プレイエル）の仲介のおかげである。その後も彼はダンディスムの舞台を退きはしないが、しかし彼の書くもの（『アルチュール』『マティルド』）はある種の幻滅の兆しを帯び始める。ふところ具合からくる彼の不安は、ここでは決して無視できないものがある。シューは相変わらずオルレアン公爵のパーティー（一八四二年二月五日の舞踏会のような）に通い、さらに、いかなる忠節も自らに禁じつつ（「私は彼の一族に味方しない、その猟犬の味方なのだ」[79]）、公爵の狩猟にも招待してもらっている。とはいえ、倦怠が顔を覗かせているのである。

シューは、自己の独自性を自他ともに信じさせたがるすべてのサロン作家と同様、小説の中で社交界批判をしたのち、上流世界に見切りをつけて下層世界を取り上げ、社交界の選良やそのサロンの代わりに泥棒仲間や安酒場を描こうと決意（天才的着想）した。そしてこの成功が絶大だったのである。

ダンディが社交生活の中に求めていた栄光と権力を、彼は文学と連載小説によって獲得した。「シュー氏は君臨し統治する。彼はバンジャマン・コンスタンやフォワ将軍の首をすげ替え、バルト氏やデュパン氏やティエール氏やミニェ氏やカレルを更迭する。またオリエント問題、スペイン問題、ラインの国境問題を扱う。彼は栄光と威厳に包まれて自説を繰り広げる。言いたいことはすべて言い、やりたいことはすべてやり、障害も邪魔物も認めない。彼は自分の思う通りに道徳、歴史、社会、行政、政治を調整する。彼は王であり、司祭であり、神である」[80]。

またしてもウジェーヌ・シューはバルザックの夢見ていたことを実現し、バルザックはシューの優越性を意識して、苦い思いを味わうのだ。一八三六年にデュタックとジラルダンが創刊した発行部数の多い新聞〔年間の予約購読料を他紙の半額にしたジラルダンの『プレス』紙とデュタックの『シエークル』紙のこと〕は、サント＝ブーヴが産業的文学と呼んだ連載小説の出現をともない、この新聞のおかげでシューは大人気スターとなった。デュマ、サンド、スーリエもまた同様だった。

これらの成功に引きずられ、また読者からは自ら創作した悪を正す主人公の姿に擬せられて、シューは次第に社会主義の方へと傾いてゆく。一八五〇年には人民の代表に選ばれて、一二月二日の事件〔ルイ・ナポレオンのクーデター〕後には亡命することになる。彼は一八五七年にアヌシーで死ぬが、これはまた別の話である。

結局、連載小説（およびその小説を種にした演劇台本）の作家たちの成功と、彼らが新聞の膨大な読者層の中で獲得した名声は、スター気取りのダンディをいささか顔色なからしめることになる。ダンディはたいていの場合、社交界で幅を利かせるまでには至らず、要するに〈ブルヴァール〉の狭いクラブに限定されているのである。それゆえ一八四〇年頃のダンディスムはそのあるがままの姿を示している。つまり、この頃のダンディスムとは、資産と出生に恵まれ、取り巻き連中を従えた若干の特権者たちによる、シニックで挑発的な贅沢の享受のことなのである。

ボードレール、フロベール

一八四〇年に始まる一〇年の間に、ダンディスムの価値は甚だしく下落することになり、一八四五年のバルベー・ドールヴィイによるかの有名な『ダンディスムとジョージ・ブランメルについて』の出版は、損なわれた価値の再生のための原点に立ち帰る試みとして見なされうるほどである。この本には、時機を失した者として自任しようとする著者の類い稀なる才能が表れている。それは過去と古き異国（ブランメルの栄光の時代のロンドン）へのノスタルジーであり、虚栄と軽薄を賛美しつつ、今や権力を得たブルジョワのモラルに対して自分の側の対抗価値を提示しようとする。この本の作者は思春期に軍隊の栄光を夢見たあげく、ジャーナリストとしてのボヘミアン生活で貧窮した三七歳の男であるが、同時にまたこの本はある特定の人間（ブランメル）の喚起ではあっても、その男の威光は正当化されることのできないものであり、したがって正当化されてもいないのだ。しかしながら、作者が自分は社会的無意味の烙印でおびやかされていると感じているその不安をはね返す役目は果たしているのである。

一八四〇年代には、まだ少なからず、ダンディとは何よりも〈ブルヴァール〉を悠々と気取って歩くだけの資力をもつ者のことであり、ときにはエキゾティックな褐色の肌をした気性の激しい愛人を養い、そのために生活に窮している人間のことであった。バルベー自身もこの『ブランメル』の出版と同時期に、一八四五年から四九年にかけて『年上の愛人』を書くことでこの図式を丹念に仕上げている。

若い世代にとっては、ダンディスムの気取りはほとんど滑稽なものと映っている。そんなわけで一八四二年にフロベールは、ルーアン共済貯金金庫の役員会の一員である商人の気取った態度を目の前にして笑い転げるのである。「エルネスト・ドラマールは、大した偉人だ。ブルヴァールでは純潔種の馬を乗り回し、トルトーニで昼食をとり、居酒屋では使い走りのボーイに話しかけて、自分の保険の通信文を代書させている。また、私が髪を長くしていることに腹を立て、昨日などは無理矢理に私を理髪師のところへ引っ張ってゆき、流行の髪型に切らせようとしたものだった」[81]。

かつて、学生時代のフロベールは、ときに自分の法律書を手から滑り落として、カルティエ・ラタンからかの右岸を見つめ、〈ブルヴァール〉の歓楽を夢見たこともあった。「この川の対岸には」、と彼は一八四三年に書いている。「馬車で、それも自分の馬車で行く年間三万フランの青春がある。学生はといえば、歩きか、または全身濡れネズミになる二人乗り四輪馬車《ミロール》〔無蓋で辻馬車に使われた〕だというのに（…）。あちら側の若者は毎晩オペラ座だ、イタリア座だ、夜会だといって外出し、魅力的な女性と微笑み合っているが、もしわれわれがこの垢まみれのフロックコートと三年前の黒の礼服を着込み、優雅なゲートルを巻いて彼女らの家に姿を見せようなどと思い立とうものなら、きっとあの女たちは門番に命じて門前払いを喰わせることだろう（…）。あちらの連中はロシェ・ド・カンカールやカフェ・ド・パリに夕食をとりに出かけるが、こちらの陽気な学生は三五スーでがつがつしているのだ……」[82]。ここに表明されている欲望は、深い感情の表現というよりは、安易な常套句をたまたま並べる機会を見つけただけのものである。フロベールは、ブルヴァールの歓楽が彼の倦怠を癒すに足りないことを知っていたし、本当の願いは、クロワッセ〔ルアン近郊の村、フロベールはここの自家に引きこもって生涯を文学に捧げた〕で作品を書きためること、つまり書くということだったのだ。

ボードレールのペンにおいてさえ、この時代の〈ダンディ〉という言葉はむしろ軽蔑の意味をもっていた。その証拠は『愛に関する慰めの箴言抄』（一八四六年）の一節にある。「自分の生きる世紀に遅れてはならぬとしても、かの有名なドン・ファン〔スペインの劇作家ティルソ・デ・モリーナの戯曲（一六三〇）の主人公となった伝説上の人物〕の猿真似はしないように気をつけたまえ。この男は初めモリエールにあっては〔喜劇『ドン・ジュアン』（一六六五）の主人公としては、の意〕、しっかり仕つけられて恋愛と犯罪と屁理屈に長けた単なるすごい男でしかなかった。それがアルフレッド・ド・ミュッセ、テオフィル・ゴーティエ両氏のおかげで〔ミュッセには『ドン・ジュアンの朝』なる戯曲の断片があるが、おそらくこれを念頭においているのではない。ボードレールはこの二人の文学観、人生哲学のことを言っていると思われる〕、悪所を通じて完璧を追い求める〈芸術家的〉放浪者となり、最後には、もはやあらゆる旅路に疲れ果てた老年ダンディにすぎなくなり、今では夫に惚れ抜いた貞淑な妻の傍らにいる世界一の愚か者なのである」[83]。

この『箴言抄』の直後にボードレールが出版した小説『ラ・ファンファルロ』の中では、ダンディは詩人と区別されていて、形式的な結婚のあとで妻のそばで退屈している男のことである。この男はダンディスムにかぶれて馬と賭博に没頭し、人気の踊り子ラ・ファンファルロに惚れ込んでいた。が、ダンディも詩人と同様に敗者となる。ダンディは詩人のせいで愛人を失ったが、詩人は結婚した踊り子に束縛され、否応なくブルジョワ化させられている[84]。どちらも著者の皮肉《イロニー》の餌食である――若者の純粋さの結末であれ、周囲の「良識」への譲歩であれ。ボードレールはその後詩人とダンディの人物像を同時に再び創造し、今度は彼らを称揚する。ブランメルを描いたバルベー・ドールヴィイの場合ように、ボードレールにとってダンディスムの概念は、彼がその中で生きるボヘミアン的生活のさもしさを純化するのに使われると同時に、〈詩人〉と〈詩〉をいかなる社会的効用あるいは機能からも理論的に引き離すのに役立つのである。一八六〇年には、彼はコンスタンタン・ギースを扱った『現代生活の画家』の一章で、ダンディの神話的な肖像を最終的に確定している。この数頁はダンディスムのあらゆる定義（軽蔑的でない）を含んでおり、さらにこれらの定義はダンディスムを「一種の宗教」として、またブルジョワ的秩序の凡庸さに対する反逆として先鋭化させている。「自分の階級からはみ出し、倦怠し、無為ではあっても、生来の力を豊かにもった何人かの人びとは、新しい一種の貴族制度を打ち立てようという計画を抱くことがありうる。この制度は、もっとも貴重でもっとも破壊し難い諸能力の上に基礎を置き、また、労働や金銭が与えることのできない天与の資質の上に築かれるので、ますますもって打ち破り難いものなのである」[85]。

フロベールはかつて、いささかもダンディスムへの願望を語ったことがない。しかしながら、ボードレールは一八五七年に『ボヴァリー夫人』に捧げた興味深い一節の中で、その主人公エンマに関する数々の男性的特質をあげ、その一つとしてはっきりとダンディスムが見られることを指摘している。[86] つまりボードレールは、この登場人物の不満の内部に、一八四〇年の青春時代に次のようにふざけて書いた作者フロベールの不満を見抜いているのである。「私はコーチシナ〔メコンデルタ地帯の旧称〕の皇帝になるべく生まれたのであって、本来ならば三六トワズ〔一トワズ＝一・九五メートル〕のパイプをくゆらせ、六〇〇〇人の妻と、一四〇〇人の寵姫を従え、顔が気に入らない者の首をはねさせるための三日月刀と、ヌミディア〔ローマ帝国の支配下にあった北アフリカの属州の名〕の雌馬と、大理石の浴槽をもっていたのだったが、今の私にあるのはただ限りない満たされぬ欲望と、ひどい倦怠感と、絶え間ない欠伸だけ、さらには、傷ついた短いパイプとあまりにも辛い煙草があるだけなのだ」[87]。

二〇年前ならば、逸楽と権力と馬と贅沢と煙草というこれらの夢は、ダンディスムとして読みとることもできたであろう。しかしダンディスムは、七月王政が進むにつれてあまりにもブルジョワ化し、主流の社交界の中で損なわれてしまったので、もはや身分的にゆとりのない家庭の息子たちの欲望を今なおつなぎ止めておくことはできなくなっているのだ。フロベールはしたがって、その後ブルジョワの道徳性との関係ではその反逆派とされる芸術崇拝の中に逃げ道を求めるのである。

こうしてダンディの特性（非個性的かつ非情な優雅さ《エレガンス》によってのみ存在すること）は、ひたすら文体によってのみこれを支えようとする作品それ自体の方へと転化されるのである。「おお死すべき人間どもよ、私は美しい、石の夢のように……」〔ボードレール『悪の華』一七より〕。

終章

結論

カスタンニャヴィッツァ修道院（スロヴェニア）、この地下墳墓にシャルル10世の一族が眠る

一八四八年二月二四日にルイ＝フィリップは退位、国王は去り、共和国が宣言される。二五日以降『プレス』紙は多数派である「明日の共和主義者」のリーダーを自任するが、それも永くは続かない。三月一日にロドルフ・アポニイは、ボーフルモン大公妃が「カルノやルドリュ＝ロランと同様に共和主義者」であることを発見した。しかし九月一五日には、この同じ大公妃は前よりも伝統を支持する気持ちに立ち帰り、「これまで以上にアンリ五世〔シャルル一〇世の孫、ベリー公爵の息子。一八二〇―八三〕の御帰還に信頼」を寄せるようになる〔それぞれの日付のアポニイの『日記』の記述による。〕。

三月二日、オーストリア大使館は、エミールおよびデルフィーヌ・ド・ジラルダンの夜会への招待を拒絶する。「われわれが一七年間とてもよい関係にあったあの王室の一家が、これほどの大きな不幸に見舞われたばかりの時に、楽しみに参るなど不謹慎でありましょう」〔この日付のアポニイの『日記』〕。この夜会は、三月五日にラマルティーヌに敬意を表して開かれたものである。列をなして到着する馬車の交通整理には、警察隊も市の警察官もいないので、『プレス』紙の労働者たちが作業衣の肩に銃をかつぎ、シャン＝ゼリゼの館の前で代役を勤めている。招待客の中には、マイエ公爵夫人（おそらく皮肉をこめて彼女は「女市民マイエ」と呼び上げてくださいと要求した）や、ラシェル、ミュッセ、デュパン、アンファンタン、ユゴー……がいた。ラマルティーヌは疲労のため出席せず、自宅へ寝に帰ってしまった。彼に失望して、「社交界《モンド》をもち上げた〔蜂起させた〕以上はそれを支えることができねばならぬ」、と誰かが言った。

『プレス』紙のまったく新しい共和主義は、何が何でも臨時政府の支持を社交界に強制するものではなかった。そして五月一三日の連載欄では、デルフィーヌは貴族の称号が禁止されているのにロネー子爵と署名することに固執し、共和主義者を批判するちょうどよい口実ばかりを書いている。そもそも共和主義者たちは〈共和政〉のことを何も理解していない。その証拠には、「彼らはそれを君主政のパロディに、つまり王政の裏返しにしているのである（…）。また前任者たちの尊大な側近を引き連れて、またそれをテュイルリー宮殿に据えたいと思っているのである（…）。彼らはやはりもっと謹厳な態度を示すべきである。「共和国の大臣たちは王政下の大臣といかなる点でも類似してはならない（…）。彼らは（…）国民の会計係であって、金銭をもてあそんだりはしないものなのだ（…）。高給はもうたくさん、儀典ももう結構、金鎖を付けた守衛もいらない。従僕や豪華な四輪馬車や腕利きの料理人も願い下げなのである」。

このテーマ（スパルタ人であるべき時にシバリス人〔イタリア南部にあった古代ギリシャの都市シバリスの市民。惰弱で遊蕩好きだった〕である）というのは、後継の共和政の歴史においても周期的に取り上げられることになるのだが、ここでは中傷の評言に反響を及ぼし、一八四八年の間中、上流社会での常套手段として使われていたようである。ルドリュ＝ロランがとくに槍玉にあげられていて、ロドルフ・アポニイは三月三日にこう書いている。「私は今日『コンスティテュショネル』紙の〈宮廷ニュース〉の欄を読んだが、それによれば《昨日プティ・トリアノンで昼食会があり、出席した貴婦人たちにルドリュ＝ロラン氏が敬意を表していた。またシャンティイでは狩猟が催され、鹿追いをし、アプルモン庭園では獲物の狩り立てが行われた》」。

われわれが『コンスティテュショネル』紙を調査したところでは、問題の中傷記事は見つかっていない。当時の新聞はトリアノンの食事やシャンティイの狩猟には触れていないのだ……。この少しあとで、立憲議会の議長公邸でマラストによって主催された舞踏会が、不快な噂の種となった。マラスト夫人は、人の言によれば傲慢な態度だったようで、よせばいいのに髪粉〔一八世紀の男女は公式の場では髪やかつらに白粉を振っていた〕を振りかけようなどと考えたのだった。マリー＝アントワネットを気取ったのだろうか。

デルフィーヌ・ド・ジラルダンが共和主義者に課した「謹厳であれ」という戒めは、それゆえ中傷話の系列に含まれるものである。彼女は、権力、とくに政治権力は華麗さというものに取り巻かれて出現し、それが贅沢な出費を余儀なくさせ、社交生活を開始させるものだということには気づかないふりをしている。共和政はこのようにして、いかなる華麗な形式も禁じられるのである――華麗さの欠如こそ共和主義的華麗さの純粋なしかるべき形式であると理解すべきだ、というわけではないにしてもである。

それにひきかえ、ルイ・ナポレオン・ボナパルトの大統領選任後、すぐに彼が組織した社交界行事は、このような非難にさらされることはなかった。もはやデルフィーヌ・ド・ジラルダンがその非難の原因にならなかったのは、彼女は学芸欄をやめていたし、彼女自身も社交生活をあきらめてはいなかったからである。アポニイは、彼女が「芸術家の夕べ」を催したことについて一八四九年二月一八日に言及しているし、五月一一日には彼女がマティルド王女邸の舞踏会に出席していたことについても記している。しかし、一八四九年のアポニイの『日記』を見ると、この日記作者と彼の出入りする社交界が新しい大統領の主導性を是認していることは、非常にはっきりと読みとれる。「大統領は多くの祭典を催そうと望んでおられる。最近、幕僚の一人であるバッチオキ氏（一八五三年の帝室《メゾン・アンペリアル》編成以後は筆頭侍従に任命）が、われわれの同国人の名簿を提出してほしいと、大統領の意向として頼みに来た。大統領は二〇〇〇名の人びとを招待したいと思っている。たとえエリゼ＝ブルボン宮殿に増築予定の木造翼廊ができたとしても、これでは押し合いへし合いになるだろう。どうやら彼は、自分の家ではルイ＝フィリップの時代と何もかもそっくり同じに行われることを願っているのだ……」（一月一三日）。

「殿下《プランス》」と呼ばれるこの人のレセプションに、大挙してとはいかないまでもフォブール・サン＝ジェルマンの一部が顔を見せているのは、大統領がいつかは皇帝になるだろうという直感に支えられているからである。「その時がきたら、この貴族のフォブールはもう一度あの昔の帝政時代の姿勢を取り戻そうと固く心に決めている」（二月二四日）。とはいえ、エリゼ宮殿に出入りする人びとは、この殿下のところで他の傾向の代表者たちとも顔を合わせている。「彼は自分のサロンで、あらゆる色合い、あらゆる保守党派の人たちと会うことに執心している。名門の連中が一堂に会することを満足に思っているが、さまざまな他の意見がここで平等に発言されることにもこだわっているのだ」（三月二三日）。

したがって、いくつかの細部を除けば、大統領を取り巻くこの集団はルイ＝フィリップのテュイルリーの集団と非常によく似ているのだ。いずれにせよ、アポニイはエリゼ宮殿で耳にした意見を報告するにあたって、「何もかも不思議なほど宮廷の匂いがする」と前置きし、「社会純化に関してこの調子でやっていると、一カ月後には玉座の前には床机が並び、公爵夫人たちがそこに座ることになるだろう」（四月五日）と記している。決まり文句にちょっぴり皮肉を効かせてはいるが、ここでは不満の色は少しも感じられない。

共和政の贅沢があまりにも宮廷の匂いをさせるというのは過失であったが、大統領殿下《プランス・プレジダン》のパーティーが宮廷の再来を告げるのは美点なのである。一九世紀のさなかでも、いまだに社交界の概念は宮廷の概念と緊密に結びついたままだということがこれでよく分かる。直観からか計算からか、ルイ・ナポレオンはこの結びつきを利用した。かくして将来の宮廷を先取りしつつ、大統領の周囲に社交界人士の社交界を組織することは、彼にとってはクーデターと帝政再建を準備するための手段の一つとなっていたのである。

しかしながら、第二帝政の宮廷の懐胎期と復古王政時代との間にあった重大な相違点は強調しておかなければならない。一八二〇年の社交界は、宮廷に関係するすべてのものとして定義されていた。しかし一八四九年にはこの関係が逆転する。つまり宮廷は社交生活の実践から再生し、社交界から放射するもの――、あるいは少なくとも社交界の若干の部門から噴出したものとなるのである。

以来社交界は、政治機構と国家へのいかなる依存関係からもはずれたものとして認識されるようになっていた。デルフィーヌ・ド・ジラルダンは、惰弱で遊蕩好きな（シバリス人の）共和主義者に対する攻撃文の中で、そのことを適切に描いている。もし共和政がスパルタ人的であらねばならないのなら、と彼女は自問する。「いったい誰が商業を栄えさせ、誰が贅沢の模範を示すのでしょう」。その答えは〈個人〉である。「個人には、気まぐれである権利、誇りをもってあらゆる青春の戯れを楽しむ権利、古き時代の古き慣習を蘇らせる権利がありますが、共和国の大臣たちにはこの権利はありません（…）。反対に大臣たちが質素で理性的であればあるほど、他の人間たちは優雅で豪奢な自分を示したい気持ちになるでしょう」。

かくして、この新しい観点にあっては、社交生活は個人たちだけの事柄となりうるものである。多くの要因がこのような確認を可能にする役目を果たしていたのだった。

すでに旧体制《アンシャン・レジーム》下において、〈宮廷〉と〈パリ市《ラ・ヴィル》〉との間に一つの分離が生じていた。おまけにそれは複雑な分離であって、ヴェルサイユとパリのサロンの間の距離に要約されるものではなく、とくにルイ一五世の治下で顕著に見られたような、公的な君主政空間の断層をも含意している。君主はそこで、自らの私生活と私的な楽しみのための新たな空間を作っていたのだった。これに反して帝政の宮廷制度は、この距離を縮め、パリの社交界を宮廷の形式に矯《た》め直して独占し、選良たちを服従させるための企てであり、服従を拒む場合は、亡命しないなら沈黙の中に逃れざるをえなかった。(スタール夫人あるいはシュヴルーズ公爵夫人のように)。

長子の家系〔正統ブルボン家〕がテュイルリーに復帰した時、彼らは社交界に重要性を与えることなく、ただ貴族階級の基盤の上に宮廷を再編成することしか考えなかった。そして、王族の宮殿にさまざまなパリの選良を迎え入れることに存する社交界政治については、もっぱらパレ＝ロワイヤルとオルレアン家の仕事であり、オルレアン公爵はひとたび国王になると、この政治をさらに大規模に発展させたのだ。しかしながら、もっとも重大な断絶が生まれたのはこの時点である。〈フォブール・サン＝ジェルマン〉はテュイルリーへの出入りを拒むことによって、それが同時に政治権力の存在する場所からの分離に至るという明確な意識もなしに、現実の君主政体からの集団分離を実行した。しかしこの分裂が彼らに自立性を与えたのである。正統王朝派の貴族たちは、自分たちの本来の場所と見なす宮廷から自発的に遠ざかり、法的集団としてはもう二度とそこに戻ってくることはないだろう。

〈フォブール・サン＝ジェルマン〉の貴族たちは、互いに距離を置きつつ個人の身分に還元されていたが、一方では自分たちの社交界の威信という最小のかけらは失っていなかった。社交界の中心は、もはや政治権力の中心とは混同されていなかった。それは中心が移動したということを意味するのではなくて、ただ単に社交生活にはもはや中心がなくなったということなのである。社交界は、相互の関係が自律しており、それだけに水も漏らさないというわけではないようないくつかの区分、あるいは核の混合体となっていた。つまり正統王朝派、オルレアン派、ボナパルト派といった貴族の異なった区分の他に、著名な政治家や大金融家の社交界、文学界、芸術界などを加えなければならなくなっていたのである。パリ社交界の再定義は必要不可欠であった。それは、社会の第一級の場に認められたいという貴族以外の選良たちの欲求に明らかに応えるものだったので、実は七月革命前夜からすでに準備ができていたものである。そしてその再定義とは、次の四つの特徴を組み合わせたものである。

――社交界の空間は〈贅沢〉じるしの社会的空間である。成り上がり者たちは、自分たちが若干の軽蔑的な陰口の原因となることを受容するならば、十分なお金をかけさえすれば、いつでも社交生活に入ることができるだろう。

――社交生活《モンダニテ》の時間は〈余暇〉の時間になろうとしている。サロンでの会話によって公務を扱おうというギゾーの意図（レミュザの目には廃れたものと映っている）にもかかわらず、公務（政治その他）の時間は、たとえ公務と社交生活が互いに補完しうるとしても、社交生活にあてられる時間からは分離する。それは、公務の取り扱いが特殊な作業になったということ、あるいは今後そのようなものとして理解されるようになったということである。このことが同時に、社交生活を気晴らしの方向へ、そしてまた〈ブルヴァール〉の遊び人たちの純粋で単純な享楽の方向へと導いてゆくのである。

――社交生活《モンダニテ》に入ることの基準は〈著名度〉である。それは、貴族名の古さや政治活動によってもたらされる著名度、あるいは大衆から獲得した芸術的成功や〈ライオン〉であることの著名度である。どこかのサロンが先頭に立って芸術家の成功を援助することも起こりうる。つまり芸術家がこの保護に価するのは、彼が潜在的に成功しているということであって、このことは基本的命題に何の変更も加えないのである。

――社交界が自認するその使命とは、〈文化的使命〉のことであり、風俗《ムルス》の洗練（言葉の積極的な意味における）である。ここで思い出しておきたいのは、〈ジョッキー＝クラブ〉が馬の品種改良のために設立された協会から生まれたということである。また逆説的ではあるが付言しておきたいと思うのは、社交界はフランス人の人種改良のための協会として考えられるということである。別の言い方をすれば、社交界は自ら文明の前衛たらんとする。社交界はこの使命の成就のために、礼儀と正しい作法の遵守を主張し、政治を監視し、衣服の優雅《エレガンス》さを実践し、またとくに知性の促進者をもって自らを任ずるのだ。社交界はこのようにして、自分の個人的実践によってであれ、あるいは文筆家、音楽家、画家、俳優、歌手などの芸術家たちを受け入れて支援することによってであれ、芸術を保護し奨励するのである。

このような社交界の定義は、第一次世界大戦まで、そして『失われた時を求めて』〔一九一三—二七〕の中でその理想化された喚起を行うプルーストの時代まで有効であり続ける。プルーストはかつて各新聞が連載した社交界欄の文体を白熱した状態で保持している。サン＝シモンや一九世紀の回想録作家たち（たとえばボワーニュ伯爵夫人）と同様、彼にはその文体が骨の髄まで浸みついていると思わせるほどである。『シエークル』紙が載せていた《パリ評論》（一八四二年一一月五日）の中に一つの赤い靴の物語があるが、不思議にもこれはオリヤーヌ・ド・ゲルマントの靴〔『失われた時を求めて』の第三巻〈ゲルマント公爵夫人〉の最後の「赤い靴の挿話」〕を思い出させる。そしてパリの音楽サロンでの次のような会合の記述（一八四四年二月九日）に出くわすと、同じくヴェルデュラン夫人の夜会の場面がすぐに記憶に蘇るのである。「この妙なる調べを聞かせるクラブの女主催者は、熱狂しか認めない。一つの曲目が終わるたびに、彼女は一人ひとりに言うのである。《このすばらしさ、お分かりになりますわね、だって貴方様は完璧な紳士でいらっしゃる——、それに奥様は最高のご婦人でいらっしゃいますもの》。そこで誰もが、心から崇高な気持ちになり、うっとりと天上を仰ぐのだ」。『失われた時を求めて』は、おそらくやがては散り散りに消えゆく一九世紀社交界および社交生活の最後の照明作業であり、祝賀である。

もし宮廷が、（ノルベルト・エリアスの言うように）絶対王政に固有な社会組織《フォルマシオン・ソシアル》であるならば、以上に述べたような社交界は、これに対応する民主化途上の社会における社会組織である。この社会組織は、その優越性と傑出性を当然のものと納得させる集団的確信によって勇気づけられ、もはや君主の周辺では展開されることなく、金銭と芸術と政治の力を交流させる。したがってそれは、権力の中心（王、議会、政府）と一線を画している。しかしながらこの組織は、かつての宮廷で優雅と洗練に囲まれていた旧王政の神話的イメージを絶えず参照しつつ、自らの価値を運用し、それを注意深く維持しようとするのである。

かくしてデルフィーヌ・ド・ジラルダンは、一八三六年一一月二三日の『プレス』紙上（これは正統王朝派などではない）で、シャルル一〇世への弔辞を発表することができたのであった。「私たちは私たち自身のために涙を流します。そして輝かしくも詩的な騎士道の国、古きフランスの王のために、やんごとなき貴婦人フランスの、もはやついに消え去ったフランスの王のために、心の底から悲しみの涙を流します」。「（以後フランスという名の船は）石炭と馬鈴薯を積み、定刻に出港しては予定された日と場所に到着する重苦しい蒸気船です（…）。でもおそらくこの方がよいのです。乗客にとっても、世間の人すべてにとっても。またとくに、小さな修正を重ね、長いつきあいをして生きておられるあなた方政治家の皆さん、煙草とビートの法律問題に何カ月もかかりきりのあなた方にとっても」。

ここには政治的な哀惜はない。ただ果てしない美学的郷愁があるばかりである。かつてフランスという名の船は、「気まぐれな風にあおられてあてもなく漂う壮麗な帆船」であった。「（そして今、）芸術と快楽しか愛さない私たちとしては、過ぎた昔の美しい帆船と、古き君主を惜しんでいるのです。なぜならこの船は、彼とともに私たちの思い出までをも運び去ろうとしているからです。そして何ぴとも、これほどまでに典雅な言葉を彼以上に語り、時宜を得た高貴な贈り物を彼以上に与えることはできなかったからです。さらにまた、彼はまぎれもなく王であったし、そのことはその地位にあっては大したことなのでした。結局彼は、演劇の世界で言うような〈伝統〉をもっていました。この伝統が今彼とともに失われてゆこうとしているのです」。

63. Rose FORTASSIER, «MM. de Cobentzell ou l'acte de naissance de de Marsay», *in L'Année balzacienne,* Paris, Garnier, 1978, pp. 9–26.

64. *Un Anglais à Paris, op. cit*., t. I, p. 115. しかし著者は、ロトゥール＝メズレー Lautour-Mézerayのパリ滞在を1828年から1847年までとして年を間違えている。

65. BALZAC, *La Fille aux yeux d'or,* Paris, Livre de Poche, 1958, p. 185.

66. *Ibid*., p. 186.

67. BALZAC, *Le Cabinet des antiques,* Paris, Gallimard, Pléiade, 1976, t. IV, pp. 965–1096.

68. BALZAC, *La Maison Nucingen, in Scènes de la vie parisienne,* Paris, Albin Michel, 1954.

69. アンドレ・モロワ André MAUROIS による以下の伝記を参照のこと。*La vie de Disraeli,* Paris, Gallimard, 1927.

70. VÉRON, *op. cit*., t. II, p. 186.

71. André MAUROIS, *Prométhée ou la vie de Balzac,* Paris, Hachette, 1965, p. 98.

72. *Ibid*., p. 130.

73. *Ibid*., pp. 189–190.

74. *Ibid*., p. 399.

75. Antoine Fontaney, cité par Rose FORTASSIER, *Les mondains..., op. cit*., p. 44.

76. Jean-Louis BORY, *Eugène Sue, dandy mais socialiste,* Paris, Hachette littérature, 1962, et Jacques BOULENGER, *Sous Louis-Philippe, les dandys, op. cit*., pp. 185–212.

77. BORY, *op. cit*., p. 112.

78. MELUN, *op. cit*., t. I, pp. 157 et suiv.

79. BORY, *op. cit*., p. 193.

80. *Ibid*., p. 304. アルフレッド・ネットマン Alfred NETTEMENT の『さまよえるユダヤ人』《*Le Juif errant*》についての記事、1844年。

81. À sa sæur Caroline, 3 juillet 1842, in Flaubert, *Correspondance,* Paris, Gallimard, Pléiade, 1973, t. I, p. 108.

82. *Ibid*., p. 143. À Ernest Chevalier, 10 février 1843.

83. BAUDELAIRE, *Œuvres complètes,* Paris, Gallimard, Pléiade, 1961, p. 475.

84. *Ibid*., pp. 485–512.

85. *Ibid*., p. 1179.

86. *Ibid*., p. 653.

87. FLAUBERT, *Correspondance, op. cit*., t. I, p. 76. À Ernest Chevalier, 14 novembre 1840.

（12歳）とリセで出会ったのは確かである。ギッシュ公爵については以下を参照のこと。*Dictionnaire de biographie française, op. cit.,* t. XVI, p. 924.

33. CHATEAUBRIAND, *Mémoires d'outre-tombe, op. cit*., t. II, p. 78.

34. Serge-Fortis ROLLE, *op. cit*., chap. III.

35. BOULENGER, *Sous Louis-Philippe..., op. cit*., p. 84.

36. *Mémoires et Souvenirs du baron Hyde de Neuville,* Paris, Plon, 1892, t. III, pp. 314–316.

37. Jacques DE LANGLADE, *Lady Biessington et le comte d'Orsay, l'égérie et le dandy,* Paris, Tallandier, 1987.

38. BOULENGER, *Sous Louis-Philippe..., op. cit*., p. 91.

39. Comte G. DE CONTADES, *Le comte d'Orsay, Physiologie d'un roi de la mode,* Paris, Maison Quantin, 1890.

40. MELUN, *op. cit*., t. I, p. 10.

41. GRANVILLE, *op. cit*., 17 janvier 1825. しかし彼女はシャルル・ド・モルネー Charles de Mornay のことを「オーギュスト」と呼び、兄のモルネー侯爵 marquis de Mornay オーギュスト＝ジュール Auguste-Jules（1798–1852）と混同している。後者は1830年から1849年までオワーズ県選出の下院議員 député de l'Oise で、スルト元師 maréchal Soult の娘と1822年に結婚していた。モルネー伯爵シャルル Charles, comte de Mornay（1803–1878）は七月王政下の大使だった。マルス嬢 Mlle Mars の死後、彼は２度目の未亡人となっていたサモイロフ伯爵夫人 comtesse Samoïloff（旧姓ジュリー・パーレン Julie Pahlen）と、1848年６月７日に結婚した。ロドルフ・アポニイ Rodolphe Apponyi はこの女性を異常色情症だったとほのめかしている。モルネー家については以下を参照のこと。A. RÉVÉREND, *Titres, anoblissements et pairies de la Restauration, 1814–1830*, Paris, Champion, 1905, t. V, pp. 205–207.

42. MAILLÉ, *Souvenirs..., op. cit*., pp. 238–239. ラギューズ公爵夫人 duchesse de Raguse（旧姓オルタンス・ペレゴー Hortense Perrégaux）は1780年の生まれで、ディノ公爵夫人 duchesse de Dino の誕生年は1793年だった。

43. ANNE, *op. cit*., t. I, p. 30.

44. APPONYI, *op. cit*., 23 juillet 1826.

45. *La Mode*, t. I, octobre–décembre 1829, pp. 273–279, «Assemblée législative de la mode».

46. Baron DE PLANCY, *Souvenirs et indiscrétions d'un disparu, 1815–1891,* 4e édition, Paris, Ollendorff, 1891, p. 45.

47. MARTIN-FUGIER, «La formation des élites...» *op. cit*., pp. 233–234.

48. BOCHER, *op. cit*., t. I, pp. 205 et suiv.

49. SÉCHÉ, *op. cit*., pp. 9–37.

50. BOCHER, *op. cit*., t. I, pp. 205 et suiv, et Dictionnaire de biographie française, *op. cit*., t. VI, 1954, p. 747.

51. SÉCHÉ, *op. cit*., pp. 83–85 ; pp. 129–130.

52. *Dictionnaire de biographie française, op. cit*., t. VIII, 1959, pp. 832–833. Le *Dictionnaire des Lettres fran*çaises は彼のことを「あくせく働いても稼ぎの少ない文学批評家」として扱っている。

53. SÉCHÉ, *op. cit*., pp. 48–51, et *Dictionnaire de biographie française*, t. III, 1939, pp. 1224–1227.

54. Maurice ALLEM, *Musset,* Paris, éditions de la Nouvelle Revue Critique, 1940.

55. Henri DE VILLEMESSANT, *Souvenirs de jeunesse, op. cit*., chap. VII, pp. 161–206. Jacques REYNAUD（ダッシュ伯爵夫人 comtesse Dash の偽名）, *Portraits contemporains*, Paris, Amyot, 1859, chap. XI, pp. 111–121.

56. VILLEMESSANT, *Souvenirs de jeunesse, op. cit*., p. 165.

57. *Ibid*., p. 198.

58. VILLEMESSANT, *Mémoires d'un journaliste, 2e série, Les Hommes de mon temps,* Paris, Dentu, 1872, «Nestor Roqueplan», pp. 107–219 ; p. 159.

59. *Ibid*., p. 137.

60. *Ibid*., p. 198.

61. ボシェ BOCHER（*op. cit.,* t. II, pp. 571–574）は、ロクプラン Roqueplan 自身が骨董屋で見つけてきた掘り出し物はこれこれだと教えてくれたと語っている。

62. RÉMUSAT, *op. cit*., t. III, p. 349.

64. *Ibid*., pp. 190–191.
65. VÉRON, *op. cit*., t. IV, chap. VI.
66. RÉMUSAT, *op. cit*., t. III, p. 357.
67. *Ibid*., p. 191.
68. VÉRON, *op. cit*., t. IV, pp. 233–234.

第一二章　ダンディたち

1. *Le Robert, dictionnaire alphabétique et analogique de la langue française,* Paris, 1981.
2. Cité par Françoise COBLENCE, *Le dandysme, obligation d'incertitude,* Paris,. U. F., 1988, p. 182.
3. Eugène RONTEIX, *Manuel du Fashionable ou guide de l'élégant,* Paris, Audot, 329, pp. 18–19.
4. BALZAC, *Traité de la vie élégante, op. cit*., p. 247.
5. COBLENCE, *op. cit*., p. 180.
6. VÉRON, *op. cit*., t. II, p. 37.
7. JANIN, *Un hiver à Paris, op. cit*., p. 59.
8. われわれがこの記事を知ることになったのはポール・ダリスト Paul d'ARISTE (*La vie et le monde du Boulevard*, 1830–1870, Paris, Jules Tallandier, 1930, pp. 236–238）のおかげである。実のところ『アントラクト』紙 *L'Entracte*（12 janvier 1839）の状態は国立図書館 Bibliothéque nationale でマイクロフィルムに保存できなかったほど悪い状態だったからである。
9. Norbert ELIAS, La Société de cour, *op. cit*., chap. II ; リシュリュー元師 marèchal de Richelieu の逸話は p. 48 に引用されている。
10. *La Mode*, 3e livraison, janvier 1832, p. 65.
11. Jules BARBEY D'AUREVILLY, *Du dandysme et de George Brummell,* Paris, Balland, 1986, p. 11.
12. Cité par Martin HEIDEGGER, *Le Principe de raison,* Paris, Gallimard, 1962, p. 103.
13. ROSANVALLON, *op. cit*., pp. 107 et suiv.
14. *Physiologie du lion, op. cit*., p. 8.
15. MAILLÉ, *Souvenirs..., op. cit*., p. 270.
16. GIRARDIN, *op. cit*., t. I, pp. 515–517.
17. STENDHAL, *Esquisses..., op. cit*., pp. 323 et suiv.
18. GIRARDIN, *op. cit*., t. I, pp. 565–567.
19. *Ibid*., pp. 453–454 ; *Le Siècle,* 1er mars 1839.
20. GIRARDIN, *op. cit*., t. II, p. 41.
21. *Le Siècle,* 18 mai 1843.
22. Jules BONNET (avocat à la cour impériale de Paris), *Mes Souvenirs du barreau depuis 1804,* Paris, Auguste Durand, 1864, p. 290.
23. *Le Siècle,* 16 septembre 1837.
24. LA ROCHEFOUCAULD, *op. cit*., t. XIV.
25. ジョルジュ・マトレ Georges MATORÉ (*Le Vocabulaire et la société sous Louis-Philippe*, Genève-Lille, 1951) はこの語〈lionne〉の初出を1835年としている。E. ド・グランヴィル子爵 vicomte E. DE GRENVILLE (*Histoire du journal «La Mode»*, Au bureau de journal *La Mode nouvelle*, Paris, 1861 の方は1841年としている。
26. *Le Siècle,* 7 septembre 1840.
27. *Ibid*., 29 décembre 1841.
28. *Ibid*., 27 juillet 1843.
29. *Ibid*., 5 novembre 1842.
30. 次のものを参照のこと。L'introduction de Jean-François MÉJANÈS au catalogue de l'exposition *Les Collections du comte d'Orsay : dessins du musée du Louvre,* Paris, février–mai 1983, pp. 13 et suiv.
31. Serge-Fortis ROLLE, *Le Beau d'Orsay,* Paris, Julliard, 1978, chap. I.
32. *Ibid*. しかしこの著者は、アルフレッド・ドルセー Alfred d'Orsay がリセ・ボナパルト lycée Bonaparte でギッシュ公爵、アントワーヌ＝アジェノール・ド・グラモン Antoine-Agénor de Gramont, duc de Guiche と親交を結んだと断言しているが、これは間違いである。ギッシュは1789年の生まれで、アルフレッドはその12年後の出生である。第一帝政下では彼はフランスではなくてイギリスにいた。その代わり、アルフレッド（8歳）がアルフレッド・ド・ヴィニー Alfred de Vigny

27. GASNAULT, *op. cit*., chap. IV.

28. Jacques BOULENGER, *Sous Louis-Philippe : les dandys,* Paris, Calmann-Lévy, 1932, pp. 161–162.

29. 〈ジョッキー・クラブ〉le Jockey-Club に関することはすべて以下の本を参照のこと。Joseph-Antoine ROY, *Histoire du Jockey-Club de Paris,* Paris, Marcel Rivière et Cie, 1958.

30. Félix DERIÈGE, *Physiologie du lion,* dessins de GAVARNI et DAUMIER, Paris, Delahaye, 1842, pp. 12–13.

31. Cité par ROY, *op. cit*., chap. IV.

32. Alexandre DUMAS, *Mes Mémoires,* Paris, Plon, 1986, pp. 315–326.

33. Hughes BOUFFÉ, *Mes Souvenirs, 1800–1880,* Paris, Dentu, 1880, pp. 256 以下。また次のものも参照。*Dantan Jeune, Caricatures et portraits de la société romantique,* Paris, Paris-Musées, 1989, pp. 19 et 177.

34. ALTON-SHÉE, *op. cit*., t. I, p. 142.

35. Léon SÉCHÉ, *La Jeunesse dorée sous Louis-Philippe,* Paris, Mercure de France, 1910, p. 126.

36. YRIARTE, *Les Cercles de Paris, op. cit.,* pp. 118–119.

37.しかし1845年から1848年までは、この特別ボックス席は王家によって占められた。したがって〈ジョッキー・クラブ〉のボックス席はその真向いの3階の特別ボックス席偶数番号〔舞台から見て左〕に移った。1848年には席は1階の奇数番号〔舞台から見て右〕の特別ボックス席に戻った。ROY, chap.IV, および BOCHER, *op. cit.,* t. I, pp. 444–445 参照。

38. BOULENGER, *Sous Louis-Philippe..., op. cit*., p. 172.

39. GIRARDIN, *op. cit*., t. II, pp. 89–91 ; *Le Siècle,* 26 mai 1841.

40. Par exemple : *Le Siècle,* 25 mai 1843.

41. AGULHON, *Le Cercle dans la France bourgeoise, 1810–1848, op. cit*., pp. 28–29. ただし、グラモン通り rue de Gramont は1930年までは Grammont と綴られていた。以下を参照のこと。Jacques HILLAIRET, *Dictionnaire historique des rues de Paris,* t. I, Editions de Minuit, 8e édition, 1985, p. 595.

42. Maréchal DE CASTELLANE, *op. cit*., 25 août 1828.

43. *Cercle de l'Union*, 1838 (brochure conservée à la B. N.). この年〈ユニオン〉は、246名の永久会員、159名の名誉会員、18名の一時会員を数えていた。

44. YRIARTE, *op. cit*., p. 164.

45. *Ibid*., pp. 187–192.

46. *Ibid*., p. 64.

47. BOUTET DE MONVEL, *op. cit*., pp. 239 et suiv.

48. *Le Siècle,* 2 mars 1846.

49. BOULENGER, *Sous Louis-Philippe..., op. cit*., pp. 239 et suiv.

50. *Le Siècle,* 25 mars 1842.

51. *Ibid*., 22 février 1846.

52. Jules BERTAUT, *Le Faubourg Saint-Germain..., op. cit*., chap. VIII. ベルトー Bertaut は大公とジョルジュ嬢 Mlle George の関係について出典を示していない。Roselyne Laplace, *Mademoiselle George ou un demi-siècle de théâtre*, Paris, Fayard, 1987 はテュフィアキン Tuffiakin の名前には言及さえしていない。

53.「フレニイはウルトラ（過激王党派）の中のウルトラ、そしてあの比類なきアグワド氏」。Jules BERTAUT, *Aux Carrefours de l'histoire,* n° 74, février 1964, pp. 70–87.

54. VÉRON, *op. cit*., t. III, p. 103.

55. *Ibid*., p. 113.

56. *Ibid*., p. 142.

57. *Ibid*., t. III, chap. IV. 1835年のヴェロン Véron の辞任については以下を参照。Jane Fulcher, *op. cit*., p. 74–75.

58. VÉRON, *op. cit*., t. I, p. 263.

59. *Ibid*., t. III, p. 181.

60. *Ibid*.

61. *Ibid*., p. 282.

62. RÉMUSAT, *op. cit*., t. III, p. 14.

63. *Ibid*.

111. *La Sylphide,* 13 février 1841.
112. *Le Siècle,* 22 mars 1841.
113. *Ibid*., 16 mars 1843.
114. *Ibid*., 23 février 1843.
115. *Ibid*., 29 mars 1846.
116. ALTON-SHÉE, *op. cit*., t. II, p. 123.
117. *Le Siècle,* 16 mars 1843.
118. *Ibid*., 13 avril 1843.
119. Francis AMBRIÈRE, *Le siècle des Valmore,* Paris, Seuil, 1987, t. I, pp. 441–442.

第一一章　ブルヴァール、馬、クラブ（セルクル）

1. Henri DE VILLEMESSANT, *Mémoires d'un journaliste,* première série : *Souvenirs de jeunesse*, Paris, Dentu, 1867, chap. IX.

2. 本書第三章「社交界とサロン」を参照せよ。

3. Jules BERTAUT, *Le Boulevard,* Paris, Tallandier, 1957, et catalogue de l'exposition *Les Grands Boulevards, op. cit*.

4. VILLEMESSANT, *op. cit*.

5. APPONYI, *op. cit*., 25 décembre 1832.

6. *Ibid*., 3 juin 1831. ヴァランセー公爵夫人 duchesse de Valençay（旧姓アリックス・ド・モンモランシー Alix de Montmorency）について知りたいならば、以下の本の表紙にあるクロード＝マリー・デュビュッフ Claude-Marie Dubufe 作の肖像画（1840年頃）を見よ。*Claude-Marie, Edouard et Guillaume Dubufe. Portraits d'un siècle d'élégance parisienne,* Paris, Délégation à l'Action artistique de la ville de Paris, 1988.

7. *Les Grands Boulevards, op. cit*., p. 171.

8. *La Presse,* 15 juin 1839.

9. GIRARDIN, *op. cit*., t. I, p. 490.

10. *Les Grands Boulevards, op. cit*., p. 172.

11. RÉMUSAT, *op. cit*., t. III, p. 131.

12. *Les Grands Boulevards, op. cit*., p. 181.

13. シュス Susse はまた絵も売っていた。アレクサンドル・デュマ Alexandre Dumas はそこでドラクロワの『狂人監獄の中のタッソー』《*Le Tasse dans la prison des fous*》de Delacroix を600フランで買い、カリル・ベー Khalil Bey に１万5000フランで転売した（BERTAUT, *Le Boulevard*, *op. cit*.）。

14. BERTIER DE SAUVIGNY, *La France et les Français*..., *op. cit*. によれば20フラン、BERTAUT, *Le Boulevard, op. cit*.によれば30フラン。

15. *Les Grands Boulevards, op. cit*., pp. 168–169.

16. MAINE DE BIRAN, *op. cit*., t. I, 7–8 au 14 avril 1816 ; *Correspondance d'Alfred de Vigny, op. cit*., t. I, p. 89.

17. 1845年のディオラマはサン＝マルコ大聖堂の内部を表現していた。ジェラール・ド・ネルヴァル Gérard de Nerval が『プレス』紙 La Presse の６月15日に書いたところによれば、臨場感はあまりにも完璧で、外に出た時、サン＝マルタン運河にはゴンドラが浮かんでいるのではないかと思うほどだった。

18. BALZAC, *Illusions perdues,* Paris, Livre de poche, 1962, p. 159.

19. *Ibid*., p. 177.

20. *L'Ermite de la Chaussée-d'Antin,* cité par GIRARDIN, *op. cit*., t. I, p. 532.

21. DELÉCLUZE, *Journal, op. cit*., 8 avril 1825.

22. たとえば1830年４月18日の『フォレ』紙 *Le Follet* の〈サロン通信〉欄。1833年４月４日の『ダンディ』紙 *Le Dandy* は、散歩は５月に遅らせよう、そうすれば「女性たちと薔薇の花が同時に毛皮と緑の萼（がく）から顔を覗かせるから」と提案している。

23. BERTIER DE SAUVIGNY, *La France et les Français..., op. cit*.

24. *Le Siècle,* 9 avril 1839.

25. *Ibid*., 21 avril 1843.

26. GIRARDIN, *op. cit*., t. II, p. 454.

64. LA ROCHEFOUCAULD, *op. cit*., t. IX, lettre au roi du 6 février 1830, p. 592.

65. Jane FULCHER, *Le Grand Opéra en France : un art politique, 1820–1870,* Paris, Belin, 1988, p. 58.

66. VÉRON, *op. cit*., t. III, p. 326.

67. *Mémoires de Charles Bocher, 1760–1907,* Paris, Flammarion, 1907, 2 vol., t. I, pp. 444–445.

68. Cécile SAJALOLI, *Le Théâtre italien et la société parisienne, 1838–1879,* doctorat de 3e cycle sous la direction de M. Aguihon, université de Paris-I, 1988 ; étude du public, pp. 224–256.

69. *La Presse,* 19 octobre 1841. Voir SAJALOLI, *op. cit*., pp. 105–108.

70. SAJALOLI, *op. cit*., p. 108.

71. この数字は前掲書 Cécile SAJALOLI, *op. cit.*が出しているもの。BARBIER, *op. cit.*は1839年については以下の数字をあげている。公演回数はロッシーニ33回、ドニゼッティ29回、ベッリーニ17回。

72. BARBIER, *op. cit*., p. 141.

73. BERTIER DE SAUVIGNY, *Nouvelle Histoire de Paris, la Restauration, op. cit*., p. 360.

74. *Le Siècle,* 2 mai 1838.

75. *Ibid*., 11 avril 1840.

76. *Souvenirs et mémoires de madame la comtesse Merlin, publiés par elle-même,* Paris, Charpentier, 1836.

77. *Souvenirs de la baronne Frossard, 1813–1884,* Paris, Blériot-Henri Gautier successeur, s. d., chap. II.

78. Comtesse MERLIN, *Madame Malibran,* Bruxelles, Société typographique belge, 1838, 2 vol., t. I, chap. 5, p. 31.

79. *Ibid*., t. I, chap. 7, p. 52.

80. *La Presse,* 14 février 1837.

81. APPONYI, *op. cit*., 26 octobre 1835.

82. Catalogue de l'exposition : *Franz Liszt, 1811–1886, et le romantisme français,* Paris, musée Renan-Scheffer, 27 mai–28 septembre 1986, p. 52.

83. *Lettres inédites du baron d'Eckstein, op. cit.,* 14 avril 1838 (lundi minuit).

84. *Le Siècle,* 19 mai 1840.

85. MAILLÉ, *Souvenirs..., op. cit*., p. 121.

86. HEINE, *op. cit*., p. 153.

87. JANIN, *l'Été à Paris,* Paris, Curmer, s. d., chap. XVII.

88. LIMET, *op. cit*., p. 139.

89. MELUN, *op. cit*., t. I, chap. X, p. 153 et suiv.

90. APPONYI, *op. cit*., 26 août 1835.

91. *Ibid*., 18 octobre 1834.

92. *Le Siècle,* 18 juin 1838.

93. *Ibid*., 2 mars 1846.

94. *Le Monde parisien,* 26 novembre 1837.

95. JANIN, *l'Été à Paris, op. cit*., pp. 245–250 ; GIRARDIN, *op. cit*., t. I, pp. 688–690.

96. GIRARDIN, *Ibid*.

97. *Le Siècle,* 2 juin 1843.

98. JANIN, *l'Été à Paris, op. cit*., XVII.

99. *Le Siècle,* 9 avril 1839.

100. *Ibid*., 20 février 1839.

101. *Ibid*., 10 juillet 1838.

102. *Ibid*., 19 janvier 1843.

103. *Ibid*., 29 mars 1846.

104. *Nouvelles à la main,* 20 janvier 1841.

105. *La Presse,* 11 mai 1845.

106. CUVILLIER-FLEURY, *op. cit*., 16 mars 1831.

107. *Le Siècle,* 18 avril 1844.

108. *Ibid*., 2 février 1843.

109. *Ibid*., 18 novembre 1837.

110. *Ibid*., 22 mai 1839.

17. Cité par GAYOT, *op. cit.*

18. *Lettres cochinchinoises sur les hommes et les choses du jour écrites à l'empereur de la Chine par trois mandarins de première classe, traduites par Albéric Second, orientaliste du Charivari,* V, 5 janvier 1841.

19. *Le Siècle,* 6 janvier 1841.

20. CASTELLANE, *op. cit.*, 7 mal 1833.

21. *Le Siècle,* 19 février 1840.

22. *Ibid.*

23. *Ibid.*, 11 avril 1840.

24. *Ibid.*, 6 juin 1842.

25. *Un Anglais à Paris : Notes et souvenirs,* Paris, Plon 1893, 2 vol., t. I, pp. 106–107.

26. *Le Siècle,* 24 mars 1838.

27. *Ariel, journal du monde élégant,* 23 mars 1836.

28. *Le Siècle,* 30 septembre 1837.

29. *Ibid.*, 9 février 1843.

30. *Le Furet des salons, journal du monde élégant, de l'industrie et des théâtres, 20 octobre 1839 ; Nouvelles à la main,* 20 janvier 1841.

31. *Ariel,* 2 mars 1836.

32. *La Quotidienne,* 20 janvier 1841.

33. *Un Anglais à Paris, op. cit.*, t. I, pp. 106–107.

34. *Le Siècle,* 16 janvier 1842.

35. *Ibid.*, 12 décembre 1842.

36. *Ibid.*, 13 avril 1843.

37. *Journal d'Edmond Got, sociétaire de la Comédie-Française, 1822–1901,* Paris, Plon, 1910, 2 vol.

38. GIRARDIN, *op. cit.*, t. I, p. 134.

39. *La Grande Ville. Nouveau tableau de Paris, op. cit.,* t. II, Eugène BRIFFAULT, «Une actrice de société, chronique de l'hôtel Castellane».

40. *Revue des revues,* 15 décembre 1899, «Les Académies de femmes en France» par une vieille saint-simonienne, pp. 557 et suiv.

41. *Le Siècle,* 27 décembre 1840.

42. CASTELLANE, *op. cit.*, 4 mars 1841.

43. *Le Siècle,* 15 juin 1843.

44. *Ibid.*, 13 juillet 1843.

45. *Ibid.*, 20 juillet 1843.

46. *Revue des revues, op. cit.*

47. *Ibid.*

48. *Le Siècle,* 11 avril 1844.

49. *Ibid.*, 13 mars 1847.

50. Henri D'ALMÉRAS, *La Vie parisienne sous Louis-Philippe,* Paris, Albin Michel, s. d., chap. XII.

51. *Le Siècle,* 2 mai 1844.

52. BERTIER DE SAUVIGNY, *Nouvelle Histoire de Paris, la Restauration, op. cit.*, p. 368.

53. ANCELOT, *Un salon de Paris..., op. cit.*, 2e tableau.

54. VÉRON, *op. cit.*, t. IV, chap. 5.

55. *Le Journal des débats,* 24 septembre 1838.

56. *Ibid.*, 10 septembre 1838.

57. VÉRON, *op. cit.*, t. IV, p. 201.

58. Patrick BERTHIER, *Le Théâtre au XIXe siècle,* Paris, P. U. F., Que sais-je?, 1986, p. 12.

59. *Nouveau tableau de Paris au XIXe siècle, op. cit.*, t. IV, pp. 147–160.

60. *Journal de Marie-Amélie, op. cit.,* 2 décembre 1824 ; 26 février 1826.

61. Catalogue de l'exposition *Les Grands Boulevards, op. cit.*, pp. 102–103.

62. Patrick BARBIER, *La vie quotidienne à l'Opéra au temps de Rossini et de Balzac, Paris / 1800–1850,* Paris, Hachette, 1987, pp. 216–219.

63. BERTIHIER, *op. cit.*, p. 13.

を、以下のものに再録している。*Portraits et souvenirs littéraires, in Œuvres complètes,* Genève, Slatkine Reprints, 1978, t. IX

13. LAMARTINE, *op. cit*., p. 391.

14. Armand DE PONTMARTIN, *Les Jeudis de Mme Charbonneau,* Michel Lévy, 2e édition, 1862, pp. 84–91.

15. Maurice RECLUS, *Emile de Girardin, le créateur de la presse moderne,* Paris, Hachette, 1934, chap. I.

16. *Ibid*., chap. II.

17. Anne MARTIN-FUGIER, «La Cour et la Ville sous la monarchie de Juillet d'après les feuilletons mondains» *in Revue Historique,* 1987, nº 563, pp. 107–133.

18. GIRARDIN, *op. cit*., t. II, p. 218.

19. *Dictionnaire de biographie française, op. cit*., XVI, 1985, pp. 198–200.

20. Pierre PELLISSIER, *Emile de Girardin, prince de la presse,* Paris, Denoël, 1985, pp. 70 et 144.

21. Henri MALO, *La gloire du vicomte de Launay, op. cit*., p. 184.

22. GAUTIER, *Œuvres complètes,* t. IX, *op. cit*., pp. 81–82.

23. Gustave CLAUDIN, *Mes Souvenirs, les boulevards de 1840–1870,* Paris, Calmann-Lévy, 1884, p. 9.

24. GAUTIER, *Œuvres complètes,* t. IX, *op. cit*., p. 89.

25. GIRARDIN, *op. cit*., t. I, p. 45.

26. *Ibid*., t. II, p. 48.

27. *Ibid*., t. I, p. 385.

28. *Ibid*., p. 392.

29. *Ibid*., p. 135.

30. *Ibid*., p. 400.

31. *Ibid*., p. 94.

32. *Ibid*.

33. *Ibid*., pp. 37–38.

34. *Ibid*., p. 418.

35. *Ibid*., p. 148.

36. *Ibid*., t. II, p. 435.

37. *Ibid*., p. 356.

38. *Ibid*., p. 287. 「素敵な伯父さんたちの効果」とは、とりわけオルセー伯爵 comte d'Orsay のことをさしている。つまりレスパール公爵 duc de Lesparre とは実はアントワーヌ＝オーギュスト・ド・グラモン Antoine-Auguste de Gramont であって、彼はギッシュ公爵 duc de Guiche（1836年にグラモンとなった）とイダ・ドルセー Ida d'Orsay の間の次男として1820年に生まれた。

第一〇章　演劇、音楽

1. RÉMUSAT, *op. cit*., t. I, p. 285.

2. *Ibid*., t. I, p. 96.

3. *Ibid*., t. I, p. 285.

4. Lettre du 26 juillet 1826, citée par ZURICH, *op. cit*., p. 490.

5. RÉMUSAT, *op. cit*., t. I, p. 285.

6. MAILLÉ, *Souvenirs..., op. cit*., pp. 116–117.

7. *Ibid*., pp. 174–175. 『クレルモン嬢』《Mlle de Clermont》はジャンリス夫人 Mme de GENLIS の小説である。

8. APPONYI, *op. cit*., 28 juin 1827.

9. DOUDAN, *op. cit*., lettre du dimanche 17 mars 1844.

10. *Ibid*., lettre du lundi 3 juin 1844.

11. *Ibid*., Gurcy, jeudi 13 juin 1844.

12. *Le Siècle,* 12 avril 1846.

13. *Ibid*., 21 juillet 1840.

14. *Ibid*., 18 juillet 1842.

15. DELÉCLUZE, cité par WAGENER, *op. cit*., p. 352.

16. DUCREST, *op. cit*., t. III, p. 32.

ttres et correspondances, Paris, Hetzel, 1881, p. 87)。

95. *Le Siècle,* 30 janvier 1848.

96. GIRARDIN, *La Presse,* 4 juillet 1840.

97. *Ibid*., 17 mai 1841.

98. *Le Siècle,* 8 juin 1843.

99. *Ibid*., 2 mai 1844.

100. ANCELOT, *Un salon de Paris..., op. cit*., 1er tableau.

101. Raymond ESCHOLIER, *Daumier et son monde,* Paris, Berger-Levrault, 1965, p. 22.

102. *Souvenirs du feu duc de Broglie, op. cit*., t. I, pp. 389–390.

103. ANCELOT, *Un salon de Paris..., op. cit*., pp. 28–29. クロード＝ルイ＝マリー＝ド・ロシュフォール＝リュセー Claude-Louis-Marie de Rochefort-Luçay（1790–1871）のこと。エドモン・ロシュフォール Edmond Rochefort の名前で、ジャーナリスト兼ヴォードヴィル作家であった。アンリ・ロシュフォール Henri Rochefort の父。以下のものにも登場する。*Correspondance d'Alfred de Vigny,* Paris, P. U. F., 1989, t. I, p. 154.

104. Cité par WAGENER, *op. cit*., chap. XI.

105. MAILLÉ, *Souvenirs..., op. cit*., p. 90, 15 novembre 1823.

106. Frédéric SAULNIER cité par JUIN, *op. cit*., t. I, pp. 556–557.

107. STERN, *op. cit*., 2e partie, chap. VII. Cf. *Correspondance d'Alfred de Vigny, op. cit*., p. 337.

108. BROGLIE, *op. cit*., t. II, p. 14.

109. DELÉCLUZE, *Journal, op. cit*., 6 mars 1826.

110. DINO, *op. cit*., 28 avril 1836.

111. MARQUISET, *Le vicomte d'Arlincourt, prince des romantiques, op. cit*.

112. *Le Siècle,* 25 mars 1842.

113. STENDHAL, *Romans et nouvelles,* Paris, Gallimard, Pléiade, 1952, t. I, p. 411.

114. HAUSSONVILLE, *op. cit*., chap. VI, p. 280.

115. APPONYI, *op. cit*., 17 mars 1836.

116. MUSSET, *Correspondance, 1827–1857, op. cit*., p. 229. ミュッセは Mlle Hagn と書いているが実際は Mlle Hahn のことである。

117. *La Sylphide,* 30 janvier 1841.

118. *Le Siècle,* 30 mars 1843 ; voir aussi *Le Globe,* 31 mars 1843.

119. *Le Siècle,* 27 avril 1843.

120. *Ibid*., 22 mars 1841.

第九章　デルフィーヌ・ド・ジラルダンの経歴と『パリだより』

1. MAILLÉ, *Mémoires, op. cit*., p. 144.

2. *Dictionnaire de biographie française,* Paris, Letouzey et Ané, 1932–1985, 16 vol., XV, 1982, pp. 899–901 ; Henri MALO, *Une muse et sa mère, Delphine Gay de Girardin,* Paris, Emile-Paul frères, 1924 ; Théophile GAUTIER, *Portraits contemporains,* Paris, Charpentier et Cie, 1874, pp. 19–32 ; SAINTE-BEUVE, *Causeries du lundi,* Paris, Garnier frères 1853, 2e édition, VI, pp. 52–68.

3. シャトーブリアンの妻セレスト Céleste の表現による。Cf. BOIGNE, *op. cit*., t. I, p. 201.

4. Marquis de LUPPÉ, *Astolphe de Custine,* Monaco, éditions du Rocher, 1957, p. 24.

5. *Le Constitutionnel,* 4 avril 1826 ; *Le Journal des débats,* 29 janvier 1829.

6. SAINTE-BEUVE, *Œuvres,* Paris, Gallimard, Pléiade, 1966, t. I, p. 1087.

7. DELÉCLUZE, *Journal, op. cit*., p. 250.

8. アルフレッド・ヴィニー Alfred de Vigny は　1823年のヴィクトール・ユゴー Victor Hugo への手紙の中でこの「心の悩み」を暗示している。*Correspondance d'Alfred de Vigny, op. cit*., pp. 102–103.

9. DELÉCLUZE *Journal, op. cit*., 29 mars 1826, p. 332.

10. STERN, *op. cit*., 2e partie, chap. IV.

11. LAMARTINE, *Souvenirs et portraits,* Paris, Hachette et Cie-Furne, Jouvet et Cie-Pagnerre, 1874, t. I, chap. XVII, p. 377.

12. テオフィル・ゴーティエ Théophile GAUTIER は、デルフィーヌ・ド・ジラルダン Delphine de Girardin の死後２年目の1857年に書いた『パリだより』《Lettres parisiennes》の決定版のための序文

55. *Ibid*., 14 et 21 octobre 1837.
56. *Ibid*., 18 mai 1838.
57. *Ibid*., 16–17 avril 1838.
58. *Lettres inédites du baron d'Eckstein à la comtesse Valérie de Menthon. Société et littérature à Paris en 1838–1840, in Cahiers du Centre de recherche, d'étude et d'édition de correspondances du xix*[e] *siècle de Paris IV,* P. U. F., 1984 ; un dimanche d'avril 1838.
59. *Nouveau Tableau de Paris au xix*[e] *siècle, op. cit*., t. I, pp. 251–265.
60. *Le Siècle,* 12 janvier 1844.
61. *Ibid*., 29 février 1844.
62. *Ibid*., 30 mars 1841.
63. *Ibid*., 17 avril 1841.
64. GIRARDIN, *op. cit*., t. I, p. 106.
65. *Le Globe,* 15 avril 1843 ; *Le Siècle,* 21 avril 1843.
66. *Le Siècle,* 25 avril 1838.
67. *Nouvelles à la main,* 20 mars 1841.
68. セレスティーヌ・ダルマイエ Célestine d'Armaillé の主張するところによれば、ギュスターヴ＝グザヴィエ・ド・ラヴィニャン Gustave-Xavier de Ravignan は希望もなくアレクサンドル・ド・ジラルダン公爵夫人 comtesse Alexandre de Girardin を愛していたがゆえに、宗教に身を投じたという。この説明はおそらく作り話であろうが、いずれにせよラヴィニャン神父 abbé de Ravignan が最良の社交界に属していたことを証拠立てている。
69. Robert LIMOUZIN-LAMOTHE, *Mgr de Quelen, archevêque de Paris, son rôle dans l'Église de France de 1815 à 1839, d'après ses archives privées*, Paris, Vrin, 1955–1957, 2 vol., t. II, chap. IV, pp. 179 et suiv.
70. MELUN, *op. cit*., p. 177.
71. *Ibid*.
72. CHOCARNE, *op. cit*.
73. *Nouvelles à la main,* 20 mars 1841.
74. SAINTE-BEUVE, *Chroniques parisiennes, op. cit*., 15 avril 1843 et 4 avril 1844.
75. *Lettres inédites du baron d'Eckstein, op. cit*., 12 avril 1838.
76. SAINTE-BEUVE, *Chroniques parisiennes, op. cit*., 20 décembre 1843.
77. STENDHAL, *Esquisses..., op. cit*., p. 93.
78. *Le Siècle,* 7 avril 1838.
79. Lettre de Frédéric Ozanam à Ernest Falconnet, 19 mars 1833, *in Lettres..., op. cit*.
80. *Ibid*., 5 janvier 1833.
81. Cité par LECANUET, *Montalembert, op. cit*., t. I, p. 77. ルカニュエ Lecanuet は1833年の１月と３月の手紙を混同している。
82. *Madame Swetchine, sa vie et ses œuvres,* publiées par le comte de Falloux, Paris, Didier et Cie, 1860, 2 vol., t. I, p. 317 ; なお、さかのぼって本書 p. 144 も参照のこと。
83. *Ibid*., p. 384.
84. STENDHAL, *Esquisses..., op. cit*., p. 73.
85. *Le Siècle,* 17 et 24 avril 1847 ; *La Presse,* 25 avril 1847.
86. *Le Siècle,* 7 mars 1840.
87. *Ibid*., 6 avril 1843.
88. GIRARDIN, *op. cit*., t. II, p. 201.
89. HUGO, *Choses vues, op. cit*., juillet 1845.
90. LA ROCHEFOUCAULD, *op. cit*., t. XV, 28 décembre 1843.
91. *Le journal d'Adèle Hugo,* t. II, 1853, Paris, Lettres modernes, Minard, 1971 ; 11 septembre 1853.
92. Théophile GAUTIER dans *La Presse,* 7 septembre 1847.
93. ESTOURMEL, *op. cit*., p. 27.
94. Alfred DE MUSSET, *Correspondance, 1827–1857,* présentée par Léon Séché,
Paris, Mercure de France, 1907, p. 228.ジョベール夫人 Mme JAUBERT はこの場景を語っているが、日付は別の日で、催眠術師と被催眠者の女性の名前も違っている(*Souvenirs de Mme C. Jaubert, Le-*

l'histoire philosophique au xixe siècle, Paris, Flammarion, 1973.

12. DEJOB, *op. cit*.

13. Barbara HAINES, «The Athénée de Paris and the Bourbon Restauration », communication au colloque *Science, médecine et technologie sous la Restauration,* Maison des sciences de l'homme, Paris, 31 août–3 septembre 1983.

14. Geoffroy DE GRANDMAISON, *La Congrégation, 1801–1830,* Paris, Plon, 1889, chap. X.

15. DEJOB, *l'Instruction publique..., op. cit.,* chap. IV, «L'enseignement supérieur libre en France».

16. VÉRON, *op. cit.,* t. I, 6, pp. 203–205.

17. Hubert JUIN, *Victor Hugo,* t. I, 1802–1843, Paris, Flammarion, 1980, pp. 372 et suiv.

18. *Le Moniteur,* 30 mars 1824, cité par Charles DE LACOMBE, *La jeunesse de Berryer,* Paris, Firmin-Didot, 1884.

19. Cité par JUIN, *op. cit*.

20. *Ibid*.

21. *Ibid*.

22. RÉMUSAT, *op. cit*., t. II, p. 71.

23. 1828年４月24日の《キリスト教道徳協会》の年次総会の報告書に付けられた規約。

24. Archives nationales, F 7 6700, rapport du préfet de police sur le projet d'une Société des sciences morales, 1824.

25. Comte DE MONTALIVET, *Fragments et Souvenirs,* Paris, Calmann-Lévy, 1899, t. I, «Notice historique sur le comte de Montalivet» par Georges PICOT.

26. M. A. BAZIN, *L'époque sans nom. Esquisses de Paris, 1830–33*, Paris, Alexandre Mesnier, 1833, 2 volumes ; t. I, «L'Institut», pp. 237–307.

27. HEINE, *op. cit*., 19 mai 1841.

28. *Le Journal des débats,* 4 mars 1838, cité par Georges LACOUR-GAYET, *Talleyrand,* Paris, Payot, 1979, t. III, *1815–1838,* «À l'Académie des Sciences morales et politiques», pp. 378–386.

29. Henri BOUCHOT, *Le luxe français. La Restauration,* Paris, la Librairie illustrée, 1893, chap. XI.

30. VÉRON, *op. cit*., t. III, 3, pp. 128–129.

31. STENDHAL, *Esquisses..., op. cit*., pp. 48 et suiv.

32. GIRARDIN, *op. cit*., t. I, pp. 756–759.

33. «Les modes», *in La Presse,* 17 juillet 1841.

34. GIRARDIN, *op. cit*., t. II, pp. 104–106.

35. Duc DE CASTRIES, *La Vieille Dame du quai Conti,* Paris, Librairie académique Perrin, 1978, chap. V.

36. Dr POUMIÈS DE LA SIBOUTIE, *Souvenirs d'un médecin de Paris,* Paris, Plon, 1910, chap. VII.

37. *Ibid*.

38. Stendhal, Lettres de Paris, 1825, Paris, Le Sycomore, 1983, pp. 202–203.

39. GIRARDIN, *op. cit*., t. II, p. 372.

40. Lettre de la duchesse de Broglie à la vicomtesse d'Haussonville, 23 décembre 1836, in *Lettres... op. cit*.

41. Cité par CRAVERI, *op. cit*., p. 141.

42. *Le Siècle,* 10 mai 1840.

43. GIRARDIN, *op. cit*., t. I, pp. 64–65.

44. *Le Siècle,* 23 avril 1842.

45. Lettre manuscrite, B. N. NAF 14089, citée par WAGENER, *op. cit*., p. 461.

46. *Le Siècle,* 4 janvier 1844.

47. STENDHAL, *Esquisses..., op. cit*., pp. 89–91.

48. Gérard CHOLVY, et Yves-Marie HILAIRE, *Histoire religieuse de la France contemporaine, 1800–1880,* Paris, Privat, 1985, pp. 73 et suiv.

49. STENDHAL, *Esquisses..., op. cit*., pp. 79–80.

50. HUGO, *Choses vues, op. cit*.

51. *Le Siècle,* 24 mars 1838.

52. *Ibid*., 14 octobre 1837.

53. *Ibid*.

54. *Ibid*., 18 novembre 1837.

XXXVI, avril–juin 1989, pp. 211–244.

63. RÉMUSAT, *op. cit*., t. II, pp. 67 et 142.

64. 1861年のエマニュエル・バイイ Emmanuel Bailly の死に際してのサン＝タシュールのイエズス会士 un jésuite de Saint-Acheul (le père Guidée?) の手書きの報告。これはローマのバイイ資料 archives Bailly に登録されており、バイイ・ド・シュルシー嬢 Mlle Bailly de Surcy がその写真複写したものを私にくれたのである。

65. R. P. CHOCARNE, *Le R. P. H. -D. Lacordaire de l'ordre des frères prêcheurs, sa vie intime et religieuse,* Paris, Poussielgue, 1866, p. 26.

66. エマニュエル・バイイ Emmanuel BAILLY の自筆原稿。以下に引用されている。Pierre JARRY, *Un artisan du renouveau catholique au XIXe siècle : Emmanuel Bailly 1794–1861*（バイイは実際は1793年に生まれている）、faculté de théologie d'Angers, 1971, t. I, p. 192.

67. *Lettres de Frédéric Ozanam, 1831–1853,* 5e édition, Paris, V. Lecoffre, 1881, 2 vol. ; 5 janvier 1833.

68. Claude PICHOIS et Jean ZIEGLER, *Baudelaire,* Paris, Julliard, 1987, p. 130.

69. 1850年に《モレ雄弁会》conférence Molé は《医学アカデミー》と一緒にサン＝ペール通り49番（49 rue des Saints-Péres）に引っ越して、1939年７月７日までそこにあった。これは1876年４月28日に《トックヴィル雄弁会》conférence Tocqueville と合併した。後者は1863年に作られたものである。《モレ＝トクヴィル雄弁会》la Molé-Tocqueville は戦後会合を再開し、消滅したのはやっと1970年代に入ってからである。以下の論文を参照せよ。Gilles LE BEGUEC, «Un conservatoire parlementaire : la conférence Molé-Tocqueville à la fin de la IIIe République», *in Bulletin de la Société d'histoire moderne,* 83e année, 16e série, nº 22, 1984, nº 2.

70. MARTIN-FUGIER, «La formation des élites... », *op. cit.*, pp. 236–238.

71. Gustave FLAUBERT, *L'Éducation sentimentale*, 2e partie, I, dans *Œuvres complètes*, t. II, Seuil, 1964, p. 48 ; 激烈な共和主義者のデローリエ Deslauriers は法学の教授資格試験に失敗し、筆頭書生の地位を捨て、今では個人授業と論文代作で暮らしている。「〈弁論会〉Parlotte の会合では（…）その辛辣さで保守党派を、ギゾーから派生したすべての若い正理論派の者たちをおびえさせていた」。

72. Lettre à la baronne de Staël, 23 janvier 1841, dans X. DOUDAN, *Mélanges et Lettres,* Paris, Calmann-Lévy, 1876.

73. GIRARDIN, *op. cit*., t. II, p. 356.

74. Alfred MAURY, Souvenirs..., *op. cit*., t. II. モリー Maury の生涯については本書 p. 240 を参照のこと。

75. Louis LIARD, *L'Enseignement supérieur en France, 1789–1893,* Paris, Armand Colin, 1894, t. II, p. 203.

76. *Ibid*. 本書第五章「会話と社交界の利点」を参照のこと。

77. *Lettres de Frédéric Ozanam, op. cit*., 5 janvier 1833.

第八章　大学、《アカデミー》、説教壇、文学

1. MORGAN, *op. cit*., t. I, «Matinées à Paris», pp. 266–289.

2. *Ibid*., pp. 257 et suiv.

3. STENDHAL, Esquisses..., *op. cit*., p. 99. この時点でヴィクトール・クザン Victor Cousin は文学部とエコール・ノルマルで講義をしていた。

4. *Ibid*., p. 278.

5. APPONYI, *op. cit*., 13 août 1827.

6. STENDHAL, *Esquisses...*, *op. cit*., p. 289.

7. DELÉCLUZE, *Journal, op. cit.,* 15 janvier 1827.

8. STENDHAL, *Esquisses..., op. cit*., p. 187.

9. SAINTE-BEUVE, *Chroniques parisiennes, op. cit*., 27 août 1843.

10. Charles DEJOB, «De l'établissement connu sous le nom de Lycée et d'Athénée et de quelques établissements analogues», in *Revue internationale de l'enseignement,* 15 juillet 1889. この仕事はさらに以下の著作の中で敷衍された。*L'Instruction publique en France et en Italie au xixe siècle,* Paris, Armand Colin, 1894.

11. Edouard PETIT, *François Mignet,* Paris, Perrin et Cie, 1889, chap. II. 歴史家ミニェ Mignet historien については以下を参照のこと。Yvonne KNIBIELHER, *Naissance des sciences humaines : Mignet et*

17. BÉRAUD, *op. cit*., p. 136.
18. VILLÈLE, *op. cit*., t. II, p. 45.
19. CUVILLIER-FLEURY, *op. cit*., 26 janvier 1829.
20. APPONYI, *op. cit*., 23 janvier 1832.
21. *Ibid*., 25 février 1832.
22. *Le Siècle*, 26 janvier 1841.
23. *La Quotidienne*, 20 janvier 1841 ; *Nouvelles à la main*, 20 janvier 1841.
24. *Le Siècle*, 15 mars 1842 et 16 février 1844.
25. *Nouvelles à la main,* 20 février 1841.
26. *Le Siècle,* 16–17 mai 1842.
27. CUVILLIER-FLEURY, *op. cit*., 26 janvier 1833.
28. *Ibid*. また以下も参照のこと。*La Mode*, 1833, t. I, p. 73.
29. *Le Siècle,* 17 février 1838.
30. *Mémoires du baron d'Haussez, dernier ministre de la marine sous la Restauration, publiés par son arrière-petite-fille, la duchesse d'Almazan,* Paris, Calmann-Lévy, 2 vol., 1896–1897, t. II, p. 58.
31. Jules JANIN, *Un hiver à Paris,* Paris, Curmer, Aubert et Cie, 1843, chap. XVIII, «Revue politique».
32. *Ibid*.
33. HUGO, *Choses vues, op. cit*., juin 1844.
34. *La Quotidienne,* 24 février 1843.
35. *Le Siècle,* 16 décembre 1837.
36. *Ibid*., 18 janvier 1846.
37. RÉMUSAT, *op. cit*., t. III, pp. 338–339.
38. *Ibid.,* p. 246.
39. VILLÈLE, *op. cit*., t. I, p. 366.
40. *Ibid.,* p. 397.
41. *Ibid.,* t. II, p. 61.
42. Baron DE FRÉNILLY, *Mémoires, 1768–1828. Souvenirs d'un ultraroyaliste,* Paris, Librairie académique Perrin, 1987, p. 369. 同じく以下を参照。CHATEAUBRIAND, *Mémoires d'outre-tombe,* Pléiade, t. II, 1983, pp. 15–17.
43. MUSSET-PATHAY, *1828, Nouveaux mémoires secrets pour servir à l'histoire de notre temps,* Paris, Brissot-Thivars, 1828, p. 85.
44. VILLÈLE, *op. cit*., t. II, p. 277.
45. RÉMUSAT, *op. cit*., t. II, pp. 82–83.
46. *Ibid.,* p. 83.
47. *Ibid.,* t. III, p. 13.
48. BALABINE, *op. cit*., 15 mars 1843, p. 105.
49. *Ibid.,* 5 janvier 1845, p. 171.
50. ALTON-SHÉE, *op. cit*., t. I, p. 206.
51. *Ibid.,* t. II, pp. 117–118.
52. Henri HEINE, *Lutèce. Lettres sur la vie politique, artistique et sociale de la France,* Paris, Michel Lévy, 1855 ; 30 avril 1840.
53. JANIN, *op. cit*., p. 105.
54. *Ibid.,* p. 109.
55. Auguste BARBIER, *Souvenirs personnels et silhouettes contemporaines,* Paris, Dentu, 1883, p. 328.
56. JANIN, *op. cit*., pp. 116 et suiv. この引用文以下は第XVIII章に収められている。
57. RÉMUSAT, *op. cit*., t. III, p. 36.
58. *Ibid.,* t. I, p. 369.
59. *Ibid.,* t. III, p. 120.
60. *Ibid.,* t. I, p. 106.
61. *Ibid.,* p. 107.
62. この主題については以下を参照のこと。Anne MARTIN-FUGIER, «La formation des élites : les conférences sous la Restauration et la monarchie de Juillet», *in Revue d'histoire moderne et contemporaine,* t.

pp.115–131 に、«Un dottrinario innamorato : Guizot e la principessa de Lieven» の表題で発表したものである。

3. Cité par Pierre ROSANVALLON, *Le moment Guizot*, Paris, Gallimard, 1985, p. 179.
4. Cité par BERTIER DE SAUVIGNY, *Metternich*, Paris, Fayard, 1986, p. 312.
5. APPONYI, *op. cit*., 8 avril 1836.
6. CHATEAUBRIAND, *Mémoires d'Outre-Tombe*, Paris, Gallimard, Pléiade, 1951, t. II, p. 78.
7. RÉMUSAT, *op. cit*., t. IV, p. 42.
8. BERTIER DE SAUVIGNY, *Metternich, op. cit.,* p. 315.
9. APPONYI, *op. cit*., 26 octobre 1835.
10. Norbert ELIAS, *La Société de cour, op. cit.,* chap. III et IV.
11. Cité par Ernest DAUDET, *Une vie d'ambassadrice au siècle dernier, la princesse de Lieven, Paris,* Plon, 1903, p. 234.
12. Lettre à Guizot, 21 octobre 1837.
13. DINO, *op. cit*., 27 avril 1837.
14. Lettre à Guizot, 18 mai 1840.
15. *Lettres de François Guizot...*, *op. cit*., préface p. XVII.
16. ロール・ド・ガスパラン Laure de Gasparin、旧姓ド・ドーナン de Daunant（1790—1864）は、ガール県 Gard の新教徒の一族の出身で、七月王制下の下院議員でオランジュ Orange 市長の妻。彼女の姉ロザリー・ド・ドーナン Rosalie de Daunant は、夫の兄弟のアドリアン・ド・ガスパラン Adrien de Gasparin と結婚していた。後者はヴォークリューズ県選出の下院議員、フランス貴族院議員、1836年の内務大臣。以下を参照のこと。GAYOT, *François Guizot et Mme Laure de Gasparin, op. cit.*
17. Lettres à la princesse de Lieven, 17 octobre 1837 ; 8 juillet 1838.
18. Cité par DAUDET, *op. cit*., pp. 323–324.
19. GIRARDIN, *op. cit*., t. II, p. 159. また以下を参照のこと。La chronique politique du *Temps,* 18 septembre 1837. これは「恋する正理論派」のことを語っている。*Lettres de Francois Guizot..., op. cit.,* t.I, p. 109 に引用あり。
20. これはピエール・ロザンヴァロン Pierre ROSANVALLON（*op. cit.,* chap. IV–VI）の分析の結果明らかになったことである。

第七章　政治、議会、雄弁

1. ALTON–SHÉE, *op. cit*., t. II, p. 277. Lucien LABES, *Les Pairs de France sous la monarchie de Juillet,* Lorient, imprimerie du «Nouvelliste du Morbihan», 1938, p. 96. 同じく以下を参照のこと。Maurice DESLANDRES, *Histoire constitutionnelle de la France de 1789 à 1870,* Paris, Librairie du recueil Sirey, 1933, t. II, p. 254 et Eugène BRIFFAULT, «La Chambre des pairs» *in Nouveau Tableau de Paris au XIXe siècle,* Paris, Mme Charles Béchet et MM. Legrand et Bergounioux, t. V, 1835.
2. VILLÈLE, *op. cit*., t. II, p. 58.
3. *Ibid*., p. 183.
4. *Ibid*., p. 387.
5. BÉRAUD, *op. cit*., pp. 108–109.
6. BAZIN, «La Chambre des députés», *in Paris ou le livre des Cent et un, op. cit.,* t. II, p. 9.
7. Bibliothèque nationale, Manuscrits, N. A. F. 2766.
8. 夫の『回想録』*Souvenirs*（*op. cit.,* t. II, PP. 120–121）の中のアルベルティーヌ・ド・ブロイー Albertine DE BROGLIE の日記 *Journal* の断片。
9. GIRARDIN, *op. cit*., t. I, p. 637.
10. VÉRON, *op. cit*., t. VI, p. 245.
11. GIRARDIN, *op. cit*., t. II, p. 14.
12. MONTCALM, *op. cit*., 21 juin 1815.
13. CUVILLIER-FLEURY, *op. cit*., 1er février 1844.
14. STENDHAL, Esquisses..., *op. cit*., p. 168.
15. RÉMUSAT, *op. cit*., t. I, pp. 374–375.
16. *La Mode*, octobre–décembre 1829, pp. 84–86.

55. SAINTE-BEUVE, *Causeries du lundi*, Paris, Garnier Frères, 1857, t. I, p. 133.
56. Cité par Françoise WAGENER, *Madame Récamier*, Paris, Lattès, 1986, pp. 451–452.
57. BOIGNE, *op. cit*., t. I, p. 160.
58. Ferdinand DENIS, *Journal 1829–1848*, Fribourg-Paris, Plon, 1932, 20 avril 1840（1840年は不正確である。1841年としなければならない）。
59. APPONYI, *op. cit*., 9 mars 1836.
60. LA ROCHEFOUCAULD, *op. cit*., t. XV, 4 mai 1839.
61. *Mercure de France*, 15 avril 1835.
62. BALZAC, *L'Interdiction*, Paris, Gallimard, Pléiade, 1979, t. III, p. 425.
63. VILLEMAIN, *Souvenirs contemporains d'histoire et de littérature*, Paris, Didier et Cie, 9ᵉ édition, 1874, p. 468.
64. WAGENER, *op. cit*., chap. XI.
65. Henri MALO, *La gloire du vicomte de Launay, Delphine de Girardin*, Paris, Émile-Paul, 6ᵉ édition, 1925, p. 114.
66. Mme M. L. PAILLERON, «L'esprit chez les Romantiques» *in La vie parisienne à l'époque romantique*, conférences du musée Carnavalet en 1930, Paris, Payot, 1931.
67. Paul LAFOND, *L'Aube romantique. Jules de Rességuier et ses amis*, Paris, Mercure de France, 1910.
68. GUIZOT, Mémoires..., *op. cit*., t. I, p. 13.
69. Dominique DAMAMME, *Histoire des sciences morales et politiques et de leur enseignement des lumières au scientisme*, thèse pour le doctorat d'État en Sciences politiques, université de Paris–I, 1982.
70. Guy THUILLIER, *La Vie quotidienne dans les ministères au XIXᵉ siècle*, Paris, Hachette, 1976, pp. 110 et suiv. ; BALZAC, *Les Employés*, Paris, Gallimard, Pléiade, t. VII, 1977, p. 946–948.
71. André JARDIN, *Alexis de Tocqueville*, Paris, Hachette Littérature, 1984, chap. IV.
72. Maurice PAZ, «Alfred Maury, membre de l'Institut, chroniqueur de Napoléon III et du Second Empire», *in Revue des travaux de l'Académie des Sciences morales et politiques*, 117ᵉ année, 1ᵉʳ série, 1ᵉʳ semestre 1964, et Alfred MAURY, *Souvenirs d'un homme de lettres, 1817–1871*, 7 vol, manuscrits déposés à la bibliothèque de l'Institut.
73. RÉMUSAT, *op. cit*., t. I, p. 108.
74. *Ibid*., p. 97.
75. *Ibid*., p. 167.
76. *Ibid*., pp. 251–252.
77. Henri MALO, *Thiers*, Paris, Payot, 1932.
78. André-Marie et Jean-Jacques AMPÈRE, *Correspondance et Souvenirs 1805–1864*, Paris, Hetzel, 1875, 2 vol., t. I, p. 331.
79. Jean AUBERT, *De quoi vivait Thiers?* Paris, Deux Rives, 1952.
80. Jean LUCAS-DUBRETON, *Aspects de Monsieur Thiers*, Paris, Fayard, 1948, pp. 24–25.
81. RÉMUSAT, *op. cit*., t. II, p. 154.
82. *Ibid*.
83. Pierre GUIRAL, Adolphe Thiers ou de la nécessité en politique, Paris, Fayard, 1986, p. 114.
84. RÉMUSAT, *op. cit*., t. IV, p. 137.
85. *Mémoires du duc Albert de Broglie, 1825–1871, in Revue des Deux Mondes*, nº 25, 15 janvier 1825, pp. 328–352.
86. RÉMUSAT, *op. cit*., t. III, p. 89.
87. *Ibid*.
88. *Ibid*., p. 99.

第六章　優越の感情

1. 書簡はヴァル＝リシェ Val-Richer のギゾー Guizot の所有地に保存されているが、マイクロフィルムにされており、これは国立古文書館 Archives nationales で閲覧することができる（cote 163 Mi des Archives privées）。最初の10年間の手紙の大部分は公刊されている。*Lettres de François Guizot et de la princesse de Lieven, op. cit*.
2. この章はイタリアの雑誌 *Cheiron*, nᵒˢ 9 et 10, «Sociabilità nobiliare, sociabilità borghese», juin 1989,

11. *Nouvelles à la main*, 20 janvier 1841.
12. *Le Siècle*, 18 septembre 1840.
13. *Ibid*., 11 novembre 1837.
14. *Ibid*., 20 mai 1844.
15. 23 août 1847 : Archives nationales, A. P. 163 Mi 9.
16. *Le Siècle*, 12 janvier 1844.
17. この語 cailletages はモンカルム侯爵夫人 marquise DE MONTCALM (*op. cit*., 14 janvier 1818) の言葉である。
18. CUVILLIER-FLEURY, *op. cit*.
19. BALABINE, *op. cit*., 2 février 1847.
20. *Ibid*., janvier–février 1846.
21. ARMAILLÉ, *op. cit*., chap. III.
22. GIRARDIN, *op. cit*., t. II, p. 15.
23. *Le Siècle*, 14 février 1841.
24. BOIGNE, *op. cit*., t. I, p. 171.
25. *Mémoires de la duchesse d'Abrantès, Souvenirs historiques sur Napoléon, la Révolution, le Directoire, le Consulat, l'Empire et la Restauration*, Paris, Garnier Frères, s. d., t. I, p. 53.
26. MAILLÉ, *Souvenirs..., op. cit*., p. 103.
27. GIRARDIN, *op. cit*., t. II, p. 306.
28. *Ibid*., p. 346.
29. RÉMUSAT, *op. cit*., t. III, p. 169.
30. *Ibid*., t. I, p. 359.
31. *Le Siècle*, 6 février 1848.
32. *Ibid*., 11 janvier 1846.
33. *Ibid*., 28 janvier 1840.
34. DINO, *op. cit*., 28 janvier 1836.
35. GIRARDIN, *op. cit*., t. I, p. 135.
36. *Ibid*., t. II, p. 168.
37. *Ibid*., p. 116.
38. RÉMUSAT, *op. cit*., t. I, p. 180. 〈作文〉rédaction という言葉は会話の言葉づかいのことを語るために普通に用いられていた。ボワーニュ伯爵夫人 comtesse DE BOIGNE は寡婦給与を受けているタルモン大公妃 princesse douairière de Talmont のサロンで耳にしたあるフレーズの〈適切な作文〉heureuse rédaction について言及している（*op. cit*., t. II, p. 11）し、リシュリュー公爵 duc de Richelieu の内務大臣レネ氏 M.Lainé の〈作文もなく受けの効果も狙わない〉sans rédaction et sans effet 短いフレーズのことを記している（t. II, p.40）。
39. RÉMUSAT, *op. cit*., t. I, p. 259.
40. *Ibid*., t. III, p. 351.
41. *Ibid*., t. I, p. 175.
42. *Ibid*., p. 310.
43. *Ibid*., p. 360.
44. *Ibid*., p. 452.
45. *Ibid*., p. 370.
46. *Ibid*., t. II, pp. 572–573.
47. *Ibid*., t. I, p. 371.
48. *Ibid*., t. III, p. 212.
49. *Ibid*., t. IV, p. 42.
50. 本書第七章「政治、議会、雄弁」を参照のこと。
51. MAILLÉ, *Souvenirs..., op. cit*., février 1825, p. 146. また以下も参照のこと。MONTCALM, *op. cit*., 1er août 1816 ; 16 mai 1817 ; 8 décembre 1817.
52. DELÉCLUZE, *Souvenirs..., op. cit*., p. 314.
53. MAILLÉ, *Souvenirs..., op. cit*., p. 288.
54. DELÉCLUZE, *Souvenirs..., op. cit*., p. 282.

85. *Ariel, journal du monde élégant*, 9 avril 1836.
86. GIRARDIN, *op. cit.*, t. I, p. 685.
87. *Le Siècle*, 2 février 1839.
88. GIRARDIN, *op. cit.*, t. I, p. 334.
89. *Le Siècle*, 13 février 1840 ; 2 février 1839 ; 6 février 1841.
90. *Le Temps*, 9 février 1839.
91. *Le Siècle*, 16 février 1844.
92. *Ibid.*, 6 mars 1847 et 6 février 1848.
93. *Ibid.*, 4 décembre 1840.
94. *Ibid.*, 6 février 1841.
95. *Ibid.*, 14 février 1841.
96. *Le Globe*, 7 avril 1843.
97. *Le Siècle*, 30 mars 1843.
98. *Ibid.*, 23 mars 1843.
99. CUVILLIER-FLEURY, *op. cit.*, 22 mars 1843.
100. *Le Siècle*, 27 avril et 4 mai 1843 ; *Le Globe*, 14 mai 1843 ; C. A. SAINTE-BEUVE, *Chroniques parisiennes, 1843–1845*, Paris, Calmann-Lévy, 1876, 26 avril 1843.
101. STENDHAL, *Esquisses..., op. cit.*, p. 105.
102. *Journal de Delécluze 1824–1828*, Paris, Grasset, 1948, p. 345.
103. STENDHAL, *Esquisses..., op. cit.*, p. 105 et *Le Constitutionnel*, 1er mai 1826.
104. STENDHAL, *ibid.*, p. 106.
105. *Le Constitutionnel*, 30 avril 1826.
106. *Ibid.*, 5 avril 1826.
107. *Ibid.*, 27–28 mars 1826.
108. *Ibid.*, 30 mars 1826.
109. *La Presse*, 31 mars 1837.
110. *Revue du grand monde*, t. I, 1836–1838, p. 91.
111. GIRARDIN, *op. cit.*, t. I, p. 650.
112. *Nouvelles à la main*, 20 février 1841.
113. *Le Siècle*, 17 août 1843.
114. BALZAC, *La Cousine Bette*, Paris, Gallimard, Pléiade, t. VII, 1977, p. 189 ; *La muse du département, op. cit.*, p. 375.
115. *Le Siècle*, 15 mars 1842.
116. *Les Guêpes*, février 1840.
117. *Ibid.*
118. *Le Siècle*, 6 février 1848.
119. Comte Joseph d'ESTOURMEL, *Derniers Souvenirs*, Paris, Dentu, 1860, p. 78.
120. MELUN, *op. cit.*, p. 248.

第五章　会話と社交界の利点

1. GIRARDIN, *op. cit.*, t. II, p. 303.
2. *Ibid.*, t. I, pp. 51–52.
3. *Ibid.*, t. II, pp. 304–305.
4. Mme DE GENLIS, *De l'esprit des étiquettes de l'ancienne cour et des usages du monde de ce temps*, Rennes, H. Caillière, 1885, chap. VIII.
5. Comte d'HAUSSONVILLE, *Ma jeunesse, 1814–1830, Souvenirs*, Paris, Calmann-Lévy, 1885, p. 263.
6. Comtesse de SAINTE-AULAIRE, *Souvenirs*, Périgueux, Imprimerie J. Bounet, 1875, p. 176. カテラン夫人 Mme de Catellan は自由主義的な意見をもつフランス貴族院議員の妻だった。
7. *DELÉCLUZE, Souvenirs de soixante années*, Paris, Michel Lévy, 1862, pp. 287–288.
8. GIRARDIN, *op. cit.*, t. II, p. 305.
9. Comte DE FALLOUX, *Mémoires d'un royaliste*, Paris, Perrin, 1888, t. I, chap. I.
10. SAINTE-BEUVE, *Chroniques parisiennes 1843–1845, op. cit.*, 18 mai 1843, p. 42.

toire, G. Van Oest et Cie, 1923, p. 112.

45. *Ibid*., p. 77.

46. GRANVILLE, *op. cit*., octobre 1825.

47. DAMAS, *op. cit*., t. II, pp. 120–121.

48. APPONYI, *op. cit*., 23 février 1833.

49. *Ibid*., 25 septembre 1835.

50. *Ibid*., 10 avril 1835.

51. *Ibid*., 8 juillet 1835.

52. BALZAC, *Une fille d'Ève*, Livre de poche, 1969, p. 47.

53. APPONYI, *op. cit*., 12 décembre 1842.

54. *Ibid*., 24 novembre 1826.

55. *Ibid*., 3 janvier 1827.

56. *Le Siècle*, 26 janvier 1841.

57. *Le Siècle*, 13 octobre 1838.

58. BOUTET DE MONVEL, *op. cit*., p. 115.

59. APPONYI, *op. cit*., 21 janvier 1831.

60. *Ibid*., automne 1836.

61. *Ibid*., 4 novembre 1835. ヴィントラルテール Winterhalter が1849年に描いたサザーランド公爵夫人 duchesse de Sutherland の肖像画が以下の展覧会のカタログの中にある。Le catalogue de l'exposition *Franz Xaver Winterhalter et les cours d'Europe de 1830 à 1870*, Musée du Petit Palais, février–mai 1988, p. 107.

62. À lady Morpeth, 13 décembre 1824.

63. 21 décembre 1824.

64. 9 décembre 1824.

65. 9 janvier 1825.

66. 9 décembre 1824.

67. 26 janvier 1825.

68. 7 février 1825.

69. 9 février 1826.

70. APPONYI, *op. cit*., 1er février 1831.

71. Lady Carlisle 宛 10 janvier 1831. 「アルフレッド」とはおそらく反対派に常にいることをエレガントと見なしていたアルフレッド・ド・ノアイユ子爵夫人 vicomtesse Alfred de Noailles であろう。

72. APPONYI, *op. cit*., 23 mai et 2 juin 1839.

73. *Ibid*., 17 janvier 1835.

74. Beckles WILLSON, *L'Ambassade d'Angleterre 1814–1920. Un siècle de relations diplomatiques franco-britanniques*, Paris, Payot, 1929, p. 145.

75. *Ibid*. シャルル・ド・ヴィルド Charles DE VILLEDOT は逆に『外交官と大使館』«Diplomates et ambassades» *in La Grande Ville. Nouveau tableau de Paris*, Paris, Marescq, 1843, t. II の中で、グランヴィル卿 lord Granville は「自分のところにやって来たイギリス人はすべて国王に拝謁させていた」、1841年にはロンドンの仕立屋がテュイルリー宮殿でスペインの内親王の娘と顔を並べていたほどであった、と断言している。

76. Lettre de Mme de Lieven à Guizot, 25 juillet 1846.

77. APPONYI, *op. cit*., 17 janvier 1835.

78. Lettre de Mme de Lieven à Guizot, 15 août 1837.

79. MANSEL, *The Court of France, op. cit*., p. 180.

80. BERTIER DE SAUVIGNY, «Aristocratie et Monarchie...», *op. cit,* et *Nouvelle Histoire de Paris, la Restauration 1815–1830*, Paris, Hachette, 1977, p. 148.

81. *La Mode*, 1835, 6e livraison, p. 100.

82. *La Quotidienne*, 31 janvier 1835.

83. *La Mode*, 1835, 12e livraison, pp. 183–186.

84. *Ibid*., 1835, 11e livraison, pp. 180. この舞踏会の予告は第８分冊（8e livaison,p.126）に掲載されていた。

第四章　ダンスと舞踏会、大使館と博愛

1. Marquise DE MONTCALM, *Mon Journal, 1815–1818, pendant le premier ministère de mon frère*, Paris, Grasset, 1936, p. 234.

2. Comtesse D'ARMAILLÉ, née SÉGUR, *Quand on savait vivre heureux, 1830–1860*, souvenirs de jeunesse publiés par la comtesse Jean de Pange, Paris, Plon, 1934, p. 22.

3. *La Sylphide*, 13 février 1841.

4. *L'Impartial*, cité par Charles SIMOND, *La Vie parisienne au XIXe siècle, Paris de 1800 à 1900*, Paris, Plon, 1900, t. II, p. 121.

5. ARMAILLÉ, *op. cit*., p. 23.

6. CUVILLIER-FLEURY, *op. cit*., 25 janvier 1829.

7. *Journal de Marie-Amélie*, *op. cit*., p. 375.

8. APPONYI, *op. cit*., 6 février 1831.

9. *La Sylphide*, 13 février 1841.

10. BOIGNE, *op. cit*., t. II, pp. 25–26.

11. APPONYI, *op. cit*., 20 février 1844 ; GIRARDIN, *op. cit*., t. II, p. 188.

12. BOIGNE, *op. cit*., t. II, p. 138.

13. APPONYI, *op. cit*., 23 février 1832.

14. RÉMUSAT, *op. cit*., t. I, p. 194.

15. *Ibid*., p. 193.

16. Cité par Jacques BOULENGER, *De la valse au tango, la danse mondaine du premier Empire à nos jours*, Paris, Devambez, 1920, chap. IV.

17. *Ibid*., chap. V.

18. François GASNAULT, *Guinguettes et lorettes. Bals publics à Paris au XIXe siècle*, Paris, Aubier, 1986, chap. VII.

19. *Le Siècle*, 6 mars 1844.

20. *Ibid*., 13 mars 1844.

21. *Ibid*., 25 avril 1844.

22. APPONYI, *op. cit*., mercredi des Cendres 1835.

23. GASNAULT, *op. cit*., p. 64. オペラ座の舞踏会については同書の第３章から第６章を見よ。

24. George SAND, *Elle et Lui*, Neuchâtel, Ides et Calendes, 1963, p. 276.

25. GASNAULT, *op. cit*., chap. VI.

26. *Ibid*.

27. DAMAS, *op. cit.,* t. II, p. 60.

28. *Le Siècle*, 1er-2 mars 1843.

29. GIRARDIN, *op. cit*., t. II, p. 185.

30. Anka MUHLSTEIN, *James de Rothschild*, Paris, Gallimard, 1981, chap. IV.

31. MANSEL, *The Court of France, op. cit*., p. 137.

32. MUHLSTEIN, *op. cit*.

33. Lady MORGAN, *La France en 1829 et 1830*, Paris, H. Fournier jeune, 1830, 2 vol. ; t. I, *Dîners*, pp. 298–328.

34. GIRADIN, *op. cit*., t. II, p. 100.

35. *Le Siècle*, 19 janvier 1843.

36. Par exemple *La Quotidienne* du 24 février 1842 et du 19 avril 1843.

37. GRANVILLE, *op. cit*., 23 décembre 1824.

38. APPONYI, *op. cit*., 15 octobre 1826.

39. GRANVILLE, *op. cit*., 1er février 1825.

40. APPONYI, *op. cit*., 29 janvier 1835. 同じく duchesse de MAILLÉ, *Mémoires, 1832–1851*, Paris, Perrin, 1989, p. 115.

41. Lettre de Mme de Lieven à Guizot, 13 août 1837.

42. Lettre de Guizot à Mme de Lieven, 6 mars 1840 ; APPONYI, *op. cit*., 28 août 1840.

43. APPONYI, *op. cit*., 13 octobre 1838.

44. *Souvenirs de la princesse de Ligne, 1815–1850*, Bruxelles et Paris, Librairie nationale d'art et d'his-

48. Nouvelles à la main, 20 février 1841.

49. GIRARDIN, *op. cit*., t. I, p. 665.

50. Charles YRIARTE, *Les Cercles de Paris, 1828–1864*, Paris, Librairie parisienne, 1864, pp. 174–180.

51. Roger BOUTET DE MONVEL, *Les Anglais à Paris, 1800–1850*, Paris, Plon, 1911, chap. IV.

52. *Historiettes contemporaines*, 30 avril 1842.

53. *Journal du maréchal de Castellane, 1804–1862*, Paris, Plon, 1895–1897, 5 vol., 20 février 1827. また以下を参照のこと。BALABINE, *op. cit*., 8 mars 1845。この中ではジュスト・ド・ノアイユ夫人 Mme Juste de Noailles は、彼女が1834年に受けたポワ公爵夫人 duchesse de Poix の称号で示されている。

54. *Le Faubourg Saint-Germain. La rue Saint-Dominique, op. cit*., p. 139.

55. CUVILLIER-FLEURY, *op. cit*., 27 février 1843.

56. GIRARDIN, *op. cit.*, t. I, p. 614.

57. BALZAC, *Le père Goriot*, Garnier-Flammarion, 1966, p. 88.

58. *Ibid*., p. 89.

59. STENDHAL, *Lucien Leuwen*, Paris, Gallimard, Pléiade, 1952, p. 1178.

60. Par exemple APPONYI, *op. cit*., 27 mai 1834.

61. *Les Salons de Paris, foyers éteints*, par Mme ANCELOT, Paris, Jules Tardieu, 1858, p. 77.

62. GIRARDIN, *op. cit*., t. I, pp. 707–708.

63. Duchesse de DINO, *Chronique de 1831 à 1862*, Paris, Plon, 1908, 4 vol., 2–24 juin 1836.

64. ほとんど毎夏の彼女のこの不平不満は以下のギゾーとの『往復書簡集』に見られる。*Lettres de Guizot et de la princesse de Lieven*, Paris, Mercure de France, 1963–1964, 3 vol.

65. *Lettres de la duchesse de Broglie, 1814–1838*, Paris, Calmann-Lévy, 1896 ; lettres à Albert, en pension à Paris : par exemple 20 mai 1836, 20 juillet 1838.

66. GIRARDIN, *op. cit*., t. I, pp. 495–496.

67. Par exemple GIRARDIN, 22 novembre 1839 ; *Le Siècle*, 20 novembre 1841.

68. この主題については以下を参照のこと。Paul GERBOD, «Les *fièvres thermales au XIXe siècle», in Revue Historique* 1977/2, pp. 309–334 ; «Une forme de sociabilité bourgeoise : le loisir thermal en France, en Belgique et en Allemagne, 1800–1850», actes du colloque de Bad-Hombourg, 1982 ; *Sociabilité et société bourgeoise en France, en Allemagne et en Suisse 1750–1850* (travaux et mémoires de la Mission historique française en Allemagne), Recherche sur les civilisations, 1986, pp. 105–119 ; «Le loisir aristocratique dans les villes d'eaux françaises et allemandes au XIXe siècle, 1840–1870», *in Hof, Kultur und Politik..., op. cit*., pp. 139–153.

69. *Souvenirs du feu duc de Broglie, 1785–1870*, Paris, Calmann-Lévy, 1886, 4 vol. ; t. II, p. 168.

70. Comte Pierre DE ZURICH, *Une femme heureuse, Mme de La Briche, 1755–1844*, Paris, E. de Boccard, 1934, p. 503.

71. Maine DE BIRAN, *Journal*, t. I, 1814–1816 ; t. II, 1817–1824, Neuchâtel, Éditions de la Baconnière, 1954–1955. Voir juillet et août 1816.

72. GERBOD, «Une forme de sociabilité bourgeoise... », *op. cit*.

73. *Le Siècle*, 4 et 14 septembre 1839.

74. *Ibid*., 5 novembre 1842.

75. *Ibid*., 6 juin 1842.

76. *Ibid*., 10 juillet 1840.

77. Alain CORBIN, *Le Territoire du vide. L'Occident et le désir du rivage, 1750–1840*, Paris, Aubier, 1988, p. 287.

78. *Le Siècle*, 10 octobre 1842.

79. *Ibid*.

80. *Ibid*., 2 juin 1843.

81. *Ibid*., 10 octobre 1842. グランヴィル Granville については以下を参照のこと。David MERLE, *L'émergence de la villégiature balnéaire sur les côtes de l'Avranchin et du Cotentin occidental au XIXe siècle*, Mémoire de maîtrise sous la direction d'Alain Corbin, Université de Paris-I, 1989, p. 150 et suiv.

15. Cité par Rose FORTASSIER, *Les Mondains de la comédie humaine,* Paris, Klincksieck, 1974, p. 27. 社交界の定義については本書 p.210 以下を参照のこと。

16. RÉMUSAT, *op. cit.*, t. III, p. 95.

17. *Ibid.*, p. 97.

18. *Ibid.*, p. 191.

19. Mme ANCELOT, *Un salon de Paris, 1824 à 1864*, Paris, E. DENTU, 1866, p. 147.

20. GIRARDIN, *op. cit.*, t. II, p. 299.

21. Astolphe DE CUSTINE, *Ethel*, Paris, Ladvocat, 1839, cité par Rose FORTASSIER, *op. cit.,* p. 169.

22. RÉMUSAT, *op. cit.*, t. III, p. 92.

23. APPONYI, *op. cit.*, 28 avril 1835.

24. RÉMUSAT, *op. cit.*, t. I, p. 246.

25. GIRARDIN, *op. cit.*, t. I, p. 451.

26. *Ibid.*, pp. 585–586.

27. Catalogues des expositions : *La Nouvelle Athènes, le quartier Saint-Georges de Louis XV à Napoléon III,* Musée Renan-Scheffer, juin–octobre 1984 ; *Les Grands Boulevards,* Musée Carnavalet, juin–octobre 1985.

28. Jules BERTAUT, *La Bourse anecdotique et pittoresque*, Paris, Les éditions de France, 1933, chap. III.

29. Bertrand GILLE, *Histoire de la maison Rothschild*, Genève, Droz, 1965–1967, 2 vol., t. I, p. 471.

30. APPONYI, *op. cit.*, 22 mars 1836. ヴァトリー夫人 Mme de Vatry とその母親のアンゲルロット夫人 Mme Hainguerlot については、以下を参照のこと。DUCREST, *op. cit.*, t. II, pp. 53–54.

31. *Le Siècle,* 16 mars 1843.

32. REMUSAT, *op. cit.*, t. III, pp. 90–91.

33. GIRARDIN, *op. cit.*, t. I, p. 451.

34. Sophie GAY, «L'usage du monde», in *Causeries du monde*, 2e année, numéros 1 à 12, 10 janvier au 25 juin 1834, pp. 1–6.

35. BALZAC, *Une double famille, Œuvres complètes*, III, Paris, Conard, 1912, pp. 273–274.

36. *Nouvelles à la main*, 20 février 1841.

37. RÉMUSAT, *op. cit.*, t. I, p. 170.

38. *Ibid.*, p. 133. シャルル10世に心の底から結びついていた過激王党派のフレニイ男爵 baron DE FRÉNILLY の筆を通して、「巣を隣り合わせた（…）この愛の鳩小屋」であるフォブール・サン＝トノレへの激情の告白を読むのは刺激的である。彼はまぎれもなくそこの生まれであった（*Mémoires*, pp. 241–254. 彼は 1807 年のこのフォブールの社交界を描写し、もちろん前面に据えるのはラ・ブリッシュ夫人 Mme de La Briche である）。

39. François GUIZOT, *Mémoires pour servir à l'histoire de mon temps, Paris*, Michel Lévy frères, 1858–1867, 8 vol., t. II, *Notice sur Mme de Rumford*, pp. 397–423.

40. *Le Faubourg Saint-Germain. La rue Saint-Dominique. Hôtels et amateurs* (catalogue), Musée Rodin, octobre–décembre 1984, p. 32.

41. BERTIER DE SAUVIGNY, «Aristocratie et monarchie dans la vie culturelle au temps de Louis XVIII et de Charles X», *in Hof, Kultur und Politik im 19–Jahrhundert*, colloque de Darmstadt des 27–30 septembre 1982, Bonn, Ludwig Röhrscheid Verlag, 1985, pp. 61–74.

42. BALZAC, *La duchesse de Langeais*, Livre de poche, 1965, pp. 35–36. ボワーニュ伯爵夫人 comtesse DE BOIGNE によればこの表現は帝政期にさかのぼるようである。ナポレオンが反対者をすべて国外追放でおどしていたことを語りながら、彼女は書いている。「これはその頃から〈フォブール・サン＝ジェルマン〉の名称で指示されていた社交界に対して、もっとも影響力のあった歯止めでした」(t. I, p. 180)。

43. Michelle PERROT et Georges RIBEILL, *Le journal intime de Caroline B., Paris*, Montalba, 1985 ; catalogue *La rue Saint-Dominique, op. cit.*, p. 85.

44. Cité par Jules BERTAUT, *Le Faubourg Saint-Germain sous l'Empire et la Restauration*, Paris, Tallandier, 1949, chap. VIII.

45. *Mémoires de Mme de La Ferronnays*, Paris, Paul Ollendorff, 1899, p. 43.

46. GIRADIN, *op. cit.*, t. I, p. 613.

47. *Le Siècle*, 7 mars 1840.

37. BOIGNE, *op. cit*., t. II, p. 330.
38. GIRARDIN, *op. cit*., t. I, p. 149.
39. BOIGNE, *op. cit*., t. II, p. 342.
40. *Ibid*., p. 345.
41. *Ibid*., p. 350.
42. André GAYOT, *François Guizot et Mme Laure de Gasparin, Documents inédits 1830–1864,* Paris, Grasset, 1934.
43. Hélène HIMELFARB, «Versailles, fonctions et légendes», in *Lieux de mémoire II. La Nation*** sous la direction de Pierre Nora, Paris, Gallimard, 1986, pp. 235–292.
44. Comte DE MONTALIVET, *Le roi Louis-Philippe. Liste civile,* Paris, Michel Lévy, 1851, p. 82.
45. Thomas W. GAEHTGENS, «Le musée historique de Versailles», in *Lieux de mémoire II. La Nation**** *op. cit*., p. 156.
46. MONTALIVET, *op. cit*., p. 75.
47. *Ibid*., pp. 246–247.
48. BOIGNE, *op. cit*., t. II, p. 351.
49. GIRARDIN, *op. cit*., t. I, pp. 163–164.
50. HUGO, *Choses vues, op. cit*., 18 octobre 1837.
51. MAILLÉ, *Souvenirs..., op. cit*., p. 290.
52. APPONYI, *op. cit*., 29 février 1832.
53. *Ibid*., 7 mai 1835.
54. *Ibid*., 18 janvier 1834.
55. RÉMUSAT, *op. cit*., t. III, p. 502.
56. APPONYI, *op. cit*., 11 avril 1835.
57. GIRARDIN, *op. cit*., t. I, p. 606.
58. *Les Guêpes*, février 1840.
59. APPONYI, *op. cit*., 12 février 1838.
60. *Le Siècle*, 15 mars 1842.
61. Arsène HOUSSAYE, *Les Confessions, souvenirs d'un demi-siècle, 1830–1880,* Paris, Dentu, 1885, 2 vol., t. II, p. 210.
62. Le Siècle, 23 janvier 1847.
63. APPONYI, *op. cit*., 3 février 1845.

第三章　社交界とサロン

1. BOIGNE, *op. cit*., t. II, pp. 7–8.
2. RÉMUSAT, *op. cit*., t. I, p. 172.
3. *Mémoires du vicomte Armand de Melun*, revus et remis en ordre par le comte Le Camus, Paris, Ancienne librairie religieuse H. Oudin, J. Leday et Cie successeurs, 1891, 2 vol., t. I, pp. 157 et suiv.
4. Benedetta CRAVERI, *Mme du Deffand et son monde*, Paris, Seuil, 1987 ; サロンについては pp. 59–94 を参照せよ。
5. *La Société parisienne, esquisses de mœurs,* par un jeune provincial (Mme LETISSIER), Paris, librairie d'Amyot, 1842, 4e esquisse.
6. BALZAC, *Les Secrets de la princesse de Cadignan,* Paris, Gallimard, Pléiade, 1977, t. VI, p. 968.
7. Anne MARTIN-FUGIER, *La Bourgeoise*, Paris, Grasset, 1983, p. 192.
8. BERTIER DE SAUVIGNY, *La France et les Français, op. cit*., pp. 93–94.
9. Charles LIMET, Un *Vétéran du Barreau parisien. Quatre-vingts ans de souvenirs, 1827–1907,* Paris, Alphonse Lemerre, 1908.
10. STENDHAL, *Le Rouge et le Noir,* Paris, Gallimard, Pléiade, 1952, pp. 416–417.
11. RÉMUSAT, *op. cit*., t. I, p. 189.
12. *Le Siècle, 2* septembre 1837.
13. BALZAC, *La Muse du département*, Livre de poche, 1969, p. 332.
14. *Les Trois Quartiers, comédie en trois actes et en prose de MM. Picard et Mazères représentée pour la première fois au Théâtre Français le 31 mai 1827,* Paris, Ladvocat, 1827, p. 32.

75. BOIGNE, *op. cit*., t. II, p. 21.
76. *Journal intime de Cuvillier-Fleury, 1802–1887,* Paris, Plon, 1900–1903, 2 vol.
77. VILLÉLE, *op. cit*., t. V, pp. 145–147.
78. BOIGNE, *op. cit*., t. II, p. 169.
79. MAILLÉ, *Souvenirs..., op. cit*., p. 318.

第二章 〈フランス人の王〉の宮廷

1. Alfred DE VIGNY, «Un jour au Palais-Royal», *Mémoires inédits*, *op. cit*., pp. 92–123. ヴィニーはその『日記』の中でこの夕食の日付を、1831年2月11日でなく、10日としている (cf. Pléiade, t. II, p. 938)。
2. APPONYI, *op. cit*., 16 août 1830.
3. *Ibid*., 24 novembre 1830.
4. Auguste TROGNON, *Vie de Marie-Amélie, reine des Français*, Paris, Michel Lévy, 1871, p. 212.
5. APPONYI, *op. cit*., 15 septembre 1831.
6. *Ibid*., 25 janvier 1831.
7. *Lettres parisiennes du vicomte de Launay par Madame de Girardin*, Paris, Mercure de France, 1986, 2 vol., t. I, p. 665.
8. CUVILLIER-FLEURY, *op. cit*., 21 janvier 1833.
9. GIRARDIN, *op. cit*., t. I, p. 147.
10. Victor HUGO, *Choses vues,* 1830–1846, Paris, Gallimard, collection Folio, 1972.
11. CUVILLIER-FLEURY, *op. cit*.
12. VÉRON, *op. cit*., t. IV, p. 62.
13. BERTIER DE SAUVIGNY, *La France et les Français..., op. cit.,* t. I, p. 110.
14. GIRARDIN, *op. cit*., t. I, p. 45.
15. *Autour de Marie d'Agoult et de Liszt,* introduction et notes de Daniel Ollivier, Paris, Grasset, 1941, p. 157.
16. GIRARDIN, *op. cit*., t. I, pp. 608–609.
17. *Le Miroir des dames*, 29 janvier 1842.
18. *Ibid*.
19. Voir chapitre «De la politique, de la Chambre, de l'éloquence».
20. CUVILLIER-FLEURY, *op. cit*.
21. *La Mode*, 5e livraison, 1836, p. 105.
22. CUVILLIER-FLEURY, *op. cit*., 7 février 1833.
23. TROGNON, *op. cit*., p. 219.
24. *Vieux Souvenirs de Mgr le prince de Joinville 1818–1848*, Paris, Mercure de France, 1986, p. 275.
25. *Journal de Viennet, pair de France témoin de trois règnes, 1817–1848,* Paris, Amiot et Dumont, 1955 ; 15 avril 1836.
26. *Charles DE RÉMUSAT, Mémoires de ma vie*, Paris, Plon, 1958–1967, 5 vol. t. III, p. 99.
27. *Journal de Victor Balabine, secrétaire de l'ambassade de Russie*, publié par Ernest Daudet, Paris, Emile-Paul frères, 1914, t. I, 1842–1847 ; 20 janvier 1847.
28. APPONYI, *op. cit*., 24 novembre 1830.
29. *Ibid*., 25 janvier 1831.
30. *Ibid*., 23 juillet 1831.
31. Théodore AYNARD, *Souvenirs historiques et quelques autres des personnes et des choses que j'ai vues de 1812 à 1890*, Lyon, Mougin-Rusand, 1895, pp. 66–68.
32. APPONYI, *op. cit*., 24 novembre 1830.
33. HUGO, *Choses vues, op. cit*., 1er août 1846. ヌムール公爵夫人 duchesse de Nemours の帳簿が国立古文書館に保存され、登録されている。
34. *La Mode*, 21 janvier 1832, pp. 68–70.
35. Benjamin APPERT, *Dix ans à la cour du roi Louis-Philippe*, Paris, Renouard, 1846, 3 vol., t. II, chap. XI.
36. RÉMUSAT, *op. cit*., t. III, p. 495.

36. BOIGNE, *op. cit*., t. I, p. 260.
37. MANSEL, *Louis XVIII, op. cit.,* p. 303.
38. Evelyne LEVER, *Louis XVIII*, Paris, Fayard, 1988, p. 459.
39. MANSEL, *Louis XVIII, op. cit.,* p. 304.
40. BOIGNE, *op. cit*., t. I, p. 263.
41. Daniel STERN, *Mes Souvenirs*, Paris, Calrnann-Lévy, 1877, 2e partie : «Le monde, la cour, les salons, 1827–1849», pp. 267–271.
42. BONNEVAL, *op. cit*., p. 157.
43. George SAND, *Œuvres autobiographiques*, Paris, Gallimard, Pléiade, 1970, 2 vol. ; t. I, pp. 941–942.
44. BOIGNE, *op. cit*., t. I, pp. 365–367.
45. 復古王政期に王の食卓に招かれたのは次の４人の例外を除いて、現に君臨している王家の一族の者たちだけだった。すなわちメッテルニヒとウェリントン、モイラ卿とカニング。Metternich et Wellington (cf. Boigne, *op. cit*., t. II, p. 122), lord Moira et Canning (Mansel, *The Court of France, op. cit.,* p. 161).
46. MANSEL, *The Court of France*, *op. cit*., p. 138.
47. *Ibid*., p. 69.
48. MANSEL, *Louis XVIII, op. cit*., p. 355.
49. Jean DE VIGUERIE, «Le roi et le "public". L'exemple de Louis XV», *Revue Historique*, n° 563, juillet–septembre 1987, p. 25.
50. Charles Otto ZIESENISS, *Napoléon et la cour impériale*, Paris, Tallandier, 1980, p. 261.
51. MAILLÉ, *Souvenirs..., op. cit.,* p. 205 ; BOIGNE, *op. cit.,* t. II, pp. 106–107.
52. Pierre BÉRAUD, *Souvenirs parlementaires,* Moulins, Desrosiers, 1841, p. 211.
53. MAILLÉ, *Souvenirs...*, *op. cit*., p. 136.
54. STERN, *op. cit.,* p. 274, et BONNEVAL, *op. cit*., p. 157.
55. BOIGNE, *op. cit*., t. II, p. 20.
56. *Ibid*., p. 101.
57. STENDHAL, *Esquisses de la société parisienne, de la politique et de la littérature, 1826–1829,* Paris, Le Sycomore, 1983, p. 82.
58. BOIGNE, *op. cit*., t. II, p. 101.
59. *Le Moniteur,* 20 mars 1818.
60. Mme Georgette DUCREST, *Paris en province et la province à Paris, suivi du chateau de Coppet en 1807 de la comtesse de Genlis,* Paris, Ladvocat, 1831, 3 vol., t. II, lettre XXX. Isabelle TAILLANDIER, *La Villégiature à Dieppe sous la Restauration*, Mémoire de maîtrise sous la direction d'Alain Corbin, université de Paris–I, 1988, p. 22.
61. Docteur VÉRON, *Mémoires d'un bourgeois de Paris*, Paris, Gabriel de Gonet," 1853, 6 vol., t. I, p. 161.
62. VILLÈLE, *op. cit*., t. I, p. 314.
63. BOIGNE, *op. cit*., t. II, p. 12.
64. VILLÈLE, *op. cit*., t. II, p. 93.
65. BOIGNE, *op. cit*., t. II, p. 121.
66. *Ibid*., p. 162.
67. MANSEL, Louis XVIII, *op. cit*., p. 304.
68. Gaston STIEGLER, *Récits de guerre et de foyer. Le maréchal Oudinot duc de Reggio d'après les Souvenirs inédits de la maréchale*, Paris, Plon, 1894, p. 390 et suiv.
69. *Le Journal des débats*, 5 janvier 1829. ジェームス・アンゲルロット James Hainguerlot はブルドン・ド・ヴァトリー夫人 Mme Bourdon de Vatry の兄弟である。
70. *Ibid*., 7 janvier 1829.
71. BOIGNE, *op. cit*., t. II, p. 21.
72. *Mémoires du général baron Thiébault*, Paris, Plon, 1893–1895, 5 vol., t. V, p. 258, cité par Françoise WAQUET, *op. cit.*
73. STERN, *op. cit*., p. 286.
74. STENDHAL, *Esquisses..., op. cit*., p. 144.

France bourgeoise, 1810–1848. Étude d'une mutation de sociabilité, Paris. Armand Colin, 1977, avant-propos.

第一章　復古王政期の二つの宮廷

1. Cité par Guillaume de BERTIER DE SAUVIGNY, *La France et les Français vus par les voyageurs américains*, 1814–1848, Paris, Flammarion, 1982, t. I, pp. 105–107.

2. MAILLÉ, *Souvenirs..., op. cit,* p. 189.

3. *Le Moniteur,* 1er novembre 1829.

4. Philip MANSEL, *The Court of France, 1789–1830*, Cambridge University Press, Cambridge, 1988, p. 44.

5. *Ibid.,* p. 67.

6. Eugène TITEUX, *Histoire de la Maison militaire du Roi de 1814 à 1830,* avec un résumé de son organisation et de ses campagnes sous l'Ancienne Monarchie, Paris, Baudry et Cie, 1890, 3 vol. ; t. II, p. 237.

7. Cité par TITEUX, *Ibid*, t. II, pp. 8–9.

8. Cité par José CABANIS, *Charles X roi ultra,* Paris, Gallimard, 1972, p. 70.

9. Cité par TITEUX, *op. cit*., t. I, p. 98.

10. Madame DE CHASTENAY, *Mémoires*, 1771–1815, Paris, Librairie académique Perrin, 1987, p. 554.

11. Cité par TITEUX, *op. cit*., t. II, p. 172.

12. *Mémoires du baron de Damas*, 1785–1862, publiés par son petit-fils le comte de Damas, Paris, Plon, 1922, t. I, p. 188.

13. Cité par TITEUX, *op. cit*., t. I, p. 43.

14. *Ibid*. さらにパリの国民軍は、1814年８月５日の勅令によって国王から与えられた権利をもち、１年に１回、国王のパリ帰還の記念日に勤務についている。国民軍はまたテュイルリー宮殿の儀仗の部署の勤務を続けている。

15. TITEUX, *op. cit*., t. I, p. 177.

16. MANSEL, *op. cit*. この本は1830年におけるシャルル10世の〈メゾン・シヴィル〉について、２つの異なった数字をあげている。134ページでは2219名、203ページでは2921名である。

17. Alfred MARQUISET, *Le Vicomte d'Arlincourt, prince des romantiques 1788–1856*, Paris, Hachette, 1909.

18. Théodore ANNE, *Mémoires*, *souvenirs et anecdotes sur l'intérieur du palais de Charles X et les événements de 1815 à 1830,* Paris, Werdet, 1831, 2 vol. ; t. II, pp. 142 et suiv.

19. DAMAS, *op. cit*., t. I, p. 187.

20. MANSEL, *op. cit*., p. 132. シャルル10世の代子であるシャルル・ボシェ Charles BOCHER は、その『回想録』の中で、七月革命がなかったら小姓隊に入っていただろうと語っている。

21. Comte d'ALTON-SHÉE, (ancien pair de France), *Mes Mémoires, 1826–1848*, Paris, Librairie Internationale, A. Lacroix, Verboeckhoven et Cie, 1869, 2 vol. ; t. I, p. 35.

22. *Ibid*., p. 39.

23. ANNE, *op. cit*., t. I, p. 24.

24. *Ibid*., p. 92 et suiv.

25. *Mémoires de M. de La Rochefoucauld, duc de Doudeauville*, *op. cit*., t. I, p. 297.

26. *Ibid*., p. 299.

27. *Mémoires et correspondance du comte de Villèle,* Paris, Librairie académique Didier, Perrin et Cie, 1888–1890, 5 vol. ; t. V, pp. 112–113.

28. BOIGNE, *op. cit*., I, p. 452.

29. *Ibid*., t. II, pp. 91–92.

30. Alfred DE VIGNY, *Mémoires inédits*, Paris, Gallimard, 1958, pp. 117–118.

31. Philip MANSEL, *Louis XVIII*, Paris, Pygmalion-Gérard Watelet, 1982, p. 301.

32. Marquis DE BONNEVAL, *Mémoires anecdotiques, 1786–1873,* Paris, Plon, 1900, p. 134.

33. MANSEL, *The Court of France, op. cit.,* p. 123.

34. *Ibid*., pp. 49–50.

35. *Almanach Royal 1825*, pp. 69–70, règlements des 1er novembre et 31 décembre 1820 et du 23 janvier 1821.

sentation について語っていることから見ても、問題になっているのは〈貧者のための舞踏会〉のことでしかありえない。テキストの内容に対応する催事は、19日やその前後の日付には1つもないからである。

27. MAILLÉ, *Souvenirs..., op. cit*., p. 298.

28. 御遊興 Menus-Plaisirs は職名でもあって、その係官は調度管理官 Garde-Meuble とともに王室の祝典を実行し、その勤務場所は劇場も含まれていた。以下を参照のこと。Françoise WAQUET, *Les Fêtes royales sous la Restauration ou l'Ancien Régime retrouvé*, Genève, Droz, et Paris, Arts et Métiers graphiques, 1981, p. 13.

29. MAILLÉ, *Souvenirs..., op. cit*., p. 298.

30. CHAPUS, *op. cit*.

31. MAILLÉ, *Souvenirs..., op. cit*., p. 295.

32. *Ibid*., pp. 295–296.

33. *La Mode*, t. II, p. 164.

34. MAILLÉ, *Souvenirs..., op. cit*., p. 298.

35. APPONYI, *op. cit*., 23 janvier 1830.

36. *Ibid*., 6 février 1830.

37. *La Mode*, t. II, p. 163.

38. APPONYI, *op. cit*., 7 février 1830.

39. *Ibid*.

40. *Ibid*., 24 janvier 1831.

41. *Journal de Marie-Amélie reine des Français*, Paris, Librairie académique Perrin, 1981, p. 389.

42. APPONYI, *op. cit*., 24 janvier 1831. 帝政期の将軍 Joseph Lagrange の娘。彼女はナポレオン軍の将軍の息子のイストリー公爵ナポレオン・ベシエール Napoléon Bessières, duc d'Istrie と1826年に結婚した。アポニイは1851年11月19日に、あるサロンで彼女と出会い「まだ非常に美しかった」と書いている。

43. *La Mode*, 1833, t. I, pp. 40–41.

44. «Les deux saint-simoniens», *in Paris ou le livre des Cent et un*, Paris, Ladvocat, 1831–1835, 15 vol., t. II, p. 261. アレクシ・ド・サン＝プリ伯爵 comte Alexis de Saint-Priest は、舞踏会のパトロネスの1人シャストネー伯爵夫人 comtesse de Chastenay の義理の甥である。

45. *Letters of Harriett Countess Granville, 1810–1845*, London, Longman's, Green and Co, 1894, 2 vol., 12 janvier 1827.

46. MAILLÉ, *Souvenirs..., op. cit*., p. 298.

47. *Ibid*., p. 297.

48. Comtesse DASH, *Mémoires des autres ;* t. III, *Souvenirs anecdotiques sur Charles X et la révolution de Juillet,* Paris, Librairie illustrée, 1896, p. 18.

49. APPONYI, *op. cit*., 5 et 6 décembre 1827.

50. *La Pandore,* 23 mars 1827.

51. *Petit Courrier* des dames, 25 mars 1827, n° XVII, t. XII, pp. 134–136.

52. *La Pandore, op. cit*.

53. *Petit Courrier des dames, op. cit., et Journal des dames et des modes,* 25 mars 1827, n° 17, p. 132.

54. *La Pandore, op. cit*.

55. Micheline BOUDET, *Mademoiselle Mars l'inimitable,* Paris, Perrin, 1987, p. 271.

56. Auguste JAL, *Souvenirs d'un homme de lettres, 1795–1873*, Paris, Léon Techener, 1877, p. 541.

57. *La Pandore*, *op. cit*.

58. BALZAC, *Traité de la vie élégante*, Paris, Gallimard, Pléiade, 1981, t. XII, p. 211–257.

59. *Ibid*., p. 219.

60. *Ibid*., p. 224.

61. ノルベルト・エリアス（Norbert ÉLIAS, *La Société de cour*, Paris, Calmann-Lévy, 1974）がこの表現を使った意味において。この〈社会集団〉formation sociale は有力者 notables によって形成された全体の中に包摂されるが、アンドレ・ジャン・テュデスク André-Jean TUDESQ (*Les Grands Notables en France, 1840–1849*, Paris, P. U. F., 1964, 2 vol) が指摘するように、それからは区別される。

62. 社交性 sociabilité の概念については以下を参照のこと。Maurice AGULHON, *Le Cercle dans la*

原　注

序章　1830年の舞踏会と優雅な生活について

1. *Le National*, 11 février 1830.

2. *La Mode*, tome II, janvier-février-mars 1830, p. 95.

3. *Ibid*.

4. *Ibid* et *La Quotidienne*, 14 février 1830.

5. *La Mode*, p. 118, et *Journal du maréchal de Castellane, 1804–1862*, 3e édition, Paris, Plon, 1896, t. II, 24 janvier 1830.

6. 教授と学生が1904フラン集め、12区の慈善事務局に納めた。*La Quotidienne*, 15 février 1830.

7. *La Mode*, t. II, p. 94.

8. *Vingt-cinq ans à Paris, 1826–1850. Journal du comte Rodolphe Apponyi*, publié par Ernest Daudet, Paris, Plon, 4 vol, t. I, 1826–1830, et t. II, 1831–1834, 1913 ; t. III, 1835–1843, 1914 ; t. IV, 1844–1852, 1926 ; 3 février 1830.

9. *La Quotidienne*, 7 février 1830.

10. *La Mode*, t. II, p. 94.

11. *Ibid*., p. 189.

12. 2月17日の *Le Constitutionnel* はそのシャンデリアの数を84個としている。2月16日の *Le National* は80個、その翌日にはカステラーヌ元師 maréchal de Castellane と同様60個の数にしている。Le maréchal de Castellane, *op. cit*., 15 février 1830.

13. *Le National*, 16 février 1830.

14. *Le Journal des débats*, 18 février 1830.

15. *Ibid*., 17 février 1830.

16. Duchesse DE MAILLÉ, *Souvenirs des deux Restaurations*, Paris, Librairie académique Perrin, 1984, p. 298.

17. *La Mode*, t. II, p. 189.

18. *Mémoires de la comtesse de Boigne née d'Osmond*, Paris, Mercure de France, 1986, 2 volumes ; t. II, pp. 159–160.

19. *Le Journal des débats* は〈貧者のための舞踏会〉を特集した。le jeudi 18 février 1830.

20. *La Mode*, t. II, p. 243.

21. *Le Journal des débats*, 18 février 1830.

22. *La Quotidienne*, 23 février 1830. *Le Journal des débats* (18 février 1830) と *Le Temps* (17 février) の数字は少し違っている。11万5750フラン。

23. オルレアン公爵夫人マリー・アメリー duchesse d'Orléans, Marie-Amélie は、その『日記』*Journal* (15 février 1830) でこの舞踏会に言及しているが、シャルル10世の欠席については触れていない。このことに触れないのはほとんど彼女だけである。

24. Eugène CHAPUS, *Les chasses de Charles X. Souvenirs de l'ancienne cour*, chez Beauvais et au bureau de *La Quotidienne*, 1837, pp. 180–181.

25. *Mémoires de M. de La Rochefoucauld, duc de Doudeauville*, Paris, Michel Lévy frères, 1861–1864, 15 vol., t. IX, pp. 592–594.

26. おそらく読み方とか書写の過失によるこの日付の間違いはさておき、手紙が〈催し〉repré-

訳者あとがき

――〈トゥ＝パリ〉、パリの名士たちについて

今、この机上に一冊の本がある。薄茶色のクロス表紙、八折り大版、八五六頁。表紙の書名は *TOUT–PARIS,–1902.* 中表紙の標題は、*TOUT–PARIS, Annuaire de la Société Parisienne,–1902,* つまり『トゥ＝パリ、パリ社交界年鑑　一九〇二』である。そして、内容についてはさらに詳しく、「氏名、職業、街路によって整理された氏名と住所、すなわちハイ・ライフ（上流社会）、外国植民地、官僚、外交団、政界、司法界、軍隊、聖職者、科学、文学、美術、財界、舞台芸術家、クラブ（セルクル）会員、地主、金利生活者、等々。併せて偽名・筆名・芸名辞典、パリの地図、劇場の座席図、等々」と、同じ表紙上に説明されている。また「第一八年度」とあるので、この年鑑は一八八五年に発刊されたものであることが分かる。「氏名、職業、街路によって整理された」とは、アルファベット順に整理した氏名と、職業・住所を配した本体部分の他に、職業別の名簿、同じ通りに居住する名士たちの一覧が、巻末に収められていることを案内しているのだ。

さて、ここにもう一つ別の本がある。といっても、どうしても入手できなくて、パリの国立図書館で閲覧したものだが、本書で著者アンヌ・マルタン＝フュジエが何度か言及している『二万五〇〇〇名の住所年鑑』のことである。閲覧したのは一八四〇年度版で、その正確な書名は *ALMANACH des 25000 ADRESSES des principaux habitans de Paris –Anné 1840–,* つまり『パリの主要な住民二万五〇〇〇名の住所年鑑　一八四〇年』であった。これも小型本ながら中表紙の標題の下に内容についての細かい紹介があり、この本の性格を要約していると思われるので、以下に訳出してみる。「パリに抱かれ、その家柄あるいはその職務で傑出したすべての人物の氏名と住居、そしてパリが提供する利便と教養と興味あるいは快楽の対象についての情報を含む。冒頭にアルファベット順に整理された貴族院議員と下院議員のリスト付」。さらに段落をおいてその下に、「第二六年版、多数の新住所、選挙人と被選挙資格者の表示、首都に居住する文学者・学者・画家・作曲家の著作と作品一覧。さらにまたパリ近郊サーヴィスおよび王国の主要都市行きの急行便以外の乗合馬車の案内。パリ市内の新運行の馬車、その停留所、その路線の情報。パリの街路地図、その始点と終点の指示。今年度は最大の注意を払って警視庁の公的資料に基づき再点検。住民にも外国人にも有益な書物。――第二六年度、編者アンリ・デュラック氏――パリ、C．I．F．パンクーク」。以上のごとくである。年鑑として第二六年度というのだから、初年度は一八一五年ということになる。一八一五年は、ナポレオンの〈百日天下〉のあと、ルイ一八世が再度帰国して「シャルト」のもと、フランスで初めて本格的にイギリス型の立憲王政の試行を始めた年であり、この年にこの種の年鑑が創刊されたということは、きわめて意味深長で象徴的なことと思われる。つまりルイ一八世の宮廷は、本書でも詳細に描写されているように、外国から続々と帰国したアンシャン・レジームの旧貴族

に加えて帝政貴族も包摂し、政治は上院・下院の二院を設けて内閣の責任下に帝政期の優秀な官僚をそのまま登用していたのであり、この時期の「主要な住民」とは政・官・司法・財界などの有力者たちのことで、彼ら［宮廷生活をする貴族はこの者たちをひとまとめにして〈パリ市《ラ・ヴィル》〉と呼ぶ］の意向を無視しては、新しい体制である立憲王政の船出は不可能だったのである。

〈tout Paris〉とは、本来「パリを構成するすべて」、「パリの全体」、「パリの全住民」の意味である。しかし、定冠詞を付けて〈le tout Paris〉あるいは大文字でハイフンで結び〈Tout-Paris〉などとなった時、この意味は変化する。つまり「パリでもっとも著名《ノターブル》な人びと、パリで考慮に価するすべての人びと、有力者・名士たち」を意味する用語となる。『ロベール仏語大辞典』はこれを第二の用法として説明し、その初出を一八二〇年頃としている。なぜこの時期にこの用語が新たな意味をもち始めたのだろうか。ここでいささかの私見を述べることをお許しいただきたい。

『二万五〇〇〇名の住所年鑑』の「パリに抱かれ、その家柄あるいはその職務で傑出したすべての人物の氏名と住居」と訳した部分を、フランス語の原文で示すと、

les noms et demeures de tout ce que Paris renferme de personnes distingués par leur rang ou leurs fonctions ; (...)

となる。

〈...renferme〉までの意味は「パリが包み込んでいるすべての者の氏名と住居」であり、まさに〈tout Paris〉の本来の意味である。〈ce que〉と〈renferme〉を省けば〈de tout Paris〉となる。しかしこれには補語的に「その家柄あるいはその職務で傑出した人物の」という限定語が付されて意味が変容してくるのである。これとまったく同じ構造の「人」をさす〈tout ce que ...〉の用法が『リトレ仏語辞典』に示されている。

Pline eut pour amis tout ce que son siècle a produit de grands hommes, tous ceux que leurs rares vertus distinguaient le plus.

(Rollin, *Hist. anc.* liv. XXV, ch. III, II, 4)

「プリニウスは彼の世紀が生み出したすべての者を、その類い稀な美徳によってもっとも傑出したすべての者、偉大な男たちを、友としてもっていた」。シャルル・ロランの『古代史』(1730–38) からの文章である。つまり〈tout〉には一八世紀からすでに「全体を代表する者」の意味を帯びるような用法があるのである。あたかも「オール・ジャパン」が「日本代表選手チーム」を意味するように、「オール・パリ」つまり〈トゥ＝パリ〉がパリの代表者たる「名士たち」を意味するのである。

そしてさらに、〈Tout-Paris〉という語が「パリの名士たち (notables)」という意味を〈具体的に〉もつことになるのは、実はこの『二万五〇〇〇名の住所年鑑』を人びとが実際に手にとって目にし、そこに記載された者たちを念頭に浮かべる時、これがまさに〈トゥ＝パリ〉なのだと納得できたからではないだろうか、と私は推測したいのである。

さて、この『二万五〇〇〇名の住所年鑑』と一九世紀末に発刊された『トゥ＝パリ、パリ社交界年鑑』との間には驚くべき類似性と等質性がある。つまり前者の年鑑を継続するものとして後者が刊行されたと考えてもおかしくないのだ。［現在はさらに『社交界年鑑《ボタン・モンダン》』の名の全フランスをカヴァーした年鑑が出

版されている」。

オルレアン公爵は、公爵夫人マリー＝アメリーの兄のナポリ王のパリ訪問を祝して、一八三〇年五月三一日に舞踏会を計画した（本書八二頁参照）。五月の終わりは「美しい季節《ベル・セゾン》」を田舎で過ごすため、上流社会はほとんどパリを離れている。そこで招待者リストの作成を任された人たちは、皆が一斉に欠席するのではないかと心配する。しかしオルレアン公爵は「なぜ人数が足りないなどと心配するのですか。安心させてあげましょう」と言って、『二万五〇〇〇名の住所年鑑』を手に取ったという。ここから貴族の祭典の真っ只中への有力ブルジョワの闖入と見知らぬ者たちの大群衆の出現という現象が生じた、と著者は書いている。復古王政期の初めからオルレアン公爵は「質より量」への偏愛があると中傷されており、一八三〇年の革命後に「フランス人の王」となってからも自分の方針を変えようとはせず、王権との関連で出生による各人の身分が維持される必要はないとし、貴族身分の維持には広範な国民のエリートたち（七月王政下の〈トゥ＝パリ〉）の同意と支援が必須であると自覚していたという。本書のめざすところは、まさにこの国民のエリートたちが貴族階級をも同化させて、エレガンスとの関連でどのようなメンタリティを身につけてきたかということを検証することなのである。

＊　＊　＊

さて、もう少し〈Tout-Paris〉という用語にこだわってみよう。この語は「パリの名士たち」の意味で用いられるとしても、実はある特殊な状況下の「パリの名士たち」をさす使われ方をするのが普通である。著者アンヌ・マルタン＝フュジエは本書一二五頁で、〈ル・トゥ＝パリ〉を、「劇場の初日、オペラ座の夜会、競馬、《アカデミー》の入会式など、儀式を盛大にするために呼び集められる」人たち、と説明している。『トレゾール仏語大辞典』は、「その著名さ、社会的地位、何らかの分野（政治、文学、芸術、商業など）での権威のゆえに、パリ生活における社交的デモンストレーションの場に定期的に姿を見せる、首都の人びとの集団」と解説している。これが今日の〈トゥ＝パリ〉という用語の普通の使われ方なのである。シモーヌ・ド・ボーヴォワールの文章でこれを見てみよう。

（…）私はサラクルーの『地球は円い』の招待公演に行ったが、よかれ悪しかれ、これは社交界の一大事件だという気がした。リュシエンヌ・サラクルーが艶やかなイヴニングドレスを着て、高く結いあげた髪に高価な櫛をさした姿は素敵だと思った。また、近くで見るシルヴィア・バタイユは、きらきらした羽毛の小さなボンネットをかぶって、なんと綺麗だったろう！　私自身はパリの社交界人（トゥ＝パリ）の仲間に入って、盛装した姿をひけらかしたい気持はまったく持ち合わせなかったが、有名人（ノトリテ）と美々しい粧いとを間近に見るのはおもしろかった。

（『女ざかり』上、朝吹・二宮訳、紀伊國屋書店、三二八―三二九頁、一九六三）

これは一九三八年の終わり頃、スペイン内戦の最終段階の時期の回想である。素朴に一読すれば、「お披露目の招待公演を華やかに彩るために呼び集められたパリの名士たち」の光景だけの描写のようではあるが、実はこの場は一種の「社交的デモンストレーション（マニフェスタシオン・モンデーヌ）」であって、〈トゥ＝パリ〉の存在主張、もっと正確には〈トゥ＝パリ〉の「感性の存在主張」、示威行為なのである。このことをほとんど同時代（一九三五―三六年）のアルベール・カミュのテキストでさらに理解してみよう。

　時おり私は、芝居の《初日》に、それはまた厚かましくも「パリの名士たち（トゥ＝パリ）」とよばれている者に私が出会う唯一の場所なのだが、劇場がいまにも消え失せ、在るかのようにみえるこの世界［モンド（社交界）］が、実は存在しないのだといった印象を覚えることがある。私にとって現実だと思われるものは、他のもの、舞台の上で叫んでいる偉大な人物たちなのだ。その時逃げ出ぬためには、観客の一人ひとりも自己との出会いの約束があり、各人はそれを知っていて、いずれ間もなくその出会いの場に立ち帰るのだということを想起しなければならない。すると、たちまち観客の一人ひとりがあらためて兄弟となる。社会（ソシエテ）がひき離している者たちを、孤独が結びつけるのだ。こうしたことを知っていながら、どうしてこの世界［モンド（社交界）］におもねったり、かれらのつまらない特権を熱望したり、あらゆる本のあらゆる作者に賛辞を呈すことに同意したり、好意的な批評家に露骨に感謝したり、またなにゆえ敵手を誘惑しようと努めたりするのだろう。そしてとりわけフランス社会（ソシエテ・フランセーズ）がペルノー［食前酒の一種］や恋愛記事専門の新聞雑誌と同様つね日頃使いこなしているあのお世辞や感嘆の辞（少なくとも作者の面前では、つまりかれが立ち去ったあとはいざ知らず…）を、いったいどんな顔をして受入れるというのだろう。私にはこうしたことは何一つできない。

（『裏と表』高畠訳、「カミュ全集1」人文書院、一四五頁、一九六四。ただし部分的に改訳した。［　］は前田のもの）

　ここで窺われることは、〈トゥ＝パリ〉と呼ばれる名士たちを招待して催されるお披露目公演は、「この者たちの権威によって裏打ちされる芝居」、「この者たちの力によって評価され宣伝される作品」であろうとする姿勢があらかじめ、たとえば文壇などに存在するということである。そしてカミュは作家としてこのような態度はとうてい取るわけにはゆかない、と主張しているのである。指示形容詞「この」の付いた「世界」を［モンド（社交界）］としたのは、この作品中で「人間の尺度で造られた世界ではなくて、人間に対して閉ざされた世界」、聖フランシスコ派修道院の小さなゴチックの内院の静寂と《緩慢》の世界、「両手で摑みたいという情熱に抗することのできなかった世界」と、カミュが受け止めている「世界」とは異なっているからである。まさに「世界」の「裏と表」、「裏」へ向かおうとするカミュの意志の表明である。

　さて、文芸や文化活動の審判者的地位にあるこの社交界（トゥ＝パリ）に対して、若きカミュが人間の実存的認識へのこだわりを根拠に異議の申し立てをしているのは明らかである。つまり〈トゥ＝パリ〉とは、文芸・音楽・絵画などの活動の支援者《メセナ》であると同時にその価値の判定者を任じ、この国の文化的リーダーを自任しつつ、四〇〇年来のサロン文化を継承している者たちなのであった。そして、このような〈トゥ＝パリ〉

の役割については、カミュより一〇〇年ほど前の〈トゥ＝パリ〉形成期に言及したボードレールの文章ではさらに明確である。

テオドール・ド・バンヴィルはきわめて若くして有名になった。『女像柱』は一八四一年の作品である。(…) 著者の年齢が口から口へと伝えられたが、ほとんどの人はかくも驚嘆すべき早熟さを認めようとはしなかった。当時のパリは、今日あるようなパリ［これは一八六一年の記事］とは違っていた。(…) その頃〈トゥ・パリ〉は、他の人たちの意見形成に資することを任務とし、一人の詩人が誕生しようとしている時にはいつも最初に知らされているといったエリートの人びとで構成されていた。

(*Oeuvres complètes de Baudelaire, Gallimard*, Pléiade, pp. 733–734, *Critique littéraire XVIII, Réflexions sur quelques-uns de mes Contemporains VII, Théodore Banville*, 前田訳。［ ］は前田のもの)

このようにたどってくると、あの文学史上有名な事件、〈エルナニ事件〉も別の相で見えてくる。ヴィクトール・ユゴーは一八二七年に詩劇『クロムウェル』に長い「序文」を付けて〈ロマン主義演劇宣言〉とでもいうべきものを発表したが、これを実際の作品で実践して一八二九年に『リシュリュー治下の決闘』(三一年に『マリオン・ド・ロルム』と改題)を書いた。しかし「政治的あてこすり」の嫌疑で上演禁止となり、ただちに別の作品『エルナニ』を書き上げて世に問い、これが古典派の牙城《テアトル＝フランセ》で上演されることとなった。そして予想される妨害に対抗せんと若き無名の芸術家たち（文学・絵画・彫刻・音楽等）が動員され、部隊が組織されて、赤チョッキで長髪の画学生テオフィル・ゴーティエ指揮のもとに初日（一八三〇年二月二五日）から野次と怒号で古典派の観客を圧倒し、三〇数回の全上演日程をロマン派の勝利に導いたのである。この事件は通常古典派対ロマン派の文学上の革命運動とされているが、実はこれは一八三〇年の時点での〈トゥ＝パリ〉に反逆する若きロマン派の文化的示威行動なのであった。つまり、復古王政期の〈トゥ＝パリ〉とは、古典劇の作劇法を信奉護持して、その強固な形式をぶち壊そうとする〈リベラル〉なロマン派の感性と対峙していたサロン文化人のことなのである。ゴーティエは言う。

集まった青年たちはすべて良家の子弟であり、学問もあり、芸術と詩歌とに熱中していたのであって、ある者は文学者、他の者は画家であり、また音楽家も彫刻家もいたし、あるいは建築家もいたし、批評家として何かの名目で文学的な仕事をしている人間も若干いたが、当時の赤新聞紙上や論争文のなかでは、これらの青年たちが穢らわしい無頼漢の群れとして好んで描かれていた。「テアトル・フランセ」座の前に陣を張ったのは、不潔で凶暴な蓬髪愚昧なアッチラの率いるフン族どもではなく、未来の騎士であり、思想の闘士であり、自由な芸術の擁護者だったのである。しかも彼らは美しく、何物にも束縛されず、若々しかったのだ。左様、彼らは頭髪を蓄えてはいた。

(ゴーティエ『青春の回想――ロマンチスムの歴史』渡辺訳、角川文庫、一〇九頁、一九五一)

フランス人の性格を知っている人ならば、いわゆる

〈トゥ・パリ〉と呼ばれる人々が集まっている劇場へ、アルブレヒト・デューラーのような長髪をし、アンダルシアの闘牛士（トルレロ）が持っている緋羅紗（ムレタ）と同程度に赤いチョッキを着けたまま姿を現すという行動に出るのには、死を吐き出す大砲がにょきにょき出ている城砦へ向かって突撃して行く場合とは別な勇気と、別な気力とを要するものだということを認めるだろう。

（同右、九九頁）

ゴーティエは新しいリベラルな文学・芸術を解さないこのような古典派の「禿げ頭」に対して、「俗物」（フィリスタン＝ペリシテ人）とか「ブルジョワ」という言葉を投げつけているが、この文章はゴーティエ最晩年の一八七二年のものであるということを考慮しておく必要がある。いずれにせよブルジョワが攻撃され風刺の対象となるのは、七月革命後のこと、つまりルイ＝フィリップの体制が安定期に入って〈ギゾーの時代〉となり、排除された共和主義陣営と正統王朝派の側からの批判が強まってからのことである。あるいはまた「芸術のための芸術」の理論から高踏派への流れの中で、あるいはフロベールのレアリスムを通してブルジョワ的コンフォルミスムが唾棄され、「悪魔のレギオン（軍団）」、「マモンの使徒」としてブルジョワが毛嫌いされるようになってからのことである。要するに、『ロマンチスムの歴史』はゴーティエ自身の青春期の回想であって、到達点から整理され意味づけられた自分の過去の文学史的位置の確認作業なのである。したがって一八三〇年の時点での「エルナニ事件」は、古典派に対するロマン派の勝利ではあっても、必ずしもブルジョワの俗物に対する勝利とすべきものではないのであって、七月革命前夜の政治的・経済的・文化的、つまり全社会的リベラリスムの動きの中の一運動局面とだけ押えておくべきものと思われる。ブルジョワのリベラリスムこそが七月革命のエネルギー源だったはずなのだから。ユゴーも言っている、「芸術における自由《リベルテ》、社会における自由、これが、首尾一貫した論理的な精神のすべてが同じ歩調でめざすべき二重の目標である」（*Preface d'Hernani*）。

さてこの時代、新作は詩であれ劇作品であれ、サロンの親しい仲間の前などで朗読の形で「お披露目」されるのが普通だった。あるいはサロンの女主人の主催によって「お披露目」の場が企画されるのであった。ボードレールの語るバンヴィルの詩壇への登場もこのような機会を経てのことである。『エルナニ』もその前年九月末に自宅で約六〇名の客を前にして朗読会が催され、一〇月五日にはロマン主義に好意的だった王室派遣委員テロール男爵監督下の《テアトル＝フランセ》の委員会で正規座員を前にして朗読されている。旧来の発声法や文体に慣れ親しんでいる座員の抵抗、したがってそれに敏感に反応すると予想される観客への不安、稽古中から露骨に書き立てる新聞。そこでテロール男爵の提案もあって、〈さくら〉用の切符五〇枚ほどをユゴーが買い取って、それが熱烈なロマン派の若者に配布されたのである。

かくしてロマン派が勝利し、ロマン派の芸術活動が世を席巻する時、ロマン派を支援する新たな〈トゥ＝パリ〉が現れる。彼らは本来私的なサロンを根城にしている文化活動のメセナたちであり、社交界人なのだが、劇場などの公的な場に集団で姿を見せる時、これが〈トゥ＝パリ〉と呼ばれることになるのだった。

＊　＊　＊

本書『優雅な生活――〈トゥ＝パリ〉、パリ社交集団の成立』は、一八三〇年二月一五日のオペラ座の舞踏会、〈貧者のための舞踏会〉から筆が起こされている。なぜなら、国王を中心にした宮廷社会と国王に「紹介儀礼《プレザンタシオン》」を受けた貴族たち（外交団も含む）の織りなす社交生活が復古王政期の社交界であるとすれば、ブルジョワの「民主主義の女性たち」をも抱え込む七月王政の社交界はこの〈貧者のための舞踏会〉をもって世に現れた、と著者は考えるからである。形成期の新たなエリートたちを集めたこの日の慈善舞踏会は、シャルル一〇世の臨席なしに繰り広げられる。シャルル一〇世は主催者である寄せ集めの社交界の認知を拒絶することによって、宮廷とパリ市《ラ・ヴィル》の間の象徴的隔壁を守ろうとした、と著者は結論する。復古王政から七月王政への移行は、七月の〈栄光の三日〉の革命によるものではなくて、文化史的にはこの催しをもって画される。つまり、この時、古い〈社交界〉は君主の統治形式としての機能を停止したからである。ゴントー夫人の記憶に残る〈トゥ＝パリ〉、つまり「宮廷に紹介儀礼を受けたすべての人」（本書一二五頁）という復古王政期の〈トゥ＝パリ〉は、この日を境に少しずつ態度を変えて、何かにつけ〈七月の宮廷〉には背を向けて〈フォブール・サン＝ジェルマン〉に閉じこもろうとする。

復古王政期のリベラル派の政治家・政論家《ピュブリシスト》たちは、レミュザのような生粋の社交界人も含め、七月革命のシンボル、三色旗のもとに結集する。〈改正シャルト〉の遵守を宣誓したルイ＝フィリップは、「フランス人の王」となり、王権の神授権は否定され、国教カトリックは「フランス人の多数派の宗教」となる。選挙法は改正されて、有権者は二倍（二〇万人）、下院議員の半数はブルジョワ出身者である。貴族階級の下院議員は極端に減少し、貴族院議員の世襲制は廃止され、貴族の称号僭称の罪は刑法から除かれる。オノレ・ド・バルザックやジェラール・ド・ネルヴァルのように貴族姓の前の「ド」を付けた筆名が現れる。この時期の〈名士たち《ノターブル》〉とは、「フランス人の王の宮廷」にひしめく「群衆」、〈フォブール・サン＝ジェルマン〉の言葉でいえば「食料品屋」を抱え込むのである。そして、社交の場はサロンをはみ出して拡大する。立憲王政である七月王政が安定期に入ると、議会の傍聴席が格好の社交場となる。あるいは《アカデミー》の入会式や教会での説教が社交界人を引きつける。社交場はブルヴァールへ、カフェへ、競馬場へと広がって、そこで〈フォブール・サン＝ジェルマン〉の若者と新しいエリートたちが合流する。この産業革命期のブルジョワたちは金の力で余暇を手に入れる。彼らは貴族の文化を模倣し、貴族は金の魔力に魅せられて、徐々に新しい「優雅な生活」の型が生まれてくる。立憲王政の最高の名士は代議士であり、下院議会議長デュパンがいかに「品のない野卑な様子」をしていても、最高の名士である。またセーヌ県知事で貴族院議員であったランビュトー伯爵がいかに「由緒正しい貴族」であっても、そのサロンに出入りする者が成り上がりブルジョワであってみれば、「ランビュトーの騒々しい奴ら」と形容詞に使われてしまう（本書二七九頁）。フロベールの『ボヴァリー夫人』の主人公エンマが侯爵邸の舞踏会に招待され、そこで貴族相手のダンスの最中に官能の「めくるめき」に襲われ、これが彼女の転落の端緒となるのも、この侯爵が下院議員出馬の下心からブルジョワ層の支持を当てにせざるをえない時代情勢だったからである。七月の王政は通常「ブルジョワ王政」とされているが、実はブルジョワと貴族の共存の時代であった。本書『優雅な生活』ではその社会の上層部の具体的な様相（「優雅な生活」である社交生活）が整理され示されているが、それは「ブルジョワのメンタリティ」研究を自分の課題とする著者が、プルーストの時代まで生き続ける上流社交界の発生の原点をこの時代に見ているからである。半世紀後の一八八三年一一月二七日に、ゴンクールは『日記』に次のように書きつける。

今晩、著名な「パリの名士たち（トゥ＝パリ）」は招待公演でイタリア座に集まっている。さて、この集まりについての考察は結論として以下のごとくである。偉大なるフランス貴族社会は死んだ。もはやあるのは金融資本家と娼婦ないしは娼婦まがいの恰好の女たちである。見事に死に絶えたもの、それはたとえば昔のパリの社交界女性（ファム・デュ・モンド・パリジエンヌ）のタイプである。

（『ゴンクールの日記』六、山田・斉藤訳、角川書店、二一一頁、一九六六。ただし部分的に改訳した）

＊　＊　＊

王権を中心に秩序づけられた社交界は消えてゆく。シャルル一〇世は七月革命のあと国を出て、二度と帰ることはない。ベリー公爵の遺児で孫の王位継承者（長子系ブルボン＝正統）のシャンボール伯爵は、二月革命のあと一八五〇年にヘッセンのヴィースバーデンに主だった正統王朝派の党派員を集めてブルボン家の復古王政を画策し、またパリ・コミューンのあとの一八七三年に、時機到来とばかりにオルレアン家と交渉して王政主義者の大同団結を図り、密かにヴェルサイユに入って、「大統領マク＝マオンの腕に支えられて王位継承者として議会に登場したい」と要求するが、「三色旗ではなくブルボン家の白旗」に固執して頓挫、以後王政復活の夢は永久に消えてしまうのだった。

＊　＊　＊

昨年（二〇〇〇年）一一月初め、思い立って北イタリアの国境の町ゴリッツィアを訪問した。シャルル一〇世がここに小人数で亡命宮廷を構えていたのは、本書でも言及されている（三六一頁など）。当時この地はオーストリア領で、オーストリア帝国がその翼の下に入ることを許容していたからである。ドイツ語でゲルツという伯爵領は、中世以来ヴェネツィアの北に広がっていた土地で、その首都がこのゴリッツィアの町。今では半ば壊れた城（歴史博物館）の東側はスロヴェニアの領土で、スイス人建築家ル・コルビュジエの理論を適用して建設された新都市ノヴァ・ゴリカとなっている。この訪問の目的は、一八三六年にこの地でコレラで死んだというシャルル一〇世の墓に詣でることであった。カステッロ（城）の丘に登って真っ先に目に入るのは、東に覆いかぶさるイリリヤの山脈である。そしてその支脈として流れ下る向かい側の丘の先端に構える赤瓦白壁の細長い優美な建物が、めざすところのフランシスコ会のカスタンニャヴィッツァ修道院なのだった。といっても、博物館の売り場で私が修道院の名を告げて場所の案内を乞うた時にはこのやり取りが通じず、落胆して坂道を帰ってゆく私のあとを追いかけて「あれがカスタンニャヴィッツァだ」と指さして教えてくれたのは、居合わせていた客の一人ではあったのだが。

スロヴェニア領でもあり、改めて翌日タクシーで真っ直ぐに修道院に向かうことにした。しかし扉は固く閉ざされて開かない。タクシーの運転手を介して交渉したところ、三時にもう一度来いとのこと。昼食のあと、今度は一人徒歩で山を登る。山道に沿う民家の庭の柿の実が赤く色づき、美しい。修道院へと続くさらに細い樹下の道をたどって敷地内に入ると、放し飼いにされた巨大なシェパードにつきまとわれる。待つこと一時間、やっと扉が開かれた。地下墳墓《クリプト》に案内されたが、英語もフランス語も通じず、あきらめられて放任となる。幅一メートルほどの羨道《えんどう》にもぐり込むと、その一〇メートルほど先に広さ一〇畳、高さ三メートルぐらいの岩窟の部屋があった。中央に小さな祭壇があり、淡い白熱灯に照らされて左右三基ずつの石棺が並んでいる。肩を寄せ合って窮屈そうである。右側の中央にシャルル一〇世、その奥に長男アングレーム公爵、手前に〈タンプルの孤児〉で、ルイ一六世の生き延びた唯一の娘アングレーム公爵夫人。左側は中央にアンリ五世つまりシャンボール伯爵、その奥がベリー公爵の長女でシャンボール伯爵の姉パルマ公爵夫人、手前がシャンボール伯爵夫人つまりハプスブルク＝エステ大公（マリア＝テレジアの息子）の孫娘、フランスでの呼称に従えばモデナのマリー＝テレーズである。修道院の小さなパンフレットによると、ただ一人残されたこのシャンボール伯爵夫人の尽力によって、ここにフランス・ブルボン王家の最後の一族の遺骸が集められたとのことである。それにしても一六世紀のアンリ四世以来の長子系ブルボン家の終焉の地が、このスロヴェニアの辺境であるとは。ついでながら記せば、シャンボール伯爵アンリ五世には世継ぎはいない。四世が創始した王朝は、五世が王位につかなかったのだから、同名の王はついに現れなかったということである。この王家の石室に入る手前の右側の羨道が穿たれ、そこにシャルル一〇世の亡命生活に最後まで付き従ったブラカース公爵の石棺が納められている。彼は大革命直後から亡命生活を共にし、またナポリ大使としてベリー公爵の結婚（一八一六年）を仲立ちし、復古王政期の王室長官を務めた忠臣だった。また、その向かいにも小さな龕《がん》があって、そこにシャルル一〇世の粗末な砂岩の墓碑が置かれている。これはおそらく逝去当時のものなのだろう。彫り込まれた文字はほとんど消えかかっている。

＊　＊　＊

本書の原題は Anne MARTIN-FUGIER : *La vie élégante, ou la formation du Tout-Paris, 1815–1848*, Fayard,1990 である。しかし、これにはかなりの個所について正誤表がのちに発表され、それらすべてを訂正して出たのが、叢書《Points》の〈Histoire〉部に入った同名の本である。したがって、この訳書は後者を底本にしている。なお付言すれば、一九九六年にパリで著者と会った時、さらに二個所の訂正を受けている。この翻訳は一九九二年秋に取りかかっているから、およそ九年間の仕事となった。当時鎌倉市に在住していた友人たちで引き受け開始したのだった。訳者の分担部分を明示すれば、以下の通りである。

序　章～第二章…………八木明美
第三章～第四章、索引…………八木　淳
第五章～第九章…………前田清子
第一〇章～最終章…………矢野道子

その他、語句・文章の統一・修正、訳注・割注・原注の部分訳、および原書にはない年表・地図・家系譜の作成、各扉図版、〈訳者あとがき〉は前田祝一が担当した。

最後に、この訳書の完成のために長い間助言を惜しまず、努力していただいた新評論の山田洋氏に心から感謝いたします。余談ながら一言、〈カスタンニャヴィッツァ〉修道院の図書室はスロヴェニア史に関する国家的宝庫であるという。

前田祝一

二〇〇一年三月二六日

挿絵・写真出典一覧

口　絵　Saint-Amannd, Imbert de : *La Cour de Charles X,* (Dentu), 1892, p.205

序　章　Bouteron, Marcel : *Danse et Musique romantiques,* (Le Goupy), 1927, p. 15

第一章　Saint-Amand, I. de : *Ibid.,* 口絵

第二章　Dayot, Armand : *Journées révolutionnaires 1830–1848,* (Flammarion), s. d.,〈1848〉, p.7

第三章　Grand-Carteret, John : *XIXe Siècle en France, Classes-Moeurs-Usages-Costumes-Inventions,* (Firmin-Didot), 1893, p. 253

第四章　Bouteron, M. : *Ibid.,* p. 125

第五章　Grand-Carteret, J. : *Ibid.,* p. 287

第六章　Dayot, A. : *Ibid.,* 〈1848〉, p. 21

第七章　Dayot, A. : *Ibid.,* 〈1830〉, p. 92

第八章　Vigier, Philippe : *Paris pendant la Monarchie de Juillet,* (Hachette), 1991, p. 403

第九章　Dayot, A. : *La Restauration, Louis XVIII et Charles X,* (Flammarion), s. d., p. 132

第一一章　Bouteron, M. : *Ibid.,* p. 31

第一二章　Alméras, Henri de : *La vie parisienne sous le règne de Louis-Philippe,* (A. Michel), s. d., p. 301

終　章　撮影者：前田祝一（2000. 11. 1）

《第二ブルボン家》の家系譜

《第二ブルボン家》

ルイ14世（1638～1715）
「フランスとナヴァールの王」（1643～1715）
＋
マリー＝テレーズ・ドートリッシュ

ルイ15世（1710～1774）
アンジュー公爵
王太子（1712～1715）
「フランスとナヴァールの王」（1715～1774）
＋
マリー＝レクザンスカ

ルイ（1729～1765）
王太子
＋
1)マリー＝テレーズ・デスパーニュ
2)マリー＝ジョゼーフ・ド・サクス

ルイ16世（1754～1793），ルイ・オーギュスト
ベリー公爵
王太子（1765～1774）
「フランスとナヴァールの王」（1774～1791）
「フランス人の王」（1791～1792）
＋
マリー＝アントワネット・ドートリッシュ

マリー＝テレーズ＝シャルロット（1778～1851）
〈マダム・ロワイヤル〉
＋
ルイ＝アントワーヌ
アングレーム公爵

ルイ＝ジョゼフ
（1781～1789）
王太子

ルイ〈17〉世
（1785～1795）
ノルマンディー公爵
王太子（1789～1793）
〈形だけの王〉（1793～1795）

ソフィー＝エレーヌ＝ベアトリス
（1786～1787）

ルイ18世（1755～1824）
プロヴァンス伯爵
〈形だけの王〉（1795～1814）
「フランスの王」（1814～1815，1815～1824）
＋
ルイーズ＝マリー・ド・サルデーニュ＝サヴォワ

シャルル10世（1757～1836）
アルトワ伯爵
「フランスの王」（1824～1830）
＋
マリー＝テレーズ・ド・サルデーニュ＝サヴォワ

ルイ＝アントワーヌ（1775～1844）
アングレーム公爵
＋
マリー＝テレーズ＝シャルロット
〈マダム・ロワイヤル〉

シャルル＝フェルディナン（1778～1820）
ベリー公爵
＋
マリー＝カロリーヌ・ド・ブルボン＝シシール

ルイーズ＝マリー＝テレーズ（1819～1864）
＋
ブルボン＝パルム家のシャルル3世

アンリ〈5〉世（1820～1883）
ボルドー公爵
シャンボール伯爵
＋
マリー＝ルイーズ＝テレーズ・ド・モデーヌ

フィリップ1世（1640～1701）
オルレアン公爵
＋
1)アンリエット・ダングルテール
2)シャルロット，パラティナ大公女

《第三オルレアン家》（次頁の家系譜）

（注1）「　」は王位、〈　〉は通称、＋は婚姻関係を示す。称号は1字下げ。

《第三オルレアン家》の家系譜

《第三オルレアン家》

フィリップ1世（1640～1701）
　オルレアン公爵（1660～1701）
＋
1）（1661）アンリエット・アンヌ
　イギリス王チャールズ1世の娘（～1670）
2）（1671）シャルロット・エリザベート
　パラティナ選帝侯シャルル・ルイの娘（～1722）

ルイ・フィリップ・ジョゼフ〈フイリップ平等公〉（1747～1793）
　オルレアン公爵（1785～1793）
　モンパンシエ公爵（1785～1793）
＋（1769）
アデライード・ド・ブルボン
　パンティエーヴル公爵ジャンの娘（1792結婚解消，～1821）

ルイーズ・マリー・テレーズ・バティルド（1750～1822）
＋（1770）
ルイ・アンリ・ジョゼフ（～1830）
　ブルボン公爵
　コンデ大公

ルイ＝フィリップ（1773～1850）
　オルレアン公爵（1793～1830）
　モンパンシエ公爵（1807～1830）
「フランス人の王」（1830～1848）
＋（1809）
マリー＝アメリー
　両シチリア王フェルディナンド1世の娘（～1866）

アントワーヌ（1775～1807）
　モンパンシエ公爵（1793～1807）

アデライード（1777～1847）

ルイ・シャルル（1779～1808）
　ボジョレ伯爵

フェルディナン＝フィリップ
(1810～1842)
　王太子
　オルレアン公爵
　(1830～1842)
＋（1837）
エレーヌ
　メークレンブルク＝
　シュヴェーリン大公フリ
　ードリヒの娘（～1858）

ルイーズ
(1812～1850)
＋（1832）
レオポルド1世
「ベルギー人の王」
(～1865)

マリー
(1813～1839)
＋（1837）
アレクサンダー
　ヴュルテンヴ
　ェルク公爵
　(～1881)

ルイ
(1814～1896)
　ヌムール公爵
＋（1840）
ヴィクトワール
　ザクセン＝コー
　ブルク＝ゴータ
　大公フェルディ
　ナントの娘
　(～1857)

クレマンティーヌ
(1817～1907)
＋（1843）
アウグスト
　ザクセン＝コー
　ブルク＝ゴータ
　大公（～1881）

フランソワ
(1818～1900)
　ジョワンヴィル大公
＋（1843）
フランソワーズ
　ブラジル皇帝ペドロ2世の妹
　(～1898)

シャルル
(1820～1828)
　パンティエーヴル
　公爵

アンリ
(1822～1897)
　オマール公爵
＋（1844）
カロリーヌ
　両シチリア王家のレ
　オポルド［マリー＝
　アメリーの弟］の娘
　(～1869)

アントワーヌ
(1824～1890)
　モンパンシエ公爵
　(1830～1890)
　スペイン親王
＋（1846）
ルイーズ
　スペイン王フェルナ
　ンド7世の娘
　(～1897)

（注1）「　」は王位、〈　〉は通称、＋は婚姻関係を示す。称号は1字下げ。
（注2）『第三オルレアン家』はアンリ4世以前の称号の継承をどう見るかによって『第四オルレアン家』ともいう。

	係があり、社交界の大きな話題となる。
8.28	〈シェークス〉Chaix 版列車時刻表が初めて発売される。
9. 4	『プレス』紙が〈マリノニ輪転機〉la rotative de Marinoni を使用し始める。1時間に8000部の印刷が可能。
9.19	7年来スルト元帥のもとで外務大臣を務めていたギゾーが、（事実上はフランスのかじ取りをしてきたのだが）この日やっと首相に任命される。
9.27	ナポレオンの末弟ジェローム Jérôme Bonaparte のフランスへの帰還を、ルイ＝フィリップが許可する。
11. 7	リールでの反対派の〈宴会〉の席で、急進派 radical の指導者ルドリュ＝ロランが伝統の国王への乾杯を拒否したため、リベラル左派のリーダーのバローは退席する。こうして〈王朝リベラル派〉libéraux dynastiques と共和派の対立が鮮明になる。
11.27	アルフレッド・ド・ミュッセが1837年に『ルヴュ・デ・ドゥ・モンド』誌に発表していた一幕喜劇『気まぐれ』《Un caprice》は、やっとこの日〈テアトル＝フランセ〉で上演され大成功。
12.23	アブドゥル・カーディルがラモルシエール将軍に降伏し、アルジェリア平和政策の重要な第一歩となる。
12.25	「料理と政治は相性がよい」とは、ギゾー保守政府に反対する者たちの言。この日ルーアンで、リベラル左派つまり〈王朝左派〉gauche dynastique の指導者オディロン・バローは、1800名のリベラル派と共和主義者が会食する大〈宴会〉を司会し、全国で〈改革〉への讃歌を歌い続けて、選挙税の引き下げを要求してきた70回にのぼる〈宴会〉キャンペーンの幕を引いた。ある狂信者が「今やあなたはわれわれのメシヤです」と、彼に書き送ったという。
——	技師で建築家のフランソワ・コワニェ François Coignet が、型枠に流したセメント・コンクリートで初めての建物を作る。
——	17世紀末からの有名な死刑執行人の一家サンソン Sanson 家の最後の後継者ルイ Louis が罷免される。理由は、死刑執行の直前になってもギロチンが見つからず、無理に白状させたところ、賭の莫大な借金のため債権者に差し押さえられていたからというもの。

［主な参考資料］

1. *La Chronique de la France,* (Éditions Chronique), 1987.
2. *Annuaire historique universel,* rédigé par C.-L. Lesur, 1 volume pour chaque année, (1818–1847), 30 vols, (Thoisnier Desplaces), Paris.
3. *La France de 1815 à 1848,* par Jean-Claude Caron, (Armand Colin), 1993.

3.—	リール Lille で精製工コルブ・ベルナール Kolb Bernard と製糸工場主スクリーヴ Scrive が共済組合 association de prévoyance を設立し、救援物資を失業者に配ったが、この市の住民７万6000に対して２万9000名が生活扶助を必要とする困窮者。
4.21	議員職と公務員職の兼職を禁止するという、中道左派レミュザ伯爵 comte de Rémusat の議会改革の提案（議員の40%は国家から俸給を受ける官吏で、利益誘導型の選挙を制してギゾー政府を支える多数派を構成していた）を、170対219で否決する。
5. 5	兵士兼農民の植民地建設という計画が下院で否決され、アルジェリア総督の地位を追われたビュジョー元帥の後任は、軍人色のあまり強くない国王の第五男オマール公爵となる。これは植民地での平和共存政策への転換が望まれたもの。
5. 9	エティエンヌ・カベが彼の新聞『ポピュレール』《le Popuraire》に、アメリカ合衆国に〈イカリアン〉icariens の共産主義コロニーを建設しようというアピール、「イカリーに行こう」を発表。
5.—	ノール県ドゥエ Douai の近くで炭層の発見、ただちに採掘が始まる。
5.—	ノルマンディーのカーン地方では小麦100リットルが46フラン、昨年の５月は22フラン。
6.28	セーヌ県知事ランビュトーは、青の磁器板に白の数字で示すようにと、通りの番地付けの刷新を命ずる。
7. 8	貴族院法廷で２人の元大臣ジャン＝バティスト・テスト検事 procureur Jean-Baptiste Teste とルイ・ド・キュビエール将軍 général Louis de Cubières の裁判が始まる。前者が公共土木事業大臣の時、鉱山の認可状交付の見返りとして、陸軍大臣の後者から９万4000フランの賄賂を受け取ったというもの（1843年）。以上の自白のあと、テストは監房で自殺を図ったが未遂。
7. 9	パニェール出版社 éditeur Pagnerre が主催した〈宴会〉banquet に、リベラルの野党議員デュヴェルジエ・ド・オーランヌとオディロン・バロ Odilon Barrot、穏健共和主義者で〈運動派〉のピエール・トマ・マリー Pierre Thomas Marie が参加。スルト＝ギゾー内閣に圧力をかけて選挙改革を実現させようという〈宴会〉によるキャンペーン戦術を始動させる。
7.18	よき共和主義者ラマルティーヌは、３月から６月にかけて出版した『ジロンド党史』《Histoire des Girondins》（8 vols）の大成功を祝って、郷里のマコン Mâcon 市民が催した〈宴会〉に出席し、激しい妨害に抗して発言する。この書は題名にもかかわらず、孤高のロベスピエールやモンターニュ派の勇気と大胆さを称えたもの。
7.31	ノルマンディーのリジウー Lisieux で、仕事のない織維労働者がパン屋を襲って略奪。17名が２年から７年の禁固刑に処せられる。
8.24	妻殺しで逮捕されていた貴族院議員ショワズール＝プララン公爵 duc de Choiseul-Praslin が、獄中で砒素をあおり自殺。17日に殺害された夫人はセバスチアーニ元帥の一人娘で、上流社会にさまざまな縁戚関

——	歴史家ジュール・ミシュレ Jules Michelet が『民衆』《Le Peuple》を出版。これは、彼が〈コレージュ・ド・フランス〉での講義として予定していた一連の『国民教育講義』《cours d'éducation nationale》の最初のもの。
1847	
1.14	ベリー地方 Berry アンドル県 Indre ビュザンセー Buzançais の町で、深刻な飢饉のため暴動が発生。暴徒は町を離れる3台の小麦の荷車を襲撃、さらに小麦粉を高値で売っていた粉挽き業者の水車場を襲い、水車や堰板を破壊し、住居に侵入して7000フランの入っていた金庫を略奪、皆で分配する。
1.28	去年の秋以来猖獗をきわめている飢饉への対策として、穀物の輸入を容易にするための法律を下院が成立させる。
2. 5	アレクサンドル・デュマ・フィス Alexandre Dumas fils の小説『椿姫』《La Dame aux Camélias》(1848年)に想を与えた、〈裏社交界〉demi-monde の貴婦人マリー・デュプレシ Marie Duplessis の葬儀。ノルマンディーの農民の娘として生まれた彼女は、パリの学生街 quartier Latin で尻軽な町娘 grisette の生活を送り、その後肺結核の治療と金稼ぎのため出かけたドイツの温泉場でロシアの老外交官と出会い、その養女となり、自由な生活を許されてパリに舞い戻り、マドレーヌ大通りのアパルトマンに居を構えて時代の寵児や若い芸術家を迎え、奔放な社交生活を送っていた。新聞はその「ニンフの体つき、ヴェネツィア風の眼、悪徳生活におけるそのエレガンスと威厳」を称え、マドレーヌ寺院でのこの日の葬儀では、さる伯爵夫人の冠をあしらった幔幕を張りめぐらして、この23歳の若さの「パリでもっとも美しい肉体」の喪失を、共に悲しみ惜しんだという。
2. 8	ミシュレが『フランス革命史』の第1巻を出版。
2.20	アレクサンドル・デュマが自分の〈歴史劇場〉Théâtre-Historique をタンプル大通りに作る。この日のこけら落としの作品『王妃マルゴ』《La Reine Margot》に、開演24時間前から列ができる。この劇場は1849年に閉鎖。
2.—	ノール県の羊毛産業の町ルベー Roubaix では、1万3000の労働者のうち8000名が不況で失業中。
2.—	彫刻家オーギュスト・クレザンジェ Auguste Clésinger が〈ル・サロン〉展に『蛇に嚙まれた女』《La Femme piquée par un serpent》を出品。観衆はその大胆な女体表現を非難しつつも、公開された肉体の魅力を楽しみに多数押し寄せる。モデルはボードレールの愛人で、芸術家たちの守護女神だったサバティエ夫人 Mme Sabatier。彫刻家はその体から直接鋳型をとったらしい。
3.20	ルーアン〜ル・アーヴル Rouen—Le Havre 間の鉄道の開通式。
3.26	選挙税を200フランから100フランに下げて有権者を増やそうという、中道左派の議員デュヴェルジエ・ド・オーランヌ Duvergier de Hauranne 提案の選挙法は、252対154で否決される。

8. 8	ジョルジュ・サンドが小説『魔の沼』《La Mare au diable》を発表。公的活動や社交生活を捨て、ノアン Nohant に引退後の作品。
8.27	弑逆者ジョゼフ・アンリに貴族院法廷は終身懲役刑の判決を下す。
8.31	天文学者ル・ヴェリエ Le Verrier が数学上の計算で海王星の存在を証明。ドイツの天文学者ヨーハン・ガレ Johann Galle が9月23日にこれを発見。
9.11	アテネにフランス人学校を設立。毎年数名の教授資格を得た高等師範学校生をそこに派遣し、ヨーロッパ文明の発祥の地でじかにギリシャ研究の専門家を養成しようというもの。着想は公教育大臣サルバンディが、あるサロンでサント＝ブーヴと富裕なギリシャ女性の間の会話を小耳にはさんだことからきたらしい。
9.30	（～10月3日）フォブール・サン＝タントワーヌでの労働者の暴動。軍隊が出動して鎮圧。パンの値上がりがきっかけとのこと。
10.10	フランス外交団の影響力によって、スペイン女王イサベル2世 Isabelle II は、ナポリ・ブルボン家のいとこのカディス公爵フランシスコ・デ・アシス duc de Cadix, François d'Assise と結婚。同時にイサベル2世の妹ルイサ Luisa がルイ＝フィリップの末子モンパンシエ公爵 Duc de Montpensier と結婚。これはイサベルの結婚相手としてザクセン＝コーブルク家の王子を立てて交渉していたイギリス外交の失敗を意味し、数年来のギゾーの英仏間平和外交は急速に冷え込むことになる。
10.15	社会主義思想家プルードンが『貧困の哲学』《Philosophie de la misère》を出版。ほどなくしてマルクスが『哲学の貧困』《Misère de la philosophie》で答える。
10.23	ロワール河の大増水で流域各県の堤防が決壊し、この日トゥール Tours は水びたしとなる。
11.11	外務大臣ギゾーはオーストリアによるポーランドのクラクフ共和国 la république de Cracovie の一方的併合に抗議せず。対イギリス関係の変化の結果、保守の列強国の支持を求めていたゆえに。
11.15	ドラクロワがリュクサンブール宮殿のフレスコ画を完成する。
11.20	小麦とジャガイモの不作によって農産物の価格が高騰し、トゥレーヌ Touraine 地方で暴動が起きる。
12. 6	人影もまばらな〈オペラ＝コミック座〉で、ベルリオーズの『ファウストの劫罰』《la Damnation de Faust》の初演。この壮大な伝説歌劇 légende dramatique は、ジェラール・ド・ネルヴァルの1828年の仏訳出版の直後に作曲した『ファウストの八場』《Huits scènes de Faust》以来、想を温めて完成させた自信の大作だったが、パリのブルジョワたちは雪のせいとか、夜盗の襲撃を口実に自宅を離れなかった。大オーケストラとコーラス隊の支払いのために、ベルリオーズは1万フラン以上の借金を背負い込み、「ロシアへ行けば15万フランは稼げるよ」とのバルザックの言葉に励まされ、厳寒の地に立ち向かうための毛皮付きコートも贈られて、旅の準備を始めるのだった。
——	人口調査の結果、フランスの人口は3540万人。

	しるしなどとする当局に抗議して、それは同郷人の習俗 mœurs の純粋さを保証するものであり、小学校にフランス語を強制することは文化破壊 vandalisme 以外の何ものでもないと主張する。
１８４６	
1. 4	サント＝クロティルド教会 Sainte-Clotilde のオルガン奏者で、23歳のセザール・フランクが、聖譚曲 oratorio『ルツ』《Ruth》を作曲。
1. 8	1840年のティエール内閣の内務大臣で、カント哲学者のシャルル・ド・レミュザ Charles de Rémusat がロワイエ＝コラール Royer-Collard の後任として〈アカデミー・フランセーズ〉に選ばれる。前年に『アベラール』《Abailard, 2 vol》、『ドイツ哲学について』《Sur la philosophie allemande, 2 vol》を出版していた。
1.29	〈アカデミー・フランセーズ〉の入会式において、ヴィニーは慣例の国王賛辞を捧げなかったので、歓迎演説を引き受けたモレの侮辱的な応答を受ける。
3. 3	〈動物愛護協会〉Société protectrice des animaux の設立。
3.15	２月にポーランドのガリシア地方で起きた暴動を支援するため、〈ポーランド独立のための委員会〉がパリに創設される。
3.21	アドルフ・サックス Adolphe Sax が管楽器の特許を取り、自分の名前からサキソフォーンと命名する。
4. 5	実証哲学者オーギュスト・コントに守護女神のように崇められ、熱愛されていたクロティルド・ド・ヴォー Clotilde de Vaux が、結核のため彼の腕の中で死去。
4.16	元〈フォンテーヌブローの森〉警備隊員ピエール・ルコント Pierre Lecomte が、その森を散策用ベンチ馬車で通行中のルイ＝フィリップを狙撃。２発の銃弾は馬車の縁をかすっただけだった。
4.24	アブドゥル・カーディルに捕まっていたフランス人捕虜が処刑される。
5. 6	11歳のカミーユ・サン＝サーンスが、〈プレイエル・ホール〉で初めてのコンサートを開く。
5.25	終身刑でピカルディー地方のアム Ham の城に収監されていたルイ・ナポレオンが、工事中の石工姿に変装して脱走。
6. 8	６月８日に弑逆罪の判決を受けたピエール・ルコントが処刑される。
7. 8	アラス Arras 近くの村で〈北部鉄道〉の列車の脱線事故。いくつかの客車が線路脇の泥炭地に突っ込み、14人が溺死。
7.25	ナポレオンの弟で元オランダ王のルイ・ボナパルトが、イタリアのトスカナ地方の港町リヴォルノ Livourne で死亡。その息子のルイ・ナポレオンがボナパルティストたちの正式の帝位継承者となる。
7.29	テュイルリー宮殿のバルコニーにいた国王がピストルで狙撃される。犯人は磨き鋼製品の製造業者のジョゼフ・アンリ Joseph Henry で、家族の不幸や商売の不振で精神に異常をきたしていたとのこと。
8. 1	立法府選挙で、権力の座にいる保守中道派が絶対過半数の290議席を獲得。野党のリベラル派は中道左派と王朝左派で190議席。また正統王朝派と急進共和派はそれぞれ16議席と12議席で、大敗北。

	上が、フランス軍の追求を逃れて洞窟に逃げ込み、抵抗。ビュジョーの命令で煙責めにあい、2日後に女・子供も含めて全員窒息死体で発見される。この忌まわしいニュースに国内は騒然となり、新聞や議会は軍人のやり方に憤りを示す。
7. 5	この日の夜明けにパサージュ・サン＝ロックに急行した警察署長は、ヴィクトール・ユゴーと金髪女性を姦通罪現行犯で逮捕。ユゴーは議員特権を行使して罪を逃れ、不運な女性はサン＝ラザール監獄に2カ月間収監される。
7. 5	ジョルジュ・サンドが『アンジボーの粉屋』《Le Meunier d'Angibault》を出版。これは、キリスト教的慈悲に代わって人間の連帯を説くピエール・ルルーの影響下に書かれた小説で、彼女の社会主義陣営への移行を明確にしたもの。
7.13	《コレージュ・ド・フランス》の評議会は、教授たちがあらかじめ出した教育プログラムを忠実に実行し、教育的立場を逸脱して自分の講座を政治的演壇に変えることのないようにと決議する。これはミシュレ、キネらの〈イエズス会攻撃〉を封じ込めようとする、公教育大臣サルヴァンディの干渉によるもの。
7.—	外務大臣ギゾーは、学生たちを熱狂させていたキネの講義を中止させる一方で、〈宗教結社〉に敵対していた議会に配慮して、〈イエズス会〉経営のコレージュの閉鎖について教皇グレゴリウス16世と交渉、閉鎖命令を取りつける。
9. 8	ヴィクトリア女王が2度目のルイ＝フィリップ訪問を行う。前回と同じくユー城で。
9.20	パリ〜ベルギー間のさまざまな鉄道認可会社を1つにして、〈北部鉄道会社〉Compagnie des chemins de fer du Nord が設立される。
10. 9	若きエルネスト・ルナン Ernest Renan は信仰を失い、司祭職への道を捨て、サン＝シュルピス神学校を去る。
11.13	〈東部鉄道会社〉Compagnie des chemins de fer de l'Est の設立。
11.20	英仏海軍はアルゼンチンの独裁者ロサス Rosas の艦隊を壊滅させる。在外自国民の迫害を理由にして。
12.21	パリ〜リヨン線の鉄道の認可。
12.22	数カ月来、サン＝ルイ島のピモダン館 hôtel Pimodin ではハシッシュ・パーティーが行われていたが、この夜のお客はオノレ・ド・バルザック。このインド大麻の二次製品は緑色のドロップ状の練り物として賞味される。クラブの会長はテオフィル・ゴーティエ、会員にシャルル・ボードレールなど。
——	フランスで最初の電信機の実験、パリ〜ヴェルサイユ間で。
——	王妃マリー＝アメリーはグロ＝カイユー Gros-Caillou 地区（オルセー河岸と大学通りの間）のマニュファクチャーで、初めて紙巻き煙草を巻かせ、それをグアドループ島の被災者のための慈善バザーで売らせる。これが国営煙草生産の始まり。
——	ベルザンス子爵 vicomte de Belsunce がバスク語を擁護。方言は野蛮の

	年の出版」という新たな条件を背負わされて、シャトーブリアンは文章を見直し、「過去を切り刻む」屈辱の作業を、1848年の死の直前まで続けることになる。
10. 8	ルイ＝フィリップがウインザー城にヴィクトリア女王を訪問する。
11.25	パリ～ストラスブール間の鉄道の営業権の割り当てが行われる。これは10月9日のオルレアン～ボルドー間、10月16日のアミアン～ブローニュ間の割り当てに引き続いたもので、鉄道網の発展を裏づけるもの。
12. 8	作曲家フェリシアン・ダヴィッド Félicien David が、自分の東方旅行の印象を音にした交響曲『砂漠』《Le Désert》で成功する。
——	アレクサンドル・デュマがオーギュスト・マケの協力を得て書き上げた『三銃士』《Les Trois Mousquetaires》が、驚異的な成功を収める。
1845	
1.27	議会は、タヒチから追放されたイギリス領事プリチャードへの補償を決め、両国間の協調の維持を図る。
1.25	カール・マルクスは24時間以内にフランスを離れなければならない。プロシャ大使の圧力により、政府はパリにいるこれらドイツ人革命家の活動を押さえ込もうとする。マルクスは、両国の急進的インテリの連帯を目的とする『独仏年報』発刊に参加するため、妻とともに前年の秋以来パリに来ていた。
2. 1	〈教育の自由〉問題で妥協点を見出せなかったヴィルマンに代わって、宗教教育の重要性を力説するモンタランベールの立場に近いサルヴァンディ伯爵 comte de Salvandy が、公教育大臣となる。中等教育をめぐる〈ユニヴェルシテ〉l'Université と〈教会〉l'Église の対立は、一方に『ユニヴェール』紙や宗教結社 Congrégations や正統王朝派（アンリ5世派）が加担し、他方に大学人（クザン、キネ Quinet、ミシュレ Michelet）と左派の議員たちおよび共和派の新聞が団結して、今や社会内で対立している2大勢力のイデオロギー闘争の様相を帯びてくる。
4.13	ルイ＝フィリップはヴィクトール・ユゴーをフランス貴族院議員に任命する。
4.15	アルジェリアは、陸軍省の排他的権限下に置かれ、アルジェ・オラン・コンスタンティーヌの3州に分割される。
5. 5	フランス巡業中のアメリカ人〈親指トム〉Tom Pouce が、国王ルイ＝フィリップに拝謁する。
5. 8	詩人アルフレッド・ド・ヴィニーが《アカデミー・フランセーズ》会員に選ばれる。
6.15	リムザン地方で、共有地の分割と売却に反対して激しい農民暴動が起こる。共有地は貧しい農民にとって無視できない副収入の源だった。
6.30	まだ無名の若き詩人ボードレールは、愛人のジャンヌ・デュヴァル Jeanne Duval を連れてリシュリュー通りのキャバレーにいたが、突然短剣で自分の胸を刺し、自殺を企てる。
6.—	アルジェリアで、イスラム教隠者 marabouts に指導された叛徒500名以

3. 3	タヒチのイギリス領事で宣教師のプリチャード牧師が、反フランス蜂起の煽動のかどで追放される。
4.12	国民レヴェルでは職業を越え、世界レヴェルでは祖国を越えた労働者の団結を訴え、女性の解放・奴隷制の廃止を主張して前年に『労働者の団結』《L'Union ouvrière》を出版したフロラ・トリスタン Flora Tristan が、この著書の名を冠した団体を現実に組織するために、〈フランスめぐり〉le Tour de France のプロパガンダの旅を開始する。そして旅の途中のボルドーで11月14日に、人々の無関心と警察の規制に疲れ果てて死去。
5. 4	哲学者ヴィクトール・クザンは、貴族院で公教育大臣ヴィルマンの提出した〈教育の自由〉法案に反対し、〈ユニヴェルシテ〉l'Université を擁護する。
5.—	ルイ＝フィリップの五男オマール公爵の所有するシャンティイ Chantilly の城で、競馬が催される。10年来、〈パリの名士たち〉Tout-Paris はこのシーズンに競馬よりも野遊びが目的で、ここで１週間を過ごす。
6. 3	オーストリアのゴリッツィア（今はイタリアの都市）で、シャルル10世の長男アングレーム公爵（1830年８月２日に束の間のルイ19世）が死去。この地のランシスコ会の修道院にはシャルル10世、シャンボール伯爵、一族の女性たちの墓がある。
6.19	ビュジョー元帥がモロッコに侵攻し、ウジダ Oujda を占領。
6.—	『コンスティテュショネル』紙がウジェーヌ・シューの小説『さまよえるユダヤ人』《Le Juif errant》を連載する。
7.—	ルイ・ナポレオン・ボナパルトが、サン＝シモン主義に影響された本『貧困の絶滅』《L'Extinction du paupérisme》を完成。
8. 4	公教育大臣ヴィルマンは私立学校が〈ユニヴェルシテ〉に納めていた納付金を廃止する法案を採択させる。〈教育の自由〉への第一歩。
8. 6	アルジェリアの族長アブドゥル・カーディルへの援助を断念させるため、モロッコのタンジール Tanger をジョワンヴィル大公指揮の艦隊が砲撃。
8.14	ウジダ近郊の〈イスリー Isly の戦い〉でビュジョー元帥が決定的に勝利。また西海岸の重要な港モガドール Mogador をジョワンヴィル大公が占領（15日）したことなどにより、モロッコはアブドゥル・カーディルへの援助を断念してフランスと和平条約を結ぶ（９月10日）。
8.—	人気の彫刻家プラディエ James Pradier は、ルイ＝フィリップから注文され、完成させたばかりのオルレアン公爵の彫像を質屋に入れる。男遊びをする若い妻の浪費に稼ぎが追いつかなかったためである。
9.—	シャトーブリアンの4074頁にも及ぶ『墓の彼方からの回想』《Mémoires d'outre-tombe》の版権が『プレス』紙のエミール・ド・ジラルダンに売られる。1841年に完成していたこの回想録は、すでに1836年に未完のまま、友人や崇拝者の作った会社に「死後50年で出版、25万フラン、１万2000フランの年金」の条件で版権が売られていたが、金に困った株主たちが転売したもの。「墓を抵当」に取られ、「死と同

7.—	カトリック陣営に〈教育の自由防衛委員会〉が作られる。モンタランベール伯爵 comte de Montalembert に励まされ、『ユニヴェール』紙に支持されたもの。
8.26	共和派の新聞『レフォルム』《la Réforme》の創刊。急進派のルドリュ＝ロラン Ledru-Rollin や社会主義者のルイ・ブラン Louis Blanc らに鼓舞されて、穏健共和主義の『ナシオナル』紙に対抗する。
8.27	イギリスでジョン・ステュアート・ミル John Stuart Mill が、〈エコール・ポリテクニック〉にも〈コレージュ・ド・フランス〉にも教授職を得られなかったオーギュスト・コントのために募金活動をする。
9. 2	若く魅力的なイギリスの女王ヴィクトリアが、両国の相互理解を深めるため、この日王家のヨットでノルマンディーのル・トレポール Le Tréport の港に到着、近くのユー城 château d'Eu［かつてのギーズ家の城］でフランス王家総出の歓迎を受ける。植民地問題などでぎくしゃくしている両国の外交政策については、同行の外務大臣アバーディーン Aberdeen 卿とギゾーの間で会談が行なわれ、一行は9月7日にこの地を離れて帰国。
9. 9	ヴィクトール・ユゴーはジュリエット・ドルゥエとの旅の途中で、愛娘レオポルディーヌが5日前にセーヌ川で溺死していたことを新聞で知り、悲嘆にくれる。
11.11	サント＝ブーヴがアデール・ユゴーとの恋愛の顚末を、『愛の書』《Le Livre d'amour》と題して数部（非売品）発表する。
11.16	娼婦と娼家を登録させ、規則で統制する。たとえば制服姿の軍人を受け入れない、など。
11.—	ドストエフスキーがバルザックの『ウジェニー・グランデ』をロシア語に翻訳する。
11.—	ソシエテ諸島に派遣されていたデュプティ＝トワール准将は、タヒチの女王ポマレ4世を解任し、島を併合する。その理由は、女王がイギリス人宣教師プリチャードの言を入れて前年の保護条約を破棄したから、というもの。太平洋における英仏間の緊張が高まる。
12.—	正統ブルボン家の王位継承者ボルドー公爵（＝シャンボール伯爵）アンリに会おうとロンドンに出かけた議員たち（数千名の正統王朝派を同行させて、ベルグレイヴ・スクウェアで大騒ぎをした）を、議会が弾劾する。
——	1839年の〈四季協会〉の蜂起事件で死刑判決を受け、モン＝サン＝ミシェルに収監されていたブランキは、ユゴーの仲介などで終身刑に減刑されたが、妻アメリーの死を知らされ、研究と読書に没頭する。
——	軍事教練と同一視され、児童の健康にはよいものではないとされていた体操が、フォシヨン・アンリ・クリアス Phocion Henri Clias の理論に基づいて、実験的に小学校に導入される。
1844	
2.15	パリの北西のバティニョール Batignolles に最初の貨物駅が開設される。広さ14ヘクタール。

——	台所に菓子職人を雇うお屋敷が少なくなり、彼らは店を開いて自慢のお菓子を公衆に提供するようになった。オブリアの店 Chez Aubriat、シブーストの店 Chez Chiboust など。しかし何といっても王様はジュリアン兄弟 frères Julien で、その最新作は〈サバラン〉savarin。
1843	
1. 1	『ユニヴェール』《l'Univer》紙が『ユニオン・カトリック』《l'Union catholique》紙を吸収して、保守十全主義的（体制完全保存主義的）かつ教皇権至上主義的カトリック chatholiques intégristes et ultramontains の最大の機関紙となる。
2. 8	グアドループ島のポワン＝タ＝ピットル Pointe-à-Pitre で地震。
3.31	外務大臣ギゾーは太平洋での植民地政策を正当化するのに、海軍の拠点を確保して、捕鯨船を保護することの必要性を説く。
3.—	「まずカトリックを」が標語だった『ユニヴェール』紙は、ルイ・ヴイヨ Louis Veuillot が編集長を引き受けて以来紙面の調子が変わり、読者の教化よりも「教会のために、そして祖国のために」が目標となり、発行部数が急上昇。国王の妹アデライード夫人が自分の内帑金で助成していると陰口をたたかれていたこの新聞も、ルイ・ヴイヨが火をつけた〈教育の自由〉に関する論争で、今や多数の読者を獲得。
4.17	議会は、1842年にデュプティ＝トワール准将 contre-amiral Dupetit-Thouars がタヒチで行なった保護領政策を追認する。
4.22	ユゴーのロマン派劇『ビュルグラーヴ』《Les Burgraves 》の失敗（３月７日）のあと、ポンサール Ponsard の古典悲劇『ルクレティア』《Lucrèce》がオデオン座で大当たりをとり、ロマン主義への反動としての古典古代への回帰が流行し、彼は〈良識派〉école du bon sens の代表者と見なされる。
5. 1	海軍士官学校を出て、すでに軍艦の艦長になっていたルイ＝フィリップの三男ジョワンヴィル大公 prince de Joinville が、ブラジル皇帝ペドロ２世の妹フランチェスカとリオ・デ・ジャネイロで結婚式を挙げる。彼はこの年准将に昇進し、貴族院議員となる。
5. 2	1838年に認可されていたパリ～オルレアン線の鉄道の公式の開通式が、「植物園」駅で。
5. 3	ノルマンディー線であるパリ～ルアン～サン＝スヴェール Paris—Rouen—Saint-Sever 間の鉄道128キロメートルの正式な開通式。これは1840年に認可されていたもの。
5.16	諸部族を糾合してフランスに抵抗していたアルジェリアの愛国者アブドゥル・カーディル Abdel-kader の最後の拠点スマラ smala が、ルイ＝フィリップの四男オマール公爵 duc d'Aumale の騎兵隊などに襲撃され、この日陥落する。この拠点は3000のテント、5000名の規模だったが、彼らの財宝は騎兵たちによって略奪され、族長はモロッコのスルタンのもとに逃れ、1847年に共に降伏する。
7.31	アルジェリア総督ビュジョー Bugeaud は、アブドゥル・カーディルに対する勝利によってフランス元帥の称号を授かる。

7.13	ルイ＝フィリップの長男オルレアン公爵フェルディナンが、暴走した馬車から飛び降りて舗石で頭を打ち死亡。正午にはマルヌ河畔での軍事演習視察のために出発の予定で、その前にヌイイ Neuilly の離宮の王家の家族に別れの挨拶をしようと道を急いでいた途中の出来事だった。美男子で気さくなこの王位継承者は、社交界の中心人物で国民に大変人気があったので、正統王朝派以外は深い悲しみを分かち合った。この結果、継承権は3歳の孫のパリ伯爵 comte de Paris に移る。
7.22	6歳の音楽の神童カミーユ・サン＝サーンス Camille Saint-Saëns が、画家アングル Ingres に捧げるアダージョを作曲。アングルは感謝のしるしとしてモーツァルトを描いたメダイヨン（円形の大型メダル）を贈る。
7.—	バルザックが『人間喜劇』総序を発表し、それまでに書いたおよそ80編の作品を相互に関連づけて、1つの〈社会史〉としての全集を刊行し始める。
8.20	王位継承者パリ伯爵は3歳、国王ルイ＝フィリップは70歳にならんとする事態を重視して、臨時議会が開かれ、摂政制法案を審議。リベラルと評判のドイツ・プロテスタントの大公女オルレアン公爵夫人、つまりパリ伯爵の母を摂政にと主張する〈王朝左派〉と〈中道左派〉は、ルイ＝フィリップの次男で父と見解を同じくするヌムール公爵に好意的なギゾー（国王に支持される）と対立。後者が勝利して体制の保守主義がさらに進み、〈ギゾー体制〉Système Guizot が強化される。
9. 9	タヒチの女王ポマレ4世 Pomaré Ⅳによるカトリック宣教師の追放のあと、フランスは干渉に乗り出し、この島を保護領とする。
10. 7	飛行士フランソワ・アルバン François Arban が初めて飛行船でアルプスを越える。
11. 1	アロイジユス・ベルトラン Aloysius Bertrand（前年3月29日死亡）の散文詩『夜のガスパール』《Gaspard de la Nuit》の出版。
11.—	アンティル諸島での〈臨検権〉droit de visite の問題は最終的に放棄される。
12.—	首相のスルト元帥は、借金のため投獄されていたウジェーヌ・シューを釈放させる。シューが『ジュルナル・デ・デバ』紙に毎日連載していた小説『パリの秘密』は全国的に大評判であり、連載の始まった6月19日以来どんな田舎の〈読書室〉cabinet de lecture でも長蛇の列ができ、伯爵夫人から労働者まで「以下次号」の展開はいかにと待ち焦がれていたからだ。
——	ピアノ・オルガン製作者アレクサンドル・ドバン Alexandre Debain がリードオルガン Harmonium を発明する。
——	パリの壁という壁は商業広告で覆い尽くされ、首都の景観にふさわしいことではないと考えたセーヌ県知事ランビュトーは、舗道に円筒形の塔を建て、そこ以外の広告の掲示を禁止し、同時に公衆便所を併設して衛生観念の普及を図った。これをランビュトー塔 colonne Rambuteau といい、待ち合わせの場所として大いに活用された。

——	〈ブルジョワの王〉ルイ＝フィリップはサン＝クルー Saint-Cloud の離宮で、イギリスの政治家ディズレイリー Disraëli を前にハムを巧みに切って驚かせる。彼いわく、「私の人生には大きな浮沈があり、ロンドンでの亡命時代にレストランの給仕人にハムのこんな風な切り方を教わったのです」。
——	事実上の住居を原則にした国勢調査で、フランスの人口は3420万人。
——	化学者ウジェーヌ・デュジャルダン Eugène Dujardin がウラニウムの分離に成功する。
——	〈東洋語学校〉École des langues orientales で、デュロリエ Dulaurier がマレー語とジャヴァ語を教え始める。
1842	
2.17	〈アカデミー・フランセーズ〉の会員選挙。前年に死亡した復古王政期の筆頭宮廷司祭で大学長のフレシヌス Frayssinous の席を、アルフッド・ド・ヴィニーが貴族院議長の大法官パキエ chancelier Pasquier と争い、敗れる。そして『ルヴュ・デ・ドゥ・モンド』《la Revue des Deux-Mondes》誌に哲学詩を寄稿する。
3.23	スタンダールが前日パリの路上で卒中で倒れ、この日死亡。
4. 1	〈コメディ・フランセーズ〉の有名な悲劇女優ラシェル Rachel［コルネイユとラシーヌのヒロイン役］が、愛人ヴェロン博士 Dr Véron と決別する。彼女の不実に苦しんだ博士は、探偵を雇って証拠の手紙を手に入れ、相手の恋人たちを招待した大宴会の席でそれを読み上げて恋の礼節 courtoisie を乱したのだ。薬品製造販売で大儲けをし、『ルヴュ・ド・パリ』《la Revue de Paris》誌を創刊、策を弄して〈オペラ座〉の支配人に成り上がったこの人物は、常々下品な奴」mufle と見なされていた。
4.21	前年に〈アカデミー・フランセーズ〉の会員に選ばれていたアレクシ・ド・トクヴィルが、この日の入会式でいとこのモレ伯爵 comte Molé の歓迎演説を受ける。
5. 8	ヴェルサイユ線の5両の列車がムードン Meudon で脱線、死者45名。材質の劣化、スピードの出しすぎ、安全のための規則や装置の不在がその原因。
6.11	〈鉄道敷設組織化法〉が成立。国家、地方共同体、特約会社を参加・協同させるこの法律が、この世紀の鉄道網拡大の枠組みとなる。
6.19	ウジェーヌ・シュー Eugène Sue の小説『パリの秘密』《Les Mystères de Paris》の連載が、『ジュルナル・デ・デバ』紙で始まる。
7. 9	立法府選挙。結果、獲得議席は保守の〈内閣中道派〉centre ministériel が236、野党が〈正統王朝派〉26、リベラルの〈中道左派〉と〈王朝左派〉が180、〈急進共和派〉radicaux républicains が18で、辛うじて与党が過半数を維持する。この年から選挙制度の改正が与野党の中心的な争点となり、有権者の制限枠の拡大を要求する〈デュコ法案〉projet Ducos は234対193で否決されたが、スルト＝ギゾー内閣は与党の強化をめざして6月12日に議会を解散したのだった。

	ルは、2月末の最初の狂気の発作の結果、この日モンマルトルのエスプリ・ブランシュ Esprit Blanche 博士の精神療養所に入る。
3.22	『子供の労働に関する法律』の成立。7歳以下—禁止、8～12歳—8時間、12～16歳—12時間、13歳以下—夜間労働（夜9時～朝5時）の禁止、など。
3.29	ラマルティーヌ提案の『文学所有権』propriété littéraire を50年とする法案が、108対124で否決される。
4.15	〈テアトル＝フランセ〉Théâtre-Français の「ダイヤモンド」と称えられたマルス嬢 Mlle Mars が、この別名〈コメディ＝フランセーズ〉の舞台で最後の役を演じる。（モリエール『人間嫌い』とマリヴォー『偽りの告白』）。
5.29	上院の法廷で、前年のルイ＝フィリップ襲撃事件のダルメースに死刑の判決。
6. 9	義父オーピック将軍 général Aupick とのいざこざから、若きシャルル・ボードレール Charles Bauderaire がカルカッタに向けてボルドーを出港。
6.29	〈オペラ座〉の『ジゼル』《Giselle》の初日。観客は主役のカルロッタ・グリージ Carlotta Grisi の演技力と魅力に拍手喝采を送る。ハインリヒ・ハイネ Heinrich Heine の報告した伝説をもとに、ゴーティエがあらすじを書いたもの。
7. 7	ボルドーから大西洋の港町ラ・テスト La Teste まで、65キロメートルの鉄道が営業を開始。
8.—	スルト内閣の事実上のリーダー、ギゾーはノルマンディーのリジウー Lisieux の彼の選挙民を前にして、「労働と貯蓄で金持ちになりなさい」と述べ、自分の政策を定義する。
9.13	元兵士フランソワ・ケニッセ（通称パパール）François Quénisset, dit Papart が、フォブール・サン＝タントワーヌ faubourd Saint-Antoine の建物の屋上から、ルイ＝フィリップの五男オマール公爵 duc d'Aumale を狙撃して逮捕される。当局はコミュニストたちの間に共犯者を見つけようとした。
9.19	ストラスブールからバーゼル Bâle まで、140キロメートルの国際鉄道が開通。
10. 2	バルザックが『人間喜劇』《La Comédie humaine》という総タイトルのもとに、全集の出版契約を結ぶ。
11. 1	元『グローブ』紙の主幹でキリスト教的社会主義者のピエール・ルルーが、ジョルジュ・サンドと協力して、隔週刊行の雑誌『ルヴュ・アンデパンダント』《la Revue indépendante》を創刊。
12.20	外務大臣ギゾーはロンドンで、黒人奴隷貿易を取り締まるための軍艦による〈臨検権〉droit de visite に関する条約に賛同するが、翌年1月の議会では受け入れられず。
——	セーヌ県知事ランビュトー伯爵 comte de Rambuteau は、パリの街路を衛生的にするため、男子用共同便所の設置を提案。

9. 3	パリ郊外サン＝ドニ郡のボンディ Bondy に、スト中の労働者1万人が集会。9月7日にフォブール・サン＝タントワーヌ Faubourg Saint-Antoine にバリケードを築くが、軍隊に蹴散らされる。
9. 3	（〜18日）リムザン地方のテュール Tulle でラファルジュ事件 Affaire Lafarge の裁判。ロマンティックで教養のある24歳のパリ娘マリー・カペル Marie Capelle が、前年この田舎の製鉄業者 Charles Lafarge と結婚し、夢敗れて夫に砒素（ねこいらず）を盛り、毒殺したというもの。裁判の内容は細かく全国に報道され、フランス中がこの話題でもちきりだった。判決は終身懲役刑。
9.28	パリ〜オルレアン間鉄道がコルベイユ Corbeil まで営業開始。
10. 6	ルイ・ナポレオンの2度目のクーデターの結果は、終身刑の判決。
10.15	ネオ＝バブーフ主義のコミュニスト、マリユス・ダルメース Marius Darmès がテュイルリー宮のテラスで、ルイ＝フィリップを騎兵銃で狙撃したが銃身が爆発、すぐに取り押さえられる。
10.20	〈東洋問題〉に関する好戦的な政策は国王の拒否に合い、ティエール第2次内閣は瓦解。リベラルでナショナルな政策は、以後指導者層に不評。
10.29	第3次スルト内閣発足。外務大臣は〈東洋問題〉で平和政策を主張するギゾーに。
12.15	前日にヌイイ Neuilly の先のクルブヴォワ Corbevoie の河岸に船で到着していたナポレオンの遺骸は、この日の朝、豪華に飾った巨大な山車に乗せられ、軍隊のあらゆる部隊の正装した兵士たちや制服の士官学校生・理工科学校生・国民軍兵士らの行列に守られて、ナポレオンがその第一石を据えルイ＝フィリップが完成させた凱旋門をくぐりパリに入城。〈廃兵院〉（アンヴァリッド）では護送隊長のジョワンヴィル大公 prince de Joinville（ルイ＝フィリップの三男）から国王に対して受け渡し式が行われ、聖堂での2時間の葬儀のあとはモーツァルトの《レクイエム》が〈王立音楽アカデミー〉（オペラ座）のオーケストラによって演奏される。テノール歌手デュプレ Duprez、イタリア座のラブラッシュ Lablache とグリージ嬢 Mlle Grisi の歌声が出席者に深い感銘を与えた。
12.22	1830年の蜂起のあとポーランドを離れ、一時ローザンヌ大学で教師をしていたミツキエーヴィチ Mickiewicz が、〈コレージュ・ド・フランス〉の招聘を受け、彼のために用意された「スラブ語・スラブ文学」の講座をこの日から始める。ジョルジュ・サンドなど多数の聴衆が集まる。
1841	
1. 7	ヴィクトール・ユゴーが、3回の失敗のあとやっと〈アカデミー・フランセーズ〉の会員に選ばれる。
2. 1	前年にティエールが提案していた〈パリの城壁建設〉の法案が、下院で237対162票で採択される。
3.21	『ファウスト』の翻訳（1828年）で知られるジェラール・ド・ネルヴァ

	ガイモの荷馬車数台分を2倍の値段で買いつけ、日頃食料品の高騰で苦しんでいた住民を怒らせた。ジャガイモも奪われ、城も略奪され、変装して命からがら逃げ出したという。
4.20	アレクシ・ド・トクヴィル Alexis de Tocqueville が『アメリカの民主主義』《La Démocratie en Amérique》の第2部を出版。第1部（1835年）は爆発的な売れ行きを見せ、民主主義のバイブルとされたが、今度はそれほどでもない。
5. 1	ティエールは、イギリスにナポレオンの遺骸返還要求をする許可を国王より受け、議会から熱狂的に歓迎される。移送費用100万フランの特別予算が最終的に承認され（6月6日、貴族院）、埋葬場所は〈廃兵院のサン＝ルイ教会〉に。
5.16	共和派の指導者フランソワ・アラゴ François Arago が下院で普通選挙を要求する厳しい演説を行い、「労働の組織化」のテーマを新たに取り上げる。
6.17	製塩の国家独占の終了。以後私企業が塩水泉と岩塩鉱を採掘する。
6.—	ピエール・ジョゼフ・プルードン Pierre Joseph Proudhon が、「所有とは盗みである」で始まる『所有とは何か』《Qu'est-ce que la propriété》をブザンソン Besançon のアカデミーに提出。
7.15	ロンドンに集まったイギリス・オーストリア・ロシア・プロシャの代表は、この日条約に署名し、トルコ軍を敗ってシリアを占領していたエジプト太守メフメット・アリーに対してシリアの土地から撤退するよう促す。つまりオスマントルコ帝国の領土の保全を再確認して、必要とあらば武力に訴えてでも尊重させると催告する。その結果エジプトを支持していたフランスは戦争の準備に入り、ティエールは〈パリの城壁建設〉la fortification de Paris さえも企てる。（〈東洋問題〉la question d'Orient）。
7.28	バスティーユ広場に高さ52メートルのブロンズ製で、上に〈自由の神〉Génie de la Liberté を頂く《七月の円柱》la colonne de Juillet が建立され、七月革命10周年記念としてその除幕式をする。円柱は、その台座の下に7月の血ぬれた〈三日〉の犠牲者615名の遺骸を納めるための、いわば墓標であって、巨大な黒い棺台にのせた無数の柩が移送され、車はベルリオーズが作曲し自ら指揮する『葬送と勝利の交響曲』《Symphonie funèbre et triomphale》の演奏の中を進んだ。
8. 6	ルイ・ナポレオン・ボナパルト Louis Napoléon Bonaparte が、ドーヴァー海峡に面した港町ブローニュ Boulogne 近辺の浜に小隊を連れて上陸。計画は北部の守備隊を糾合してパリに上るというもの。しかし途中で出会った税関吏も兵士も役人も彼に従わず、逮捕に赴いた国民軍に「ここで死ぬんだ」とわめいたという。
8.23	オーヴェルニュ地方のある丘に共和主義者と王朝左派が集会して〈野外宴会〉banquet champètre を催し、選挙民枠 corp électral の拡大を要求する。
9. 1	パリ～ヴェルサイユ間鉄道の左岸線の開通式。

取って、中産階級にも手の届く毛皮販売に乗り出す。高価なクロテン、ビーバー、オコジョなどはやめて、スカンク、オポッサムなどをアメリカから輸入して使い、広大な新製品展示場に陳列して宣伝、大成功を収める。手頃な値段で贅沢を夢見るブルジョワの野心を満足させるのが、その狙いだった。

1840

1.11 ガエタノ・ドニツェッティ Gaetano Donizetti の初めてのフランス語オペラ『連隊の娘』《La Fille du Régiment》が、〈ファヴァール・ホール〉で上演。

1.13 アリエージュ県フォワ Foix で食糧暴動、軍隊が13名のデモ参加者を殺す。

1.13 前年の〈四季協会〉蜂起事件の指導者の裁判。アルマン・バルベスとオーギュスト・ブランキは死刑判決のあと、終身刑に減刑される。これは〈法学・医学学校の学生たち〉Jeunesse des Écoles およそ3000人の減刑嘆願デモの結果、国王が譲歩したもの。

1.21 2隻のフランス艦船が初めて南緯63度を越え、ジュール・デュモン・デュルヴィル Jules Dumont d'Urville がボートで南極大陸に上陸、その妻の名を採ってアデリー・ランド Terre Adérie と命名し三色旗を立てる。

2. 5 アレクサンドル・デュマが7年来の愛人イダ Ida と並んで教会の祭壇の前に立つ。2人の関係を正式なものにするため、イダの後見人はデュマの借金の形で20万フランの債券を買い、結婚しなければ破産させるとおどしたという。

2.20 下院議会はルイ＝フィリップの次男ヌムール公爵 duc de Nemours の王族費法案を否決、スルト元帥の第2次内閣の解散を招く。この法案の内容は、歳費50万フラン、ヴィクトワール・ザクセン＝コーブルク＝ゴータ大公女との結婚費用50万フラン（4月27日挙式）、公爵亡きあとは公爵妃に歳費30万フランを支給するというもの。

2.— 商業的にも宣教的にもフランス人の入植が軌道にのっていたシリアのダマスカスで、トマ神父 père Thomas が失踪。フランス領事は事件の責任はユダヤ人にあると非難する。ティエールは、前年にシリアを占領し、やがて列強の干渉で撤退することになるエジプト太守メフメット・アリー支持政策を継続するため、この領事の立場を是認し、反ユダヤ主義を非難する全ヨーロッパと対立する。

3. 1 ティエールが〈中道左派〉で構成された第2次政府を組閣する。

3.30 ネクタイ結び術の先生、ダンディの王ジョージ・ブランメル George Brummell が、カーン Caen の救済院で耄碌して死ぬ。1830年にカーン領事の職を得ていたが、町のイギリス人居住者が減り、そのポストは不要と上部に進言して解職され、他の職の提供もなく少しずつ零落していった。

4. 3 ジュラ Jura のローンス Lons で〈ジャガイモ暴動〉。クルラン Courlans の粉挽き小屋の所有者ヴァノワ Vanoy 殿は投機家、昨日の市でジャ

3. 8	モンペリエとセット Sète を結ぶ鉄道開通（27.5キロメートル）。
4. 6	スタンダールが、前年に書いた『パルムの僧院』を出版。批評家には不評だったが、バルザックだけがそれを傑作と認める。
4.16	〈ポルト・サン＝マルタン劇場〉はアレクサンドル・デュマとジェラール・ド・ネルヴァルの共作『レオ・ビュルカール』《Léo Burckart》の上演を予告。4月10日にも両者はルネッサンス座で『錬金術師』《L'Alchimiste》（ルメートル主演）を上演していた。前年一緒にライン河方面を旅行し、ドイツ文学の資料あさりをしたが、これらはその成果。
5.13	国民軍と市の衛兵隊は、武装労働者に占拠されたレ・アール地区 quartier des Halles に出動し、蜂起を鎮圧。これはオーギュスト・ブランキ Auguste Blanqui の作った秘密結社〈四季協会〉が組織したもので、そのプロレタリア的性格は逮捕者・負傷者を見ても明白だった。
5.13	モレ首相の辞任のあと、2カ月してやっとスルト元帥が組閣。しかし彼はリーダーも、プログラムも、与党ももたない。
6. 6	アドルフ・ティエールが『執政政府と帝国の歴史』《Histoire du Consulat et de l'Empire》の出版契約に署名、為替手形で50万フランの前金プラス1万フランの研究資料費を手にする。
7.15	ニーム～ボーケール Nîmes—Beaucaire 間に鉄道開通。
8. 2	パリ～ヴェルサイユ間右岸線の開通式。
9. 1	アルザスのミュルーズ～タン Mulhouse—Thann 間の鉄道が地元の工業家の手で敷設され、この日に完成式。
9.15	歴史的記念建造物調査官のプロスペール・メリメ Prosper Mérimée が、視察旅行の途中コルシカでコロンバ Colomba に出会い、のちの小説の主人公とする。
9.23	ルイ＝フィリップの長男オルレアン公爵がアフリカ猟歩兵師団を指揮するためアルジェに到着。(28日にポルト・ド・フェール Portes de fer 遠征が開始される)。
9.—	サント＝ブーヴが『ルヴュ・デ・ドゥ＝モンド』誌に『産業的文学』と題した長い記事を発表し、連載小説に追われる作家たち、とくに借金取りに付け回されて書きまくるバルザックを、質を犠牲にして量を生産する者として揶揄する。実はバルザックが『谷間の百合』を発表した時、サント＝ブーヴの小説『肉欲』《Volupté》を手直ししてこれを傑作にしたと述べたことがサント＝ブーヴには許せなかったのだ。
——	社会主義的ジャーナリスト、ルイ・ブランが『労働の組織化』《L'Organisation du travail》を出版。国家の出資で作られ、選挙で選ばれた指導者が管理する生産協同組合〈社会工場〉ateliers sociaux を提唱する。
——	指し物師の同職組合員アグリコール・ペルディギエ Agricol Perdiguier が『同職組合制の書』《Le Livre du compagnonnage》を出し、〈フランスめぐり〉le Tour de France の職人の生活環境を詳述する。
——	毛皮商レヴィヨン Révillon がパリ最大の毛皮商店ジヴレ Givelet を買い

	ル Frédéric Lemaître。
11.26	ラシェル嬢 Mlle Rachel がラシーヌの『バジャゼ』《Bajazet》のロクサーヌ役を節度をもって好演、〈コメディ＝フランセーズ〉にて。『ジュルナール・デ・デバ』紙の批評家ジュール・ジャナン Jules Janin の筆によって、彼女はパリ演劇界の頂点に上る。
11.27	フランス艦隊がヴェラクルス Veracruz を占領し、メキシコ政府に圧力をかける。
12. 8	マルセイユでは、死者はそれまで手・足・顔をさらして街中を葬送されていたが、市条例によってこれを禁止、柩に蓋をするよう定められた。
12. 9	教会はモンロジエ伯爵 comte de Montlosier に対して終油の秘蹟と埋葬を拒否する。彼の『メモワール』(1826年) が〈ガリア主義〉 gallicanisme［フランス教会独立主義］であって、教皇権至上論者 ultramontains とイエズス会士 jésuites を攻撃しているから、というもの。
12.20	詩人エジェジップ・モロー Hégésippe Moreau が肺結核で死去、28歳。詩集『忘れな草』《Le Myosotis》を出版したばかり。
12.—	モレ内閣に対して「国王に主導権を与えすぎる」と非難していた野党側が大同団結する。ドクトリネールの正統王朝派 (ギゾー)、リベラル派 (ティエールの中道左派とバローの王朝左派)、および急進派 radicaux (共和派)。
12.—	太陽を当てにしてマジョルカ島に来ていたジョルジュ・サンドとショパンは、冬の洪水に見舞われ閉じ込められる。ショパンは湿気で喘息になり、感受性昂進と神経症に悩まされ、2人の愛の逃避行はさんざん。
——	ニエップス Niépce の発見していた原理 (1824年) を、共同研究をしていた (1829年来) 舞台装飾家ダゲール Daguerre がこれを銀板写真法として完成させる。
——	パリのモードは大きな折れ襟のケープと長いスカート、ゆったりとした袖。
——	パリの労働者の間で、キャバレー通いが大はやり。アルジェリアの植民地戦争から帰還した兵士たちがアプサント (ニガヨモギで香りをつけた緑色のリキュール) をもたらす。
1839	
2. 2	マテュー・モレ首相が議会を解散して、パリのサロンを驚かす。この偉大な「女たらし」、無類の話し上手、サロンの寵児は、その話術によってナポレオンを魅了し、33歳で法務大臣に取り立てられたが、この3年間は鉄腕で大臣たちを押さえ込んできた。しかしティエールの作ったスローガン「国王は君臨すれど、統治せず」のもとに反対派は連合 Coalition し、ルイ＝フィリップに権限を与えすぎると論争を挑み、ギゾーは彼を王の「犬」呼ばわりさえした。
2.—	ラングドックのロデーヴ Lodève で、織物労働者が失業を恐れて新しい機械の導入反対のストライキに入る。
3. 2	立法府選挙の結果、モレ内閣の敗北。連合派 Coalition が240議席に対して与党中道派は200議席しか集められない。

	らない」の削除を要求する請願を、議会に提出する。
8.26	サン＝ラザール駅の仮の開設。鉄道はマドレーヌ寺院まで引かれる予定。
8.26	パリ～サン＝ジェルマン＝アン＝レー Saint-Germain-en-laye 間に旅客専用列車が運行。マリー＝アメリー王妃が勇敢にも試乗、ルイ＝フィリップはこの「危険な」旅を差し控える。ペレール兄弟 frères Pereire が2年で敷設。
9.29	歴史遺産を保護し、その目録作成のために〈歴史的記念建造物委員会〉Commission des monuments historiques を設置。
10. 4	1835年にベルギーからパリにやって来たセザール・フランク César Franck が〈国立高等音学院〉Conservatoire に入学、翌年にはピアノでグランプリを取る。
10.13	アルジェリアのコンスタンティーヌ Constantine をシルヴァン・ヴァレ将軍 général Sylvain Valée が奪回。彼は前年の攻囲戦で死んだドニ・ド・ダンレモン総督 gouverneur général Denis de Damrémont の後任。
11.—	ヴァレ将軍が総督に任命され、元帥に昇格する。
11.—	立法府選挙の結果、与党中道派が強化される。イデオロギー色の強い他の党派（正統王朝派 légitimistes、ギゾーのドクトリネール派、王朝左派のリベラル派）は退潮。
12. 5	元来はフィエスキのテロ事件の犠牲者のために書かれたエクトール・ベルリオーズの『レクイエム』《Requiem》が、〈廃兵院のサン＝ルイ教会〉Saint-Louis des Invalides で初めて演奏される。これはコンスタンティーヌ奪取の際に戦死した兵士の追悼セレモニーのためで、450名の音楽家が参加した。
12.29	初等教育について県単位に副視学官の職を創設。
——	ヴィクトール・クザン Victor Cousin が『真、美、善について』《Du Vrai, du Beau, du Bien》を出版、この中で提示した哲学観によって、彼は折衷主義学派のリーダーとなる。
——	政府はブルターニュ内陸部を開発するために、レンヌ～ブレスト間を結ぶ道路建設を決定。
1838	
2. 8	下院議会は、パリを起点とする7本の鉄道幹線と2本の横断支線を国家によって建設するという、土木局長の計画案を否決する。
2.13	〈小学校教師のための貯蓄と共済の金庫〉を設立する政令。
5.17	国王はマルセイユの〈港祭り〉を許可する。それは新しい埠頭の落成を6月5日に祝うというもの。
7.13	パリ～オルレアン間鉄道会社の設立。
10.31	リール Lille の化学者フレデリック・キュルマン Frédéric Kuhlmann が硝酸と硫酸の製造方法の特許を登録。
11. 4	スタンダールが『パルムの僧院』《La Chartreuse de Parme》を2カ月で書き上げる。
11. 8	ユゴーが〈ヴァンタドゥール・ホール〉の〈ルネッサンス座〉で『リュイ・ブラース』《Ruy Blas》を上演、主役はフレデリック・ルメート

7.22	『ナシオナル』紙のアルマン・カレルと『プレス』紙のエミール・ド・ジラルダンがピストルで決闘をし、カレルが鼠蹊部を撃たれて死亡、ここに新聞界の鬼才が消える。
7.28	25年前に中途で放棄された凱旋門がついに完成、落成式は明日。
8.29	スペインのリベラル派支持のための干渉計画に国王が反対し、ティエールが首相を辞任。保守派と袂を分かち、野党リベラル派に合流する。
9. 6	モレ伯爵 comte Molé が保守派政府を形成、ギゾーが再び公教育相に。
9.21	ファニー・エルスレール Fanny Elssler が、オペラ座の舞台でアンダルシアの〈カチューシャ〉のリズムでステップを踏みダンスをする。観客は大満足で、一躍彼女はもっとも偉大なロマン主義的演技者の1人となる。
9.23	歌姫マリア・フェリシタ・マリブラン Maria Felicita Malibran がイギリス巡業中に落馬で死亡、28歳。
10.25	エジプト太守メフメット・アリーからルイ＝フィリップに贈られたオベリスクをコンコルド広場に建立。
10.31	皇帝の甥ルイ・ナポレオン Louis Napoléon が頭に二角帽をのせ、ストラスブールの砲兵第4連隊の兵士を前に訓示をしていて、逮捕される。彼は帝位の継承者と称し、パリへ上る前段階としてストラスブールとロレーヌの守備隊を糾合しようとしたのだった。
11. 6	スロヴェニアのゴリッツィア Gorizia［当時はイタリアとの国境の町］でシャルル10世が死去。孫のシャンボール伯爵 comte de Chambord がアンリ5世の名で正統王朝派の唯一の王位継承権者となる。
12.27	ムニエ Meunier によるルイ＝フィリップへの新たなテロ行為。
12.—	民主主義的共和主義者で、秘密結社〈家族協会〉の指導者アルマン・バルベス Armand Barbès が、火薬の不法製造で1年の禁固刑。
——	アレクシ・パラン＝デュシャトレ Alexis Parent-Duchâtelet が『公衆衛生・道徳・行政との関係で考察したパリ市における売春について』という、真の社会学的調査研究を出版。
1837	
4.18	首相モレが政府のメンバーを手直しし、公教育相ギゾーを解任。ギゾーは〈ドクトリネール〉の仲間とともに野党陣営に移る。
5.29	ルイ＝フィリップの長男オルレアン公爵フェルディナン Ferdinand, duc d'Orléans が、ロシア皇帝の親戚のエレーヌ・ド・メクレンブルクと結婚。これはオーストリア皇女への申し込みを、1830年の革命でオルレアン家は体面を汚したとして、メッテルニヒが拒絶したあとでのこと。
6.10	ヴェルサイユ城国民史美術館 Musée de l'Histoire nationale du château de Versailles の落成式。これはルイ＝フィリップが長男の結婚を祝ってヴェルサイユ宮殿を国民に開放したもの。
8. 1	『1830年のシャルト』はすべてのフランス人の平等を認めているとして、『女性新聞』《la Gazette des femmes》の主幹モーシャン夫人 Mme de Mauchamps が、〈民法210条〉：「女性はその夫に服従しなければな

き放され、友人のデュマ、ゴーティエらの執筆協力にもかかわらず雑誌は売れず、翌年に破産。

1836

1. 8 犯罪の貴公子、泥棒仲間の若きダンディ、ピエール＝フランソワ・ラスネール Pierre-François Lacenaire が、この日微笑みを浮かべて断頭台に上る。親ともったいぶった社会と偽善的な道徳に反抗し、最終的には手形取立人を殺害して前年1月に逮捕され、刑の宣告までは監房で文学サロンを催し、『メモワール』《Mémoires, révérations et poésies de Lacenaire》を書き残した。

2.13 アルフレッド・ド・ミュッセが小説『世紀児の告白』《Confession d'un enfant du siècle》を出版。

2.19 前年のルイ＝フィリップ襲撃事件の主犯フィエスキが、この日ギロチン刑で処刑される。

2.20 下院（立法議会）で少数派になったブロイー公爵が首相を辞任。

2.22 史上もっとも若く（38歳）、もっとも小柄な（155センチメートル）首相の誕生。〈中道左派〉centre gauche［イギリス型立憲王政をめざす、機関紙は『コンスティショネル』《le Constitutionnel》、『タン』《le Temps》］の指導者アドルフ・ティエール Adolphe Thiers は、精神的父のタレーラン Talleyrand やその取り巻きの女性たち（ディノ公爵夫人など）の支援を受けて、国王より首相に指名される。

2.29 ドイツの作曲家メイエルベール Meyerbeer が〈ル・ペルティエ・ホール〉で音楽劇（メロドラマ）『ユグノー』《Les Huguenots》を上演、大衆に大いに受ける。

3.12 ティエールは地方交通の主要手段として、村道網の整備計画法を採択させる。

5.21 慈善目的以外の富くじの禁止。

6.25 フィエスキに続いて、ロベスピエールの崇拝者ルイ・アリボー Louis Alibaud がテュイルリーの小門でルイ＝フィリップを狙撃して失敗。彼の標語は「国王暗殺は自分の手でしか正義を獲得できない者の権利である」というもので、七月王政末期のパリの労働者階級の共和主義的・共産主義的環境の中に、多くの賛美者をもっていた。7月11日にギロチン刑。

6.25 （～30日）アルマン・デュタック Armand Dutacq とアレクサンドル・ルドリュ＝ロラン Alexandre Ledru-Rollin らが、〈運動派〉を継承する〈王朝左派〉gauche dynastique［野党リベラル派］の機関紙『シエークル』《le Siècle》を創刊。すぐにフランス最大の日刊紙（部数3万5000～4万）となる。

7. 1 エミール・ド・ジラルダン Emile de Girardin が『プレス』《la Presse》紙の第1号を出し、価格の安さ、広告募集、連載小説の掲載によって新聞界に革命を起こす。

7. 9 パリ～ヴェルサイユ間の鉄道の入札。右岸線はロッチルド家 les Rothschild に、左岸線はフルド Fould 銀行に認可される。

8.28	イベリア半島の自由主義政府を支援するための、フランス・イギリス・スペイン・ポルトガルの四国同盟。
10.29	閣内の誰よりもリベラルなジェラール元帥が首相を辞任。
11.13	第3党のリベラル派との連立をめざしたバッサーノ公爵の組閣工作失敗。
11.13	ミュッセとジョルジュ・サンド George Sand の決定的破局。
11.25	モルティエ元帥 maréchal Mortier が保守政府の首班に。しかしティエールとギゾーが政府を牛耳る。
1835	
2.12	ヴィニーは3年前に発表した小説『ステロ』《Stello》の中の一挿話、立憲王政下のロンドンの下町で自殺した青年詩人チャッタートンの物語を戯曲化し、大成功。〈コメディ＝フランセーズ〉の舞台では、マリー・ドルヴァル Marie Dorval の演じるキティー・ベルが王妃アメリーの涙を誘ったという。
3. 8	パリ大司教ケラン猊下 Mgr de Quélin はカトリック自由派の神父ラコルデール Lacordaire にノートル＝ダム寺院の四旬節の説教を要請、6000人の聴衆が詰めかけ、その雄弁に酔う。
3.12	ブロイー公爵が、2月20日に辞職したモルティエ元帥のあとを受けて首相に。しかしティエールとギゾーの周囲に集まる全閣僚はそのまま残る。
4. 4	ショパンがポーランド亡命者のための夕べで『ピアノ協奏曲ホ短調』を演奏。
4.—	デジャルダン Desjardins ［ネオ・バブーフ主義者］が共和主義新聞『トリビューヌ』《la Tribune》に発表した労働者階級に捧げる一連の記事の中で、この階級を初めて「プロレタリア」prolétaria と呼ぶ。
5. 5	貴族院で、前年4月の暴動の首謀者たちの裁判が始まる。
7.28	30年7月の〈栄光の三日間〉Trois Glorieuses の記念式典に向かっていたルイ＝フィリップらの騎馬の一行を、コルシカ人共和主義者ジュゼッペ・フィエスキ Giuseppe Fieschi がタンプル大通りで待ち構え、25の銃身を束ねて一度で発射できるようにした機関銃のようなもので襲撃、モルティエ元帥ら18名が死亡。
9. 9	フィエスキのテロ事件の結果、内務大臣ティエールは一連の抑止法を提出して採択させ、この日に布告。その内容は重罪裁判所の再編成、体制原理（1830年の『シャルト』）への異議申し立ての禁止、言論・出版法の強化などで、その結果およそ30の共和主義的新聞が廃刊に追い込まれた。これを『九月法』という。
9.—	南仏でコレラが流行、とくにトゥーロンでは住民が町を逃げ出す。
12.28	小説『モーパン嬢』《Mademoiselle de Maupin》の序文で、テオフィル・ゴーティエが「芸術のための芸術」〈l'art pour l'art〉の理想を宣言する。
——	ジェラール・ド・ネルヴァルは、女優ジェニー・コロン Jenny Colon 賛美のために遺産のすべてをつぎ込んで雑誌『演劇界』《le Monde dramatique》を創刊したが、彼女からは「そんな男は知らない」と突

	なっていて、リヨンは１万人以上の軍隊が動員され、網の目作戦の警備が敷かれていた。しかし、職場を離れた数千人の労働者の示威行動は暴動となり、バリケードが築かれ、大砲が奪われ、黒旗が掲げられ、以後13日まで戦闘状態が続くが、グルノーブルなどから増援を受けた１万5000名の軍隊によって壊滅させられた。死者200名、負傷者400名。
4.13	〈人権協会〉に所属する共和主義者たちは、リヨンの蜂起を継承し、また３月に成立した小結社取り締り関連の法律に反対して、パリで暴動を組織するが、これに呼応して立ち上がったサン＝メリー地区の労働者は、準備万端を整えた兵士たちによって徹底的に弾圧され、とくにトランスノナン通りでは１つの建物の全住民20名が虐殺された。結局フランス全体で逮捕者およそ2000、パリで800、そのうちの164名が貴族院の法廷で裁判を受けた。これを《四月訴訟》procès d'avril という。この《四月蜂起》の敗北の結果、共和主義運動の公然とした活動は終息し、〈四季協会〉Société des saisons や〈家族協会〉Société des familles などの秘密結社の陰謀行動の方へ向かってゆく。つまり、労働者大衆を当てにするのではなく、注意深く選ばれた戦闘的前衛に依拠する行動の方へである。
4.25	フェリシテ・ド・ラムネ Félicité de Lamennais の『信者の言葉』《Les Paroles d'un croyant》の出版。この本は校正刷りの段階から、まるで新たな聖書の出現であるかのように印刷工の涙を絞っていた。美しく叙情的なその散文は、自由と隣人愛への讃歌であり、博愛のみがこの世を救える、と訴えていた。国家と教会はこの若き司祭を社会主義者として扱い、すでに３年前に彼の新聞『アヴニール』《l'Avenir》を発禁にしていた。
5.22	20日に死んだラ・ファイエット将軍の葬儀は、騒乱を恐れて政府主催とする。彼は1830年12月以来体制を離れて、共和派の野党に与していた。
6.16	〈ヴァンタドゥール・ホール〉に水上劇が開演、大仕掛けな演出のパントマイム・バレー。
6.21	立法府選挙の結果は与党保守派の〈中道派〉centre の圧勝（320議席）。これに対して公然野党（正統王朝派と共和派）はそれぞれ90議席、中道第３党（リベラル派）は100議席。
7. 1	アルフレッド・ド・ミュッセ Alfred de Musset が『戯れに恋はすまじ』《On ne badine pas avec l'amour》を発表。続いて出版した『ロレンザッチオ』《Lorenzaccio》も舞台上演を当てにしたものではない。
7.18	スルトの後任としてジェラール元帥 maréchal Gérard が首相に。しかし閣内の実力者はティエールとギゾー（内務大臣と公教育大臣）で変わらない。
7.22	議会調査委員会をアルジェリアに派遣して土地の潜在的価値を評価した結果、その併合を決定。北アフリカ・フランス領植民地総督 gouverneur général des possessions françaises du nord de l'Afrique の地位を設ける。

6.28	公教育大臣ギゾー（1836年までこの地位にあった）が初等教育法を提出、採択させる。これは初等教育の自由の原則を承認し、各コミューヌ（最小行政単位）あるいはいくつかのコミューヌを合わせた1グループに、小学校の維持（貧窮者は無償）と1名の教師（世俗・聖職者を問わず）の任命および報酬提供を命じたもの。
7.28	ヴァンドーム Vendôme 広場の円柱上のナポレオンの像が撤去される。
9. 1	共和主義者エティエンヌ・カベ Étienne Cabet が『ポピュレール』《le Populaire》紙を創刊、ただちにルイ＝フィリップの政治を激しく攻撃し始める。
9.18	前年のふくろう党蜂起の時の、正統王朝派の徒党の指導者、通称ノワール隊長ジャック・ボリー Jacques Bory, dit le capitaine Noir が処刑される。
10.22	共和主義の新聞『トリビューヌ』《la Tribune》に〈人権協会〉の宣言文が掲載される。ジャコバンの伝統に忠実ながらも、社会主義的諸理念も採り入れる。
11. 1	サン＝シモン主義者ウージェニー・ニボワイエ Eugènie Niboyet が、リヨンで女性のための週刊新聞『女性たちの助言者』《le Conseiller des Femmes》の第1号を出す。女性は自らの条件改善のため、すべての地平で闘い、文法・道徳・教育・政治・経済・医学・文学・モードすらも身につけなければならないと主張する。
11.11	〈馬の品種改良協会〉Société d'encouragement de la race des chevaux の第1回の会合が開かれる。
12.23	〈ルクソール〉Luxor 号のパリ到着。これはエジプト政府の贈り物のルクソール神殿のオベリスク（コンコルド広場にある）をもち帰るために、特別に建造させた船のこと。
1834	
1. 1	共和主義的ジャーナリストのアルマン・カレルが、1833年に告訴されて自主廃刊していた『ナシオナル』紙を、この日『1834年のナシオナル』と名前を変えて再発行する。
2.—	〈若きイタリア〉運動の指導者マッツィーニの計画、サヴォア地方のサン＝ジュリアンを占領し、ピエモンテ共和国を建設してイタリア革命の拠点にしようという呼びかけに、元ナポレオン軍士官のラモリーノ将軍 général Ramorino は約300名の義勇兵を率いて参加したが、兵の士気は低下し脱落者は多く、農民の抵抗に悩まされ、将軍自身もリヨンの賭場で軍資金をすってしまい、遠征隊は解散して失敗。
2.—	リヨンでは、絹織物工が出来高払い賃金の連続切り下げに抗議して、共済組合員 mutuellistes の指導のもとにストライキに入る。
4. 1	ヴィクトール・ユゴーは、彼の妻アデールを誘惑し、3年来密かに交際していたとして、最良の友サント＝ブーヴと絶交する。もっともユゴー自身も1年も前からジュリエット・ドルゥエ Juliette Drouet の胸に逃避していたが、嫉妬心は残っていたらしい。
4. 9	この日は2月のストライキで逮捕された6名の指導者の裁判開始の日と

万歳の声などで騒然となって暴徒化した。コレラと経済危機と失業に苦しんでいた東部の労働者地区ではバリケードが築かれ、彼らはこの地区に、とくにサン＝メリー修道院 cloître Saint-Merry 周辺の小路に武器をもって立てこもり徹底抗戦をした。ルイ＝フィリップ自らが、彼に忠実だった国民軍兵士を激励して回り、そのカノン砲が翌6日の夕方にはすべてを沈黙させた。政府発表によれば死者70、負傷者326、さらに初期に武器を取って戦い射殺された者80名を加えなければならないという。

6.— 『グローブ』紙の廃刊と伝道会場だった〈テトブー・ホール〉salle Taitbout の閉鎖、さらに前年末以来の共和主義的傾向の者たちの離脱によって、サン＝シモン主義者たちは、父アンファンタン Enfantin に率いられてさらに宗教化し、郊外のメニルモンタン Ménilmontant の山上の家に引きこもって、40名共同の修道生活に入る。

7.22 ナポレオンとマリー＝ルイーズ Marie-Louise d'Autriche の子で、ローマ王ライヒシュタット公爵 duc de Reichstadt であるナポレオン2世が、ウィーンのシェーンブルン宮殿 palais de Schœnbrunn で肺結核のため死去。21歳。

8.27 （～28日）アンファンタンは不法団体の結成と風俗壊乱の罪で2年の禁固刑の判決を受ける。

10. 3 ローヌ川 le Rhône からその支流ソーヌ川 la Saône とドゥー川 le Doubs を経てライン川 le Rhin に至る運河完成。以来北海と地中海を結ぶ水路となる。ローヌ・ライン運河という。

10.13 スルト元帥 maréchal Soult が組閣、外務ブロイー公爵 duc de Broglie、公教育ギゾー、内務ティエールの三頭政治が始まる。

10.26 〈人文・科学アカデミー〉Académie des sciences morales et politiques が再建される。大革命時代の元公会議員が多数を占める。

11.15 ナントで逮捕された（11月7日）ベリー公爵夫人がブライ Blaye 城砦に収監され、イタリア人小貴族の子を身ごもっていることが知れる。このスキャンダルをルイ＝フィリップが利用し、正統ブルボン家の信用が落ちる。

1833

1.— フランソワ・ラスパイユ François Raspail とゴドフロワ・カヴェニャック Godefroy Cavaignac が中心になって、共和主義者の秘密結社〈人権協会〉Société des droits de l'homme が新たに結成される。先の〈人民の友協会〉が政府スパイの潜入の疑いから前年12月に解散していたので、そのあとを受けたもの。

3.10 共和主義者の団体を統制することを狙った新法の公布。この結果20名以上の会員を擁する団体の結成には警視庁の認可が必要となり、その集会には1名の警察官の参加を認めることが義務づけられる。

6.21 県・郡議会議員選挙法の改正。市町村議会議員選挙法との整合性を図る。

6.27 商務大臣ティエールが鉄道研究への出資金として、50万フランの予算を議会に承認させる。

	下の軍隊を派遣してこれを強引に鎮圧。
12.17	風刺画家ドーミエ Daumier のリトグラフが人気となるが、2日前に出した漫画（ルイ＝フィリップが長い舌を出して国の宝を片っ端から飲み込んでいる）のために、彼は国王の人格侮辱と政府軽視扇動のかどで5カ月の禁固と500フランの罰金刑を受ける。
12.29	貴族院議員職の世襲制廃止を可決。以後この院の政治的重要性は次第に薄れてゆく。
——	オーギュスト・バルビエ Auguste Barbier が、七月革命から利益を得た者たちに対する激烈な風刺詩集『ヤンブ』《Iambes》を出版。
1832	
1.12	この頃衛生観念が普及し、たとえばこの日トゥルーズ Toulouse で、肉屋の個人的屠殺の禁止と屠殺場の衛生管理を義務づける条例が出る。これは牢獄、病院、兵舎、魚市場などの衛生維持の処置に見合ったもの。にもかかわらず、この年コレラが大流行する。
2.22	ボローニャ Bologne を占領したオーストリアの外交政策に対抗するため、カジミール・ペリエは遠征軍を派遣し、アンコーナ Ancône［アドリア海に面した町］を占領、駐留させる。
2.26	ポーランド蜂起（1830年）のあとパリに亡命していたフレデリック・ショパン Frédéric Chopin が、〈プレイエル・サロン〉salons Pleyel で初めてのリサイタルを開く。
3.12	オペラ座でパントマイム・バレーの『ラ・シルフィード』《La Sylphide》［空気の精］が上演され大成功、しゅすの靴で爪先立ちした薄い白衣のマリア・タッリオーニ Marie Taglioni の姿が幻想的な世界（ノディエの短編小説『トリルビー』《Trilby》の翻案）を見事に表現。パリの女性たちはこのモードを真似ようと一生懸命だった。〈白衣バレー〉の始まり。
3.22	全国に拡がっていたコレラがついにパリに達す。
4.20	資金の欠乏から『グローブ』紙廃刊。
4.29	ベリー公爵夫人 duchesse de Berry がマルセイユの近くに上陸。正統王朝派の軍隊を編成して蜂起させようとするが失敗、ヴァンデ地方 Vendée に逃れる。
4.30	この1カ月でコレラによる死者はパリで1万3000人。
5.16	1カ月半前に市立病院 Hôtel-Dieu に患者を見舞ったカジミール・ペリエ首相がコレラで死亡。10月までルイ＝フィリップが直接政治を取りしきる。
5.23	ベリー公爵夫人がヴァンデの若干のふくろう党員 les chouans を蜂起させることに成功するが、結局敗れてナント Nantes に逃れる。
6. 7	パリに戒厳令布告。5日にラマルク将軍 général Lamarque［大革命と帝政時代を象徴するランド県選出の議員、左派の指導者の1人だった］の葬儀が行われ、その葬列が秘密結社、共和主義者、学生、帝政期の元兵士などの大示威行動となり、解散地点のオーステルリッツ橋 pont d'Austerlitz の上では即席演説、〈ラ・マルセイエーズ〉、共和政

	ンヌ大学を占拠、公教育大臣バルト Barthe を罵倒する。
2. 2	ナポレオン1世の時代にイタリアの副王だったウジェーヌ・ド・ボーアルネ Eugène de Beauharnais［皇妃ジョゼフィーヌの連れ子］の息子、ロイヒテンベルグ公爵 duc de Leuchtenberg をベルギー国王にさせないために、フランス大使はルイ＝フィリップの末子ヌムール公爵 duc de Nemours を新王として選ばせる。しかしイギリスの圧力によって彼は辞退して、選挙は無効となる。
2.15	前夜ベリー公爵慰霊のミサを、正統王朝派が示威行動として執行していたサン＝ジェルマン・ローセロワ教会 Saint-Germain l'Auxerrois［ルーヴル宮の前にある］に、この日（謝肉の火曜日）暴徒が乱入し、聖器類を徹底的に破壊、さらにパリ司教館に向かい、そこから本や家具類をもち出して、すべてセーヌ河に投げ込んでしまう。なおこれらの反教権主義の運動は地方にも波及したが、これは権力批判としては一種の迂回行為であったので、政府は傍観の立場をとった。
3.13	ポーランド支援のための示威行動など、暴動の続発によって信用を落としていたラフィット首相が前日に辞職したため、この日保守の〈抵抗派〉の指導者カジミール・ペリエが政府を形成する。
3.16	ヴィクトール・ユゴーの『ノートル＝ダム・ド・パリ』《Notre-Dame de Paris》が出版される。
3.25	国民軍 garde nationale 法成立。兵士は自らの士官を選挙で選ぶ権利を獲得する。
3.27	フランソワ・アヴネック François Haveneck がフランスで初めてベートーヴェンの『第9交響曲』をパリで指揮したが、評判は今ひとつ。
4.19	新しい選挙法成立。選挙資格としての納税額を300フランから200フランに下げ、営業税も含めることとし、二重選挙を廃止。このため選挙人の数は9万人から16万6000人、最終的には24万1000人に拡大。その結果、中流ブルジョワジーの数が増えて、彼らは今まで奪われていた権利を、それを与えてくれた者のために行使するようになる。
7. 5	立法府選挙。過半数の議席を得たリベラル派の勝利。この結果〈運動派〉の動向が重要にはなったものの、議長職を占めたのは、右派の正統王朝派の支持を取りつけた〈抵抗派〉だった。
8. 5	ベルギーを侵略していたオランダ軍に対抗して、カジミール・ペリエは干渉を決意、この日、フランス遠征軍がオランダ軍を追い払う。
8.—	ランス Reims で土工たちが黒旗を掲げ、「仕事か死を」と要求する。
11.21	（～24日）リヨンの絹織物工 canuts の暴動。長引く不況下で賃金の低下と失業にあえいでいた職人や労働者たちは、企業経営の自由を楯に、政府と企業主が拒否していた最低賃金制を要求して立ち上がる。絹織工たちは、原材料の供給と歩合の固定を要求して圧力をかけ、知事の仲介による合同委員会では一度は合意に達してはいたものの、若干の企業主の適用の拒否を前にして大規模なストライキに突入し、さらに「働いて生きるか、闘って死ぬか」を旗印に蜂起した。カジミール・ペリエはオルレアン公爵（国王の長男）と陸軍大臣スルト Soult 指揮

	あった。
10.16	カトリック・リベラル派の新聞『アヴニール』《l'Avenir》をフェリシテ・ド・ラムネー Félicité de Lamenais が創刊。彼の周囲に若きカトリック・リベラル派のグループができ、ジャン＝バティスト・ラコルデール Jean-Baptiste Lacordaire やモンタランベール伯爵 comte de Montalembert が執筆に参加。新聞の標語は「神と自由」〈Dieu et la Liberté〉。
11. 2	銀行家ジャック・ラフィットが首相となる。この意味は、七月革命の運動を継承し、そこからすべての社会的・政治的成果を引き出さねばならないとするリベラル左派の〈運動派〉mouvement（8月11日の政府内でいえば無任所大臣ラフィット、法務大臣デュポン・ド・ルゥール Dupont de l'Eure、国民軍司令官ラ・ファイエットで、機関紙は『ナシオナル』）が一時的に権力を握ったということ。彼らは対外政策では「人民の神聖同盟」を唱え、1815年の条約を破棄して、ベルギー国民支援のための干渉を主張する。
11. 9	〈運動派〉の議員オディロン・バロー Odilon Barot が新聞の保証金問題で〈抵抗派〉résistence のギゾーを激しく批判、政府は中産階級の基礎の上に政策を実行しなければならないとした。〈抵抗派〉とはシャルル10世の失墜後の旧大臣の死刑要求などに抵抗した者たち、つまり「革命などなかった、単に国家の首長が交代しただけだ」と述べたカジミール・ペリエ Casimir Perier や内務大臣ギゾーらのことで、機関紙は『ジュルナル・デ・デバ』《Journal des Débats》。対外政策では1815年のヨーロッパ均衡政策の尊重を主張。
12. 5	音楽のロマン派エクトール・ベルリオーズが『幻想交響曲』《Symphonie fantastique》で大成功。
12.21	ポリニャックと3名の元大臣に貴族院が終身禁固の評決。すでに10月21日にはパリっ子たちはヴァンセンヌの牢獄 donjon de Vincennes に集まり、「大臣らには死刑を」と叫んでいた。
——	この年、イギリスからダンディスムが入ってきて上流社会の若者たちをとらえる。彼らの理想はジョージ・ブランメル Georges Brummell とバイロン卿であり、労働を軽蔑し、ぞろぞろと散歩しながら「気に入られないことの貴族的快楽」を誇示する。薄桃色のズボン、プラム色のチョッキ、青いゼファー地の上着、パイプをくわえ、ステッキをもち、シャンパンを音を立てて飲み、劇場で人が泣く時、大笑いをする。一言も英語を解さないのに自分はイギリス人だと思い込んでいる者たち。
1831	
1.18	1830年の運動に賛同したピエール・ルルーが、『グローブ』紙を「サン＝シモン主義教義の新聞」〈journal de la doctrine saint-simonienne〉と副題して再発行する。
1.20	ロンドンのヨーロッパ列強会議がベルギーの中立を宣言。
1.—	前年の12月に逮捕された仲間の有罪判決に抗議して、学生たちがソルボ

	ギュスト・ブランキ Auguste Blanqui が〈人民の友協会〉Société des amis du peuple を設立。不安になったリベラル派の議員たちは、オルレアン公爵への王位就任要請の宣言文（ティエールが作成）を発表する。
7.31	市庁舎のバルコニーで、広場に集まった群衆を前にラ・ファイエット将軍がオルレアン公爵の首に両手を回して抱擁 accolade し、彼が国王代理人 lieutenant général du royaume を引き受けたことを祝福する。シャトーブリアンはこれを「ラ・ファイエットの共和主義者の接吻が国王を作った」と評する。つまり共和主義的英雄だったラ・ファイエットが王政を受け入れた、共和主義者が立憲王政の続行を承認したということの象徴的儀式だったのだ。ラ・ファイエットはその後七月王政の反動化に反対して野に下ることとなる。
8. 1	ルイ＝フィリップに前日署名させていた勅令、1）議会の招集、2）『シャルト』の尊重、3）三色旗の採用が発表される。
8. 2	パリ郊外のランブイエ Rambouillet でシャルル10世は、息子のアングレーム公爵ルイ19世 duc d'Angoulême, Louis XIX のために退位、次にアングレーム公爵は甥のボルドー公爵アンリ５世 duc de Bordeaux, Henri V のために退位、19歳のこの新王の未成年の間はオルレアン公爵に摂政を委任する、という儀式を行う。しかし議会もルイ＝フィリップもこれを受け入れず、やむをえず亡命を決意。
8. 3	シャルル10世に国外退去を強制するため、義勇兵がランブイエに向けて出発する。
8. 3	議会開催。240名の下院議員と60名の貴族院議員を前にオルレアン公爵ルイ＝フィリップは、改革案を示し『シャルト』改正の希望を述べる。共和主義者たちのデモの圧力のもとに議会は作業に入る。
8. 7	改革案完成。議会はルイ＝フィリップを国王代理人に推薦、同じく彼に王位就任を要請する。（下院：賛成219、反対33、棄権97／貴族院：364名中114名が出席し、賛成89、反対10、白票14、無効１）。
8. 7	貴族院でシャトーブリアンの見解が読み上げられ、「本性において共和主義者、理性において王政主義者、名誉においてブルボン主義者」であったルイ18世の元大臣の彼は、新しい権力への参加を拒否して忠誠の道を選ぶ。
8. 9	オルレアン公爵がブルボン宮 Palais-Bourbon［下院議会議事堂］で即位、『改正シャルト』に忠誠を誓い、〈フランス人の王、ルイ＝フィリップ１世〉Louis-Philippe Ier, roi des Français となる。
8.11	ルイ＝フィリップが最初の政府を組織。首相の決まっていないこの政府には、保守派からリベラル派まであらゆる党派の者が参加する。
8.25	フランスの例に影響されて、ブリュッセルでベルギー人がオランダからの独立をめざして蜂起。
9.25	タレーラン Talleyrand がイギリス大使としてロンドンに着任。彼の任務は重大で、それはリベラル派の勝利で成立したフランスの新体制を列強各国、とくにイギリスに承認させ、干渉行為を未然に防ぐことに

4. 1	郵便配達サーヴィスがフランス中のすべての市町村 communes で1日1回各戸宛に始まる。1キロメートルを5分で走る四頭立て馬車によるもの。
5.16	首相ポリニャックは議会を解散する。
5.25	デュペレ Duperré 提督指揮下のフランスのフリゲート艦がアルジェへ向けてトゥーロン Toulon を出航。1827年のフランス領事侮辱事件の報復のため。ポリニャックはこの作戦によって世論を変え、不況下のマルセイユ貿易の好転を狙う。
5.31	オルレアン公爵はフランス訪問中のナポリ王家（彼の妻の親族）のために、パレ＝ロワイヤル Palais-Royal で盛大な舞踏会を開く。出席したシャルル10世がバルコニーに姿を現しても、群衆からは「国王万歳」の挨拶を受けない。
7. 5	350隻の船で運ばれた3万7000名の地上軍の攻撃によってアルジェは陥落し、カスバ casbah の上に白百合の旗がひるがえる。『グローブ』紙の批評は「動機はくだらなく、目的はうさんくさく、結果は未知」。
7.19	6月23日から続いていた立法府の選挙の結果、先の建白書に署名した221名の仲間は274名となり、与党は145名で惨敗。
7.25	シャルル10世は『シャルト』第14条に基づいて一種のクーデター宣言である〈四つの勅令〉に署名、翌日『モニトゥール』紙に発表。これは1）出版の自由の停止、2）発足して間もない議会の解散、3）選挙人の数を減らすための納税額の見直し（商人・職人層の排除のために営業税を基本納税額からはずす）と県の二次投票の有権者だけによる選挙、4）投票日の指定、からなったもの。
7.26	『ナシオナル』紙の編集室にティエール、レミュザ Rémusat らが集まり、出版と報道の自由の禁止に抗議して共同声明を作成。48名のジャーナリストがこれに署名して、4つの新聞に発表する。
7.27	パレ＝ロワイヤルの十字路に最初のバリケードが出現。〈栄光の三日間〉Trois Glorieuses の始まり。
7.27	無許可で出た『タン』《le Temps》紙の印刷機の破壊に赴いた警察署長は職人たちに嘲弄され、なすすべもなく引き上げる。
7.28	パリ駐屯部隊を指揮していたマルモン元帥 maréchal Marmont は、今や全市を制圧した叛徒の前に手も足も出せず、ルーヴル宮とテュイルリー宮に部隊を引き上げて、そこで地方軍の到着までの抵抗を行うこととなる。
7.28	ノートル＝ダム寺院の大鐘は警鐘を鳴らし、市庁舎 Hôtel de ville は占領されて、15年来で初めての三色旗がひるがえる。
7.29	ルーヴル宮とテュイルリー宮が落ち、叛徒がパリを支配する。リベラル派の議員たちによって指名された市委員会 Commission municipale と、国民軍司令官に任命されたラ・ファイエットが市庁舎に入る。
7.29	サン＝クルー Saint-Cloud にいたシャルル10世は〈勅令〉を撤回し、ポリニャックを更迭、モルトマール Mortemart に組閣を命じる。
7.30	共和主義者のゴドフロワ・カヴェニャック Godefroy Cavaignac とオー

——	ローヌ川で最初の蒸気船が就航。
——	アリエージュ県で女装した何百人という農民が森林警備隊を襲う。かつての慣習権だった国有林での放牧の禁止に抗議し、没収された家畜を取り戻すため。
——	連載小説の登場。ヴェロン博士 docteur Véron の創刊した『ルヴュ・ド・パリ』《Revue de Paris》の原則は「以下次号」。サント＝ブーヴ、ヴィニー、ミュッセ、ラマルティーヌ、メリメ、コンスタンを擁してこの事業の成功は疑いなし。
——	ヴィニーが『ヴェニスのムーア人』《Le Maure de Venise》の題でシェークスピアの『オセロ』《l'Othello》を翻訳・出版。
1830	
1. 3	アドルフ・ティエール Adolphe Thiers、フランソワ・ミニェ François Mignet、アルマン・カレル Armand Carel が大商人たちの支援を得て、日刊紙『ナシオナル』《le National》を創刊、タレーランとコンスタンが支援し、銀行家ラフィットが保証を引き受ける。その主張は、真の立憲王政の擁護であり、言論の自由や選挙制度への侵害には断固として闘うと宣言し、ブルボン家の交代を勧めてオルレアン公爵 duc d'Orléans に肩入れをするというもの。この新聞によってシャルル10世の体制に対する包囲戦の火ぶたが切られ、『ナシオナル』は1688年のイギリス革命に範を求めたオルレアン派 orléanistes の新聞となる。
2.25	ユゴーの『エルナニ』《Hernani》が〈コメディ＝フランセーズ〉Comédie-Française［＝〈テアトル＝フランセ〉Théâtre-Français］で初演。前年に書き上げていた『マリオン・ドロルム』《Marion Delorme》が検閲で上演を禁止されていたことを考慮して、この作品においては〈若きフランス〉les Jeune-France を戦略的に平土間に動員配置し、長髪と赤チョッキのテオフィル・ゴーティエ Théophile Gautier、アレクサンドル・デュマ、ジェラール・ド・ネルヴァル、エクトール・ベルリオーズ Hector Berlioz らが拍手喝采をもって古典派趣味の観客を圧倒、このロマン派劇を勝利させる。序文に言う、「自由があらゆるところに浸透しているこの時代にあって、世界で当然もっとも自由であるはずの思想が除外されているのは奇妙なことではないか」。
3.16	シャルル10世の脅迫的な国会開会勅辞の結果、クーデターを予感した多数派のリベラル左派の議員たちはロワイエ＝コラール Royer-Collard の指導のもとに建白書を起草、221対180票でこれが採択される。建白書にいわく、「『シャルト』は公益に関する討議への国民 pays の干渉を権利として認めています……。それはあなたの人民 peuple の願いとあなたの政府の政治的見解が一致して常に変わらないことを、公共の事柄の正常な歩みの不可欠の条件としているのです。陛下、今や〈この一致は存在していない〉とあなたに告げるのは、われわれの信義、われわれの忠義心の強いるところなのです」。かくして、『シャルト』の順守、「『シャルト』かしからずんば死を」は〈七月革命〉の合言葉となった。

1829	
1. 1	ラ・ペ通り rue de la Paix にガス燈がともる。
1. 4	オーギュスト・コントが精神の病から立ち直り、『実証哲学講義』《Cours de philosophie positive》を再開する。
1.19	ヴィクトール・ユゴーがギリシャ人のトルコへの反抗から着想を得た『東方詩集』《Les Orientales》を出版。
2.11	古典劇の慣例である三単一の規則に敢然と挑戦したアレクサンドル・デュマ Alexandre Dumas の戯曲『アンリ3世とその宮廷』《Henri III et sa cour》が、〈テアトル＝フランセ〉Théâtre-Français で平土間の喝采を受ける。
3.28	オノレ・ド・バルザック Honoré de Balzac が『最後のふくろう党員』《Le Dernier Chouan》を出版し、雑多な偽名を放棄して本名を名のる。
4. 8	マルティニャックは、市町村議会・県議会の議員任用に関する行政改革案を引っ込める。彼は議員を任命ではなく選挙で決めることを望んでいたが、下院議会の無数の手直しの結果これを断念したもの。
4.20	〈オペラ＝コミック座〉Opéra-Comique が〈フェドー・ホール〉salle Feydeau から〈ヴァンタドゥール・ホール〉salle Ventadour へ引越しをする。
6. 8	共和派 républicain の新聞『トリビューヌ・デ・デパルトマン』《la Tribune des départements》をファーブル兄弟 frères Fables が創刊、学生の間に浸透する。
8. 3	イタリア人作曲家ロッシーニが〈ル・ペルティエ・ホール〉salle Le Peletier で、シラーの悲劇に基づいたオペラ『ウィリアム・テル』《Guillaume Tell》を発表する。
8. 6	シャルル10世はあまりに穏健な政策を志向する首相マルティニャックを更迭し、ウルトラ中のウルトラのポリニャック大公に組閣を命じる。（8月8日に内閣成立、『フィガロ』紙《le Figaro》は「この大臣たちならバスティーユ監獄の再建からメートル法の廃止まで何でもできる」と皮肉る）。
8.—	元校正係のフランソワ・ビュロ François Buloz が政治・文学雑誌『ルヴュ・デ・ドゥ＝モンド』《Revue des deux-mondes》を創刊。「高度な文化雑誌」をめざしてロマン派闘争に参加する。
9.14	アドリアノープル条約締結（ヨーロッパ・トルコのアドリアノープル Adrianople で結ばれたロシアとトルコ間の条約）。この結果、ロシアはドナウ河口部を獲得し、黒海とボスポラス、ダーダネルス両海峡の自由航海権を得る。またギリシャの自主独立も認められる。フランスはモレア半島の遠征軍を引き上げる。
11. 7	マルク・スガン Marc Seguin の革命的ボイラーを備えた機関車がリヨン市を走る。時速10キロメートル、19トンの荷物を牽引する。
——	この年、フランスで最初の鉄道トンネルがリヨン〜サン＝テティエンヌ間で完成。

	のロッシーニのオペラで成功する。
4.11	乗合馬車 omnibus の登場。1人3スー、100台ほどのこの馬車が1日3万人を運ぶ。
4.16	ボルドー Bordeaux でスペイン人画家フランシスコ・ゴヤ Francisco Goya が死去。リベラル派革命の失敗のあと、1824年よりフランスに亡命していた。
4.18	この日ギゾーがソルボンヌに復帰する。以後クザン Cousin とヴィルマン Villemain を加えた3人の講義に、大勢の聴衆が集まる。
5.26	エクトール・ベルリオーズ Hector Berlioz が〈国立音楽演劇学院〉Conservatoire のホールで、自作（幻想交響曲など）の発表会を開くが、成功とまではいかない。
7.18	新しい出版法が事前許可制と「その意図あり」として裁く権限 procès de tendance を廃止する。
7.19	サント＝ブーヴ Sainte-Beuve が『16世紀におけるフランス詩とフランス演劇の歴史的・批判的一覧』《Tableau historique et critique de la poésie française et du théâtre français au XVIe siècle》を出版し、プレイアード派 la Pléiade の詩人たちを復権させる。
8.26	フランスはモレア（ペロポネソス半島）にメゾン将軍 général Maison 指揮下の遠征軍を派遣し、ギリシャとオスマン・トルコの間に軍事介入する。
9. 4	アリエージュ県 Ariège で農民たちが教会の家捜しをし、昔の勅許状を見つけようとする。これは国有林での慣習権を廃止する新しい森林法に対抗するためのもの。
10.16	すでにイギリスの工業地帯で活躍していた鉄道が、同じ目的でサン＝テティエンヌ～アンドレジュー Saint-Étienne—Andrézieux 間に開通し、鉱山から石炭を運ぶ。
10.27	この日の『裁判所情報』《Gazette des tribunaux 》によってスタンダールは『赤と黒』の主人公ジュリアン Julien 創造の啓示を受ける。彼が啓示を受けた1827年7月22日のこの事件は、若き神学生アントワーヌ・ベルテ Antoine Berthet が、恋と嫉妬から昔の恩人で恋人のミシュー・ド・ラ・トゥール夫人 Mme Michoud de la Tour を教会のミサの最中にピストルで狙撃し殺害したというもの。この神学生は2月23日に処刑された。
11. 5	実業家オネジフォール・ペクール Onésiphore Pecqueur が自動車の作動装置とかじ取り装置の原理を発明し、特許を取る。
12.—	〈若きロマン派〉の詩人ジェラール・ド・ネルヴァル Gérard de Nerval がゲーテの『ファウスト』を翻訳し、出版する。
——	ギゾーが『ヨーロッパ文明史』《Histoire de la civilisation en Europe》を出版、事件史ではなく、制度、風俗、社会階級にこだわった全体史を試みる。
——	医師フランソワ・ブルセー François Broussais が『いら立ちと狂気についての概論』《Traité de l'irritation et de la folie》を出版。

	なっていくつかの地方では、長年にわたる活発な反対運動が発生することとなる。
6. 5	アテネのアクロポリスが、フランス人大佐ファヴィエ Favier の英雄的な防衛戦にもかかわらず、トルコ・エジプト連合軍の手に落ちる。
6.30	エジプト大守メフメット・アリー Mehemet Arl がシャルル10世にキリンを贈り、キリンはマルセイユから歩いてこの日パリに到着する。
7. 6	ロシア、イギリス、フランスはロンドンで会合し、オスマン・トルコ皇帝にこの３国の仲介を受け入れるよう圧力をかける。そしてギリシャの自主独立を保証するために連合艦隊をその沖合に派遣することを決める。
7.—	リベラル派の歴史家フランソワ・ギゾーの主導によって、秘密結社〈天は自ら助くる者を助く〉《Aide-toi, le ciel t'aidera》が結成される。そして政府の選挙政策を迎え撃つため各地方委員を組織し、推定23％という選挙人の増加部分の「覚醒」運動に乗り出す。
8.24	メゾン＝ラフィット Maisons-Laffite で死去したマニュエル議員 député Manuel の棺をペール＝ラシェーズ墓地まで葬送するめに、10万人の人びとが同行する。これは首都内の通過を禁止した政府命令への挑戦。
10.20	ナヴァラン Navarin［現在のピュロス Pylos］での海戦。「悲しむべき誤解の」の結果、三国連合艦隊がメフメット・アリーのエジプト艦隊を壊滅させる。
11. 6	ウジェーヌ・ドラクロワが『サルダナパロス王の死』《La Mort de Sardanapale》［アッシリア帝国最後の王］を〈ル・サロン〉に出品、大評判となる。
11.17	（および24日）立法府選挙で政府側が敗北。与党ウルトラ派180に対し、リベラル派180およびウルトラ〈離脱〉派が70議席を獲得。
12. 4	ヴィクトール・ユゴーが戯曲『クロムウェル』《Cromwell》の序文で、古典悲劇の規則を放棄し、ロマン派劇の考え方を提示する。
1828	
1. 5	３日のヴィレールの辞職のあとを受けて、マルティニャック子爵 vicomte de Martignac が中道右派の内閣を形成する。そしてウルトラ派との関係を断ち、穏健なリベラリスムの政治を進めようとする。
1. 5	新マルティニャック内閣では、教育のキリスト教化は終了したとして、公教育省が宗教省と切り離される。
1.—	フランソワ・ギゾー、ヴィクトール・ド・ブロイー公爵 duc Victor de Broglie、シャルル・ド・レミュザ伯爵 comte Charles de Rémusat という〈正理論派の運動〉Mouvement des doctrinaires の指導者たちが、哲学と文学の新聞『ルヴュ・フランセーズ』《la Revue française》を創刊。〈中庸主義〉juste milieu の政治を志向する彼らは、〈旧体制〉Ancien Régime も普通選挙 suffrage universel も排斥して、1814年の『シャルト』の原則の適用にむしろ好意的態度を示す。
4. 8	すでに1825年５月にロンドンの王立劇場で観客を熱狂させていたマリブラン Malibran（Maria Garcia）が、パリに帰ってきて、〈イタリア座〉

——	数学者で政治家、〈国立工芸学校〉Conservatoire des arts et métiers の幾何学と力学の教授、フランスの統計作業の創始者シャルル・デュパン Charles Dupin が民衆の教育状態地図を作成する。
——	ルイ・クリストフ・アシェット Louis Christophe Hachette が教科書出版も含めた出版社を作る。
——	〈シャラントン救済院〉hospice de Charenton の主任医師ジャン＝エティエンヌ・エスキロル Jean-Etienne Esquirol が、それまで手足を縛って拘禁するだけだった精神病者を、介護し治療するよう主張して実践する。
——	ここ数年の自殺者の統計的調査が始まる。
1827	
1.25	〈アカデミー・フランセーズ〉はヴィレールの準備している言論統制法に対して抗議する。
2. 6	リヨンのリベラル派の新聞『プレキュルスゥール』《le Précurseur》が、ヴィレール内閣に反対して激しい社説を載せる。
2.—	シャトーブリアンは離脱組のウルトラの仲間とともに、ヴィレールへ対抗する分派〈出版の自由の友の協会〉Société des amis de la liberté de la presse を作る。
3. 7	〈サン＝テティエンヌ～リヨン間鉄道会社〉Société du chemin de fer de Saint-Étienne à Lyon がフランス第2番目のものとして設立され、王令によって定款が承認される。
3.15	新聞の送料（郵税）が2サンティームから3サンティームに上がり、これが広告の発達を促す。
3.30	ラ・ロシュフーコー＝リアンクール公爵 Duc de La Rochefoucauld-Liancourt の棺に付き従う学生たちと警官隊の間で乱闘事件。この偉大な博愛家はその明確な政府批判の姿勢のためにさまざまな公職を剝奪されていたが、野党派の葬儀が政府反対デモになることを恐れた権力側は、棺を手で運ぶことを禁止していた。公爵が設立した〈国立工芸学校〉の学生たちは、しかしあえてそれを強行しようとして、教会の出口で乱闘騒ぎとなった。
4.17	貴族院は出版法案を却下する。この決議を歓迎してデモが発生し、サン＝ドニ門地区 quartier de la porte Saint-Denis でバリケードが作られる。
4.22	兵舎生活の単調さにうんざりしたアルフレッド・ド・ヴィニー大尉は、軍隊を離れる。
4.29	シャルル10世はヴィレール内閣に敵対する国民軍を解体し、これによってブルジョワ層の支持を失う。
4.30	アルジェ、フランス、リブールヌ Libourne［ジロンド県の都市］のユダヤ商人間の負債の三者交渉をしていたフランス領事ピエール・ドヴァル Pierre Deval は、アルジェ太守フセイン Hussein, le dey d'Alger から蠅たたきで3回打たれる。（これが1830年のアルジェ侵攻の口実となる）。
5.21	国有林法が農民から慣習法に基づく諸権利を取り上げ、これが発端と

	人が参加し、反対派のデモとなる。議員としての彼の個人の自由（身体の自由ともいう）擁護の演説や、二重投票制反対、〈10億フラン法〉反対の演説は民衆の圧倒的な支持を得ていた。この行列にオルレアン公爵は自分の空の馬車を参加させて、その象徴的な意味が評判になった。
12.24	ミュルーズ Mulhouse で主だった綿織物業主が〈工業クラブ〉Société Industrielle を結成、産業における技術革新の普及をめざす。
1826	
1.24	アングレーム公爵を議長に〈監獄改善王立協会〉Société royale pour l'amérioration des prisons が最初の会合を開き、留置人への福音伝道に努力することを決める。
1.—	ロンドンで発生した金融危機がボルドーの商業を襲い、大陸に拡がり始める。
2.—	15歳のリスト Liszt のピアノ演奏がリヨンで評判になる。
3. 9	1822年に閉鎖された〈高等師範学校〉が、〈予備学校〉Ecole préparatoire の名で復活する。
4. 2	オーギュスト・コント Auguste Comte が『実証哲学講義』を始めるが、3回目も終わらないうちに脳の発作（4月15日）でエスキロル Esquirol 博士の診療所に入院。
4. 7	ヴィレールがイギリス型の貴族制度を創出しようとして提出した〈長子権法〉を貴族院が否決。
4.—	『アイヴァンホー』《Ivanhoé》の作者ウォルター・スコット Walter Scott を越える歴史小説家として、ヴィニーが成功する。『サン＝マール』《Cinq-Mars》の出版。
5.—	金融危機が産業危機を生じさせ、リヨンの織機3万台のうち1万台が止まる。
6. 7	リヨン～サン＝テティエンヌ Lyon—Saint-Etienne 間の鉄道の権利委譲が〈スガン兄弟会社〉Société Seguin frères に認められ、26日からフランスで2番目の鉄道工事が始まる。
7.—	織物業の経営危機によって、アルザスで多数の労働者が解雇される。
10.19	悲劇の名優ジョゼフ・タルマ Joseph Talma の死。
12.12	だぶだぶの白衣と夢見る様子のピエロ役者、パントマイムのジャン＝ガスパール・ドビュロー Jean-Gaspard Deburau が〈フュナンビュール座〉théâtre des Funambules で大いに受ける。
12.26	法務大臣が「愛と正義の」法と称する出版法改悪案を下院に提出。
——	この年、行政当局は住民2950万人の国勢調査の結果、自然増と移住の資料による1816年から1821年までの人口動態を公表した。
——	リベラリスムのためにソルボンヌを追われていた哲学者ヴィクトール・クザン Victor Cousin が『断章』《Fragments》を出版、その序文は哲学における折衷主義 éclectisme の明確な主張となる。
——	ギゾーが『イギリス革命史』を出版、絶対主義のゆえに倒されたステュアート家の没落過程を詳述する。

	de fer de Saint-Étienne à la Loire がフランスで最初の鉄道建設のために設立され、国王からその定款が承認される。
8.26	大学長フレシヌスのために〈宗教・教育省〉ministère des Affaires ecclésiastique et de l'Instruction が創設される。
9.15	『グローブ』《le Globe》紙第1号が出る。ピエール・ルルー Pierre Leroux などブルターニュ出身の4人が創刊し、非パリ的で非政治的な独自性をめざす。科学の進歩と諸理論、さまざまな発見と新しい流れの情報紙（週3回の発行）。保守とロマン主義の中間の立場から。
9.16	この朝ルイ18世が老人性壊疽のため69歳で死去、弟アルトワ伯爵がシャルル10世 Charles X の名で国王となる。
9.24	ルイ18世の柩のサン＝ドニ教会への葬送。
11. 3	華々しくアメリカ合衆国を巡回旅行していたラ・ファイエットが、元大統領トーマス・ジェファーソン Thomas Jefferson と会見。
——	この年〈ル・サロン〉展では2つの絵が注目されていた。1つはアングル Ingres の『ルイ13世の誓願』《Le Vœux de Louis XIII》で、古典派の支持者がこれに集まった。もう1つはドラクロワの『キオス島の虐殺』《Les Massacres de Scio》で、これはギリシャ国民のトルコに対する抵抗への讃歌として、若きロマン派たちのマニフェストと見なされた。また『コンスティテュショネル』紙の執筆者で若き弁護士のアドルフ・ティエール Adolphe Thiers が、ドラクロワのこの絵について熱烈な賞賛記事を書いた。
——	この年ナポレオンのロシア遠征の時の副官フィリップ・ド・セギュール Philippe de Ségur が『ナポレオンと1812年の帝国軍の歴史』《Histoire de Napoléon et de la Grande Armée pendant l'année1812》を出版、大いに売れる。
1825	
3.23	大革命で財産を没収された貴族たちへの補償のための〈亡命者10億フラン法〉loi, dite du〈milliard pour les émigrés〉を259対124で可決。
4.17	1804年に一方的に宣言していたハイチ島の独立をシャルル10世が承認。
4.20	瀆聖を死刑で罰する法律成立。
5. 1	前年に提案して引っ込めた国債の切り替え案を手直しして任意とし、年利も3％、4.5％、5％と多様化して再提出、可決。
5. 7	リベラル派のジャーナリスト、オーギュスタン・ティエリー Augustin Thierry が『ノルマン人のイギリス征服史』《Histoire de la conquête de l'Angleterre par les normands》を出版。ノルマン人が貴族階級を形成し、サクソン人が人民となったと説く。
5.29	ランス Reims でシャルル10世の聖別戴冠式。
11. 4	サン＝マルタン運河 canal Saint-Martin の開通式。
11.23	ルアン Rouen 近くの製糸工場で800人の従業員がストライキ。憲兵隊が派遣され弾圧は過酷をきわめた。この日の朝、見せしめに1人が絞首刑。
11.30	ワーテルローで負傷した帝政期の将軍フォア général Foy の葬儀に10万

てロマン派演劇への道を開く。
4. 7 ルイ18世の甥のアングレーム公爵指揮下のフランス軍が、サン＝ジャン＝ド＝リューズ Saint-Jean-de-Luz の先のビダソア川 la Bidassoa で国境を越え、スペインに入る。
4. 8 司教たちが初等教育を意のままに支配できる権限を受ける。
7. 1 ジョゼフ＝ニセフォール・ニエップス Joseph-Nicéphore Niépce が写真発明の手がかりをつかむ。（この日付の手紙による）。
7.15 新しい雑誌『ミューズ・フランセーズ』《la Muse française》が発刊され、シャルル・ノディエ Charles Nodier の周囲に若いロマン主義作家のグループができる。
8.23 フランス産業生産物展が開幕し、話す人形などが出品される。
8.31 フランス軍がトロカデロ Trocadero の砦を奪取。
9.30 技師マルク・スガン Marc Seguin がトゥルノン Tournon のローヌ川 le Rhône に、アメリカをモデルに吊り橋をかける計画を立て承認される。
12. 3 アングレーム公爵がスペイン遠征軍の先頭に立ち、エトワール門より凱旋する。
12.23 ヴィレール首相がリベラル派の反対を押さえ込むために、一群のウルトラロワイヤリストを貴族院議員に任命する。
12.24 スペイン戦争の勝利を利用して、ヴィレールが下院議会を解散する。
12.— サン＝シモンが『産業者の教理問答集』《Le Catéchisme des industriels》を出版。

1824

1.14 シャルル・ノディエがアルスナル図書館長 bibliothécaire に任命され、そこに芸術家たちのサークル〈セナークル〉Cénacle を作る。
2.26 （～3月6日）立法府選挙でウルトラ派の圧倒的勝利、430議席のうちの411議席を獲得。その結果1815年の議会の呼称をもじって〈再び見出された議会〉と名づけられる。
4. 1 作曲家ロッシーニが〈イタリア座〉Théâtre-Italien の座長となる。
4. 7 勅令によって初等教育を聖職者にゆだねる。
5.— 技師ルイ・ヴィカ Louis Vicat が初めてセメントを使った橋をロート県 Lot に建設。
6. 3 貴族院の反対に直面して、ヴィレールは国債の切り替え案を引っ込める。彼は亡命貴族 émigrés への補償費用を捻出し、国の出費を軽くするために、利率を5％から3％に切り下げて国債を切り替える案を提出していた。
6. 5 国債の切り替えに反対したシャトーブリアンは、容赦なく外務大臣の地位を追われ、アンヌ・ド・ダマース男爵 baron Anne de Damas が後任になる。
7.12 ウジェーヌ・シュヴルール Eugène Chevreul がソーダによる油脂の鹸化の発明で特許をとる。
7.21 〈サン＝テティエンヌ～ロワール河間鉄道会社〉Compagnie du chemin

	党〉の陰謀を否認する。
6. 1	高等教育における非キリスト教化の動きに対抗して闘おうとするドニ・ド・フレシヌス司教 évêque Denis de Frayssinous のために、1815年に廃止されていた大学長 grand-maître de l'Universitè の職を復活させる。（大学長は文部大臣に近い。〈ユニヴェルシテ〉はナポレオン1世の時代には高等教育＝Facultés、中等教育＝Lycées et collèges、初等教育という3つの公教育を統括していた）。
6. 8	ヴィクトール・ユゴーがロマン主義とカトリックと王政主義の霊感で書いた初めての詩集《Odes et Poésies diverses》を出版、国王から年金を受ける。
6.15	田舎で「皇帝万歳」と叫んで歩き回っていた一隊が逮捕され、その長のカロン大佐 Colonel Caron がコルマールで処刑される。事実はボナパルティストを摘発する警察の挑発行為。
9. 6	大学長フレシヌス、〈高等師範学校〉École normale supérieure を廃校に。
9. 7	大蔵大臣ヴィレールが、事実上1821年12月より率いていた内閣の総理大臣を引き受ける。
9.19	若き学者ジャン＝フランソワ・シャンポリオン Jean-François Champollion がエジプト象形文字の解読に成功する。
10.12	ソルボンヌ大学近代史教授ギゾーの講義が、ヴィレール内閣批判のために中止に追い込まれる。
11.19	ヴェローナ Vérone のヨーロッパ会議は、リベラル派の革命におびやかされているフェルディナンド国王支援の目的で、フランスがスペインに介入する場合の支持を保証する。
12.25	ヴィレールは、神聖同盟の枠内でのスペイン干渉を主張する外務大臣モンモランシー＝ラヴァル Montmorency-Laval を解任し、行動の自由を保持したいと考えて、シャトーブリアンをその後任に据える（28日）。
——	この年の〈ル・サロン〉展に、ウジェーヌ・ドラクロワ Eugène Delacroix が『地獄のダンテとウェルギリウス』を出品。
——	この年ディエップ Dieppe で、ベリー公爵夫人マリー＝カロリーヌ・ド・ナープル Marie-Caroline de Naples が流行の海水浴をする。
1823	
1.28	ルイ18世は議会開会式の勅辞の中で、フランスはリベラル派の革命で王位を追われたスペイン王を援助する義務があると述べる。
2.26	リベラル派の議員ジャック・マニュエル Jacques Manuel はスペイン干渉に反対したために、ウルトラ派の要求によって武力で議会から排除される。
3. 4	ジャック・マニュエル議員の議会からの追放に反対して62議員が抗議文を作成し、彼はリベラリズムの大義のためのヒーローとなる。
3. 8	イギリス人役者に対するパリの観客の敵意にうんざりして、スタンダールが『ラシーヌとシェイクスピア』を出版。古典悲劇の因習を攻撃し

5.15	鉱山会社、ロワール川 la Loire とローヌ川 le Rhône の間の鉄道敷設の認可を受ける。
7.19	イタリアの作家アレッサンドロ・マンゾーニ Alessandro Manzoni が、ミラノで皇帝賛美の詩『五月五日』《Le Cinq Mai》を発表。
7.30	首相リシュリュー公爵がその盟友のウルトラ派に内務大臣と陸軍大臣の地位を渡すことを拒否、彼らの指導者ヴィレール伯爵とコルビエール伯爵が政府から離脱し、辞職。
10.—	立法府選挙の結果議会のウルトラ派が強化され、彼らはリシュリュー公爵に対する野党勢力となる。
11.21	ソルボンヌ大学教授でリベラル派の歴史家ギゾー François Guizot が『代議制政府の起源の歴史』《L'Histoire des origines du gouvernement représantatif》を出版、ブルジョワ階級の力の上昇過程を描く。
11.24	ソミュール Saumur での〈カルボナリ党〉の蜂起計画失敗。
12. 1	パリでカジミール・ドラヴィーニュ Casimir Delavigne の戯曲『パリア』《Paria》の上演。
12.12	リシュリュー公爵が下院議会の多数派ウルトラロワイヤリストから攻撃され、また国王からも見離されて、内閣総理大臣を辞職。
12.15	リシュリュー公爵失脚の結果、純粋なウルトラ派内閣成立を妨げるものは何もなくなり、首相不在のまま大蔵大臣ヴィレールが事実上内閣の舵取りをする。
12.20	シャンソン作家ベランジェ Béranger が良俗紊乱、王家への侮辱罪などで3カ月の禁固刑。
12.30	アルザスのベルフォール Belfort の守備隊を蜂起させ、コルマール Colmar を占領するという〈カルボナリ党〉の陰謀計画発覚。
——	この年パリの鉄商人ボワーグ家 les Boigues が、イギリスをモデルにフルシャンボー Fourchambault 製鉄所を建設、6000トンの鉄の生産が可能となる。
1822	
2. 6	〈モンタンシエ・ホール〉salle Montansier の劇場で初めてのガス燈照明。
2.17	〈カルボナリ党〉の結社に加入していた第45戦列連隊が、ラ・ロシェル La Rochelle に配置転換される。その後ブルボン家に対する陰謀に加担したかどで4人の下士官が逮捕され、パリのグレーブ広場でギロチン刑（9月21日）。(〈ラ・ロシェルの4人の軍曹〉quatre sergents de La Rochelle 事件)。
2.24	兵士と農民のグループを率いてソミュールの占拠を企てたカルボナリの将校ベルトン将軍 général Berton が、ポワティエ Poitier で処刑。
3.17	（〜18日、25日）新たな出版法で事前許可制を復活させ、国王と宗教攻撃のような曖昧な罪、つまり意図の有無の訴訟 procès de《tendances》に備える。
5.10	立法府選挙でリベラル派の指導者ラ・ファイエットとマルク・ルネ・ダルジャンソン Marc René d'Argenson が落選。選挙民は〈カルボナリ

5.29	リベラル派の議員ショーヴラン侯爵 marquis de Chauvelin が、政府への反対投票のため病を押してかごで登院、群衆から歓呼の声で迎えられる。
6. 5	暴動の際に衛兵に殺されたリベラル派の学生ラルマン Lallemand の遺骸に、5000人の若者が付き従う。葬儀デモの始まり。
6. 7	ベリー公爵の暗殺者でボナパルティストのルヴェル Louvel の処刑、グレーヴ広場で。
6.12	議会選挙に〈二重投票〉を設ける選挙法。258議席は郡のレヴェルの通常の制限選挙、残りの172議席は県のレヴェルの高額納税者の上位4分の1による選挙。これは『シャルト』違反。
8.19	フリーメーソンの結社〈真実の友〉Amis de la vérité と秘密結社〈バザール・フランセ〉Bazar français の企てたリベラル派の陰謀発覚、首謀者ジュベール Joubert とデュジエ Dugied はナポリ王国へ逃亡。のちに密かに帰国してフランスに〈カルボナリ〉Carbonari 運動をもち込む。
11. 4	（～13日）二重投票で行われた立法府選挙、保守派に有利に働く。ウルトラ派と中道右派は340議席、リベラル派80議席。
12.16	ウルトラの指導者ジャン＝バティスト・ヴィレール Jean-Baptiste Villère とジャック・ド・コルビエール Jacques de Corbière が国務大臣に任命される。
12.—	新しい雑誌『コンセルヴァトゥール・リテレール』《le Conservateur littéraire》の編集者ヴィクトール・ユゴーが、バイロン卿に捧げたアルフレッド・ド・ヴィニー Alfred de Vigny の初めての記事を掲載。
——	この年、医師ペルティエ Pelletier とカヴァントゥー Caventou がキニーネを発見。
——	この年、ミロのヴィーナスがトゥーロンに荷揚げされる。
1821	
1.12	ドイツのライバッハ Laybach の会議で、フランス代表のピエール・ブラカース Pierre Blacas は、フランスのナポリ革命干渉に成功できず、オーストリアの自由裁量にゆだねてしまう。
2.22	王令により〈古文書学校〉の設置を決定。中世フランス語の専門家の養成をめざす。
2.—	サン＝シモンが『産業システムについて』《Du système industriel》を出し、生産者 producteurs を擁護する。
3.20	グルノーブルでのリベラル派の示威行動の結果、法学部が閉鎖される。
3.—	アルフレッド・ド・ヴィニー中尉 lieutenant Alfred de Vigny が初めての『詩集』を出版。孤独を強いられる天才の苦悩をうたう。
5. 1	1820年8月19日の陰謀事件の首謀者ジュベールとデュジエがイタリアより帰国、リベラル派の秘密結社〈カルボナリ党〉Charbonnerie を結成。
5. 5	ナポレオン1世、セント＝ヘレナで胃癌のため死去。
5.11	オペラ座の引越し、〈ルーヴォワ劇場〉théâtre Louvois へ。
5.13	サン＝ドニ運河 Canal Saint-Denis の開通。

	デューズ号の筏』を出品、ロマン派絵画の幕開け。
5. 2	リベラル派の新聞『コンスティテュショネル』、調子を穏健にして再出発。
5.17	フランス語での教育を条件に、ユダヤ人学校をパリに設置。
5.―	トゥルーズの〈詩歌コンクール〉Jeux floraux が17歳のヴィクトール・ユゴー Victor Hugo に栄冠を与える。
6. 1	パリ条約で約束されていた黒人奴隷の売買禁止法、アンティル諸島で発効。
6. 9	出版法（〈ド・セール〉de Serre 法）可決。検閲と事前許可の廃止。
8. 7	サン＝シモン Saint-Simon が『オルガニザトゥール』《l'Organisateur》誌を創刊し、第1号でこの国に必要なのは従来からのエリートではなく、経済上の生産者であると明確に主張する。
9.11	立法議会選挙でリベラルな独立派の3度目の勝利（35議席の増加）。ウルトラ派と与党の立憲派の敗北。
10.27	ブレスト Brest に宣教にやって来た7名のイエズス会士が、群衆のヤジで追い返される。
11.20	選挙での敗北の結果デソール侯爵の辞任。ドカーズ公爵が組閣。独立派との連携政策を放棄し、過激王党派との協調の道を探る。エティエンヌ・パキエ Etienne Pasquier が外務大臣に。
――	この年リベラリスムの進展に不安を感じたジョゼフ・ド・メーストル Joseph de Maistre が、『教皇論』《 Du Pape 》を出版。
1820	
2.13	ベリー公爵の暗殺。
2.21	前日のドカーズ首相の解任を受けて、リシュリュー公爵が2度目の首相に任命される。彼はウルトラ派の支持のもとに中道右派の立憲派の政府を形成。中道左派の立憲派は野に下り、復古王政期のリベラルな時代がこれによって終わる。
3.13	ラマルティーヌ Lamartine が『瞑想詩集』《Méditations poétiques》を出版、大評判となりロマン主義詩の幕開けとなる。
3.28	法務大臣セール伯爵がベリー公爵暗殺後のリベラル派の陰謀を恐れて、身体の自由（不法に逮捕されたりしない保障）の制限と被疑者の裁判なしの3カ月の拘禁を認める法律を可決させる。
3.31	新聞と定期性のある出版物の、事前許可と検閲を復活させる臨時立法。
4. 1	検閲に屈するよりはと、シャトーブリアンが『コンセルヴァトゥール』紙を自発的に廃刊する。
4. 1	リベラル派の新聞『ビブリオテーク・イストリック』《la Bibliothèque historique》とコンスタンの『ミネルヴァ』は、検閲を逃れるために定期刊行をやめるが、数週間後に廃刊。
4.19	〈ファヴァール・ホール〉salle Favart のオペラ座落成。
5.13	『コンスティテュショネル』紙の発行人ビドー Bidault は、内乱煽動を疑われた記事のため2年の禁固刑を宣告される。
5.22	イギリスをモデルにした〈農事共進会〉がパリで催される。

	と、リベラル派のバンジャマン・コンスタンが新しい新聞『フランスのミネルヴァ』《la Minerve française》紙を発刊。
3.10	グヴィヨン＝サン＝シール元帥 maréchal Gouvion-Saint-Cyr が提出した徴兵法成立。
6.—	内閣のリベラルな政策に不満をもつ過激王党派は国王を誘拐し、弟のアルトワ伯爵に代行させることを計画する。この陰謀は、そのメンバーがテュイルリー宮殿で集会をしていたので〈水際作戦〉Bord de l'eau と呼ばれたが、結局頓挫して多数の逮捕者を出した。
6.—	スタール夫人『フランス革命の主要な事件についての考察』を匿名で出版。大革命のリベラルな解釈のゆえに物議をかもす。
7. 6	シャトーブリアンは大臣を解職されて収入の道を絶たれ、破産。ヴァレ・オ・ルー Vallée aux Loups の館が競売に付される。
10. 3	シャトーブリアンがウルトラ派の新聞『コンセルヴァトゥール』《le Conservateur》を創刊。ラムネー Lamennais、ルイ・ド・ボナルド Louis de Bonald、ピエール＝アントワーヌ・ド・ベリエ Pierre-Antoine de Berryer が協力する。
10. 9	エクス＝ラ＝シャペル Aix-la-chapelle［ドイツの都市アーヘン Aachen のフランス語名］で開かれていた４列強（イギリス、オーストリア、プロシャ、ロシア）の会議（９月20日—11月４日）において、戦争賠償金が期限前に支払われたことで占領終結を決定。その日付を11月20日とする。ウルトラ派の大臣ヴィトロール男爵 baron de Vitrolles は占領期間を引き延ばし、ロシアの手を借りて政府の改組を画策していたが、この決定によって失敗。陰謀発覚して更迭される。
10.26	サルト県 Sarte の共和派 bleues のブルジョワたちから議員に選ばれて、ラ・ファイエット La Fayette とバンジャマン・コンスタンが政界に復帰、議会の〈独立派〉indépendants の指導者となる。
10.—	立法議会でのリベラル派の躍進（200議席）、立憲派とウルトラ派の退潮。
12.21	リシュリュー公爵は過激王党派の中の穏健な部分と交渉して、自派の拡大を図るが失敗、辞職。
12.29	有力者ドカーズ Decazes は立憲派と独立派を軸に内閣を形成、首相をオーギュスタン・デソール侯爵 marquis d'Augustin Dessolles とし、自分は内務大臣となる。
——	この年、銀行家ジャック・ラフィット Jacques Laffitte はメゾンの城を買い、村の名がメゾン＝ラフィット Maisons-Laffitte となる。ここに復古王政期の反対派フォア将軍 général Foy、ラ・ファイエット、カジミール・ペリエ Casimir Perier、バンジャマン・コンスタンなどが集まる。
１８１９	
3. 3	国王は貴族院でのウルトラ派の反対勢力を弱めるために、60名のリベラルな貴族院議員を新たに任命する。
4.10	ストラスブールにプロテスタント神学部を設ける。
4.24	テオドール・ジェリコー Théodore Géricault が〈ル・サロン〉展に『メ

3.29	ロンドンを発った蒸気船エリーズ号、パリの港に入る。パリ～ロンドン間の定期航路の構想あり。
5. 4	（～5日）グルノーブルでボナパルティストの反乱。
5.31	ナポリ王の娘マリー＝カロリーヌ・ド・ブルボン Marie-Caroline de Bourbon がベリー公爵 duc de Berry と結婚するため、トゥーロンに到着。
6.—	リベラル派の作家で思想家のバンジャマン・コンスタン Benjamin Constant が、心理小説の傑作『アドルフ』《Adolphe》を出版。
7.27	「百日天下」の時のリヨンの軍人知事ムートン＝デュヴェルネ Mouton-Duvernet 将軍の死刑執行。
9. 5	ルイ18世、リシュリュー公爵 duc de Richelieu の穏健政策に反対する過激王党派議会を解散。
9.13	外科医サヴィニー Savigny が『ジュルナル・デ・デバ』《le Journal des Débats》紙に〈メデューズ号の筏〉の遭難者の報告記事を書く。
9.16	シャトーブリアン Chateaubriand が『シャルトによる王政』《La Monarchie selon la Charte》を発表し、議会の解散を批判。国務大臣を解職される（9月20日）。この書は11月に王令により発禁処分。
10. 4	立法議会の選挙、立憲派Constitutionnelsの勝利（150議席）。右派の過激王党派 ultraroyalistes100議席、左派のリベラル派11議席。
1817	
——	この年は前年の不作の結果全般的に飢饉。物価が上昇し騒擾事件頻発。ロシアからの小麦マルセイユに到着（6月）。
1.—	〈パノラマ〉・アーケードのコーヒー店に初めてガス燈がつく。
1. 8	内務大臣ジョゼフ・レネ Joseph Lainé が新しい選挙法を提出し、成立（レネ法）。選挙権は納税額300フラン、被選挙権は1000フラン、選挙は各県庁所在地で行われ、毎年議会の5分の1が改選。
2.10	リシュリュー公爵、占領軍の5分の1が4月7日より国土から退去を開始するとの約束を取りつける。
3.22	ベアリング Baring 銀行（イギリス）とホープ Hope 銀行（オランダ）が戦争賠償金の資金を引き受ける。その結果フランスの銀行家ドレセール Delessert とラフィット Laffitte もこれに協力する。
4.24	ナポレオンが贔屓にした名優タルマ Talma、『ハムレット』の終わりで過激王党派の一団に野次られ、乱闘（リール Lille で）。
7.16	リベラルな『コンスティテュショネル』《le Constitutionnel》紙、帝政賛美の記事のため発行停止となる。
9.13	アンリ・ベール Henri Beyle がスタンダール Stendhal の筆名で『ローマ・ナポリ・フィレンツェ』を出版。
9.20	改選議員の選挙の結果、さらに12名を加えてリベラル派の勝利。このグループは〈独立派〉Indépendants を形成する。
11. 5	国王は〈臨時即決裁判所〉を解体させる。
1818	
2.—	『メルキュール・ド・フランス』《le Mercure de France》紙の失敗のあ

6. 1	シャン＝ド＝マルスでの〈五月の祭典〉Champ de mai。(シャルルマーニュ以来の伝統的式典。ナポレオンは民衆の支持を得て新たに権力を固めることを望み、『付加法』への国民投票 plébiscite の結果を発表する儀式としてこれを行なった。トゥールの大司教バラル Barral のミサのあと、集会を代表して議員のデュボワ・ダンジェ Dubois d'Angers がナポレオンへの国民の共感を表明し、ナポレオンが『付加法』に署名して、自主独立のフランス防衛を誓い、大鷲勲章の授与式で締めくくった)。
6. 7	議会開会。
6. 9	ウィーン会議の最終議定書。
6.18	ワーテルローの戦い、敗北。
6.21	ナポレオンのパリ帰還。議会は明確な敵意を表明する。
6.22	ナポレオンの2度目の退位。
7. 6	同盟軍のパリ入城。
7. 7	タレーランが王党派政府を形成し、フーシェ Fouché を警察大臣に任命。
7. 8	ルイ18世のパリ到着。
7.15	ナポレオン、ロシュフォール Rochefort で〈ベルロフォーン号〉bellerophon に乗船、8月7日にイギリス政府の保護下に入り、10月16日にセント＝ヘレナに落ち着く。
7.17	ニーム Nîmes での白色テロ。
8.14	(～22日) 占領下での議会選挙、〈またと見出し難い議会〉Chambre Introuvable の成立。(会期1815年10月7日－1816年9月5日。〈またと見出し難い〉という形容詞は、議会と政府の見事な協調のゆえにルイ18世によって賛辞として使われ、世論からは逆の意味で受けとめられていた)。
8.15	ラメル Ramel 将軍、トゥルーズで暗殺される。この時期南フランス全体で白色テロ横行。
8.19	ラ・ベドワイエール La Bédoyère 将軍の銃殺刑。
9.19	選挙での過激王党派 ultras の勝利の結果、タレーラン＝フーシェ内閣更迭。
9.24	リシュリュー内閣成立。700万フランの戦争賠償金、7県の占領によるその保証。
9.26	〈神聖同盟〉の成立。
11.20	第2次パリ条約。
12. 7	ネー Ney 元帥の銃殺刑。
12.27	「百日天下」に加担したリベラル派を裁くための〈臨時即決裁判所〉設置法。
1816	
1.12	ルイ16世の死刑投票をした公会議員 régicides と「百日天下」で公職についた者および帝国憲法付加法に署名した者を除く、革命派の大赦法可決。これら公会議員など大部分が国外永久追放となりブリュッセルに亡命。この地で特異な知的環境を形成する。

本書関連年表（1814―47年）

年月日	事　項
1814	
3.12	ボルドー Bordeaux の王党派の反乱。
3.28	摂政会 Conseil de règne［皇帝権の代行機関］パリを離れる。
3.31	同盟軍のパリ占領。
4. 1	タレーラン Talleyrand を首班とする臨時政府の形成。
4. 2	元老院 Sénat による皇帝廃位の議決。
4. 6	フォンテーヌブローでのナポレオンの退位。元老院が絶対王制の政治に戻らないようにとリベラルな憲法を採択し、ルイ＝スタニスラス＝グザヴィエ・ド・ブルボン Louis-Stanislas-Xavier de Bourbon［→ルイ18世］に「フランス人の王」となるよう要請する（第1条）。
4.10	トゥルーズ Toulouse の戦い、ウェリントン Wellington の勝利。
4.12	アルトワ伯爵 comte d'Artois のパリ到着。
4.14	元老院は国王が憲法に宣誓するまでの間、アルトワ伯爵を国王代理人に指名する。
4.23	フランスと同盟諸国の間の休戦協定。
4.24	ルイ18世のカレー Calais 上陸。
5. 2	ルイ18世のサン＝トゥワン Saint-Ouen での宣言。その中で元老院憲法の修正権を留保すると言明。
5. 3	ルイ18世のパリ入城。
5. 4	ナポレオンのエルバ島到着。
5.30	フランスと同盟諸国との間の第1次パリ条約。1792年の国境に戻る。
6. 3	占領軍の撤退開始。
6. 4	『シャルト』《la Charte》の布告。
9.30	タレーランと同盟諸国の大臣たちとの第1回ウィーン会談。
1815	
1. 3	タレーランがロシアとプロシャに対抗して外交手腕を発揮し、イギリスとオーストリアを相手に秘密同盟条約に署名する。
3. 1	ジュアン湾 Golf-Juan へのナポレオンの上陸。
3.20	ナポレオンのパリ凱旋、テュイルリー宮に入る。「百日天下」の開始。
3.25	列強は対ナポレオンの同盟条約を新たに締結。
3.31	ルイ18世はベルギーのガン Gand に落ち着く。
4.22	『帝国憲法付加法』の発布。

ロアン（ジョゼフィーヌ・ド・ゴントー＝ビロン、フェルナン・ド・ロアン＝シャボ夫人、レオン大公妃、公爵夫人）ROHAN（Joséphine de Gontaut-Biron, Mme Fernand de Rohan-Chabot, princesse de Léon, duchesse de） 28, 111, 146, 158, 200
ロアン（ルイ＝フランソワ＝オーギュスト、公爵）ROHAN(Louis-François-Auguste, duc de) 294
ロアン＝シャボ（公爵夫人、旧姓モンモランシー）ROHAN-CHABOT（duchesse de, née Monmorency） 67
ロアン＝シャボ（子爵）ROHAN-CHABOT（vicomte de） 101
ロヴィゴ（ルネおよびトリスタン・ド）ROVIGO（René et Tristan de） 356
ロエーヴ＝ヴェマール（フランソワ＝アドルフ）LOÈVE-WEIMARS（François-Adolphe） 434
ロクプラン（カミーユ）ROQUEPLAN（Camille） 165
ロクプラン（ネストール）ROQUEPLAN（Nestor） 206, 280, 328, 429, 436, 459, 460, 465–467, 469
ロザーノ（嬢）LOZANO（Mlle） 395
ローザン（アンリ・ド・シャトリュ、公爵）RAUZAN（Henri de Chastellux, duc de） 74, 237
ローザン（クララ・ド・デュラース、アンリ・ド・シャトリュ夫人、公爵夫人）RAUZAN（Clara de Duras, Mme Henri de Chastellux, duchesse de） 74, 112, 120, 129, 478
ロジェ（ギュスターヴ）ROGER（Gustave） 137, 398
ロジェ（ジャン＝フランソワ）ROGER（Jean-François） 311
ロシュフォール（伯爵）ROCHEFORT（comte de） 337
ロッシ（ペッレグリーノ）ROSSI（Pellegrino） 123, 258, 300, 316
ロッシーニ（ジョアッキーノ）ROSSINI（Gioacchino） 187, 204, 304, 356, 392, 393, 395, 397, 399, 400, 403, 431, 435
ロッチルド（サロモン・ド）ROTHSCHILD（Salomon de） 135, 153, 175, 176
ロッチルド（ジェームス、男爵）ROTHSCHILD（James, baron de） 14, 33, 132–135, 140, 153, 160, 174, 175–177, 221, 277, 426, 446
ロッチルド（嬢）ROTHSCHILD（Mlle de） 147
ロッチルド（ベティ、サロモン・ド・ロッチルドの娘、ジェームス・ド・ロッチルド男爵夫人）ROTHSCHILD（Betty, fille de Salomon de Rothschild, baronne James de） 175
ロトゥール＝メズレー（サン＝シャルル）LAUTOUR-MÉZRAY（Saint-Charles） 238, 355, 468, 469
ロバートソン（氏）ROBERTSON（M.） 418
ロビケ（ピエール＝ジャン）ROBIQUET（Pierre-Jean） 309
ロボー（元帥夫人、伯爵夫人）LOBAU（maréchale, comtesse de） 102, 106
ロミュー（オーギュスト）ROMIEU（Auguste） 32, 33, 422, 436, 459, 460, 473, 477
ローラン（氏）RAULIN（M.） 298
ローリストン（元帥）LAURISTON（maréchal de） 478
ロール　ROLLE　342
ロワ（アントワーヌ、伯爵）ROY（Antoine, comte） 135, 278, 285
ロワイエ＝コラール（ピエール＝ポール）ROYER-COLLARD（Pierre-Paul） 79, 276, 285, 316
ロワーヌ（夫人）LOYNES（Mme de） 275
ロンテー（ウジェーヌ）RONTEIX（Eugène） 440

ワ

ワルシュ（子爵）WALSH（vicomte） 340, 455

ルビーニ（ジャン＝バティスト）RUBINI(Jean-Baptiste) 157,187,202,392,394
ルブラン（ピエール）LEBRUN(Pierre) 247
ルポワトヴァン（オーギュスト）LEPOITEVIN(Auguste) 473
ルメートル（フレデリック）LEMAITRE(Frédérick) 388
ルメルシエ（ネポミュセーヌ）LEMERCIER(Népomucène) 33
ルラスール＝ペリエ（氏）LELASSEUR-PERIER(M.) 297
ルール（デュ・ルール氏）ROURE(M. du) 80
ルール（デュ・ルール侯爵夫人）ROURE(marquise du) 102
ルールドゥエ（ジャック・ド）LOURDOUEIX(Jacques de) 356
ル・ロワ（氏）LE ROY(M.) 421

レ

レイユ（伯爵および伯爵夫人、旧姓マセナ）REILLE(comte et comtesse, née Massena) 145
レオン→ロアン＝シャボ ROHAN-CHABOT を見よ。
レカミエ（ジュリエット）RÉCAMIER(Juliette) 129,132,202,212,213,232,233,236,237,247,267,308,317,321,322,337,342,343,349,350,355,374,405,417,476
レーカム（テレジーナ、女男爵、ジェイムズ・トルン夫人）LEYKAM(Teresina, baronne, Mme James Thorn) 148
レーグル→エーグル AIGLE を見よ。
レスパール→グラモン GRAMONT を見よ。
レセップス（フェルディナン・ド）LESSEPS(Ferdinand de) 356
レッジョ→ウディノ OUDINOT を見よ。
レッソン（オラース）RAISSON(Horace) 473
レナルト（シャルル＝フレデリック、伯爵）REINHARD(Charles-Frédéric, comte) 315,316
レネ（ジョゼフ＝ルイ＝ジョアシャン、子爵）LAINÉ(Joseph-Louis-Joachim, vicomte) 322
レーボー（シャルル）REYBAUD(Charles) 342
レミュザ（アベル・ド）RÉMUSAT(Abel de) 311
レミュザ（オーギュスタン・ド）RÉMUSAT(Augustin de) 242
レミュザ（クラリー・ド・グラヴィエ・ド・ヴェルジェンヌ、オーギュスタン・ド・レミュザ伯爵夫人）RÉMUSAT(Clary de Gravier de Vergennes, comtesse Augustin de) 239,241,242
レミュザ（シャルル・ド、伯爵）RÉMUSAT(Charles de, comte) 96,100,103,112,113,119,124–128,133,135,137,139,167,220,225–229,235,241–246,248,249,251,252,256,260,276,283,284,287,292–294,297,311–314,339,366,367,372,373,381,385,413,436,437,467,491
レミュザ（ファニー・ペリエ、シャルル・ド・レミュザ伯爵夫人）RÉMUSAT (Fanny Perier, comtesse Charles de) 248
レミュザ（ポリーヌ・ド・ラステリー、シャルル・ド・レミュザ伯爵夫人）RÉMUSAT (Pouline de Lasteyrie,comtesse Charles de) 248,297
レールベット（アルマン＝ジャック）LHERBETTE(Armand-Jacques) 261
レルミニエ（ウジェーヌ）LERMINIER(Eugène) 294,332

ロ

ロアン（アンヌ＝ルイ＝フェルナン・ド・ロアン＝シャボ、レオン大公、公爵）ROHAN(Anne-Louis-Fernand de Rohan-Chabot, prince de Léon, duc de) 28,110,111
ロアン（公爵夫人）ROHAN(duchesse de) 156
ロアン（シャルル＝ルイ＝ジョスラン・ド・ロアン＝シャボ、レオン大公、公爵）ROHAN(Charles-Louis-Josselin de Rohan-Chabot, prince de Léon, duc de) 297,457
ロアン（シャルロット、大公妃、ロアン＝ロシュフォール大公妃、アンギャン公爵未亡人）ROHAN(Charlotte, princesse de, princesse de Rohan-Rochefort, veuve du duc d'Enghien) 150,337

ポール・ド・リエヴェン大公妃）LIEVEN（Dorothée de Benckendorff, princesse Paul de） 141, 154, 156, 176, 179, 196, 197, 213, 215, 222, 229, 249, 250, 254–270, 274, 282, 288
リエヴェン（ポール、大公）LIEVEN（Paul, prince de） 179, 255, 396
リオ（アレクシ＝フランソワ）RIO（Alexis-François） 311
リオティエ（ガスパール）LIOTTIER（Gaspard） 347
リシュリュー（アルマン＝エマニュエル・デュ・プレシ、公爵）RICHELIEU（Armand-Emmanuel du Plessis, duc de） 59, 126, 285
リシュリュー（オデ・ド・ジュミヤック、公爵）RICHELIEU（Odet de Jumilhac, duc de） 412, 429
リスト（フランツ）LISZT（Frantz） 80, 93, 94, 137, 157, 205, 396, 454, 469
リーニュ（ウジェーヌ、大公）LIGNE（Eugène, prince de） 180
リーニュ（エドヴィージュ・ルボミルスカ、ウジェーヌ・ド・リーニュ大公妃）LIGNE（Edwige Lubomirska, princesse Eugène de） 180, 357
リメ（シャルル）LIMET（Charles） 123
リュイーヌ（オノレ・ド）LUYNES（Honoré de） 143
リュイーヌ（公爵、および公爵夫人、旧姓モンモランシー＝ラヴァル）LUYNES（duc de et duchesse, née Montmorency-Laval） 142
リュカ（イポリット）LUCAS（Hippolyte） 342
リュクサンブール（公爵）LUXEMBOURG（duc de） 44
リュシェ（オーギュスト）LUCHET（Auguste） 326
リューセック（ジョゼフ＝ニコラ）RIEUSSEC（Joseph-Nicolas） 420
リュミニー（マリー＝テオドール・ゲイー、子爵）RUMIGNY（Marie-Théodore Gueilly, vicomte de） 28, 101, 163
リンカーン（卿）LINCOLN（lord） 214

ル

ルイ（男爵）LOUIS（baron） 285
ルイ18世（プロヴァンス伯爵の次に）LOUIS XVIII（comte de Provence puis） 29, 40, 42–46, 51, 53, 55–60, 62, 66, 70, 71, 73, 74–78, 81, 107, 119, 125, 141, 145, 198, 221, 228, 236, 244, 273, 276, 293, 341, 389, 390, 452, 457
ルイ＝フィリップ1世→オルレアン（ルイ＝フィリップ・ドルレアン）ORLÉANS（Louis-Philippe d'）を見よ。
ル・ヴァヴァスール（ギュスターヴ）LE VAVASSEUR（Gustave） 296
ルヴァスール（ニコラ＝プロスペール）LEVASSEUR（Nicolas-Prosper） 435
ルヴェル（ルイ＝ピエール）LOUVEL（Louis-Pierre） 70
ル・オン（ファニー・モッセルマン、夫人）LE HON（Fanny Mosselmann, Mme） 95, 180, 461
ルグヴェ（エルネスト）LEGOUVÉ（Ernest） 479
ルグヴェ（ガブリエル）LEGOUVÉ（Gabriel） 308
ルージュモン（ミシェル＝ニコラ・バリソン、男爵）ROUGEMONT（Michel-Nicolas Balisson, baron de） 352, 384
ルセギエ（ジュール・ド）RESSÉGUIER（Jules de） 238, 239, 341
ルソー（ジェームス）ROUSSEAU（James） 422
ルッケージ＝パッリ（エットーレ、伯爵）LUCCHESI-PALLI（Ettore, comte de） 71
ルドリュ＝ロラン（アレクサンドル＝オーギュスト・ルドリュ、通称）LEDRU-ROLLIN（Alexandre-Auguste Ledru, dit） 486, 487
ルトローヌ　LETRONNE（Jean-François） 240
ルヌワール（シャルル）RENOUARD（Charles） 288, 294
ルノルマン（アメリー・シヴォク、シャルル・ルノルマン夫人）LENORMANT（Amélie Cyvoct, Mme Charles） 237, 374
ルノルマン（シャルル）LENORMANT（Charles） 237

Live de)　119, 126–128, 153, 155, 161, 163, 165, 166, 242, 243, 247, 366, 367, 368
ラボルド（アレクサンドル、伯爵）LABORDE (Alexandre, comte de)　18, 131, 314, 460
ラボルド（ジャン＝ジョゼフ、侯爵）LABORDE (Jean-Joseph, marquis de)　135
ラボルド（ダンス教師）LABORDE (professeur de danse)　169
ラボルド（テレーズ・サバティエ・ド・カーブル、アレクサンドル・ド・ラボルド伯爵夫人）LABORDE (Thérèse Sabatier de Cabre, comtesse Alexandre de)　130, 131
ラボルド（レオン・ド）LABORDE (Léon de)　29
ラマルティーヌ（アルフォンス・ド）LAMARTINE (Alphonse de)　129, 218, 222–224, 275, 289, 311, 329, 338, 341, 348, 350, 355, 356, 359, 447, 455, 486
ラマルティーヌ（マリアンヌ・バーチ、アルフォンス・ド・ラマルティーヌ夫人）LAMARTINE (Marianne Birch, Mme Alphonse de)　359
ラムネー（フェリシテ・ド）LAMENNAIS (Félicité de)　310, 324, 328, 356
ラムフォルド（伯爵夫人、ラヴォワジエ未亡人）RUMFORD (comtesse de, veuve de Lavoisier)　140, 167, 226, 227, 247
ラメット（シャルル・ド）LAMETH (Charles de)　314
ラ・モスコヴァ（ナポレオン＝ジョゼフ・ネー、大公）LA MOSKOWA (Napoléon-Joseph Ney, prince de)　420, 422, 423, 457
ラモット（伯爵夫人）LAMOTHE (comtesse de)　215
ラリー＝トランダル（トロフィム＝ジェラール、侯爵）LALLY-TOLLENDAL (Trophime-Gérard, marquis de)　232
ラ・リフォディエール（侯爵）LA RIFAUDIÈRE (marquis de)　423
ラリボワジエール（エリザ・ロワ、伯爵夫人）LARIBOISIÈRE (Élisa Roy, comtesse de)　28, 135, 174, 278, 394
ラ・ロシュジャクラン（家）LA ROCHEJAQUELEIN (famille)　45
ラ・ロシュジャクラン（夫人）LA ROCHEJAQUELEIN (Mme de)　80
ラ・ロシュフーコー（アレクシ、伯爵）LA ROCHEFOUCAULD (Alexis, comte de)　478
ラ・ロシュフーコー（アンブロワーズ、ドゥドーヴィル公爵）LA ROCHEFOUCAULD (Ambroise, duc de Doudeauville)　53–55, 237
ラ・ロシュフーコー（ガエタン、伯爵）LA ROCHEFOUCAULD (Gaëtan, comte de)　314
ラ・ロシュフーコー（ジュール・ド）LA ROCHEFOUCAULD (Jules de)　28, 101
ラ・ロシュフーコー（ソステーヌ、子爵、次にドゥドーヴィル公爵）LA ROCHEFOUCAULD (Sosthènes, vicomte de, puis duc de Doudeauville)　19, 21, 53, 203, 204, 234, 237, 294, 334, 340, 370, 391, 435, 448
ラ・ロシュフーコー＝リアンクール（フランソワ、公爵）LA ROCHEFOUCAULD-LIANCOURT (François, duc de)　246, 312
ランジュイネ（ジャン＝ドニ）LANJUINAIS (Jean-Denis)　314
ランヌ→モンテベッロ MONTEBELLO を見よ。
ランビュトー（伯爵）RAMBUTEAU (comte de)　199, 279, 280, 282, 381, 466
ランビュトー（伯爵夫人、旧姓ナルボンヌ）RAMBUTEAU (comtesse de, née Narbonne)　279

リ

リアディエール（ピエール＝ショーモン・ド・リアディエール夫人）LIADIÈRES (Mme Pierre-Chaumont de)　275
リアンクール（ゼナイード・シャプト・ド・ラスティニャク、フランソワ＝エミリアン・ド・ラ・ロシュフーコー伯爵夫人、公爵夫人）LIANCOURT (Zénaïde Chapt de Rastignac, comtesse François-Émilien de la Rochefoucauld, duchesse de)　129
リヴィエール（シャルル＝フランソワ、公爵）RIVIÈRE (Charles-François, duc de)　52, 55, 294, 323
リエヴェン（ドロテ・ド・ベンケンドルフ、

Marmont, duc de)　45
ラギューズ（オルタンス・ペレゴー、オーギュスト・ヴィエス・ド・マルモン夫人、公爵夫人）RAGUSE(Hortense Perregaux, Mme Auguste Viesse de Marmont, duchesse de)　28, 183, 248, 456
ラ・グランジュ（アデライード＝ブレーズ＝フランソワ・ル・リエーヴル、侯爵）LA GRANGE(Adélaïde-Blaise-François Le Lièvre, marquis de)　44
ラ・グランジュ（シャルル＝ルイ＝アルマン・ル・リエーヴル、伯爵）LA GRANGE(Charles-Louis-Armand Le Lièvre, comte de)　340
ラグランジュ（嬢）LAGRANGE(Mlle)　233
ラグランジュ（フレデリック、伯爵）LAGRANGE(Frédéric, comte de)　153
ラクルテル（シャルル、通称弟）LACRETELLE(Charles, dit le Jeune)　311
ラコルデール（アンリ）LACORDAIRE(Henri)　295, 324, 328–330, 332
ラシェル（エリザベート・フェリックス、通称ラシェル嬢）RACHEL(Elisabeth Félix, dite Mlle)　31, 96, 156, 157, 180, 202, 274, 335, 340, 353, 354, 356, 357, 386, 387, 400, 402, 427, 438, 454, 486
ラ・シャテーニュレー（侯爵夫人、旧姓ナルボンヌ＝ララ）LA CHATAIGNERAIE(marquise de, née Narbonne-Lara)　167
ラ・シューズ（ルイ＝フランソワ・ド・シャミヤール、侯爵）LA SUZE(Louis-François de Chamillart, marquis de)　45
ラ・ショヴィニエール（氏）LA CHAUVINIÈRE (M.de)　426, 427
ラス・カーズ（伯爵）LAS CASES(comte de)　314
ラステリー（ジュール・ド）LASTEYRIE(Jules de)　297
ラステリー（伯爵）LASTEYRIE(comte de)　314
ラステリー（ポリーヌ・ド）→RÉMUSAT (comtesse Charles de)レミュザ（シャルル・ド・レミュザ伯爵夫人）を見よ。
ラステリー（ルイ・ド・ラステリー伯爵夫人）LASTEYRIE(comtesse Louis de)　273
ラップ（将軍）RAPP(général)　148
ラ・トゥール・ドーヴェルニュ（ユーグ・ド、猊下）LA TOUR D' AUVERGNE(Hugues de, Mgr)　377
ラトゥール＝モブール（侯爵夫人）LATOUR-MAUBOURG(marquise de)　68
ラドポン（夫人）RADEPONT(Mme de)　165
ラ・トレムイユ（公爵夫人）LA TRÉMOILLE (duchesse de)　112, 122
ラ・バテュ（シャルル・ド、通称アルスイユ［ならず者］閣下）LA BATTUT(Charles de, dit MILORD L'ARSOUILLE)　420, 429, 471
ラ・ファイエット（エドモンおよびオスカール）LA FAYETTE(Edmond et Oscar)　297
ラ・ファイエット（将軍）LA FAYETTE(général de)　89, 140, 141, 185, 194, 204, 248, 273, 287, 314
ラファルジュ（マリー）LAFARGE(Marie)　214
ラフィット（アルビーヌ、ラ・モスコヴァ大公妃）LAFFITTE(Albine, princesse de LA MOSKOWA)　287
ラフィット（ジャック）LAFFITTE(Jacques)　79, 134, 135, 246, 287, 420
ラフィット（ジャック夫人）LAFFITTE(Mme Jacques)　287
ラフィット（シャルル）LAFFITTE(Charles)　420
ラ・ブイユリー（家）LA BOUILLERIE(famille)　397, 398, 426
ラ・フェルテ（子爵）LA FERTÉ(vicomte de)　28
ラフォン（ピエール、テアトル＝フランセの俳優）LAFON(Pierre, acteur du Théâtre-Français)　370, 375
ラフォン（歌手）LAFONT(Chanteur)　72
ラフォンテーヌ LAFONTAINE あるいはド・ラ・フォンテーヌ DE LA FONTAINE（夫人）(Mme)　335
ラブラッシュ（ルイジ）LABLACHE(Luigi)　166, 202, 392, 394, 400, 403
ラ・ブリッシュ（アデライード・プレヴォ、ラ・リーヴ・ド・ラ・ブリッシュ伯爵夫人）LA BRICHE(Adélaïde Prévôt, comtesse de la

モンガルデ（氏）MONTGARDÉ(M.de)　370
モンカルム（侯爵夫人、旧姓リシュリュー）MONTCALM(marquise de, née Richelieu)　125, 126, 128, 161, 178, 212, 236, 237
モンジョワ（メラニー、伯爵夫人）MONTJOIE(Mélanie, comtesse de)　23, 28, 88, 102
モンタランベール（シャルル・フォルブ、伯爵）MONTALEMBERT(Charles Forbes, comte de)　300, 324, 328, 331, 332, 356
モンタリヴェ（マルト＝カミーユ・バシャッソン、伯爵）MONTALIVET（Marthe-Camille Bachasson, comte de)　107, 314, 316
モンタリヴェ（伯爵夫人）MONTALIVET(comtesse de)　284
モンテギュー（氏）MONTAIGU(M.de)　122, 397
モンテシュイ（氏）MONTESSUY(M.)　33
モンテス（ローラ）MONTES(Lola)　469
モンテスキュー（神父）MONTESQUIOU(abbé de)　415
モンテベッロ（ジャン・ランヌ、元帥、公爵）MONTEBELLO(Jean Lannes, maréchal, duc de)　145
モンテベッロ（ナポレオン＝オーギュスト・ランヌ、公爵）MONTEBELLO (Napoléon-Auguste Lannes, duc de)　314
モンテベッロ（ルイーズ＝アントワネット＝スコラスティク・ゲエヌー、ジャン・ランヌ夫人、公爵夫人）MONTEBELLO(Louise-Antoinette-Scholastique Guéheneuc, Mme Jean Lannes, duchesse de)　102
モンパンシエ（公爵）→オルレアン（アントワーヌ・ドルレアン）ORLÉANS(Antoine d')を見よ。
モンモランシー（アンヌ＝ルイーズ＝カロリーヌ・ド・ゴヨン＝マティニョン、アンヌ＝シャルル＝フランソワ・ド・モンモランシー公爵夫人）MONTMORENCY (Anne-Louise-Caroline de Goyon-Matignon, duchesse Anne-Charles-François de)　64, 153
モンモランシー（ポリーヌ・ダルベール・ド・リュイーヌ、マテュー・ド・モンモランシー公爵夫人）MONTMORENCY(Pauline d'Albert de Luynes, duchesse Mathieu de)　143
モンモランシー（マテュー、子爵、次に公爵）MONTMORENCY(Mathieu, vicomte puis duc de)　48, 143, 232, 236, 294, 317, 321, 323, 348, 349
モンモランシー＝ラヴァル（アドリアン、公爵）MONTMORENCY-LAVAL(Adrien, duc de)　236, 237
モンリヴォー（氏）MONTLIVAULT(M.de)　370
モンロン（カジミール、伯爵）MONTROND(Casimir, comte de)　419

ユ

ユガルド＝ボーセ（デルフィーヌ夫人）UGALDE-BEAUCÉ(Mme Delphine)　398
ユゴー（アデール・フーシェ、ヴィクトール・ユゴー夫人）HUGO(Adèle Foucher, Mme Victor)　218
ユゴー（アベル）HUGO(Abel)　311, 433
ユゴー（ヴィクトール）HUGO(Victor)　92, 99–101, 109, 114, 129, 184, 222, 249, 282, 310, 311, 318, 319, 321, 324, 332, 334–336, 338, 341, 343, 348, 355, 356, 359, 381, 387, 433, 434, 459, 486
ユゴー（レオポルディーヌ）HUGO(Léopoldine)　100
ユマン（ジャン＝ジョルジュ）HUMANN(Jean-Georges)　314
ユルスト（モーリス・デュルスト伯爵夫人、旧姓デュ・ルール）HULST(comtesse Maurice, d', née du Roure)　102

ラ

ラ・アルプ（ジャン＝フランソワ・ド）LA HARPE(Jean-François de)　127, 308
ライヒシュタット（公爵）REICHSTADT(duc de)　376
ラヴィニャン（ギュスターヴ＝グザビエ・ドラクロワ・ド）RAVIGNAN(Gustave-Xavier Delacroix de)　202, 328–330, 332
ラヴォー（氏）LAVAUX(M.)　281
ラギューズ（オーギュスト・ヴィエス・ド・マルモン、公爵）RAGUSE(Auguste Viesse de

ワ・ギゾー夫人）GUIZOT（Mme François）を見よ。

メ

メイエルベール（ジャコモ）MEYERBEER（Giacomo） 33, 205, 356, 385, 393, 397, 400, 435
メイバリー（大佐）MABERLY（colonel） 263
メーストル（グザヴィエ、伯爵）MAISTRE（Xavier, comte de） 310
メゾン（元帥夫人）MAISON（maréchale） 222
メッテルニヒ（ヴィクトール・ド）METTERNICH（Victor de） 476
メッテルニヒ（クレマン、大公）METTERNICH（Clément, prince de） 132, 148, 175, 181, 183, 189, 229, 256, 257, 261, 360, 476
メデム（伯爵）MEDEM（comte） 179
メナール（ルイ、伯爵）MESNARD（Louis, comte de） 71
メヌシェ（エドワール）MENNECHET（Édouard） 223, 311, 341, 381, 427
メーヌ・ド・ビラン（マリー＝フランソワ・ゴンティエ・ド・ビラン、通称）MAINE DE BIRAN（Marie-François Gonthier de Biran, dit） 155
メフメット・アリー MEHEMET ALI 203
メフレー（シュゼット・ド・ラ・トゥール、アシール・ド・メフレー伯爵夫人）MEFFRAY（Suzette de la Tour, comtesse Achille de） 80
メーヤンドルフ（アレクサンドル・ド・メーヤンドルフ男爵夫人）MEYENDORFF（baronne Alexandre de） 170
メラ（博士）MÉRAT（Dr） 155
メリー（ジョゼフ）MÉRY（Joseph） 356
メリメ（プロスペール）MERIMÉE（Prosper） 135, 237, 247, 249, 291, 322, 339, 356, 434
メリユー（ジョゼフ）MERILHOU（Joseph） 294
メルラン（将軍）MERLIN（général） 394
メルラン（マリア・デ・ラス・メルセデス・デ・ハルコ、伯爵夫人）MERLIN（Maria de las Mercedes de Jaruco, comtesse） 28, 129, 136, 165, 204, 394, 395, 398, 476
メルル（ジャン＝トゥーサン）MERLE（Jean-Toussaint） 308
メレスヴィル（アンヌ＝オノレ＝ジョゼフ・デュヴェリエ、通称ド・メレスヴィル氏）MELESVILLE（Anne-Honoré-Joseph Duveyrier, dit M.de） 162, 168
メロード（ヴェルネール・ド）MÉRODE（Werner de） 331

モ

モーガン（シドニー・オーウェンソン嬢、レディ）MORGAN（miss Sydney Owenson, lady） 304, 305, 447
モシオン（男爵）MAUSSION（baron de） 411
モッセルマン（アルフレッドおよびイポリット）MOSSELMANN（Alfred et HIppolyte） 459, 461
モッセルマン（ファニー）→ル・オン LE HON を見よ。
モニエ（アンリ）MONNIER（Henri） 314, 388
モリー（アルフレッド）MAURY（Alfred） 240, 299
モリアン（アデール・コラール＝デュティユール、フランソワ・モリアン伯爵夫人）MOLLIEN（Adèle Collart-Dutilleul, comtesse François） 28, 79, 102
モリアン（フランソワ、伯爵）MOLLIEN（François, comte） 79, 314
モルトマール（家）MORTEMART（famille） 45
モルニー（オーギュスト、伯爵、次に公爵）MORNY（Auguste, comte puis duc de） 140, 180, 261, 422, 423
モルネー（シャルル、伯爵）MORNAY（Charles, comte de） 371, 456
モレ（カロリーヌ・ド・ラ・ブリッシュ、マテュー・モレ夫人）MOLÉ（Caroline de la Briche, Mme Mathieu） 79, 119, 366, 367
モレ（マテュー、伯爵）MOLÉ（Mathieu, comte） 59, 79, 128, 203, 218, 223, 229, 242, 244, 245, 255, 256, 262, 267, 272, 289, 296, 316, 317–319, 321, 322, 366, 367, 389
モロー（ウージェニー・ユロ、元帥夫人）MOREAU（Eugénie Hulot, maréchale） 76
モロー（エリザ）MOREAU（Élisa） 238

マニュエル（ジャック）MANUEL(Jacques) 231,246
マユール（アルフォンス）MAHUL(Alphonse) 288
マラスト（アルマン）MARRAST(Armand) 309, 342,487
マラスト（アルマン夫人）MARRAST(Mme Armand) 487
マリー＝アメリー（王妃）→オルレアン ORLÉANS を見よ。
マリオ（ジュゼッペ、カンディア伯爵、通称）MARIO(Giuseppe, comte de CANDIA, dit) 357,394,397,402,471
マリトゥルヌ（アルマン・ド）MALITOURNE (Armand de) 433,434,436
マリブラン（マリア・ガルシア、夫人）MARIBRAN(Maria Garcia, Mme) 31,72,80,137, 392,394,395,398,402,
マルシイエ（氏）MARCILLET(M.) 334
マルス（アンヌ＝フランソワーズ・ブテ＝モンヴェル、通称マルス嬢）MARS(Anne-Françoise Boutet-Monvel dite Mlle) 30–34,137, 291,317,371,386,387,405,456
マルスラン（神父）MARCELLIN(abbé) 328
マルティニャック（ジャン＝バティスト・シルヴェール・ゲー、伯爵）MARTIGNAC(Jean-Baptiste Sylvère Gay, comte de) 275,306, 425
マルボ（ジャン＝バティスト＝アントワーヌ＝マルスラン、男爵）MARBOT(Jean-Baptiste -Antoine-Marcelin, baron) 28
マルミエ（侯爵夫人、旧姓ショワズール）MARMIER(marquise de, née Choiseul) 204, 278
マルモン→ラギューズ RAGUSE を見よ。
マレ（男爵）MALLET(Baron) 314
マン（アドリアン、伯爵）MUN(Adrien, comte de) 165
マン（伯爵）MUN(comte de) 297
マンステール（嬢）MUNSTER(Mlle) 16
マントン（ヴァレリー・ド）MENTHON(Valérie de) 326

ミ

ミイエ（氏）MILLET(M.) 341
ミシュレ（ジュール）MICHELET(Jules) 307, 308,356
ミシュロ（ピエール＝マリー＝ニコラ、通称テオドール）MICHELOT(Pierre-Marie-Nicolas, dit Théodore) 381,382
ミショー（ジョゼフ＝フランソワ）MICHAUD (Joseph-François) 311
ミニェ（フランソワ）MIGNET(François) 231, 245,246,249,309,315,316,321,479
ミュザール（ナポレオン）MUSARD(Napoléon) 172
ミュッセ（アルフレッド・ド）MUSSET(Alfred de) 223,224,335,341,355,356,375,423, 441,459,460,463,482,486
ミュッセ（ポール・ド）MUSSET(Paul de) 341
ミュッセ＝パテ（ヴィクトール＝ドナシアン・ド・ミュッセ、通称）MUSSET-PATHAY (Victor-Donatien de Musset, dit) 286
ミュラ（ジョアシャン、元帥、ナポリ王）MURAT (Joachim, maréchal, roi de Naples) 233
ミラ（氏）MIRA(M.) 172
ミレース（ジュール）MIRÈS(Jules) 437

ム

ムシー（アンリ・ド・ノアイユ、公爵）MOUCHY(Henri de Noailles, duc de) 28,422,457
ムシー（シャルル・ド・ノアイユ、公爵）MOUCHY(Charles de Noailles, duc de) 33, 131
ムシー（セシル・ド・ノアイユ、アンリ・ド・ノアイユ夫人、公爵夫人）MOUCHY(Cécile de Noailles, Mme Henri de Noailles, duchesse de) 234
ムラン（アルマン、子爵）MELUN(Armand, vicomte de) 120,207,328,456
ムーラン（夫人、旧姓テュルパン＝クリッセ）MEULAN(Mme de,née Turpin-Crissé) 163, 257
ムーラン（ポリーヌ・ド）→ギゾー（フランソ

205, 486
ポマレ（女王、踊り子）POMARÉ(la reine, danseuse) 461
ポマレ（夫人）POMARET(Mme) 247
ボーモン（伯爵夫人）BEAUMONT(comtesse de) 200
ポーラン・エ・セルフベール（出版社）PAULIN et CERFBEER(éditeurs) 249
ポリニャック（ジュール、大公）POLIGNAC (Jules, prince de) 278, 310, 464
ボール（アレクサンドリーヌ＝ソフィー・グリー・ド・シャングラン、男爵夫人）BAWR (Alexandrine-Sophie Goury de Champgrand, baronne de) 367
ポルタリス（オーギュスト、男爵）PORTALIS (Auguste, baron) 294
ポルタリス（オーギュスト・ポルタリス男爵夫人）PORTALIS(baronne Auguste) 29
ポルタリス（ジョゼフ、伯爵）PORTALIS (Joseph, comte) 316
ボルドー（アンリ・ド・ブルボン、シャンボール伯爵、通称アンリ５世、公爵）BORDEAUX (Henri de Bourbon, comte de Chambord, dit Henry V, duc de) 22, 52, 55, 57, 70, 113, 186, 196, 199, 200, 275, 486
ボルドズール（子爵）BORDESOULLE(vicomte de) 28, 398
ボルドーニ（ジュリオ＝マルコ）BORDOGNI (Giulio-Marco) 395, 398
ボールペール（伯爵夫人）BEAUREPAIRE (comtesse de) 205
ポレ（子爵）PORET(vicomte de) 28
ポワ（公爵夫人）→ノアイユ（ジュスト・ド・ノアイユ伯爵夫人）NOAILLES(comtesse Juste de)を見よ。
ボワイエ（中佐）BOYER(lieutenant-colonel) 101
ボワシー（侯爵）BOISSY(marquis de) 356, 404
ボワーニュ（アデール・ドスモン、伯爵夫人）BOIGNE(Adèle d' Osmond, comtesse de) 56, 60–63, 65, 70, 78, 82, 86, 103–106, 108, 109, 118, 126, 127, 129, 135, 178, 219, 254, 258, 267, 288, 321–323, 370, 492
ボンガール（氏）BONGAR(M.de) 122
ボンガール（エステール・ド）BONGARD(Esther de) 355
ポンサール（フランソワ）PONSARD(François) 341, 342
ポンシャール（氏）PONCHARD(M.) 398, 400
ポンテ（氏）PONTET(M.) 418
ボンディ（伯爵夫人、旧姓セイエール）BONDY(comtesse de, née Seillière) 102
ボンヌヴァル（侯爵）BONNEVAL(marquis de) 64
ボンヌヴァル（夫人、旧姓セギュール）BONNEVAL(Mme de, née Ségur) 162
ボンヌフー（エミリー）BONNEFOUX(Émilie) 248
ポンマルタン（アルマン・ド）PONTMARTIN (Armand de) 351

マ

マイエ（ジャクラン、公爵）MAILLÉ(Jacquelin, duc de) 297
マイエ（シャルル＝フランソワ＝アルマン・ド・ラ・トゥール＝ランドリー、公爵）MAILLÉ(Charles-François-Armand de la Tour-Landry, duc de) 28, 371
マイエ（ブランシュ＝ジョゼフィーヌ・ル・バークル・ダルジャントゥイユ、公爵夫人）MAILLÉ(Blanche-Joséphine Le Bascle d'Argenteuil, duchesse de) 16, 20, 22–25, 27, 28, 31, 40, 41, 67, 68, 82, 110, 122, 125, 126, 129, 220, 231, 232, 338, 346, 348, 368–371, 447, 456, 486
マゼール（エドワール）MAZÈRES(Édouard) 433
マッサ（アンヌ＝シャルロット・マクドナルド、クロード＝アントワーヌ・レニエ夫人、公爵夫人）MASSA (Anne-Charlotte Macdonald, Mme Claude-Antoine Régnier, duchesse de) 28
マティルド（王女、旧姓ボナパルト）MATHILDE(princesse, née Bonaparte) 420, 488
マドモワゼル（ルイーズ・ド・フランス、通称）MADEMOISELLE(Louise de France, dite) 113

BERTIN DE VAUX (Pierre-Louis)　79, 468
ベルティエ→ヴァグラム WAGRAM を見よ。
ベルトワ（オーギュスト、男爵）BERTHOIS (Auguste, baron)　28, 101
ベルニー（ロール・ド）BERNY (Laure de)　475
ベロー（ピエール）BERAUD (Pierre)　68, 273, 277
ベロック（夫人）BELLOC (Mme)　317
ペロネ（シャルル、伯爵）PEYRONNET (Charles, comte de)　238, 239

ホ

ボーアルネ（ウジェーヌ・ド、公爵、次に大公、イタリア副王）BEAUHARNAIS (Eugène de, duc puis prince de, vice-roi d'Ialie)　233
ボーアルネ（ジョゼフィーヌ・ド）BEAUHARNAIS (Joséphine de)　242, 469, 476
ボアン（ヴィクトール）BOHAIN (Victor)　436, 465, 466
ボヴォー（シャルル、大公）BEAUVAU (Charles, prince de)　153, 162, 215
ボヴォー（嬢）BEAUVAU (Mlle de)　167
ボヴォー（大公夫人）BEAUVAU (princesse de)　31
ボーヴォワール（レオカディ＝エメ・ドーズ、ロジェ・ド・ボーヴォワール夫人）BEAUVOIR (Léocadie-Aimée Doze, Mme Roger de)　385, 465
ボーヴォワール（ロジェ・ド）BEAUVOIR (Roger de)　238, 353, 385, 460, 464, 465, 469
ボカージュ（ピエール＝アントワーヌ・トゥゼ、通称ボカージュ）BOCAGE (Pierre-Antoine Tousez, dit)　341, 342, 388
ボサンジュ（アドルフ）BOSSANGE (Adolphe)　466
ボシェ（アルフレッド、シャルル、エドワール兄弟）BOCHER (les frères Alfred, Charles, Édouard)　136, 458, 459, 460, 461, 463
ボダン（フェリックス）BODIN (Félix)　314
ボーダン（博士）BAUDENS (Dr)　206
ポッツォ・ディ・ボルゴ（シャルル＝アンドレ）POZZO DI BORGO (Charles-André)　178, 179, 186
ポティエ（シャルル＝ジョゼフ＝エドワール、息子）POTIER (Charles-Joseph-Edouard, fils)　388
ポティエ（シャルル、父）POTIER (Charles, père)　165
ポトッツカ（デルフィーヌ・ド・コマール、伯爵夫人）POTOCKA (Delphine de Komar, comtesse)　396
ポトッツカ（伯爵夫人）POTOCKA (comtesse)　156, 396
ポドナス（夫人）PODENAS (Mme de)　129
ボードレール（シャルル）BAUDELAIRE (Charles)　296, 441, 465, 481–483
ボナパルト（エリザ）BONAPARTE (Elisa)　383
ボナパルト（ジェローム）BONAPARTE (Jérôme)　30, 455, 458
ボナパルト（ジョゼフ）BONAPARTE (Joseph)　394, 431
ボナパルト（ナポレオン）→ナポレオン NAPOLÉON を見よ。
ボナパルト（ポリーヌ、ボルゲーズ大公妃）BONAPARTE (Pauline, princesse Borghèse)　189
ボナパルト（ルイ・ナポレオン）BONAPARTE (Louis Napoléon)　422, 454, 455, 488, 489
ボナパルト（レティシア）BONAPARTE (Laetitia)　131
ボナルド（ルイ、子爵）BONALD (Louis, vicomte de)　310, 311
ホープ（ウィリアム）HOPE (William)　145, 148–150, 174, 182, 285
ボーフォール（氏）BEAUFFORT (M.de)　331
ホフマン（エルンスト＝テオドール＝アマデウス）HOFFMANN (Ernst-Theodor-Amadeus)　367
ボーフルモン（公爵）BAUFFREMONT (duc de)　162
ボーフルモン（テオドール、大公）BAUFFREMONT (Théodore, prince de)　80
ボーフルモン（ロラーンス・ド・モンモランシー、テオドール・ド・ボーフルモン大公妃）BAUFFREMONT (Laurence de Montmorency, princesse Théodore de)　16, 28, 29, 200,

ブロイー（ヴィクトール、公爵）BROGLIE (Victor, duc de)　104, 143, 155, 226, 227, 230, 252, 254, 260, 268, 292, 297, 314, 337, 338, 372
フロトー（氏）FLOTOW (M.de)　326, 378, 380, 398
フロベール（ギュスターヴ）FLAUBERT (Gustave)　480–483
フンボルト（アレクサンドル、男爵）HUMBOLDT (Alexandre, baron de)　33
フンメル（ヨーハン＝ネポムーク）HUMMEL (Johann-Nepomuk)　401

へ

ベアルン（氏）BEARN (M.de)　80
ベッケ（エティエンヌ）BECQUET (Étienne)　436
ヘッセン＝ダルムシュタット（大公）HESSE-DARMSTAT (prince de)　337
ベッリーニ（ヴィンチェンツォ）BELLINI (Vincenzo)　233, 392
ペッレグリーニ（フェリックス）PELLEGRINI (Félix)　395
ベテューヌ（アデライード・ド・ケマドゥー、大公妃）BÉTHUNE (Adélaïde de Quémadeuc, princesse de)　415
ベテューヌ（レオニー、大公妃）BÉTHUNE (Léonie, princesse de)　112, 146
ベテューヌ＝シュリー（伯爵夫人）BÉTHUNE-SULLY (comtesse de)　205
ベドマール（侯爵）BEDMAR (marquis de)　166
ベナゼ（氏）BÉNAZET (M.)　156
ペナルヴェール（氏）PÉNALVER (M.de)　395
ベランジェ（ピエール＝ジャン・ド）BÉRANGER (Pierre-Jean de)　136, 231, 247
ベリー（シャルル＝フェルディナン、公爵）BERRY (Charles-Ferdinand, duc de)　20, 56–58, 62, 66, 69, 70, 76, 165, 245, 390
ベリー（マリー＝カロリーヌ・ド・ブルボン＝シシル、公爵夫人）BERRY (Marie-Caroline de Bourbon-Sicile, duchesse de)　21, 27, 28, 40, 42, 55, 58, 63, 68–72, 76, 79, 80, 91, 108, 111, 158, 163, 165, 166, 169, 175, 184, 206, 369, 381, 388, 417, 423, 468
ベリエ（ピエール＝アントワーヌ）BERRYER (Pierre-Antoine)　165, 215, 218, 222, 256, 260, 275, 289, 291, 292, 294, 310, 311, 329, 381
ペリエ（アグラエ・ド・クラヴェル・ド・ケルゴルナン、ジョゼフ夫人）PERIER (Aglaé de Clavel de Kergornan, Madame Joseph)　21, 29
ペリエ（カジミール）PERIER (Casimir)　29, 79, 228, 248, 278, 297, 314, 372, 436
ペリエ（ジョゼフ）PERIER (Joseph)　135, 297
ペリエ（ファニー）→レミュザ（シャルル・ド・レミュザ伯爵夫人）RÉMUSAT (comtesse Charles de)を見よ。
ペリエ（ポール）PERIER (Paul)　297
ペリゴール（アレクサンドル・ド）PÉRIGORD (Alexandre de)　396
ペリシエ（オランプ）PÉLISSIER (Olympe)　476, 478
ベリッサン（侯爵）BELLISSEN (marquis de)　154, 397, 398
ベルヴィル（氏）BERVILLE (M.)　162, 294
ペルシ（ジャン＝シャルル）PERSIL (Jean-Charles)　252
ペルシ（ジャン＝シャルル・ド・ペルシ夫人）PERSIL (Mme Jean-Charles)　252, 284
ペルシアーニ（ファニー・タッキナルディ、ジュゼッペ・ペルシアーニ夫人）PERSIANI (Fanny Tacchinardi, Mme Giuseppe)　157
ベルジョヨーゾ（エミーリオ、大公）BELGIOJOSO (Emilio, prince)　147, 216, 394, 422, 423, 428, 459, 471
ベルジョヨーゾ（クリスティーナ・トリヴルツィオ、大公妃）BELGIOJOSO (Cristina Trivulzio, princesse)　93, 140, 205, 324, 331, 375, 384, 394, 396
ペルタン（ウジェーヌ）PELLETAN (Eugène)　459
ベルタン（ルイ＝フランソワ、通称ベルタン兄）BERTIN (Louis-François, dit l' Aîné)　79
ベルタン・ド・ヴォー（夫人、旧姓フーシェ）BERTIN DE VAUX (Mme, née Foucher)　400, 401
ベルタン・ド・ヴォー（ピエール＝ルイ）

ル夫人）BRAME(Caroline, Mme Ernest Orville) 144
ブラーム（パメラ・ド・ガルダンヌ、エドワール夫人）BRAME(Paméla de Gardanne, Mme Edouard) 144
プララン→ショワズール＝プララン CHOISEUL-PRASLIN を見よ。
プラロン（エルネスト）PRAROND(Ernest) 296
ブラン（氏）BLAIN(M.) 30
ブランヴィル（アンリ・デュクロテー・ド）BLAINVILLE(Henri Ducrotay de) 309
ブランカース（伯爵）BRANCAS(comte de) 72, 157
フランコーニ（一家、アドルフ、アントニオ、アンリ通称ミネット、ローラン）FRANCONI (famille, Adolphe, Antonio, Henri dit Minette, Laurent) 389
プランシー（男爵）PLANCY(baron de) 458
プランシュ（ギュスターヴ）PLANCHE(Gustave) 462
プランストー（夫人、旧姓ドカーズ）PRINCETEAU(Mme, née Decazes) 66
ブランメル（ジョージ・ブライアン）BRUMMELLE(George Bryan) 37, 445, 455, 480, 482
フリアン（夫人）FRIANT(Mme) 95
ブリフォー（ウジェーヌ）BRIFFAULT(Eugène) 353, 383, 465
ブリフォー（シャルル）BRIFAUT(Charles) 311
ブルセー（フランソワ＝ジョゼフ＝ヴィクトール）BROUSSAIS(François-Joseph-Victor) 316
プルタレース（男爵夫人）POURTALÈS(baronne de) 29
ブルドン・ド・ヴァトリー（アルフェ）BOURDON DE VATRY(Alphée) 32
ブルドン・ド・ヴァトリー（夫人、旧姓アンゲルロット）BOURDON DE VATRY(Mme, née Hainguerlot) 16, 29, 30, 136, 203, 275
フルニエ（ナルシス）FOURNIER(Narcisse) 384
ブルボン（ルイ＝アンリ＝ジョゼフ、コンデ大公、公爵）BOURBON (Louis-Henri-Joseph, prince de Condé, duc de) 22, 75
ブルボン（ルイーズ＝マリー・ドルレアン、公爵夫人）BOURBON(Louise-Marie d' Orléans, duchesse de) 145
ブルボン＝ビュセ（伯爵）BOURBON-BUSSET (comte de) 298
フルラーンス（ピエール＝マリー）FLOURENS(pierre-Marie) 343
ブルワー＝リットン（エドワード・ジョージ）BULWER-LYTTON(Edward George) 454
フレー（エルネスト）FERAY(Ernest) 461, 462
フレー（エルネスト夫人、旧姓オベルカンプフ）FERAY(Mme Ernest, née Oberkampf) 462
ブレー（伯爵）BRAY(comte de) 369
プレイエル（カミーユ）PLEYEL(Camille) 479
プレイエル（マリー・モーク、カミーユ夫人）PLEYEL(Marie Moke, Mme Camille) 449
プレザンス（アンナ・ベルティエ、伯爵夫人）PLAISANCE(Anna Berthier, comtesse de) 216
フレシヌス（猊下）FRAYSSINOUS(Mgr) 49
ブレシントン（卿およびレディ・マーガレット）BLESSINGTON(lord et lady Margaret) 452–455, 457, 458, 471
ブレゼ（侯爵）BRÉZÉ(marquis de) 55
プレ・ド・ラ・ロゼール（ジョゼフ）PELET DE LA LOZÈRE(Joseph) 314
フレニイ（男爵）FRENILLY(baron de) 286
フレネル（オーギュスタン）FRESNEL(Augustin) 309
ブロイー（アルベール、大公）BROGLIE(Albert, prince de) 154, 230, 250, 297–299, 371, 372
ブロイー（アルベルティーヌ・ド・スタール、ヴィクトール・ド・ブロイー公爵夫人）BROGLIE(Albertine de Stael, duchesse Victor de) 128, 143, 154, 167, 204, 247, 252, 273, 274, 320

286
ピエール（ジェーン・トルン、男爵夫人）PIERRES(Jane Thorn, baronne de) 148
ピスカトリー（テオバルド=エミール）PISCATORY(Théobald-Emile) 288, 314
ビュイッソン（氏）BUISSON(M.) 474
ビュジョー（元帥）BUGEAUD(maréchal) 172, 438
ビュション（ジャン=アレクサンドル）BUCHON(Jean-Alexandre) 247
ビュロ（フランソワ）BULOZ(François) 434
ピール（ロバート）PEEL(Robert) 190
ビロン（侯爵夫人、旧姓ダマース）BIRON (marquise de, née Damas) 50
ビンガム（夫人）BINGHAM(Mme) 150

フ

ファイ（氏）FAYE(M.) 213
ファスケル（氏）FASQUEL(M.) 421
ファルー（アルフレッド=ピエール、伯爵）FALLOUX(Alfred-Pierre, comte de) 213, 332
ファルコネ（エルネスト）FALCONNET(Ernest) 295, 300
ファルコン（コルネリー）FALCON(Cornélie) 393, 398
ファン（男爵）FAIN(baron) 347
ブイエ（氏）BOUILLÉ(M.de) 80
フィエヴェ（ジョゼフ）FIÉVÉE(Joseph) 249
フィッツ=ジャム（エドワール、公爵）FITZ-JAMES(Édouard, duc de) 165, 292, 476, 478
フェー（ジャンヌ・バロン、通称レオンティーヌ）FAY(Jeanne Baron, dite Léontine) 456
フェルトル（アルフォンス・クラルク、伯爵）FELTRE(Alphonse Clarke, comte de) 399
フェルナンド7世（スペイン王）FERDINAND Ⅶ D' ESPAGNE 431
フォシニー（夫人）FAUCIGNY(Mme de) 80
フォルジェ（J. ・ド・ラ・ヴァレット、男爵夫人）FORGET(J. de la Valette, baronne de) 136
フォルジュ（男爵および男爵夫人）FORGES (baron et baronne de) 381, 398
フォルモン（伯爵）FOLMON(comte de) 281
フォワ（ティビュルス、子爵）FOY(Tiburce, vicomte) 297
フォワ（マクシミリアン=セバスティアン、将軍、伯爵）FOY(Maximilien-Sébastien, général, comte) 291, 348, 479
フォンターヌ（ルイ・ド）FONTANES(Louis de) 127, 239, 306, 310, 342
フザンサック（氏）FEZENSAC(M.de) 274
フーシェ（ジョゼフ、オトラーント公爵）FOUCHÉ(Joseph, duc d'Otrante) 135, 153, 400
フシェール（ソフィ・ドース、男爵夫人）FEUCHÈRES(Sophie Dawes, baronne de) 75
ブッフェ（ヴォードヴィル座支配人）BOUFFÉ (directeur du Vaudeville) 465
ブッフェ（ユーグ=マリー、喜劇俳優）BOUFFÉ(Hugues-Marie, comedien) 388
フートリエ（フランソワ、猊下）FEUTRIER (François, Mgr) 317
ブーニョ（クロード、伯爵）BEUGNOT (Claude, comte) 285, 427
プミエース・ド・ラ・シブシー（博士）POUMIÈS DE LA SIBOUTIE(Dr) 318, 319
ブライオン（トーマス）BRYON(Thomas) 419
フラオー（シャルル、伯爵）FLAHAUT(Charles, comte de) 28, 140, 396, 422
フラオー（マーサー嬢、キース卿の娘、シャルル・ド・フラオー伯爵夫人）FLAHAUT(miss Mercer, fille de lord Keith, comtesse Charles de) 24, 93, 140, 250, 274
ブラカース（公爵）BLACAS(duc de) 47, 74, 310
ブラシエ・ド・サン=シモン（氏）BRASSIER DE SAINT-SIMON(M.) 396
フラゼール（幕僚）FRASER(major) 423
プラディエ（ジャン=ジャック、通称ジェームス）PRADIER(Jean-Jacques, dit James) 335, 478
プラナ（嬢）PLANAT(Mlle) 383
ブラーム（エドワール）BRAME(Édouard) 144
ブラーム（カロリーヌ、エルネスト・オルヴィ

315, 397
バイロン（ジョージ・ゴードン、卿）BYRON (George Gordon, lord) 317, 360, 453
パエール（フェルディナンド）PAËR (Ferdinando) 242, 304, 461
パガニーニ（ニコロ）PAGANINI (Niccolo) 400, 401
パキエ（エティエンヌ、大法官、男爵、次に公爵）PASQUIER (Etienne, chancelier, baron puis duc) 79, 223, 225, 239, 242, 244, 258, 267, 285, 316, 322, 356
バグラシオヌ（カトリーヌ・スカヴロンスカ、大公妃）BAGRATION (Catherine Skavronska, princesse) 140, 274
パストレ（伯爵夫人）PASTORET (comtesse de) 200, 247
パタン（アンリ）PATIN (Henri) 311
バッサーノ（ユーグ・マレ、公爵）BASSANO (Hugues Maret, duc de) 239
バッタ（アレクサンドル）BATTA (Alexandre) 157, 357
バッタ（アレクサンドル、ローラン、ジョゼフ）BATTA (Alexandre, Laurent, Joseph) 157
バッチオキ（フェリックス、伯爵）BACCIOCHI (Félix, comte) 488
パネル（氏）PANEL (M.) 381, 398
パーマストン（卿）PALMERSTON (lord) 196
ハミルトン（公爵）HAMILTON (duc de) 214, 215
バラビーヌ（ヴィクトール）BALABINE (Victor) 97, 130, 146, 180, 218, 288, 336, 357
バランヴィリエ（男爵）BALAINVILLIERS (baron de) 337
バランクール（侯爵）BALINCOURT (marquis de) 28
バランシュ（ピエール＝シモン）BALLANCHE (Pierre-Simon) 321, 322, 331, 337
バラント（セザリーヌ・ドゥードト、プロスペール・ド・バラント男爵夫人）BALANTE (Césarine d'Houdetot, baronne Prosper de) 79, 225, 227
バラント（プロスペール、男爵）BARANTE (Prosper, baron de) 79, 179, 226, 314, 316
バリソン→ルージュモン ROUGEMONT を見よ。
バルザック（オノレ・ド）BALZAC (Honoré de) 34–37, 125, 138, 142, 151, 175, 186, 206, 222, 223, 236, 248, 321, 336, 341, 351, 352, 355, 356, 359, 424, 429–431, 440, 468, 469, 470–476, 478, 479
パルスヴァル＝グランメゾン（フランソワ＝オーギュスト）PARSEVAL-GRANDMAISON (François-Auguste) 337
パルタリュー＝ラフォス（ジャン＝イジドール）PARTARIEU-LAFOSSE (Jean-Isidore) 294
バルティヤ（侯爵夫人）BARTILLAT (marquise de) 113
バルト（フェリックス）BARTHE (Félix) 294, 314, 479
バルト（フェリックス夫人）BARTHE (Mme Félix) 284
バルトルディ＝ヴァルテール（ルイーズ＝カトリーヌ・ヴァルテール、ジャン＝フレデリック・バルトルディ男爵夫人）BARTHOLDI-WALTHER (Louise-Catherine Walther, baronne Jean-Frédéric Bartholdi, Mme) 29
バルビ（アンヌ・ド・コーモン＝ラ・フォルス、伯爵夫人）BALBI (Anne de Caumont-La Force, comtesse de) 273, 274
バルビエ（オーギュスト）BARBIER (Auguste) 291, 434
バルベー・ドールヴィイ（ジュール）BARBEY D' AUREVILLY (Jules) 441, 480, 482
パーレン（ピエール、伯爵）PAHLEN (Pierre, comte de) 179, 258
バロー（オディロン）BARROT (Odilon) 79, 194, 222, 235, 292, 294
バロワレ（ポール）BARROILHET (Paul) 233
ハンスカ（エヴリーヌ・ジェヴースカ、伯爵夫人）HANSKA (Éveline Rzewuska, comtesse) 476

ヒ

ピイエ（レオン）PILLET (Léon) 404, 424
ピエ（ジャン＝ピエール）PIET (Jean-Pierre)

トレラ（ユリス）TRÉLAT(Ulysse) 309
ドロミュー（ゾエ、侯爵夫人）DOLOMIEU (Zoé, marquise de) 23,28,82,102
トロロープ（夫人）TROLLOPE(Mme) 384, 442

ナ

ナタン（嬢）NATHAN(Mlle) 402
ナポレオン1世 NAPOLÉON Ier 30,42,43, 60,66,67,76,97,102,107,108,139,140,142, 143,178,183,211,242,245,279,307,317,320, 340,347,376,386,389,401,415,417,451
ナルボンヌ（公爵）NARBONNE(duc de) 55
ナルボンヌ（公爵夫人）NARBONNE(duchesse de) 348
ナルボンヌ（ルイ、伯爵）NARBONNE(Louis, comte de) 279
ナンズーティ（エティエンヌ＝ジャン＝シャルル・シャンピオン、伯爵）NANSOUTY (Étienne-Jean-Charles Champion, comte de) 161
ナンズーティ（マリー＝フランソワーズ＝マティルド・グラヴィエ・ド・ヴェルジェンヌ、エティエンヌ＝アントワーヌ・シャンピオン夫人、伯爵夫人）NANSOUTY(Marie-Françoise-Mathilde Gravier de Vergennes, Mme Étienne-Antoine Champion, comtesse de) 133, 161,244,380

ニ

ニコライ1世、ロシア皇帝 NICOLAS Ⅰ er, tsar de Russie 256
ニコリーニ（ジュゼッペ）NICOLINI(Giuseppe) 204
ニコロ（イズワール）NICOLO(Isouard) 367

ヌ

ヌムール（公爵）→オルレアン（ルイ・ドルレアン）ORLEANS(Louis d')を見よ。

ヌーリ（アドルフ）NOURRIT(Adolphe) 72, 80,393,435

ネ

ネー（エドガール）NEY(Edgar) 420
ネー（ナポレオン＝ジョゼフ）→ラ・モスコヴァ LA MOSKOWA を見よ。
ネセルロード（伯爵夫人）NESSELRODE(comtesse de) 266
ネルヴァル（ジェラール・ド）NERVAL(Gérard de) 148

ノ

ノアイユ（アレクシ・ド）NOAILLES(Alexis de) 285
ノアイユ（アントナン・ド）NOAILLES(Antonin de) 411,412,429
ノアイユ（アンリ・ド・ノアイユ夫妻）→ムシー（公爵および公爵夫人）MOUCY(duc et duchesse de)を見よ。
ノアイユ（シャルル・ド）→ムシー（公爵）MOUCY(duc de)を見よ。
ノアイユ（ポール、公爵）NOAILLES(Paul, duc de) 166,316
ノアイユ（メラニー・ド・タレーラン＝ペリゴール、ジュスト・ド・ノアイユ伯爵夫人、ポワ公爵夫人）NOAILLES(Mélanie de Talleyrand-Périgord, comtesse Juste de, duchesse de Poix) 24,28,149,175,234
ノアイユ（レオンティーヌ、アルフレッド・ド・ノアイユ子爵夫人）NOAILLES(Léontine, vicomtesse Alfred de) 24,28,122,129, 131,158,178,231,234,369,371
ノディエ（シャルル）NODIER(Charles) 311, 348,369,371
ノットランド（卿）NOTLAND(lord) 305
ノブレ（姉妹）NOBLET(les sœurs) 137,214
ノーマンビー（卿およびレディ）NORMANBY (lord et lady) 196

ハ

バイイ（エマニュエル、通称バイイ・ド・シュルシー）BAILLY(Emmanuel, dit BAILLY DE SURCY) 294-296,312,442
ハイネ（ハインリッヒ）HEINE(Henri) 290,

ドカーズ（エリー、公爵）DECAZES(Élie, duc) 59, 66, 74, 150, 162, 229, 236, 245, 291
ドカーズ（ルイ）DECAZES(Louis) 297
トクヴィル（アレクシ・ド）TOCQUEVILLE (Alexis de) 240, 316, 322
ドジャン（バンジャマン）DEJEAN(Benjamin) 288, 294
ドーズ（嬢）→ボーヴォワール BEAUVOIR を見よ。
ドーソンヴィル→オーソンヴィル HAUSSONVILLE を見よ。
ドーデ（エルネスト）DAUDET(Ernest) 183
ドニツェッティ（ガエターノ）DONIZETTI (Gaetano) 166, 392
ドヌー（ピエール＝クロード＝フランソワ）DAUNOU(Pierre-Claude-François) 237
ドーヌ（氏）DOSNE(M.) 136
ドーヌ（夫人）DOSNE(Mme) 129, 207, 248, 250
ドノルマンディ（アンヌ＝エドワール）DENORMANDIE(Anne-Édouard) 420, 421, 422
ドベレーム（ルイ＝モーリス）DEBELLEYME (Louis-Maurice) 356
ドーミエ（ジャン＝バティスト）DAUMIER (Jean-Baptiste) 337
トム・プース［親指トム］TOM POUCE 401
ドーモン→オーモン AUMONT を見よ。
ドライショック（氏）DREYSCHOCK (M.) 449
ドラヴィーニュ（カジミール）DELAVIGNE (Casimir) 33, 80, 203, 319, 367, 434
ドラヴィーニュ（ジェルマン）DELAVIGNE (German) 33
ドラクロワ（ウジェーヌ）DELACROIX(Eugène) 136, 203, 246, 336, 356
ドラマール（エルネスト）DELAMARRE(Ernest) 481
ドラマール（カジミール）DELAMARRE(Casimir) 199, 421
ドラロッシュ（ポール）DELAROCHE(Paul) 136, 336, 356
ドラロッシュ（ルイーズ・ヴェルネ、ポール・ドラロッシュ夫人）DELAROCHE(Louise Vernet, Mme Paul) 136
ドリュス＝グラ（ジュリー・ヴァン・スタンキスト、夫人）DORUS-GRAS(Julie van Steenkiste, Mme) 393, 398
ドルヴァル（マリー）DORVAL(Marie) 380, 388
トルーヴェ（男爵）TROUVÉ(baron) 310, 312
ドルゴルーカ（大公妃）DOLGOROUKA(princesse) 156, 430
トルストイ（氏）TOLSTOÏ(M.) 396
ドルセー→オルセー ORSAY を見よ。
ドルー＝ブレゼ（神父）DREUX-BRÉZÉ(abbé de) 328
トルベック（ジャン＝バティスト＝ジョゼフ）TOLBECQUE(Jean-Baptiste-Joseph) 167
ドルレアン→オルレアン ORLÉANS を見よ。
トルン（アリス、ジェーン、メアリー、ジェイムズ）THORN(Alice, Jane, Mary, James) 147, 148
トルン（夫妻）THORN(M. et Mme) 145–148, 150, 174, 202
トレヴィーズ（モルティエ元帥、公爵））TRÉVISE(maréchal Mortier, duc de) 183
ドレクリューズ（エティエンヌ）DELÉCLUZE (Étienne) 231, 247, 307, 338, 339, 349, 350, 374
ドレセール（ヴァランティーヌ・ド・ラボルド、ガブリエル夫人）DELESSERT(Valentine de Laborde, Mme Gabriel) 18, 29, 135
ドレセール（ガブリエル）DELESSERT(Gabriel) 23, 29, 135, 356, 372
ドレセール（兄弟）DELESSERT(frères) 137, 175
ドレセール（バンジャマン）DELESSERT (Benjamin) 135, 314
ドレセール（フランソワ）DELESSERT(François) 135, 314
ドレストル＝ポワルソン（シャルル＝ガスパール・ポワルソン、通称）DELESTRE-POIRSON(Charles-Gaspard Poirson, dit) 137
トレモン（ルイ＝フィリップ＝ジョゼフ・ジロ・ド・ヴィエネー、男爵）TRÉMONT (Louis-Philippe-Joseph Girod de Vienney, baron de) 478

235, 260, 279, 280–282, 292, 314, 316, 317, 359, 479, 486
デュパン（シャルル）DUPIN (Charles)　359
デュパン（フィリップ）DUPIN (Philippe)　162
デュパンルー（フェリックス＝アントワーヌ＝フィリベール、神父）DUPANLOUP (Félix-Antoine-Philibert, abbé)　328
デュビニョン（アルセーヌ＝ヴィクトワール・ド・リユ、ギヨタン夫人）DUBIGNON (Arsène-Victoire de Lihu, Mme Guillotin)　204, 394
デュピュイ（ローズ）DUPUIS (Rose)　32
テュフィアキン（大公）TUFFIAKIN (prince)　33, 429, 430
デュフォール（ジュール）DUFAURE (Jules)　314
デュフラン（エレーヌ＝セリナ・シェリダン、レディ）DUFFERIN (Hélène-Selina Sheridan, lady)　357
デュプレ（ジルベール＝ルイ）DUPREZ (Gilbert-Louis)　137, 359, 393, 403
デュポテ（博士）DUPOTET (Dr)　334
デュボワ（ポール＝フランソワ）DUBOIS (Paul-François)　339
デュポンシェル（エドモン）DUPONCHEL (Edmond)　176, 402, 431, 435, 466
デュポン・ド・ルール（夫人）DUPON DE L'EURE (Mme)　89
デュマ（アレクサンドル）DUMAS (Alexandre)　217, 218, 221, 321, 335, 338, 341, 351, 356, 387, 398, 422, 455, 477, 479
デュマ（クリスティアン＝レオン、男爵、次に伯爵）DUMAS (Christian-Léon, baron puis comte)　28, 92, 101
デュマ（ジャン＝バティスト）DUMAS (Jean-Baptiste)　309
デュマ（フィス息子、アレクサンドル）DUMAS (fils, Alexandre)　429, 469
デュメルサン（テオフィール＝マリヨン）DUMERSAN (Théophile-Marion)　388
デュモン（シルヴァン）DUMON (Sylvain)　288, 293, 294, 314
デュラース（アメデ＝ブルターニュ＝マロ・ド・デュフォール、侯爵、次に公爵）DURAS (Amédée-Bretagne-Malo de Dufort, marquis puis duc de)　47, 60, 61, 69, 74, 476, 478
デュラース（クレール＝ボンヌ・ド・ケルサン、公爵夫人）DURAS (Claire-Bonne de Kersaint, duchesse de)　120, 125, 126, 128, 220, 236, 237, 347, 348, 374, 478
デュラン（夫人）DURAND (Mme)　429, 430
デュルスト→ユルスト HULST を見よ。
デュルフォール（エティエンヌ・ド）DURFORT (Étienne de)　44
テルノー（アンリ、通称テルノー＝コンパン）461, 462
TERNAUX (Henri, dit TERNAUX-COMPANS)
テルノー（ヴォルドマール）TERNAUX (Woldemar)　381, 461, 462
テルノー（ヴォルドマール夫人、旧姓ラモルリー）TERNAUX (Mme Woldemar, née Lamorelie)　461
テルノー（エドワール）TERNAUX (Édouard)　461, 462
テルノー（ギヨーム＝ルイ）TERNAUX (Guillaume-Louis)　287
テルノー（家）TERNAUX (famille)　314
テルノー（モルティメール）TERNAUX (Mortimer)　461, 462
テルノー＝ルソー（エティエンヌ）TERNAUX-ROUSSEAU (Étienne)　135
デルマール（男爵）DELMAR (baron)　112, 401
テルム（氏）THERMES (M.de)　371
デルリュー（アンドレ）DELRIEU (André)　381
テロール（イジドール、男爵）TAYLOR (Isidore, baron)　356

ト

ドゥーダン（グジメネス）DOUDAN (Ximénès)　298, 371, 372
ドゥードト→ウードト HOUDETOT を見よ。
トゥロール（氏）TOUROLLE (M.de)　371
ドカーズ（エジェディ・ド・サン＝トレール、公爵夫人）DECAZES (Égédie de Sainte-Aulaire, duchesse)　28, 150

タレーラン（シャルル＝モーリス、ベネヴァン大公）TALLEYLAND（Charles-Maurice, prince de Bénévent） 30, 41, 47, 79, 135, 140, 153, 154, 176, 184, 187, 228, 229, 242, 244, 245, 247, 249, 256, 262, 315, 316, 451
ダンタン（ジャン＝ピエール、通称ダンタン弟）DANTAN（Jean-Pierre, dit DANTAN JEUNE） 422
ダンドロー→アンドロー ANDLAU を見よ。
タンブリーニ（アントーニオ）TAMBURINI（Antonio） 187, 392

チ

チャルトリスカ（アンナ・サピア、大公妃）CZARTORYSKA（Anna Sapieha, princesse） 201, 205
チャルトリスキー（アダム、大公）CZARTORYSKI（Adam, prince） 180, 316

テ

ディアーズ・ド・ラ・ペーニャ（ナルシス＝ヴィルジル）DIAZ DE LA PENÃ（Narcisse-Virgile） 149
ティアール（将軍、伯爵）THIARD（général, comte de） 314
ティエボー（将軍、男爵）THIÉBAULT（général, baron） 79
ティエール（アドルフ）THIERS（Adolphe） 79, 96, 116, 129, 136, 196, 231, 232, 245–252, 256, 259, 260, 262, 275, 288, 291, 316, 360, 435, 437, 438, 466, 472, 473, 479
ティエール（エリザ・ドーヌ、アドルフ・ティエール夫人）THIERS（Élisa Dosne, Mme Adolphe） 166, 207, 249, 250, 252
ディケンズ（チャールズ）DICKENS（Charles） 454
ディズレイリー（ベンジャミン）DISRAELI（Benjamin） 454, 472
ティソ（ピエール＝フランソワ）TISSOT（Pierre-François） 308, 341
ディットメール（アドルフ）DITTMER（Adolphe） 294
ディノ（公爵）DINO（duc de） 298
ディノ（ドロテ・ド・クールランド、公爵夫人）DINO（Dorothée de Courlande, duchesse de） 140, 153, 154, 156, 195, 213, 214, 222, 232, 247, 250, 257, 339, 456
デヴォンシャー（公爵）DEVONSHIRE（duc de） 190, 204
デジャゼ（ヴィルジニー）DÉJAZET（Virginie） 157, 388, 459, 460
デシャン（エミール）DESCHAMPS（Émile） 341
デスティリエール（氏）DESTILLIÈRS（M.） 135
デゾジエ（アントワーヌ）DÉSAUGIERS（Antoine） 367
デソール（ジャン＝ジョゼフ、将軍、侯爵）DESSOLLES（Jean-Joseph, général, marquis） 59, 245
デミドフ（アナトール、伯爵）DEMIDOFF（Anatole, comte） 420
デュヴィケ（ピエール）DUVIQUET（Pierre） 311
デュヴェルジエ・ド・オーランヌ（プロスペル＝レオン）DUVERGIER DE HAURANNE（Prosper-Léon） 231, 288, 293, 294
デュグレレ（アドルフ）DUGLÉRÉ（Adolphe） 412
デュ・ケーラ（ゾエ・タロン、伯爵夫人）DU-CAYLA（Zoé Talon, comtesse） 74, 75
デュシェノワ（ジョゼフィーヌ・ラフュアン、通称デュシェノワ嬢）DUCHESNOIS（Joséphine Rafuin, dite Mlle） 137
デュシャテル（エグレ・ポレ、タヌギー・デュシャテル夫人）DUCHATEL（Églé Paulée, Mme Tanneguy） 203, 284
デュシャテル（シャルル＝マリー・タヌギー）DUCHATEL（Charles-Marie Tanneguy） 283, 284, 288, 294, 314
デュシャンジュ（ポリーヌ）DUCHAMBGE（Pauline） 18
デュタック（アルマン）DUTACQ（Armand） 352, 479
デュパティ（エマニュエル）DUPATY（Emmanuel） 33
デュパン（アンドレ＝マリー＝ジャン＝ジャック、通称デュパン兄）DUPIN（André-Marie-Jean-Jacques, dit DUPIN AÎNÉ） 108, 223,

セラン（公爵夫人）SERENT（duchesse de） 50
セール（ピエール＝フランソワ＝エルキュール、伯爵）SERRE（Pierre-François-Hercule, comte de） 293
セルクレ（アントワーヌ）CERCLET（Antoine） 339
セルセー（子爵）SERCEY（vicomte de） 234, 448
セールベール（兄弟）CERFBEER（les frères） 221
セールベール（マックス）CERFBEER（Max） 402

ソ

ソヴァージョ（アレクサンドル＝シャルル）SAUVAGEOT（Alexandre-Charles） 137
ソゼ（氏）SAUZET（M.） 281, 292
ソバンスカ（伯爵夫人）SOBANSKA（comtesse） 24
ソンタッグ（アンリエット）SONTAG（Henriette） 14, 72, 80

タ

タイエ（エドワール）THAYER（Édouard） 305
ダヴー→エックミュール ECKMÜHL を見よ。
ダヴィッド（フェリシアン）DAVID（Félicien） 401
ダヴィッド・ダンジェ（ピエール＝ジャン）DAVID D'ANGERS（Pierre-Jean） 359
ダヴィリエ（家）DAVILLIERS（famille） 29, 135, 314
ダグー→アグー AGOULT を見よ。
ダストール→アストール ASTORG を見よ。
タッテ（アルフレッド）TATTET（Alfred） 136, 459–463
タッリオーニ（マリー）TAGLIONI（Marie） 137, 435
ダマース（エティエンヌ、ダマース＝クリュ伯爵、次にダマース公爵）DAMAS（Étienne, de DAMAS-CRUX, comte puis duc de DAMAS） 49, 50, 69
ダマース（エティエンヌ・ド・ダマース＝クリュ伯爵夫人、次にダマース公爵夫人、旧姓セラン）DAMAS（comtesse puis duchesse de Étienne, née Sérent） 50, 191
ダマース（シャルル、伯爵、次に公爵）DAMAS（Charles, comte puis duc de） 44, 47, 48
ダマース（マクサンス、男爵）DAMAS（Maxence, baron de） 46, 50, 173, 184, 426
ダマース（ロジェ、伯爵）DAMAS（Roger, comte de） 369
ダモロー（ロール・チンティ、夫人）DAMOREAU（Laure Cinti, Mme） 80, 357, 359, 393, 398, 399–402, 435
タラリュ（氏）TALARU（M.de） 372
タラント（マクドナルド元帥、公爵）TARENTE（maréchal Macdonald, duc de） 183
タルーエ（オーギュスト・ド・タルーエ夫人、旧姓ロワ）TALHOUET（Mme Auguste de, née Roy） 136, 278
ダルジャンソン→アルジャンソン ARGENSON を見よ。
ダルトン→アルトン ALTON を見よ。
ダルトン＝シェー→アルトン＝シェー ALTON-SHÉE を見よ。
タールベルク（シジスモン）THALBERG（Sigismond） 157, 205, 396
ダルベルグ（公爵夫人）DALBERG（duchesse） 167, 203, 204
タルマ（フランソワ＝ジョゼフ）TALMA（François-Joseph） 137, 192, 219, 242, 349, 386
ダルマイエ→アルマイエ ARMAILLÉ を見よ。
ダルマシー（エクトール・スルト夫人、侯爵夫人）DALMATIE（Mme Hector Soult, marquise de） 28
ダルマシー（ジャン・ド・デュー、スルト元帥、公爵）DALMATIE（Jean de Dieu, maréchal Soult, duc de） 183, 323, 359, 431
ダルマシー（スルト元帥夫人、公爵夫人）DALMATIE（maréchale Soult, duchesse de） 76
ダルランクール→アルランクール ARLINCOURT を見よ。
タレーラン（公爵）TALLEYRAND（duc de） 162, 188

ファニー、旧姓セバスティアーニ、公爵および公爵夫人）CHOISEUL-PRASLIN（Théobald et Fanny, née Sébastiani, duc et duchesse de） 140, 153, 215
ジョワンヴィル（大公）→オルレアン（フランソワ・ドルレアン）ORLÉANS（François d'）を見よ。
ジラルダン（アレクサンドル、伯爵）GIRARDIN（Alexandre, comte de） 351, 359, 478
ジラルダン（エミール・ド）GIRARDIN（Émile de） 217, 346, 350–352, 354, 356, 357, 434, 459, 460, 468, 477, 479, 486
ジラルダン（ジョゼフィーヌ・ド・ヴァンティミイユ・デュ・リュック、アレクサンドル・ド・ジラルダン伯爵夫人）GIRARDIN（Joséphine de Vintimille du Luc, comtesse Alexandre de） 22–25, 28, 30, 122, 194, 231
ジラルダン（デルフィーヌ・ゲー、エミール・ド・ジラルダン夫人）GIRARDIN（Delphine Gay, Mme Émile de） 16, 91, 92, 104, 109, 114, 128, 129, 133, 137, 145–148, 150, 152, 153, 165, 174, 176, 200, 210, 211, 218, 220, 222–225, 235, 238, 274, 275, 280, 299, 317, 319, 321, 324, 327, 334, 335, 340–342, 346–363, 367, 384, 399, 413, 417, 448, 470, 476, 477, 486–489, 493
ジラルダン（ニュマンス・ド）GIRARDIN（Numance de） 19, 28

ス

スヴェッチーヌ（ソフィ・ソイモノフ、夫人）SWETCHINE（Sophie Soymonoff, Mme） 144, 207, 324, 328, 329, 332
スクリーブ（ウジェーヌ）SCRIBE（Eugène） 168, 356, 367, 368, 374, 380, 388, 434
スーシー（氏）SOUCY（M.de） 398
スタップフェール（アルベール）STAPFER（Albert） 249
スタール（オーギュスト、男爵）STAËL（Auguste, baron de） 204, 287
スタール（夫人）STAËL（Mme de） 128, 219, 220, 226, 227, 230, 279, 317, 347, 349, 360, 490
スタンダール STENDHAL 44, 71, 80, 124, 151, 231, 249, 276, 306, 307, 317, 319, 323, 330, 333, 340, 440
スタンディッシュ（ハル）STANDISH（Hall） 89
スタンディッシュ（アンリエット・ド・セルセー、ハル夫人）STANDISH（Henriette de Sercey, Mme Hall） 28, 89
スチュアート（エリザベス・ヨーク、レディ）STUART（Elisabeth Yorke, lady） 65
スチュアート（チャールズ、卿）STUART（Charles, lord） 189, 190, 194
スパール（伯爵夫人、旧姓ナルディ）SPARRE（comtesse de, née Naldi） 202, 235, 394, 396
スポンティーニ（ガスパール）SPONTINI（Gaspard） 242
スメ（アレクサンドル）SOUMET（Alexandre） 311
スリエ（フレデリック）SOULIÉ（Frédéric） 337, 342, 479
スルト→ダルマシー DALMATIE を見よ。

セ

セガラース（アナイス）SÉGALAS（Anaïs） 384, 385
セギュール（アメリー・グレッフュール、ポール・ド・セギュール伯爵夫人）SÉGUR（Amélie Greffulhe, comtesse Paul de） 162, 234
セギュール（セレスティーヌ、およびロール・ド）SÉGUR（Célestine et Laure de）→アルマイエ ARMAILLÉ も見よ。161–164
セギュール（フィリップ・ド）SÉGUR（Philippe de） 161, 162, 218
セギュール（フェリシテ・ダゲッソー、オクターヴ・ド・セギュール夫人）SÉGUR（Félicité d' Aguesseau, Mme Octave de） 338
セギュール（夫人）SÉGUR（Mme de） 95
セギュール（ポール、伯爵）SÉGUR（Paul, comte de） 162, 297
セギュール（マリー＝ソフィー・ド）SÉGUR（Marie-Sophie de） 364
セバスチアーニ（オラース、元帥、伯爵）SÉBASTIANI（Horace, maréchal, comte） 140, 287, 314
セラリウス（氏）CELLARIUS（M.） 169

161,200,369
ジャナン（ジュール）JANIN(Jules)　109,233,282,290–292,307,341,383,387,397,399,400,442,443
ジャル（オーギュスト）JAL(Auguste)　33
シャルトル（公爵）→オルレアン（フェルディナン・ド）ORLÉANS(Ferdinand d')を見よ。
シャルル10世（ムッシュー・アルトワ伯爵、通称〈ムッシュー〉、次にシャルル10世）CHARLES X(M. le comte d' Artois, dit Monsieur, puis)　14,18–21,25,26,28,29,40,41,50–54,56–58,63,67–70,72,75,77,78,81,82,91,97,107,119,125,141,158,163,173,175,181,184,198,203,221,277,282,305,320,322,334,341,348,349,356,361,391,398,418,420,435,459,460,493
シャレット（夫人）CHARETTE(Mme de)　80
ジャンヴィエ（ウジェーヌ）JANVIER(Eugène)　288
ジャンティ（ド・シャヴァニャック、ミシェル＝ジョゼフ）GENTIL(de Chavagnac, Michel-Joseph)　367
シャンテラック（侯爵夫人）CHANTÉRAC(marquise de)　102,278
シャンビュール（夫人）CHAMBURE(Mme de)　398
ジャンリス（ステファニー＝フェリシテ・ド・サン＝トーバン、伯爵夫人）GENLIS(Stéphanie-Félicité de Saint-Aubin, comtesse de)　88,211
シュー（ウジェーヌ）SUE(Eugène)　258,351,355,423,437,476–479
シュー（博士）SUE(Dr.)　477
ジューイ（ヴィクトール＝ジョゼフ・エティエンヌ、通称ド・ジューイ）JOUY(Victor-Joseph Étienne, dit de)　33,308,318,352
シュヴルーズ（エルムサンド・ド・ナルボンヌー＝プレ、公爵夫人）CHEVREUSE(Ermesinde de Narbonne-Pelet, duchesse de)　142,490
シュヴルーズ（公爵）CHEVREUSE(duc de)　142
シュヴルール（ウジェーヌ）CHEVREUL(Eugène)　309
シュシェ→アルビュフェラ ALBUFÉRA を見よ。
ジュヌード（ウジェーヌ・ド）GENOUDE(Eugène de)　328,356
ジュノ→アブランテス ABRANTÈS を見よ。
ジュミヤック（アルマン・ド、およびオデ・ド）JUMILHAC(Armand et Odet de)　161,412,429
ジュミヤック（サンプリス＝ガブリエル＝アルマンド・デュ・プレシ・ド・リシュリュー、侯爵夫人）JUMILHAC(Simplice-Gabrielle-Armande du Plessis de Richelieu, marquise de)　68,122,126,194,231,234,275
ジュルヴェクール（夫人）JULVÉCOURT(Mme de)　394
ジュルダン（ジャン＝バティスト、元帥、伯爵）JOURDAN(Jean-Baptiste, maréchal, comte)　59
ジョージ４世、イギリス王、GEORGE Ⅳ D' ANGLETERRE　176,256,258,452
ショードゼーグ（ジャック＝ジェルマン）CHAUDESAIGUES(Jacques-Germain)　462
ショパン（フレデリック）CHOPIN(Frédéric)　137
ジョベール（イポリット＝フランソワ、伯爵）JAUBERT(Hippolyte-François, comte)　51,288,293
ジョベール（カロリーヌ、イポリット＝フランソワ・ジョベール伯爵夫人）JAUBERT(Caroline, comtesse Hippolyte-François)　289,335
ジョリ（アンテノール）JOLY(Anténor)　202,466
ジョルジュ（マルグリット・ヴェメール、通称ジョルジュ嬢）GEORGE(Marguerite Weimer, dite Mlle)　386,387,430
ショワジー（伯爵夫人）→アグー（子爵夫人）AGOULT(vicomtesse d')を見よ。
ショワズール（ガブリエル、公爵）CHOISEUL(Gabriel, duc de)　278,314
ショワズール＝グーフィエ（伯爵）CHOISEUL-GOUFFIER(comte de)　355
ショワズール＝プララン（テオバルド、および

サンド（ジョルジュ）SAND(George)　64,137,226,351,356,360,375,384,479
サンドー（ジュール）SANDEAU(Jules)　238,335,356
サン＝トレール（ルイ＝クレール・ド・ボーポリ、伯爵）SAINTE-AULAIRE(Louis-Clair de Beaupoli, comte de)　316,317
サン＝トレール（ルイ・ド）SAINTE-AULAIRE (Louis de)　288,372
サン＝トレール（ルイーズ＝シャルロット・デュ・ルール、伯爵夫人）SAINTE-AULAIRE (Louise-Charlotte du Roure, comtesse de)　338
サン＝ブランカール→ゴントー＝ビロン GONTAUT-BIRON を見よ。
サン＝プリ（アレクシ、伯爵）SAINT-PRIEST (Alexis, comte de)　27,357,368
サン＝プリ（マリー・ド・ラ・ギッシュ、アレクシ・ド・サン＝プリ伯爵夫人）SAINT-PRIEST(Marie de la Guiche, comtesse Alexis de)　162,411,412
サン＝マルク・ジラルダン（マルク・ジラルダン、通称サン＝マルク・ジラルダン）SAINT-MARC GIRARDIN(MARC GIRARDIN, dit)　319,322,434
サン＝モーリス（ヴィクトール＝アレクサンドル、伯爵）SAINT-MAURIS(Victor-Alexandre, comte de)　101
サント＝ブーヴ（シャルル＝オーギュスタン）SAINTE-BEUVE(Charles-Augustin)　120,213,232,258,292,294,307,308,322,329,320,331,434,459,463,479
サント＝モール（侯爵夫人、旧姓ダマース）SAINTE-MAURE(marquise de, née Damas)　50

シ

シェー（伯爵）SHÉE(comte)　51
ジェー（アントワーヌ）JAY(Antoine)　308,314
シェ・デス＝タンジュ（ルイ＝アドルフ）CHAIX D'EST-ANGE(Louis-Adolphe)　233,294
ジェニー（アルフォンス）GÉNIE(Alphonse)　261
シェフェール（アリ）SCHEFFER(Ary)　136,231,264,336
ジェラール（フランソワ、男爵）GÉRARD (François, baron)　153,247,336,342,349,374,476
ジェラルディ（ジャン＝アントワーヌ＝ジュスト）GERALDI(ou GERALDY, Jean-Antoine-Just)　401
シェランクール（夫人）CHELLINCOURT(Mme de)　234
ジェリコー（テオドール）GÉRICAULT(Théodore)　136
ジェルマン（伯爵）GERMAIN(comte)　422,459,460,462
シェーンブルク（大公）SCHÖNBURG(prince)　131,185
ジスケ（アンリ＝ジョゼフ）GISQUET(Henri-Joseph)　278
シセリ（ピエール）CICÉRI(Pierre)　376
シメオン（男爵夫人、旧姓セイエール）SIMÉON(baronne, née Seillière)　29
シーモア（ヘンリ、卿）SEYMOUR(Henry, lord)　411,412,419,421,429,471
シャストネー（アンリエット・ド・ラ・ギッシュ、アンリ・ド・シャストネー伯爵夫人）CHASTENAY(Henriette de la Guiche, comtesse Henri de)　28,129,162,163,340
シャストネー（ヴィクトリーヌ・ド）CHASTENAY(Victorine de)　76,162
シャセリオー（テオドール）CHASSÉRIAU (Théodore)　238,335,355
シャトーブリアン（フランソワ＝ルネ、子爵）CHATEAUBRIAND(François-René, vicomte de)　52,71,74,127,131,143,203,213,236,237,240,247,256,267,277,310,317,322,330,337,338,342,343,347,360,403,452
シャトリュ（セザール、伯爵）CHASTELLUX (César, comte de)　426
シャトリュ（ゼフィリーヌ・ド・ダマース、セザール・ド・シャトリュ伯爵夫人）CHASTELLUX(Zéphirine de Damas, comtesse César de)

DINを見よ。
ゲーテ GOETHE　349
ケラン（イアサント、猊下）QUÉLEN(Hyacinthe, Mgr de)　233, 325, 328, 329, 332, 377
ゲラン（ピエール）GUÉRIN(Pierre)　374
ゲランジェ（師）GUÉRANGER(dom)　332
ケルカド（夫人）KERKADO(Mme de)　376
ゲルノン＝ランヴィル（マルシャル、伯爵）GUERNON-RANVILLE(Martial, comte de)　334
ケルビーニ（サルヴァドール）CHERUBINI (Salvador)　242

コ

ゴー（エドモン）GOT(Edmond)　290, 382
コショワ＝ルメール（ルイ＝フランソワ＝オーギュスト）CAUCHOIS-LEMAIRE(Louis-François-Auguste)　33
ゴズラン（レオン）GOZLAN(Léon)　238, 356
コッツェブー（アウグスト・フォン）KOTZEBUE(August von)　367
コティエ（氏）COTTIER(M.)　314
ゴーティエ（テオフィル）GAUTIER（Théophile）　222, 223, 335, 336, 342, 350, 352, 355–357, 392, 469, 482
コーブールク（大公たち）COBOURG(princes de)　263, 401
コマール（ナタリー・ド）KOMAR(Nathalie de)　396
コラッリ（氏）CORALLI(M.)　169
コルビエール（伯爵）CORBIÈRE(comte de)　277
コレフ（ダヴィッド＝フェルディナン、博士）KOREFF(David-Ferdinand, Dr)　214, 215
コロン（ジェニー）COLON(Jenny)　148, 398
コンシデラン（ヴィクトール）CONSIDÉRANT (Victor)　332
コンスタン（バンジャマン）CONSTANT(Benjamin)　232, 308, 314, 337, 479
コンタード（子爵）CONTADES（vicomte de）　199
コンタード（ソフィー・ド・カステラーヌ、アンリ・ド・コンタード伯爵夫人）CONTADES (Sophie de Castellane, comtesse Henri de)　385
コント（アシール）COMTE(Achille)　341
コント（オーギュスト）COMTE(Auguste)　309
ゴントー（ロジェ・ド）GONTAUT(Roger de)　166
ゴントー＝ビロン（エリー、子爵）GONTAUT-BIRON(Elie, vicomte de)　297
ゴントー＝ビロン（シャルル、伯爵）GONTAUT-BIRON（Charles, comte de）　153
ゴントー＝ビロン（ジョゼフィーヌ・ド・モントー＝ナヴァイユ、シャルル・ド・ゴントー＝ビロン夫人）GONTAUT-BIRON(Joséphine de Montault-Navailles, Mme Charles de)　125, 166, 192, 200, 409
ゴントー＝ビロン（ルイ・ド、サン＝ブランカール侯爵）GONTAUT-BIRON(Louis de, marquis de Saint-Blancard)　298

サ

サヴィニー（小）SAVIGNY(jeune)　331
サザーランド（公爵夫人、旧姓カーライル）SUTHERLAND(duchesse de, née Carlisle)　191
サシ（サミュエル＝ユスタザード・シルヴェストル・ド）SACY(Samuel-Ustazade Silvestre de)　434
サシ（シルヴェストル・ド）SACY(Silvestre de)　240
サモイロフ（ジュリー・パーレン、伯爵夫人）SAMOÏLOFF(Julie Pahlen, comtesse)　165
サユーヌ（氏）SAHUNE(M.de)　372
サランドルーズ（シャルル＝ジャン）SALLANDROUZE(Charles-Jean)　459, 461
サリエーリ（アントニオ）SALIERI(Antonio)　165
サルヴァンディ（ナルシス＝アシル、伯爵）SALVANDY(Narcisse-Achille, comte de)　120, 122, 221, 238, 260, 275, 276, 299, 314, 318, 319
サレルノ（大公）SALERNE(prince de)　369
サン＝タルドゴンド（カミーユ、伯爵夫人）SAINTE-ALDEGONDE(Camille, comtesse de)　102

(Antoine-Alfred-Agénor de, duc de Guiche) 298
グラモン（アントワーヌ＝オーギュスト・ド、レスパール公爵）GRAMONT(Antoine-Auguste de, duc de Lesparre) 364
グラモン（アントワーヌ＝ルイ＝マリー、公爵）GRAMONT(Antoine-Louis-Marie, duc de) 44, 145, 193, 452
グラモン（イダ・ドルセー、ギッシュ公爵夫人、次にグラモン公爵夫人）GRAMONT(Ida d'Orsay, duchesse de Guiche puis de) 16, 24, 28, 452, 453, 455, 457
グラモン（フェルディナン、侯爵）GRAMMONT(Ferdinand, marquis de) 287
クラルク（家の女性たち）CLARKE(les dames) 247
グランヴィル（卿）GRANVILLE(lord) 98, 190, 195
グランヴィル（ジョージアナおよびメアリー）GRANVILLE(Georgiana et Mary) 190, 192
グランヴィル（ハリエット・エリザベス・カヴェンディッシュ、レディ）GRANVILLE(Harriett Elisabeth Cavendish, lady) 175, 177, 178, 182–184, 190–195, 197, 204, 367, 456
グランダース（氏）GLANDAZ(M.) 397
グリージ（カルロッタ）GRISI (Carlotta) 166
グリージ（ジュリア、通称ラ・グリージ）GRISI(Giulia, dite LA GRISI) 180, 392, 397, 400
クリヨン（カロリーヌ・デルブーヴィル、侯爵夫人、次にプロスペール・ド・クリヨン公爵夫人）CRILLON(Caroline d'Herbouville, marquise puis duchesse Prosper de) 200, 231, 371
クリュドネール（ジュリアナ、男爵夫人）KRUDENER(Juliana, baronne de) 380
クール（神父）CŒUR(abbé) 205, 308, 331
クールヴァル（侯爵夫人、モロー将軍の娘）COURVAL(marquise de, fille du général Moreau) 412
クールヴォワジエ（氏）COURVOISIER(M.de) 274
グールド（ジェラルド）GOULD(Gerald) 150
クールベ（ギュスターヴ）COURBET(Gustave) 123
クールボンヌ（夫人）COURBONNE(Mme de) 132, 218
グレイ（卿）GREY(lord) 190
グレヴィル（氏）GRÉVILLE(M.) 396
クレジー（氏）CRESY(M.) 137
グレッフュール（氏）GREFFULHE(M.) 372
グレッフュール（ジャン＝アンリ＝ルイ、伯爵）GREFFULHE(Jean-Henri-Louis, comte) 66, 164
グレッフュール（マリー＝フランソワーズ＝ガブリエル・ド・ヴァンティミイユ・デュ・リュック、フィリップ・ド・セギュールと再婚）GREFFULHE(Marie-Françoise-Gabrielle de Vintimille du Luc, remariée à Philippe de Ségur) 66, 162, 231, 368
クレマンティーヌ（王女）→オルレアン ORLÉANS を見よ。
クレミュー（アドルフ）CRÉMIEUX(Adolphe) 162, 402
クロ（氏）CROS(M.de) 398, 402
グロ（アントワーヌ、男爵）GROS(Antoine, baron) 348
クロゥファード（アンヌ・フランキ、通称ラ・ベル・シュリヴァン、レディ）CRAWFURD (Anne FRANCHI, dite La Belle Sullivan, lady) 451
クロゥファード（クインティン）CRAWFURD (Quintin) 451
クローダン（ギュスターヴ）CLAUDIN(Gustave) 355, 356
グロノウ（大尉）GRONOW(capitaine) 427
クロワ（ギュスターヴ＝マクシミリアン、大公）CROY(Gustave-Maximilien, prince de) 49

ケ

ゲー（ソフィー、旧姓ニショー・ド・ラ・ヴァレット）GAY(Sophie, née Nichault de la Valette) 132, 165, 168, 247, 341, 346–351, 354, 378–380, 384, 476, 477
ゲー（デルフィーヌ）→ジラルダン GIRAR-

エ、伯爵夫人）CANCLAUX(comte et Aglaé Liottier, comtesse de) 347, 348
カンビス（伯爵）CAMBIS(comte de) 420
カンプノン（ヴァンサン）CAMPENON(Vincent) 311

キ

ギザール（ルイ・ド）GUIZARD(Louis de) 288
ギース（コンスタンタン）GUYS(Constantin) 482
キスレフ（ニコラ、伯爵）KISSELEFF(Nicolas, comte de) 179
ギゾー（アンリエット）GUIZOT(Henriette) 265–267
ギゾー（エリザ・ディロン、フランソワ・ギゾー夫人）GUIZOT(Elisa Dillon, Mme François) 255
ギゾー（フランソワ、父）GUIZOT(François, père) 52, 79, 106, 109, 154, 162, 163, 173, 179, 188, 196, 215, 221, 228, 229, 239, 245, 250, 252, 254–270, 272, 274, 282, 288, 289, 299, 300, 305–307, 314–316, 320, 355, 356, 359, 360, 375, 438, 446, 491
ギゾー（フランソワ、息子）GUIZOT(François, fils) 255, 256, 263
ギゾー（ポリーヌ・ド・ムーラン、フランソワ・ギゾー夫人）GUIZOT(Pauline de Meulan, Mme François) 252, 255, 256, 264, 274
ギッシュ→グラモン GRAMONT を見よ。
ギドボーニ＝ヴィスコンティ（フランス＝サラ・ロヴェール、伯爵夫人）GUIDOBONI-VISCONTI(Frances-Sarah Lovelle, comtesse) 476
キネ（エドガール）QUINET(Edgar) 307, 308
ギノー（ウジェーヌ、別名ピエール・デュラン）GUINOT(Eugène, alias Pierre DURAND) 200, 342, 353
ギユー（夫人）GUIEUX(Mme) 381
ギュイエ＝デフォンテーヌ（氏）GUYET-DESFONTAINES(M.) 463
キュヴィリエ＝フルリー（アルフレッド＝オーギュスト・ド）CUVILLIER-FLEURY(Alfred-Auguste de) 80, 92, 95, 123, 163, 221, 275, 278, 281, 284, 401, 402, 417
キュシュテ（氏）CUCHETET(M.) 381
キュスティーヌ（アストルフ、侯爵）CUSTINE(Astolphe, marquis de) 238, 347, 357
キュスティーヌ（デルフィーヌ・ド・サブラン、アルマン・ド・キュスティーヌ侯爵夫人）CUSTINE(Delphine de Sabran, marquise Armand de) 214, 347, 348
ギュダン（テオドール）GUDIN(Théodore) 336, 477, 478
ギュタンゲール（ユルリック）GUTTINGUER(Ulric) 459
キュナン＝グリデーヌ（ローラン・キュナン、通称）CUNIN-GRIDAINE(Laurent Cunin, dit) 359
ギユマン（氏）GUILLEMIN(M.) 295
ギヨーム（氏）GUILLAUME(M.) 429, 430

ク

クザン（ヴィクトール）COUSIN(Victor) 52, 231, 254, 305–307, 309, 316
クーシー（夫人）COUSSY(Mme de) 398
クーパー（フェニモア）COOPER(Fenimore) 40–42
グボー（プロスペル＝パルフェ、通称ディノー）GOUBAUX (Prosper-Parfait, dit DINAUX) 479
クラオン（ユゴリーヌ＝ルイーズ＝ジョゼフィーヌ＝ヴァランティーヌ・デュ・ケーラ、エドモン・ド・ボヴォー夫人、大公夫人）CRAON (Ugoline-Louise-Joséphine-Valentine Du Cayla, Mme Edmond de Beauvau, princesse de) 205
グラニエ・ド・カサニャック（ベルナール＝アドルフ）GRANIER DE CASSAGNAC(Bernard-Adolphe) 355
グラボウスキー（氏）GRABOWSKI(M.de) 381
グラモン（アントワーヌ＝アジェノール、ギッシュ公爵、次にグラモン公爵）GRAMONT(Antoine-Agénor, duc de Guiche puis de) 28, 50, 298, 419, 425, 452, 453, 456, 457
グラモン（アントワーヌ＝アルフレッド＝アジェノール・ド、ギッシュ公爵）GRAMONT

ガヴァルニ（シュルピス＝ギヨーム・シュヴァリエ、通称ポール） GAVARNI (Sulpice-Guillaume Chevalier, dit Paul) 351
カヴェ（イジャン＝オーギュスト、通称エドモン）CAVÉ(Hygin-Auguste, dit Edmond) 294, 438
カヴェニャック（ルイ＝ウジェーヌ、将軍）CAVAIGNAC(Louis-Eugène, général) 145
カウリ（卿）COWLEY(lord) 190, 194–196
カウリ（レディ）COWLEY(lady) 195
カヴール（カミッロ・ベンソ、伯爵）CAVOUR (Camillo Benso, comte de) 422
カステラーヌ（コルデリア・グレッフュール、ボニファス・ド・カステラーヌ伯爵夫人）CASTELLANE(Cordélia Greffulhe, comtesse Boniface de) 97, 132, 167, 218, 220, 257, 258, 262, 267, 317, 339, 342, 366, 376
カステラーヌ（ジュール、伯爵）CASTELLANE(Jules, comte de) 140, 326, 341, 376–386, 404
カステラーヌ（ボニファス、元帥）CASTELLANE(Boniface, maréchal de) 31, 140, 376
カステラーヌ（レオニー・ド・ヴィルートレー、ジュール・ド・カステラーヌ伯爵夫人）CASTELLANE(Léonie de Villoutreys, comtesse Jules de) 378
カステル＝チカーラ（大公）CASTEL-CICALA (prince de) 178
カストリー（アンリエット・ド・マイエ、エドモン侯爵夫人）CASTRIES(Henriette de Maillé, marquise Edmond de) 476
カストリー（エドモン、侯爵）CASTRIES(Edmond, marquis de) 28
ガスパラン（アドリアン・ド）GASPARIN(Adrien de) 314
ガスパラン（ロール・ド・ドナン、オーギュスト夫人）GASPARIN(Laure de Daunant, Mme Auguste de) 106, 188, 265, 266, 375
カースルレイ（ロバート・スチュアート、子爵）CASTLEREAGH(Robert Stewart, vicomte) 190
カッチア（マキシム）CACCIA(Maxime) 421
カッファレッリ（オーギュスト、伯爵）CAFFARELLI(Auguste, comte) 314
カテラン（侯爵）CATELLAN(marquis de) 232, 314
カテラン（侯爵夫人）CATELLAN(marquise de) 212, 247
ガナル（ジャン＝ニコラ）GANNAL(Jean-Nicolas) 333
カニング（ジョージ）CANNING(George) 190
カバリュ（博士）CABARRUS(Dr) 355, 356
ガブリアック（侯爵夫人、旧姓ダヴィドフ）GABRIAC(marquise de, née Davidoff) 395
ガマ・マチャド（騎士）GAMA MACHADO (chevalier de) 421
ガラ（ドミニック＝ピエール＝ジャン）GARAT(Dominique-Pierre-Jean) 242
カーライル（ジョージアナ・カヴェンディシュ、レディ・モーペス、次にレディ・カーライル）CARLISLE(Georgiana Cavendish, lady Morpeth puis lady) 190
カラマン（セザリーヌ・ド・ベアルン、ヴィクトール・ド・カラマン侯爵夫人）CARAMAN (Césarine de Béarn, marquise Victor de) 28, 79, 162, 395, 412
ガリエラ（公爵）GALLIERA(duc de) 145
ガリエラ（公爵夫人、旧姓ブリニョール＝サル）GALLIERA(duchesse de, née Brignole-Sale) 357
ガリチーヌ（大公妃）GALITZINE(princesse) 156
カール（アルフォンス）KARR(Alphonse) 114, 207, 351, 353, 355, 356, 389
カルクブレンナー（フレデリック＝ギヨーム）KALKBRENNER(Frédéric-Guillaume) 137, 395
ガルシア（マニュエル）GARCIA(Manuel) 395
ガルドーニ（イタロ）GARDONI(Italo) 401
カルノ（ラザール・イポリット）CARNOT(Lazare Hippolyte) 486
カレーム（マリー＝アントワーヌ）CARÊME (Marie-Antoine) 176
カレル（アルマン）CARREL(Armand) 249, 479
カンクロー（伯爵、およびアグラエ・リオティ

オルセー（ハリエット・ブレシントン、アルフレッド・ドルセー伯爵夫人）ORSAY(Hariett Blessington, comtesse Alfred d')　452, 453, 457
オルセー（アルベール・ドルセー、将軍）ORSAY(Albert d', général)　451, 452
オルセー（エレオノール・ド・フランクモン、アルベール・ドルセー夫人）ORSAY(Éléonore de Francquemont, Mme Albert d')　451
オルタンス（王妃、旧姓ボーアルネ）HORTENSE(la reine, née Beauharnais)　140, 243
オルフィラ（博士）ORFILA(Dr)　309, 396, 397
オルフィラ（夫人）ORFILA(Mme)　162, 163, 394, 396
オルレアン（アデライード、オルレアン王女、マダム・アデライード）ORLÉANS(Adélaïde, princesse d', Madame Adélaïde)［未婚であったが、王の妹の称号として　マダムを付けて呼ばれた］ 78, 87, 96, 98, 102, 111, 145, 163, 250, 282
オルレアン（アデライード・ド・ブルボン＝パンティエーヴル、公爵未亡人）ORLÉANS (Adélaïde de Bourbon-Penthièvre, duchesse douairière d')　102, 281
オルレアン（アントワーヌ・ドルレアン、モンパンシエ公爵）ORLÉANS(Antoine d', duc de MONTPENSIER)　97, 116, 145
オルレアン（アンリ・ドルレアン、オマール公爵）ORLÉANS(Henri d', duc d'AUMALE)　75, 80, 96, 97, 103, 115, 123, 424
オルレアン（ヴィクトワール・ド・ザクセン＝コーブルク＝ゴータ、ルイ・ドルレアン夫人、ヌムール公爵夫人）ORLÉANS(Victoire de Saxe-Cobourg-Gotha, Mme Louis d', duchesse de Nemours)　91
オルレアン（エレーヌ、メークレンブルク＝シュヴェーリン大公女、フェルディナン・ドルレアン公爵夫人）ORLÉANS(Hélène, princesse de Mecklembourg-Schwerin, duchesse Ferdinand d')　92, 102, 104–107, 113, 114, 215, 234, 359, 362
オルレアン（クレマンティーヌ、王女）ORLÉANS(Clémentine, princesse d')　163
オルレアン（フェルディナン・ドルレアン、シャルトル公爵、次にオルレアン公爵、王太子）ORLÉANS(Ferdinand d', duc de CHARTRES puis duc d', prince royal)　16–18, 22, 24, 26, 28, 29, 55, 80, 88, 92, 95, 96, 99, 104, 105, 107, 109, 110–115, 140, 150, 163, 164, 166, 180, 204, 234, 280, 306, 318, 359, 362, 412, 420, 425, 453, 456, 463, 479
オルレアン（フランソワ・ドルレアン、ジョワンヴィル大公）ORLÉANS(François d', prince de JOINVILLE)　96, 163
オルレアン（マリー、オルレアン王女）ORLÉANS(Marie, princesse d')　78, 87, 88, 98, 136, 360
オルレアン（マリー＝アメリー・ド・ブルボン＝シシル、ルイ＝フィリップ・ドルレアン公爵夫人、次にフランス人の王妃）ORLÉANS (Marie-Amélie de Bourbon-Sicile, duchesse Louis-Philippe d', puis reine des Français) 56, 68, 70, 75, 78, 79, 82, 86–89, 91, 92, 95, 96, 98, 102, 105, 106, 111, 113, 127, 163, 204, 369, 401
オルレアン（ルイ・ドルレアン、ヌムール公爵）ORLÉANS(Louis d', duc de NEMOURS) 80, 87, 88, 96, 113, 115, 116, 362, 420
オルレアン（ルイ＝フィリップ、オルレアン公爵、次にフランス人の王ルイ＝フィリップ1世）ORLÉANS(Louis-Philippe, duc d', puis LOUIS-PHILIPPE Ier, roi des Français)　16, 18, 20, 26–29, 46, 54–56, 75, 77–82, 86–93, 96–110, 113, 116, 126, 131–134, 145, 148, 163, 174, 179, 180, 185, 194, 199, 204, 221, 222, 234, 238, 249, 261, 281–283, 314, 348, 353, 356, 361, 369, 389, 391, 413, 417, 425, 445, 459, 460, 486, 488, 490
オルレアン（ルイーズ、王女、ベルギー人の王妃、レオポルド世夫人）ORLÉANS(Louise, princesse d', reine des Belges, épouse de LÉOPOLD Ier)　88, 98, 105, 163, 180

カ

カイエ（ルネ）CAILLÉ(René)　448
ガイヤール（夫人）GAILLARD(Mme)　123

エルトフォルド（侯爵夫人）HERTFORD(marquise d') 412,419
エルボー（夫人）HERBAULT(Mme) 30
エルマン＝レオン（レオナール・エルマン、通称）HERMANN-LÉON(Léonard Hermann, dit) 398
エレーヌ（大公女）HÉLÈNE(princesse) →オルレアン ORLÉANS を見よ。
エロルド（ルイ＝フェルディナン）HEROLD (Louis-Ferdinand) 411

オ

オザナム（フレデリック）OZANAM(Frédéric) 295,296,300,328,329,331,332
オザノー（氏）OZANNEAUX(M.) 80
オジー（アリス）OZY (Alice) 96
オジェ（ルイ＝シモン）AUGER(Louis-Simon) 311
オズー（博士）AUZOUX(Dr.) 333
オスモン（エメ・デスティリエール、レニュルフ・ドスモン侯爵夫人）OSMOND(Aimée Destillières, marquise Rainulphe d') 135
オスモン（レニュルフ、侯爵）OSMOND(Rainulphe, marquis d') 126
オーソンヴィル（オトナン、伯爵）HAUSSONVILLE(Othenin, comte d') 143,212,240,298,371
オーソンヴィル（伯爵、および伯爵夫人、旧姓ファルコス・ド・ラ・ブラッシュ）HAUSSONVILLE(comte et comtesse, née Farcoz de la Blache) 143
オーソンヴィル（ルイーズ・ド・ブロイー、オトナン・ドーソンヴィル伯爵夫人）HAUSSONVILLE(Louise de Broglie, comtesse Othenin d') 143,298,371,372
オッサルトン（チャールズ・ベネット、卿、およびレディ、旧姓コリザンド・ド・グラモン）OSSULTON(Charles Bennet, lord et lady, née Corisande de Gramont) 452
オッセ（男爵）HAUSSEZ(baron d') 282
オッタンゲール（家）HOTTINGUER(famille) 29,135
オッタンゲール（アンリ）HOTTINGUER(Henri) 314
オッフェンバック（ジャック）OFFENBACH (Jacques) 398,470
オディエ（氏）ODIER(M.) 33
オディエ（アントワーヌおよびエドワール）ODIER(Antoine et Édouard) 314
オードナルド（ジュリエンヌ・デュピュイ、シャルル＝ウジェーヌ・ド・ララン・ドードナルド伯爵夫人）AUDENARDE(Julienne Dupuy, comtesse Charles-Eugène de Lalaing d') 28,231,371
オドネル（エリザ・リオティエ、伯爵夫人）O'DONNELL(Élisa Liottier, comtesse) 238,347,348
オードバール・ド・フェリュサック（アリス・トルン、伯爵夫人）AUDEBARD DE FÉRUSSAC(Alice Thorn, comtesse d') 148
オトラント（エルネスティーヌ・ド・カステラーヌ、ジョゼフ・フーシェ夫人、公爵夫人）OTRANTE(Ernestine de Castellane, Mme Joseph Fouché, duchesse d') 28
オドリー（ジャック＝シャルル）ODRY(Jacques-Charles) 388,402
オートリーヴ（アレクサンドル＝モーリス、伯爵）HAUTERIVE(Alexandre-Maurice, comte d') 239
オートリシュ（テレーズ、オーストリア皇女）AUTRICHE(Thérèse, archiduchesse d') 104
オベール（エスプリ）AUBER(Esprit) 393,397
オーベルノン（ジャンヌ＝ルイーズ・フェレール、ジョゼフ・オーベルノン夫人）AUBERNON(Jeanne-Louise Ferrère, Mme Joseph) 231,247
オマール（公爵）→オルレアン（アンリ・ドルレアン）ORLÉANS(Henri d') を見よ。
オーモン（公爵）AUMONT(duc d') 47
オール（伯爵）AURE(comte d') 418
オルヴィル（エルネスト）ORVILLE(Ernest) 144
オルセー（アルフレッド・ドルセー、伯爵）ORSAY(Alfred, comte d') 205,298,356,419,450–458,471,477

392
ヴェルネ（オラース）VERNET(Horace)　33, 136, 336, 356, 359, 477
ヴェルネ（カルル）VERNET(Carle)　33
ヴェルネ（俳優）VERNET(acteur)　388
ヴェルネ（ルイーズ・ドラロシュ、オラース夫人）VERNET(Louise Delaroche, Mme Horace)　92, 136
ヴェルプレ（男爵）VERTPRÉ(baron de)　31
ヴェロン（ルイ＝デジレ）VÉRON(Louis-Désiré)　27, 73, 127, 128, 171, 172, 217, 310, 311, 316, 356, 387, 391, 393, 431–438, 442, 472, 477
ヴォギュエ（シャルルおよびレオンス・ド）VOGÜÉ(Charles et Léonce de)　161
ヴォギュエ（夫人）VOGÜÉ(Mme de)　276
ヴォーデモン（大公妃、旧姓モンモランシー）VAUDÉMONT(princesse de, née MONTMORENCY)　79, 187, 370
ヴォードルイユ（子爵夫人、旧姓コロ）VAUDREUIL(vicomtesse de, née Collot)　412
ヴォーブラン（伯爵）VAUBLANC(comte de)　422
ヴォルコンスキー（大公），VOLKONSKI(prince)　396
ヴォルコンスキー（大公妃），VOLKONSKI(princesse)　370
ウッセー（アルセーヌ）HOUSSAYE(Arsène)　455
ウディノ（ウージェニー・ド・クシー、元帥夫人、レッジョ公爵夫人）OUDINOT(Eugénie de Coucy, maréchale, duchesse de Reggio)　76, 80, 150
ウディノ（カロリーヌ）OUDINOT(Caroline)　76
ウディノ（シャルル、元帥、レッジョ公爵）OUDINOT(Charles, maréchal, duc de Reggio)　76, 183
ウディノ（ステファニー、ジェームス・アンゲルロット夫人）OUDINOT(Stéphanie, Mme James Hainguerlot)　77
ウディノ（侯爵夫人）OUDINOT(marquise)　234
ウディノ（ルイーズ）OUDINOT(Louise)　76
ウド（夫妻）OUDOT(M.et Mme)　123
ウードト（フランス、伯爵）HOUDETOT(France, comte d')　79, 101
ウードト（ソフィー・ド・ラ・リーヴ・ド・ベルガルド、伯爵夫人）HOUDETOT(Sophie de la Live de Bellegarde, comtesse d')　242
ウートルボン（氏）OUTREBON(M.)　147

エ

エイメース（将軍）HEYMÈS(general)　101
エクスタン（フェルディナン＝フレデリック、男爵）ECKSTEIN(Ferdinand–Frédéric, baron d')　326, 331, 396
エーグル（アンリ、伯爵）AIGLE(Henri, comte de l')　29
エーグル（ジュール、子爵）AIGLE(Jules, vicomte de l')　23, 29, 30
エスカール（公爵）ESCARS(duc d')　65
エスカール（公爵夫人）ESCARS(duchesse d')　113
エスキュディエ（兄弟）ESCUDIER(MM.)　202
エステラジー（ポール、大公）ESTHERHAZY(Paul, prince)　181
エストゥールメル（ジョゼフ、伯爵）ESTOURMEL(Joseph, comte d')　207
エッカーマン（ヨーハン＝ペーター）ECKERMANN(Johann-Peter)　349
エックミュール（ダヴー元帥夫人、大公夫人）ECKMÜHL(maréchale Davout, princesse d')　148, 182
エティエンヌ（シャルル＝ギヨーム）ÉTIENNE(Charles-Guillaume)　33, 246, 314, 352
エナール（テオドール）AYNARD(Théodore)　98
エナン（シャルル＝アルベール・ダルザス、大公）HÉNIN(Charles-Albert d'Alsace, prince de)　199
エヌカン（アメデ）HENNEQUIN(Amédée)　297
エヌカン（アントワーヌ）HENNEQUIN(Antoine)　294
エルスレール（テレーズ）ELSSLER(Thérèse)　436
エルスレール（ファニー）ELSSLER(Fanny)　168, 436

baron） 150

ウ

ヴァグラム（エリザベート・ド・バヴィエール、ベルティエ元帥夫人、大公妃）WAGRAM（Elisabeth de Bavière, maréchale Berthier, princesse de） 102
ヴァグラム（ルイ＝アレクサンドル・ベルティエ、元帥、ヌーシャテル大公およびヴァグラム大公）WAGRAM（Louis-Alexandre Berthier, maréchal, prince de Neuchâtel et de） 45, 216
ヴァッロンブローザ（クレール・ド・ベアルン、公爵夫人）VALLOMBROSA（Claire de Béarn, duchesse de） 396
ヴァトゥー（ジャン、通称ジュリアン）VATOUT（Jean, dit Julien） 80, 235, 238, 322
ヴァトリー→ブルドン・ド・ヴァトリー BOURDON DE VATRY を見よ。
ヴァラン（子爵）VALLIN（vicomte de） 28
ヴァランセー（アリックス・ド・モンモランシー、ルイ・ド・タレーラン夫人、公爵夫人） VALENÇAY（Alix de Monmorency, Mme Louis de Talleyrand, duchesse de） 111, 182, 411, 412
ヴァランセー（ナポレオン＝ルイ・ド・タレーラン＝ペリゴール、公爵）VALENÇAY（Napoléon-Louis de Talleyrand-Périgord, duc de） 28, 29, 111, 182, 372, 411, 412
ヴァルテール（将軍）WALTHER（général） 145
ヴァルドール（メラニー・ヴィルナーヴ、夫人）WALDOR（Mélanie Villenave, Mme） 162
ヴァレヴスキー（アレクサンドル＝ジョゼフ・コロンナ、伯爵） WALEWSKI （Alexandre-Joseph Colonna, comte） 133, 422, 456
ヴァレーニュ・デュ・ブール（カミーユ、男爵、および男爵夫人、旧姓メアリー・トルン）VARAIGNE DU BOURG（Camille, baron de, et baronne, née Mary Thorn） 148
ヴァンサン（男爵）VINCENT（baron de） 183
ヴァンス（アナイス・ド）VENCE（Anaïs de） 161
ヴァンレルベルグ（氏）VANLERBERGHE（M.） 284
ヴィアルド（ポリーヌ・ガルシア、ルイ夫人）VIARDOT（Pauline Garcia, Mme Louis） 137, 157, 202, 392, 431
ヴィアルド（ルイ）VIARDOT（Louis） 202, 392, 431
ヴィヴィアン（アレクサンドル＝フランソワ＝オーギュスト）VIVIEN（Alexandre-François-Auguste） 314
ヴィエネ（ジャン＝ギョーム）VIENNET（Jean-Guillaume） 96, 217, 341
ヴィクトリア、イギリス女王 VICTORIA, reine d'Angleterre 194, 196, 261, 401
ヴィテ（ルドヴィック）VITET（Ludovic） 288, 294
ヴィニー（アルフレッド・ド）VIGNY（Alfred de） 43, 86, 87, 218, 318, 319, 331, 338, 349, 356, 387
ヴィブレー（氏たち）VIBRAYE（MM. de） 369
ヴィブレー（ルネ・オルヴィル、伯爵夫人）VIBRAYE（Renée Orville, comtesse de） 144
ヴィリュー（夫人）VIRIEU（Mme de） 129
ヴィルナーヴ（マテュー＝ギヨーム）VILLENAVE（Mathieu-Guillaume） 314
ヴィルマン（アベル＝フランソワ）VILLEMAIN（Abel-François） 52, 120, 238, 254, 289, 305–307, 310, 311, 316
ヴィルメッサン（イポリット・ド）VILLEMESSANT（Hippolyte de） 409, 464
ヴィレール（ジョゼフ、伯爵）VILLÈLE（Joseph, comte de） 52, 55, 56, 73–75, 81, 203, 228, 236, 245, 272, 277, 285–287, 306, 310, 317
ヴィントラルテール（フランツ＝グザヴェール）WINTERHALTER（Franz-Xaver） 148
ヴェスプッチ（アメリカ）VESPUCCI（America） 449
ヴェーバー（カール・マリア・フォン）WEBER（Carl Maria von） 169
ヴェラ（嬢）VÉRA（Mlle） 401
ウェリントン（公爵）WELLINGTON（duc de） 189, 190, 427
ヴェルジェンヌ（家）VERGENNES（famille） 45
ヴェルディ（ジュゼッペ）VERDI（Giuseppe）

ヴォワイエ）ARGENSON（Marc-René-Marie de Voyer d'） 274, 285
アルタロッシュ（マリー＝ミシェル） ALTAROCHE（Marie-Michel） 342
アルト（アレクサンドル＝ジョゼフ・モンタネー、通称）ARTOT（Alexandre-Joseph Montagney） 359
アルトン（ジェームス、男爵）ALTON（James, baron d'） 51
アルトン＝シェー（エドワール、伯爵） ALTON-SHÉE（Édouard, comte d'） 50–52, 272, 289, 423, 428, 459, 460
アルナル（エティエンヌ）ARNAL（Étienne） 137, 157, 380, 388, 403
アルノー（アントワーヌ＝ヴァンサン）ARNAULT（Antoine-Vincent） 33
アルビュフェラ（オノリーヌ・アントワーヌ・ド・サン＝ジョゼフ、シュシェ夫人、公爵夫人）ALBUFÉRA（Honorine Anthoine de Saint-Joseph, Mme Suchet, duchesse d'） 28, 76
アルブーヴィル（ソフィ・ド・バザンクール、夫人）ARBOUVILLE（Sophie de Bazancourt, Mme d'） 203
アルマイエ（セレスティーヌ・ド・セギュール、ルイ・ダルマイエ伯爵夫人）ARMAILLÉ（Célestine de Ségur, comtesse Louis d'） 161–164, 218
アルランクール（ヴィクトール、子爵）ARLINCOURT（Victor, vicomte d'） 48, 340
アレヴィ（ジャック＝フロマンタル）HALÉVY（Jaques-Fromental） 393, 397, 400
アレクサンドル１世、ロシア皇帝、ALEXANDRE Ⅰ er, tsar de Russie 176, 178, 179, 193, 430
アレル（ジャン＝シャルル）HAREL（Jean-Charles） 387
アンギャン（ルイ＝アントワーヌ＝アンリ・ド・ブルボン＝コンデ、公爵）ENGHIEN（Louis-Antoine-Henri de Bourbon-Condé, duc d'） 55, 75, 342
アングル（ドミニック）INGRES（Dominique） 144
アングレーム（王太子、公爵）ANGOULÊME（Monsieur le Dauphin, duc d'） 21, 40, 46, 49, 50, 54, 57, 58, 69, 107, 126, 419
アングレーム（〈マダム〉、次に王太子妃、公爵夫人）ANGOULÊME（‹Madame› puis Madame la Dauphine, duchesse d'） 20, 21, 40, 49, 50, 52, 56–60, 62–65, 67–69, 72, 75, 76, 78, 87, 97, 107, 126, 206
アンゲルロット（氏）HAINGUERLOT（M.） 29
アンゲルロット（ジェームス、男爵、および男爵夫人、旧姓ステファニー・ウディノ）HAINGUERLOT（James, baron et baronne, née Stéphanie Oudinot） 77
アンジュヴィル（嬢）ANGEVILLE（Mlle d'） 448
アンスロ（ヴィルジニー）ANCELOT（Virginie） 33, 128, 337, 386
アンドリヤーヌ（アレクサンドル＝フィリップ）ANDRYANE（Alexandre-Philippe） 359
アンドレ（家）ANDRÉ（famille） 29, 314
アンドレ（ルイ）ANDRÉ（Louis） 29
アンドレ＝ヴァルテール（夫人）ANDRÉ-WALTHER（Mme） 29
アンドロー（ジョゼフィーヌ・デヌゼル、フェリックス・ダンドロー伯爵夫人）ANDLAU（Joséphine d'Hennezel, comtesse Félix d'） 80
アンヌ（テオドール）ANNE（Théodore） 47, 48, 52, 53
アンファンタン（プロスペール）ENFANTIN（Prosper） 356, 357, 486
アンペール（ジャン＝ジャック）AMPÈRE（Jean-Jacques） 247, 249, 321, 331, 339
アンラール（フランソワ＝モーリスとその夫人、旧姓ウーフェミー・リオティエ）ENLART（François-Maurice et Mme, née Euphémie Liottier） 347, 348

イ

イザベー（フィス息子）ISABEY（fils） 32
イストリー（マティルド＝ルイーズ・ド・ラグランジュ、ナポレオン・ベシエール夫人、公爵夫人）ISTRIE（Mathilde-Louise de Lagrange, Mme Napoléon Bessières, duchesse d'） 26
イド・ド・ヌーヴィル（ジャン＝ギヨーム、男爵）HYDE DE NEUVILLE（Jean-Guillaume,

人名索引

ア

アヴァレー（公爵）AVARAY(duc d') 74
アヴネー（嬢）HAVENAY(Mlle d') 383
アヴレ（公爵）HAVRÉ(duc d') 44,337
アグー（子爵）AGOULT(vicomte d') 50
アグー（ショワジー伯爵夫人、次にアグー子爵夫人）AGOULT(comptesse de Choisy, puis vicomtesse d') 50,64,69
アグー（マリー・ド・フラヴィニー、伯爵夫人）AGOULT(Marie de Flavigny, comtesse d') 63,64,68,69,79,338,350,478
アグワド（ラス・マリスマス侯爵）AGUADO (marquis de Las Marismas) 136,383,430,431,437
アグワド（夫人）AGUADO(Mme) 392
アゲッソー（夫人）AGUESSEAU(Mme d') 129
アシャール（フレデリック）ACHARD(Frédéric) 157
アシュレー ATSHLEY ou ASTHLEY 389
アストール（ウジェーヌ、伯爵）ASTORG (Eugène, comte d') 28
アタラン（ルイ、男爵）ATTHALIN(Louis, baron) 96,101,102
アダン（アドルフ）ADAM(Adolphe) 393,477
アッフル（ドニ＝オーギュスト、猊下）AFFRE(Denis-Auguste, Mgr) 233,329
アデマール（伯爵）ADHÉMAR(comte d') 381
アデライード（夫人）→オルレアン ORLÉANS を見よ。
アナイス（ナタリー・オベール、通称アナイス嬢）ANAÏS(Nathalie Aubert, dite Mlle) 32
アバディー（氏）ABADIE(M.de) 448
アバーディーン（卿）ABERDEEN(lord) 266
アブラアム（氏）ABRAHAM(M.) 63,64
アブランテス（ロール・ペルモン、ジュノ夫人、公爵夫人）ABRANTÈS(Laure Permon, Mme Junot, duchesse d') 219,237,378,379,476
アペール（バンジャマン）APPERT(Benjamin) 101,102
アポニイ（アントワーヌ、伯爵）APPONYI (Antoine,comte) 160,181–189,263
アポニイ（テレーズ・ノガローラ、アントワーヌ伯爵夫人）APPONYI(Thérèse Nogarola, comtesse Antoine) 153,178,181–189,193,374,394,395,476
アポニイ（ロドルフ、伯爵）APPONYI(Rodolphe, comte) 14,23,24,89–91,97,98,111–114,121,122,125,130,131,153,158,164–166,168,170,171,173,176–191,194–199,234,257,278,281,306,340,356,371,379,397,398,411–413,486–489
アポニイ（ロドルフ２世）APPONYI(Rodolphe II) 181
アラゴ（アルフレッド）ARAGO(Alfred) 459
アラゴ（エティエンヌ）ARAGO(Étienne) 473
アラゴ（エマニュエル）ARAGO(Emmanuel) 297,459
アラゴ（フランソワ）ARAGO(François) 213,290,306
アラール（オルタンス）ALLART(Hortense) 247
アランベール（ピエール・ド）ARENBERG (Pierre d') 188
アルヴェール（フェリックス）ARVERS(Félix) 459,463
アルグー（伯爵）ARGOUT(comte d') 96,314,435
アルクール（伯爵）HARCOURT(comte d') 411,412
アルジャンソン（マルク＝ルネ＝マリー・ド・

著者紹介
アンヌ・マルタン＝フュジエ（Anne Martin-Fugier）　リセの「古典文学」の教師として教壇に立ったあと、現在はパリの「社会科学高等研究学院（E. H. E. S. S.）歴史研究センター」の研究員の地位にある。専攻分野は「19世紀のブルジョワのメンタリティとフランス文化」の研究。著書・論文は以下の通り。『女中の地位――1900年における女性奉公人の身分』（博士論文、グラッセ、1979／リーヴル・ド・ポッシュ文庫の叢書ビブリオ・エッセー、1985）。『女中と主婦」（『19世紀における女性――その悲惨と栄光』に収録、ファイヤール、1980／邦訳『路地裏の女性史』新評論、1984）。『ブルジョワ女性――ポール・ブールジェの時代の女』（グラッセ、1983／リーヴル・ド・ポッシュ文庫の叢書ビブリオ・エッセー、1988）。『デルフィーヌ・ド・ジラルダン――ロネー子爵の《パリだより》』（2 vol.）の序文と注釈（メルキュール・ド・フランス、1986）。『19世紀ブルジョワ家庭における私生活の慣習（リート）』（『私生活史』第4巻に収録、スゥイユ、1987）。『優雅な生活、あるいは〈トゥ＝パリ〉の形成　1815―1848』（ファイヤール、1990／叢書ポワン、1993／本訳書／「ヴァレ＝オ＝ルー〈シャトーブリアンの家〉歴史賞」受賞作、1990）。『独身者の手紙』（『文通――19世紀における手紙の作法』に収録、ファイヤール、1991）。『ルイ＝フィリップとその家族の日常生活　1830―1848』（アシェット、1992）。『ロマン派――芸術家の肖像』（アシェット、1998）。『舞台女優――マルス嬢からサラ・ベルナールまで』（スゥイユ、2001）。

監訳者紹介
前田祝一（まえだ・のりかず）　1938年生まれ、兵庫県。1969年東京都立大学大学院修士課程修了。駒沢大学教授、19世紀フランス文学専攻。

訳者紹介
前田清子（まえだ・きよこ）　1943年生まれ、静岡県。1974年東京都立大学大学院博士課程単位取得。国学院大学講師、19世紀フランス文学専攻。

八木淳（やぎ・あつし）　1959年生まれ、静岡県。1992年明治大学大学院博士後期課程単位取得。明治大学講師、16世紀フランス文学専攻。

八木明美（やぎ・あけみ）　1959年生まれ、東京都。1990年明治大学大学院博士後期課程単位取得。明治大学講師、19世紀フランス文学専攻。

矢野道子（やの・みちこ）　1933年生まれ、東京都。1956年東京大学文学部フランス文学科卒業。詩人、童話作家。

優雅な生活――〈トゥ＝パリ〉、パリ社交集団の成立　1815―48

2001年5月30日　初版第1刷発行　（検印廃止）

監訳者　前　田　祝　一
発行者　武　市　一　幸

発行所　株式会社　新　評　論

〒169－0051　東京都新宿区西早稲田3－16－28　TEL 03（3202）7391
http://www.shinhyoron.co.jp　FAX 03（3202）5832
振替 00160-1-113487

定価はカバーに表示してあります
落丁・乱丁本はお取り替えします

装　幀　山　田　英　春
印　刷　新　栄　堂
製　本　河　上　製　本

Printed in Japan
ISBN4-7948-0472-5　C0022

T.ライト／幸田礼雅訳
カリカチュアの歴史　A5 576頁　6500円
ISBN4-7948-0438-5　〔99〕
【文学と芸術に現れたユーモアとグロテスク】古代エジプトの壁画から近代の風刺版画までの歴史を，人間の笑いと風刺をキーワードに縦横無尽に渉猟するもう一つの心性史。

J.ド・マレッシ／橋本到・片桐祐訳
毒の歴史　A5 504頁　4800円
ISBN4-7948-0315-X　〔96〕
【人類の営みの裏の軌跡】毒獣，矢毒，裁きの毒，暗殺用の毒，戦闘毒物，工業毒。人間の営みの裏側には常に闇の領域が形成される。モラルや哲学の必要性を訴える警告の書！

J.ドリュモー／永見文雄・西澤文昭訳
恐怖心の歴史　A5 864頁　8500円
ISBN4-7948-0336-2　〔97〕
海，闇，狼，星，飢餓，租税への非理性的な自然発生的恐怖心。指導的文化と恐れの関係。14－18世紀西洋の壮大な深層の文明史。心性史研究における記念碑的労作！　書評多数。

P.ダルモン／河原誠三郎・鈴木秀治・田川光照訳
癌《ガン》の歴史　A5 予630頁　予6500円
ISBN4-7948-0369-9　〔97〕
古代から現代までの各時代，ガンはいかなる病として人々に認知され，恐れられてきたか。治療法，特効薬，予防法，社会対策等，ガンをめぐる闘いの軌跡を描いた壮大な文化史。

A.ド・リベラ／阿部一智・永野潤訳
中世知識人の肖像　四六 476頁　4500円
ISBN4-7948-0215-3　〔94〕
本書の意図は，思想史を語る視点を語る所にある。闇の中に閉ざされていた中世哲学と知識人像の源流に光を当てた野心的かつ挑戦的な労作。「朝日」書評にて阿部謹也氏賞賛！

A.ド・リベラ／阿部一智・永野　潤・永野拓哉訳
中世哲学史　A5 650頁　予7600円
ISBN4-7948-0441-5　〔99〕
地中海周辺地域に光をあて，無視され，排除され，周辺化されてきた中世哲学史（ユダヤ・イスラム・ビザンツ哲学）の闇の領域を初めて繙く。キリスト教西欧の視点を越える金字塔！

C.カプレール／幸田礼雅訳
中世の妖怪，悪魔，奇跡　A5 536頁　5600円
ISBN4-7948-0364-8　〔97〕
可能な限り中世に固有のデータを渉猟し，その宇宙の構造，知的風景，神話的ないし神秘的思想などを明らかにし，それによって妖怪とその概念を補足する。図版多数掲載。

G.デュビー／篠田勝英訳
中世の結婚〈新装版〉　四六 484頁　3500円
ISBN4-7948-0216-1　〔84, 94〕
【騎士・女性・司祭】11－12世紀，経済の飛躍的な発展の進む中で，人びとはどのように結婚しどのように結婚生活を生きていたのか？　未知の領域にふみこむ野心作。

井上幸治 編集＝監訳
フェルナン・ブローデル
1902—1985　A5 352頁　3200円
〔89〕
「新しい歴史学」の指導者の全貌を，「長期持続」「社会史の概念」等の主要論文、自伝、インタヴュー、第一線の歴史家・知識人達によるブローデル論等で多角的に解読する。

J．ラボー／加藤康子訳
フェミニズムの歴史　菊判変型 536頁　3800円
〔87〕
ガリア時代から現在まで，フランス・フェミニズムの流れを，様々な歴史的事件，女性観の変容，フェミニストの人物像などで跡づけるフェミニズム史の決定版！　図版約250点

表示の価格はすべて消費税抜きの価格です。

バルザック／鹿島　茂編訳 **役人の生理学** ISBN4-7948-2237-5	A5　221頁 2200円 〔87〕	19世紀中頃に揺るぎないものとして確立した近代官僚制度とサラリーマンの形態を痛烈な風刺で描出する，文豪バルザックの文明批評第二弾！　原書収録の戯画を多数掲載。
スタンダール／山辺雅彦訳 **ある旅行者の手記 1・2** 1. ISBN4-7948-2221-9 2. ISBN4-7948-2222-7	A5 Ⅰ 440頁 Ⅱ 456頁 各4800円 〔83, 85〕	文学のみならず政治,経済,美術,教会建築,音楽等,あらゆる分野に目をくばりながら,19世紀ヨーロッパ“近代”そのものを辛辣に,そして痛快に風刺した出色の文化批評。本邦初訳！
スタンダール／山辺雅彦訳 **南仏旅日記** ISBN4-7948-0035-5	A5　304頁 3680円 〔89〕	1838年，ボルドー，トゥールーズ，スペイン国境，マルセイユと，南仏各地を巡る著者最後の旅行記。文豪の〈生の声〉を残す未発表草稿を可能な限り判読・再現。本邦初訳。
スタンダール／臼田　紘訳 **イタリア紀行** ISBN4-7948-0060-6	A5　320頁 3600円 〔90〕	【1817年のローマ・ナポリ・フィレンツェ】スタンダールの数多い紀行文の中でも最高傑作として評価が高く，スタンダールの思想・文学の根幹を窺い知ることのできる名著。
スタンダール／臼田　紘訳 **イタリア旅日記 Ⅰ・Ⅱ** Ⅰ ISBN4-7948-0089-4 Ⅱ ISBN4-7948-0128-9	A5 Ⅰ 264頁 Ⅱ 308頁 各3600円 〔91,92〕	【ローマ，ナポリ，フィレンツェ（1826)】生涯の殆どを旅に過ごしたスタンダールが，特に好んだイタリア。その当時の社会，文化，風俗が鮮やかに浮かびあがる。全二巻
スタンダール／臼田　紘訳 **ローマ散歩 Ⅰ・Ⅱ** Ⅰ ISBN4-7948-0324-9	A5　436頁 4800円 〔96〕	文豪スタンダールの最後の未邦訳作品，上巻。1829年の初版本を底本に訳出。作家スタンダールを案内人にローマ人の人・歴史・芸術を訪ねる刺激的な旅。Ⅱ巻'98年秋刊行予定。
H.H.ハート／幸田礼雅訳 **ヴェネツィアの冒険家** ISBN4-7948-0239-0	A5　384頁 4660円 〔94〕	【マルコ・ポーロ伝】マルコ・ポーロの実像や『東方見聞録』誕生の経緯を入念に探り，あまたある伝記物の底本となった1942年初版のマルコ正伝。原・訳註充実，図版多数。
M.マッカーシー／幸田礼雅訳 **フィレンツェの石** ISBN4-7948-0289-7	A5　352頁 4660円 〔96〕	イコノロジカルな旅を楽しむ初の知的フィレンツェ・ガイド！　遠近法の生まれた都市フィレンツェの歴史をかなり詳しくまとめて知りたい人に焦点をあてて書かれた名著。
G.ブレナン／幸田礼雅訳 **素顔のスペイン** ISBN4-7948-0409-1	A5 320頁 3000円 〔98〕	スペインを愛した半世紀前の旅人（イギリス人）が描く，美しいスペインのかたち。1936年のスペイン内戦後に人々はどのように平和を愛したのか。臨場感あふれる紀行文の秀作。
G.クアトリーリオ／真野義人訳 解説，箕浦万里子訳 **シチリアの千年** ISBN4-7948-0350-8	A5　400頁 4800円 〔97〕	【アラブからブルボンまで】征服・被征服の歴史の中で独自の文化を育んできた「地中海の十字路」シチリアの魅力を地元の著明なジャーナリストが描く。解説「シチリア略史」付。

表示の価格はすべて消費税抜きの価格です。

ナラ作成『パリ区分地図』[ダンロ社, パリ, 1843]による

＊フォブール・サン＝ジェルマンの拡大図は本書P.119参照

＊ショセ＝ダンタンおよびフォブール・サン＝トノレの拡大図は本書P.408参照